THEODOR FONTANE

DAS REISELITERARISCHE WERK

2

Theodor Fontane

Grosse Brandenburger Ausgabe

Begründet und herausgegeben von
Gotthard Erler
fortgeführt von Gabriele Radecke und Heinrich Detering

Das reiseliterarische Werk

Herausgegeben von
Gabriele Radecke und Heinrich Detering

Theodor Fontane

Jenseit des Tweed

Bilder und Briefe aus Schottland

Herausgegeben von Maren Ermisch
in Zusammenarbeit mit der
Theodor Fontane-Arbeitsstelle, Universität Göttingen

AUFBAU VERLAG

Mit 3 Faksimiles und einer Karte

Die Edition wurde aus Mitteln des
Gottfried Wilhelm Leibniz-Preises der
Deutschen Forschungsgemeinschaft gefördert.

Redaktion: Anna-Marie Humbert und Judith Wassiltschenko
Archivalische Unterstützung: Zentral- und Landesbibliothek
Berlin und Theodor-Fontane-Archiv Potsdam

Seinem

lieben Freunde und Reisegefährten

BERNHARD VON LEPEL.

Eine Reise an der Seite eines Freundes ist eine Freundschaftsprobe, wie die Ehe eine Liebesprobe ist. Wir haben sie bestanden. Wem anders könnt' ich dieses Buch zueignen, als Dir, dem besten, dem nachsichtigsten aller Reisegefährten. Freilich, je mehr ich empfunden habe, wie gut sich's mit Dir wandert, desto lebhafter ist auch die Rückerinnerung an einen alten Pakt in mir geworden, an ein gegenseitiges, halb verjährtes Versprechen, an das diese Zeilen Dich leise mahnen mögen.

Entsinnst Du Dich des Sylvestertages 1846? Wie gestern stehen die Stunden vor meiner Seele, wo wir durch die winterstille, märkische Haide fuhren und endlich vor dem Gutshaus Deines Vaters hielten. Den alten Herrn fesselte damals schwere Krankheit auf dem fernen Rügen, Todesahnung hatte sein Herz beschlichen und die Weisung war an Dich gekommen, in alten Schränken nach alten Familienpapieren zu suchen. Es galt ein Testament, die Bestellung seines Hauses; das führte uns hinaus. Wie ein verzaubertes Schloß im Mährchen lag das alte, graue Steinhaus da, eine hohe Schneemauer um sich her und überragt von den halb dunklen, halb glitzernden Edeltannen des Gartens. Stille draußen und drinnen. Auf unser wiederholtes Klopfen und Klingeln erschien ein alter Diener, verwöhnt und mürrisch wie alle alten Diener sind. Zögernd, mit sauersüßem Gesicht fand er sich endlich in Deine Autorität. Wir öffneten die Fensterläden, schafften Luft und Licht in den halb spukhaft gewordenen Räumen und fanden endlich was wir suchten – die Papiere. Inzwischen war es wohnlicher geworden in dem großen Gartensaal, ein Feuer prasselte im Kamin, statt des Staubes breitete sich ein Tischtuch über die Tafel und das frugale Mahl, das angerichtet war, adelte sich selbst durch die Flasche alten Rheinweins, die auf dem Tische stand. Wir setzten uns und plaudernd von diesem und jenem, lief mein Auge an den rothen Sammttapeten hin und musterte die Bilderschätze, die in langer Reihe daran hingen. Ich sah zum ersten Male den schönen Kopf der Beatrice Cenci und vor allem den Stolz eures Hauses, das Werth- und Prachtstück der Sammlung – das Modell des Moses von Buonarotti's eigener Hand. Meine Fragen drängten sich und Deine Lippen – nicht Freunde sonst von vielem Reden – flossen über bei der Erinnerung an schöne, italische Tage. Wir füllten die Gläser bis zum Rand und stießen an auf ein Reisebündniß und ein gemeinschaftliches »jenseits der Alpen«.

Der Wunsch jener Stunde ist uns bis heute versagt geblieben. Nicht Deine Hand hat mich den kapitolinischen Hügel hinauf- oder in die Campagna hinausgeführt, sondern umgekehrt, die meinige übernahm Führerdienste, wenn wir in alten Douglas-Schlössern umherforschten oder die Stelle suchten, wo Fitzjames und Rhoderick Dhu mit einander gekämpft. Aber die alten Zusagen bleiben in Kraft, und während ich Dir dies Buch überreiche, das die Bilder zwischen dem Tweed und dem Moray-Busen noch einmal vor Dir entrollen soll, sprech ich zugleich die Hoffnung aus, daß auch der Tag kommen möge, wo wir, wie auf Edinburg-Castle, so auf Castell St. Elmo gemeinschaftlich stehen. Welche Wege aber auch die heiteren Reisegötter in Zukunft uns führen mögen, vor allem mög uns gute Kameradschaft auf dem Lebenswege beschieden sein, den wir, seit zwanzig Jahren nun, in Leid und Freude zusammengehn.

Th. F.

Bilder und Briefe aus Schottland.

I.
Von London bis Edinburg.

Geschlagen, gestoßen, gepreßt, gepufft,
Zehn Meilen die Stunde ging's durch die Luft.
Altes Lied. (Die Hexen von Inverneß.)

»Nach Schottland also!« Die Koffer waren gepackt, die Billets gelöst, und als der Spätzug sich endlich in Bewegung setzte und majestätisch aus der Halle des Kings-Cross-Bahnhofes hinausglitt, überlief es mich ähnlich wie vierzehn Jahre früher, wo es zum ersten Male für mich hieß: »Nach England!«

Aehnlich sag' ich, denn vierzehn Jahre sind eine lange Zeit und nehmen uns viel von Begeisterung und Fähigkeit zur Freude. Wie steht jener Tag noch klar vor meiner Seele, der damals über meine Reise entschied. Ich war Soldat und auf Königswache. Der Offizier hatte seine liebe Noth mit uns, denn wir waren zwanzig Freiwillige oder mehr, und Jeder, der Soldat gewesen ist, weiß, was es mit solchen Volontair-Wachen auf sich hat. An Disciplin war Mangel, aber Ueberfluß an guter Laune, und während die Einen über Tisch und Bänke sprangen, spielten die Anderen Dreikart, oder gaben sich durch Vortrag von Hauptmanns- und Compagnie-Anekdoten ein möglichst martialisches Ansehen. Es war ein kostbarer Maitag; begierig nach frischer Luft hatte ich eben draußen in der Säulenhalle Platz genommen und blickte, den ungewohnten Helm hin und her schiebend, auf den schönen, breiten Opernplatz, der sonnenbeschienen vor mir lag. Da weckte mich ein leiser Schlag auf die Schulter. Als ich aufblickte, stand ein Freund vor mir, sonnenverbrannt, in Reisekleidern, jener Glücklichen einer, an die sich das beatus ille des Dichters richtet. Er lachte über den »Grenadier« der ihm noch neu an mir war und fragte dann kurz: »willst Du mit nach England? ich reise morgen Abend.« Aber Urlaub! »Das ist Deine Sache.« Das Gespräch gedieh nicht weiter; der Posten draußen rief uns mit lauter Stimme an die Gewehre. Wir traten an. Ablösung vor. Fünf Minuten später schilderte ich schon vor dem Gouvernements-Gebäude in der Wallstraße. Niemals wohl hat der alte Müffling eine Schildwacht vor seiner Thür gehabt, der das Herz so hoch geschlagen hätte, wie mir an jenem Nachmittage.

Voll so hoch schlug mir das Herz jetzt nicht, aber es schlug doch freudig und dankbar zugleich, als mein diesmaliger Reisegefährte dem hinter uns verschwindenden London ein Lebewohl zuwinkte und mit Genugthuung die Worte wiederholte: »nach Schottland also.«

Wir fuhren dritter Klasse, halb Ersparungs- halb Beobachtungshalber und hatten trotz einiger Unbequemlichkeiten nicht Ursach, unsere Wahl zu bereuen. Der bis auf den letzten Platz besetzte, durch keine Zwischenwände geschiedene Wagen glich einem Auswandrerschiff. Die Mittelbank, auf der wir saßen, zog genau die Grenzlinie zwischen zwei verschiedenen Elementen, aus denen unsere Reisegesellschaft bestand, zwischen armen Engländern und sparsamen Schotten. Denn der Engländer fährt nur dritter Klasse, wenn er m u ß, der Schotte, wenn er k a n n. Nachdem die ersten Tunnel und Ueberbrückungen passirt waren, schwand die gegenseitige Zurückhaltung rasch und der Austausch jener kleinen Dienste und Bequemlichkeiten begann, wie er nicht auszubleiben pflegt, wo sich 40 oder 50 Menschen, wenn nicht zu gemeinsamer Gefahr, so doch zu gemeinsamer Strapaze zusammen gepfercht finden. Dick zusammengefaltete Tücher wurden den Damen angeboten, um die Ecken und Kanten minder scharf, das Holz der Bänke minder hart zu machen und über das Oeffnen und Schließen der Fenster kamen die Erkältungsgeneigten mit den Ventilations-Bedürftigen zu einem gefälligen Compromiß. Vor uns saßen die Engländer. Da waren zunächst zwei arme Frauen mit ihren Kindern, vier oder fünf an der Zahl. Sie hatten die Doppelbank am äußersten Rande des

Wagens inne und hausten darin wie in einer Privatkajüte. Milch wurde gewärmt, die Brust gegeben (mit jener Unbefangenheit, die den englischen Frauen der unteren Stände eigenthümlich ist) und die Flaggen, die dann und wann zum Fenster hinauswehten, waren im Einklang mit all dem Uebrigen. Vor ihnen saßen zwei junge Leute, augenscheinlich aus guter Familie, Schüler, die eine Ferienreise nach Schottland machten und unter Lachen behülflich waren, wenn die Kinderstube in ihrem Rücken diese oder jene Dienstleistung wünschenswerth machte. Neben ihnen eine alte Lady in Trauer. Freundlich aber abgehärmt, schmucklos aber sauber und in wahrem Rigorismus selbst die hölzerne Rückenlehne ihres Sitzes verschmähend, so saß sie da, ersichtlich die Frau eines Officiers, der, an der Dschumna vielleicht oder im Pendschab gefallen, ihr einen geachteten Namen und nichts weiter hinterlassen hatte.

Heitrer, farbenreicher sah es in der zweiten Wagenhälfte aus, der wir den Rücken zukehrten. Das schottische Element bewährte sich in seinem pittoresken Reiz. Keine nacktbeinigen Kiltträger waren zugegen, aber die blauwollene schottische Mütze mit ihren lang herabhängenden Seidenbändern (eine Tracht, deren Karrikatur wir nur in unseren deutschen Städten kennen), saß malerisch auf den Köpfen der jungen Männer; Plaids in allen Mustern und Farben dienten diesem als Mantel und jenem als Kissen, während grau und weiß karrirte Tücher sich überall hin ausspannten und dem ganzen den Charakter eines romantischen Feldlagers gaben.

So ging es dahin. Die bekannten Bilder englischer Landschaft zogen an uns vorüber. Die Sonne war längst unter, auch das Abendroth schwand jetzt und nur jenes zauberhafte, dunkle Blau lag noch in breiten Streifen am Himmel, das in diesem Lande so gern und so schön einen klaren Tag beschließt. Ohne Aufenthalt brausten wir durch ein halbes Dutzend Stationsplätze hindurch; erst in Peterborough (einer Kathedralen-Stadt, 15 deutsche Meilen von London) machten wir Halt, um einen anderen Zug abzuwarten. Inzwischen war es Nacht geworden und jeder schickte sich an, der Ruhe zu pflegen, so gut es die Wände und Bänke irgend erlaubten. Die Schüler lagen schnarchend auf harter Diele, die Kinder schliefen, die Flaggen waren eingezogen; nur die alte Lady saß noch immer aufrecht, fest entschlossen, stärker zu sein als Schlaf und Ermattung.

Die Geschwindigkeit, mit der wir fuhren, wuchs jetzt, 40 engl. Meilen die Stunde. Man überantwortete sich seinem Gott und schlief ein. Dann und wann hielt der Zug und unbekannte, wenigstens unverstandene Worte trafen das Ohr, endlich aber schüttelte das in Traum und Halbschlaf lang herbeiersehnte: »York, York, fifteen minutes« den Schlaf von aller Augen und halb schiebend, halb geschoben, fanden wir uns endlich an einer langen Tafel wieder, auf der die Zugehörigkeiten eines englischen Frühstücks servirt waren. Tea, Coffee, Soda-Water, klang es hier fordernd durch einander. Funfzehn Minuten sind wenig Zeit für hundert Gäste und drei verschlafene Kellner. Meine Tasse Thee war erst halb geleert, als die Glocke draußen schon wieder lärmte. »Das war also York!« rief ich dem Freunde zu, mich neben ihm in die Ecke drückend. »So gehen uns die Wünsche unsrer Jugend in Erfüllung. Statt des Doms ein Bahnhof und statt des Platzes, drauf Percy starb, eine Restauration mit doppelten Preisen.«

Als wir Newcastle erreichten, dämmerte bereits der Morgen; zu unserer Linken lag die Stadt, schwarz und finster, wie aufgebaut aus Kohlenblöcken. Eine Stunde später waren wir an der schottischen Grenze. »Berwick, Berwick!« riefen die Schaffner und gönnten uns Zeit, einen Umblick zu halten. Der ganze Platz macht immer noch den Eindruck einer Grenzlokalität, auch jetzt noch, wo der alte, halb zerfallene Wartthurm nichts mehr bedeutet, als eine Mahnung an Zeiten die nicht mehr sind. Der Tweed geht hier ins Meer und sein Bett, das mehr einer weiten Felskluft, als einer Flachlandsrinne gleicht, unterstützt die Vorstellung, daß wir hier an einem Grenzfluß stehen.

Die Morgensonne lacht freundlich, während wir die schottische Landschaft durchfliegen. Die Felder, die Art der Bestellung, das Seltenerwerden der Hecken, alles weicht ab von dem in England Ueblichen und ruft uns (wie vieles andere noch, auf das wir stoßen werden) die Bilder deutscher Heimath mehr und mehr ins Gedächtniß zurück. Bei Dunbar gesellt sich noch ein anderer Gruß aus der Heimath hinzu, wir haben uns der Küste bis auf wenige tausend Schritt genähert und das deutsche Meer liegt leise schäumend zu unserer Rechten. Hier wendet sich die Bahn, die bis dahin ununterbrochen nordwärts lief, plötzlich nach Westen, und ungefähr die Linie innehaltend, die ihr der schöne Meerbusen des Forth vorschreibt, führt sie uns, nach einer kurzen halben Stunde, durch eine bald im Morgennebel bald im Sonnenglanze daliegende Landschaft, dem ersten Ziel unserer Reise entgegen. Villen und Parks, chaussirte Wege und Brücken, Häuser, Menschen und immer wachsender Verkehr, verkünden uns, daß wir einer großen Stadt, einem Mittelpunkt weiter Bezirke uns nähern, und ehe wir noch Zeit gefunden haben, uns in dem immer bunter werdenden Bilde zurecht zu finden, läßt der Zug in seinem Fluge nach und die 10 Stock hohen Steinhäuser Edinburg's tauchen grau und majestätisch vor uns auf.

II.
Johnstons Hotel.
Erster Gang in die Stadt.

»Waterloo Place, any hotel you like« Waterloo-Platz ins erste beste Hotel! Mit diesem Zuruf vertrauten wir uns der Führung unsres Cabkutschers an und harrten der Dinge die da kommen würden. Ich lieb' es bei solchen und ähnlichen Gelegenheiten, mich dem blinden Zufall zu überlassen und habe die Erfahrung für mich, daß man mindestens nicht schlechter dabei fährt, als wenn man unschlüssig hin und her schwankt und hinterher den Aerger hat, doch nicht das Rechte getroffen zu haben. Wer die Wahl hat, hat die Qual.

Unser Cab hielt nach fünf Minuten schon vor Johnstons Hotel, Waterloo-Place, und es wäre unbillig dem Kutscher nachzureden, daß er seine diskretionäre Gewalt absonderlich mißbraucht hätte. Johnstons Hotel gehört zu jener Klasse von Gasthäusern, die unter dem Namen der »Commercial and Temperance Hotels« in allen Ländern, wo das angelsächsische Element herrscht, eine Art von Notorität erlangt haben. Der Temperanz-Seite dieser Etablissements leg' ich herzlich wenig Gewicht bei; es ist diese zur Schau gestellte Mäßigkeit derselben halb Lüge, halb Karrikatur, und in bestem Falle Lockung und Aushängeschild; was aber diesen Gasthäusern in dem kostspieligen, aufgesteiften, selbstquälerischen England eine Bedeutung giebt, das ist der Umstand, daß sie in ihrer ausgesprochenen Einfachheit die Kehrseite jenes modernen Prachtbaus sein wollen, der unter dem Namen »Hotel« so viele erträumte Reize und so viele prosaische Wirklichkeiten umschließt. Es ist Affektation oder Selbsttäuschung, wenn wir auf Reisen plötzlich glauben, ohne Eleganz, ohne zehn Gänge und ohne gräfliche Nachbarschaft nicht leben zu können; was uns aber wirklich Noth thut, das ist ein unpretensiöses, freundliches Entgegenkommen und eine angemessene Bewirthung um unseres Geldes, nicht aber blos – um Gottes willen. Der alte Satz mag fortbestehen: daß die großen Hotels die besten sind. Aber ein anderer Satz stellt sich ihm gleichberechtigt an die Seite und zwar der, daß die vornehmen Gasthäuser nicht die angenehmsten sind.

In Johnstons Hotel hatten wir vollkommen das süße Gefühl der Hingehörigkeit statt des bloßen Geduldetseins; sonst fehlte freilich manches. – Die beblümten Teppiche auf Flur und Treppen hatten längst ihren Blumenfrühling hinter sich und die altmodischen Bettstände mit ihren verschossenen Quasten und Damastgardinen standen unheimlich da wie in alten Schlössern aufgekaufte Paradebetten in denen Lords und Häuptlinge von Geschlecht zu Geschlecht das Zeitliche gesegnet hatten. Das sind nicht Bilder, die den Schlaf leicht und die Träume heiter machen, wenn wir sie auch im Einklang finden mit all den Lieblingsvorstellungen die wir von Jugend auf an den Namen Schottland geknüpft haben. Aber jedenfalls rechten wir nicht darüber und erinnern uns gern der Wahrheit, daß man überall schläft, wenn man nur müde ist. Weniger freilich als der leise Schauer, der uns angesichts dieser blutrothen Bettvorhänge überläuft, will uns der Fettbrodem gefallen, der, aus der Küche aufsteigend, alle Etagen des Hauses durchdringt und nur widerwillig erinnern wir uns des correspondirenden Satzes: man ißt überall, wenn man nur hungrig ist.

Aber wir sind wirklich hungrig und nachdem wir die Uebernächtigkeit aus den Augen gewaschen und in Eil unsre Toilette gemacht haben, suchen wir das Frühstückszimmer auf, das sich hoch und breit und behaglich durch die halbe erste Etage zieht. Hier weht ein andrer Geist, die Ventilation ist trefflich und kein gelegentlicher Zugwind plaudert vorschnell die Geheimnisse der Küche aus. Das schöne schottische Weizenbrot lacht uns an und bald sitzen wir vor einer wohlbesetzten Tafel, auf der uns, neben den üblichen Erfordernissen eines englischen Frühstücks, Haferbrötchen und Dundee-Marmelade daran mahnen, daß wir auf schottischem Grund und Boden sind. Ein alter Kellner von viel über sechszig trippelt freundlich und geschäftig um uns herum, befriedigt seine Neugier durch Vorlegung eines Fremdenbuchs und erzählt uns plauderhaft von den Geschicken seines Lebens. Französische Säbel, unter die sein Hinterkopf während des spanischen Krieges gerieth, haben seiner Laufbahn und seinem Verstand ein rasches und bescheidenes Ziel gesetzt, aber was er bei Astorga an Hirn verloren hat, ist seinem Herzen zu Gute gekommen und er spricht mit Vorliebe von den »Frenchmen«, unbekümmert darum, ob sie vor 40 Jahren ihm die Beförderungsleiter abgebrochen haben oder nicht. Nun aber treibt er uns zur Eil und mahnt uns aufzubrechen, um die Stadt, auf die er stolz ist, in ihrer besten Beleuchtung d. h. unter leis bewölktem Himmel zu sehn. Wir folgen seinem Rath und biegen nach rechts hin in die Neustadt ein.

Waterloo-Place und Princes-Street bilden eine einzige grade Linie, von der Edinburg in ähnlicher Weise durchschnitten wird, wie etwa Paris von der Rue Rivoli. Die große Mittelader der schottischen Hauptstadt sondert sich gleich auf den ersten Blick in drei Theile von ziemlich gleicher Größe, in zwei Flügel und ein Centrum. Der eine Flügel heißt Waterloo-Place, der andere West-Princes-Street; die halb boulevard- halb platzartige Erweiterung aber, die zwischen beiden liegt, führt den Namen der eigentlichen Princes-Street. Dieser platzartigen Erweiterung gehen wir jetzt entgegen und nehmen in der Mitte derselben unseren Stand, genau da, wo sich das im gothischen Styl ausgeführte, thurmartige Monument Walter Scotts bis zu einer Höhe von 200 Fuß erhebt. Hier halten wir Umschau. Hinter uns die Neustadt mit ihrer Fülle nobler und moderner Bauten, links die pittoresken Felsparthieen der Salisbury Craigs, rechts die langen Straßen der Stadt mit ihren Kirchen und Palästen, so nach allen Seiten hin in Anspruch genommen, – wird unser Auge doch immer wieder nach vornhin gerichtet, wo sich, nur durch eine flußbettartige Vertiefung von uns getrennt, die berühmte High-Street der Altstadt-Edinburg sammt ihren Ausläufern und Seitenstraßen erhebt. Parallellaufend mit Princes-Street, zeigt die gegenüberliegende Altstadt-Straße doch dadurch einen völlig verschiedenen Charakter von jener, daß sie nicht flach und gradlinig sich hin erstreckt, sondern dem natürlichen Zuge und selbst den Capricen des Hügels folgend, auf dem sie steht, einen malerischen und abwechslungsreichen Anblick gewährt. Der Hügel steigt langsam an, läuft dann, wie seine Kräfte sparend, in horizontaler Linie weiter, bis er plötzlich zu einem letzten Sprunge sich zusammenraffend, kegelartig in die Höhe schießt und nun den Weg überschaut, den er eben zurückgelegt. Auf dem langsam ansteigenden Theile der Berglinie erhebt sich Canon-gate; unmittelbar vor uns von dem gradlinigen First des Hügels grüßt High-Street selbst zu uns herüber; zur Rechten aber, die Situation vom Felsen aus beherrschend, ragt Edinburg-Castle mit seinen Wällen und Kanonen in die Luft.

Jeder ehrliche Schotte hält diesen Punkt für den schönsten in der Welt, eine Ansicht, worüber er sich mit den Bewohnern von Neapel und Palermo und noch mehr mit jenen auseinandersetzen mag, die aus tristeren Gegenden nach dem Süden pilgernd, jene schönen Punkte unter dem Vortheil des Contrastes und mit verklärendem, feiertäglichem Auge sehn. Der Freund an meiner Seite war jener Glücklichen einer; er enthielt sich aber weislich des Vergleichs und entwand sich dem Pressenden meiner Frage durch das bekannte: jedes in seiner Art.

Lassen wir also das Paralleleziehen und das ängstliche Forschen nach einem mehr oder weniger; freuen wir uns der Schönheit, die unbestritten vor uns liegt. Diese Schönheit beschreiben zu wollen wäre eitles Unterfangen, aber die Frage läßt sich wenigstens beantworten, aus welchen Elementen sich diese Schönheit auferbaut. Es ist nicht die Lage allein, die diese Eindrücke schafft, es sind eben so sehr die Dinge, die sich diese Lage zu Nutze gemacht und sich, derselben entsprechend, auf ihr errichtet haben. Die Solidität des Materials wie des Baustils steht ebenso untereinander wie mit der ganzen Oertlichkeit im Einklang und giebt dem Ganzen jenen großstädtischen Charakter, den ich, mehr noch wie ihre Schönheit, als den eigentlichen und frappantesten Zug dieser Stadt hervorheben möchte. Auf grauen Felsen steigen graue, acht Stock hohe Felsenhäuser in die Luft, phantastisch schnörkelt sich, einer silbergrauen Brautkrone nicht unähnlich, der Thurm von St. Giles über die Häuser empor und gemeinschaftlich über dem Ganzen liegt jener graue Nebelschleier, der den Zauber dieser nordischen Schönheitsstadt vollendet. Der Reiz der Farbe fehlt, aber man vermißt ihn nicht, ja erschrecken würd' es uns, den vollendeten Carton, der vor uns liegt, in einen Buntfarbendruck verwandelt zu sehen. Das Grau dieser Häuser entspricht jenem unbestimmten Farbenton, der uns inmitten alter Dome so oft entzückt und zur Andacht gestimmt hat.

Nicht die Farbe würde die Wirkung der vor uns liegenden Altstadt von Edinburg erhöhn, aber was die Farbe nicht vermöchte, das vermag das Zauberspiel von Schatten und Licht. Allabendlich, wenn die Nebel sich dunkler zu färben beginnen und die grauschwarze Steinwand der Häuser mit den grauschwarzen Nebeln allmälig in eins zusammenfließt, blitzen plötzlich Lichter aus diesem Chaos heraus und immer heller, zahlreicher werdend, durchleuchten sie endlich die aus Nacht und Nebel gewobene Hülle, die nun wieder von ihrem dunklen Hintergrunde sich loslösend, wie ein durchsichtiger Schleier um die immer schwärzer werdenden Häuser schwebt. Wenn dann vom Schloß herab durch die stillgewordene Nacht die Hornsignale in langen Tönen ziehn, beschleicht es uns, als ob das ganze eine Zauberschöpfung sei, die ein Klang in's Dasein rief und die verschwinden muß, sobald der letzte Ton erstirbt.

III.
Holyrood-Palace.

Dieser so berühmt gewordene Palast liegt unmittelbar vor der Stadt in einem weiten, mehrfach geöffneten Thalkessel, der von verschiedenen Hügeln, vom Calton Hill im Norden, von den Salisbury Craigs im Osten und Süden und von dem hochgelegenen Alt-Edinburg im Westen, begrenzt und gebildet wird. Da, wo die letzten Häuser von Canongate (siehe das vorige Kapitel) ins Thal hinunter steigen, erhebt sich, kaum durch die Breite eines Markt-

Platzes von ihnen getrennt und die vor ihm liegende Hügelstraße hinaufblickend, der Palast von Holyrood. Vom Mittelpunkt der Stadt aus ihn zu erreichen, lassen sich zwei Wege einschlagen, der eine durch die Altstadt (High-Street und Canongate), der andere parallel damit durch Princes Street und Waterloo-Place, an einer Reihe hübscher Gartenanlagen hin, die sich bereits außerhalb der Stadt, am Fuße des Calton Hill entlang ziehen. Da ich noch oft Gelegenheit haben werde, den Leser auf dem erstgenannten Wege durch High-Street und Canongate zu geleiten, so wählen wir heut den Weg am Fuß des Calton Hill entlang, der uns, auf einem kleinen Umwege durch den Regents Road nach dem Palaste führt. Hübsche Landschaftsbilder breiten sich vor uns aus, sobald wir Waterloo-Place im Rükken haben, nichts besonderes aber fesselt unsren Blick, mit Ausnahme eines seltsamen Steinackers unmittelbar zu unsrer Rechten, von dem wir nicht wissen, ob er mehr einem Friedhof oder einem Schutthaufen gleicht. Auf unsre Frage erhalten wir folgende Antwort. Als Terrain geschafft werden mußte für das schottische Eisenbahnnetz, das in Edinburg seinen Centralpunkt hat, entschied man sich begreiflicherweise für Ankauf jener flußbettartigen, die Altstadt von der Neustadt trennenden Vertiefung, die ich im vorigen Kapitel beschrieben habe. In dieser Vertiefung, feucht und ungesund wie sie war, stand eine alte Kirche mit ihrem Gottesacker drum herum. Die Schiene brauchte Platz, der schottische Unternehmungsgeist war stärker als die schottische Kirchlichkeit und binnen Kurzem war der alte Bau ein Trümmerhaufen. Man wußte nicht was damit zu machen, oder konnte sich nicht einigen über den Verkauf, kurzum die ehemalige Kirche sammt ihren tausend Grabsteinen wurde wie Schutt vor die Stadt gefahren und dort auf einem, nunmehr umzäunten Felde abgeladen. Da liegen nun hoch aufgeschichtet die Trümmer von Sockel und Capitäl, von Kreuz und Leichenstein, das Ganze eine seltsame Ruhestatt, darauf man einen alt gewordenen Kirchhof begraben hat.

Unmittelbar hinter diesem Acker halten wir uns rechts und biegen in eine aus ärmlichen und zerstreuten Häusern bestehende Straße ein, die uns innerhalb weniger Minuten vor das Portal des Palastes führt. Ehe wir dasselbe erreichen, werden wir durch einen jungen Schotten der uns begleitet, auf das Badehaus der Maria Stuart aufmerksam gemacht. Wiewohl sein Finger eine ganz bestimmte Richtung angiebt, so fragen wir doch »wo?« Aber die halb erschrockene Frage ändert nichts und die Fingerspitze deutet unverrückt auf ein kleines, halb backofenartiges Eckhaus das wir eher für das Waschhaus einer armen Frau, als für das Badehaus einer Königin halten würden. Es ist so niedrig, daß man die Hand auf die untersten Dachziegel legen kann und ein etwas vorspringender klumphafter Giebel, der dem Ganzen das Ansehen giebt, als ob ein dicker Mann auf den Schultern eines dünnen säße, ist nicht angethan, der Erscheinung einen gesteigerten Reiz zu leihen. Kopfschüttelnd darüber, daß so viel Schönheit hinter solchen Mauern heimisch gewesen sein soll, schreiten wir weiter, erreichen nach kaum hundert Schritten eine platzartige Auffahrt, machen linksum und stehen in Front des Palastes.

Der Palast ist ein Viereck von mäßigen Proportionen, ziemlich niedrig, an den beiden hausartig vorspringenden Frontecken von je vier Spitzthürmen flankirt; das Ganze ohne Styl, ohne Schönheit, ohne Stattlichkeit, aber doch nicht geradezu häßlich und unverkennbar mit jenen Zügen ausgestattet, die eine Physiognomie interessant machen. Dies ist Holyrood-Palace. Neben demselben, aber etwas zurückgelegen, so daß beide Baulichkeiten nur an einer einzigen Ecke statt mit ihren vollen Seiten zusam*[men]* treffen, erhebt sich eine Ruine: die Royal Chapel von Holyrood, das einzige Ueberbleibsel jener reichen und stolzen Abtei, die hier mit ihren Klösterhöfen, ihrer Kapelle und ihren Gärten weite Morgen Landes bedeckte. Lange bevor es einen Holyrood-Palace gab, gab es eine Holyrood-Abtei. David I. von Schottland, der fromme

Gründer der Abteien von Melrose und Kelso, gründete auch diese Abtei von Holyrood (um 1150) und erst 350 Jahre später begannen neben derselben sich jene schlichten Mauern und Thürmchen zu erheben, die in ihrer damaligen äußerst begrenzten Ausdehnung kaum den Namen eines Palastes beanspruchen konnten. Es war ein Schwalbennest, das sich, wie Schutz suchend, an die stattliche, alte Abtei anklebte. Seitdem ist diese zu einer Ruine geworden, während der Palast ihr mit der Hälfte ihres Raumes zugleich das Ganze ihres Ruhmes genommen hat. Die Abtei hat längst aufgehört, eine Pilgerstätte zu sein, der Palast ist es geworden, und die wenigsten unter den Tausenden die dieser Stätte zuströmen, haben eine Ahnung davon, daß Wand an Wand mit dem Palaste von Holyrood noch eine gleichnamige Abtei ihrer harrt.

Wir besuchen diese zunächst. Die uns zugekehrte Front, ein Thurm und ein Portal, sind verhältnißmäßig gut erhalten und geben am deutlichsten Zeugniß für die nicht gewöhnliche Schönheit des Kapellenbaues der sich einstens hier erhob. Eintretend haben wir einen nach allen vier Seiten hin geschlossenen Raum vor uns, das Dach ist eingestürzt und der Fußboden gleicht einem Kirchhof; ein Rasenstück, aus dem sich zahlreiche Grabsteine erheben. Umschau haltend, wächst das Interesse, so lange wir unsere Aufmerksamkeit auf die Fülle des Details richten, das entweder durch Alter und Eigenthümlichkeit oder bei Schöpfungen einer späteren Epoche durch Schönheit imponirt. Von dem Augenblick an aber, wo wir Miene machen, uns in dem Ganzen zu orientiren, sind wir verloren und bezahlen unsere Wißbegier mit immer wachsender Unruhe. Wir fordern etwas, was uns die Dinge nicht mehr gewähren können. Vielfach zerstört und geschädigt, theilweis niedergerissen, um den Neubauten des Palastes Platz zu machen, schließlich (vor etwa 100 Jahren) unter die Hände eines pietät- und kenntnißlosen Architekten gerathen, gleicht das Ganze nur noch einer willkürlich zusammengesetzten Scherbenmosaik. Der Kitt hat Alles thun müssen. Nicht die Frage »paßt es« hat den Architekten beschäftigt, sondern immer nur die Frage »klebt es«. Die Grabsteine rings umher tragen manchen berühmten Namen, aber doch nicht berühmt genug, um einer besonderen Erwähnung werth zu sein. Nur einen Stein, am äußersten Ende der Kapelle, kündigt unser Führer mit gehobener Stimme an, den Stein, auf dem Maria Stuart und Darnley knieten, als der Bischof von Brechin ihre segenslose Ehe segnete. Man sagt, daß die Königin bei dieser Gelegenheit ein schwarzes Kleid trug, dasselbe, das sie am Begräbnißtage ihres ersten Gemahls getragen hatte.

Die beiden Namen aber, die wir eben vernommen, mahnen uns daran, daß auch wir nicht nach der Kapelle von Holyrood, sondern nach dem Palaste gleichen Namens unsere Wallfahrt angetreten haben und an der Flanke desselben hin, denselben Weg zurücknehmend, auf dem wir in die Kapelle eintraten, werfen wir jetzt von der platzartigen Auffahrt her nochmals einen Blick auf den Palast, zumal auf die berühmt gewordenen Stockwerke und Thürmchen an der Nordwestecke, und treten dann ein.

Das Portal, unter dem wir uns zunächst befinden, zeigt durchaus nichts Stattliches oder Schloßartiges, es ist ein gepflasterter Thorweg, dessen Ueberbau von rohen Säulen getragen wird. Zur Linken befindet sich eine Pförtner-, zur Rechten eine Wachtstube; Gewehre der Mannschaften hängen an den Wänden und die Schmucklosigkeit des Ganzen erinnert an einen Kasernen-Eingang, der vierzehn Tage vorher auf Regimentsbefehl geweißt worden ist. Wir passiren diesen Thorweg und haben jetzt den geräumigen, nach allen Seiten hin geschlossenen Hof des Palastes vor uns. Die Zimmer im rechten Flügel heißen die »Queen's Apartments«. Die Königin, um die es sich dabei handelt, ist nicht Queen Mary sondern Queen Victoria. Alljährlich, wenn die Königin nach Balmoral geht, um die Sommermonate auf dieser reizenden Besitzung (zwischen Inverneß und Aberdeen) zu verbringen, pflegt sie auf der Durchreise eine Nacht in Holyrood Palace zu verbringen. Ich habe diese Queens Apartments gewissenhaft in Augenschein genommen, führe aber meine Leser absichtlich nicht treppauf in den Flügeln des Gebäudes umher, sondern halte sie, um ihnen das Bild des Ganzen so wenig wie möglich zu verwirren, unter dem frischgeweißten Thorweg fest, und erzähl' ihnen lieber, was von jenen Apartments mit hohen Fenstern und herabgelassenen Rouleaux zu wissen Noth thut. Alle dahin gehörigen Zimmer sind modern, moderne Bilder, zum Theil kein Dutzend Jahre alt, hängen an den Wänden, beblümter Zitz zieht sich sorglich über Stühle und Ottomanen, und die nicht sonderlich interessante Inspektion schließt man mit der beruhigenden Gewißheit, daß kein Rizzio in diesen Räumen ermordet worden sei.

Um diesen ermordeten Rizzio handelt es sich nun aber mal, die ganze Berühmtheit dieses Ortes knüpft sich an jenen baufälligen alten Nordwestthurm, der der Zeuge jener Ermordung war. Diesem Nordwestthurm gilt jetzt unser Besuch; aus dem Thorweg tretend biegen wir links kurzum, schreiten an der Rückseite des Frontflügels entlang, und treten da, wo der linke Flügel auf den Frontflügel stößt, durch eine Eckthür ein. Die Räumlichkeiten dieses Thurmes liegen in drei Etagen: Hochparterre die Zimmer Darnley's und eine Gemälde-Gallerie; eine Treppe hoch die Zimmer Maria Stuarts; zwei Treppen hoch niedrige Zimmerchen, in denen einige Damen vom Haushalt der Königin (vielleicht die sogenannten »vier Marien«) gewohnt haben mögen.

Ueber diese vier Marien möchte ich hier ein paar Worte einschalten. Sie waren die Töchter aus vornehmen schottischen Familien, standen im selben Alter wie die Königin, hatten schon in Frankreich die nächste Umgebung derselben ausgemacht und waren mit ihr nach Schottland zurückgekehrt. Ihre Namen waren Mary Fleming, Mary Beaton, Mary Livingstone und Mary Seaton. Die Letztere stand ihr besonders nah und war ihre einzige Gesellschafterin während ihrer Gefangenschaft in Schloß Lochleven.

Die Idee, eine Königin Maria mit vier Marien zu umgeben, wie man einen Edelstein mit vier ihm verwandten Steinen umgiebt, scheint schon zu Lebzeiten Marias die Poëten des Landes vielfach angeregt zu haben und so existiren mehrere alte Balladen, in denen diese vier Marien eine Rolle spielen. Die vier oben angeführten Familiennamen werden dabei nicht immer festgehalten, und so führt z. B. die schönste und ergreifendste der Marien-Balladen die Ueberschrift: »Maria Hamilton.«

Wir kehren nach dieser Abschweifung zu unserm Nordwestthurme zurück. Das erste, was wir in Augenschein nehmen, ist die Gemäldegallerie. Diese ist ein Unicum und insofern ganz an ihrem Platze hier, als sie ein heiteres Gegengewicht gegen die Schrecknisse dieses Ortes bildet. Sie enthält hundert und zehn Portraits der schottischen Könige von Fergus I. (330 vor Christo) bis auf Karl Stuart. Der Künstler, der sie schuf, hieß Jakob de Witt, ein Vlamänder. Der Contract, durch den er sich zur Herstellung dieser Portraits verpflichtete, existirt noch; er ist aus dem Jahre 1684 und lautet dahin: »Jakob de Witt verpflichtet sich zur Lieferung von 110 Portraits in zwei Jahren, so wie auch zur Beschaffung der dazu nöthigen Farben und Leinwand; das Gouvernement andererseits zahlt besagtem de Witt jährlich 120 Lstr. und macht sich verbindlich, ihm die nöthigen Originale zu liefern.« Sehr komisch ist die Kostüm- und Familienähnlichkeit aller, so daß es Niemandem auffallen würde, wenn man die Nummern durcheinander werfen und die Namen hinterher durch Loos bestimmen wollte. Englische Dragoner zerhieben während des Stuart-Aufstandes (1745) ein Dutzend dieser Portraits, wogegen nicht viel zu sagen ist; das aber muß überraschen, daß man sich hinterher die Mühe gegeben hat, diese zersäbelten Kunstschätze wieder zu restauriren. Der Saal, in dem sich diese Portrait-Gallerie befindet, ist dadurch interessant, daß der Prätendent oder »Prinz Charlie« wie ihn die Schotten zu nennen pflegen, während seiner kurzen Residenz in Holyrood einen prächtigen Ball in demselben gab. Hier tanzten jene Gestalten, die W. Scott in seinem »Waverley« auf viele Jahrhunderte hin der Vergessenheit entrissen hat: Fergus und Flora Mac Ivor, der alte Bradwardine und seine reizende Tochter.

In gleicher Höhe mit der Gemälde-Gallerie befinden sich die Zimmer Lord Darnley's. Alte Bilder und Tapeten hängen an den Wänden, aber nichts, was unsere Aufmerksamkeit in Anspruch nehmen könnte; nur das Schlafzimmer wird dadurch interessant, daß es an einen halbversteckten Treppenthurm grenzt, dessen spiralförmige Steintreppe damals eine geheime Verbindung nach unten und nach oben unterhielt. Nach Oben führte diese Vertraulichkeits-Treppe in die Gemächer der Königin, nach Unten auf die Straße. Personen, die im Palast nicht gesehen werden sollten, machten mit Hülfe dieser Treppe ihren Besuch bei Lord Darnley; auch die Verschwörer gegen Rizzio stiegen am Abend des 9. März hier hinauf. Nachdem sie einig geworden, sammelten sie sich draußen auf den obersten Stufen der einen, und den untersten Stufen der andern Treppe (der Raum ist so eng, daß an Flur und Treppenabsatz gar nicht zu denken ist) um nun Mann hinter Mann, nicht unähnlich wie man eine Sturmleiter erklimmt, in die Zimmer der Königin vorzudringen. Wir hatten vor, denselben Weg zu machen und wanden uns die Spirale hinauf, auf der an jenem Märzabend Darnley und seine Freunde hinan gestiegen waren. Es ward uns ein wenig unheimlich dabei und dies Gefühl wuchs noch, als wir plötzlich vor einer kleinen, kaum mannsbreiten Thür standen und vergeblich auf die rostige Klinke drückten, um zu öffnen. Lord Ruthven und seine Leute würden durch einen kräftigen Fußtritt das unerwartete Hinderniß rasch aus dem Wege geräumt haben, wir aber fanden uns veranlaßt, kehrt zu machen und auf dem eigentlichen Treppenaufgang nunmehr unser Glück zu versuchen.

Die sogenannten Queen Mary's Apartments, also die Zimmer der Königin Maria, befinden sich unmittelbar über den

Zimmern Lord Darnley's und umfassen vier Räume von verschiedener Größe. Wir treten zuerst in das Audienz-Zimmer, dem es seiner Zeit an Eleganz und Farbenfrische nicht gefehlt haben mag; Gobelintapeten, Holzgetäfel an Wand und Decke und in der Mitte des Zimmers eine Art Staatsbett, in dem Karl I. bei seinem letzten Besuche in Schottland geschlafen haben soll. Hundert Jahre später ruhte Prinz Charlie (nach dem Siege von Preston-Pans) auf diesen Kissen aus, schwerlich träumend, daß er sieben Monate später schon ein gehetzter Flüchtling sein und sein Besieger (der Herzog von Cumberland) auf eben jenen Kissen schlafen werde. Vielleicht daß das Bett vor hundert Jahren einladender war als jetzt; wie es da vor mir stand, weckte es nur die Empfindung, daß ich mir ein angenehmeres Lager gesucht und selbst ein Bivouac auf schottischer Haide vorgezogen haben würde. Was diesem Audienzzimmer eine größere Bedeutung leiht als die Gardinen und die historischen Erinnerungen dieses Betts, ist der Umstand, daß die vielfachen Begegnungen zwischen John Knox und der Königin an dieser Stelle stattfanden. Hier war es, wo sie unter Zorn und Thränen ausrief: »Was kümmert euch meine Heirath? wer giebt euch das Recht zu dieser Sprache? wer und was seid ihr in diesem Lande?« und wo der Mann im Genfer Käppchen, ungeblendet durch Schönheit und unerschüttert durch Macht, standhaft erwiederte: »Ich bin ein Unterthan dieses Landes, geboren darin; und ob ich auch kein Graf oder Herr bin, doch bin ich ein nützliches Glied dieser Gemeinschaft.«

Aus dem Audienzzimmer treten wir in das Schlafzimmer, dasselbe, an dessen wurmstichiger Thür wir von außen gepocht hatten. Das Zimmer ist ein Quadrat, aber durch Fenster, Thüren, Kamin und Nischen so vielfach unterbrochen, daß es mehr den Eindruck eines Vielecks als eines Vierecks macht. Die Einrichtung ist so ziemlich dieselbe, wie die des Audienzzimmers, aber hundert Kleinigkeiten, die durch die Hand der schönen Frau gingen, ihr dienten oder sie erfreuten, finden sich hier zusammen und machen dies Zimmer zu dem interessantesten, das man vielleicht irgendwo betreten kann. Das Bett mit seinen Scharlachbehängen, seinen Schnüren und Quasten ist wohl erhalten und auf den Polstern und Decken liegt der zwei Hand breite Rest von einer jener wollnen Dekken, die nach englisch-französischer Sitte schon damals statt des Federbetts dienten. Es ist bekannt, wie leicht solche Dinge ins Lächerliche umschlagen, aber die ganze Umgebung ist der Art, daß Frivolität nicht aufkommen kann und sich bescheidet, anderen Gedanken das Feld zu räumen. Die Gobelin's, die an den Wänden hängen, stellen den Fall des Phaëton dar; man kann darin nicht gut, wie einige gewollt haben, ein sinniges Spiel des Zufalls erkennen, da der Fall der schönen Königin sicherlich keine Vergleichungspunkte mit dem des Phaëton bietet. Sie strebte nie zu hoch, im Allgemeinen nicht hoch genug; als sie dem Bothwell die Hand reichte, entschlug sie sich ihrer Würde als Königin und als Frau, das stürzte sie. – Unter den Kleinigkeiten, deren das Zimmer so viele besitzt, sind Stickereien von der Hand der Königin Elisabeth, die diese der Maria Stuart für deren eben geborenen Sohn, den späteren Jakob VI. zum Geschenk machte; daneben Handarbeiten Maria Stuarts selbst, Körbchen, Kästchen, Necessaires u. s. w.

Von diesem Schlafzimmer aus führen zwei Thüren, nach rechts und links hin, in zwei angrenzende kleine Räume, von denen der eine den Namen eines Ankleide-Zimmers (dressing room) der andere den eines Eßzimmers (supping room) führt. Der dressing-room hat kein Blatt in der Geschichte; desto mehr Blätter gehören dem supping-room. Wir werfen noch einen Blick auf die mehrerwähnte, wurmstichige kleine Thür, die wir jetzt kaum Fuß breit zur Rechten haben und treten nunmehr in den unmittelbar daneben gelegenen supping-room ein. Wir sehen darin allerhand Rüstungsstücke (Brustharnisch, Schwert, Sporen), die dem Lord Darnley gehört haben sollen; an anderer Stelle befindet sich ein Marmorblock und ein auf Stein gemaltes kleines Altarbild, Dinge die einstens der Hauskapelle der Königin zugehörten und nun wie in einem Curiositäten-Laden, in diesem supping-room eine Stelle gefunden haben. So unpassend wie möglich. Dies Zimmer müßte kahl und leer sein, nackte, graue Wände, nichts weiter. Hier empfing Rizzio die ersten Dolchstiche. Was den Eintretenden mit ganz besondrem Schauder erfaßt, das ist die überraschende Kleinheit und Enge dieses Gemachs. Es ist nur 10 Fuß lang und 9 Fuß breit. Man war hier auf Dolche angewiesen. In diesem Zimmer befanden sich am Abend des 9. März 1565 sieben Personen: Maria Stuart; ihr Halbbruder Lord Robert Stuart; Arthur Erskine, Hauptmann von der Garde; ein Kammerherr; eine Hofdame; die Gräfin von Argyle und Rizzio. Rechnet man den Tisch hinzu, an dem sie saßen, so muß das Zimmer gefüllt gewesen sein. Aber die draußen stehenden waren entschlossen, Platz zu schaffen. Zuerst erschien Darnley, setzte sich neben die Königin und schlang seinen Arm um ihren Leib, um sie nach Möglichkeit auf ihrem Sitze festzuhalten. Dann trat Lord Ruthven ein, hager, blaß, todtkrank, das Haupt unbedeckt, aber sein Leib in Eisen gekleidet; mit ihm kamen Kerr von Falkonside und George Douglas; Bewaffnete und Fackelträger schlossen den Ausgang. »Es gilt nicht Euch, hohe Frau,« rief Ruthven, »nur jenem Schuft da.« Rizzio sprang auf und barg sich hinter der Königin. Es war jetzt unmöglich, ihn zu treffen; der enge Raum des Zimmers war abgesperrt, eine lebendige Hecke, dahinter der Sänger. »Gebt ihn heraus« schrie Kerr von Falkonside und legte sein Pistol auf die Königin an. Die geängstigte aber entschlossene Frau folgte ihm mit den Augen. Diesen Moment benutzte Douglas; über die Schulter der Königin hinweg, traf er jetzt den dahinter geborgenen Sänger. Rizzio sank zusammen; man zog ihn hervor, zerrte ihn durch das Schlaf- und Audienzzimmer; draußen an der Treppenstufe ließ man ihn liegen. Sechsundfunfzig Dolchstiche hatten ihr Werk gethan. Lord Ruthven schritt in das Zimmer der Königin zurück und forderte einen Becher Wein. Er war so matt, daß er sich mühsam aufrecht hielt; eine Woche später war er nicht mehr. Der Tod schien nur gewartet zu haben, um nicht zwischen ihn und diesen Mord zu treten.

All das stand vor unserer Seele, als wir uns in dem elenden Zimmerchen umsahen. Wir verließen es wieder ohne ein Wort zu sprechen. Als wir bis an die Treppe gekommen waren, rief uns einer der Aufseher nach; wait a moment, gentlemen, you did'nt see the blood yet. »Warten Sie einen Augenblick meine Herren, Sie haben das Blut noch nicht gesehen.« In der That standen wir auf dem Punkt, an dem Blute Rizzio's ohne weitere Theilnahme vorbeizugehen. Wir hielten an und sahen nun den großen braungrauen Fleck, das sichtbare Zeichen der Schrecknisse jenes Abends. Zu sagen, daß wir viel dabei empfunden hätten, wäre Lüge. Diese Dinge dürfen einem nicht in Substanz auf den Leib rücken. Die rothen Flecke, die das Gewissen der Lady Macbeth sieht, wo sie nicht sind, werden ewig ihr Grauen für uns behalten; aber es ist vorbei damit, wenn man uns das Blut tischbreit auf die Diele malt. Auch die Vorstellung kann nicht retten, daß es vielleicht das ächte sei.

IV.

Von Holyrood bis Edinburg-Castle.

Aus Holyrood-Palace heraustretend und den mehrerwähnten Platz passirend, der unmittelbar vor dem Palaste liegt, treten wir jetzt in den untern Theil jener hügelansteigenden, malerisch gelegenen Straße ein, deren Profil-Linien ich im zweiten Kapitel bereits beschrieben habe. Der untere Theil der Straße, am Hügelabhang gelegen, heißt Canongate; der obere Theil, den Rücken des Hügels einnehmend, ist High-Street.

Canongate, so geheißen, weil die Chorherren (Canon's)

von Holyrood die ersten Häuser hier aufführten, war vor drei Jahrhunderten der Lieblingssitz der Reichen und Vornehmen des Landes. Die unmittelbare Nähe des Palastes machte es, daß man diesem Faubourg (denn das war Canongate damals) selbst den Vorzug vor der stattlicheren High-Street gab. Lange Zeit hindurch blieben diese Dinge unverändert und noch in der Mitte des vorigen Jahrhunderts hatten Herzöge, Grafen und Lords ihre Paläste hier. Wenn man sich jetzt in dieser Straße umsieht, so kann man freilich ein gewisses Staunen nicht unterdrücken, daß z. B. noch um 1750 herum, fünfundzwanzig Grafen (der Lords und Barone zu geschweigen) ihre Paläste hier gehabt haben sollen. Unscheinbare Häuser zu beiden Seiten der Straße führen noch jetzt den Namen alter und berühmter Geschlechter und beweisen im innigsten Zusammenhange mit den Thaten, die hier geschehen, welch Zustand verhältnißmäßiger Rohheit und Unkultur hier noch herrschte, als das übrige West-Europa bereits unter dem Einfluß der wiedererwachten Künste war. Geschmack und Comfort fanden hier sehr spät eine Stätte. Als Schottland während des 16. Jahrhunderts in die nächste politische Beziehung zu Frankreich trat, waren die Zustände des Landes noch so arm und hoffnungslos, um in der Bevölkerung desselben nicht einmal den Gedanken an Mitbewerbung oder Nacheiferung aufkommen zu lassen. Den Rest that der Puritanismus; was noch von Schätzen und Vorbildern guten Geschmacks übrig war, das brannte er nieder oder entkleidete es seiner Schönheit. Abgeschiedenheit, Armuth und das ausschließlich auf's Innerliche gerichtete religiöse Leben des schottischen Volks vereinigten sich dahin, der Kunst und ihrem nie fehlenden Gefolge, dem Comfort und dem Luxus, die Niederlassung, das Bürgerrecht in diesem Lande zu erschweren. Das Haus blieb hier ein bloßer Steinbau mit kleinen Thüren und dürftigen Fenstern, eine Schutzwehr gegen Wind und Wetter, ein Castell, fest, eng, warm, aber – schmucklos.

Wer geneigt sein könnte einen Zweifel hiergegen zu erheben, der sehe sich um in Canongate. Kein englischer Fisch- und Gemüsehändler würde jetzt Raum, geschweige Comfort genug in einem jener grauen Steinhäuser finden, drin noch vor 100 Jahren die Träger berühmter Namen sich's wohl sein ließen.

Nur einige Häuser zeichnen sich auch jetzt noch durch ihre Geräumigkeit oder durch jene Apartheiten in der Bauart aus, die uns sofort muthmaßen lassen, daß es nicht alltägliche Dinge gewesen sein können, die sich darin zugetragen haben. Da haben wir zunächst zur Linken »Queensberry-House.« Die ehemalige Wohnung der Herzöge gleichen Namens ist seit 50 Jahren und mehr zu einem Hospital und Armenhaus geworden, eine Umwandlung, der man es lassen muß, daß sie im Einklang steht mit dem spukhaften Mauerwerk und der finstren Geschichte, die sich daran knüpft. Diese Geschichte ist folgende. Es war am 5. Mai 1703, an demselben Tage, an dem die Union zwischen England und Schottland, die bis dahin nur als Personal-Union bestanden hatte, durch Abgeordnete beider Länder zum Abschluß gebracht wurde. Die glückliche Beendigung der dahin abzielenden Schritte war das Werk und Verdienst des schottischen Herzogs von Queensberry. Der Herzog verließ früh das Haus, um beim Abschluß der Verhandlungen zu präsidiren. Ganz Edinburg war auf den Straßen. Auch die Dienerschaft von Queensberry-House hatte das herzogliche Palais verlassen, Niemand war im Hause zurückgeblieben, als des Herzogs ältester Sohn, wahnsinnig in seiner Zelle, und ein Küchenjunge hinterm Herd. Gegen Mittag waren die Verhandlungen geschlossen, Kanonenschüsse vom alten Schloß her rollten über die Stadt hin. Alles strömte heim, auch die Dienerschaft von Queensberry-House. Was fanden sie vor? Die Eisenstäbe der Zelle waren zerbrochen; in der Küche stand der Wahnsinnige und drehte den Spieß; an dem Spieß steckte der Küchenjunge. Das Grausige dieser Geschichte wächst noch durch den leisen Beisatz von Komischem, der unser

Gefühl in einen gewissen Zwiespalt und uns vor uns selber fast unter die Anklage der Frivolität bringt.

Hundert Schritte aufwärts von Queensberry-House haben wir Murray-House an derselben Seite der Straße. Die blanken Fenster und die geputzten Messinggriffe sagen uns hier, daß noch Bewohner hinter diesen sauber gehaltenen Wänden leben, die, wenn nicht an Rang und Reichthum, so doch an Sitte und vornehmer Gewöhnung jenen Königlichen Murray's verwandt sein müssen, die vor zwei Jahrhunderten hier heimisch waren und dem Hause seinen Namen gaben. Im Vorübergehen gewahren wir an den Fenstern des ersten Stocks einen schmucklosen eisernen Balkon. Die Geschichte, die sich daran knüpft, erzähl' ich in einem späteren Kapitel.

Zwischen Queensberry-House und Murray-House, an der andern Seite der Straße, liegt die alte Kirche von Canongate. Die Kirche ist häßlich und interesselos, und selbst die Grabsteine, die nach allen vier Seiten hin sie umlagern, weisen keinen einzigen Namen von Bedeutung auf. Um den Namen Adam Smith's scheint diese Begräbnißstätte durch einen Zufall oder eine Laune gekommen zu sein. Das Grab des Schöpfers der Nationalökonomie befindet sich seitab in einiger Entfernung vom Kirchhof. Kirchlicher Rigorismus kann dabei nicht maaßgebend gewesen sein, da Adam Smith auch in kirchlichen Dingen durchaus jene Harmlosigkeit zeigte, die ihm in allen Lebensbeziehungen eigen war. Von dieser Harmlosigkeit sei es mir gestattet, hier einen anekdotischen Zug als Probe einzuschalten. Der Verfasser des Reichthums der Nationen, der beiläufig bemerkt, wie fast alle Nationalökonomen, in der Verwaltung seiner eigenen Angelegenheiten hinter den bescheidensten Anforderungen zurückblieb, war unverheirathet, stand aber statt dessen unter der strengen Herrschaft einer Anverwandten, die ihm die Wirthschaft führte. Er hatte wenig Neigungen und Bedürfnisse, nur ein Stückchen Zucker liebte er dann und wann aus der Schaale zu naschen. Diese Neigung zu befriedigen war aber nicht immer leicht, da die Zuckerschaale unter der besonderen Aufsicht der Dame des Hauses stand. Er pflegte zu diesem Zwecke im Zimmer auf und ab zu gehen, die Anverwandte in ein Gespräch zu verwickeln und dabei abzuwarten, bis sie endlich der Schaale den Rücken zukehrte; diesen Moment benutzte er dann, um seinen Ueberfall mit Muth und Geschicklichkeit auszuführen.

Unmittelbar neben der alten Kirche liegt das Gefängniß von Canongate, ein wenigstens um etwas bemerkenswertherer Bau, wenn auch nur seiner lateinischen Inschrift halber. Dieselbe lautet: sic itur ad astra, als ob der Weg durch das Canongate-Gefängniß eine besondere Anwartschaft auf den Himmel böte. Niemand in Edinburg hat mir diesen Wiedersinn erklären können. Vielleicht, daß das Gebäude in alten Zeiten einem völlig verschiedenen Zwecke gedient hat.

Wir haben jetzt Canongate passirt, d. h. haben den am Hügelabhang liegenden Theil der großen Verbindungsstraße zwischen Holyrood-Palace und Edinburg-Castle hinter uns und treten jetzt da, wo die Straße den Hügelrükken erreicht hat und in horizontaler Linie sich fortzusetzen beginnt, in High-Street ein. An dieser Stelle nimmt die eigentliche Altstadt-Edinburg ihren Anfang. Hier befand sich in früheren Jahren, wenn ich nicht irre, ein Thor, das die eigentliche Stadt von der Vorstadt schied, ähnlich wie sich Temple-Bar noch jetzt zwischen City und Westminster, oder die Porte St. Martin zwischen der Stadt und dem Faubourg erhebt. Gleich das erste Haus, das wir zur Rechten haben, wo Canongate sich plötzlich in die breitere High-Street erweitert und dadurch eine Art Eckhaus bildet, ist ein Gebäude von hohem Interesse. In diesem Hause lebte John Knox. »Und dies dieselbe High-Street«, so sagten wir uns, »die der muthige Mann so oft und so freudig entlang schritt, um in der alten St. Giles-Kirche den Zorn Gottes auf die ›Gottlosen‹ herabzurufen!« »und dies dasselbe Canongate,« so setzten wir hinzu, »das er zögernd hinabstieg, wenn es andern Tags galt, die Drohworte von

St. Giles vor der Königin in Holyrood-Palace zu entschuldigen oder – zu wiederholen!« Das Gebäude, wie es da ist, läßt an altem Ansehn nichts zu wünschen übrig, dennoch ist es, so viel ich weiß, eine Art Kunstprodukt, zu dessen Herstellung man im Lauf der letzten zehn Jahre geschritten ist. Man kam zu einer Art Compromiß und behing so zu sagen einen neu hergestellten Leib mit den alten Kleidern. Wie man von baufälligen Kirchen eine Reihe von Freskobildern loszulösen und diese Bilder dann neuaufgerichteten Wänden wieder anzufügen versteht, so hat man auch das alte Haus des John Knox einem unerläßlich gewordenen Umbau zu unterwerfen gewußt, ohne dadurch die Formen und Verhältnisse des Hauses zu zerstören oder gar gewisse Apartheiten und Ornamente desselben zu beseitigen. Die Weise, in der dabei von Seiten der Bauverständigen verfahren wird, entgeht zwar niemals den Angriffen der antiquarischen Enthusiasten, aber wer könnte ihnen genügen? Hier in London hab ich vor Kurzem den Beauchamp-Thurm*) (im Tower) nach einem ähnlichen Prinzip wie oben beschrieben, restauriren sehen. Die von außen wahrnehmbaren Sehenswürdigkeiten des John Knox'schen Hauses bestehen aus drei Dingen: Erstens aus dem kleinen Eckfenster im ersten Stock, von wo herab der

*) Der Beauchamp-Thurm ist unter den vielen Thürmen und Plätzen, die im Tower gezeigt werden, so ziemlich der interessanteste. Er diente während des 16. Jahrhunderts (unter den Tudor's) als Staatsgefängniß. Im Jahre 1852, als ich ihn zuerst sah, war er noch wohl erhalten und allem Anschein nach durchaus intakt; das Hauptzimmer mit seinen zahlreichen in den Kalk gekratzten Sprüchen und Wappenbildern, (Inschriften von den Dudley's, den Poole's etc.) machte den Eindruck völliger Aechtheit. Seitdem hat man das Innere des Thurms ganz umgebaut und in die Mörtelbekleidung der neuen Wände basreliefartig alle die alten, mit mehr oder mindrer Sorgfalt losgelösten Stücke eingefugt. Gegen das Prinzip, das diesem Verfahren zu Grunde liegt, läßt sich gewiß nichts Erhebliches sagen, aber das »wie«, die Art der Ausführung, hätte allerdings eine sorglichere und pietätsvollere sein können. Man hat die historische Patina hinweggeputzt, ohne welche diese Dinge aufhören, sie selbst zu sein.

Reformator häufig zu dem unten versammelten Volk gesprochen haben soll; zweitens aus einer Inschrift, die da lautet: Love God above all and your Neighbour as yourself (liebe Gott über Alles und Deinen Nächsten wie Dich selbst) und drittens aus einer bunt bemalten kleinen Holzpuppe, die sich unmittelbar neben jenem Eckfenster befindet und den Reformator selber, wie er zum Volke predigt, darstellen soll. Diese Puppe, wahrscheinlich nicht älter als 50 Jahre, ist das Produkt guten Willens und wenig Geschmacks. Sie hat nur das Gute, daß sie das Haus in unverkennbarer Weise markirt und dem Fremden ein Führer oder Fingerzeig wird, ohne dessen Hülfe das ziemlich unscheinbare Haus unter einer Masse ähnlicher Baulichkeiten verschwinden würde.

High-Street weiter hinauf gehend, haben wir jetzt, zumal wenn wir uns auf der rechten Seite der Straße halten, einen Ueberblick über die drei Kirchen, die den Weg von Canongate bis Edinburg-Castle in drei fast gleiche Theile theilen und, ohne selber besonders schön zu sein, nicht wenig zu dem malerischen Effekt der ganzen Straße beitragen. Vom Monumente Walter Scotts aus (siehe das zweite Kapitel), wo High-Street und Canongate im Profile vor uns liegen und eine Seiten-Vue gestatten, ist dieser Effekt freilich am größten, aber auch en face die Straße hinansteigend, so bald wir nur die eine Linie vermeiden, auf der die erste Kirche (Tron Church) die beiden andren deckt, genießen wir eines prächtigen Anblicks.

Wir befinden uns jetzt in gleicher Höhe mit Tron Church, haben diese alte, nichts besonderes bietende Kirche unmittelbar zu unserer Linken, und blicken nun, die Strecke bis zur St. Giles-Kirche hin überschauend, in den schönsten und historisch-berühmtesten Theil von High-Street hinein. Die Dinge unterscheiden sich hier wesentlich von dem, was wir in Canongate gesehen. Die Häuser, die sich zu beiden Seiten der Straße erheben, sind eben so alt oder noch älter als dort; die Leute, die drin leben, haben eben so wenig oder noch weniger irgend etwas gemein mit jener

Aristokratie, die hier wie dort einst ihre Paläste hatte; Schmutz, Armuth und Hökerkram haben hier wie dort ihre Wohnung aufgeschlagen. Aber was den Unterschied macht, das ist das Massenhafte der Bauart, der wir hier begegnen. Die grauen Quaderhäuser mit breiten, vielfenstrigen Fronten steigen sechs und sieben Stock hoch in die Luft und geben der ganzen Straße das Ansehn einer Reihe von Palästen. Daß diese Paläste räuchrig und schmucklos, zum Theil schmutzig und halb verfallen sind, reicht nicht aus, der Straße diesen ihren Charakter zu nehmen. Die Häuser von Canongate gleichen vernachlässigten Sommerresidenzen, in denen der Adel früherer Jahrhunderte seinen temporären Aufenthalt nahm, hier auf dem Rücken des Hügels aber haben wir wirkliche Schlösser; hoch, fest, imposant. Diesen Charakter des Schloßartigen hat die Straße in so hohem Maaße, daß die stattlichen Neubauten (Bank, Börse, Rathhaus, Parlament), die man hier und dort zu beiden Seiten der Straße aufgeführt hat, nicht im Stande gewesen sind, den imponirenden Eindruck des Ganzen zu steigern, gegentheils. Ich komme später auf diesen Punkt zurück.

Die einzelnen Häuser, selbst die besten, zu beschreiben, ist nicht möglich. Was über sie zu sagen ist, das ist gesagt. Eines gleicht dem andern. Grau, steinern, schmucklos, steigen sie in die Luft, unmalerisch einzeln, aber pittoresk als Ganzes und immer wirksam durch Masse und Proportion. Was ihnen bei genauerem Einblick einen aparten Zug verleiht, das sind die sogenannten »Engen«, jene wunderlichen Kreuzungs-Produkte von Hof, Mauergang und Sackgasse, die unter dem Namen der »Closes von Edinburg« in ganz England eine Art von Notorität erlangt haben. Diese »Closes«, wie schon aus meiner obigen Umschreibung hervorgeht, sind nicht geradezu etwas neues und besondres. Neben jenem Mischlingscharakter, der sie allerdings eigenthümlicher erscheinen läßt als sie sind, verdanken sie ihren Ruf wohl zumeist dem Umstande, daß es in ganz England wenig alte Städte giebt, d. h. Städte die sich noch in ihrem ehemaligen alten Aufzuge der Welt präsentiren. In unseren alten deutschen Städten ist an solchen Close's kein Mangel; unsre »Höfe« in Wien, Augsburg, Leipzig, Danzig, sind im wesentlichen dasselbe. Noch ähnlicher sind ihnen die »Courts« in den alten Stadttheilen London's: besonders am Strand, um Drury-Lane herum, und in Fleet-Street. Die letztere Straße ist so reich daran, daß man sie der High-Street von Edinburg fast an die Seite setzen könnte. Aber was diesen Close's, weit über ihren eigentlichen Anspruch hinaus, wenigstens den Schein von etwas Besonderem leiht, das ist ihre ganz aparte Enge. Man passirt zuerst einen schmalen, überwölbten, leider oft als Rinnstein dienenden Gang, der sich durch die ganze Tiefe des Hauses zieht, etwa wie ein Festungsthor durch die ganze Tiefe der Mauer läuft. Hat man, nach vorsorglicher Applizirung eines Taschentuches, diesen in Dunkeln fließenden Schleichbach hinter sich, so steht man auf einem mal stein-, mal fliesenbedeckten Hofe, der bei der Höhe der Häuser, die ihn dicht umschließen, mehr einem Rauchfang als einem Hofe gleicht. Treppen münden hier aus, unbeschreiblicher Schutt und Hausrath liegt in den Winkeln umher und durch alle Etagen hindurch hängt Wäsche an Stöcken und Stangen zum Fenster hinaus. Wie viel Tage die Letztere braucht, um hier ohne Luft und Licht zu trocknen, hätt' ich gern erfahren. Das sind die Close's von Edinburg. Sie zu betreten ist mißlich; aber von der Straße aus, durch den dunklen schmalen Gang hindurch, in den Hof und sein Getreibe hineinzublicken, verlohnt sich doch der Mühe. Neben manchem bloß Pikanten bietet sich auch Malerisches und durch Reiz und Schönheit Fesselndes dar. Ich entsinne mich einzelner Häuser, in denen der schmale Gang des Vorderhauses sich über den Hof fort noch durch die ganze Tiefe des Hinterhauses zog. In einem anderen Falle lief neben dem letzteren eine offene, als Garten benutzte Passage her. Dieser Gartenstreifen, kaum vier Fuß breit, hatte nach vorn hin eine Gitterthür; ein dahinterstehender Rosenstrauch reichte seine Rosen durch die

Eisenstäbe hindurch in den Hof hinein, über Gitter und Strauch aber schwebte ein Stück Himmel, auf dessen blauem Hintergrunde sich das bunte Leben von Princes-Street, wie ein Camera obscura-Bild, auf und ab bewegte.

Auf dem Wege von Tron-Church bis St. Giles haben wir das eigentliche High-Street-Leben um uns her. Wenig Fuhrwerk auf dem Straßendamme, aber desto mehr Verkehr auf dem Trottoir und dem Bürgersteige. In den Mittagsstunden und beim Dunkelwerden, wenn »Feierabend« begonnen hat, gesellt sich zu diesem Tages- und Geschäfts-Verkehr noch eine andere Art von öffentlichem Leben, das, so weit ich es kenne, in dem nördlichen Europa nichts Gleiches hat und durchaus an das Treiben italienischer Städte erinnert. Die Buntheit, die Heiterkeit des Südens fehlt, aber das Stehen und Schwatzen vor den Thüren ist allgemein und geht rasch in jenes stille, behagliche Auf und Ab, in jene mußevolle Bewegung über, die kein Ziel verfolgt und sich selber Zweck ist. Die armen Leute von Edinburg gehen allabendlich auf ihrer High-Street spatzieren. Das klingt nicht viel, ist aber eine große Sache und giebt jedenfalls der ganzen Straße einen Charakter, der uns durch seine Neuheit völlig frappirt. Unsre nordischen Straßen haben aufgehört Versammlungsplätze zu sein, sie dienen ausschließlich dem Verkehr und gleichen abgesteckten Rennbahnen, auf denen nur gelaufen wird.

Aber selbst die Buntheit des Südens sollten wir nicht lange vermissen, als wir High-Street entlang schritten. An allen Ecken standen Hochlandssöhne mit Kilt und Plaid, nicht genau in die Farben ihrer Clan's gekleidet, aber immer noch bunt genug, um das Bild zu beleben. Es waren Werbe-Unteroffiziere von den Highlanders, »Kameraden von der hohen Nummer«, was in England einen stolzen Klang hat, wo die Nummern 72. und 93. auf den Hochlands-Schultern zweier berühmter Regimenter stehen. Vieles ist gegen die Hochlandstracht im Allgemeinen gesagt und geschrieben worden und gewiß mit Recht, aber malerisch ist und bleibt sie. Selbst das Zwitterkostüm der Hochlands-Regimenter, die oben den abgeschnittenen rothen Frack der Engländer adoptirt, nach unten hin aber den Kilt und die Nacktbeinigkeit in aller Integrität bewahrt haben, ist immer noch eine Schöpfung von relativer Geschmacksfülle. Unter allen Umständen fehlt – die Hose, dieser Triumph des Praktischen über die Schönheit. Kurz vorher, eh' wir nach Schottland aufbrachen, hatten wir in London die Straßen und Plätze besucht, auf denen der englische Werbe-Unteroffizier sein Wesen treibt. Es war uns somit eine vortreffliche Gelegenheit zum Vergleich gegeben. Der Vergleich fiel sehr zu Gunsten Schottlands aus. In beiden Fällen, hier wie dort, war das Bierhaus Station und Sammelplatz; aber der ächte Hochländer, der, wie das Sprüchwort sagt, sich schon die Muttermilch mit Whisky verdünnt, scheint dem Werbegeschäft besser gewachsen zu sein. Er bleibt nüchtern. Breakfast und Lunch (zweites Frühstück) waren längst vorüber, doch unangefochten, fest, gradlinig, gravitätisch, schritten ein paar Sergeanten vom Sutherland-Regimente auf und ab, uns musternd und dann grüßend, als wir an ihnen vorübergingen. Sie hatten in meinem Gefährten den »alten Offizier« herauserkannt. Dasselbe passirte uns in Stirling ein paar Tage später. Das Ganze gab ein schönes Bild; auf dem dunklen Hintergrunde hoben sich die bunten Trachten trefflich ab, gegenüber stiegen die grauen Häuser thurmartig in die Luft und aus der Ferne, nur leise von Nebel umhüllt, grüßte Edinburg-Castle.

Dieser Gruß mahnt uns zur Eile. Zunächst erreichen wir die Börse, die sogenannten Exchange Buildings. Vor derselben, den Rücken gegen das Gebäude, machen wir Halt, um Umschau zu halten. Wir blicken zunächst gegenüber auf die linke Seite der Straße. High-Street buchtet sich hier, nach Süden hin, platzartig aus; die St. Giles-Kirche indeß, die sich inmitten dieser Ausbuchtung (Parlaments-Square geheißen) erhebt und mit einer ihrer Seitenfronten bis in High-Street vorspringt, stellt dadurch die unterbrochene Straßenlinie wieder her. Wir befinden uns, angesichts dieses Platzes, im Mittelpunkte von High-Street und in mehr als einer Beziehung am wichtigsten Punkte Edinburgs überhaupt. Den ehrwürdigen Bau, in dem Knox predigte, unmittelbar vor uns, übersehen wir zu gleicher Zeit die Mehrzahl der Gebäude, die sich hakenförmig um diese Kirche herum gruppiren; das Rathhaus, das Parlaments-Gebäude und die Gerichtshöfe. Alle diese Häuser, einschließlich des Börsen-Gebäudes, an das wir lehnen, sind entweder neu oder doch neuerlichst so gründlich reparirt, daß sie den Eindruck von Neubauten machen. Es soll damit kein Tadel ausgesprochen sein, um so weniger, als die Aenderungen, die vorgenommen wurden, aus Verkehrs- und Gesundheits-Rücksichten dringend geboten erschienen. Auch wär es unbillig, in Abrede zu stellen, daß der Platz wie er da ist immer noch den Eindruck des Stattlichen, des Großstädtischen macht. Das alles sei zugegeben. Aber andrerseits freilich trägt dieses Rathhaus, das z. B. den athenischen Tempel des Erechtheus kopirt, ein völlig fremdes Element in die alte High-Street von Edinburg hinein und erzeugt nothwendig den Wunsch in uns, daß es auf eine kurze halbe Stunde wieder so sein möchte wie vordem. Da war alles aus einem Guß; eckig, winklich, verbaut, aber malerisch. Links vor uns an der Nordostecke der Kirche erhob sich das Wahrzeichen der Stadt, das »City-Kreuz«, während rechts an der Nordwestecke das alte Tolbooth-Gefängniß mit seinen Erkern und Thürmen aufwuchs und die High-Street beinah absperrte. Nichts von Säulen und Pilastern zog sich damals an den Steinfacaden der alten Gerichts- und Parlaments-Gebäude entlang und statt der ängstlichen Sauberkeit des frisch abgeputzten St. Giles, präsentirte sich der alte Bau im Schmuck seiner Buden und Kramläden, die sich eng und niedrig unter die gothischen Fenster gekauert oder in voller Breite zwischen den Strebepfeilern etablirt hatten. Das Mittelalter hatte doch Recht, und unsere Purifikation, wo immer sie sich breit macht, hat oft herzlich wenig von dem guten Geschmack an sich, den sie in großen Buchstaben auf ihre Fahne schreibt. Die alten Kirchen wuchsen wie aus dem Leben des Volks hervor und deutungsreich war es, wenn Bürger und Händler am Mauerwerk ihrer Kirche ihr Nest zu bauen liebten. Es war eine Verwachsenheit da, die jetzt fehlt. Kalt, sauber, sonntäglich, erheben sich unsere Kirchen neben uns und wir sehen uns in ein festtägliches Verhältniß zu jenen Plätzen gebracht, wo sonst der Umgang, die Liebe, die Vertraulichkeit, auch wohl die Ungenirtheit des alltäglichen Lebens war.

Mit der St. Giles-Kirche und ihrer Umgebung haben wir den Höhenpunkt des Interesses erreicht, das uns die High-Street gewähren kann. Weiter hinauf werden die Häuser wieder baufälliger und kümmerlicher und die paar Ausnahmen, die uns begegnen, bieten nicht Stoff genug, um bei ihnen zu verweilen. Wir befinden uns jetzt in gleicher Höhe mit der dritten und letzten der High-Street-Kirchen (der sogenannten Assembly Hall, in der alljährlich die General-Synode sich zu versammeln pflegt), biegen aber, anstatt den kahlen Wänden einer neugebauten schottischen Kirche einen bloßen Anstandsbesuch zu machen, lieber in die gegenübergelegene Gasse und ein dicht daran anstoßendes Gärtchen ein, um der Poeten-Wohnung Allan Ramsay's, dieses nordischen Hans Sachs, einen Blick zu gönnen. Aber auch nur einen Blick; die Stille, die Abgeschlossenheit, die Lieblichkeit des Orts, die uns zu einer andern Zeit gewiß auf längere Minuten gefesselt hätte, hält uns heute nicht, denn immer näher hören wir militairische Musik die Wege und Windungen des Hügels heraufkommen. Die Neugier treibt uns zu sehen, was es giebt. In demselben Augenblick, wo wir den Platz erreichen (Esplanade genannt), der vor dem Mauer- und Festungswerk von Edinburg-Castle sich ausdehnt, erscheinen auch, Musik vorauf, die ersten Sektionen eines englischen Regiments zu unsrer Rechten und marschiren, den Platz in seiner Breite überschreitend, dem geöffneten Festungsthore zu.

Es sind dies die Sussex-Milizen unter Führung ihres Obersten, des Herzogs von Richmond. Bis vor wenig Tagen in Dover garnisonirt, hat eine vielleicht unerwünschte Ordre sie aus dem Süden Englands plötzlich nach Edinburg geführt. Edinburg-Castle tritt an die Stelle von Dover-Castle. Schaaren von Volk, jung und alt, Weiber und Kinder, folgen ihnen nach, um an den »Southrons« (d.h. die Südlichen) ihren Witz und ihre Malice zu üben. Auch wir schließen uns dem Zuge an, und während das »Britische Grenadiere« lustig weiter klingt, und die Schloßwache ins Gewehr tritt, ziehen wir durch allerhand Thor- und Gitterwerk lachend mit ein in Schloß Edinburg.

V.

Edinburg-Castle.

Wer kennte nicht das Edwin Landseer'sche Bild »Der Frieden«? Grasbewachsene Dünenhügel ziehen sich am Strand hin; glatt wie ein Spiegel dehnt sich die Meeresfläche; Kinder spielen, Schaafe weiden umher; eines der Schaafe aber naht sich der Oeffnung einer rostigen, halb im Grase versteckten Kanone und nagt die Halme ab, die ihm friedlich daraus entgegen blühn. An dieses Bild mußt' ich denken, als ich oben auf Edinburg-Castle stand. Alles ringsum athmete Frieden; selbst die Halb-Mond-Batterie, die ein Dutzend Geschütze oder mehr aus dem Wall- und Mauerwerk hervorstreckt, erschien mir so friedlich wie jene rostige Kanone im Grase. Die ganze Burg, mit ihren kriegerischen Pretensionen, ein gutherziger Polterer und nichts mehr! Mit einer Art Staunen hört' ich, daß im Jahre 1570 noch eine wirkliche Belagerung dieser Felsenfestung stattgefunden hat. Philipp le Grange, ein Anhänger Maria Stuarts, hielt sich hier 33 Tage lang gegen die vereinigten Anstrengungen einer englisch-schottischen Belagerungs-Armee. Drei und dreißig Minuten würden jetzt ausreichen, sämmtliches Mauerwerk dieser Festung in einen Schutthaufen zu verwandeln. Daß im Jahre 1745 Prince Charlie keinen Angriff auf Edinburg-Castle unternahm und die Burg in den Händen der englischen Besatzung ließ, während die Stadt in seinen Händen war, darf auf keinen Fall als ein Beweis für die Festigkeit des Platzes gedeutet werden. Die Sache war die, daß die nacktbeinigen Hochländer viel Muth aber keine Kanonen hatten und daß es nutzlos gewesen wäre, mit dem Kopf gegen die Wand zu laufen. Edinburg-Castle, so scheinbar gebieterisch seine Lage ist, hat nichts mehr zu gebieten, seitdem eine Höhe von 300 Fuß aufgehört hat eine Unerreichbarkeit für Kugel und Wurfgeschoß zu sein. Daher fallen alle historischen Erinnerungen die sich an die Vertheidigung oder Eroberung dieser Felsenfestung knüpfen in das 14. und 15. Jahrhundert, Zeiten, in denen man jenseits des Tweed noch keine Geschütze kannte. Die interessanteste dieser Erzählungen ist eine Ueberrumpelung der Festung durch Randolph, Grafen von Murray, die 1313, also kurze Zeit vor der Schlacht von Bannockburn, stattfand. Sie wurde nach dem Erfahrungssatz ausgeführt, daß man da angreifen muß, wo sich der Feind am sichersten fühlt. Murray und 30 auserlesene Leute kletterten in einer Nebelnacht die senkrechte, für unersteiglich gehaltene Südwand des Felsens empor. Ihr Führer bei diesem Wagstück war ein alter Soldat, der auf dem Schloß geboren und großgezogen, in jungen Jahren die Wachsamkeit seines strengen Vaters oftmals getäuscht und die Südwand des Felsens hinab und hinaufkletternd, die Nächte bei seiner unten in der Stadt wohnenden Geliebten zugebracht hatte. Ich nahm Gelegenheit, mir auf diese Erzählung hin ein Paar Tage später die ganze Felsenlokalität von unten her anzusehn. Wenn nicht die Liebe dem Glauben darin gleichkäme, daß sie Berge versetzen, also am Ende auch erklettern kann, so würde man billigerweise die Wahrheit der ganzen Geschichte bezweifeln müssen. Es geht wirklich senkrecht in die Höh, an manchen Stellen mehr denn senkrecht. Der vielbesungene Schwimmer zwischen Sestos und Abydos erscheint im Vergleich mit diesem Schotten wie ein Usurpator, der Kränze trägt, die ihm nicht gebühren.

Schottland besitzt, laut der Unions-Akte, 4 Festungen: Edinburg-Castle, Stirling-Castle, Blackneß und Dumbarton. Sie gleichen sich wie Brüder unter einander und sind alle, um sie durch ein einziges Wort zu bezeichnen, verkleinerte, niedrig gelegene, mehr burg- als festungsartige Königsteins. Für den, der in London war, vergleich ich sie in mancher Beziehung noch besser mit dem Tower. Edinburg-Castle ins Besondere rechtfertigt diesen Vergleich. Beiden gemeinschaftlich ist unter andern der Umstand, daß sie als Aufbewahrungsplätze für die sogenannten »Regalien« (Kronjuwelen) dienen. Wir ließen uns in das Zimmer führen, wo der schottische Königsschmuck gezeigt wird, empfanden aber Angesichts desselben wo möglich noch weniger, als beim Anblick der verschiedenen Kronen und Scepter, die im Tower zu London gezeigt werden. Pflichtschuldigst sieht man sich solche Dinge an, hört mit halbem Ohr die hergeleierten Erklärungsworte, bezahlt den üblichen Sixpence und ist froh, wenn man aus dem Zimmer mit seinem großen sechseckigen Glaskasten wieder heraus ist. Ich legte mir die Frage vor: »woher diese Indifferenz?« Der Hauptgrund scheint mir der zu sein, daß diese Dinge in ihrer Allgemein-Verwendetheit den Reiz des Besonderen, so zu sagen des Persönlichen verlieren. Alles Reliquienwesen müssen wir auf eine ganz bestimmte Person zurückführen können. »Dies ist das Gebetbuch Jane Gray's, dies der Eisenhut des großen Kurfürsten, dies die Tabacksdose des alten Fritz«, das hat ein Interesse; die Person selbst steht wie aus dem Grabe auf, trägt wieder die Sache oder stellt sich hinter dieselbe und giebt ihr dadurch ihren Reiz und Werth. Was soll aber vor unser geistiges Auge treten, wenn wir hören »das ist das Reichsschwert von Schottland!« nichts; alle die sieben Jakob's, die sich herzudrängen, selbst wenn wir was von ihnen wissen, verwirren uns nur, und wir sind schließlich froh diesem wirren Getriebe entkommen zu können.

Die meisten Gebäude, die sich auf Edinburg-Castle vorfinden, sind, wie beim Londoner Tower, von modernem Datum. Während der Tower indeß neben seinen Barracken, Speichern und Munitionshäusern noch ein Dutzend wirkliche Sehenswürdigkeiten: Traitors-Gate, den Bell-Tower, den Beauchamp-Thurm, den Blutthurm, die Kapelle St. Peter ad vincula und vor allem den erinnerungsreichen, theilweis intakt erhaltenen White-Tower aufweist, reduciren sich die historisch interessanten Baulichkeiten von Edinburg-Castle eigentlich auf zwei Punkte, auf eine kleine, schmucklose, bis in die Pikten-Zeit zurückreichende Kapelle, in der jetzt die zur englischen Episkopal-Kirche gehörigen Soldaten der Besatzung ihre Kinder taufen lassen, und auf ein anderes an der Südostecke des Hügels gelegenes, unscheinbares Wohnhaus, in dem Maria Stuart, drei Monate nach der Ermordung Rizzio's, den späteren König Jakob VI. gebar. Zwei Zimmer sind es, die in diesem Wohnhaus gezeigt werden: eine Art Vorsaal oder Wachtstube, mit langen Tischen und Bänken darin, und daran anstoßend das Closet der Königin selbst. In jenem Vorsaal befinden sich zwei Bildnisse, das eine davon Maria Stuart darstellend. Wiewohl eine Copie en miniature nach diesem Oelfarbenbildniß (Bruststück) existirt, die erweislich schon über 150 Jahre alt ist, so glaub ich dennoch nicht an die Aechtheit dieses Portraits. Weder ist es den beiden, unzweifelhaft beglaubigten Bildnissen der Königin irgendwie ähnlich, noch deutet die Technik auf irgend einen Maler des 16. Jahrhunderts, von dem es bekannt geworden wäre, daß er damals in England oder gar in Schottland gelebt hätte. Es ist vielleicht am Ort, hier einiges über die ziemlich zahlreich vorhandenen Portraits der Königin einzuschalten. Die Kunstausstellung in Manchester enthielt deren sieben, meist Miniaturen nach den verschiedensten Oelbildern, nach vorgeblichen Originalen, die zum Theil gar nicht mehr vorhanden sind. Sind diese Portraits wirklich alle ächt, d.h. bei Lebzeiten der Königin und Angesichts derselben gemacht, so muß man es aufgeben, sich eine Vorstellung davon zu machen, wie sie denn eigentlich ausgesehen habe. Im Großen und Ganzen herrscht kaum irgend eine Aehnlichkeit zwischen all den Portraitköpfen, Miniatur- wie Oelbild, die ich von ihr kenne. – Von Oelbildern habe ich fünf gesehen: eines im Schlosse zu Hampton-Court, eines dem Grafen von Morton gehörig, eines in Windsor-Castle, eines in Edinburg-Castle und eines in Abbotsford; das letztere, blos das abgeschlagene Haupt der Königin darstellend, zeigt in einer Ecke den Namen eines italienischen Malers, in der anderen die Ortsangabe »Fotheringhay«; trotz alledem bezweifle ich aufs Entschiedenste, daß das Ganze etwas Anderes sei, als eine Schöpfung freier Phantasie. – Das Portrait in Edinburg-Castle ist sehr wahrscheinlich das Bildniß einer ganz anderen Person, und nur die drei erstgenannten Bilder, das in Hampton-Court, in Windsor-Castle und das dem Grafen Morton zugehörige, sind ächt, und so viel ich weiß, ziemlich unangefochten in ihrer Aechtheit. Auf dem ersteren Bilde ist sie in der Schwesterntracht jenes französischen Klosters, in dem sie bekanntlich erzogen wurde, abgebildet; auf dem anderen Bilde (dem Graf Morton'schen) als Königin, reich geschmückt, mit jener Haube und zumal mit jener aufrechtstehenden hohen Halskrause, die jeder unter dem Namen »Maria-Stuart-Kragen« kennt. Zwischen beiden Bildern herrscht eine gewisse Aehnlichkeit, nicht gerade in den Zügen, aber darin, daß beide Leben und Wahrheit verrathen und nichts haben von jener Puppenkopfmanier, der es genügt, einem erfundenen Schönheits-Ideal einen möglichst schönen Teint gegeben zu haben.

Wir kehren jetzt in die Zimmer zurück, die die einzigen in Schloß Edinburg sind, die noch an die Königin Maria erinnern. Aus dem Vorsaal oder der Wachtstube treten wir in das Closet der Königin. Dies Zimmerchen mit seinem braunen Wandgetäfel macht noch jetzt den Eindruck einer gewissen Eleganz, wenigstens des Niedlichen und Wohnlichen, wobei man freilich von der fast erdrückenden Kleinheit des Raumes absehen muß. Es gleicht durchaus einer braungetäfelten, altmodischen Schiffskajüte. Besonders werth gehalten scheint der Raum nicht zu werden. An der Stelle, wo das Bett der Königin stand, befindet sich jetzt ein kleiner Tisch, auf dem Beschreibungen und Ansichten von Schloß Edinburg feilgeboten werden. Wie sich von selbst versteht, hat ein Zimmerchen von dieser Ausdehnung nur ein Fenster. Aus diesem Fenster wurde Jacob VI., den die Gegner Maria's schon damals in ihre Gewalt zu bekommen trachteten, wenige Tage nach seiner Geburt in einem Korbe herabgelassen und unten am Fuße des Berges von Anhängern der Königin in Empfang genommen. Der Felsen ist hier vollkommen steil. Schwindelnd sah ich aus dem Fenster in die Tiefe hinunter. Die Königin muß starke Nerven gehabt haben, daß sie nicht vor dem Gedanken erschrak, ihr Kind diese grauenhafte Luftreise machen zu lassen. Daß der junge Prinz sie glücklich machte und wohlbehalten unten ankam, mag nachträglich wie ein Zeichen gedeutet werden, daß er, im Gegensatz zu den Geschicken seiner Familie, in der von jeher ein früher und unnatürlicher Tod die Regel war, bestimmt war, zu leben.

Ich habe Edinburg-Castle mehrfach mit dem Tower verglichen und es gegen den Letzteren zurückgestellt. Gewiß mit Recht. Aber eines hat es voraus, das ist die Schönheit seiner Lage. Auch vom Tower, zumal von den kleinen Eckthürmen des White-Towers aus, genießt man einer reizenden Aussicht auf die City, das Themsetreiben und die gegenüberliegenden Surrey-Ufer, aber auch der eingefleischteste »Cockney« – und wäre er aus dem vorschriftsmäßigen Bezirk, innerhalb dessen man die Glokken von Bow-Church hört – würde schwerlich den Muth haben, die Tower-Aussicht mit jenem Panorama zu vergleichen, das man von Edinburg-Castle aus vor Augen hat. Zur Rechten stehen der Calton Hill und die Salisbury

Craigs wie ein Paar Wächter unmittelbar vor den Thoren der Stadt, linkshin dehnt sich eine lachende Landschaft aus, unten, den Fuß des Hügels mit einer Curve fast umschreibend, ziehen sich die Linien der Glasgow-Eisenbahn, vor uns aber steigt die Neustadt mit ihren Plätzen und Palästen, mit ihren Kirchen und Statuen auf, bis endlich die dünner werdenden Linien sich in Villen und Gärten und freies Feld verlieren. An klaren Tagen wächst der Zauber dieses Bildes mit der Ausdehnung und dem Reichthum der Landschaft. Dann sehen wir jenseits der Gärten und Felder den blauen Wasserstreifen des Firth of Forth, die kleinen Felseninseln darin und blicken selbst über das blaue Band hinfort bis weit in die fruchtbaren und erinnerungsreichen Thäler der Grafschaft Fife hinein.

Wir standen auf der Halbmondbatterie und freuten uns des herrlichen Anblicks; Freund B., wie gewöhnlich, nahm sein Skizzenbuch aus der Tasche, um seinem Gedächtniß bescheiden mißtrauend, das schöne Bild in Linien und Strichen festzuhalten. Neben uns, auf dem Wallrand, stand ein schottischer Matrose, ein altes Inventarstück des Schlosses, der an Königin-Geburtstag etc. die Salutschüsse abzufeuern hat, und sah von Zeit zu Zeit neugierig in das Skizzenbuch, drin allmälig ein niedliches Bildchen entstand. Als die Sache halb gethan war, marschirte, vom andern Ende der Bastion her, eine Schildwacht auf uns zu, um uns, nachdem sie vorher mit andern Milizsoldaten, die harmlos umherlungerten, ein Gespräch gehabt hatte, das Zeichnen zu untersagen. »Dergleichen sei verboten.« Der Unverstand lag klar zu Tage; gewöhnt aber, gegen Schildwachts-Ermahnungen keine lange Opposition zu machen, klappte Freund B. sein Buch zu und schickte sich an, den Platz zu räumen. Nur der alte Matrose war indignirt. Nonsense! diese young hands (etwa so viel wie unser »diese Gelbschnäbel«) sind kaum zwei Stunden hier und wollen Ordre's geben; Unsinn, wissen nichts vom Dienst etc. Das Komische war, daß sein schottischer Patriotismus diese Southrons wie Eindringlinge, wie Feinde behandelte, als ob ein Königreich Großbritannien gar nicht existire und das siegreiche England nur wieder mal erschienen sei, um eine Besatzung in die eroberte schottische Hauptstadt zu legen. Diesem Gefühl eines Gegensatzes zwischen Sieger und Besiegten bin ich auf meinen Wanderungen durch Schottland außerordentlich oft begegnet. Die Engländer kennen diesen Spezial-Patriotismus ihrer nördlichen Nachbarn sehr wohl und lachen darüber, die Schotten aber, anstatt einzustimmen in die Heiterkeit, werden durch die gute Laune der Southrons (in die sich allerdings ein gut Theil Ueberlegenheit mischt) nur noch gereizter in ihrem Gefühl.

Unsrem Matrosen indeß war ein völliger Triumph über die »young hands« vorbehalten. Gleich nachdem wir die Bastion verlassen hatten, wandten wir uns an den wachthabenden Offizier, der eben von Posten zu Posten ging, um den ziemlich verlegen dreinschauenden Milizen, die »Instruktion für Edinburg-Castle[«] vorzulesen. Das war just unser Mann. Auf unsre Beschwerde antwortete er mit vieler Artigkeit, daß er selber nicht wisse, was erlaubt und verboten sei, daß er indeß höheren Orts anfragen und uns den Bescheid in wenigen Minuten zugehen lassen werde. Er kam dann selbst, um uns sein Bedauern auszusprechen, daß wir unter dem mißverstandenen Diensteifer der Schildwacht zu leiden gehabt hätten. Das Regiment käme von Dover, wo sie bis jetzt in Garnison gewesen wären; die Schildwacht habe ohne Noth die strengen Instruktionen von Dover-Castle auf Edinburg-Castle übertragen. Dieser kleine Vorfall interessirte uns nach mehr denn einer Seite hin, besonders auch deshalb, weil also, den Worten des Offiziers nach zu schließen, in Betreff der Kanal-Befestigungen »strengere Instruktionen« vorzuliegen scheinen, als mit Rücksicht auf den minder exponirten Norden. Daß es übrigens hinsichtlich der Festungen an beiden Seiten des Kanals noch irgend etwas zu verrathen geben sollte, darf billig bezweifelt werden. Ich glaube, man kennt Dover-Castle in Paris so gut wie in London.

Wir nahmen jetzt unseren Stand auf der Halbmond-Batterie wieder ein; die arme Schildwacht schlich verlegen um uns her, bis wir sie durch einige Gemüthlichkeitsfragen von unsrer versöhnlichen Gesinnung überzeugt hatten. Die Skizze war längst beendet, als wir noch immer an der Brüstung standen und hinausschauend das zauberhafte Bild vor uns in seiner stets wechselnden Beleuchtung auf uns wirken ließen. Endlich rollten die Abendnebel langsam vom Meere aus auf die Stadt zu; immer dichter legten sich die Schleier über Land und Stadt, bis diese endlich, schwarz in grau, wie ein Schatten im Schatten verschwand.

VI.
High-Street und Canongate.

Ich habe in einem früheren Kapitel bereits den Leser durch Canongate und High-Street geführt, vor Allem in der Absicht, die Erscheinung und das Treiben der alten Straße als ein Totalbild auf ihn wirken zu lassen. Wir sind dabei, um unsern Gang von Holyrood-Palace bis Edinburg-Castle nicht allzu oft zu unterbrechen, an verschiedenen Plätzen von historischem Interesse vorüber gegangen und wollen deshalb in diesem Kapitel eine Art Nachlese halten. Wir beginnen mit

1.
Moray-House.

Auf der langen Linie von Holyrood-Palace bis Edinburg-Castle ist kein Haus besser erhalten und wohnlicher in seiner Erscheinung als Moray-House. Höhere und auch jetzt noch imponirendere Gebäude ziehen sich in Menge zu beiden Seiten der High-Street entlang, aber sie gleichen einer meistbietend verkauften alten Wanduhr, deren

Gehäuse jetzt als Wandschrank für arme Leute dient, während Moray-House, um im Vergleich zu bleiben, der Roccoco-Pendule im Zimmer des Sammlers entspricht.

Moray-House ist ungefähr 200 Jahre alt; es besteht aus einem Hause und einem Nebengebäude, jenes für die Herrschaft, dieses für die Dienstleute. Beide liegen in gleicher Linie, haben beide den Blick auf Canongate hinaus, aber keinen Ausgang auf die Straße. Die Thüren befinden sich seitwärts und münden auf den gemeinschaftlichen hofartigen Zwischenraum, der zwischen den beiden Häusern liegt. Dieser hofartige Zwischenraum hat nach vornhin eine Feldsteinmauer und in der Mitte derselben eine thorartige Einfahrt. Es ist vorzugsweise diese Einfahrt, die dem ganzen Hause einen besonderen Charakter leiht; sie besteht nämlich aus ziemlich niedrigen, nur wenig über die Mauer erhobenen Steinpfeilern, auf denen sich unverhältnißmäßig hohe Obelisken erheben, in ihrer völligen Zuspitzung unseren alten schindelgedeckten Kirchthurmspitzen, wie wir ihnen so oft in den Dörfern der Mark begegnen, nicht unähnlich. Ueber die Mauer hinweg hat man einen theilweisen Einblick in die kostbaren Gärten, die sich hinter dem Hause ausdehnen. Anlagen, die jetzt freilich durch größere Schöpfungen der Art vielfach übertroffen sind, früher aber eine Sehenswürdigkeit von Edinburg bildeten.

Was indessen dem alten Moray-House seine eigentliche Bedeutung giebt, knüpft sich weder an seine Gärten, noch an seine Obelisken, sondern an den eisernen Balkon, der sich an den vier Fenstern der Bel-Etage entlang zieht. Die Geschichte, die sich hier zutrug, ist folgende:

Die puritanische Sache hatte triumphirt, die Königlichen unter Montrose waren geschlagen. Auf denselben Haiden, auf denen wenige Jahre zuvor der siegreiche Montrose den puritanischen Grafen von Argyle gejagt hatte, jagten jetzt die Leute Argyle's den umherirrenden Montrose. Argyle selbst war in Edinburg, jeder Tag konnte die Nachricht bringen vom Tode oder von der Gefangennehmung seines Gegners; der Sieg war da und Freude und Hochzeit sollte diesen Sieg beschließen. Die Häuser Moray und Argyle, seit langer Zeit befreundet und derselben Sache dienend, kamen überein, die alten Bande durch ein neues, engeres Band zu befestigen.

Es war am 11. Mai 1650, als Archibald, ältester Sohn des Grafen von Argyle, mit seiner Braut, der Tochter des Grafen von Moray, zum Altare trat. Die Hochzeit wurde in Moray-House gefeiert; Festlichkeit folgte auf Festlichkeit; die ganze Stadt nahm Theil an der Freude beider Häuser. Die Festlichkeiten waren eben auf ihrer Höhe, als die Nachricht durch die Stadt lief, Montrose sei gefangen und werde eingebracht. Fast gleichzeitig mit der Nachricht kam er selbst. Man hatte ihn in Leith auf eine abgetriebene alte Mähre gesetzt, um ihn in diesem erniedrigenden Aufzuge durch die Straßen Edinburgs zu führen. Er hielt jetzt am Eingange von Canongate. Dem Haß des Pöbels aber genügte dieser Aufzug nicht und eine Art Schlitten wurde herbeigeschafft, um ihn auf demselben durch die Stadt zu schleifen. Unter Hohn und Jubel ging es Canongate hinauf. Als der Zug sich Moray-House näherte, das noch in hochzeitlichem Schmucke stand, erschienen die Moray's und die Argyle's auf den Balkonen ihrer Fenster, um sich am Unglück des gefallenen Feindes zu weiden. Argyle murmelte Verwünschungen. Ruhig, beinahe heiter blickte Montrose zu den dichtbesetzten Balkonen auf; dem alten Argyle starb die Verwünschung auf der Lippe, seine Lady aber bog sich weit hinaus über die Brüstung und spie hinunter nach dem verhaßten Feind.

Das war 1650. Fünfunddreißig Jahre später kam wieder ein Zug die alte Straße von Edinburg hinauf und nahm seinen Weg an Moray-House vorbei. Die Royalisten hatten darauf bestanden, daß dieser Weg gewählt werde und kein anderer. An der Spitze des Zuges, neben sich den Mann mit dem Beil, schritt Archibald Graf von Argyle, derselbe, dessen Hochzeitstag (wider sein Verschulden) in einen Tag der Rache verkehrt worden war. Sein Vater hatte längst vor ihm das Haupt auf den Block gelegt. Die alte Kirche von St. Giles umschließt die Leiber von Freund und Feind; Moray-House aber steht da wie eine Mahnung gegen den Uebermuth der Partei und als ein Erinnerungszeichen an den Wechsel ihrer Siege.

2.
City-Croß und Old-Tolbooth.

City-Croß und Old-Tolbooth, in einem früheren Kapitel bereits flüchtig genannt, befanden sich mitten in High-Street und erhoben sich rechts und links, an den beiden Ecken der Nordfront von St. Giles. Old-Tolbooth war zu gleicher Zeit der nächste Nachbar des Parlaments-Gebäudes, das sich, wenn auch verändert, noch diesen Augenblick im Rücken der alten, oftgenannten Kirche (St. Giles) erhebt. Zwischen diesen vier Plätzen: Parlament, Old-Tolbooth, City-Kreuz und St. Giles, herrschte ein innerlicher Zusammenhang, der dieselben in der Vorstellung des Volks fast noch näher brachte, als es durch ihre äußere Lage ohnedies geschah. Sie waren, in den politischen Kämpfen des Landes, die rasch auf einander folgenden Stufen einer Leiter, der Leiter vom Leben zum Tod. Das Parlament sprach und verurtheilte, die alten Mauern der Tolbooth nahmen den Verurtheilten auf und am Fuße des City-Kreuzes fiel wenig Wochen später sein Haupt, um in den Familiengewölben von St. Giles die letzte Ruhestatt und nach hundert Jahren vielleicht ein Marmorbild über dem Grabe zu finden. Ich spreche zuerst vom City-Croß.

Es bestand aus einem Postament, das eine zwanzig Fuß hohe Säule trug, die letztere wiederum mit einer Steinfigur geschmückt, die das »schottische Einhorn« darstellen sollte. Die Säule existirt noch (auf einem Landgut in der Nähe Edinburgs), Einhorn und Postament aber sind zerstört. Das letztere galt seinerzeit als eine Curiosität und glich mehr einem hausartigen Unterbau als einem bloßen Sockel. Es war in der That ein achteckiger, abgestutzter, mit einer etwas vorspringenden Brüstung gekrönter Thurm, der nur dadurch wieder seinen Thurmcharakter verlor, daß sein Durchmesser seiner Höhe gleichkam oder sie noch übertraf. Dieser weite Durchmesser schuf um die Stelle herum, wo die Säule in den Unterbau eingelassen war, eine geräumige Plattform, die zu den mannigfachsten Zwecken benutzt wurde. Es war eine Art Schaubühne, auf der sich vor versammeltem Volk das öffentliche Leben der Stadt und bei mehr als einer Gelegenheit das des ganzen Landes abspielte. Hier erschienen die City-Herolde, um unter Trompetenschall öffentliche Erlasse und Anrufe zu verkünden, hier verlasen die puritanischen Lords ihren Protest gegen die schwächlichen Proklamationen König Karl's, hier fielen die Häupter Montrose's und der beiden Argyle's und hier endlich, unter dem Schwerterkreuzen seiner Hochländer, erschien Prinz Charlie an der Brüstung, um von der Edinburger Bevölkerung tausendstimmig begrüßt und zum Herrn des Landes ausgerufen zu werden. Auch Geister, ächt oder unächt, bedienten sich dieser Plattform, um, versteht sich zu üblicher Geisterstunde, von hier aus warnend oder ermuthigend zum Volke zu sprechen. Als Jakob IV. (ich spreche in einem späteren Kapitel ausführlich darüber) im Jahre 1513 zu seinem stolzen, aber unüberlegten Kriegszuge gegen England sich anschickte, sprach, während der König in Holyrood sein letztes Nachtlager nahm, eine Geisterstimme von dieser Plattform aus in die Nacht hinein, warnte und nannte zugleich die Namen aller derer, die fallen würden, wenn seine Stimme ungehört verhallen sollte. Der erste Name war der des Königs selbst.

Aber nicht immer ging es hier gespenstisch her und nicht immer hingen so böse Tage über Schottland wie damals, wo das Blut der Argyle's das Blut des beschimpften Montrose sühnen mußte; auch zu Lust und Heiterkeit, zu Gasterei und Trinkgelagen versammelten sich hier die guten Bürger von Edinburg und die Chronik der Stadt erzählt von manchem Festmahl, das die Würdenträger der Stadt hier ihren Gästen und – sich selber gaben. Auch politische Zweckessen gab es damals schon. Die Loyalität der nordischen Hauptstadt schien während der ersten Hälfte des vorigen Jahrhunderts in London gerechten Bedenken zu unterliegen und das schlechte Gewissen des Edinburger Magistrats trieb diesen dazu, die Geburtstage der beiden ersten George mit ganz besondrem Pomp zu feiern. Eine Loyalität von gestern überschlägt sich immer in ihren Schaustellungen. Eins dieser ostensiblen Gastmähler, das wie gewöhnlich auf der Plattform des City-Kreuzes stattfand, wurde durch einen heftigen Gewitterschauer unterbrochen. Alles floh und suchte Schutz. Als die halbdurchnäßten Magistrate zu ihren Plätzen zurückkehrten, fanden sie natürlich Wasser statt Wein in ihren Gläsern. Das war zu gut, als daß der Witz der Jacobiten nicht hätte davon profitiren sollen. Eine Stuart'sche Dame ließ am andern Tage folgende Verse circuliren:

Einstens zu Cana, als bei Tisch
Sich's um den fehlenden Wein gehandelt,
Hat der König des Himmels frisch
Alles Wasser in Wein verwandelt.

Gestern, als zu Braunschweigs*) Ehr'
Zechten unsre City-Prasser,

*) Das Haus Braunschweig, in der Fülle seiner unpoetischen Eigenschaften, gab damals, wie in Schottland so auch in England, beständig Stoff zu Epigrammen. In London errichtete die Gemeinde von Bloomsbury (der Stadttheil, der das Britische Museum umgiebt) eine neue Kirche. Man ging in der Loyalität so weit, Georg I. im Costüm eines römischen Imperators, oben auf die Thurmspitze zu stellen. Dort steht er noch als der Schutzheilige von Bloomsbury. Man knüpfte an diese Geschmacklosigkeit folgendes Epigramm:

Unser Heinrich der Achte, vom Papste verletzt,
Hat sich selbst an die Spitze der Kirche gesetzt,
Doch unser Georg hat's höher gebracht,
Man hat ihn zur Spitze des Thurmes gemacht.

Sprach der Himmel: »nimmermehr!«
Wandelnd ihren Wein in Wasser.

Walter Scott, der in seiner epischen Dichtung »Marmion« eine Beschreibung des City-Kreuzes gegeben und das alte Wahrzeichen dadurch für immer der Vergessenheit entrissen hat, hat einen ähnlichen und noch größeren Dienst dem alten Bau geleistet, der sich an der Südwest-Ecke von St. Giles erhebt. Einen seiner berühmtesten Romane hat er nach dem alten Tolbooth-Gefängniß benannt, dem er dabei seine populairere Bezeichnung ließ: Das Herz von Midlothian. Woher dieser Name stammt, vermag ich nicht zu sagen. Die Grafschaft, in der Edinburg liegt, heißt bekanntlich »Midlothian«, das alte Tolbooth-Gefängniß ist aber keineswegs der Mittelpunkt oder das Herz derselben. Vielleicht mahnt der Ausdruck an Zeiten, wo Kerker und Schaffot noch Haushaltsworte und nur allzuoft die Achse, das Herz waren, um das sich das Leben drehte. Dieser alte Bau, von dem jetzt, wie vom City-Croß, keine Spur mehr existirt, stand bis zum Jahre 1817 mitten in High-Street, und erschwerte, die ganze Breite der Straße beinah einnehmend, die Communication auf's Aeußerste. Dies führte endlich zu seiner Abtragung. Die Communication, der man heutzutage so leicht geneigt ist, noch größere Opfer zu bringen, hat dadurch gewonnen, das Malerische des Platzes aber außerordentlich verloren. Als City-Croß und Tolbooth noch standen, allerhand Buden sich an die Pfeiler von St. Giles und allerhand Kramläden an die Mauern des alten Gefängnisses lehnten, wird es hier sehr eng, sehr verworren, vielleicht auch sehr schmutzig gewesen sein, das Ganze aber muß einen fesselnderen Anblick gewährt haben, als die jetzt breite Straße, an der, so hübsch sie ist, doch ihre Erinnerungen unbedingt das Hübscheste sind.

Old-Tolbooth verdient sein Beiwort »old« mit Fug und Recht. Schon zu Zeiten Maria Stuarts war es ein alter Bau. Seine früheste Bestimmung war wahrscheinlich die einer städtischen Burg, um, in den Zeiten schottischen Raubritterthums, die damals aus einer einzigen Straße bestehende Stadt gegen Ueberfälle der Hochländer von Norden und der Moßtrooper und Borderer (Grenzer) von Süden her zu schützen. 1561 erweitert und umgebaut, diente es von da ab bis zum Jahre 1640, wo das alte, in veränderter Gestalt noch jetzt existirende Parlamentshaus gebaut wurde, als Sessions-Gebäude für die Sitzungen des Parlaments und der Gerichtshöfe. Von 1640 an sank es zu einem bloßen Gefängniß herab. Sein Aeußeres muß etwas Unheimliches und durchaus die Miene von Gefangenwärter und Nachrichter gehabt haben. Alle Beschreibungen stimmen darin überein. Sein einziger Schmuck waren die Buden und Kramläden (Krame's genannt) die zerfallen und bettelhaft, aber doch heiter und farbenbunt den alten Griesegram umlagerten. Er selber stand inmitten derselben da, grau und verräuchert, aus kleinen vergitterten Fenstern trübselig in die Welt blickend. An jeder Seite erhoben sich ein paar Treppenthürme, die das zwingerhafte Aussehn noch unterstützten, ohne seiner Schönheit irgendwie Vorschub zu leisten. Das gegenwärtig lebende Geschlecht scheint wenig oder nichts mehr von den Aeußerlichkeiten des alten Bau's zu wissen; man muß zu alten Bildern seine Zuflucht nehmen, wenn man sich orientiren will. Aber wenn sich auch Niemand mehr kümmert um die Stelle wo er stand oder um die Zahl und Form seiner Thürme, so lebt doch sein Name und seine Geschichte im Gedächtniß der Edinburger fort. Diese Geschichte, wie sich von selbst versteht, ist mit Blut geschrieben, aber sie hat doch auch heitere Blätter und bei diesen wollen wir einen Augenblick verweilen.

Old-Tolbooth war immer berühmt durch die Leichtigkeit, mit der man ihm entwischen konnte. In Zeiten, wo man das Blutgeschäft im Großen treibt, ist man nicht ängstlich mit Rücksicht auf den Einzelnen. Findet er sich nicht selber wieder, so findet sich doch ein anderer. Der Laxheit im Verurtheilen entspricht die Leichtigkeit im

Entkommen. Graf Schlabrendorff (um aus moderner Blutzeit ein Beispiel zu geben) entging der Guillotine, weil seine Stiefel nicht gewichst waren.*) Was unsern »Kerker von Edinburg« angeht, so hatte jeder, der List und guten Willen genug besaß, mindestens eine Chance, trotz Schloß und Riegel, trotz Ketten und Gitterfenster, ihm glücklich zu entkommen. War der Gefangene aber gar reich oder vornehm, so steigerte sich diese Chance bis zur Wahrscheinlichkeit. Wenn trotzdem einzelne Grafen und Herren von Old-Tolbooth aus auf's Schaffot geführt wurden, so hatte das seinen Grund darin, daß ihre ganze Sache darniederlag, daß die Freunde todt, die Anhänger zersprengt waren, und daß sie, als die Führer einer geschlagenen Partei, dem Tod wie ihrem Schicksal, oft wie ihrer Erlösung entgegengingen. Dies letztere gilt zumal vom Herzoge von Argyle, der hier ruhig seinen Tod erwartete.

Die Geschichte dieser Befreiungen liest sich gut, doch paßt im Ganzen auf dieselben, was von den Lustspiel-Motiven aller Länder und Literaturen gilt: es sind immer dieselben. Was in einem Fall die Horcher an der Thür, die Wandschränke, die Briefverwechselungen sind, das sind im andern Fall die betrunken gemachten Schließer, die Frauenkleider, die ausgestopften Puppen und vor allem die Särge, die Waschkörbe und Bücherkisten, in denen der Held der Geschichte, wo möglich von seinen eignen Schergen, hinausgetragen wird. Nur eines scheint mir eine wirkliche Eigenthümlichkeit des Platzes gewesen zu sein, der Schutz nämlich, den er zu verschiedenen Zeiten politisch Verfolgten gewährt hat. Old-Tolbooth wurde wider Wis-

*) Schlabrendorff war im Gefängniß; die Hinrichtungen erfolgten jeden Morgen nach der Zellen-Nummer. Als er abgeholt werden sollte (der Karren hielt bereits vor der Thür, um die gewöhnliche Morgenladung zu empfangen), suchte er vergebens nach seinen Stiefeln. »Ich muß doch am Ende ein Paar Stiefel anhaben; nehmt mich morgen statt heute.« Dem Schließer leuchtete das ein. Am andern Morgen standen andere Nummern auf dem Zettel und Schlabrendorff war vergessen und – gerettet.

sen und Willen zu einem Sanktuarium. Personen, die, wenn sie unfreiwillig die Schwelle dieses Gefängnisses passirt hätten, aus demselben gewiß nur wieder geschritten wären, um straßenabwärts neben oder auf dem Postament des City-Kreuzes das Schaffot zu besteigen, lebten hier unerkannt und ungestört, weil sie den Muth gehabt hatten, sich im Rachen des Löwen einzuquartieren. Robert Ferguson, bekannt durch seine hervorragende Theilnahme am Rye-House-Complott (gegen Karl II.) lebte hier wochenlang in der Zelle eines befreundeten Schuldgefangenen und im Einklange damit fanden hier 1746 mehrere Anhänger des Prätendenten Schutz und endliche Rettung, während englische Soldaten die Spur der in die Acht Erklärten bis weit in's Hochland hinein verfolgten. Daß solche Dinge möglich waren, zeigt am besten, wie es damals mit der Rechtspflege und vor allem mit der Gefängniß-Verwaltung stand. Old-Tolbooth war wie ein Hospital nach der Schlacht, wo man auch Freund und Feind ohne Auswahl durcheinander wirft, davon ausgehend, daß jeder traurig genug daran ist, dem das Loos zufällt an solchem Orte leben oder sterben zu müssen. Ein Eindringling wird nicht vermuthet.

1817 wurde Old-Tolbooth niedergerissen. Edinburg verlor damit eine seiner vorzüglichsten Sehenswürdigkeiten. Wenig oder nichts mehr existirt von dem alten Bau, selbst die Stelle, wo er stand, ist bei den großen Veränderungen, die die Straße erlitten hat, nicht mehr mit vollster Genauigkeit anzugeben. Nur das alte Portal mit Thür und Vorlegeschloß ist noch vorhanden. Es wurde beim Abtragen des Gebäudes, von Seiten der Stadt an Walter Scott geschenkt, der nicht zögerte, seiner romantischen Musterkarte, gemeinhin Abbotsford geheißen, auch diese Probe steinerner Romantik einzuverleiben. Dort hab' ich es später gesehen. Es macht indeß in dieser Verpflanzung nur den Eindruck, den ein einzelner probeweis aufgestellter Spitzbogen in den »gothischen Höfen« des Kristall-Pallastes macht. Auch solche Dinge haben ein Leben; aus ihrem feuchten alten Boden gerissen, vertrocknen sie wie die zwischen Papier gelegte Pflanze.

3.
»Straßenfegen« oder Hie Douglas, hie Hamilton.

Unmittelbar im Rücken von High-Street und Canongate und zwar parallel mit beiden, läuft eine andere alte Straße Edinburgs »Cowgate« geheißen. Durch eine Menge schmaler kleiner Gassen hängt sie vielfach mit jener Hauptverkehrs-Ader der Altstadt zusammen. Wenn schon High-Street und Canongate von ihrem ehemaligen Glanze nichts weiter zeigen als jene vielstöckigen Steinhäuser, die in der Nähe eben so unelegant und wenig einladend sind, als malerisch aus der Ferne, so gilt das doppelt und dreifach von Cowgate. Es ist eine alte, enge, schmutzige Straße und nichts weiter. Und doch erhoben sich auch hier Paläste und Herrensitze als Edinburg noch nicht daran dachte, eine schöne Stadt sein zu wollen, und seine Häuser hinbaute, wo Platz war, oder wo Höhe oder Tiefe, je nach Bedürfniß, den Bauherrn dazu einlud. Unter den Herrensitzen in Cowgate waren zwei von besonderem Belang, der eine den Erzbischöfen von Glasgow, der andere den Bischöfen von Dunkeld gehörig. Beide Häuser lagen ziemlich einander gegenüber, die Straße war schmal, und an hellen Tagen konnte man sich in die Fenster sehen.

Der 12. April 1520 war ein solcher heller Tag, man sah sich in die Fenster, aber man hätte sich lieber in die Herzen gesehen. Im erzbischöflichen Palast war seit gestern der Graf von Arran abgetreten, das Haupt der Hamiltons. Es handelte sich bei der Minderjährigkeit des Königs (Jakob V.) um die Einsetzung einer Regentschaft und die Frage mußte heute noch entschieden werden: »wer statt seiner regieren solle?« Der Graf von Arran und der Erzbischof von Glasgow waren übereingekommen, sich in die

Regierung zu theilen. Sie hatten zu dem Zweck ihren Anhang in die Stadt gezogen und aller Ecken und Enden standen die Hamiltons und reizten und erschreckten durch ihre waffenklirrende Anmaaßung die guten Bürger von Edinburg.

Graf Angus, das Haupt der Douglas, war nicht gewillt die Parthie ohne Gegenzug verloren zu geben. Er war ein Douglas, das hieß die Vormundschaft gebührte ihm. Alles wozu er sein Herz bestimmen konnte war das: dem Beschluß der Großen Raths-Versammlung Gehorsam zu leisten, aber dieser Beschluß sollte ein freier sein, nicht zu Stande gebracht unter den gleisnerischen Worten des Erzbischofs oder unter der drohenden Haltung der stündlich in den Straßen wachsenden Zahl der Hamiltons. Die Gefahr wuchs mit jeder Stunde; Graf Angus wollte sich vergewissern was die Hamiltons vorhätten, ob Berathung oder Gewalt, und von wenigen Anhängern gefolgt, kam er jetzt eine der schmalen Gassen herab, die von High-Street bergab nach Cowgate führen, hielt sich links und trat in das Haus des Bischofs von Dunkeld. Der damalige Bischof von Dunkeld war Gawain Douglas, ein Onkel und Parteigenosse des Angus. Sie hatten ein kurzes Gespräch miteinander, worin Angus dem Bischof seine Befürchtungen mittheilte, dann trat dieser aus seinem Hause, schritt dem gegenüber gelegenen Palaste seines Kirchenfürsten zu und fragte den an langer Tafel sitzenden Erzbischof: »Erzbischof Beaton, was habt Ihr vor?« »Auf mein Gewissen«, erwiederte dieser, »ich weiß von nichts.« Dabei schlug er mit der Hand an die Brust, um seine Aussage zu bekräftigen. Unter dem priesterlichen Kleide aber trug er einen Harnisch, den er Kampfes wegen bereits angelegt hatte. Gawain Douglas hörte und verstand den Klang und antwortete kurz: »Euer Gewissen klingt hohl.« Er kehrte über die Straße zurück, wo Graf Angus seiner wartete. Nachdem er erzählt hatte was ihm begegnet war, setzte er hinzu: »Du siehst, Angus, es gilt Kampf; raffe zusammen was Du an Leuten hast und vor allem sei rasch.« Diese letzte

Mahnung war nicht in den Wind gesprochen. In weniger als einer halben Stunde standen die Douglas, festgegliedert, eine compacte Masse, auf der High-Street von Edinburg zusammen und begannen in voller Breite die Straße zu fegen. Die Hamiltons die truppweis und ohne Führer an den Straßenecken umher standen, wurden leicht bei Seite gedrückt und flohen, rechts hin, links hin, zumeist nach Cowgate hinein, wo Graf Arran und der Erzbischof eben den Haupttrupp der Hamiltons ordneten, um nun ihrerseits zum Angriff überzugehen. Wer High-Street hatte, war Sieger. Die Hamiltons waren noch immer die stärkeren, aber das Terrain war gegen sie. Die Straße, um deren Besitz es sich handelte, war nicht anders zu erreichen, als die krummen engen Gassen hinauf, die stark bergan von Cowgate bis High-Street liefen. Bald hier, bald dort drangen die Hamiltons aus diesen Gassen vor, aber immer nur eine dünne Linie bildend, glichen sie einem vorgestreckten Arm, der von den Douglas mal für mal ohne Mühe abgehauen wurde. Endlich hatte man hügelabwärts eine unbesetzte Straße gefunden, und diese rasch benutzend, glückte es jetzt, in High-Street einzuschwenken und nun ebenfalls mit ganzer Kraft zu einem compacten Front-Angriff überzugehen. Der Kampf schwankte geraume Zeit, und wer weiß wem der Preis des Tages zugefallen wäre, wenn nicht schließlich die guten Bürger von Edinburg den Ausschlag gegeben hätten. So alt wie in Schottland die Gegnerschaft zwischen dem Norden und Süden ist, so alt auch ist der Gegensatz zwischen dem Osten und Westen. Die ganze Westküste (nördlich vom Clyde) ist noch diesen Augenblick eine unkultivirte Fläche, damals galt sie als ein unbestrittener Sitz der Barbarei. Edinburg und das Haus Douglas gehörten dem Osten an und diese Gemeinschaft entschied jetzt den Kampf. Als die Edinburger sahen wie hart die Hamiltons andrängten, reichten sie aus den Fenstern des Erdgeschosses lange Speere zu den unten kämpfenden Douglas-Leuten hinab. Lauter Jubel war Antwort und Dank. Die neuen Waffen gingen rasch von Hand zu

Hand, bis endlich die ersten Glieder ganz mit Speeren bewaffnet waren. Dagegen war kein Halten mehr. Die Douglas ihrerseits drangen jetzt vor und warfen mit leichter Mühe die Hamiltons vor sich nieder. Graf Arran und sein Sohn Sir James Hamilton retteten sich durch die Flucht; Sir Patrick Hamilton, ein Bruder des Grafen, wurde erschlagen, mit ihm ein Sohn Lord Montgomery's und noch viel andere Herren »von der Westküste.« Erzbischof Beaton suchte Zuflucht in der Blackfriars-Abtei, würde aber am Altar ermordet worden sein, wenn nicht Gawain Douglas rechtzeitig erschienen wäre und seinen Kirchenfürsten gerettet hätte.

Das war am 12. April 1520. Von dem Tage an war die erschütterte und fast gebrochene Macht des Hauses Douglas aufs Neue gefestigt. Die Erinnerung an diesen Kampf aber hat sich in Edinburg lebendig erhalten bis auf diesen Tag und Jeder erzählt gern vom Cleanse the Causeway oder dem Straßenfegen der Douglas.

---

4. Archibald Bell the Cat.

In einer der Gassen, die von Cowgate nach High-Street hinaufführen, stand auch das Haus von Archibald Douglas, genannt Bell the Cat. Ich habe vor von ihm zu erzählen. Seinem Rang und Titel nach war er Graf von Angus, aber sein Zuname verdrängte bald jede andere Bezeichnung und jedes Kind im Lande hieß ihn »Archibald Bell the Cat«. Diesen Zunamen erhielt er bei folgender Gelegenheit.

König Jakob III zog allerhand Günstlinge an seinen Hof, zum Theil Leute aus niederem Stande; eine Mignon-Wirthschaft, wie sie 150 Jahre später am Hofe Ludwig XIII. herrschte, war in Schottland während der Regierungszeit jenes Stuarts bereits im vollsten Schwunge. Der Adel des

Landes war endlich entschlossen dieser Sache ein Ende zu machen und die Mignons wohl oder übel zu beseitigen. Der König sammelte grade damals ein Heer zum Zuge gegen England und beschied seine Barone in die Nähe von Melrose. Die mißgestimmten Lords fanden sich ein, weniger aber um dem Kriegsrufe des Königs Folge zu geben, als vielmehr um ihre eigenen, langgehegten Pläne auszuführen. Sie hielten zu dem Zweck eine letzte Versammlung in der Kirche zu Lauder, einem alten Burgflecken nahe am Tweed, und sprachen hier, da man in der Hauptsache längst einig war, nur die Mittel und Wege durch, wie gegen die Günstlinge am besten vorzuschreiten sei. Ihr Haß richtete sich besonders gegen Cochrane, Grafen von Mar. Allerhand Vorschläge wurden gemacht, rasch, blutig, rücksichtslos, aber man kam zu keinem Beschlusse, vielleicht weil die Furcht einiger noch größer war als ihr Haß. Da bat Lord Gray ums Wort, bog sich lächelnd über den Tisch und erzählte die alte Fabel von der Katze und den Mäusen. »Die Mäuse, so sprach er, waren unzufrieden mit der Katze; sie sahen sich oft überrascht und noch öfter bedroht. Sie beschlossen endlich, um sicher zu gehen, der Katze eine Glocke um den Hals zu hängen (to tie a bell round the neck of the cat), nur schade, so schloß er, es fand sich keine Maus, die das Wagstück unternommen hätte.« In diesem Augenblick erhob sich Graf Angus von seinem Platz und rief über den Tisch hin: »I will bell the cat!« Er war der Mann zu halten was er gesagt hatte. Nach kurzer Zeit schon erschien Cochrane und sein Gefolge am Thor der Kirche, begehrte Einlaß und trat unter die Versammlung. Er war prächtig gekleidet und trug eine schwere goldne Kette als Zeichen Königlicher Huld. Angus schritt auf ihn zu, musterte spöttisch den kostbaren Anzug und riß ihm dann die Kette mit den Worten ab: »dahin gehört ein Strick!« Cochrane begriff noch immer nicht was um ihn her vorging und erniedrigte sich vollends durch die feige Frage: »ob das Scherz sei oder Ernst?« Der nächste Tag brachte die Antwort darauf. Der König hatte sich umsonst gemüht seinen Günstling zu retten. Ein halbes Dutzend Galgen war über Nacht errichtet worden, an dem höchsten hing Cochrane, Graf von Mar, Archibald Douglas aber hieß von dem Tage an: Archibald Bell the Cat.

Jakob III. selbst war endlich dem Zorn seiner Barone unterlegen; sein eigener Sohn hatte sich den Aufständischen zugesellt und der Tag von Sauchieburn hatte dem »Fiedlerkönig«, wie man ihn hieß, Thron und Leben gekostet. Jakob IV. herrschte jetzt, Ritterlichkeit stand wieder im Preise, der beste Ritter im Lande aber hieß – Bell the Cat. Er war nicht jung mehr, nah an funfzig, als sich Folgendes zutrug.

Einer der tapfersten Männer an Jakobs Hofe war Spens von Kilspendie. Der König gab eine Festlichkeit in Stirling-Castle; beim Weine flogen die Worte hin und her. Man sprach auch von Bell the Cat, der zufällig oder absichtlich nicht zugegen war, da die wachsende Macht des Hauses Douglas allerhand Furcht und Neid erzeugt hatte, selbst im Herzen des Königs. Man sprach von der Kraft und dem Muth des Abwesenden; der König selbst fügte hinzu: »Kein besserer Mann, denn Angus.« Spens von Kilspendie lächelte und sagte dann laut: »wenn Alles was lang ist auch tapfer ist, dann ist er der Tapferste.« Das wurde von guten Freunden dem Angus hinterbracht. Monate waren vorüber; die Sache schien vergessen. Eines Tages als Angus auf die Jagd ritt, nur von einem einzigen Diener begleitet, begegnete er dem Spens nahe am Walde von Borthwick und rief ihm zu: »Du bist just so lang wie ich selber, Spens, laß uns sehen wie es mit Deinem Muthe steht.« Spens antwortete: »wenn es sein muß, so muß es sein.« Sie stiegen von den Pferden und drangen auf einander ein; nachdem sie eine Zeit lang gekämpft, traf Angus den Spens in die Weiche. Der Hieb war tödtlich; dem Diener Kilspendie's aber rief er zu: »sag' meinem Vetter dem König, daß Alles ehrlich zugegangen sei.« Dann ritt er seines Weges, aber nicht westlich auf die Falkenjagd, sondern südlich nach seinem Schlosse Tantalon, das für uneinnehmbar galt.

Bell the Cat wurde alt, aber seine alten Tage sollten ihm Gram bringen. Er war gegen siebzig oder drüber, als König Jakob seinen Unheilszug gegen England beschloß. Angus war unter denen die den König beschworen von diesem Zuge abzustehn. Mit wie wenig Erfolg lehrt der Tag von Floddenfield. Noch am Abend vor der Schlacht trat Angus in das Zelt des Königs, um seine Befürchtungen und seine Rathschläge zu wiederholen. Der König wurde des Zuhörens endlich müde und rief dem alten Manne voll Bitterkeit zu: »geh heim Angus, wenn Du Dich fürchtest.« Bei diesen Worten brach der Alte in Thränen aus. Er erklärte den Undank dieses Königs nicht länger tragen zu können und verließ das Schlachtfeld, nachdem er seine Lehnsleute unter den Oberbefehl seiner Söhne gestellt hatte. Seine Befürchtungen waren nur allzu gerecht gewesen; am Abend des andern Tages lagen zweihundert Douglas auf dem Felde von Flodden, darunter die beiden Söhne Bell the Cat's. Der alte Mann überlebte die Nachricht nur um wenige Monate; er starb in einem jetzt vergessenen Kloster, wohin er sich zurückgezogen hatte.

Archibald Bell the Cat lebt nur in Lied und Sage noch, selbst die Stelle, wo man ihn zur Ruhe gebracht, ist unbekannt, aber das alte Douglasschwert, das in seinen Händen zu neuem Ruhme kam, sei's im Kampfe gegen die Feinde seines Landes, sei's gegen die Kilspendie's, die seiner eignen Ehre zu nahe traten – dies alte Schwert ist noch vorhanden. Dasselbe war nahe daran, sechszig oder siebzig Jahre später in einem andern Zweikampf gebraucht zu werden, der, wenn er stattgefunden hätte, die Begegnung zwischen Bell the Cat und Kilspendie vergessen gemacht haben würde. Am Tage von Carberry-Hill nämlich, als Lord Lindsay gegen Bothwell auftrat und den Gemahl der Königin als »den Mörder Darnley's« zum Zweikampf herausforderte, wurde dies alte Douglasschwert, damals in Händen des Grafen Morton, von letztrem an Lord Lindsay überreicht, um »mit der Klinge Bell the Cat's« die Sache auszufechten. Der Zweikampf selbst unterblieb bekanntlich.

Die Klinge Bell the Cat's die man mit Recht als das Erbschwert der berühmtesten Familie Schottlands ansehen kann, befindet sich seit Jahrhunderten im Besitz des jedesmaligen Hauptes der Familie. Eine kurze Beschreibung dieses Schwertes mag gestattet sein. Es zeigt auf seiner Klinge unter allerhand Arabeskengeschnörkel zwei Hände, deren Zeigefinger von rechts und links auf ein in der Mitte befindliches Herz deuten. Darunter die Jahreszahl 1329. Die Inschrift besteht aus vier Reimpaaren, die sich ungefähr dahin übersetzen lassen:

Unter allen Lords in meinem Reich
War keiner doch dem Douglas gleich.

Drum trag Du, wenn ich gestorben bin,
Mein Herz zum heiligen Grabe hin.

Dort mag es liegen tief und still,
Bis mein Erlöser es wecken will.

Ein bess're Ritter bis diese Stund
An keines Königs Seite stund.*)

1745 nach Ausbruch der Stuart-Insurrektion, stand die Familie in Gefahr, diese Reliquie durch ruchlose Hand einzubüßen. Einer der Anhänger des Prätendenten, vielleicht aus einem eifersüchtigen Gefühl gegen die Douglas, noch wahrscheinlicher aus einem Mangel an Gefühl überhaupt, entführte dies werthvolle Curiosum aus der Rüstkammer von Douglas-Castle und es bedurfte langer Nachforschungen im Lager, bevor das alte Schwert seinem rechtmäßigen Eigenthümer wieder zugestellt werden konnte. Es ist jetzt selbstverständlich im Besitz von Lord Douglas.

*) Diese Schwertesworte sind es wohl, die dem zu früh verstorbenen Grafen von Strachwitz zu seinem Gedichte »das Herz von Douglas« Veranlassung gegeben haben, eine der schönsten Balladen die unsre gesammte Literatur aufzuweisen hat.

VII.
Westbow; Grassmarket; ein paar Kapitel aus der Lynch-Justiz.

Wir kommen von Canongate, steigen Highstreet hinan und haben Edinburg-Castle in nächster Nähe vor uns. Die letzte Querstraße, die sich, wenig Hundert Schritt von Edinburg-Castle entfernt, nach links hin abschwenkt, heißt West-Bow. Sie war früher länger und hatte fast die Form eines lateinischen S. Neubauten aber haben ihr Kopf und Füße genommen und nur ein gebogenes Mittelstück übrig gelassen. Das gegenwärtige West-Bow besteht kaum aus einem Dutzend Häuser an jeder Seite, wer aber Alt-Edinburg studiren will, der ist hier am rechten Platze. Die Häuser stammen noch aus einer Zeit, wo man das Holz als Baumaterial nicht verschmähte und die vier Steinwände mit Erkern und Giebeln, mit Treppen und Corridoren, wie mit allerhand phantastischem Schnitzwerk umhing. Diese Erker und Giebelchen, die auf den Dächern sitzen, die oft wunderlichen hölzernen Vorbauten, die weit in die Straße hineinragen, mögen diesen Häusern mal ein buntes, heitres und belebtes Ansehen gegeben haben, jetzt aber, wo die Giebelchen nicht mehr wie Grenadiermützen auf einer glatten Stirn, sondern nur noch wie Schlafmützen auf dem Kopf eines eingenickten Alten sitzen, ist es mit aller Stattlichkeit längst vorbei, und nur wer Lust und Zeit hat, sich um die baulichen Details zu kümmern, mag hier und dort einem eleganten Zug, einem grotesken Schnitzwerk oder ein paar kecken Linien begegnen, die Anspruch haben auf seine Aufmerksamkeit.

Westbow, dessen hochgelegener Theil nach High-Street hinausmündet, biegt hügelabwärts in den sogenannten Graßmarket ein, den man auch als eine bloße, beinah sackartige Erweiterung von Westbow ansehn kann. Er hat an mehreren Stellen kleine Ausgänge, aber äußerst schmal und nur einer, gegenüber der Stelle, wo Westbow einmündet, gleicht einer wirklichen Straße. Diese Straße führt den

Namen Westport, weil sie unmittelbar am ehemaligen West-Thor gelegen war und hat eine traurige Celebrität erlangt, als Schauplatz jener langen Reihe von Verbrechen, die sich an die Namen Hare und Burke knüpfen.

Die Lokalität ist allerdings wie geschaffen für allerhand lichtscheue Unthat, und wenn irgendwo in der Welt die »Pechkappe« ihre Rolle spielen konnte, so war es hier. Es war an einem Sonntag Nachmittag, als ich diese unheimlichen Gassen passirte, ein paar kleine Kapellenglocken durchrissen die Luft, einzelne Leute huschten in die Kirche; in den seitabwärts gelegenen Höfen und Winkeln aber war Alles still; ein Bischen Sonnenschein, spärlich zugemessen wie ein Sonntagsgericht, fiel in die Gassen hinein, weniger um sie zu verschönen, als vielmehr um ihre Häßlichkeit zu zeigen. Ich guckte in einige dieser Winkelgassen hinein, der Wochenschmutz war in irgend einen Winkel zusammengekehrt, nicht weggenommen. So kam mir das ganze Leben dieses Platzes vor: alles bei Seite gekehrt auf ein paar Stunden, aber doch immer da und immer bereit, sich wieder als sich selbst zu bewähren.

Alle diese Gassen, die unmittelbar am Südabhang des Hügels, also im Rücken desselben und versteckt vor den Blicken gäng und geber Edinburg-Besucher liegen, sind durchweg von niedrigem und abstoßendem Charakter und zählen mit zu dem schlimmsten, was ich derart gesehen habe. Die verrufensten Quartiere Londons sind, im Vergleich damit, wohnliche und einladende Plätze, was seinen Grund überwiegend darin hat, daß diese Edinburger Häuser alt und baufällig, die Londoner Armenquartiere hingegen verhältnißmäßig neu, die Straßen breit und mit Abzugskanälen versehen sind. Man kann freilich nicht leugnen, daß auch selbst diesem Theile Alt-Edinburgs noch ein gewisser malerischer Reiz anhaftet und daß es nicht ohne Interesse ist, vom Graßmarket aus in Cowgate oder Westport hineinzublicken, aber das bunte Bild, das man hat, wird so sehr auf Kosten der andern Sinne erkauft, daß es einem nicht schwer fällt von den Bildern dieses Guckkastens wieder hinwegzutreten. Der einzige Ort, wo wir noch einen Augenblick zu verweilen haben, ist der Graßmarket selbst. Die Häuser sind hier besser, geräumiger, saubrer, erinnern an die soliden Bauten in High-Street und mögen vor zwei, dreihundert Jahren eine Zierde Alt-Edinburgs gewesen sein. Das »Castle« überragt nach Norden hin diesen Platz, blickt dominirend auf denselben herab. Ziemlich in der Mitte des Platzes befindet sich ein mit weißen Steinen ausgelegtes Kreuz, um die Stelle zu bezeichnen, wo in »guten alten Zeiten« der Galgen stand. Er hatte eine Zeit lang eine gefährliche Concurrenz mit dem »City-Croß« zu bestehen, wo, wie ich an andrer Stelle erzählt habe, die Häupter Montrose's, Huntley's und der beiden Argyle's fielen, aber vielleicht gerade der Umstand, daß in verhältnißmäßig kurzer Zeit so viel edles Blut auf die Steine von High-Street floß, brachte zwischen den beiden Rivalen ein für allemal einen Compromiß zu Stande, und während das City-Croß für die Partheihäupter des Adels blieb, fiel der Rest des Publikums dem Graßmarket zu. Es war eine aristokratische Theilung zwischen Schwert und Strick.

Der Graßmarket und das Steinkreuz in der Mitte wissen viel zu erzählen, ich greife indeß aus der Fülle ihrer Ueberlieferungen nur eine heraus, die im Gedächtniß der Edinburger fortlebt bis auf diesen Tag, vielleicht weil man stolz ist auf den ganzen Vorgang und auf den Muth, die Independence und das starre Rechtsgefühl, das sich darin ausspricht. Man hört die Geschichte mit einer Miene vortragen, als sollte einem gesagt werden: »so waren wir und so würden wir nöthigenfalls wieder sein.« Hauptmann Porteus, der Sohn eines Edinburger Schneiders, hatte sich zu einer Art Beherrscher und Tyrannen seiner Mitbürger gemacht. Das Polizeiwesen war ihm anvertraut worden und die Edinburger Milizen, ein halb verlachtes, halb gefürchtetes Invaliden-Corps, standen unter seinem Befehl. Er brachte etwas Zug in die Truppe und etwas Ordnung in die ganze Stadt, verfuhr dabei aber mit einer Strenge und

Rücksichtslosigkeit, die ihn zum Gegenstand allgemeinen Hasses machte. Eine Hinrichtung sollte stattfinden, und Hauptmann Porteus mit seinen Stadtsoldaten hatte Ordre, auf dem Graßmarket zu erscheinen. Der Hinzurichtende war ein junger Bursche, der sich durch seine Bravheit und Herzhaftigkeit die Zuneigung des gemeinen Mannes in hohem Grade erworben hatte. Das machte Vorkehrungen nöthig. Er hieß Wilson, und hatte die Flucht seines Mitschuldigen dadurch möglich gemacht, daß er, als man ihn und seinen Complicen aus der Gerichtssitzung, unter Bedeckung von vier Stadtsoldaten, in's Gefängniß zurückführen wollte, die beiden neben ihm gehenden Invaliden mit den Armen, einen dritten aber mit den Zähnen gepackt hatte. Die Selbstaufopferung, die in dem Ganzen lag, hatte das Volk auf's Höchste für Wilson eingenommen, und man war unzufrieden, daß er nichtsdestoweniger nach der Strenge des Gesetzes hingerichtet werden sollte. Der Tag kam. Wilson erschien, hielt sich tapfer, wurde aufgeknüpft und alles schien vorüber. In diesem Augenblick aber sprang einer aus dem Volk auf's Schaffot, schnitt den bereits Entseelten ab und machte Miene, den Leichnam unter dem Jubel des Volkes fortzutragen. Das war zu viel für Porteus. Er sprang dem Uebelthäter nach, erschoß ihn auf der Stelle und commandirte »Feuer«, als er das wüthend werdende Volk auf sich eindringen sah. Ein halbes Dutzend wurde getödtet, viele waren verwundet; man stob auseinander. Der Vorfall machte ein ungeheures Aufsehen; Hauptmann Porteus wurde eingezogen und endlich, angeklagt auf Mord und schnöden Mißbrauch dienstlicher Gewalt, vom Gerichtshofe einstimmig zum Tode verurtheilt. Der Tag der Hinrichtung wurde festgesetzt; das Volk jubelte; der Graßmarket hatte sich mit Tausenden gefüllt. Man wartete und wartete, die Stunde war längst vorüber, der Verurtheilte erschien nicht, endlich hieß es: »man habe ihn in London begnadigt.« So war es in der That. Das Volk hörte die Nachricht scheinbar ruhig an und verlief sich dann. Das war in der Mittagsstunde. Um Mitternacht hörte man dumpfen Trommelschlag in High-Street und wo immer das Wirbeln gehört wurde, aus allen Höfen und Gassen, kam das Volk herbei; in einer halben Stunde waren mehrere Tausend beisammen; immer mehr schlossen sich dem gespenstischen Tambour an, kein Wort wurde laut, jeder wußte, um was es sich handelte. Die Thore wurden geschlossen, die Stadtsoldaten entwaffnet und einige hundert Mann vor dem Eingang zu Edinburg-Castle aufgestellt, um jede Kommunikation mit der englischen Garnison des Schlosses unmöglich zu machen. Dann rückte man vor »Old-Tolbooth«, in dem, wie man wußte, Capitain Porteus gefangen saß. Die schweren Thüren leisteten Widerstand, man brannte sie nieder und drang ein: Welcher Anblick, als man in das Zimmer des Unglücklichen trat. Halbniedergebrannte Lichter, leere und volle Weinflaschen, Speisen aller Art – man sah, der Unglückliche hatte ein Gastmahl gegeben, um seine Rettung zu feiern. Zu früh. Man zog ihn aus dem Kamin hervor, darin er sich versteckt hatte und schleppte ihn durch High-Street und Westbow auf den Graßmarket hinab, wo man ihn am Vormittag desselben Tages vergebens erwartet hatte. Eins fehlte – der Strick. Man brach einen benachbarten Seilerladen auf, nahm was man brauchte und warf ein Goldstück auf den Tisch. Zehn Minuten später hatte Hauptmann Porteus aufgehört zu sein. – Es fehlt der Geschichte sicherlich nicht an lehrreichen Momenten; die Begnadigungen par Distance, wo der Begnadigende die Stimmung und ich möchte sagen die öffentliche Moral nicht kennt, die über dem Verurtheilten zu Gerichte gesessen hat, haben schon öfters ähnliche Stürme des Unwillens heraufbeschworen. Das Volk glaubte sich in diesem Fall berechtigt, das ursprüngliche Urtheil wieder herzustellen. Vor allem aber spielte das politische Element in diesem Vorgange eine Rolle. Es war in der That mehr ein Aufstand als ein Krawall. England, sein hannöverscher Hof und König, Alles stand dem schottischen Volke fremd gegenüber, und diese Begnadigung erschien ihm wie ein Eingriff in die

Rechte seiner Nationalität. So dachte Hoch und Niedrig, und was zu Anfang eine bloße Angelegenheit des Pöbels gewesen war, das erhob sich schließlich zu einer Volks- und Nationalsache. Vornehme Leute, Häupter der Stuart'schen Partei, hatten die Hand mit im Spiel, und das Goldstück, das auf den Tisch des armen Seilers geworfen wurde, kam sicherlich nicht aus der Tasche eines armen Tagelöhners oder Handwerkers.

Einige Jahre später hatte Edinburg einen andern Diktator; seine Herrschaft ruhte aber auf minder gefährdetem Fundament, indem er sich's zur Aufgabe machte, der Volksmeinung zu dienen statt sich ihr zu widersetzen. Dieser Mann war Joseph Smith, ein Schuhflicker aus Canongate, der je nach der Laune seiner Verehrer (und ihrer waren viele) General Smith oder vertraulicher »der lahme Joseph« genannt wurde. Er war ein kleiner, unansehnlicher Mann, in seiner Erscheinung blos den Spott herausfordernd, aber muthig genug, jede gute Sache durchzufechten und klug genug, nur eine gute und gerechte Sache zur seinigen zu machen. Seine Klugheit, wenn ich so sagen darf, sein politischer Takt, war es, was ihm mehr denn ein Menschenalter hindurch eine Art Herrschaft üben ließ, indem er abwechselnd die Behörden unterstützte oder bekämpfte, je nachdem er das hausbackene Recht auf Seiten derselben sah oder nicht. Er verfuhr dabei jahrelang mit so großem Geschick, daß die Stadtautoritäten ihn endlich wie ein unvermeidliches Schicksal hinnahmen, mit dem es gut sei, sich zu stellen, statt machtlos gegen dasselbe anzukämpfen. Wurden Maaßregeln vorbereitet, so zog man zuvor das Gutachten von General Joseph Smith ein und ließ die Sache fallen, wenn er die Achseln zuckte und zu verstehen gab, daß er wahrscheinlich gezwungen sein würde, seine Trommel zu rühren. War er umgekehrt persönlich mit Maaßregeln einverstanden, von denen er wußte, daß sie Anstoß erregen und Widerstand beim Volke finden würden, so begann nunmehr seine wichtige Thätigkeit als Unterhändler und Friedensstifter. Sein Verfahren dabei war immer dasselbe; er erschien auf einer Rampe, neben sich ein Oxhoft Edinburger Bier (Ale), das der Magistrat liefern und zur Stelle schaffen mußte. Dann hielt er seine Rede, lud jeden ein zu trinken und schloß seine Ansprache mit den Worten: »Nun macht, daß ihr nach Hause kommt«. Am gefürchtetsten war er, wenn es Bürger gegen Bürger galt. Bäcker und Schlächter hielt er in heilsamer Furcht. Aussaugungen, Bereicherungen (zumal in Zeiten der Noth) auf Kosten des armen Volkes duldete er nicht und einem Bäcker, der durch hohes Gewicht Kunden angelockt hatte, bis sich herausstellte, daß er mit falschen Stücken gewogen hatte, wurde ohne Weiteres das Haus gestürmt. Nicht besser erging es einem Hauswirth der seinen Miether mitleidslos auf die Straße geworfen und dadurch den Selbstmord des armen Mannes verschuldet hatte. Lahm-Joseph rührte die Trommel, das Haus des Wirths wurde gestürmt, jeder bewegliche Gegenstand weggeschleppt und auf offenem Markt verbrannt. An ein Einschreiten der Behörden in solchem Falle war gar nicht zu denken. Einen entrüsteten Volkshaufen, dem man nicht das Recht überhaupt, sondern nur das Recht, sich Recht zu nehmen, bestreiten kann, läßt man allerorten am besten gewähren. Das Gefühl, zu Gericht zu sitzen, sichert vor Extravaganzen. Wenigstens scheinen die Edinburger Magistrate von diesem oder einem ähnlichen Satze ausgegangen zu sein. Lahm-Joseph's letzte Verhandlung mit den Stadtbehörden fand statt, als ein bourbonischer Prinz der Stadt seinen Besuch zugesagt und gerade den Tag im langen Jahre dafür festgesetzt hatte, an dem die unteren Volksklassen seit vielen, vielen Jahren daran gewöhnt waren, sich durch »Verbrennen des Papstes« einen heiteren Abend zu machen. Der Magistrat ließ Lahm-Joseph kommen, stellte ihm die Sache vor »von wegen des katholischen Prinzen«, schob ihm ein Goldstück hin und appellirte an General Smith's Gefühl für Anstand und gute Sitte. Joseph steckte das Goldstück ein, gab dem Stadtschreiber Recht und empfahl sich dann mit den Worten: »aber brennen muß er doch.« Bald nachher segnete der Schuhflicker aus Canongate das Zeitliche und die Diktatur über Edinburg ist seitdem ein unbesetzter Posten geblieben.

Ziemlich in dieselbe Zeit, in der die Herrschaft Lahm-Joseph's blühte, fällt auch die Geschichte der Lady Grange.

Lord und Lady Grange waren zwanzig Jahre verheirathet, als der Lord (bekannter unter dem Namen Mr. Erskine) seiner Gemahlin überdrüssig wurde und die Trennung von ihr durchsetzte. Wer der schuldige Theil war, ist zweifelhaft und ändert wenig in der Sache. Lady Grange lebte nunmehr wenige Häuser von ihrem Gatten entfernt und fiel diesem durch ein Benehmen lästig, das in der That unerträglicher Natur gewesen zu sein scheint. Zudem war sie in die politischen Geheimnisse ihres Gemahls eingeweiht und drohte vielfach, ihn als einen der gefährlichsten Jakobiten in London zu verrathen. So standen die Dinge, als eines Abends zwanzig Hochländer, vom Clan der Frazer's, deren Haupt der berüchtigte Lord Lovat*) war, in der Wohnung der Lady Grange erschienen, sie knebelten, in einen Tragstuhl setzten und vor das Westthor trugen. Daselbst fand man Pferde. Nun begann eine Reise in Nachtmärschen; bei Tage in Gewahrsam, bei Nacht im Sattel. So ging es eine Woche lang, bis man über Stirling und Perth hinaus die Grafschaft Inverneß erreicht hatte, wo Verfolgung nicht länger zu befürchten war. Man hielt sich nordwestlich und kam endlich ans Meer. Ein Boot lag schon bereit, Lady Grange wurde hineingetragen und die Fahrt nach einem der kleinsten und unwirthbarsten Eilande begann. Man erreichte dasselbe und ließ die Lady in einem Steinhäuschen zurück, nur fünf Menschen lebten auf der Insel, eine einzige arme Fischerfamilie. Für Nahrungsmittel wurde von der Küste aus gesorgt. Als sie einmal

*) Am 9. April 1747 auf Tower-Hill enthauptet. Die letzte Hinrichtung mit dem Beil, die in England vorgekommen ist. Seitdem wird nur gehängt. Lord Lovat war nah an 80 Jahr alt.

an den Hochländer, der ihr wie ein Gefangenwärter beigegeben war, die Frage richtete: »ob er sich des Dienstes nicht schäme, zu dem er mißbraucht würde,« antwortete dieser im ächten Clan-Geist: »ich würde mich schämen; aber Lord Lovat will, daß ich thue, was ich thue, drum schäm' ich mich nicht.« Auf dieser Insel lebte die Lady 13 Jahre, verwilderte zuletzt und starb ohne das Festland von Schottland, geschweige Edinburg wieder gesehen zu haben. Ihr Verschwinden hatte zu allerhand Gerüchten Veranlassung gegeben; die Gerüchte gewannen endlich Consistenz und die Sache war so gut wie bewiesen, aber Niemand schritt ein und Lord Grange handhabte nach wie vor in Würde und Strenge das Gesetz, das nicht den Muth hatte, seine Spitze auch gegen ihn selbst zu kehren. Ein oberster Richter war zur Selbsthülfe geschritten, hatte das Einschreiten von 20 Hochländern dem Einschreiten des Gesetzes vorgezogen; welche Furcht, welches sich Beugen vor dem Gesetz war von denen zu erwarten, die dort lebten, wohin man die Lady Grange als zu einem unerreichbaren Punkt geschleppt hatte?

VIII.
Spukhäuser.

Alt-Edinburg wäre nicht, was es ist, wenn es nicht auch seine Spukhäuser hätte. Jeder, der einmal High-Street hinaufgeschritten ist und geschwankt hat, ob er den über den Häusern hängenden Nebel wie eine verflüchtigte Stadt oder die graue Stadt wie einen soliden Niederschlag aus dem Nebel betrachten solle, muß ein Gefühl davon gehabt haben, daß dies eine Festung sei, in der die Gespenster-Armee muthmaßlich noch einen letzten Widerstand versuchen würde, wenn der Rest der Welt auch längst den Entschluß gefaßt haben sollte, mit Hexen und Elfen, Brownies und Wichtelmännchen, Puck, Klopfgeist und Klabautermann ein für allemal zu brechen. Was von dem ganzen Lande gilt, gilt auch von seiner Hauptstadt: neben Puritanismus und Dampfmaschine ist der alte nationale Aberglauben in Kraft geblieben. Man begegnet ihm auf Schritt und Tritt. Natürlich ist man auch in Schottland vornehm genug geworden, um in Büchern und Zeitungsspalten über die Schnurren und Finsternisse des Mittelalters fortzusein, aber man braucht nicht lange sich umzusehen, um wahrzunehmen, wie dünn die Decke ist, unter der die alten Lieblingsgestalten schlafen. Die Gespenster scheinen hier eine Art Landesprodukt zu sein. Und in der That, ich möchte den sehen, der Nachts an Scone und Dunsinan vorbei, das große Blach- und Steinfeld der Grafschaft Inverneß durchreiten kann, ohne Gespenstern begegnet zu sein. Meilenweit kein Baum, kein Strauch; die Grampians rechts, ein Gebirgsbach links; nichts hörbar als das Rauschen des Wassers und der Hufschlag des eigenen Pferdes; über den Weg fallen wechselnd die Bergesschatten und ein Schneehuhn fliegt auf. Wer solchen Ritt machen kann, ohne die Hexen Macbeths um eine Bergwand biegen zu sehen, der hat sich selbst sein Urtheil gesprochen. Die Geisterwelt ist ihm verschlossen. Alle schottischen Dichter haben an dem Aberglauben ihres Volkes von ganzem Herzen Theil genommen. Burns, so könnte man einwenden, habe im »Tam O'Shanter« die Gespensterfurcht des Volks mit überlegnem Witze persiflirt. Aber man weiß, was man von solchem Witze zu halten hat; er hält nur aus bei hellem Tage. Bei Nacht gleicht er dem Pfeifen und Singen auf einsamem Waldeswege. Walter Scott hatte eine Passion für Gespenstergeschichten und besaß neben der Lust daran auch ein besonderes Geschick, sie vorzutragen.*)

*) Eine Scene, die sich beiläufig bemerkt, am reich besetzten Tische des Bankiers und Dichters Samuel Rogers zutrug, zeigt am besten das halb gläubige, halb ironische Verhältniß, in dem Walter Scott zu seinen Gespenstergeschichten stand. Er erzählte eine derselben mit dem größtmöglichsten Aufwand seiner Darstellungsgabe und hielt auf einen kurzen Augenblick die Gemüther seiner Zuhörer wie in einem Bann des Schreckens.

Die Neustadt Edinburg hat nicht das Vorrecht, Spukhäuser zu besitzen, sie hat nur Bildsäulen von Pitt, Lord Melville und Georg IV., und daneben Paläste, die noch zu jung sind, um Geisterherbergen sein zu können; aber Alt-Edinburg, wie Eingangs bereits gesagt, hat deren, und wir wollen einen Augenblick bei ihnen verweilen.

Es ist wahr, wir machen bei Aufzählung ihrer Insassen keine absolut neue Bekanntschaft; die nordischen Völker scheinen sich die Gestalten ihres Schreckens nach einem verwandten Bedürfniß und unter ähnlichen Eindrücken zurecht gemacht zu haben, aber wir finden doch bei vielem Gleichen mancherlei Nüancen und Abweichungen. Das Pferd mit der Feuermähne, der unsichtbare Kutschwagen, der lärmend auf die Rampe fährt, selbst der blasse Mann, der dann und wann seinen Kopf abnimmt, sollen uns nicht weiter beschäftigen; auch bei der großen Hand, die brennende Lichter auf den Tisch stellt oder bei dem Seitenstück derselben, den drei paar Füßen, die schottisch tanzen und mit den Hacken zusammenschlagen, wollen wir uns nicht länger verweilen. Aber ein Haus in unmittelbarer Nähe von High-Street, das bis auf diesen Tag verfallen und öde dasteht, hat doch Anspruch darauf, hier seine Geschichte erzählt zu sehn. Auf mich hat sie Eindruck gemacht, weil so wenig Apparat darin sichtbar ist. Das Haus, das ich meine, steht auf einem Platze, der Lawn-Market heißt. Die Bewohner, schlichte Leute, hatten sich Gäste geladen, ein paar Freunde und Verwandte. Es war am hellen, lichten Tag, die Wanduhr setzte eben ein, um zwölf zu schlagen, der Tisch war gedeckt und im Kamin knisterte das Feuer. Jeder nahm seinen Sitz und der Hausherr begann das Gebet zu sprechen. Als er bis an die Worte gekommen war: »führe uns nicht in Versuchung« öffnete sich eine

Aber auf Augenblicke nur; Rogers selbst erholte sich zuerst und rief seinen Gästen zu: »Nein, Scott, das ist zu arg; Unsinn von Anfang bis zu Ende«; worauf dieser lebhaft und selbst noch aufgeregt erwiederte: »Aber ich hab' es von meiner Großmutter«, rasch dann und unter lautem Lachen hinzufügend: »freilich, die alte Frau log entsetzlich.«

Stelle in der Wand, wo Niemand zuvor eine Thür gesehen hatte, und eine Frauengestalt trat daraus hervor. Sie schüttelte den Kopf, wies auf eine Stelle am Boden, und schritt halb abgewandt, wie im Bewußtsein ihrer Schuld, der Stelle zu, auf *[die]* sie zuvor gezeigt hatte. Alle Anwesenden, Gäste und Bewohner, flohen entsetzt aus dem Hause. Hundert Jahre und mehr sind seit jenem gestörten Mittagsmahle vergangen, eben so lange steht das Haus verschlossen und leer. Niemand bis jetzt hat sich gefunden, der Lust gehabt hätte den Schlüssel im rostigen Schloß zu drehen und nachzusehen, ob der Tisch dort oben noch gedeckt sei oder nicht.

Eine andere Geschichte ist die vom Major Weir. Sie hat mehr historisches Fundament, mehr bestimmte Namen, mehr Lokalton, das mag der Grund sein, daß sie unter allen ähnlichen Geschichten die populärste geworden ist. Major Weir hatte bei Dunbar gefochten, er galt für tapfer, aber seine Tapferkeit war nichts im Vergleich zu seiner Frömmigkeit. Das puritanische Edinburg verehrte ihn wie einen Heiligen. Er war unverheirathet und bewohnte ein Haus in Westbow. Mit ihm war seine Schwester Griseldis, gewöhnlich »die alte Grissel« genannt. Er kleidete sich schwarz, predigte in Versammlungen und beherrschte die Stadt durch seinen Einfluß. Nur eins fiel auf: er pflegte einen langen, schwarzen Stab zu tragen; so lang er diesen in Händen hielt, war er feurig, beredt, hinreißend, so wie er ihn hinweg that, erschien er alt und hinfällig. Von diesem Stabe gingen Wundergeschichten um. Eines Tages erschien Major Weir vor dem obersten Richter und erhob Anklage gegen sich selbst. Die Richter wollten nicht glauben und wiesen ihn ab. Er beharrte bei seiner Aussage und gab solche Details, daß man zu seiner Verhaftung schreiten mußte. Der Prozeß ward eingeleitet, unerhörte Dinge kamen ans Licht; Betrug, Mord, Unzucht und jede Form nächtlicher Orgien. Bei einer späteren Revision der Prozeßakten hat man alles ins Gebiet des Wahnsinns, der Fiktion und Uebertreibung verweisen wollen. Das ist immer das bequemste. Die Zeitgenossen aber glaubten an die volle Wirklichkeit der Dinge und drängten sich mitleidslos um den Holzstoß herum, auf dem das Geschwisterpaar verbrannt werden sollte. Grissel Weir riß sich die Kleider vom Leibe, um, wie sie schrie, »in aller Schande zu sterben.« Ihr Bruder stand stumm und regungslos am Pfahl; nur als ihm die Worte des letzten Gebetes vorgesprochen wurden, schüttelte er den Kopf und murmelte: »Wozu?« Die Flammen schlugen auf; erst als der schwarze Stab verbrannt war, der ihm zu Füßen lag, konnten sie an ihn. Das Haus in Westbow aber hat Niemand mehr bewohnt. Vor 10 oder 15 Jahren wurde es niedergerissen. So lang es stand, lebte im Volk der Glaube an ein gespenstisches Treiben innerhalb seiner Mauern; Lichtschein flimmerte Nachts aus den Fenstern der ersten Etage, gedämpfte Musik und wildes Tanzen, Gläserklingen und Lachen und Lebehoch. Dazwischen hörte man deutlich das Surren eines Spinnrads; denn Grissel Weir war eine berühmte Spinnerin gewesen, aber das Linnen brach, das aus ihrem Garn gewoben wurde.

Das dritte und letzte Spukhaus, von dem ich zu sprechen habe, steht in Canongate. Das alte Haus ist längst gestört, aber der genius loci scheint geblieben. Die Geschichte, die sich an dies Haus knüpft, ist folgende. Gegen Mitternacht wurde bei einem Geistlichen, der weiter oberhalb in der Stadt wohnte, an Thür und Laden geklopft. Als er öffnete, sah er mehrere Männer draußen stehn, die ihm mittheilten, daß er sie begleiten möge, um einem Kranken die Sterbesakramente zu reichen. Er gehorchte. Als man High-Street hinunter war, zwang man ihn, sich die Augen verbinden zu lassen; dann schritt man weiter abwärts. Nachdem ihn seine Begleiter noch mehrere Minuten lang die Kreuz und Quer geführt hatten, geleiteten sie ihn die Steintreppe eines Hauses hinauf, öffneten eine Thür im ersten Stock und hießen ihn eintreten. Hier nahm man ihm die Binde ab. Er befand sich in einem geräumigen, wenig erleuchteten Zimmer, in dessen Mitte ein Himmelbett mit dunklen Gardinen stand, der eine Vorhang halb zurückgeschlagen. Zur Seite des Bettes saßen mehrere Männer; in demselben lag eine schöne junge Dame, eine Wöchnerin, wie man ihm sagte, erst wenig Stunden zuvor eines Kindleins genesen. Die Männer wiederholten jetzt die Aufforderung, die Worte zu sprechen, die gemeinhin am Bette eines Sterbenden gesprochen würden. Er antwortete, daß ihm der Zustand der Dame das nicht zu erfordern scheine, sie sei keine Sterbende, kaum eine Kranke; drohende Worte indeß ließen ihm bald keine Wahl mehr, und zitternd, kaum seiner Sinne mächtig, sprach er die üblichen Gebete. Als er geendet hatte, verband man ihm abermals die Augen und führte ihn treppabwärts; ehe er die letzten Stufen erreicht hatte, hörte er einen Pistolenschuß. Vor seiner Wohnung angelangt, wurde ihm von Seiten seiner Begleiter eine Börse mit Goldstücken aufgedrungen und kurz hinzugefügt, »daß er zu schweigen habe, so lieb ihm sein Leben sei.« Dann ließ man ihn allein. Er trat in sein Haus, legte sich wie im Fieber nieder und fiel endlich, nachdem er sich lange rastlos hin und her geworfen hatte, in einen tiefen Schlaf. Gegen Morgen erweckte ihn sein Diener mit der Nachricht, daß über Nacht in Canongate ein heftiges Feuer ausgebrochen sei; das ganze Haus sei zerstört und die Tochter des Lords Ravendale in den Flammen umgekommen. Für den Geistlichen war kein Zweifel, daß dies dasselbe Haus sei, in dem er die Nacht vorher die Sterbegebete gesprochen hatte; aber die Furcht hielt ihn ab zu reden und als Kläger aufzutreten. Dennoch blieben die Vorgänge jener Nacht nicht ganz verschwiegen und nachdem, ziemlich ein Menschenalter später, der Geistliche gestorben war, fehlte es nicht an Personen, die von der Geschichte, wenigstens gerüchtweise Kenntniß hatten. Dies Gerücht fand später eine gespenstische Bestätigung. An derselben Stelle, wo das Haus in Canongate niedergebrannt war, hatte man bald nachher ein neues Gebäude errichtet. Viele Jahre waren seitdem vergangen, der Geistliche längst todt, das neue Haus war fast wieder ein altes geworden; da brach ein zweites Mal Feuer an derselben Stelle aus. Als die Flammen die höchste Höhe erreicht hatten, wurde der Tumult, der wie gewöhnlich in den benachbarten Straßen herrschte, plötzlich durch eine Erscheinung unterbrochen. Eine schöne Frauengestalt, in reiche Nachtgewänder gekleidet, erschien mitten in den Flammen, und rief laut in die Stadt hinein:

Einmal verbrannt, zweimal verbrannt,
Das dritte Mal brennen Stadt und Land.

Der Eindruck dieser Worte war so mächtig, daß, wenn in späteren Jahren noch, ein Feuer in der Nähe von Canongate ausbrach, die größten Anstrengungen gemacht wurden, das Umsichgreifen desselben zu verhindern, um nicht vielleicht jene furchtbare Prophezeihung in Erfüllung gehn zu sehen.

Ein besonderer Reiz dieser Erzählung und ihr charakteristisches Unterscheidungszeichen liegt in der Erscheinung der Frauengestalt in den Flammen; im Uebrigen erinnert dieselbe lebhaft an jene, wenn ich nicht irre, von Henrick Steffens herrührende, später von Schelling in Terzinen wieder erzählte Geschichte, die unter dem Namen »die letzten Worte des Pfarrers zu Drotning« bei uns bekannt geworden ist. Die Hauptzüge sind in beiden Erzählungen dieselben, nur Lokalität und Farbe weichen ab.

IX.
Ein Abend in High-Street.

Ich habe schon in einem früheren Kapitel hervorgehoben, wie das Straßenleben Alt-Edinburg's etwas Südländisches hat. Man geht nicht vor die Thore, um sich im Freien, im Grünen zu vergnügen, man schlendert nur zwischen Canongate und Edinburg-Castle auf und ab, gesellt sich zu dieser oder jener Gruppe, lauscht einen Augenblick, spricht auch wohl und schreitet zur nächsten Ecke weiter, um dort ein ähnliches Treiben vorzufinden wie das, was man so eben verlassen hat. Die Gin-Shops und Whisky-Läden (übrigens von ziemlich dürftigem Aussehen und nicht zu vergleichen mit ähnlichen Etablissements in London) laden überall zum Eintritt ein und die Temperanz-Prediger, die sich allabendlich vor einem auf- und abgehenden Publikum, das die Stummelpfeife im Munde und die Hände in den Hosentaschen hat, hören lassen, scheinen mir nicht in der Lage, den verführerischen Eckläden eine erhebliche Concurrenz zu machen. Wie dem aber auch sei, das Straßenpredigerthum im allerweitesten Sinne, der öffentliche Bekehrungsversuch für diesen oder jenen moralischen oder kirchlichen Zweck, ist einer der hervorstechendsten Züge des Alt-Edinburger Lebens, insonderheit der High-Street. Wir werden gleich sehen, daß die Mäßigkeitsapostel dabei keine ausschließliche Herrschaft üben und sich's gefallen lassen müssen, mit den verschiedensten andern Elementen das Terrain zu theilen.

Es mochte 9 Uhr sein, wir stiegen, wie so oft, von Canongate her die malerische Hügelstraße hinan und erfreuten uns an dem auf und abwogenden Treiben der Volksmenge. Als wir Tron-Church beinah erreicht hatten, sahen wir funfzig oder hundert Menschen an einer wenig erleuchteten Straßenecke stehen, und vernahmen bald, im Näherkommen, die Töne einer pathetischen, beschwörenden Stimme. Wir drängten uns durch den ziemlich engen Kreis, und standen einem blassen, hektisch und ärmlich aussehenden Manne gegenüber, der nicht müde wurde zu Eintracht, Versöhnung und christlicher Liebe zu ermahnen. Wir folgten seinem Vortrage zehn Minuten lang, bis endlich der äußerste Mangel an Fortschritt und Entwicklung es unmöglich machte noch länger auszuhalten. Er sprach im Sinne einer »Evangelischen Allianz«, was man hätte hinnehmen können, wenn nur die Mahnung selbst etwas mehr als eine bloße Phrasenanhäufung gewesen wäre. Er zog seine Sätze ab wie ein Bankhalter seine Karten, mischte den Talon und begann von Neuem. Die Sätze lagen anders, aber dieselben Karten. Wir sahen deutlich, daß der Mann längst fertig war und nur weiter sprach, um das Volk, das noch einen Schlußtrumpf zu erwarten schien, nicht unbefriedigt nach Hause gehen zu lassen. Ich zweifle aber, daß dieser Schluß in anderer Form zur Erkenntniß der Aushaltenden gekommen ist, als in der schließlichen Total-Erschöpfung des Redners.

Wir schritten High-Street weiter hinauf bis zur Stelle, wo Blair-Street auf den kleinen Platz, der Tron-Church umgiebt, ausmündet. Hier, in halber Zurückgezogenheit, von der Straße aus sichtbar und doch nicht direkt von ihrem Lärm berührt, hatte ein dicker alter Herr eine Kanzel, in Form eines Schulkatheders, bestiegen und predigte zu seinem Publikum. Das Auditorium war fast zahlreicher wie das, von dem wir eben kamen, aber minder aufmerksam, man kam und ging, sprach und kicherte; es war ersichtlich ein altes Lied, das man an dieser Stelle vernahm. Der alte Herr plaidirte für Mäßigkeit. Kein Zweifel, er gab sich die größte Mühe, aber auf den Gesichtern war weder Zustimmung noch Erbauung zu lesen. Was er sprach, war weder gut noch schlecht, er malte mit grellen Farben das bekannte Doppelbild: »Die wohlgekleidete Familie am Theetisch, daneben der Trunkenbold, der seine Frau schlägt«, und ersetzte durch Stimmmittel was ihm an sonstigen Gaben gebrach; aber alles scheiterte, wenn nicht an der Verbrauchtheit der Mittel, so doch an der völligen Ungeeignetheit der Persönlichkeit. Der alte Herr glich einem behäbigen Farmer, jener wohlgenährten John Bull-Type, die der »Punch« so oft zu bringen pflegt und wenn er sich zu Port und Sherry auch nicht wie Hahnemann zum Kaffee verhielt (der ihn allen Patienten verbot, während ihm selber »nichts darüber ging«), so bestritt doch sein Erscheinen auf's Aeußerste, daß er bei Thee und Schmalbier alt geworden sei. Man konnte nicht umhin, sich seine Vergangenheit als eine lange Reihe von Diners vorzustellen und die Feuerräder seiner Beredtsamkeit verpufften wirkungslos in der Luft. Mit uns verließen ein Dutzend Leute den Platz, darunter drei Soldaten: ein riesiger Dragoner mit zwei »young hands« von der Sussex-Miliz am Arm. Sie bogen vom Platz aus in High-Street ein und verschwanden lachend in den Hof eines alten unsauberen Hauses, an dessen halberleuchteten Wänden zu lesen war: »Money lent here; highest prices paid for jewellery, watches etc.«

Die beste Probe von Straßenpredigerthum war uns aber noch vorbehalten. Als wir ziemlich die Ecke erreicht hatten, wo sich High-Street, um die Kirche von St. Giles herum, zu einem Platz erweitert, sahen wir die Straße durch eine gedrängt stehende Menschenmenge halb abgesperrt. Als wir in den Kreis traten, überraschte uns ein Doppelbild, zwei Figuren, von denen es schwer zu sagen war, welche mehr Anspruch hatte unsere Aufmerksamkeit zu fesseln. Der eine, ein etwas pockennarbiger Mann von etwa 50 Jahren, balancirte auf einer breiten Fußbank und sprach mit lauter Stimme, nur innehaltend, wenn er den Hut abnahm, um sich den Schweiß der Arbeit von der Stirn zu wischen. Neben ihm, den Rücken an den Laternenpfosten gelehnt, stand ein Siebziger von fast patriarchalischem Ansehn. Er war blind und von noblen Gesichtszügen; sein weißes Haar, das bis auf die Schultern herabhing, bewegte sich leis im Winde; dazu spielte um seinen Mund jener leise Zug von Humor und List, dem man so oft an alten Judenköpfen zu begegnen pflegt. Beide Männer waren in der That Juden, aber jener Sekte zugehörig, die unter dem Namen der »Christ-Israeliten« in Amerika und England eine Art von Notorität erlangt hat. Die Kleidung beider Männer war gleich und trug dazu bei den Reiz des Bildes zu erhöhen. Olivenfarbene Weste und Beinkleider, dunkelblaue Röcke mit großen Knöpfen, schwere Schuhe und weiße, niedrige Felbel-Hüte, dazu Berloques und allerhand Uhrbehang, der bei dem Mann auf der Fußbank wie ein Schlüsselbund klapperte, während er bei dem Alten in ruhigen Pendelschwingungen sich [hin] und her bewegte. Was war nun der Inhalt der mit immer wachsender Stimme herausgepolterten Rede? Nichts als Vertheidigung seiner Sekte und seiner Person gegen die Angriffe einer in Leeds erscheinenden Zeitung. Die Leeds-Times (wie ich vermuthe, mit nur allzu großem Recht) hatte funfzehn Monate früher Gelegenheit genommen, den ganzen Christ-Israelitismus als eine großartige Prellerei und denselben John-Wroe, der da eben vor uns stand, als einen Vater der Lüge abzuconterfeien, und dieser eine Zeitungsartikel hatte nun seit Jahresfrist ein Motiv abgeben müssen, um mit christ-israelitischen Traktätchen alle drei Königreiche durchreisen und zum tausendsten Male versichern zu können, daß John Wroe ein ehrenhafter Mann und der Christ-Israelitismus eine erhabene Sache sei. »Sie finden das alles in unserm Büchelchen (Handbewegung nach dem Blinden hin, der die Exemplare durch seine Finger gleiten läßt), Sie finden darin all und jedes; Stück ein Penny; die letzten Exemplare die wir haben; Stück für Stück ein Penny.« Dann eine kleine Pause um das Verkaufsresultat zu controlliren und dann auf's Neue wieder ein Hinausschreien in die Welt, daß Christus gesagt habe: »liebet eure Feinde; daß der Redakteur der Leeds-Times ein wahrer Judas sei, John Wroe ihm aber vergebe, da geschrieben stehe: segnet die euch fluchen.« Eh' eine Viertelstunde um war, war ein Dutzend Exemplare verkauft. Dann brach man auf, um die Fußbank an einen andern Platz zu tragen.

Für einen Fremden, der zum ersten Male High-Street hinauf geht, ist es freilich unterhaltend einer Reihe solcher und ähnlicher Scenen zu begegnen; aber wenn die Frage nach dem Werth und der sittlichen Berechtigung derselben aufgeworfen wird, so möchte sich doch wenig zu Gunsten solchen Treibens sagen lassen. In England und Schottland existiren diese Dinge 'mal und müssen als die unvermeidliche Schattenseite von Rechten und Freiheiten hingenommen werden, deren helles, segensreiches Licht nur noch von Blinden bezweifelt wird. Aber die Schattenseiten hören um deshalb nicht auf zu sein was sie sind. Nach meinem Gefühl geht ein blasphemischer Zug durch diese ganze Art von schaustellerischem Christenthum. Ohne einem Kirchenmonopol das Wort reden und das Recht einer christlichen Ansprache an allerhand Examina binden zu wollen, erscheint es mir doch andrerseits mehr als fraglich, ob es wünschenswerth sei, das Wort Gottes verzerrt, verworren, verfälscht, von zum Theil unsaubern Händen an allen Straßenecken verhökert und im Style John Wroe's ausgeboten zu sehn.

X.
Ein Gang nach St. Anthony's Chapel.

Holyrood-Palace bildet nach Osten hin den äußersten Punkt der Stadt; unmittelbar dahinter erheben sich jene unwirthbaren aber malerischen Felsmassen, die Salisbury Craigs. Gemeinhin pflegen die Besucher Edinburg's die höchste Spitze derselben, den sogenannten »Arthurs-Sitz« zu besteigen, um sich von dort aus einer Aussicht zu erfreuen, die dem Panorama vom Calton-Hill oder von Edinburg-Castle vielleicht um so viel vorzuziehen ist, als »Arthur's-Sitz« die eben genannten Orte an Höhe übertrifft. Beinah lohnender aber ist es (wenigstens für uns, die wir das Panorama von Edinburg-Castle aus noch frisch im Gedächtniß haben) einen Gang in die Craigs statt a u f dieselben zu machen, und so schicken wir uns denn an, dem landschaftlich schönsten Punkt derselben, den Trümmern von St. Anthony Chapel, einen kurzen Abendbesuch abzustatten. Aus rohem Feldstein aufgeführt, und so formlos geworden, daß das, was dasteht, ebenso gut einem Hof- und Stallgebäude als einer ehemaligen Kirche angehören könnte, bilden die Trümmer dieser Kapelle an und für sich nicht den geringsten Gegenstand des Interesses; eben so wenig sind die Vorgänge die sich an diesen Ort knüpfen dazu angethan, einen Besuch desselben zu einer Art Pflicht zu machen. Aber das landschaftliche Bild, dessen man von ihm aus genießt, ist ganz eigenthümlicher Natur und wenn schon weder groß, noch lieblich, noch grotesk, so ist es doch im vollsten Maaße das, was ich als die schottische Landschaft par excellence bezeichnen möchte. Worin ihr Charakter und ihr Reiz besteht, werd' ich weiterhin versuchen dem Leser anschaulich zu machen.

Um St. Anthony's Chapel zu erreichen, schlagen wir von der Stadt aus denselben Weg ein, der uns in einem früheren Kapitel von Waterloo-Place nach Holyrood Palace führte. Wir wählen diese Straße auch heute wieder, weil wir vorhaben, dem unmittelbar vor der Stadt gelegenen Calton-Hill endlich unseren Besuch zu machen, nicht um der Aussicht willen, die er bietet, sondern blos der Sehenswürdigkeiten halber, die diesem Hügel in direkter Weise angehören. Diese Sehenswürdigkeiten bestehen in einem halben Dutzend Monumente. Ich habe nicht vor, dieselben zu beschreiben oder zu kritisiren; sie sind Nachbildungen nach der Antike und können keinen besonderen Werth, wenigstens nicht das Verdienst originaler Erfindung beanspruchen; was ihnen aber in ihrer Gesammtheit eine gewisse Bedeutung giebt, das ist der Umstand, daß uns aus ihnen der Gedanke einer Ruhmeshalle des schottischen Volks entgegentritt. Da sehen wir zunächst einen (leider unvollendet gebliebenen) Tempelbau, der in Erinnerung an die Schlacht von Waterloo und die ausgezeichnete Mitwirkung der schottischen Regimenter errichtet wurde; da ist ein Monument Robert Burns' und zwei andere noch, von denen das eine dem Andenken Dugald Stewarts, das andere zu Ehren Professor Playfairs errichtet ist.

Die Mehrzahl meiner Leser wird hier die Frage aufwerfen, was es mit Dugald Stewart und Professor Playfair denn eigentlich auf sich habe? wer sie gewesen seien und was sie gethan hätten, um sich auf der Höhe von Calton

Hill und zwar, von Vaterlands wegen, monumental verherrlicht zu sehen. Genau dieselbe Frage war ich gezwungen mir selbst zu stellen, der ich bis dahin doch den eitlen Glauben in mir groß gezogen hatte, daß jeder Monument-berechtigte Schotte mir aus Dichtung oder Geschichte wenigstens dem Namen nach bekannt sein müsse. Aber ich sollte während meines Aufenthalts in Schottland nur allzu oft an das Irrige dieser meiner Vorstellung erinnert werden. Die Sache ist die, daß wir im Auslande nur die romantische Hälfte Schottlands kennen und wenig oder nichts von der Kehrseite derselben. Dichtung und Romane lesend, sind wir mit unseren Sympathieen in der Vergangenheit Schottlands stecken geblieben, während die Schotten selbst nichts ernstlicheres zu thun hatten, als mit dieser Vergangenheit zu brechen und völlig neue, völlig abweichende Berühmtheiten zu etabliren. Sie haben, um einen Vergleich aus unserer eigenen Geschichte zu nehmen, den Alten-Dessauers die ausschließliche Denkmals-Berechtigung längst genommen und einen gleichen Anspruch, oder einen größeren noch, auf die Lessing's und Winckelmann's, auf die Kant's und Beuth's ihres Landes übertragen. In Oban (an der Westküste) fand ich ein Buch im Gastzimmer, das den Titel führte: »Die Würdigsten unseres Volks«. Ich blätterte eine halbe Stunde darin und suchte nach mir bekannten Namen, aber vergeblich. Wer waren die Würdigsten? Märtyrer und Reformatoren, Entdecker und Philanthropen, Dichter, Künstler, Gelehrte, aber kein Archibald Bell the Cat mit »langem Schwert und kurzer Geduld«, kein Douglas mit der Devise »stolz und treu«, am wenigsten jener Hamilton's einer, die eine Locke Maria Stuarts bis diesen Augenblick wie eine Reliquie aufbewahren. Dies Auftreten zwei ganz entgegengesetzter Elemente, die nur darin zusammenfallen, daß jedes nach seiner Art zur nationalen Kraft und Bedeutung des Landes beigesteuert hat, läßt sich vielleicht nirgends so gut beobachten, wie in Schottland, weil der Contrast selten so schlagend hervortritt wie gerade hier.

Während im Laufe der letzten 100 Jahre der ökonomische, puritanische und prosaische Sinn der Bevölkerung die Dinge innerlich zum Besten gewandt und vor Wüstheit und unausbleiblichem Verfall gerettet hat, hat gleichzeitig die wüste Kraftepoche, die wenigstens dagewesen sein mußte, um poetisch verherrlicht werden zu können, dem Ganzen nach außen hin einen Glorienschein, ein Ansehen geliehen, das ihm die blos respektable Seite des Volkscharakters nie erobert haben würde.*)

Die Sonne war im Untergehen, als wir die Treppen, die zum Calton Hill hinaufführen, wieder hinunterstiegen und durch den Regents Road nach dem Palaste von Holyrood einschwenkten. Wir warfen dem alten Bau nur einen flüchtigen Blick zu und schritten rasch, an eingezäunten Obstgärten vorbei, den Felspartieen zu, die sich fast unmittelbar hinter Holyrood erhebend, eine steile Rückenlehne desselben bilden. Die Entfernung von Holyrood Chapel bis nach St. Anthony's Chapel mag kaum 10 Minuten Wegs betragen, das Terrain aber wird durch Hügelzüge und in den Weg gewälzte Felsblöcke so oft unterbrochen, daß man Holyrood nach wenig Minuten schon aus dem Gesicht verliert, um es von der Hügelkuppe St. Anthony's aus erst wieder zu erblicken. Als wir auf halbem Wege sein mochten und, die prächtige Felswand der Craigs fast unmittelbar vor uns, eine Schlucht hinanstiegen, überraschte uns der Anblick eines Bildes von eigenthümlichem Reiz. Etwa hundert Schritte vor uns weitete sich die Schlucht zu einem geräumigen Kessel aus, in dessen Mitte ein Granitblock lag, abgeschliffen und von derselben Form wie die Kiesel im Bach, aber ziemlich von den Umfängen eines deutschen Backofens. Vor demselben, zigeunerhaft zusammengekauert, lagen drei Kinder, während die älteste Schwester, ein Mädchen von 12 Jahren, schwarz und schlank aufgeschossen, einem jun-

*) Dugald Stewart gilt als Haupt der schottischen philosophischen Schule; Prof. Playfair – ein bedeutender Naturforscher.

gen Schotten, der nachlässig an den Stein lehnte, einen Trunk Wasser reichte. Es war schon dunkel und ich konnte die Züge und Umrisse nicht mehr in aller Klarheit erkennen. Der junge Schotte trank, schüttete den Rest aus und reichte die Schaale zurück. Das Mädchen trat jetzt bei Seite, wo hinter einem Felsvorsprung ein Aschenfeuer zu glimmen schien und kehrte im nächsten Moment mit einem brennenden Holzspahn zurück, den sie dem jungen Schotten wie fragend entgegenhielt. Er nickte mit dem Kopfe und seine kurze Pfeife zum Munde führend, leuchtete im nächsten Moment der helllodernde Spahn zwischen den beiden jugendlichen Gesichtern. Einen Augenblick nur, dann kehrte die frühere Dämmerung zurück und, den Kindern am Boden eine Münze zuwerfend, stieg der junge Schotte die Schlucht höher hinauf, dann und wann sich umsehend und die Mütze lüftend, deren lange seidene Bänder im Winde flatterten.

Als wir uns dem Stein noch mehr genähert hatten, sprangen die Kinder auf und liefen mit kleinen Blechschalen, in denen sich eben geschöpftes Quellwasser befand, auf uns zu und baten uns zu trinken. Wir waren ein wenig erhitzt und lehnten die Aufforderung ab, aber die Kleinen erwiederten rasch: »was wir nur dächten? daß es ja Wasser aus dem St. Anton's Quell sei und daß solch Wasser gesund mache, aber nicht krank.« Wir wagten es auf das Vertrauen der Kinder und den guten Ruf des Heiligen hin und ließen uns, nachdem wir unsere Penny's geopfert, von den Wundern dieser Quelle geduldig erzählen. Wir sahen nun auch, daß der große Granitblock nicht von ungefähr dort lag, sondern in aller Sorglichkeit auf den Mund der Quelle gelegt war, nicht um diese zu verstopfen, sondern um den reinen Mund der Göttin gegen Unbill zu wahren. Ein roher Tempel, zu Schutz und Ehren der Göttin errichtet.

Eh' wir den Platz verließen, begrüßten wir noch einen Alten, den Vater oder Großvater der Kinder, der hinter dem vorhin genannten Felseck lag und seine Finger an dem verglimmenden Feuer zu wärmen suchte. Er mußte geschlafen haben, sonst hätte uns wohl der neben ihm liegende Dudelsack mit ein paar Tönen willkommen geheißen. Wir wechselten ein paar Worte mit dem Alten und stiegen dann weiter aufwärts.

Als wir die Kuppe erreicht hatten, auf der sich die Trümmer der alten Kapelle befinden, hielten wir Umschau. Hinter uns, fast unsere Rückenlehne bildend, stiegen die Wände der Salisbury Craigs in die Luft, rechts hin dehnten sich die Wellenlinien halb kahler, halb grasbewachsener Hügel, links, aus dem Thalkessel hervor, schimmerten die Thürme von Holyrood, nur kaum erkennbar noch, im Abenddämmer, vor uns aber, fast plötzlich in's Thal hinabsteigend, lief das Felsenvorland in jene fruchtbare Ebene aus, die sich, als ein beinahe meilenbreiter Streifen zwischen den Craigs und dem schönen Meerbusen des Forth dahinzieht. Die Abendnebel kamen jetzt leise vom Meere herauf und begruben rasch den letzten Rest von Leben, der noch unten im Thal geherrscht hatte. Immer seltener hörten wir einen Vogel in der Luft oder einen abgerissenen Klang des Liedes, das der alte Pfeifer am Quell zu unseren Ehren zu spielen schien. Endlich schwieg auch das; klanglose Oede rings um. Aber in unsrem Rücken vernahmen wir lauter und lauter jetzt das Rauschen der Wasser, die von den Bergen kamen, ein dumpfes Murmeln, ein monotones Geriesel, nur dann und wann unterbrochen durch den hellklingenden Ton einzelner Tropfen, die abgesondert aus ihrer Höhe auf den Felsboden niederfielen.

XI.
Linlithgow.

Schottland hat Schlösser, Hof und Hall
Und Burgen und Palläste,
Linlithgow aber schlägt sie all
Und ist das schönste, beste;
Ei wenn im Mai die Knospe springt,
Wie lustig da die Amsel singt
In Garten, Park und Wald,
Der Hänfling zwitschert in der Näh,
Das Wasserhuhn taucht in den See, –
Säh ich Dich wieder bald.

Walter Scotts »Marmion.«

Einer der reizendsten Punkte in der Umgegend von Edinburg ist Stadt und Schloß Linlithgow. Es liegt an der Eisenbahn die nach Glasgow führt. Der eigentliche und alte Name des Städtchens war Lithgow; Lin ist Beiwort und bedeutet Little, so daß das Wort nach der Analogie von Little Glasgow, also mit dem Ton auf der zweiten Sylbe – Linlìthgow, ausgesprochen werden muß. Maria Stuart wurde hier am 5. Dezember 1542 geboren. Als ihr Vater (Jakob V.) auf seinem Todbette die Nachricht von ihrer Geburt empfing, murmelte er: »mit einem Mädchen kam unser Geschlecht und mit einem Mädchen wird es gehn.« Die düstre Prophezeihung traf nicht völlig ein; die Stuarts regierten noch 150 Jahre und erst abermals 100 Jahre später erlosch das Geschlecht.

Wir verließen Edinburg mit dem ersten Zuge und waren etwa gegen 9 an Ort und Stelle. Die Morgennebel zogen noch in grauen Massen durch's Thal, aber sie sahen aus wie eine Armee auf dem Rückzug, kopfhängerisch, die Sonne mußte über kurz oder lang durchbrechen und der Thau der überall an den Blättern hing verhieß einen klaren Tag. Der Bahnhof liegt am Ostende des Städtchens. Beim Aussteigen, wenn man nicht eine der Eisenbahn-Böschungen erklimmt, sieht man nichts von dem an der Westseite der Stadt gelegenen Palaste, und der Anblick der sich einem unmittelbar bietet, ist so schlicht und anspruchslos wie möglich. Eine dem Bahnhof gegenüber gelegene Sägemühle, nach drei Seiten hin von Bäumen eingeschlossen und nur auf der uns zugekehrten Seite frei und offen, wie ein Bild in einem Rahmen daliegend, unterbricht mit ihren immer gleichen Takten die rings herrschende Stille, und die im Vordergrunde in voller Blüthe stehenden Malven, fügen noch den Reiz der Farbe zu allem Uebrigen und steigern den Eindruck jenes ländlichen Friedens, der dem müde gewordenen Städter so wohl thut, wo immer er ihm begegnen mag.

Vom Bahnhof aus biegt man rechts in die Stadt ein, die eigentlich nur aus einer einzigen Straße besteht. Weder die einzelnen Häuser noch die Lage des Ganzen bieten irgend etwas besondres; es ist ein Städtchen wie es ihrer tausende giebt, und wenn irgend etwas an ihm geeignet ist unser Interesse in Anspruch zu nehmen, so ist es der Umstand, daß diese Fachwerkhäuser, mal grün mal gelb gestrichen, uns an die deutsche Heimath erinnern und nicht an die englischen Städte, die, bei vielen sonstigen Vorzügen, doch in ihrer Uniformität ermüdend wirken.

Durch zwei Dinge indeß ist Linlithgow berühmt (ganz abgesehen von seinem Pallast) und zwar durch seine Treue und seine Brunnen. Wem es treu gewesen ist, das ist jetzt schwer zu ermitteln. Seiner Brunnen aber darf es sich rühmen bis auf diesen Tag. Unter diesen ist ein figurenreicher, der dem Rathhaus gegenüber steht und an ähnliche Arbeiten in Süddeutschland erinnert, der bemerkenswertheste. Er ist es wohl, der zu der zweiten Zeile in einem alten schottischen Reimspruch Veranlassung gegeben hat, der etwa lautet:

Glasgower Glocken und Falkirker Bohnen,
Lithgower Brunnen um dran zu wohnen,
Stirlinger Hefen und Perther Bier,
Alle Tausend, so lob' ich's mir.

In wenigen Minuten haben wir die Stadt von Osten nach Westen hin durchwandert und stehen jetzt nach rechts hin vor einer kleinen kaum hügelartigen Erhöhung, auf der der Pallast unmittelbar vor uns gelegen ist. Wenn das Sprüchwort Recht hat, das da sagt: »große Fenster schmücken das Haus«, so ist der Pallast von Linlithgow so ungeschmückt wie möglich; die Fenster sind klein und nichtssagend und es liegt kein wesentlicher Grund vor, warum man Anstand nehmen sollte das Ganze für eine verräucherte chemische Fabrik oder für ein grau gewordenes Landarmenhaus zu halten. Aber es ist mit diesem Pallast wie mit den Wohnungen orientalischer Völker; an die Stelle des neugierigen Fensters das sich um das Draußen kümmert, tritt der verschwiegene Hof, drin die Schönheit nur sich selbst und dem Hause lebt. Das Innere vom Linlithgow Pallast läßt uns rasch vergessen, was der Außenseite fehlt. Ein tiefes dunkles Portal durchschreitend, treten wir in den Schloßhof. Nach allen vier Seiten hin erhebt sich das Mauerwerk und umschließt einen Rasenplatz, in dessen Mitte sich abermals ein figurenreicher Brunnen befindet. Der Anblick muß etwas zauberisches gehabt und an die maurischen Höfe Granada's erinnert haben, als hier das Wasser in monotoner Melodie noch niederplätscherte, wachthabende Hochländer um den Springbrunnen herum gelagert lagen und in ihre Tartanplaids gehüllt, die Mütze mit der Reiherfeder auf dem Kopf, die Sommernacht verschliefen und verplauderten.

Eine in's Detail gehende Beschreibung des Ortes würde hier zu weit führen, auch komm ich der Fantasie meiner Zuhörer vielleicht am besten zur Hülfe, wenn ich diesen Schloßhof von Linlithgow mit dem bekannten Hof der Heidelberger Schloß-Ruine vergleiche. Es ist eine Verwandtschaft im Ganzen da, ohne daß die einzelnen Theile eine solche rechtfertigen mögen. Auch darin sind beide verwandt, daß sie, durch ruchlose Hand in Brand gesteckt*),

*) Der englische General Hawley und seine Dragoner waren vom Prätendenten (»Prinz Charlie«) und seinen Hochländern bei Falkirk ge-

sich stärker erwiesen haben als die Zerstörungswuth feindlicher Banden; beide zählen bis diesen Tag zu den wohlerhaltenen Ruinen. An zauberischer Lage, an Mannigfaltigkeit und buntem Wechsel, bleibt Linlithgow freilich weit hinter der deutschen Schloß-Ruine zurück, hat aber andrerseits Geschlossenheit, Ernst und einen edleren, alle Ueberladenheit meidenden Styl vor dieser voraus.

Von den vier Flügeln des Pallastes interessirt uns nur einer, der westliche. Hier concentrirt sich das Interesse und fast jeder einzelne Raum hat seine Geschichte. Ueber einem weiten unheimlichen Kellergewölbe, das in den Regierungstagen Karl II. als Gefängniß und Hinrichtungsstätte diente (ein rostiger Eisenhaken an der Decke zeigt noch die Stelle wo 160 Convenanter den Martyrtod starben), ziehen sich die Zimmer hin, die von den Stuarts des 16. Jahrhunderts wenigstens zeitweilig bewohnt wurden. Das Zimmer in dem Königin Maria das Licht der Welt erblickte, befindet sich ziemlich genau in der Mitte des ersten Stockwerks, und würde von den Räumen die dasselbe nach rechts und links hin einschließen, in keiner Weise zu unterscheiden sein, wenn nicht Jakob VI. der bei Lebzeiten seiner Mutter so wenig zu ihrer Befreiung that, nach dem Tode derselben die bequeme Laune gehabt hätte, das

schlagen worden. Hawley zog sich nach Linlithgow zurück und quartirte sich selbst und seine Dragoner im dortigen Schlosse ein. Nur auf eine Nacht, denn die Hochländer rückten nach. Als die Dragoner am andern Morgen das Schloß verließen, warfen sie glimmende Asche auf die durch Zimmer und Säle gebreitete Streu. In wenigen Minuten stand das ganze Schloß in Flammen. Hawley (wie unser Führer uns erzählte) rief der Lady Gordon, der Dame vom Hause zu: »retten Sie sich, Mylady«, worauf die schottische Dame lächelnd erwiederte: es eilt nicht, General; schlimmstenfalls aber werd' ich mich vor Eurem Feuer so gut zu retten wissen, wie Ihr euch vor dem unsern (bei Falkirk) gerettet habt. Es ist sehr charakteristisch, mit welcher Vorliebe einem die Schotten solche und ähnliche Anekdoten zu erzählen lieben. Sie fühlen sich als die schwächern und unterdrückten und bewahren deshalb jeden kleinsten Zug dankbar im Gedächtniß, der schottischen Muth und Geistesgegenwart auf Kosten der Engländer verherrlicht.

Zimmer drin sie geboren wurde, durch Stiftung eines Prachtfensters kenntlich zu machen. Dies Prachtfenster hat natürlich längst aufgehört ein solches zu sein, unterscheidet sich aber noch immer durch Sims und Einfassung von der langen Reihe aller übrigen. Innerhalb der vier Wände die den Raum selbst umschließen, sieht man sich vergebens nach einem Zeichen um, das direkt oder wenigstens symbolisch an die Persönlichkeit erinnerte, die diesem Ort seine Weihe und Bedeutung gegeben hat. Die Wände sind kahl und kalt, herabgefallener Schutt, angefeuchtet vom Regen und festgestampft von Tausenden von Besuchern, hat den Fußboden zu einer bloßen elastischen Tenne gemacht; häßliches, gelbes Unkraut wächst in den Winkeln und Mauerritzen und selbst die Inschriften fehlen, womit ein Mischgefühl von Pietät und Eitelkeit das Mauerwerk berühmter Plätze so gern zu zieren und zu verunzieren liebt. Angesichts dieser Oede und Leere mußt' ich jener Klosterruine in der Nähe von Oxford gedenken, die, der Sage nach, der Ort ist, wo Rosamunde Clifford, gemeinhin die schöne Rosamunde geheißen, ihren letzten Ruheplatz im Leben wie im Tode fand. Die ganze Stätte dort ist nur ein Grasplatz noch, um den sich, mal hoch mal niedrig, eine Feldsteinmauer zieht, aber jene e i n e Stelle von der es heißt, daß es die Zellenwand der schönen Rosamunda war, hat ihr entsprechendes Erinnerungszeichen gefunden, und durch Stein und Mörtel hindurch seine Wurzel schlagend, erhebt sich ein wilder Rosenstrauch hoch in die Luft.

Das Zimmer in dem Maria Stuart geboren wurde, bietet nichts als seinen Namen. Anders verhält es sich mit dem Margarethen-Thurm, dem Queen Margrets Tower, der sich in der Nordwestecke desselben Flügels erhebt. Wir steigen, um diesen Thurm auf dem nächsten Wege zu erreichen, zunächst eine geräumige ziemlich wohlerhaltene Treppe hinauf, die wir zur Linken haben. Diese Treppe führte früher aus den Zimmern des Hochparterre in die oberen Stockwerke. Dach und obere Stockwerke aber existiren seit lange nicht mehr, so daß die Treppe jetzt in's Freie statt wie früher in höher gelegene Zimmerreihen führt. Im Heraustreten befindet man sich sofort wie auf dem Wallrand einer Festung, und die Deckenfläche der eben verlassenen Zimmer als Fußboden unter uns, sehen wir uns jetzt, auf einer reizend gelegenen Bastion, in der angenehmen Lage einen Spatziergang machen zu können. Auf und abschreitend schicken wir uns wirklich bereits an, die warme feuchte Luft in langen Zügen einzuathmen, als die Stimme des Führers uns daran erinnert, daß wir um keines Spaziergangs willen dies alte Mauerwerk erklettert haben, sondern blos, um mit Benutzung desselben, auf bestem Wege an den Margarethen-Thurm zu gelangen. Vor diesem stehn wir nunmehr, die Mauern sind ziemlich dick und durch eine schmale Seitenthür treten wir jetzt in das erste Stockwerk desselben ein. Die hinauf führende, schmale Wendeltreppe hat der Stufen nicht allzu viele und ohne sonderliche Anstrengung erreichen wir alsbald das oberste, laternenartige Gemach des Thurmes, das den Namen Queen Margrets bower (Zimmerchen) führt. Die Aussicht von diesem Thurm ist entzückend. Nach allen Seiten hin, aber sehr allmälig, hebt sich das Terrain; breite, goldgelbe Haferfelder steigen die Hügel hinauf und verdünnen sich landeinwärts zu immer schmaleren Streifen. Hier und dort Hecken und Baumgruppen, die sich in Nebel und Ferne verlieren. Nach Süden hin die Stadt, die sich ziemlich dicht an den Pallast lehnt; unmittelbar vor uns aber ein kleiner, inselreicher See, der sich rechtwinklig, nach Nord und West hin, um die Fronten des alten Schlosses legt. Wir standen wie geblendet; einzelne Möven flogen vor uns auf und mit Gekreisch bald diese bald jene Insel umschwebend, glänzte das Weiß ihrer Flügel wunderbar über dem Graublau des Wassers.

Es würde sich verlohnen den Margarethen-Thurm zu ersteigen, wenn er auch nichts böte als diese Aussicht. Es knüpfen sich aber auch historische Erinnerungen an denselben, die ein plastischeres Bild geben als das bloße »in diesem Zimmer wurde Maria Stuart geboren«. Königin

Margarethe war die Schwester Heinrichs VIII. von England; Jakob IV. von Schottland war ihr Gemahl. Als dieser, übermüthig und verblendet, ein Heer sammelte, um England mit Krieg zu überziehen, beschwor ihn Margarethe von diesem Unheilszuge abzustehen. Umsonst. Der Zug gegen England war beschlossen. Wie er begann und endete, erzähle ich im folgenden Kapitel (Floddenfield.) An dem Tage, wo Jakob aufbrach, erstieg die Königin den Nordwestthurm, der seitdem ihren Namen trägt, und sah von seiner Höhe aus die endlosen Reihen des Heeres gen Süden ziehen. Jene Hügelreihe entlang, die südöstlich den Horizont umschreibt, bewegte sich der Zug, 50,000 Mann, vorauf der König und seine Lords. Der Tag war hell und ihre Rüstungen glänzten in der Sonne. Der Glanz des Aufzuges konnte das Herz Margarethen's nicht bethören; die Königin wußte, daß sie auszogen auf Nimmerwiederkehr. Die Erinnerung an diesen Tag aber haben Sage und Dichtung lebendig erhalten und in die Steinquadern des kleinen achteckigen Thurmgemachs befinden sich die Worte eingegraben:

Think of Queen Margret, who in Lithgows bower
All lonely sat and wept the weary hour.

Hier schwand in Thränen unserer Königin
Einsam und bang die Abschiedsstunde hin.

XII.

Floddenfield.

Der Tag von Floddenfield ist in der schottischen Geschichte das düstere Gegenstück zu dem Glanztage von Bannockburn. Bannockburn ist auch bei uns ein gekannter und oft genannter Name geworden, von Floddenfield spricht Niemand. Und doch sind die Momente, die dieser Unglücksschlacht theils vorausgingen, theils sie begleiteten, der Art, daß sie an Interesse hinter dem Ruhmestage der schottischen Geschichte nicht zurückbleiben. Ich will versuchen, diese Momente hier in möglichster Kürze zusammen zu stellen, vielleicht daß sie den einen oder andern meiner Leser zu einer mehr künstlerischen Gestaltung anregen. W. Scott hat allerdings bereits in seinem schönen Gedichte »Marmion« diese Vorgänge wo nicht zum alleinigen Gegenstand, so doch zum Kern einer trefflichen epischen Dichtung gemacht. Die Vorgänge eignen sich aber meines Erachtens mehr zu dramatischer als epischer Behandlung.

Es wird nöthig sein, bei der Schilderung, die ich vorhabe, bis zur Thronbesteigung Jakobs IV. zurückzugehen, jenes ritterlichen und trotz aller Fehler viel beklagten und viel gefeierten Königs, dessen Leben und Tod den Mittelpunkt dieses Kapitels bilden.

Der Tag von Sauchieburn (18. Juni 1488) hatte Jakob III., dem sogenannten Fiedler-König, Thron und Leben gekostet; sein eigener Sohn, damals erst 15 Jahr alt, hatte auf Seiten des aufrührerischen Adels gegen den Vater gefochten und war ihm als Jakob IV. gefolgt. Diese Schlacht und die Scenen, die sie begleiteten, sind nicht ohne rührende Züge. So wird erzählt, daß der König ganz gegen seine Gewohnheit tapfer gekämpft habe; erst als er des Banners seines Sohnes in den Reihen der Aufständischen ansichtig geworden sei, habe er allen weitern Widerstand aufgegeben und sei geflohen. Auf der Flucht, so wird weiter berichtet, scheute sein Pferd vor einer alten Frau, die mit einem Wassereimer auf dem Kopf an ihm vorüberging. Der König wurde abgeworfen und erschlagen, Niemand weiß von wem. Jakob IV. begab sich vom Schlachtfelde aus nach Linlithgow und bald darauf nach Stirling. Als er in die Kapelle trat, fand er daselbst die Mönche zu einem Trauergottesdienst versammelt und hörte die Litaneien, worin sie den Tod des Königs beklagten. Jakob IV. war tief ergriffen und unterzog sich peinlicher Buße, wozu, wie man erzählt, noch folgender Vorfall beigetragen haben soll: Wenige Tage nach der Schlacht erschien Sir Andrew Wood vor seinem jungen König, der was nöthig ist hierbei zu bemerken, in so völliger Entfremdung von seinem Vater groß gezogen war, daß er kein deutliches Bild desselben in seiner Seele trug. Jakob IV., der noch immer an die Möglichkeit dachte, daß sein Vater nicht erschlagen sei, trat jetzt rasch an Sir Andrew Wood heran und begrüßte ihn, durch eine gewisse Aehnlichkeit der Züge getäuscht, halb freudig, halb beschämt mit den Worten: »Du bist mein Vater!« worauf der Alte unter Thränen erwiederte: »Nicht euer Vater, Herr, aber eures Vaters treuster Diener!« Diese Vorgänge übten einen tiefen Einfluß auf das Gemüth des Königs, und bald nach seiner Thronbesteigung legte er, zum Zeichen seiner Buße, einen breiten Eisengürtel an, dessen Gewicht er von Jahr zu Jahr vermehrte. Aber das Bewußtsein seiner Schuld begleitete ihn durch's Leben und zeigte sich in plötzlichen Trübsinns-Anfällen, die ihn oft mitten in der Freude oder bei lustigen Gelagen heimzusuchen pflegten.

Des jungen Königs Herrschaft war unrechtmäßig erworben, aber unleugbare Herrschergaben, Kraft, Muth, Zuversicht, ließen bald vergessen, wie und wodurch sie gewonnen war. Die Macht der Krone und mit ihr das Ansehen des Gesetzes wuchs rasch im Lande auf Kosten eines übermächtigen Adels, besonders seit der Vermählung des Königs mit Margarethe von England, die in allen Kämpfen wenigstens, in denen es sich um Befestigung des königlichen Ansehens handelte, ihrem jungen Gemahl den Beistand und die Mitwirkung des englischen Hofes als werthvollsten Brautschatz zugeführt hatte. Dennoch blieb es auch dieser Heirath versagt, ein dauerndes gutes Einvernehmen zwischen den beiden Höfen zu Stande zu bringen. Die auf Feindschaft gestellten Traditionen beider Länder, das schlaue Intriguenspiel Frankreichs, vor allem aber die Ruhmsucht und Eitelkeit des jungen Königs selbst, führten verhältnißmäßig rasch zu jener Katastrophe, die mit der völligen Niederlage des Landes und dem Tode des Königs endete. Diese Niederlage ist der Tag von Flodden.

Es wird nöthig sein, mit wenig Strichen die damalige Situation zu zeichnen. Es war die Zeit der »heiligen Ligue«. Spanien, Deutschland, England rüsteten sich in den letzten Regierungsjahren Ludwigs XII. zur Bekämpfung Frankreichs, das zu allem übrigen auch unter dem Bannfluch des Papstes stand. Ludwig's Anstrengungen waren natürlich dahin gerichtet, auch seinerseits Bundesgenossen ins Feld zu stellen und namentlich England durch ein schnell anzuschürendes Zerwürfniß mit Schottland von dem continentalen Kriegsschauplatz fern zu halten. Seine Bemühungen fanden bei König Jacob raschen Eingang, der theils nach landesüblicher Vorstellung in Frankreich seinen natürlichen Bundesgenossen sah, theils lüstern war nach Ruhm und Krieges-Lorbeer. König Jacob war zum Kampf entschlossen und sehnte ihn herbei, aber hätte er auch die klarste Vorstellung von der Mißlichkeit und Gefahr dieses Kampfes gehabt, die Art und Weise, in der von Frankreich aus die Aufforderung zu Kampf und Beistand an ihn erging, würde über all seine Bedenken rasch den Sieg davon getragen haben. Ludwig XII. kannte genau den Punkt, der bei seinem königlichen Vetter berührt werden mußte, und von dem Augenblick an, wo Anna von Bretagne, die schöne Gemahlin Ludwigs, einen Brief an König Jacob geschrieben und unter Uebersendung eines Türkis-Ringes ihn beschworen hatte, ihr Ritter zu sein, war Schottland fester und zuverlässiger an das Interesse Frankreichs gekettet, als wenn die Wohlfahrt des Landes ein solches Bündniß vorgeschrieben hätte. Noch einmal, König Jacob war zum Kampf entschlossen, er träumte von einem neuen Tage von Bannockburn, und schien vergessen zu wollen, daß es sich damals, zu König Roberts Tagen, um die Vertheidigung und die Freiheit des Vaterlandes, nicht aber um einen Eroberungszug, einen Krieg nach außen, gehandelt hatte. Was aber der König übersah, oder wenigstens nicht sehen wollte, wurde um so klarer von seinen Räthen und den hervorragendsten Personen seiner Umgebung gesehen. Der alte Graf Angus, mit dem Zunamen »Bell the Cat«, (s. p. [57]) beschwor den König seinen Frieden mit England zu machen; Niemand aber war eindringlicher und beredter als die Königin selbst, die, als Schwester Heinrich's VIII., mit ihrem Herzen zwischen den streitenden Parteien stand. In wie weit Queen Margret um jene Geistererscheinungen gewußt hat, die dem Zuge des Königs unmittelbar vorausgingen und das ganze Land in Staunen und Schrecken versetzten, ist nie aufgeklärt worden. Welcher Art diese Erscheinungen waren, werde ich jetzt zu erzählen haben.

Der König hatte bereits seine Barone nach Boroughmoor, einem weiten Blachfeld bei Edinburg, berufen und begab sich, während das Heer sich sammelte, auf kurze Zeit nach Linlithgow, um im dortigen Palast die letzten Tage vor dem Zuge gegen England zuzubringen. Die Bitten der Königin wiederholten sich hier, aber erfolglos, wie früher. Am Tage vor seinem Aufbruch trat der König, von den Lords seines Hofhalts begleitet, in die nahe am Palaste gelegene Kirche, um in einer der Seitenkapellen sein Gebet zu sprechen und den Beistand Gottes für seinen Kriegszug anzurufen. Es war um die Zeit des Abendgottesdienstes, und der Vespergesang im Schiff der Kirche schwieg eben, als eine wunderlich gekleidete Gestalt in dieselbe Kapelle trat, in der der König betete und sich durch den Kreis der Lords und Hofbeamten hindurchdrängte.

Der Eintretende war unnatürlich groß, wohl sieben Fuß, dabei baarhaupt und ganz in weiße Gewänder gekleidet. Langes röthliches Haar fiel ihm schlicht auf Nacken und Schulter herab, in der Rechten hielt er einen schweren Eichenstab, an den Füßen aber trug er dicksohlige Schuhe, wie Jemand, der viel über Berge steigt. So haben ihn Sir David Lindsay und Sir John Inglis beschrieben, die neben dem König standen und zwischen die der seltsame Gast sich ohne Gruß oder Frage hineindrängte. Der König sah starr zu ihm auf, als der Pilger (denn das schien er seinem Aufzuge nach sein zu wollen) jetzt zu sprechen begann: »Mich sendet meine Mutter; steh' ab, König, von dem, was Du vorhast; nichts Gutes wartet Deiner, noch Derer, die Dich begleiten. Meide die Weiber und hüte Dich vor ihrem Rath; wo nicht, bist Du der Schande verfallen!« Er sprach diese Worte laut und eindringlich; als Sir David Lindsay sich ermannte und nach der Gestalt greifen wollte, die fast Arm an Arm mit ihm gestanden hatte, war sie wie ein Schemen verschwunden.

Es verlautet nichts darüber, wie der Eindruck war, den diese Erscheinung auf den König machte, und ob er mehr in ihr sah, als die Erfindung einer von Eifersucht geplagten Königin. Gleichviel, die Dinge waren zu weit gediehen um über Nacht geändert werden zu können, und am nächsten Morgen schon begab sich Jacob nach Borough-moor, um daselbst über die inzwischen eingetroffenen Barone Musterung abzuhalten und seinen Zug gegen England anzutreten. Aber die Geisterwelt, einmal erschlossen, schien nicht ohne einen zweiten Versuch den Platz räumen und ihr Spiel verloren geben zu wollen.

Die Musterung über das Heer, wohl 50,000 Mann stark, war abgenommen, und der Marsch gegen Süden auf den nächsten Morgen festgesetzt. Die Truppen lagerten draußen auf dem Blachfeld, aber viele von den Lords und Clanführern waren in die Stadt gekommen, um die letzten Stunden vor dem Aufbruch beim Weine zu verplaudern. Mitternacht war bereits vorüber und noch immer stand man plaudernd an den Ecken oder zog singend durch die Straßen. Endlich schwieg der Lärm, auch die letzten Nachzügler schienen die Stadt verlassen zu haben und nur einzelne Bürger von Edinburg, die sich bei ihren Freunden verspätet hatten, stiegen noch von Canongate kommend die dunkle High-Street hinauf. Es waren ihrer drei, unter ihnen Sir Richard Lawson. Als sie in die Nähe der St. Giles Kirche gekommen waren und auf dem Platze standen, wo sich das Wahrzeichen der Stadt, das alte City-Kreuz auf seinem hohen, achteckigen Postamente erhob, hörten sie von der Brüstung her folgende Worte in die Nacht hineinrufen:

Vernimm, König Jakob: zieh aus, zieh ein!
In vierzig Tagen bist Du mein.
Ob Schwert Dich trifft, ob Rosses Huf,
Du mußt gehorchen meinem Ruf.
Du bist gestrauchelt, ich hab Dich gewiß,
Das Licht muß enden in Finsterniß.

Die Bürger waren stehen geblieben; einige andere, die von der entgegengesetzten Seite des Platzes gekommen waren und dieselben Worte in aller Deutlichkeit gehört hatten, hatten sich zu ihnen gesellt. Man sprach laut hin und her, was zu thun und was zu lassen sei, konnte sich aber nicht einigen. Nichts desto weniger lief die Nachricht von dieser abermaligen Erscheinung wie ein Lauffeuer durch die Stadt, und als der König am andern Morgen den Palast von Holyrood verließ, um in's Lager zu reiten und sich an die Spitze des seiner harrenden Heeres zu stellen, lag eine Wolke auf seiner Stirn, die nur allzudeutlich sagte, daß ihm der gespenstische Vorgang dieser Nacht kein Geheimniß geblieben war.

Angesichts des glänzenden Heeres indeß, glänzender als irgend ein anderes, das jemals Schottlands Grenze überschritt, mochte mit gutem Grund der Trübsinn weichen, der auf Augenblicke sein leicht bewegliches Gemüth beschlichen hatte, und lachend wie die Augustsonne, die auf die hundert Rüstungen seiner Heerführer fiel, begrüßte er jetzt die Seinen und gab den Befehl zum Aufbruch. Man hielt sich zunächst in westlicher Richtung. Als der lange, blinkende Zug über die Hügel zog, die in mäßiger Entfernung das schöne fruchtbare Thal von Linlithgow umschließen, stand Königin Margarethe auf dem höchsten Thurm des Palastes und sah dem blinkenden Zuge nach, von dem sie in ihrem Herzen wußte, daß er zum Tode und nicht zum Siege zog.

In kurzen Tagemärschen bewegte sich das Heer der Grenze zu und überschritt den Tweed. In den ersten Tagen des September nahm es seine Aufstellung auf den nach zwei Seiten hin steil abfallenden Hügeln von Flodden, an deren Südrand sich der Till-Fluß in ziemlicher Breite vorbeizog und die schon gut gewählte Stellung noch fester und schwerer zugänglich machte. Der König, der erfahren hatte, daß das englische Heer in raschen Märschen unter Führung des Grafen von Surrey heranziehe, glaubte bei der Sicherheit der gewählten Stellung das Spiel völlig in Händen zu haben und gab sich sorglos den Zerstreuungen des Augenblicks hin. Ganze Nächte verbrachte er außerhalb des Lagers, und man erzählt sich, daß Lady Heron, eine schöne, den Engländern ergebene Frau, ihn durch allerhand Verführungskünste auf ihrem Schlosse festgehalten und seine chevalereske Ueberspanntheit, allerhand Liebes- und Ritterdienste von ihm heischend, zu seinem Verderben benutzt habe. Von anderer Seite wird dies Verhältniß geleugnet; gleichviel, als er am Vormittag des 8ten ins Lager zurückkehrte, mußte er gewahr werden, daß Graf Surrey inzwischen das unausführbar Gedachte ausgeführt und seine Stellung im Rücken des schottischen Heeres eingenommen hatte. Stromaufwärts hatte man eine Furth entdeckt und unter dem Schutz der Nacht den Till-Fluß überschritten.

Unter den älteren Heerführern gab sich Angesichts dieses Flankenmarsches der Engländer eine gewisse Unruhe kund; die Ruhe aber, mit der der eben im Lager eintreffende König die Nachricht von der stattgehabten Ueberflügelung aufnahm, zeigte deutlich, daß er die vortheilhafte Stellung auf den Hügeln entweder aus bloßem Zufall oder in der Absicht gewählt hatte, um gegen Ueberfall und Ueberraschung, die seiner Natur zuwider waren, möglichst gesichert zu sein. Jetzt, wo er das englische Heer offen und kampfbereit vor sich sah, gab er aus freien Stücken und mit voller Freudigkeit den Befehl, die Hügel hinabzusteigen und sich auf der Ebene von Flodden den Engländern gegenüber aufzustellen, um so mehr, als sein eigenes Heer der Zahl nach das stärkere war.

Zu anderer Zeit und unter einem anderen Fürsten würde die Mehrheit der schottischen Barone einer solchen Aufforderung, deren Widersinnigkeit in's Auge sprang, schwerlich nachgekommen sein; die Liebe und das Ansehn aber, das der König um seiner ritterlichen Tapferkeit willen bei Hoch und Niedrig genoß, war so groß, daß man mit einer Art Enthusiasmus gehorchte. Der Sporn nationaler Eitelkeit kam hinzu, und Kampflust und Zuversicht schufen zuletzt einen Taumel, dem nur wenige nüchtern genug waren zu widerstehen. Einzelne Historiker haben die Beweggründe, die den König dazu trieben, eine sichere Position mit einer mindestens weniger sicheren zu vertauschen, in nichts weniger als einer überspannten Vorstellung von Ritterlichkeit finden wollen und sind der Ansicht gewesen, daß der geschickte Flankenmarsch der Engländer, der ihn in der That von aller Communication mit Schottland abzuschneiden drohte, jeden anderen Ausweg unmöglich gemacht habe. Dem ganzen Charakter des Königs aber entspricht durchaus die Versicherung Pitscottie's, der in seinem Geschichtswerke eigens hervorhebt, daß der König sich am Tage vor der Schlacht verschworen habe, nicht Wind nicht Wetter vor seinem Gegner voraus haben zu wollen, auch nicht auf die Gefahr hin, in diesem Kampfe unterzugehen.

Am Abend des 8. September standen sich beide Heere in Schlachtordnung gegenüber, auf den Hügeln von Flodden brannten noch einzelne Hütten, die man im Momente des Abmarsches in Brand gesteckt hatte. So kam die Nacht. Der König hatte sein Lager auf platter Erde genommen; im Halbkreis um ihn her lagerten die Grafen Home und Huntley, Lord Lennox, Lord Crawford, die Grafen Bothwell und Montrose und einige andere noch. Plaids von allen Farben deckten den Boden oder hüllten den einen oder anderen der Schläfer ein. Der König hielt sich wach und sah nach den Lagerfeuern der Engländer hinüber. Es mochte Mitternacht sein, als der alte Bell the Cat, das Haupt der Douglas, der so oft seine Warnerstimme erhoben hatte, in diesen Kreis halb wacher, halb schlafender Edelleute trat und vor dem Könige sich niederlassend ihn noch einmal beschwor, das Schicksal seines Landes nicht an den Ausgang des nächsten Tages zu knüpfen. Schottland habe nur dies eine Heer, es werde stark und unüberwindlich sein, wenn es die Vertheidigung des eignen Landes gelte; aber dieser Angriffskrieg, der den Stolz und die Entrüstung eines stärkern Gegners wach gerufen habe, müsse und werde zum Verderben führen; selbst ein Sieg würde nur der erste Schritt zu einer um so größern Niederlage sein. »Laßt uns zurück,« so schloß er, »die Englischen sind ermüdet vom Marsch, sie werden unsern Abzug nicht stören, und ehe die Sonne herauf ist, haben wir den Tweed im Rücken und wieder schottisch Land unter den Füßen. Da laß uns ihrer warten.« Der König erwiederte spöttisch: »Geh heim, Douglas, wenn Du Dich fürchtest!« und wandte sich ab, zum Zeichen, daß er dieser Ermahnungen überdrüssig sei. Bell the Cat erhob sich und rief dem König zu: »Du bist undankbar, Jakob, wie ihr's alle gewesen seid; ich mag keinem König dienen, der nur Furcht hört, wo Liebe spricht.«

Während dieses Gesprächs waren die Lords aufgesprungen und hatten sich um den König gestellt. Eine peinliche Stille trat ein, als Angus vor ihnen vorbei in's Freie schritt und ohne Gruß oder Abschied den Platz verließ. Auch der König schien betroffen. Aber die Verstimmung sollte nicht lange währen, denn kaum, daß Bell the Cat den Kreis verlassen und seine Richtung nach dem rechten Flügel hin, wo die Douglas standen, eingeschlagen hatte, so trat eine andere Gestalt in den Kreis ein, deren lachende Jugend und männlich schöne Erscheinung rasch den Eindruck verwischte, den die Worte Bell the Cats hervorgerufen hatten. Es war der Graf von Caithneß. Vor länger als Jahresfrist vom König wegen Friedensbruchs in die Acht erklärt, war der Geächtete gezwungen worden, in den unzugänglichen Bergen seiner Grafschaft Zuflucht zu suchen. Dort, an der nördlichsten Spitze Schottlands, wo er von der felsigen Küste aus die benachbarten Orkney-Inseln übersehen konnte, hatte er unter seinen Clansleuten gelebt, in den Hütten jener Sinclairs, die damals wie heut bekannt waren durch ihre Armuth und Tapferkeit. Nur dann und wann hatte er sich in Städte und belebtere Gegenden gewagt, bis Thurso und selbst bis Inverneß. Auf einem Markttage in Inverneß war es, wo er zuerst von dem Zuge hörte, den König Jakob gegen England vorhabe, und sei es, daß sein altes Vasallengefühl wieder lebendig in ihm wurde, oder daß er in seinem Herzen sehr wohl wußte, wie der Zorn des Königs am ehesten und besten zu besänftigen sei, gleichviel, sein Plan war rasch gemacht, und 300 Sinclairs um sich sammelnd, zog er gegen Süden, um sich dem Heere des Königs anzuschließen. Als er auf dem Boroughmoor von Edinburg erschien, war der König schon ausgezogen, aber unbeirrt in seinem Vorhaben, folgte der Graf dem Heereszuge, erreichte Floddenfield in der Stunde der Entscheidung und trat jetzt an den König heran, in demselben Augenblick fast, wo Bell the Cat den König verlassen hatte. Er ließ sich auf ein Knie nieder und bat um Gnade. Der König, der zu keiner Zeit einem so ritterlichen Appell widerstanden haben würde, gerieth unter dem Einfluß des Moments, wo jeder kleinste Vorfall, der die Worte Bell the Cat's vergessen machen konnte, ihm doppelt willkommen sein mußte, in ein fast überschwengliches Gefühl des Dankes und der Freude. Er hob den Knieenden auf, küßte ihn und belehnte ihn aufs Neue nicht nur mit Allem, was die Grafen von Caithneß jemals besessen, sondern fügte noch Schenkungen und allerhand Gerechtsame dem alten Besitzstand hinzu. Auf der Stelle sollte der Freibrief ausgestellt werden. Da kein anderes Pergament im Lager war, so wurde eine Trommel geholt und auf das Fell derselben die Schenkungs-Urkunde niedergeschrieben. Die Familie der Grafen von Caithneß besitzt diese Rolle bis diesen Tag, umwickelt mit allerhand Strängen und Schnüren, die man von derselben Trommel genommen hat.

Am Morgen des 9. September begann die Schlacht. Jegliche Art geschickten Manövrirens, jede Benutzung von Terrain-Vortheilen schien man für diesen Tag als unwürdige Fechterstückchen außer Spiel gelassen zu haben; es war als ob beide Nationen übereingekommen seien, wie bei einem bloßen Faustkampfe feststellen zu wollen, wer den besten Schlag zu thun verstände. Die Schotten eröffneten den Kampf, und zwar auf ihrem linken Flügel. Hier standen die Borderer (Grenzer), die Männer von Annandale und Liddesdale. In beständigen Grenzkämpfen geschult und gestählt, galt von ihrem Muthe dasselbe was von ihren Speeren galt: beide waren um zwei Ellen länger als irgend sonst wo im Lande. In wildem Anlauf sich auf den rechten Flügel der Engländer stürzend, durchbrachen sie ihn fast so rasch und glänzend wie ein Reiterhaufen ein Viereck durchbricht. Weit über das Ziel hinausschießend und die Flucht der Engländer verfolgend, kehrten sie endlich um, um nach der Räubersitte ihres Landes das Lager zu brandschatzen und die Todten zu plündern.

Während so am linken Flügel kostbare Minuten versäumt wurden, fielen am rechten die Würfel der Entscheidung. Auch hier hatten die Schotten, fast ausschließlich Hochländer vom Clan der Campbels und Gordons, angegriffen, aber mit schlechtem Erfolg. Ihnen gegenüber hielt englische Reiterei unter Befehl von Sir Edward Stanley und Fußvolk, dessen vorderste Reihe aus Bogenschützen von Lancashire bestand. Dies war eine ausgezeichnete Truppe, in Schottland ebenso gefürchtet wie in England berühmt, wo man doch seit den Tagen Robin Hood's gewöhnt war, die höchsten Anforderungen an diese Kunst zu stellen. Ein Hagel von Pfeilen zerstreute, im Nu fast, die ohnehin wild und ungeordnet angreifenden Hochländer, und die nachrückende englische Reiterei säuberte alsbald das Feld. Als Sir Edward sein Werk gethan und keinen Feind mehr vor sich sah, sammelte er die Seinen und in schräger Linie über die schottische Schlachtreihe hinaus vordringend, faßte er jetzt das Centrum des Feindes im Rücken.

Hier im Centrum kämpfte man seit 5 Stunden Mann gegen Mann, nichts war gewonnen und nichts war verloren, kein Commandowort wurde gegeben oder gehört, man schlug sich und stand in Blut. So stand der Kampf, als die vordersten Reihen Sir Edward Stanley's im Rücken des Feindes erschienen. Ohne ein Commandowort abzuwarten, wechselten die zu hinterst stehenden Glieder der Schotten ruhig die Front und fochten weiter. Gedrängt von zwei Seiten, schien sich nichtsdestoweniger der Sieg auf die Seite der Schotten neigen zu wollen; Sir Edward Stanley zog sich in seine frühere Stellung zurück, und Graf Surrey, matt, oder des Blutvergießens müde, ging auf eine kurze Strecke rückwärts, um zu mustern was ihm geblieben sei. In diesem Moment scheinbaren Sieges, als der nach zwei Seiten hin abrückende Feind zum ersten Male Gelegenheit gab, von der Kampfesarbeit auszuruhn und statt auf die Feinde vor sich, auf die Freunde neben sich zu blicken, in diesem Moment scheinbaren Sieges erkannten die Schotten, daß sie geschlagen seien. Was sie während des Kampfes nicht gesehen hatten, das sehen sie jetzt. Die vielen Tausende die auf dem siegreich vertheidigten Streifen Land gestanden hatten, waren zu eben so vielen Hunderten zusammen geschmolzen. Alle Führer waren erschlagen, Crawford todt, Montrose todt; man suchte nach dem König, aber man suchte vergebens. Als die Sonne des nächsten Tages auf die Wahlstatt fiel, fanden die Engländer das Feld von dem Feinde verlassen, den sie gestern vergeblich bekämpft hatten. Keine Verfolgung fand statt; Graf Surrey wußte, daß die führerlosen Trümmer ohnehin auseinander fallen würden.

Wo der König fiel, wer ihn fand und wo man ihn fand, darüber ist niemals Zuverlässiges bekannt geworden. So kam es, daß sich, auf lange Zeit hinaus, beim Volk der Glaube lebendig erhielt, König Jakob sei nicht gefallen, er lebe noch und habe das Kreuz genommen, um die große Schuld seines Lebens, die Auflehnung gegen seinen Vater, am heiligen Grabe abzubüßen.

Dieser Glaube fand Nahrung in dem Umstand, daß sich unter den Trophäen, die Graf Surrey nach London heimführte, jener Eisengürtel nicht vorfand, den der König, wie jeder Schotte wußte, seit 25 Jahren getragen und nie abgelegt hatte. Aber freilich andere Schätze führten die Sieger heim, die kaum minder deutlich sprachen und das entgegengesetzte Zeugniß ablegten. Des Königs Schwert und Dolchmesser waren gefunden worden, und vor allem jener verhängnißvolle Türkisenring, den ihm die Königin Anna als das Zeichen ihrer Huld und ihres Zutrauens gesandt hatte. Schwert und Dolch befinden sich bis diesen Augenblick im College of Heralds, d. h. in der Wappenkammer zu London.

Der Tag von Floddenfield war der eigentliche Sterbetag Schottlands; in den 90 Jahren, die noch zwischen diesem Tag und der Vereinigung beider Königreiche liegen, war das Land wenig mehr als eine eroberte Provinz, der man übereingekommen war, den Schein und den Glauben an ihre Selbstständigkeit zu lassen. Seine Macht und sein Ansehn waren gebrochen, und von der Trauer, die das ganze Land erfüllte, giebt am besten das Lied Kunde, das den Titel: »the flowers of the Forest« führt und nicht ohne Grund das Sterbelied Schottlands genannt worden ist. Es lautet wie folgt:

Ich hörte sie singen, wenn Morgens sie gingen
Die Heerde zu melken, die draußen steht;
Nun hör' ich ihr Wehe, wo immer ich gehe –
Die Blumen des Waldes sind abgemäht.

Vorüber das Necken an Wegen und Hecken,
Still eine neben der andern geht,
Sie können nicht scherzen mit Trauer im Herzen,
Und was sie sprechen ist leises Gebet.

Kein Erntereigen; es schweigen die Geigen,
Kein Tänzer, der fröhlich im Tanze sich dreht.
Auf Märkten und Messen die Lust ist vergessen –
Die Blumen des Waldes sind abgemäht.

Kommt Dämmerstunde, nicht mehr in die Runde
Das Haschen und Pfänderspielen geht,
In stiller Kammer verbirgt sich ihr Jammer –
Die Blumen des Waldes sind abgemäht.

Dahin unsre Kränze! wir zogen zur Grenze,
Wo Englands Banner im Winde geweht,
Unsre Blumen vom Walde, sie ruhn auf der Halde,
Die Blüthe des Landes ist abgemäht.

Ich hörte sie singen, wenn Morgens sie gingen,
Die Heerde zu melken, die draußen steht;
Nun klingt ihre Klage von Tage zu Tage:
Die Blumen des Waldes sind abgemäht.

XIII.
Von Edinburg bis Stirling.

Zwischen Edinburg und Stirling existirt neben der Eisenbahn auch eine Dampfschiffverbindung. Wer Eile hat, wählt wie gewöhnlich den Schienenweg, wer Muße hat und frischer Luft und schöner Ufer sich freuen will, macht es wie wir und schlägt die Wasserstraße ein. Gegen Mittag verließen wir Edinburg, um in Leith, dem bekannten Hafen von Edinburg, an Bord zu gehen. Eigentlich nicht in Leith, sondern in Granton, einem etwas höher hinauf gelegenen Hafenplatz, der um seiner Wassertiefe sowohl wie um seiner bessern Dämme und Anlegeplätze willen, dem schlecht in Stand gehaltenen Hafen von Leith siegreiche Concurrenz zu machen droht. Um nach Leith oder Granton oder Newhaven (einem dritten Hafenplatz, der zwischen den beiden andern liegt) zu gelangen, miethet man entweder ein Fuhrwerk, oder bedient sich der Verbindungsbahn, die zwischen Edinburg und diesen drei Plätzen läuft. Die Bahn ist wenig über eine halbe deutsche Meile lang und gleicht einem Arm, der an seinem Endpunkt in drei einzelne Finger ausläuft: Ringfinger Leith, Mittelfinger Newhaven, Zeigefinger Granton.

Wir wählen diese Verbindungsbahn, um nach Granton zu gelangen, machen die Fahrt in etwa sieben Minuten, und ohne viel Suchen und Fragen uns dem Menschenstrom überlassend, der aus den Bahnhofsgebäuden heraus in's Freie drängt, gerathen wir endlich an allerhand Quais und Bassins, Werften und Hafendämmen vorbei, an den eigentlichen Granton-Pier (Molo), an dem der Rob Roy, der uns flußaufwärts tragen soll, bereit liegt und durch gelegentliches Zischen und Prusten – jeder hat seine Art – zu seiner Besteigung einladet. Wir wissen, wie es gemeint ist, steigen, vom Quai aus verschiedene Treppen hinunter und wieder hinauf und machen es uns endlich auf dem Hinterdeck des Steamers mit Hülfe von Bänken und Feldstühlen möglichst bequem. Zu rechter Zeit. Kaum daß wir eine gute Rückenlehne gefunden und die Plaids über unsere weit vorgestreckten Füße gebreitet haben, so folgt der stillen schwarzen Rauchwolke des Schornsteins das bekannte Brausen und Schnaufen, endlich das Rasseln und Schaufeln, und von der Wand des Bollwerks in eleganter Wendung sich loslösend, trägt uns jetzt bei hellem Sonnenlicht der Steamer stromaufwärts.

Solche Fahrten flußauf- oder abwärts, haben in den meisten Fällen einen verwandten Charakter und die Bilder bleiben so ziemlich dieselben, ob die Flußmündung, um die es sich handelt, der Elbe oder der Oder, dem Mersey oder dem Forth angehört. Etwas freilich hat der Forth vor den ebengenannten voraus, die Fülle historisch-romantischer Anknüpfungen nämlich, die mich bestimmen würden die ganze Fahrt mit einer Rheinfahrt zu vergleichen, wenn wir nicht in unsern heimathlichen Marken einen Fluß hätten, der dem Leser das Charakteristische des Forth nach dieser Seite hin noch deutlicher wiederzugeben vermag, ich meine die Havel. Jedes Land und jede Provinz hat ihre Männer, aber manchem Fleck Erde wollen die Götter besonders wohl, und ihm die Rennbahn näher legend, die Gelegenheit zur Kraftentwicklung ihm beinahe aufzwingend, gönnen sie dem bevorzugten Landestheil eine gesteigerte Bedeutung. Ein solcher Fleck Erde ist das beinah inselförmige Stück Land, um das die Havel ihr blaues Band zieht. Es ist der gesunde Kern, daraus Preußen erwuchs, jenes Adler-Land, das die linke Schwinge in den Rhein und die rechte in den Niemen taucht. Wohl ist es deutungsreich, daß genau inmitten dieser Havelinsel jenes Fehrbellin liegt, auf dessen Feldern die preußische Monarchie gegründet wurde. Und welch historischer Boden diese Insel überhaupt! Entlang an den Ufern des Flusses, der sie bildet, hatten (und haben noch) jene alten Familien ihre Sitze, die, von den Tagen der Quitzows an, mehr auf Charakter als auf Talent hielten und deren Zähigkeit und Selbstgefühl, die doch nur die Typen unseres eigenen Wesens sind, wir uns endlich gewöhnen sollten mehr mit Respekt als mit Eifersucht anzusehn. Auf dieser Havelinsel und jenem schmalen Streifen Land, der nach außen hin sie umgürtet, liegen die Städte und Schlösser, darin der Stamm der Hohenzollern immer neue Zweige trieb; liegen die Städte, darin drei Reformatoren der Kunst das Licht der Welt erblickten: Winckelmann, Schinkel und Schadow (von denen der zweitgenannte eine Kasernenstadt in eine Stadt der Schönheit umwandelte); liegen die Herrensitze, darin Zieten, Knesebeck und die Humboldts geboren wurden, Zieten, der liebenswürdigste und volksthümlichste aller Preußenhelden, und Knesebeck, der in winterlicher Einsamkeit den Gedanken ausbrütete, »die Macht Napoleons durch die Macht des Raumes zu besiegen.«

Mit diesem Havelland, dem es, wie jeder Potsdam-Besucher wissen wird, auch keineswegs an Schönheit und malerischem Reiz gebricht, möcht' ich die Ufer des Forth vergleichen, die jetzt während wir im Steamer den Fluß hinauffuhren, mit Dörfern und Villen, Städten und Burgen, vor allem aber mit dem Klang berühmter Namen zu uns herübergrüßten. Freilich nicht alle diese Namen, die wie ein bekannter Ton unser Ohr trafen, gehörten diesem Flußufer als ihrem eigensten Boden an, viele waren, zumal aus den nördlichen Grafschaften her, an diese bevorzugtere Stelle nur verpflanzt; aber jedenfalls doch zog ein gutes Stück der Landesgeschichte an uns vorüber, als wir, in lebhaftem Gespräch mit einem jungen Schotten, der leuchtenden Auges um sich sah, die Namen Morton und Moray, Bruce und Stuart, Keith und Dundas, Abercrombie und Elgin vernahmen. Mehr denn fünf Jahrhunderte umfaßten diese Namen, von jenem Tage von Bannockburn an, wo der Name Bruce das Fundament zu seinem Ruhme legte, bis zu jenem Tage von Abukir, wo Sir Ralph Abercrombie siegte und fiel.

Die Ufer des Forth sind bunt und belebt und namentlich zu Anfang der Fahrt, wo die weiten Entfernungen bis zum Ufer hin, die Dörfer und Städte mehr gedrängt erscheinen lassen, als sie in Wahrheit sind, haben wir den Eindruck eines heiteren und ziemlich reichen Bildes. Dort aber, wo der Fluß sich zu verengen beginnt und die weiten Distanzen sichtbar werden, die zwischen den einzelnen Kirchthürmen liegen, erkennt man doch, daß man sich an einer nördlichen Küste befindet, die jedem Wind und Wetter preisgegeben, in allem, was sie hervorbringt, nur einem Zwange nachgiebt und den Menschen mehr duldet und hinnimmt, als ihn gebiert.

Wir hatten unsere Plätze in der Nähe des Steuerruders längst aufgegeben und schritten jetzt, nachdem wir bei Tisch einige Bekanntschaften angeknüpft hatten, auf dem Deck des Steamers in ziemlich lebhaftem und oft wechselndem Gespräche auf und ab. Außer den hübschen Ufern, nach denen wir von Zeit zu Zeit hinüber sahen, nahm vor allem ein blinder Fiedler, der neben dem großen

Schornstein des Dampfschiffes saß, und ein englisches Ehepaar, dessen nicht allzu angenehme Bekanntschaft wir schon bei Tische gemacht hatten, unsere Aufmerksamkeit in Anspruch. Wir hatten noch keine Ahnung, daß Fiedler und Ehepaar bald in nähere, allerdings nicht freundschaftliche Beziehungen treten würden.

Das englische Ehepaar bestand aus einem grämlichen alten Herrn und einer jungen blassen Frau, die sehr hübsch gewesen wäre, wenn nicht etwas Stechendes in ihrem Auge und die fest zusammengepreßten blassen Lippen allzudeutlich verrathen hätten, daß sie nicht gewohnt war mit dem Scepter der Milde zu regieren. Ihr Gatte, wiewohl nicht ganz energielos im Ausdruck, schien dennoch, wie so viele Gatten vor und nach ihm, auf das Auskunftsmittel verfallen zu sein, die Linie eigener Anschauungen nur noch als Bekräftigungs- und Unterstreichungslinie für die Ansichten seiner Frau zu verwenden. Die blasse Dame, die, wie man ihr lassen muß, das Ladyhafte mit vielem Geschick zur Schau stellte, hatte bei Tisch die Austernsauce »very bad« gefunden, worauf ihr Gemahl mit einem »very bad, indeed« geantwortet hatte; ja bei Gelegenheit der schlecht gekorkten Flasche Porter hatte er sich in seiner Huldigung noch weiter verstiegen und dem »shocking« seiner Lady ein unumwundenes »shameful« hinzugefügt. Die Schotten, alt und jung, aus denen die Tisch- und Reisegesellschaft fast ausschließlich bestand, hatten diesem krittligen Wesen des englischen Ehepaars nicht ohne Verdrießlichkeit zugehört, weil sie jenen Ton der Ueberhebung darin zu finden glaubten, den Engländer so gern anstimmen, wenn sie den Tweed im Rücken haben. Einiges Gemurmel war am untern Ende des Tisches bereits laut geworden; andere, die dem Ehepaar näher saßen, hatten durch Lächeln und Geflüster, zum Theil auch durch ein paar gälische, dem Engländer also unverständliche Worte ihrem Herzen Luft gemacht, als noch rechtzeitig die Tafel aufgehoben wurde und alles wieder treppauf stieg, um die Promenade oben auf Deck zu beginnen.

Der alte Fiedler saß noch immer an seinem Schornstein und sang Burns'sche Lieder, scheinbar unbekümmert um das, was um ihn herum vorging. Er hörte aber mit dem scharfen Ohr, das Blinden eigen ist, sehr wohl die für seine künstlerische Reputation höchst unschmeichelhaften Worte des alten Engländers. Worte, unter denen ear-splitting (ohrzerreißend), scandalous und shameful noch durchaus nicht die schlimmsten waren. Er hörte auch, daß alle diese Worte nur der Baßwiderhall einer scharfen, wenn auch nur leisen Diskantstimme waren, und sein Schlacht- und Racheplan war gemacht. Vielleicht auch, daß einer der jungen Schotten die Hand im Spiele hatte. Wir waren just in gleicher Höhe mit dem Städtchen Alloa und ließen uns eben von Darnley erzählen, der hier die letzten Wochen, die seinem jähen Tode vorausgingen, zubrachte, als uns, die wir aufmerksam dem Vortrag folgten und über die Schiffswand hinaussahen, ein herzliches Gekicher und bald auch ein lautes Lachen in die Nähe des Schornsteins rief, wo ein Dutzend Schotten um den blinden Fiedler herumstanden. Eben machte er seine letzten Striche über die alte Geige und wir bedauerten schon, zu spät gekommen zu sein, als ein allseitiges »dacapo, dacapo! Go on, Bobby, let us have it once more!« den Alten zu einem kurzen Präludium instigirte, dem nun rasch die Burns'-schen Strophen folgten, die wir das erste Mal überhört hatten. Er sang in recitativischer Weise:

Was kann ein jung Mädel, was soll ein jung Mädel,
Was kann ihr, was soll ihr ein ältlicher Mann?
Ich muß mich gedulden bei all seinen Gulden,
Womit er das Herz meiner Mutter gewann.

Das Ehepaar ging in diesem Augenblick dicht an dem Fiedler vorbei, und der Umstand, daß kein Wort, keine Bemerkung über die Lippen beider kam, sagte dem Alten deutlich, daß die Rache, die er genommen, nicht wirkungslos geblieben sey. Er hielt einen Augenblick inne, aber das

»go on, Bobby« der Umstehenden ließ ihm keine Wahl und rasch hinter einander fort folgten nun die drei übrigen Strophen:

Nichts hat er wie Sorgen vom Abend zum Morgen,
Er hustet, daß ich nicht schlafen kann;
Halbtaub seine Ohren, sein Blut wie gefroren,
Ach traurig die Nacht mit 'nem ältlichen Mann!

Er närgelt und brummelt, er quärgelt und mummelt,
Ich mach ihm nichts recht und dann fährt er mich an,
Zu nichts ist er tüchtig, nur eifersüchtig
Ach ist er, weiß Gott, wie ein ältlicher Mann.

Meine Tanten und Pathen, all ha'n mir gerathen:
»Du mußt ihn mehr ärgern den alten Tropf.«
Bei meiner Seelen, todt will ich ihn quälen,
Und dann für den alten 'nen neuen Topf.

Der Beifall wiederholte sich jetzt, überhaupt hätte dem Alten nichts besseres passiren können, als die Ungnade des englischen Ehepaars. Alle Börsen wurden jetzt gezogen und in die Mütze des Blinden, in die bis dahin nur spärliche Penny's gefallen waren, fielen jetzt allerhand Silbermünzen. Das Ehepaar selbst hatte inzwischen längst seinen Rückzug angetreten, und während die Lady auf den Polsterbänken der Cajüte zu schlafen vorgab, zog sich der hochroth gewordene Eheherr hinter die Wandschirmfläche einer aufgeschlagenen Times-Nummer zurück. Vor ihnen stand Sodawasser.

Natürlich trieb man den Scherz nicht weiter, aber auch wenn man gewollt hätte, es hätte sich verboten. Wir waren den Forth, der vor zwei Stunden noch in voller Breite eines Haffs vor uns gelegen hatte, jetzt so hoch hinauf gefahren, daß das Schiff, wie ein Wagen in einer schmalen Straße, nur eben noch lenken und umkehren konnte; der Meerbusen war zu einem Graben geworden. In einiger Entfernung ragte das schöne Stirling-Castle malerisch in die Luft; ein an unsern Rob Roy anlegendes, flaches Fährboot aber, darin Passagiere und Sachen rasch hineingeschafft wurden, ließ uns nicht Zeit zu müßiger Betrachtung vom Deck des Steamers aus. Wir nahmen vielmehr Platz auf den teppichbedeckten Ruderbänken des Boots und die flachen Windungen des Forth noch eine Viertelstunde weiter hinauf verfolgend, hielten wir endlich an einem Erlengebüsch, das unmittelbar vor der Stadt gelegen, noch einmal wie eine grüne Wand Stadt und Schloß unsern Blicken entzog.

XIV.
Stirling-Castle.

Wir hielten alsbald vor dem von Menschen und Wagen umlagerten Hotel Royal, und nachdem wir, den Reisesack in der Hand, eine Viertelstunde lang geduldig gewartet und nur von Zeit zu Zeit unsere ergebene Anfrage can we have a double-bedded room wiederholt hatten, traf uns endlich ein gnädiges Kopfnicken Mr. Campbells und eine Zimmer-Nummer nennend, flog nunmehr einer der Kellner vor uns die breite, teppichbelegte Treppe hinauf, um oben angelangt mit einer auffordernden Handbewegung gegen uns, in einem der Corridore zu verschwinden. Das große und saubere Zimmer, in das wir geführt wurden, lag nach hinten hinaus, was ein neuer Vorzug war, da die Front des Hauses keine Aussicht bietet, während die Hinterzimmer auf den alten, malerisch gelegenen Stadttheil hinausblikken, der sich am Abhang des Hügels hinauf und hinunter zieht.

Das schöne Wetter mahnte, keine Zeit zu verlieren und die Stunden bis Sonnenuntergang noch zu einem ersten Ausfluge zu benutzen. Unser Gang führte uns zunächst durch die Stadt. Stadt Stirling liegt theils am Fuße, theils am Ostabhange jenes Felsenhügels, auf dessen höchster

Spitze Schloß Stirling ragt. Die vom Hügel herabsteigenden Straßen und Gassen münden mehr oder minder senkrecht in die am Fuß des Hügels sich hinziehende High-Street*) ein, die jetzt, ohne schön oder irgendwie bemerkenswerth zu sein, doch die Hügelstraßen an Ausdehnung und Wohnlichkeit übertrifft. Diese High-Street entspricht mutatis mutandis der Princesstreet von Edinburg, während das Gewirr der hügelansteigenden Straßen und Gassen, in Erscheinung, Lage und Fülle historischer Rückerinnerungen an die Altstadt von Edinburg erinnert. Auch die Schloßhügel beider Städte sind in Höhe, Formation und Umgebung nahe verwandt und ihre Linien unterscheiden sich nur in so weit, daß – um ein etwas kühnes, aber wie ich hoffe bezeichnendes Bild zu gebrauchen – das Edinburger Schloß einem liegenden, das Stirlinger aber einem sitzenden Löwen gleicht. Beide erheben sich plötzlich und unvermittelt aus der Ebene und blicken, dem Hochlande zugewandt, wie Wächter landeinwärts; die Rückenlinie des wie schlafend daliegenden Edinburger Hügels aber ist eine allmählig ansteigende, während Stirling-Castle bereits, wie vor einem nahen Geräusch, in die Höhe gefahren ist und mit halbsenkrechter Rückenlinie erwartungsvoll dasitzt. Dieser Rückenlinie entsprechend, sind natürlich auch die Straßen, die sich dieselbe hinaufziehen: die Edinburger Straßen lang und allmählig sich verlaufend, die Stirlinger Straßen kurz und steil.

Von unserem Ausfluge durch die Stadt zurückkehrend, steigen wir jetzt durch ein Gewirr von Gassen, das endlich in eine breite, platzartige Straße ausläuft, den Hügel hinan und befinden uns alsbald Angesichts von Stirling-Castle auf einer mauerumkränzten Esplanade, die den Vorhof zum Schlosse selber bildet. Wir verweilen hier einen Augenblick, weniger um über die Mauereinfassung hinweg nach rechts und links hin in die schöne, lachende Land-

*) High-Street hat im Englischen nie die Bedeutung von hochgelegener Straße, sondern immer nur von Haupt-Straße.

schaft hineinzublicken, als um den malerisch costümirten Hochländern einen Blick zu gönnen, die vor und neben uns die ganze Scene beleben. Aus dem Schloßthor heraus treten einzelne und in Gruppen, theils um den Weg zur Stadt hin einzuschlagen, theils um seitabwärts auf einem großen, zur Esplanade gehörigen Rasenplatz an dem Spiele Theil zu nehmen, das bereits ein Dutzend Mitspieler zählt und in bestem Gange ist. Die ersteren, die mit pathetischem Schritt die Hügelstraße hinunter steigen, sind in vollem Hochlandscostüm und die Interimsjacken von weißem Tuch, die sie statt der rothen Uniformen tragen, geben ihnen ein doppelt gefälliges Ansehen. Weniger sorglich gekleidet sind die Spieler auf dem Rasen; der Kilt ist abgelegt und die prosaische Hose an seine Stelle getreten; eine Leinwandjacke ersetzt den Rock und nur der roth und weiß carrirte Mützenstreifen giebt die Spielenden als Soldaten eines Hochlandsregiments zu erkennen. Wir treten näher, um dem Spiele zuzusehen, das uns durch seine Neuheit überrascht und von dem wir hören, daß es zu den nationalen Spielen des Landes gehört. Es ist ein Spiel, das zwischen dem Diskuswerfen des alten und dem Bocciaspiel des neuen Roms die Mitte hält, richtiger sich aus beiden zusammensetzt. Statt der Scheiben des einen und der Kugeln des andern Spiels nimmt man schwere Eisenringe, die etwas größer und schwerer sind als gewöhnliche Hufeisen und deren Zahl von der Zahl der Mitspielenden abhängt. Ein guter Spieler eröffnet den Reigen, tritt an eine bestimmte Stelle und wirft den schweren Eisenring so weit er kann feldeinwärts. Nun folgen die andern, wobei jeder dem zuerst geworfenen Ringe so nah wie möglich zu kommen sucht. Würde es sich bloß um das Treffen dieses Ringes handeln, so hätten wir das Bocciaspiel in wenig veränderter Form, da aber der erste Ring mit Aufwand von Kraft auf eine weite Distanz hinaus geschleudert wird, so wird aus dem Geschicklichkeitsspiel zu gleicher Zeit ein Kraftspiel, in dem nur der siegt, der über beides verfügt. Das Spiel fesselte uns so, daß wir, selbst Angesichts von Stirling-Castle, ruhig am Rande des Rasenplatzes stehen blieben, Partei ergriffen für diesen und den und mit ungeschwächter Freude zusahen, wenn mal auf mal das blank geputzte Eisen durch die Luft flog und wie ein sich drehender Spiegel nach allen Seiten hin die Sonnenstrahlen ausstreute. Das Spiel fesselte uns, aber noch mehr erfreute uns die Stattlichkeit und die Heiterkeit der Leute, die hier ungezwungen, ohne Dressur und Ueberwachung, die Spiele ihres Landes spielten.

Wir sind sehr irre, wenn wir uns das englische Heerwesen als einen Mechanismus vorstellen, der den letzten Rest von Freiheit und Selbstständigkeit aus den Individuen streicht. Das ist durchaus nicht der Fall. Auch der englische Soldat bleibt immer noch ein Engländer und man hütet sich wohl, ihm von seinem Selbstgefühl mehr zu nehmen als nöthig ist. Armeen, die reich sind an verheiratheten Leuten, werden immer von selbst dahin geführt werden, das Individuum zu respectiren und in dem Manne das zu sehen was er ist, einen Mann.

Wir traten nun durch das ziemlich unscheinbare Burgthor in Stirling-Castle hinein. Gleich zur Rechten war das Wachtlokal. Die Fenster standen offen, kein Posten vor'm Gewehr schritt auf und ab, nur ein Sergeant vom berühmten 93sten Regiment (die Sutherlands) saß mit übereinander geschlagenen Knieen auf einem Bänkchen, das zwischen dem Wachthaus und den Gewehren stand und blätterte in einem Buch. Als wir näher kamen, sah er auf. Es war ein so schöner Mann, daß wir, ohne uns Rechenschaft zu geben von dem was wir thaten, a tempo stehen blieben und mit nicht mißzuverstehenden Zeichen der Bewunderung zu ihm hinaufblickten. Er bemerkte es, stand auf, lächelte uns einen Gruß zu, der zu sagen schien: »Nur zu! mir sind solche Huldigungen nichts Neues,« und sah uns dann seinerseits freundlich und mit Theilnahme nach, bis wir weiter aufwärts hinter den verschiedenen Baulichkeiten des Schlosses verschwanden. Er hatte uns aller Wahrscheinlichkeit nach für Maler gehalten und seit lange daran gewöhnt, von Künstlern und Dilettanten erst bewundert und dann gemalt zu werden, hatte er uns andeuten wollen, daß er nöthigenfalls bereit sei, die Pflichten seines Amts mit denen eines Modells in Einklang zu bringen.

Stirling-Castle, in derselben Weise wie der Londoner Tower oder Schloß Edinburg, besteht aus einem bunt zusammengewürfelten Häuserhaufen, der allen möglichen Jahrhunderten und Baustylen angehört und dem nichts gemeinsam ist, als der Fels, darauf er steht, und die Wallmauer, die ihn umzieht. Palast, Kapelle und Parlamentsgebäude drängen sich hier auf engstem Raum zusammen, unterbrochen halb und halb verbunden durch Kasernen, Waffen- und Munitionshäuser, von denen einzelne fünfhundert und andere nicht fünfzig Jahre zählen. Eine der Kasernen ist so gestellt, daß sie das ganze Areal des Felsens in fast zwei gleiche Theile theilt und einen langen überwölbten Gang passirend, der durch die ganze Tiefe dieses Hauses sich hinzieht, erreichen wir am entgegengesetzten Ende den weit vorgeschobensten Punkt des Wallrands, der nach drei Seiten hin eine entzückende Aussicht gestattet. Nur nach hinten zu verschließt uns der Kasernenbau, den wir so eben passirt haben, die Aussicht auf die Stadt. Das Bild, das sich von dieser Stelle aus vor dem Beschauer entrollt, ist ganz einzig in seiner Art und übertrifft an eigenthümlichem Zauber jenes Panorama noch, das uns ein Blick von Edinburg-Castle gewährt.

Worin dies Plus an Reiz und Schönheit zu suchen, ist schwer zu sagen. Aber eine Vermuthung sei wenigstens gestattet. Das schöne Bild, das sich einem vom Edinburger Schlosse aus bietet, zersplittert unsere Empfindung, statt sie auf einen Punkt, nach einer Richtung hin zu concentriren. Das Gefühl, um dessen Erweckung es sich beim Besuche solcher und ähnlicher Plätze handelt, ist das romantische, und selbst der größte Philister, der in Holyrood oder Edinburg-Castle eintritt, bringt ein gewisses Maaß von gutem Willen mit, sich auf fünf Minuten poetisch anregen, romantisch stimmen zu lassen. Er wird seinen Zweck erreichen, seinen kleinen Hausbedarf befriedigen und sich um die größere oder geringere Intensität dessen, was auf ihn wirkt, nicht lange sorgen und kümmern. Ein feinerer Sinn aber, der auf diesem Gebiet wie ein sensibler Elektrometer ein Plus oder Minus zu unterscheiden weiß, wird, wenn er auf der Halbmond-Batterie von Edinburg-Castle Posto faßt, zu keinem ungetheilten Genusse kommen. Das Bild, das sich vor seinem Auge entrollt, an malerischer Schönheit dem Bilde, das Stirling-Castle bietet, vielleicht überlegen, wird ihm gleichzeitig eine Fülle von Dingen zeigen, die den romantischen Traum, wenn auch nicht roh und plump zerstören, aber doch immerhin unterbrechen. Sein Empfinden wird zu keiner Einheit kommen. Die Neustadt von Edinburg, die zu seinen Füßen liegt, die Säulen und Statuen, die zu ihm heraufblicken, die Omnibus, die Princes-Street passiren, die Eisenbahnzüge, die landeinwärts, die Dampfboote, die stromaufwärts ziehen, alles das trägt einen fremd-modernen Klang in das alte Lied, und selbst die Altstadt, die sich oft mehr in allermodernsten Schmutz als in die Patina classischer Traditionen kleidet, stimmt nicht völlig harmonisch in die alte Weise ein, die wir am liebsten in aller Reinheit und Simplicität vernehmen. Diesen Klang gewährt uns Stirling-Castle, zum wenigsten an jener Stelle seines Wallrands, über die wir uns jetzt hinauslehnen und in die untergehende Sonne blicken, die wie ein feuriger aber strahlenloser Ball über den Bergen des Hochlands hängt. Vor uns, in Schläge aller Formen und Größen getheilt, dehnen sich bis zum Gebirge hin die Fruchtfelder der schönen Grafschaft Menteith; nichts unterbricht die stille romantische Sprache des Platzes, auf dem wir stehen, wohl aber ist es, als antworte ein Echo aus all den Feldern und Bergen her, die dies jetzt wie verzaubert daliegende Schloß in weiten Kreisen umziehen.

Unmittelbar zu unserer Linken und Rechten steigen zwei kleinere Felsen neben dem eigentlichen Schloßfelsen auf, der eine der Lady's Rock (rock = Felsen), der andere der Mole Hill geheißen. Wie zwei Löwen-Junge sitzen sie neben dem Alten, der ernst in die Ferne sieht. Auf dem Lady's Rock saßen einst die Damen des schottischen Hofes wie auf der Höhe eines Amphitheaters und sahen den Turnieren und Ritterspielen zu, die am Fuß des Hügels aufgeführt wurden; der rechts gelegene Mole Hill aber sah oft die düstere Kehrseite jener heiteren Bilder. Mancher siegte nur beim Turnier und empfing vom Lady'sfelsen her den Kranz seiner Dame, um früher oder später als ein Opfer rach- und eifersüchtiger Majestät auf dem Mole Hill zu sterben. Der Mole Hill war der Hinrichtungsplatz.

Und wie oft entschieden sich die Geschicke des Landes auf diesen Feldern, die Stirling-Castle in kaum meilenweitem Kreise umziehen; vierzehn Schlachtfelder sind es, die man, den Wallrand umschreitend, wie einen dichtgeflochtenen Kranz um Stirling gelagert sieht. Nach Norden hin die Stirlinger Brücke und Sherifmuir, nach Südosten hin Falkirk und Sauchieburn, vor allem aber im Süden jenes Feld von Bannockburn, das noch jetzt in Liedern klingt und jeden Einzelnen mit stolzer Freude füllt.

Es bedurfte eines Entschlusses, sich von dem Wallrand loszureißen, der wie ein Zaubergürtel dieses Schloß umzog. Noch ein Blick über die Felder fort bis in's Hochland hinein, dann kehrten wir auf den Schloßhof zurück, um den Anblick der Sehenswürdigkeiten nicht zu versäumen, die Stirling-Castle selber bietet.

Diese Sehenswürdigkeiten bestehen aus dem alten Palaste (einem ehemaligen Lieblingssitze der schottischen Könige), aus der Kapelle, die jetzt als Rüst- und Waffenkammer dient und aus dem sogenannten »Douglas-Zimmer.« Das letztere befindet sich in der Nordwestecke des Schlosses und führt seinen Namen in Erinnerung an William Douglas, der hier von König Jakob II. ermordet wurde. Lord William Douglas, dessen Haus eben damals auf der Höhe seines Ruhmes stand, hatte mit den Lords Roß und Crawford eine Art Schutz- und Trutzbündniß geschlossen, dessen letzter Endzweck sich gegen den König richtete und mindestens die Macht und das Ansehen der Krone erschüttern sollte. König Jakob berief seinen übermüthigen Vasallen nach Schloß Stirling, versprach ihm Sicherheit und frei Geleit und suchte ihn, als er wirklich erschien, von dem geschlossenen Bündniß abzuziehen. Als Douglas unerbittlich blieb, zog der König endlich den Dolch und stieß den Lord mit den Worten nieder: »Wenn nichts helfen will, so helfe dieß.« Das Zimmer, in dem dieser Mord (der damals ein ganz ungewöhnliches Aufsehen gemacht zu haben scheint) begangen wurde, zeigt nichts mehr, was an so blutige Vorgänge erinnern könnte. Die Einrichtung, besonders allerhand Schnitzwerk und die Holzbekleidung an Wand und Decke, hat zwar die mittelalterlichen Formen beibehalten, aber alles sah so blink und blank aus, daß man auf den ersten Blick die Nachbildung erkennen konnte. Auch wird sie nicht geläugnet. Ungefähr da, wo Douglas den ersten Dolchstich empfing, stand jetzt ein kleiner Mahagonischreibtisch, an dem ein Bau- und Rechnungsführer seine Quittungen schrieb. Bis vor etwa sechszig Jahren war man in Zweifel darüber, ob das sogenannte Douglaszimmer denn auch wirklich Anspruch auf seinen Namen habe. Einige Geschichtskundige hatten sich nämlich immer geneigt gezeigt, den Schauplatz des Mordes an eine ganz andere Stelle des Castells zu verlegen. Seit 1794 aber ist der Streit zu Gunsten der alten Tradition geschlichtet. Als in jenem Jahre der Garten umgegraben wurde, der sich noch jetzt an den Fenstern des Douglas room entlang zieht, fand man acht Schritt von der Mauer entfernt ein Skelett, mit dessen Hülfe die Akten über diesen Gegenstand geschlossen wurden. Es heißt nämlich in alten schottischen Geschichtsbüchern ganz ausdrücklich, daß der Leichnam des Ermordeten aus dem Fenster geworfen und in einiger Entfernung von demselben, von den Dienern des Königs verscharrt wurde. Es muß auffallen, daß in einer Zeit, in der die Dolche von Jedermann so lose in der Scheide steckten, gerade dieser Mord ein so nachhaltiges Aufsehen hervorgerufen hat. Es scheint aber, daß man, ganz abgesehen von der Macht des Mannes, der diesem königlichen Zorn zum Opfer fiel, sich, selbst in jenen Zeiten, von der Hand der Majestät anderer Dinge versah, zumal bei einer Begegnung, der die Zusicherung freien Geleits vorausgegangen war.

Die Welt verlor übrigens an diesem Douglas nicht viel, was folgender Vorfall bezeugen mag. Einige Jahre vor diesem seinem blutigen Ende hatte Lord Douglas einen gewissen Maclallan von Galloway gefangen genommen und ihn rechtswidrig eingekerkert. Jakob II., in Folge davon, sandte Sir Patrick Gray, einen Onkel Maclallans, an Lord Douglas ab und gab ihm ein Handschreiben mit, worin die Freilassung Maclallans gefordert wurde. Douglas empfing den Sir Patrick mit übertriebener Ehrfurcht, bat die Verhandlung bis nach der Mahlzeit aufzuschieben und führte seinen Gast zu Tisch. Nach aufgehobener Tafel überreichte Sir Patrick seinen Brief. Lord Douglas überflog den Inhalt, den er längst kannte, und sagte dann: »Wie schade, Sir Patrick, Ihr kommt einen Augenblick zu spät.« Mit diesen Worten führte er seinen Gast an eins der Fenster und auf den Hof hinunter zeigend, wo Maclallan bereits enthauptet lag, fügte er hinzu: »Nehmt Euren Neffen mit heim, Sir Patrick, es thut mir leid, daß ihm der Kopf fehlt.« Sir Patrick antworte*[te]*: »Wo der Kopf ist, mag auch sein Rumpf bleiben; aber gedenken sollt ihr dieser Stunde.« So kam es auch. Sir Patrick, der im Nebenzimmer war, als König Jakob und der verwundete Lord Douglas mit einander rangen, sprang hinzu und half dem Lord zu einem raschen Ende.

An der Südseite des Castells, also dem Douglaszimmer gegenüber, befindet sich der ehemalige Palast, ein reich verzierter alter Bau aus der Zeit Jakob V. Vom Lady's Felsen oder besser, hügelabwärts, vom Thal von Menteith aus gesehen, gewährt der alte Königsbau, um seiner hohen Fenster und reichen, massigen Ornamentik willen, einen prächtigen Anblick, tritt man aber kritisch nah an ihn heran, so halten seine in die Ferne gemachten Zusagen nicht Wort und man erkennt zum Theil als baaren Ungeschmack, was in die Ferne hin nicht ohne Wirkung war.

Der dritte Punkt von Interesse ist die ehemalige Royal Chapel, jetzt eine Waffenkammer. Mr. Wood, der Büchsenmacher, ein lebhafter, kleiner Mann, der die untern Zimmer des Hauses bewohnt, führt uns mit großer Bereitwilligkeit treppauf.

Er ist bescheidener als nöthig wäre und versichert uns vorweg, daß es mit den Schätzen seines Zeughauses nicht viel auf sich habe. Wir sind gezwungen, ihm zu widersprechen, denn gleich das erste, was er uns zeigt, ist die ziemlich wohlerhaltene Kanzel dieser ehemaligen Kapelle, die zwar wie ein alter Schrank, dessen man sich schämt, in eine dunkle Ecke geschoben ist, aber sich sofort ihren Platz wieder erobert, sobald man vernimmt, daß John Knox auf ihr gepredigt und von ihr herabsteigend, vor Hof und Königin die Taufe des späteren Jakob VI. vollzogen habe. Mr. Wood kann ersichtlich nicht recht begreifen, was uns an den wurmstichigen Holzkasten fesselt und, wie es scheint, ein Freund der Ablenkungstheorie, holt er aus der nächsten Ecke eine Lochaber Axt herbei, die er jetzt mit den Worten auf den Boden stößt: there is something from Bannockburn. Diese Lochaber Aexte, deren im Ganzen 42 auf dem Felde von Bannockburn gefunden wurden, sind jetzt als Raritäten über alle Waffenkammern Europas verbreitet. Schottland selbst besitzt ihrer zwei, von denen die eine jetzt vor uns steht. Ich sah diese alte, berühmt gewordene Waffe hier zum erstenmal. Sie hat nichts von einer Axt, sondern entspricht genau den gradlinigen polnischen Sensen, von denen sie sich nur durch einen Haken unterscheidet, der in halber Höhe des Senserückens aus demselben hervorwächst. Es muß überraschen, daß es zweimal in der Geschichte, unter Verhältnissen, die sich innerlich ebenso verwandt waren, wie sie äußerlich sich fernstanden, dieser Sensenwaffe vorbehalten war, eine Art Sinnbild jenes Schreckens zu werden, den Muth und Vaterlandsliebe in die Reihen eines sonst siegreichen Feindes trugen.

Als Freund B. und ich ein paar Worte in diesem Sinne wechselten, horchte Mr. Wood auf und sagte dann lächelnd: »Ah, deutsch; hab' eine Frau von Deutschland, wird sich sehr freuen.« Mit diesen Worten lief er bis zur Treppe und rief hinunter: »Anne, please come upstairs, some gentlemen want to speak to you.[«] Antwort schallte zurück und im nächsten Augenblick kam eine muntere Frau auf uns zu, blond, freundlich, gesprächig, aber freilich durchaus nicht angethan, den englischen Glauben zu widerlegen, daß die Einheit Deutschlands nur in einem Punkte vorhanden sei: in der Unschönheit seiner Bewohner. Sei dem wie ihm sei, die liebenswürdige Freundlichkeit der Frau läßt uns nicht Zeit zu dem freilich gerechtfertigten Wunsche, daß deutscher Frauenreiz jenseits des Tweed etwas glänzender repräsentirt sein möchte, und nachdem wir die Lochaber Axt wieder in die Ecke gestellt und an anderer Stelle den Fahnenstock des 42sten Regiments (die Seide wurde bei Waterloo bis auf die letzten Fetzen zerschossen) in aller Ehrlichkeit angestaunt haben, treten wir mit Mistreß Wood an das große Mittelfenster der ehemaligen Kapelle, wo wir auf den schlanken Lafetten zweier indischen Kanonen Platz nehmend, nunmehr von Neuwied zu sprechen beginnen und zunächst der Frage begegnen, ob der Herzog von Nassau noch lebt. Wir geben die beruhigendste Auskunft und erhalten zum Dank die Antwort, daß Mr. Wood ein gutes Haus sei und sie glücklich mache, daß aber die Deutschen doch die besten wären, weil sie heiter seien und reden könnten. Wer weiß, wohin die Berührung so delikater Punkte noch geführt hätte, wenn nicht plötzlich eine Abtheilung Hochländer mit Sang und Klang in den vor uns gelegenen Schloßhof eingerückt wäre und den sonderbarsten Zapfenstreich zum Besten gegeben hätte, den ich all mein Lebtag gehört habe. Vorauf drei Dudelsackpfeifer, dann

Pauke, Trommel und Pickelflöte, so marschirten sie auf, und während sich die Sutherlands und die Mac Gregors in ihren malerischen Costümen um die Spielenden herum gruppirten, drückten wir, von plötzlicher Unruhe erfaßt, Mistreß Wood die Hand, versprachen Deutschland zu grüßen und eilten auf den Hof. Zu spät; die Musik schwieg. Als wir aber den Schloßhügel hinunterstiegen und nur dann und wann zurückblickten auf das Thurm- und Mauerwerk und zumal auf den malerisch daliegenden Palast, in dessen Fenstern das Abendroth verglomm, klang uns vom Schloßhof her noch ein zweites Lied nach und begleitete uns bergab. Die letzten Paukenschläge verhallten erst, als wir in die Straße am Fuß des Berges einbogen, unter deren Lichtern die beiden Gaslaternen des Royal Hotels als Sterne erster Größe brannten.

XV.
Loch Katrine oder das Land der Lady of the Lake.

Früh am andern Morgen hielt ein Wagen nach Art der alten Postkutschen vor unserem Hotel; drinnen Platz für vier und draußen (wenigstens dem Namen nach) für zwanzig. Wie und wo wir untergebracht wurden, ist mir ein Geheimniß geblieben; aber das Wetter war so schön, die vier Pferde so prächtig und der Conducteur, der in scharlachrothem Rock unsere Verpackung besorgte, so gut gelaunt, daß wir nicht würdig gewesen wären, Loch Katrine und die Schluchten und Thäler der Mac Gregors zu sehen, wenn wir hätten murren wollen, einen vollbezahlten Platz nur höchstens mit halber Fühlung unter uns zu haben. Als nun gar noch der Kutscher, dessen blauseidene Jacke und weißer Felbelhut uns ohnehin bereits imponirt hatten, statt auf den Bock des Wagens in den Sattel des rechten Handpferdes stieg, waren wir mehr als befriedigt, und auf guten Luftzug vertrauend, wenn es um uns her zu schwül werden sollte, fuhren wir an Stirling-Castle vorbei in die lachende Landschaft hinein, selber lachend, als ginge es zum Oak- oder Derby-day nach Epsom hinaus. Die Felder, die wir passirten, von Hecken und Baumgruppen unterbrochen, dehnten sich anmuthig zu beiden Seiten des Weges; aber dem Anblick nach, den wir Tags zuvor von Stirling-Castle aus gehabt hatten, hätten wir geglaubt mehr erwarten zu dürfen. Es fehlten die besonderen Züge, und was, als Ganzes und aus der Vogelperspektive gesehen, einem reichen, weiten Teppich von seltener Schönheit geglichen hatte, bot jetzt wenig, wo wir im Vorüberfahren die einzelnen Felder in nächster Nähe hatten.

Der erste Punkt, den wir erreichen, ist Bridge of Allan, ein kleines, dörfisches Charlottenburg, dessen überall angekündigtes »hier sind Wohnungen zu vermiethen« über die Bestimmung und Erwerbsquelle des Dörfchens keinen Zweifel läßt. Windgeschützt am Fuß der Berge gelegen, ist es ein bevorzugter Sommeraufenthalt für solche Edinburger, die aus Neigung oder Gesundheitsrücksicht die Nebelluft der Ostküste mit der reineren Luft des Hochlands vertauschen wollen.

Unser Wagen rollt, unaufgehalten durch die Holprigkeit des Steindamms, rasch durch Bridge of Allan hindurch, und an Dörfern und Landhäusern, wohlerhaltenen Herrensitzen und zerfallenen Schlössern vorbei, begrüßen wir endlich nach mehr als zweistündiger Fahrt das Dorf Callander, seinen Thurm und seine Ulmenallee, vor allem aber sein Wirthshaus. Das Schild desselben zeigt uns natürlich einen Hochländer vom Clan der Mac Gregors, und selbst die bunt umherstehenden Post- und Gepäckkarren, haben sich so viel wie möglich in die Farben dieses nachbarlichen Clans gehüllt. Unsere Fahrt aber in Luft und Sonnenbrand hat uns vor allem hungrig und durstig gemacht, und ohne irgend welches Kümmern darum, ob hier im Zeichen Robin Hoods oder Rob Roys gegessen wird, halten wir uns an die Sache selbst und umlagern das Buffet. Glücklich, ein Glas Ale und einen Bissen Haferbrod erobert zu haben, folgen wir jetzt willig wieder der Mahnung des Conducteurs, und mit Hülfe eines zurückbleibenden wohlbeleibten Farmers in unserem Comfort wesentlich verbessert, geht es nunmehr in wirkliche Hochlandslandschaft hinein.

Unmittelbar hinter Callander beginnt, auf eine Strecke von etwa drei deutschen Meilen, jener schöne, berg- und seegeschmückte Landstrich, dem die Schotten in dankbarer Huldigung gegen den Dichter, der hier jeden Zoll breit Erde poetisch verherrlicht hat, den Beinamen »the country of the lady of the lake« gegeben haben. Um dieses Land zu verstehen und zu genießen, ist es nöthig, mit dem Inhalt der gleichnamigen Dichtung einigermaßen vertraut zu sein. Es hat einen Sinn, wenn auf den Frühstückstischen in Stirling, neben der neuesten Zeitung auch die Goldschnittexemplare der »Jungfrau vom See« in rothen und grünen Einbänden reichlich umherliegen, und Leser und Leserinnen mögen es mir zu gute halten, wenn ich hier auf Augenblicke unsere Weiterreise unterbreche, um zuvor ihnen und mir den Inhalt der schönen Dichtung in's Gedächtniß zurückzurufen.

Die Jungfrau vom See.

Jakob V. war König, die Macht des Adels gebrochen und jedes Mitglied der Familie Douglas bei Todesstrafe verbannt. Nur einzelne der Hochlands-Clane, pochend auf die Sicherheit und Entfernung ihrer schwer zugänglichen, durch Paß und Schlucht vertheidigten Thäler, waren noch unbezwungen und machten ihre Stellung zum Hofe von ihrem Willen abhängig.

Zu diesen Clans, die noch ein eigenes, selbstständiges Leben für sich in Anspruch nahmen, gehörten namentlich auch die Mac Gregors, die in den Thälern und Schluchten zwischen dem Loch Katrine und Loch Lomond wohnten. Auch die Seen von Achray und Vennachar gehörten mit zu ihrem Gebiet.

Bochastle, an der äußersten Spitze des Loch Vennachar, bezeichnete nach Südost hin den am weitesten vorgeschobenen Punkt ihres Gebiets; Landrick Height, am Nordufer desselben Sees, diente als Sammelplatz des Clans, wenn es Angriff oder Vertheidigung galt, und der Felsenpaß der Trosachs, der zum Loch Katrine führend, zugleich die Schutzmauer desselben bildete, war der Punkt, den die Clansleute zu besetzen pflegten, um gegen die Angriffe selbst eines übermächtigen Gegners gesichert zu sein. Die letzte Zufluchtsstätte des Clans aber, wenn selbst der Paß der Trosachs nicht länger Hülfe zu leisten vermochte, bildete eine Insel im Loch Katrine selber, jenes kleine Eiland am Südostende desselben, das den Namen Ellen-Island, also Heleneninsel, führt. Mehr denn einmal zog sich ein geächteter Häuptling der Mac Gregors, Schutz suchend, in die Oede und Einsamkeit dieser Insel zurück, die bei den gewöhnlichen Kriegszügen mit den benachbarten Clans, als regelmäßige Zufluchtsstätte der Greise, Weiber und Kinder diente.

Jagdeifer führte den König Jakob (der in der Dichtung als Ritter Fitzjames auftritt), seinen Gefährten weit voraus, in das Wald- und Bergrevier der Mac Gregors. Den See von Vennachar entlang und die Trosachs hindurch verfolgte er die Spur eines prächtigen Hirsches, bis sein überbürdetes Roß fast Angesichts von Loch Katrine zusammenbrach. Der König stieß in's Horn, um seine Gefährten herbeizurufen, aber vergeblich. Die lang gezogenen Töne indeß waren auf dem Ellen-Eiland vernommen und fälschlich als die Klänge eines heimkehrenden Freundes gedeutet worden, und als der König jetzt durch allerhand Waldgestrüpp sich durchschlagend, plötzlich die Südspitze des schönen Sees vor sich sah, gewahrte er einen leichten Kahn, der eben von der Insel her über den See kam. Auf dem Kahne stand ein Mädchen und führte das Ruder mit Kraft und Geschick. Schon glitt der Kahn in die schmale Bucht hinein und fuhr unter der Wucht eines letzten Ruderstoßes weit das Kiesufer hinauf, als das Mädchen, plötzlich einen Fremden statt des Freundes gewahrend, mit rascher Geistesgegenwart das Ruder in umgekehrter Richtung gegen das Ufer stieß, und die Kraft des ersten Stoßes brechend, wieder weit hinaus auf den See schoß.

Sie war gesichert vor jedem Ueberfall, und jetzt begann ein Gespräch zwischen dem Könige am Ufer und dem Mädchen im Boot; eine Unterredung, die alsbald dahin führte, daß der König in's Boot stieg und als ein Verirrter und Hülfebedürftiger nach Ellen-Eiland hinüber gerudert wurde. Nur Frauen und Diener waren im Haus, die Männer abwesend auf Kundschaft oder Kampf. Auf duftigem Haidekraut, frisch gepflückt auf den Bergen, wurde dem Könige das Lager gemacht, der am andern Morgen, unerkannt, aber bezaubert von der Insel, dem patriarchalischen Haushalt und vor allem von dem Reiz und der Schönheit des Mädchens, die Insel verließ.

Dieses Mädchen war Ellen Douglas, die Tochter jenes stolzen Douglas, gegen den sich zumeist der Zorn des Königs und jene Aechtungsformel gerichtet hatte, die jeden Douglas bei Todesstrafe aus den Grenzen Schottlands verbannte. Die Verbannung war ausgesprochen worden, aber die Liebe, mit der der alte William Douglas an seinem Lande hing, hatte ihn allem königlichen Zorn und aller Gefahr zum Trotz im Lande festgehalten, und statt über See zu gehen, war er zu den Mac Gregors gegangen, um unter ihnen in Stille und Heimlichkeit die Luft des Vaterlandes weiter athmen zu können. Rhoderick Dhu, das Haupt der Mac Gregors und durch nahe Verwandtschaftsbande an das Haus der Douglas geknüpft, hatte den Verbannten und seine Tochter Ellen aufgenommen und beiden den besten Platz, den der Clan Mac Gregor besaß, die Insel im See, als Wohn- und Zufluchtsstätte angeboten. Sein Anerbieten war angenommen worden, und seit länger als zwölf Jahren war die Insel eine verschwiegene Residenz, darin neben Douglas und seiner Tochter auch Rhoderick Dhu und seine Mutter lebten. Rhoderick Dhu liebte seine schöne Muhme, aber Ellens Herz hing an dem jungen Malcolm Graham.

An demselben Morgen, an dem der König die Insel verlassen hatte, kehrten Rhoderick Dhu und der alte Douglas von einem Ausflug in die Trosachs und das Thal Glenfinlas heim. Rhoderick Dhu war in großer Aufregung; er hatte überall, wohin er gekommen war, von dem Zuge des Königs gehört und deutete ihn nicht als einen bloßen Jagdzug, sondern als eine Recognoscirung, der bald ein Kriegszug folgen werde. Douglas Erregung war kaum minder groß. Er glaubte seinen Aufenthalt verrathen, sich die Ursache eines Unternehmens, das er eben so wenig bezweifelte, wie Rhoderick Dhu selber, und klagte sich an, all dies Unheil auf seinen Gastfreund gebracht zu haben. Was immer die Ursache sein mochte, Rhoderick Dhu war entschlossen, das Aeußerste zu wagen, und das »blutige Kreuz« durch alle Schluchten und Thäler seines Clans sendend, rief er die Mac Gregors auf Landrick Height zusammen. Sie kamen all.

Der König, der nichts ahnte von dem Ungewitter, das sich den drei Seen entlang, an deren Ufern er gestern noch in tiefem Frieden gejagt hatte, gegen ihn zusammenzog, war inzwischen nach Stirling zurückgekehrt, voll von den Eindrücken, die das Eiland im See auf ihn gemacht hatte, vor allem aber voll Sehnsucht nach dem schönen Mädchen, das ihm wie die Beherrscherin einer mährchenhaften Insel erschienen war. Es ließ ihm keine Ruhe, und ein halbes Dutzend Gefährten bis nach Bochastle mit sich führend, ritt er jetzt auf's neue, einsam, ein abenteuernder Ritter, in das Schluchtenland der Mac Gregors hinein, um das Mädchen vom See zu sehen und zu ersiegen. Er verstand sich auf Frauen und hielt sich seines Sieges gewiß.

Aber viel hatte sich seit gestern geändert. Die Mac Gregors lagen nicht mehr friedlich in ihren Hütten, sie lagerten wohlbewaffnet auf der Höhe von Landrick Height, und alle Engen und Pässe waren besetzt, um dem herannahenden Feinde, an dessen Existenz noch Jeder glaubte, zu begegnen. Der König, der den Seen entlang, durch die Trosachs hindurch, ruhig seines Weges trottete, ahnte nicht, daß er dem ganzen Clan, der überall seinen Schritten folgte, als ein bloßer Kundschafter galt, und daß Rhoderick Dhu beschlossen hatte, ihn auf dem Heimweg überfallen und tödten zu lassen. Sehen wir, wie der König dieser Gefahr entging.

Er fand Ellen, aber er fand sie nicht geneigt, seinen Bitten Gehör zu geben. Wohl vertraut mit der Art der Frauen, stand er von einer Werbung ab, deren Erfolglosigkeit er rasch erkannte. Im Moment der Trennung warnte sie den König vor der ihm drohenden Gefahr, ein Wort, das, Anfangs leicht hingenommen, dem Könige bald in seiner ganzen Bedeutung klar werden sollte. Da, wo die Trosachs zum Loch Achray hinabsteigen, sah er sich umstellt, und wiewohl er den Nächsten seiner Angreifer niederschlug, rettete ihn doch nur die Nähe und Dichte des Waldes.

Der nächsten Gefahr war er entgangen, aber unkundig des Landes, der Wälder, Haiden und Moore, durch die sein Fuß jetzt irrte, wie durfte er hoffen, sich unentdeckt durch ein vom Feinde hundertfach besetztes Land zu schlagen! Erschöpft von Hitze und Anstrengung, brach er endlich zusammen und beschloß im Dickicht des Waldes die Nacht und die Rückkehr seiner Kräfte abzuwarten. Die Stunden vergingen und die Sterne zogen endlich herauf, blaß und verschleiert, aber doch hell genug, dem Verirrten den Klippenrand oder auch die Sümpfe zu zeigen, die, unter Binsen versteckt, oft neben seinem Pfade lagen.

Es mochte Mitternacht sein, als er in die Nähe von Loch Achray kam und, um einen Felsenvorsprung biegend, plötzlich ein Wachfeuer sah, an dessen halb ausgebrannten Scheiten ein Hochländer lag. Als dieser seinerseits des Fremden ansichtig wurde, sprang er auf und forderte, auf den König eindringend, das Erkennungs- und Loosungswort der Mac Gregors. Fitzjames war klug genug, nicht lange verhehlen zu wollen, was Tracht und Sprache doch nicht verhehlen konnten, und gab sich rund heraus als das zu erkennen, was er war, als Feind. Aber er kannte auch die Hochlandssitte, und pochend auf die Unverletzlichkeit des Gastrechts, ließ er sich am Feuer nieder und beantwortete die Frage: »Was führt dich her?« mit einem von Herzen kommenden: »Hunger und Durst.« Der Hochländer nahm Haferbrod und Rauchfleisch aus seiner Tasche und theilte, was er hatte. Dann warf er Reisig in das erlöschende Feuer, und sein Plaid von der Schulter lösend, schob er es seinem Gaste zu, der sich ohne weiteres darin einhüllte und zum Schlaf ausstreckte. Die beiden Feinde schliefen ruhig bei einander, bis die Morgensonne sie weckte. Man nahm einen Imbiß, dann wandte sich der Hochländer zu Fitzjames und sagte: »Das Land ist von den unsern besetzt, nirgends ein Ausweg für dich, es sei denn, ich führte dich und brächte dich bis Coil-antogle-Ford; da beginnt euer sächsisch Land, da magst du frei deines Weges ziehen.« Fitzjames stimmte zu und bald schweigend, bald plaudernd schritten sie vorwärts. Der Hochländer sprach viel von dem alten Rechte der Mac Gregors, von den stolzen und übermüthigen »Sassenachs«, die ihnen die alten Jagd- und Weideplätze geraubt hätten; Fitzjames aber war unzugänglich für die schlichte Beredtsamkeit seines Gefährten und blieb dabei, daß die Mac Gregors ein räuberisches Gesindel und Rhoderick Dhu nicht besser als der Rest seiner Clansleute sei. So kam man bis an die äußerste Spitze von Loch Vennachar, schritt noch ein paar hundert Schritt über blühende Wiesen am Teith entlang, bis man an einen Streifen binsenbewachsenes Moorland kam, sumpfig um die Regenzeit; aber jetzt glatt und hart wie eine Tenne. »Hier ist Coil-antogle-Ford«, sagte der Hochländer, »dieß ist sächsisch Land, dort hinüber liegen die Thürme von Stirling, und ich bin – Rhoderick Dhu.«

Fitzjames zuckte einen Augenblick zusammen, weil ihm sein Herz sagte, was der nächste Augenblick bringen würde. »Wir haben Mahl und Lager getheilt«, fuhr Rhoderick Dhu fort, »und ich habe das Gastrecht heilig gehalten; ich habe dich hierher geführt bis auf sächsisch Land, du stehst auf deinem Boden und die heilige Hand des Gastrechts hält mich nicht länger. Zieh! und laß uns sehen, wo bessere Männer wachsen, hüben oder drüben!« Dabei warf er den runden Schild hin, den er zu tragen pflegte, um während des Kampfes vor seinem Gegner nichts voraus zu haben, und stellte sich dem schweigend und unschlüssig dastehenden Feinde gegenüber. Fitzjames sah einen Augenblick in's Land hinein, nach Bochastle hin, wo hinter dem Tannenhügel, kaum tausend Schritt von dem Binsenplan entfernt, auf dem er eben stand, seine Genossen hielten und seiner Rückkehr harrten; aber im selben Augenblick von dem Stolz und der Kampflust neu belebt, die seinem ganzen Geschlecht eigen waren, rief er dem Häuptling mit der Miene der Ueberlegenheit zu: »So steh' denn!« und drang auf ihn ein. Rhoderick Dhu war der Stärkere, aber großgezogen in rauher, kunstloser Schule, war er schlecht verwahrt gegen die Zauberkünste einer gut geführten Klinge. Rechts und links tropfte sein Blut aus tiefen Wunden, und endlich jetzt mit einem Meisterstoß schlug ihm Fitzjames die breite Hochlandsklinge aus der Hand. Rhoderick sank in's Knie und die Waffe seines Siegers berührte fast schon seine Brust, als der erschöpfte Hochländer mit einer letzten Kraftanstrengung aufsprang und dem Stoße ausweichend wie eine Katze an den Hals seines Gegners sprang. Er packte mit der Rechten den Hals, mit der Linken den aufgehobenen Arm des Königs, und jetzt begann ein Ringen, in dem das Geschick des Sachsen der wilden Kraft des Hochländers unterlag. Keuchend lag jener am Boden und Rhoderick, auf ihm knieend, zog eben sein Dolchmesser, um es dem Gegner in die Brust zu stoßen, als der Faustdruck, der den Besiegten am Boden hielt, plötzlich nachließ und Rhoderick Dhu, erschöpft vom Blutverlust, matt und ohnmächtig zur Seite sank. Jetzt stieß der König in's Horn und die Reiter, die hinter dem Waldeck von Bochastle hielten, sprengten herbei. Statt Ellen Douglas, die der König heimzuführen gehofft hatte, lag alsbald der Häuptling der Mac Gregors auf dem breiten Sattel des Pferdes und zog blaß und blutend, ein Gefangener, durch die Thore von Stirling ein.

Der Schluß der Dichtung löst rasch und mit freundlicher Hand den geschürzten Knoten und führt alles zu Glück und Freude hinaus. Der alte Douglas hat sich dem König gestellt, um auf sein altes Haupt allein die Blitze des königlichen Zorns zu lenken; aber sei es der Sieg über den stolzen Mac Gregor, oder seien es die bittenden Augen der schönen Ellen – das Herz des Königs ist zu Milde und Vergebung gestimmt. – Rhoderick Dhu kehrt heim zu seinem Clan, Malcolm Graham, geschmückt mit allen Zeichen königlicher Huld, führt Ellen zum Altar. Der alte Douglas aber zieht wieder ein in Schloß Stirling, um zu stehen, wo er früher gestanden, der Nächste dem Throne und dem Herzen seines Königs.

Das ist das Mährchen von der »Jungfrau vom See.« Ellen-Eiland aber ward öd und einsam, das Haus zerfiel, und seine Zauber leben nur fort im Lied und im Herzen des Volks.

So unter allerhand Gespräch über die Jungfrau vom See, zu dem jeder aus der Vorrathskammer seines Gedächtnisses wie zu einem Picnic beizusteuern bemüht war, hatten wir Bochastle erreicht, jenen an der Grenze gelegenen Punkt, wo die Reiter des Königs hielten, um bei der Entführung von Ellen Douglas behülflich zu sein, und sich schließlich begnügen mußten, den halbtodten Rhoderick Dhu auf den Sattel zu heben. Der nächste Punkt von Interesse war Coil-antogle-Ford. Als der Finger des Conducteurs auf die ziemlich nahe am Wege gelegene Stelle wies, wo Rhoderick Dhu und Fitzjames gekämpft hatten, sprang alles im Wagen auf, mit einem Eifer und einer Raschheit, als fürchte jeder, daß ihm der Platz durch die

Schaugier des andern entführt werden könnte. Der Platz an und für sich war unscheinbar genug, aber eben in seiner Unscheinbarkeit vom Dichter trefflich gewählt. Wir empfanden es an uns selbst, daß die beiden Gestalten um so deutlicher und lebensvoller vor uns hintraten, je leerer der Rahmen war, in den sie der Dichter gestellt hatte. Keine Staffage, die irgendwie gestört hätte; eine Wiese, ein Flußstreifen und still zur Rechten der See von Vennachar. Rasch ging es nun am Nordufer des Sees entlang, an Landrick Height vorbei, dem Musterungsplatz der Mac Gregors, bis wir die Ufer Loch Vennachars mit denen des nachbarlichen Loch Achray vertauschten.

Aber noch ehe wir die Ufer des Loch Achray zur Seite haben, hält unser Wagen auf's Neue; wir haben die »Türkenbrücke,« Bridge of Turk, erreicht, steigen ab und machen dießmal, statt dem Wirthshaus selber, nur seinem Schilde die Reverenz. Nach englischer Art befindet sich dasselbe nicht über der Eingangsthür, sondern ist bildartig in einen Rahmen gespannt, der seinerseits auf einem Holzpfeiler steht; das Ganze einem vergrößerten Licht- oder Ofenschirm nicht unähnlich. Der Schild der Türkenbrücke beherbergt ein Doppelbild in seinem Rahmen, zu dem natürlich, wie zu allem, auf das man hier stößt, die Scottsche Dichtung Stoff und Veranlassung gegeben hat. Gleich im ersten Gesange der Lady of the Lake heißt es:

> And when the Brigg*) of Turk was won,
> The headmost horseman rode alone,

Worte, von denen es nur seltsam gewesen wäre, wenn sie einem schottischen Gastwirth nicht den Gedanken nahe gelegt hätten, die Türkenbrücke zu einer goldenen Brücke für sich selber zu machen. Wir sind verbunden, ihm besten Erfolg dabei zu wünschen, denn er hat sein Geld nicht gespart und sich's vielmehr angelegen sein lassen, ein wirk-

*) »Brigg,« schottisch für bridge.

liches Bild zu seinem Wirthshausschilde zu machen, eine Gesinnung, an der sich viele unserer Gastwirthe ein Muster nehmen könnten, denen doch die Malerateliers um einiges näher liegen als ihrem Collegen an der »Türkenbrücke.«

Die Kehrseite des Bildes hat ein anderes Zeilenpaar aus dem ersten Gesang der Dichtung herausgegriffen, und den König darstellend, wie er nach stundenlang vergeblicher Jagd jetzt neben seinem zusammengestürzten Grauschimmel steht, trägt es die Unterschrift:

Then through the dell his horn resounds,
From vain pursuit to call the hounds.

Die Oertlichkeit aber dieses zweiten Bildes befindet sich bereits weit jenseits der Türkenbrücke und mahnt uns daran, daß noch ein Theil der Reise vor uns liegt. Und sei es nun, daß der zusammengestürzte Grauschimmel uns zur Milde stimmt, oder daß die Worte des Conducteurs mit ganz besonderer Wärme uns einen Spaziergang am Loch Achray empfehlen, gleichviel wir pflücken uns einen Heidekrautbüschel am Wege und »die blaue Blume« Schottlands an Hut und Mütze steckend, ziehen wir singend am Loch Achray entlang, dem berühmten Paß der Trosachs entgegen.

Was das Wort »Trosachs« meint, weiß eigentlich Niemand. In den Reisebüchern steht, es bedeute, »Borstenweg«; doch habe ich unterwegs ein halbes Dutzend Ableitungen und Erklärungen gehört, die mir um kein Haar breit unzuverlässiger erschienen sind. Aber wie immer auch die Ansichten darüber getheilt sein mögen, was Trosachs bedeutet und was nicht, darüber sind alle Schotten einig, daß die Sache selber zu den schönsten und sehenswerthesten Punkten ihres Landes zählt. Wie Oban an der Westküste, so sind auch die Trosachs seit etwa zehn Jahren eine Sehenswürdigkeit par excellence geworden und erfreuen sich, namentlich auch in London und dem südlichen England, eines Schönheits-Renommées, das fast zum Widerspruch auffordert. Die Trosachs sind unbedenklich ein glänzender Punkt, aber wenn nicht zu Nutz und Frommen einiger Hotelbesitzer, so doch mindestens aus an und für sich löblicher Begeisterung für den Dichter und Schilderer dieser Lokalität, um einiges überschätzt worden. Der Irrthum, der dabei begangen worden ist und noch begangen wird, ist der, daß man die Schilderung mit dem Geschilderten verwechselt und die Unübertrefflichkeit jener auf die Sache selber übertragen hat. Es ist genau so, wie wenn man diejenigen Mädchen für die schönsten halten wollte, auf die zufällig die schönsten Lieder gedichtet worden sind.

Was aber sind nun die Trosachs? Sie sind ein Paß, eine Schlucht, ein Hohlweg, der sich an einem Flüßchen entlang, zwischen den zwei Felsmassen des Ben-an und Benvenue hinzieht, die wie Wächter neben dem Loch Katrine stehen, und ihre Häupter in seinem Wasser spiegelnd, ihre breiten Rücken, bis zum Loch Achray hin, zurück strekken. Wir haben hiernach zwei Partien zu unterscheiden, eine längere (die eigentlichen Trosachs), zwischen den beiden Felsrücken gelegen, und eine kürzere (Beal-an-Duine) zwischen den beiden Häuptern der Berge. Der Fahrweg durch die eigentlichen Trosachs folgt nicht dem Laufe des in der Tiefe schäumenden Flüßchens, sondern zieht sich in halber Höhe des nördlich gelegenen Felsrückens als eine völlige Kunststraße hin. Unmittelbar zur Rechten steigen die schweren Felsmassen des Ben-an, bald mehr, bald weniger steil in die Luft, während wir nach links hin eine doppelte Nachbarschaft haben, zunächst die abschüssige Tiefe, dann aber jenseits derselben die mächtigen Flanken des Benvenue. Die Höhe dieser Bergwand ist sehr bedeutend und die reichen Waldungen, die sie bis zur höchsten Spitze schmücken, tragen nicht wenig zur Schönheit des Bildes bei. Schichtenweis wechselt die Vegetation, und während Birken und Espen die Schlucht fast überdecken, grüßt von der Mitte des Berges her ein Eichenwald, aus dessen grünen Kronen allmählig die schwarzen

Tannen aufschießen, um bis zur Höhe des Berges empor zu wachsen.

All dies ist sehr schön, aber doch durchaus nicht das, was die Modevorstellung der letzten fünfzehn Jahre daraus gemacht hat. Was diesen eigentlichen Trosachs fehlt, das ist der Stempel des Besonderen. Man sieht rechts und links, vor- und rückwärts, stimmt in die »Beautiful's«, die mit der Regelmäßigkeit von Pendelschwingungen überall laut werden, nach bester Ueberzeugung ein, hat aber das Gefühl, sehr ähnliche landschaftliche Physiognomien schon oft gesehen zu haben, und wendet sich endlich von all der Herrlichkeit wie von einem Frauenkopfe ab, dessen Schönheit man gelten läßt, aber dessen Reiz man leugnen kann, weil die Art seiner Schönheit nichts ist, als eine höhere Form der Alltäglichkeit.

So sind die Trosachs, aber so ist nicht jener Punkt, Beal-an-Duine geheißen, der sich Angesichts von Loch Katrine zwischen den Häuptern der beiden Berge erhebt. Die Berge treten sich hier so nahe, daß ihre grünbekleideten Wände eine Riesenlaube bilden, die, nach hinten zu fast geschlossen, nach vorn hin, wie durch einen grünumrankten Rahmen, einen Durchblick auf den See gestattet. Das Ganze ist ein Kabinetsstück landschaftlicher Schönheit, und Walter Scott wußte wohl, was er that, als er an diesem Punkt den Kahn der Ellen Douglas landen und den König aus dem Gebüsch des Ufers hervortreten ließ. Die Lokalität scheint eine romantische Dichtung fast wie herauszufordern, und keine Jungfrau vom See kann hier an's Land springen, ohne auf Augenblicke für die Seejungfrau selber gehalten zu werden.

Es war die unromantischste Stunde von der Welt, (2 Uhr Nachmittags und alle Mann hungrig), als wir, den Bergpfad herabkommend, hier in das am Ufer liegende Dampfschiff stiegen, das die Fahrten über den See hin und zurück macht. Es heißt hier alles Mac Gregor: der nacktbeinige Junge, der seine Führerdienste uns aufdringt, die beiden Alten, die unser Gepäck an Bord des Steamers bringen, und natürlich auch der Steamer selber. Aber ein bischen Absichtlichkeit und Spekulation auf hochlandsdurstige »Southrons« kann man hier schon ertragen; die Buchen am Fuße des Benvenue strecken ihre Zweige weit in den See hinein und unter dem Laubdach liegt unser Steamer und spritzt von Zeit zu Zeit einen schillernden Wasserregen durch all das Blatt- und Zweigwerk hindurch. Jetzt das Zeichen mit der Glocke, und aus der schattigen Kühle hervor gleiten wir der glitzernden Wasserfläche zwischen den Laubwänden und nun, durch den grünen Rahmen des Felsenthors hindurch, dem eigentlichen Loch Katrine zu. Gleich zu Anfang des Sees, dem rechten Ufer sich nähernd, liegt Ellen-Eiland. Jeder müht sich die Stelle zu erkennen, wo das mit so viel dichterischem Aufwand geschilderte Haus des alten Douglas gestanden haben soll, aber nur Birken und junge Tannen überragen die unwirthbare Fläche.

Mit dem Moment, wo wir Ellen-Eiland passirt haben, ist das Interesse an Loch Katrine so ziemlich dahin. Die Fahrt über diesen vielbesungenen See ist wie ein Diner, das mit Champagner beginnt und nach längerem Verweilen bei schlichtem Rothwein endlich mit Zuckerwasser schließt. Glücklicherweise verhielt es sich, wenn wir von der Metapher absehen und statt dessen die alleräußerlichsten Fakten befragen, gerade umgekehrt, denn am reizlosen Nordufer des Sees harrte unser im »Gasthaus von Stronachlachar« ein wohlbesetzter Tisch, dessen große Taubenpastete nur noch in kümmerlichen Resten auf unsere Nachfolger kam. Hier, vom Nordufer des Sees aus, führt ein vielbenutzter Weg zum Ostufer des Loch Lomond hinüber, und jeder Tourist, der sich, wie viele thun, auf den Besuch der schottischen Seen zu beschränken vorhat, thut am besten, die Stage-Coach zu besteigen, die, ähnlich bepackt wie unser Stirlinger Wagen, eben jetzt Miene macht, über Inversnaid u. s. w. hinaus, die Fahrt nach dem Loch Lomond zu machen. Wir aber, die wir uns Inverneß und das Schlachtfeld von Culloden als unser Reiseziel gesetzt haben, kehren zu unserem »Mac Gregor« zurück, und das Land der Lady of the Lake noch einmal passirend, fahren wir mit dem letzten Schimmer der Abendröthe wieder in Stirling ein.

XVI.
Ein Sonntag in Perth.

Ein Sonntag in Schottland ist für den Reisenden wie ein Gewitter bei einer Landpartie. Man regnet ein, man kann nicht weiter, die gute Laune ist hin. Mit den Sehenswürdigkeiten Stirlings waren wir fertig und erschraken vor dem Gedanken, vierundzwanzig Stunden auf ein altes Times-Exemplar und eine schweigsame Table d'hôte angewiesen zu sein. Glücklicherweise erbarmte sich unser ein Frühzug, der uns, trotzdem es in Schottland keine Sonntagszüge giebt, gegen zehn oder eilf Uhr Vormittags nach dem alten, oft besungenen Perth führte.

Mit diesem Frühzug, der den Sonntag entheiligt, verhält es sich ähnlich wie mit dem Champagner auf der Tafel eines Türken, er geht nämlich unter einem andern Namen. Dieser Sonntagszug ist eigentlich ein Sonnabendszug. Das hat folgenden Zusammenhang. Die große Nordbahn, die England und Schottland von der Sohle bis zum Scheitel durchläuft, hat einen allabendlichen Schnellzug festgesetzt, versteht sich mit Ausnahme des Sonntags. Wer nun am Sonnabend Abend in London einsteigt, um über Edinburg nach Perth und Aberdeen zu fahren, ist begreiflicher Weise im Einklang mit Sitte und Gesetz; selbst die Kirchlichkeit eines Schotten kann keinen Anstoß daran nehmen. Ist es doch nicht seine Schuld, daß der Schnellzug nicht noch schneller fährt, und der Sonnabend beim Sonntag borgen muß. Nur das Benutzen dieses Zuges, sobald er schottischen Grund und Boden berührt hat, ist natürlich verpönt; doch was wäre Fremden nicht erlaubt!

Wir waren nun also in Perth. Als wir aus dem Bahnhofsgebäude heraustraten und auf einen kahlen Platz blickten, auf dem sich Sonnenschein und Staubwolken um den Vorrang stritten, murmelte Freund B. vor sich hin: »Ein Sonntag in Perth scheint noch schlimmer als ein Sonntag in Stirling«, worauf ich nichts Besseres zu erwiedern wußte als:

Schlimmer hier oder schlimmer dort,
Jedenfalls ein andrer Ort.

Als sich die Staubwolke gelegt hatte, lasen wir an der Giebelseite eines Hauses »Mr. Pople's english hotel«, und da wir so eben von einem ächtschottischen Mr. Campbel kamen, so wählten wir, schon des Contrastes halber, das englische Gasthaus, das in nächster Nähe vor uns lag. Mr. Campbel und Mr. Pople verhielten sich zu einander, wie ihre Namen, der eine schroff, selbstbewußt, kriegerisch, der andere still, friedlich, gemüthlich. Unsere Frage nach einem Zimmer wurde rasch bejaht und Koffer und Reisesack in eine Mansardenstube gebracht, an der die Aussicht der einzige Luxus war. Nach wenigen Minuten schon saßen wir wieder unten auf der Steinbank vorm Hause, lachend, fragend und plaudernd mit Wirth und Wirthin. Da hörte man denn manches bittere Wort. Die beiden Leute waren aus dem Süden, aus Devonshire, das der Garten Englands heißt und das so milde Luft hat, daß noch um Weihnachten herum das Land im Schmuck von Myrthe und Lorbeer steht. Sie fühlten sich nicht heimisch in Schottland. Klima und Menschen waren ihnen zu rauh und der schottische Sonntag zu streng. »So kann es nicht bleiben; die Schotten fühlen es selbst; sie haben sich eine Ruthe aufgebunden, als sie den Forbes Mackenzie nach London schickten. Sonntagsfeier ist gut, aber schottische Sonntagsfeier ist nicht gut und ruinirt das Geschäft.« Es interessirte uns höchlichst, diese Engländer über schottisches Leben genau so sprechen und aburtheilen zu hören, wie wohl Deutsche zu sprechen pflegen, wenn sie nach England kommen. »Steifheit, Geschäftigkeit, Scheinheiligkeit«, waren die Worte, die mehr denn einmal über die Lippen der guten Leute kamen, und besonders der jungen hübschen Frau sah man die Freude an, die sie empfand, sich einmal »ohne Gefahr« in unverhohlener Bitterkeit äußern zu können.

Inzwischen war ein Führer für uns geworben worden, der es trotz der Sonntagsfeier auf sich nahm, uns durch die Straßen der Stadt und hinterher auf den Kinnoul-Berg zu führen, einen Hügel, der sich am andern Ufer des Tay erhebt und der schönen Aussicht halber berühmt geworden ist, die er über die Stadt, die Flußwindungen und jenen weiten Thalgrund gewährt, in dem, wenn auch nur theilweise sichtbar, Scone, Dunsinan und der Birnamwald liegen, Namen, die jedem Macbeth-Leser geläufig sind.

Perth heißt in Chroniken und Liedern das alte Perth, gelegentlich auch das schöne Perth. Zum Ueberfluß hat Walter Scott noch »ein schönes Mädchen von Perth« geschrieben und, wie ich nicht bezweifle, auch in andern Lesern die Vorstellung erzeugt, daß die reizend geschilderte Stadt kaum minder schön sein könne, als das schöne Mädchen selbst. Wer mit so gesteigerten Erwartungen Perth betritt, wird einer Enttäuschung schwerlich entgehen, zumal wenn er, wie wir, an einem Sonntag dort eintrifft und statt des Lebens und der Buntheit der Straßen jener Todtenstille begegnet, die ihm eine unwillkommene Gelegenheit bietet, die Häuser in ihrer charakterlosen Dürftigkeit zu sehen. Aber eine alte Stadt ist Perth unbestritten. Schon 1210 ward es durch eine Ueberschwemmung zerstört, ein noch jetzt unvergessenes Ereigniß, das in dem poetischen Reimwort fortlebt:

Shochie zum Ordie*) spricht: sag' an,
Wo ich dich wieder treffen kann?
Wir treffen uns wieder, hab Acht,

*) Zwei Flüsse in der Nähe von Perth.

Wo wir schon einmal uns trafen,
Zu Perth in der Nacht,
Wenn alle Menschen schlafen.

Perth war vor der Thronbesteigung der Stuarts ein Lieblingsaufenthalt der schottischen Könige, wiewohl sie keinen Palast in der Stadt besaßen. Sie pflegten in einem reichen Cisterzienserkloster abzusteigen, dessen Reichthum und Gastlichkeit es unnöthig erscheinen ließ, noch einen königlichen Palast herzurichten. Das Zeitalter der königlichen Prachtbauten, der Stadt-, Jagd- und Lustschlösser, war damals noch nicht angebrochen, und das arme Königthum nahm noch nicht Anstand, bei dem reichen Clerus zu Gast zu gehen. Mit der Thronbesteigung der Stuarts verlor Perth den Charakter einer jeweiligen königlichen Residenz. Die Königssitze wurden südlicher verlegt, und an die Stelle von Dunkeld, Scone und Perth traten Linlithgow, Stirling und Holyrood. Nur ausnahmsweise und auf kurze Zeit nahmen auch die Stuarts noch ihren Aufenthalt in Perth, und von den sechs Jakobs, die in fast ununterbrochener Reihenfolge das Land beherrschten (nur Maria Stuart schiebt sich zwischen Jakob V. und Jakob VI. ein), wurde Jakob I. wirklich in Perth ermordet, während der letzte (Jakob VI.) den Anschlägen auf sein Leben wie durch ein Wunder entging. Diese Anschläge bilden die sogenannte »Gowrie-Conspiracy«, worauf ich weiter unten in aller Kürze zurückkomme.

Perth ist alt und hat eine schöne Lage am Tay, der ungefähr 1000 Fuß breit, der Längsseite der Stadt entlang fließt. Die beiden Hauptstraßen, High-Street und South-Street, laufen senkrecht auf den Fluß zu und sind in der Nähe desselben nicht ohne malerischen Reiz. Da, wo die Straßen, kaum 100 Schritt von einander entfernt, auf den Quai stoßen, der sich am Tay hinzieht, concentrirt sich das Wenige, was Perth von Sehenswürdigkeiten besitzt. Hier, zwischen den beiden Straßen, steht vor allem die alte, an historischen Erinnerungen überreiche Kirche von St. John, die, der landesüblichen Ermordungen an Altar und Altarstufen zu geschweigen, vor allem dadurch eine Berühmtheit erlangt hat, daß die schottische Bilderstürmerei (in Folge einer John Knox'schen Predigt) eben hier ihren Anfang nahm. Kaum hundert Schritt von der Kirche entfernt, da, wo High-Street auf den Flußquai ausmündet und einen baumbepflanzten Platz bildet, steht eine Statue Walter Scotts, die die dankbare Stadt dem Dichter des »schönen Mädchens von Perth« errichtet hat. Was wüßte die Welt von Perth, wenn jenes Buch Sir Walters ungeschrieben geblieben wäre! Mit Rücksicht auf diesen Umstand hätte die Statue wohl besser ausfallen dürfen; eigentlich ist nichts hübsch an ihr, als ihre Aufstellung. Von schönen Linden eingefaßt, High-Street vor sich und den schönen Strom im Rücken, vergißt man um des hübschen Bildes willen, das sie bietet, was dem Bildwerk selber fehlt. Rechts und links neben demselben stehen ein paar russische Kanonen, Trophäen von Sebastopol her und wahrscheinlich von jenem Hochlandsregimente erbeutet, das in Perth in Garnison liegt. Ueberall im Lande begegnet man diesen und ähnlichen Siegeszeichen, – den einzigen Früchten eines theuer bezahlten Krieges.

Weiter flußabwärts, da wo South-Street auf den Tay stößt, erhob sich in alten Tagen Gowrie-House, der Schauplatz jenes Mordversuchs, der unter dem Namen der Gowrie-Conspiration bekannt geworden ist. Das Haus ist seit ungefähr fünfzig Jahren niedergerissen und die Communalgebäude (Polizeiamt und Stockhaus), die sich jetzt an der Stelle desselben erheben, theilen in Erscheinung und Geschichte das Prosaische der ganzen Gattung. An Gowrie-House erinnert nichts mehr als ein gegenübergelegenes Bier- und Brandyhaus, das durch Abbildung der betreffenden Mordscene (im Styl unserer Jahrmarktsbilder) die Traditionen des Orts und die Vortheile des Geschäfts gleichzeitig im Auge behält. Es giebt immer noch Naturen, die sich am liebsten da zu Tische setzen, wo die Luft nach Blut riecht.

Die Geschichte der Gowrieverschwörung selbst ist folgende. Jakob VI. (damals noch sehr jung) war von Lord Gowrie zu einer Jagdpartie geladen worden und auf Schloß Ruthven erschienen. Noch andere Lords waren zugegen: Lord Mar, Lord Lindsay, Lord Glammis und deren Anhänger. Der König bemerkte bald, daß man mehr oder minder Schlimmes gegen ihn vorhabe, und machte Miene das Schloß zu verlassen. Als er sich der Thür näherte, stellte sich Lord Glammis vor dieselbe und rief ihm zu, indem er ihm den Ausgang verwehrte: »Männer verstehen sich auf Kinder, aber nicht Kinder auf Männer.« Hiebei hatte der Angriff sein Bewenden. Jakob VI. indeß war nicht der Mann, solche Beleidigung zu vergessen, und zwei Jahre später, vielleicht weil man des Lord Glammis nicht habhaft werden konnte oder weil man in Lord Gowrie den eigentlichen Urheber des ganzen Vorfalls sah, fiel das Haupt des letzteren auf dem Mole-Hill bei Stirling-Castle. Sechszehn Jahre später machten die Söhne Lord Gowrie's, die bis dahin in selbstgewählter oder erzwungener Verbannung (in Padua) gelebt hatten, den Versuch, den Tod ihres Vaters zu rächen. Sie drangen, instigirt durch andere Unzufriedene, auf den König ein, wurden aber entwaffnet und folgten ihrem Vater in den Tod.

Wir kehrten nun Gowrie-House den Rücken, passirten die schöne Brücke, die über den Tay führt, und schritten zwischen Kreuzdornhecken und Roggenfeldern immer bergan, dem Kinnoulhügel zu, der sich, mit Laubholz und Tannen dicht bestanden, an der Ostseite der Stadt erhebt. Der Aufgang zum Hügel war der strengeren Sonntagsfeier halber mit einem Schlagbaum abgesperrt, was so viel heißt, als wir mußten einen Schilling bezahlen, um das Gewissen des wachthabenden Waldhüters zu beschwichtigen. Ziemlich erschöpft kamen wir oben an und nahmen auf einem großen Steintisch Platz, dessen Sandsteinplatte ein paar hundert eingekratzte Namen trug. Wie viel Federmesserklingen waren hier der Eitelkeit geopfert worden!

Das landschaftliche Bild, das sich uns bot, war hübsch genug, ohne etwas besonderes zu sein. Das nach Norden hin liegende Macbethland entzog sich, wenigstens in seinen Einzelheiten, noch durchaus unserem Auge und wir waren auf die üblichen Führerversicherungen angewiesen: »dort hinter jenem Hügel liegt Schloß Glammis, dort Schloß Dunsinan.« Unsere Mienen ließen dem unsrigen keinen Zweifel darüber, daß wir ziemlich enttäuscht waren, und bestimmten ihn rasch zu der Frage: ob wir noch geneigt seien, das Wallaceschloß und die Wallacehöhle zu sehen. Unser Ja wurde nach so trüben Erfahrungen natürlich an allerhand Bedingungen geknüpft, und erst nachdem uns mehrfach die Versicherung gegeben war, »daß es nah sei«, gaben wir unsern Tischplatz auf, um einer andern Kuppe des Hügels zuzuschreiten.

Hier fanden wir denn das ehemalige (überdieß wenig beglaubigte) Wallaceschloß, das jetzt als Bier- und Vorrathskammer dient, wenn an schönen Sommertagen die »schönen Mädchen von Perth« auf den Kinnoulhügel hinausziehen, um daselbst mit ihren Brüdern und Bräutigams bei Reifen- und Zeckspiel den flüchtigen Reiz eines schottischen Sommers zu genießen. Was die Wallacehöhle angeht, so mußten wir uns mit der Versicherung unseres Führers begnügen, daß sie vom Fuß des Berges aus trefflich zu sehen sei, und daß er uns eigens hinabführen wolle, wenn wir seinen Worten mißtrauten. Wir erschracken vor diesem Anerbieten so sehr, daß wir durch ein stillschweigendes Uebereinkommen diesen Punkt nicht wieder berührten und fest entschlossen schienen, jede fernere Enttäuschung ohne Murren zu tragen. Aber etwas wollten wir wenigstens von unsern Strapatzen haben, und einzelne Feldsteinstücke aus dem alten Wallaceschloß herausbrechend, dessen Felsenkeller jetzt nur noch dem Perther Bier zu gute kommen, fingen wir an zu allerhand Wurfexercitien mit Fallberechnung zu schreiten. Weithin flogen die Steine, »eins, zwei, drei, vier« zählten wir in Secundenpausen, dann schlug unten der Stein auf und in den

Tannen drunten schien es lebendig zu werden. Als hätten wir die heilige Mittagsruhe des Waldes unterbrochen, wurden allerhand Klagetöne laut, und ein Adler stieg auf, höher und höher, bis er endlich über unsern Häuptern schwebte und unser Spiel zu mustern schien. Dann, als wisse er, woran er sei, sank er mit ausgespannten Flügeln wieder in die Tiefe nieder, langsam und lautlos, wie er aufgestiegen war.

Wir traten nun unsern Rückweg an, machten im Schatten einer Quelle Station, erlabten unsere Zunge, die fest am Gaumen klebte, durch einen frischen Trunk und saßen endlich wieder auf der Bank vor dem Gasthause, wo uns vier Stunden zuvor die junge Devonshire-Frau zu Mitwissern ihrer Geheimnisse und ihrer schottischen Antipathien gemacht hatte. Der Gang auf die Kinnoulhügel hatte uns nicht besonders befriedigt, aber hungrig hatte er uns gemacht, und das ist ein Segen, den man nicht unterschätzen soll. Eine halbe Stunde später meldete uns der Kellner: »If you please, gentlemen, dinner is ready,« und wir traten nun in das kühle, luftige Eßzimmer, wo wir heute die einzigen Gäste waren. Alles athmete Gemüthlichkeit und selbst der Kossuth in Husarenuniform, der als Pendant neben dem Bildniß von Queen Victoria hing, konnte dem paradiesischen Behagen keinen Abbruch thun, das keinen Krieg und keine Gegensätze kennt.

Als das Dessert aufgetragen wurde, Orangen und eingemachte Früchte, vermehrte sich unsere Tischgesellschaft. Zwei Herren traten ein mit den sonnverbranntesten Gesichtern, die ich mein Lebtag gesehen habe, und beide in so weit in einer Art Mauserungszustand, als die alte Gesichtshaut noch wie Flaum und Schuppen auf ihrem Antlitz lag. Es waren Engländer, höchst harmlose Leute und, wie wir bald erfuhren, sogenannte fishing-gentlemen. Wie weit ihr eigentlicher Anspruch auf den »Gentleman« reichte, lassen wir ununtersucht, aber die Angelpassion stand unbestritten bei ihnen fest. Diese Passion, die immer in England zu Hause war, herrscht jetzt mehr denn je. Wer nicht reich genug ist, einen Wildpark zu halten, oder weite Strecken Landes (namentlich in Schottland) als Jagdgrund zu benutzen, dem bietet sich wenig Gelegenheit zur Ausübung eines höheren Sport. Dieß mag Ursache geworden sein, daß sich die der Nation eigenthümliche Waidmannslust einen andern Ausweg gesucht und zur Verallgemeinerung der Angelpassion geführt hat. Die Eisenbahnen haben wahrscheinlich auch das ihrige dazu beigetragen, diese Neigung zu unterstützen. Gleichviel, alljährlich um die Sommerzeit begeben sich hunderte, vielleicht tausende von Engländern in's schottische Hochland, um daselbst vierzehn Tage oder vier Wochen lang eine Art Angelcampagne durchzumachen. Bei vielen ist es die bloße Passion, bei andern kommt Erwerb und Gewinnsucht mit in's Spiel. Der Fisch, um dessen Fang es sich dabei handelt, ist beinahe ausschließlich die Forelle, die, so viel ich weiß, in verschiedenen Arten, als Bach-, als See- und Lachsforelle, sich in den Bergwässern Schottlands findet. Die Mehrzahl der Jäger begibt sich an den schönen Loch Lomond, der am südlichsten gelegen ist und nebenher allerhand Comfort bietet. Die eigentlichen Fishing-Gentlemen aber verschmähen den Loch Lomond, wie ein Gemsjäger eine Hasenjagd verschmäht, und begeben sich über den Kamm der Grampians und den caledonischen Kanal hinaus, bis hinauf zu dem stillen, tief schwarzen See von Roßshire und Inverneß, um dort im Norden des Landes ihre Angelschnüre auszuwerfen. Ein Stück Haferbrod, gedörrtes Fleisch und eine Flasche mit Whisky in ihrem Reisesack, so verbringen sie dort oben Tage und Nächte in dem flachen Fährboot, das abwechselnd am Ufer oder auf der Mitte des Sees liegt, und nur der Hochländer oder der Händler gesellt sich zu ihnen, der flußabwärts die Beute bis zum nächsten Hafen und von dort auf die Marktplätze der großen Städte führt. Die beiden Gentlemen, die an unserem Tische Platz genommen hatten, kamen aus Inverneßshire, wo sie am Loch Neß und Loch Oich tagelang die Angelruthe in der Hand gehabt und an guten Tagen fünfundzwanzig Dutzend Lachsforellen gefangen hatten, die kleineren am Ufer, die größeren in der Mitte des Sees. Ich multiplicirte im Stillen 25 x 12 und kam zum ersten Mal in meinem Leben zu der Betrachtung, daß auch das Angeln ein Vergnügen sein könne. Dreihundert Lachsforellen in zehn oder zwölf Stunden, das ist wie der Fischzug des Petrus, und es mag in der That ein Vergnügen gewähren, wenn fast von Minute zu Minute der schwimmende Kork auf der Oberfläche des Wassers zittert und im nächsten Augenblick der silberne Leib der Lachsforelle im Glanz der Sonne blinkt.

XVII.
Von Perth bis Inverness.

Um von Perth nach Inverneß zu gelangen, kann man zwei Wege einschlagen, den einen über Forfar, Montrose und Aberdeen an der Küste entlang, den andern quer durch's Land hindurch über den Kamm der Grampians. Wer Eile hat oder die Bequemlichkeit liebt, wird den ersteren Weg wählen, der, obschon ein Umweg von 10 deutschen Meilen, mittels der eben beendigten Eisenbahn in verhältnißmäßig kurzer Zeit zurückgelegt werden kann; wer umgekehrt eine Strapaze nicht scheut, wenn sie nur Lohn und Ausbeute verspricht, wird das Dach der Stage-Coach erklettern, die zweimal wöchentlich zwischen Perth und Inverneß fährt. Touristen also, die etwas sehn und nicht bloß vorwärts kommen wollen, werden sich selbstverständlich des alten Kutschwagens bedienen, der Montags und Donnerstags auf dem Perther Marktplatz hält, und den füllen und packen zu sehen, selbst schon zu den Vergnügungen dieser Reise gehört.

Es mochte gegen 11 Uhr sein, als wir bei glühendem Sonnenbrand die angelegte Leiter hinaufstiegen und auf der hintersten Bank des Wagens Platz nahmen. Wir waren ziemlich die Ersten und wiegten uns in der Vorstellung, durch Pünktlichkeit und Zusage eines Trinkgeldes uns einen comfortablen Platz gesichert zu haben. Eitle Träume; was wir auf der Tour von Stirling bis Loch Katrine erlebt hatten, war, wie wir bald merken sollten, ein kaum nennenswerthes Vorspiel gewesen. Die vier Plätze der eigentlichen Chaise, die einen etwas höheren Preis zahlten, waren leer, aber die sechszehn Außenplätze, die sich vorn und hinten an den Wagen anklebten, waren besetzt bis auf den letzten Zoll. Auch dieser Ausdruck ist nichts mehr und nichts weniger als eine Beschönigung unserer eigentlichen Lage, da die Fahrgäste, die an den Flügeln der vier Bänke saßen, nur mit der einen Hälfte ihres Körpers auf sicherem Grund und Boden ruhten, während die andere Hälfte mit Hutschachteln und Reisesäcken um die Wette neben dem Wagen hin und her schaukelte. Wie ich meinen Lesern nicht erst versichern darf, wäre dies Minimum von Reisecomfort auf einer Strecke von 25 deutschen Meilen unerträglich gewesen, wenn nicht von Station zu Station die Flügelmänner jeder Bank die Plätze getauscht und, zwischen links und rechts beständig wechselnd, die ausgeruhten Hälften wie eine immer frische Reserve in's Feuer geschickt hätten.

Ich hatte den rechten Flügel der letzten Bank inne und wiewohl ich mich der Strapazen jenes Reisetages wie einer durchgemachten Campagne entsinne, so muß ich doch der Wahrheit gemäß einräumen, daß mein und meiner Kameraden Position noch immer nicht zu den schlimmsten zählte. Sie war wenigstens luftig und da man nach der Fallseite hin räumlich nicht behindert war, so konnte man sich's durch allerhand Balancir- und Schwebe-Kunststücke relativ bequem machen. Wie anders dagegen die Mittelplätze! Die Sicherheit, die sie boten, war theuer erkauft und der wahre Reiz des Lebens hing hier wie überall »über'm Abgrund der Gefahr.« Aber ich eile in meiner Darstellung voraus. Während ich schon die Schrekken und Gefahren des Weges schildere, halten wir noch auf dem Marcktplatz von Perth und jetzt erst, wo vom alten St. Johannisthurm die Mittagsstunde schlägt, knallt die Peitsche des Kutschers über die vier langgespannten Braunen hin und unser Wagen rasselt durch Straße und Thor in die lachende Landschaft hinaus. Die nächste Station ist Dunkeld, ein alter Bischofssitz, etwa drei Meilen nördlich von Perth gelegen. Der breite vom Tay durchflossene Thalgrund, der sich zwischen beiden Städten ausdehnt, zählt mit zu den vorzüglichsten Schauplätzen schottischer Geschichte. Wir sind hier im eigentlichen Macbeth-Land, und während wir die Grafschaft Fife im Rücken, Schloß Glammis aber zur Seite lassen, fahren wir, unmittelbar an Scone Palace vorbei, jenem Stückchen Erde zu, das durch die zwei Namen Birnam-Wald und Schloß Dunsinnan eine Berühmtheit über die Welt erlangt hat.

Scone-Palace, der alte schottische Königsitz, von dem es am Schluß des »Macbeth« heißt:

> Und uns gekrönt zu sehn mit unsrer Krone,
> Erwarten wir euch im Palast zu Scone

liegt kaum eine halbe Meile rechts von dem chaussirten Wege ab, den unsere Braunen jetzt rasch entlang traben und die Sehnsucht könnte über uns kommen, einem Platze von solchem Alter und so historischer Bedeutung einen kurzen Besuch zu machen. Aber der Scone-Palast, der zu Shakespeare's Tagen noch in aller Wirklichkeit dastand, existirt nicht mehr, und die weißen Steinwände, die mit Mauerkrone und Normannenthurm aus einer Gruppe alter Ulmen zu uns herüber grüßen, sind keine 50 Jahre alt und enthalten vielleicht keinen Stein mehr von dem alten Königshause, das einst hier stand. Der Scone-Palast unserer Tage ist ein Besitzthum, ein Sommeraufenthalt der Grafen von Mansfield geworden, und der alte Stein, der hier einst lag und als Stuhl bei der Krönung Schottischer Könige diente, ist nach London geschafft, wo er jetzt deutungsreich unter dem Sitz des Englischen Thronsessels liegt.

Etwa zwei Meilen nördlich von Scone-Palace, an derselben rechten Seite des Weges, liegen Dunsinnan House und Dunsinnan Hill, in deren Nähe sich die Ruinen des alten Macbeth-Schlosses befinden, das den Birnam-Wald auf sich zukommen sah. Dieser Birnam-Wald liegt links von der Straße, verbirgt sich aber unserem suchenden Auge hinter dem 1500 Fuß hohen Birnam Hill, der seine Felsmauer zwischen uns und den Wald schiebt.

Dieser Birnam Hill ist bereits wie ein Thorwächter von Dunkeld anzusehen und in demselben Augenblick, wo wir ihn passirt und statt seiner selbst seine reich bewaldeten Ausläufer zur Linken haben, hören wir auch schon den lauter werdenden Hufschlag der Pferde, der uns sagt, daß wir die elastische Tenne der Landstraße mit dem harten Straßenpflaster der Stadt vertauscht haben. Von beiden Seiten grüßen jetzt tausend Fuß hohe, mit Laubholz und Schwarztannen besetzte Bergwände in die Stadt hinein und ehe wir uns noch in dem reizenden Bilde völlig zurecht gefunden haben, hält unsere Kutsche bereits vor dem ziemlich in der Mitte des Städtchens gelegenen »Birnam-Hotel«.

Die Frage »absteigen oder sitzen bleiben« schlägt jetzt an unser Ohr, aber drei Meilen sind erst gemacht und die engagirten Körperhälften noch bei verhältnißmäßiger Kraft, so ergiebt sich die Antwort von selbst. Kommt uns doch auch die Höhe unseres Sitzes zu Statten, um mit größerer Muße und Leichtigkeit das reizende Bild dieser Thalstadt überblicken zu können. Aus dem Grunde der Bergabhänge hervor grüßt die alte, bis in die Piktenzeit zurückreichende Kathedrale, fesselnder aber erscheint uns das Bild unmittelbar zu unseren Füßen, wo wir, neben dem üblichen Durcheinander eines Gasthofs, noch das bunte Treiben und die Vorbereitungen zu allerhand Jagdausflügen in's Hochland sehen. Denn Dunkeld ist Rendez-vous-Platz; hier finden sich von allen Seiten die Jagdliebhaber, die Freunde des Sport zusammen, um dann, die einzige Hochlandsstraße benutzend, die von Dunkeld aus über den Kamm der Grampians führt, auf den großen Jagdrevieren zwischen Balmoral und Inverneß die Sommermonate bei deer stalking und grouse shooting zu verbringen.

An den Gasthof lehnt sich eine säulengetragene Veranda; das Gebälk ist in Grün versteckt, und die eine Seite des Vorbaues mit aufgeschichteten Reisekoffern, wie ein Repositorium mit Foliobänden, gefüllt. In der Veranda steht ein junges Paar und reicht sich zum Abschied die Hand. Die zurückbleibende Dame, groß und schlank, trägt einen breiten Italienischen Hut mit weißer Feder, und die allgemeine Theilnahme an der schönen Erscheinung, bekundet sich durch die halb frageweis gesprochenen Sätze: she is his sister oder she is his wife. Der Conducteur indeß, an den sich diese Worte richten, ist mit wichtigeren Dingen beschäftigt, als mit der Beantwortung solcher Bagatellen, und sich durch ein yes Sir, das Jeder zu seinen Gunsten deuten mag, aller weiteren Fragestellung entziehend, giebt er zwei jungen Hochländern, von denen Jeder einen Jagdhund an der Leine hält, ein Zeichen, das auch alsbald mit zustimmendem Kopfnicken erwiedert wird. Inzwischen sind an beide Seiten unseres Wagens Leiter und Tritt gestellt worden, und ehe wir noch die Gefahr erkennen und energisch dagegen protestiren können, stehen beide Hochländer bereits mit ihren Jagdhunden unterm Arm auf der höchsten Leitersprosse, und die geängstigten Thiere wie zwei Scheerbeutel unterm Arm hervorlangend, lassen sie sie jetzt auf das dichtverfahrene Defilée unserer Beine niederfallen. Ein Schrei der Entrüstung schallt über den Platz fort, auf dem wir halten, aber die im trockensten Ton gesprochenen Worte des Conducteurs: »They are kind beasts, you may take them as foot-stools« stellen mit einem Schlage unsere gute Laune wieder her, um so mehr, als die Versicherung des Conducteurs eine Wahrheit wird und die Anfangs unruhigen Thiere sich wirklich wie eine Fußbank zu unsern Füßen legen.

Aber eine Ueberraschung drängt die andere. Auf derselben Leiter, auf der eben noch einer der Wildhüter stand, um seinen Ueberfall auszuführen, steht jetzt der Gentleman, dem die Hunde zugehören, und trotz der schönen Dame, die immer noch unter dem grünen Dach der Veranda verweilt, läuft jetzt ein nicht mißzuverstehendes Murren durch unsere Reihen. Es ist wahr, der Gentleman, der vor uns steht, hat das einnehmendste Gesicht von der Welt, und lüftet seine schottische Mütze allerfreundlichst zum Gruß, aber wenn er noch viel freundlicher grüßte und drein blickte, so können wir ihm nicht geben, was wir selbst nicht haben. Ich zeige auf mein rechtes Bein, das völlig in Lüften schwebt, und bemühe mich, ihm anzudeuten, daß dem Unmöglichen gegenüber auch der beste Wille zu Schanden wird. Er nimmt meine Andeutungen freundlich auf, zeigt aber statt aller weiteren Erwiederung auf den Conducteur hin, der eben den Deckel eines hinter uns befindlichen Wagenkastens auf- und zurückschlägt und im nächsten Augenblicke in die Tiefe dieser Versenkung hinabsteigend, allerdings den Platz frei läßt, auf dem er selbst bis dahin gesessen hatte. Ehe noch unser Staunen vorüber, knallt die Peitsche und ziehen die Pferde an und über das Pflaster Dunkeld's hintrabend, rasselt und lärmt der aufgeklappte, wie ein Bedientenbrett dastehende Wagenkasten-Deckel und scheint unserer geängstigten Phantasie die Frage vorzulegen: »Wann werd' auch ich meinen Passagier finden?«

Hinter Dunkeld zieht sich der Weg am rechten Ufer des Tay entlang und zeigt uns außer Landhäusern, die hier und da aus dem Grün hervorblicken, nichts, was unsere Aufmerksamkeit in Anspruch nehmen könnte. Etwa eine deutsche Meile hinter Dunkeld verlieren wir den Tay aus dem Auge, und statt seiner wird nunmehr der Garry-Fluß, der von den Grampians kommt, auf viele Meilen hin unser Begleiter. Seine Ufer sind nirgends lieblich, aber überall bedeutend und charakteristisch und gleich zu Anfang von imposanter Schönheit. Nachdem wir kaum tausend Schritt an der rechten Seite des Flusses bergan gefahren sind, passiren wir jenes Felsenthor, das uns nunmehr zu dem berühmten Passe von Killicrankie führt.

Der Paß von Killicrankie hat eine dreifache Bedeutung, als Verbindungsstraße, als Punkt von hervorragender landschaftlicher Schönheit und drittens durch die blutige Schlacht, die hier am 27. Juli 1689 zwischen den Anhängern der Stuart's unter Claverhouse und den Truppen Wilhelm's von Oranien geschlagen wurde. Das landschaftliche Bild, das der Paß bietet, erinnert sehr an die Trosachs. Diese haben den Ruf größerer Schönheit und werden jährlich von Tausenden um ihrer selbst willen besucht, während den Paß von Killicrankie nur derjenige kennen lernt, den Neigung oder Geschäfte in den eigentlichen Norden Schottlands führen. Man passirt ihn, weil man ihn passiren muß; er ist Weg, nicht Ziel. Dies nicht wegzustreitende Faktum basirt aber auf einer Ungerechtigkeit. Der Killicrankie-Paß ist imposanter, als die Trosachs. Der Grund dafür scheint mir darin zu liegen, daß die Felswände sich noch näher und schroffer gegenüber stehen, daß der Garry, der ganz den Charakter eines lauten und reißenden Bergwassers hat, die romantische Scene mehr belebt, als das unbedeutende Wässerchen, das die Trosachs mehr durchschleicht als durchschäumt und daß drittens und letztens das Vorwiegen des Laubholzes über das Nadelholz den Wettstreit zu Gunsten des Killicrankie-Passes entscheidet. Auch der blutige Kampf, der hier stattfand und von ungleich größerer Bedeutung war als ein halbes Dutzend Clan-Schlachten der Rind und Schafe stehlenden Macgregors, sollte füglich diesem mehr nördlich gelegenen Punkte zu Gute kommen; aber die Schilderungen Walter Scott's, der es nun mal für gut befand, den Schauplatz seiner Dichtung an die Ufer des Loch Katrine zu verlegen, haben ein für allemal zu Gunsten der Trosachs entschieden, und so lange die »Jungfrau vom See« begeisterte Verehrer an aller Welt Ecken und Enden haben wird, so lange wird auch der Killicrankie-Paß darauf Verzicht leisten müssen, die Rechte seiner Erstgeburt gegen den bevorzugten jüngeren Bruder geltend zu machen.

Ich stand (versteht sich auf einem Fuße) aufrecht im Wagen, als wir den Paß hinauffuhren. Das ganze Bild war so reizend, daß ich begierig war, nichts von seiner Schönheit zu verlieren. Dann und wann entzog sich der unten schäumende Garry unserm Blick und nur unser Ohr vernahm ihn; dann wieder sahen wir ihn in breiten Wasserfällen über das felsige Terrain wie über eine Steintreppe hernieder schäumen. Als wir fast den Nordausgang des Passes erreicht hatten, legte der Conducteur aus der Tiefe des Wagenkastens her seine Hand auf meine Schulter und rief, nach rechts hin mit dem Kopf nickend: look, there's the battlefield. Da lag es denn halb vor, halb neben uns, nicht größer als eine Gemeindewiese oder der Spielplatz einer Englischen Schule. Die Form des Platzes ist ein Oblong; an der einen Längsseite fuhren wir hin, die drei anderen Seiten waren dicht mit Laubholz umstanden. Ziemlich am nördlichsten Punkt der Wiese gewahrten wir einen Stein, aufrecht stehend und von der Größe eines gewöhnlichen Mauerpfostens. An dieser Stelle fiel der Sieger des Tages, William Graham, Herzog von Claverhouse und Marquis von Dundee. Ueber diesen Sieg und die Person des Siegers sei mir gestattet, hier Folgendes einzuschalten.

Unter den Parteigängern, die nach der Entfernung Jakobs II. (1688) die Sache der Stuarts zur ihrigen machten, steht Graham von Claverhouse, Graf von Dundee, oder »bonnie Dundee«, wie er in Jakobitischen Liedern heißt, obenan. Was der große Montrose 40 Jahre früher in den Tagen Karls I. gewesen war: der Champion für Loyalität und Königthum gegen Whiggistischen Puritanismus, das war jetzt bonnie Dundee nach der Vertreibung der Stuarts. Schon während der Regierungszeit Jakobs II. hatte er sich rücksichtslos auf die Seite des wenig geliebten Königs gestellt, und jetzt nach seinem Sturze war er der erste, der die Hochlands-Clane um sich sammelte und dem neuen Regiment in London den Krieg erklärte. Wie Montrose gehörte er zum Clan der Grahams, ein Name, an den sich während der zweiten Hälfte des 17. Jahrhunderts eben so sicher die Vorstellung einer unerschütterlich royalistischen Gesinnung knüpfen durfte, wie an den Namen Argyle die Ueberzeugung eines unveräußerlichen Puritanismus. Der Sieg schwankte damals funfzig Jahre lang zwischen den von tödtlichem Haß erfüllten Parteien, und die Häupter beider fanden nur zu oft Gelegenheit, ihre Hingebung und Treue mit dem Tode zu besiegeln. An derselben Stelle, wo die Häupter der Argyle's in der Treue gegen den Puritanismus fielen, fiel auch das Haupt des großen Montrose im Dienste des Königthums; bonnie Dundee aber, glücklicher als die Mehrzahl der Parteihäupter jener Epoche, starb den Heldentod auf dem Felde von Killicrankie, in demselben Augenblick, als der Sieg zu Gunsten seiner Sache entschieden war. Als er mit erhobenem Arme vorsprengte, um die Fliehenden zu verfolgen, traf ihn eine Kugel in die Armhöhle und tödtete ihn auf der Stelle. Der aufrecht stehende Stein, von dem ich sprach, bezeichnet den Ort, wo er fiel. Mit ihm lag vorläufig die Stuartsche Sache am Boden. Der Sieg, den er gewonnen, hörte auf ein Sieg zu sein. Die Whigs triumphirten; ihr bitterster Feind, der ihnen bis dahin als unbesieglich und unverletzlich gegolten hatte war nicht mehr. Der Glaube an seine Unverletzlichkeit (wie sich von selbst versteht, in Folge eines Pactes mit dem Teufel) war damals allgemein verbreitet im schottischen Volke. Es hieß, daß kaltes Wasser zu dampfen und zu zischen beginne, so oft er seine Füße hineinstecke, und die Kugel, die ihn endlich getroffen, sei überhaupt keine Kugel, sondern ein silberner Knopf gewesen, den einer seiner Diener vom Rocke seines Herrn losgelöst und auf ihn abgeschossen habe. Nur was von ihm selber kam, konnte an ihn. Der Degen Dundee's befindet sich im Besitze von Lord Woodhouslee; das Lederwams aber, das er bei Killicrankie trug, wird zu Pennycuckhouse in der Nähe von Edinburg aufbewahrt. Das Gedächtniß an seine Siege lebt noch bis diesen Augenblick im schottischen Volke fort, und für allerhand bedenkliche Situationen, die einen Helfer wünschenswerth machen, existirt die sprüchwörtliche Redensart: »Nur eine halbe Stunde Dundee«.

Kurze Zeit nachdem wir die Nordspitze des Killicrankie-Passes passirt hatten, erreichten wir Blair Atholl, ein Dorf mit etwa 300 Einwohnern, das nichtsdestoweniger auf allen Karten mit großen Buchstaben verzeichnet ist. Wir nähern uns nämlich jetzt dem großen Berg- und Haide-Territorium der Grampians, das ein paar Hundert Quadratmeilen groß, wie eine unwirthbare Fläche sich zwischen das fruchtbare Land des Tay- und Moray-Busens hineinschiebt und wie wir bald sehen werden, von solcher absoluten Oede und Kahlheit ist, daß das an seinem Südrande gelegene Dörfchen Blair zu einer unbestrittenen Residenz dieser Gegenden wird. Unter Blinden ist der Einäugige König. Wir wechseln hier die Pferde und – unsere Plätze, machen die erste Bekanntschaft des echten, unverfeinerten Haferbrotes (oat-cake) und fahren nun weiter nordwärts immer am Garry-Fluß entlang, der noch bis zum Kamm der Grampians hin unser Begleiter bleibt. Die Zeichen menschlicher Kultur ersterben allmählich; kein Dorf mehr, das wir passiren, nur von Viertelmeile zu Viertelmeile begegnen wir einem Weiler hart am Wege, elenden Hütten, weniger dazu da, um darin zu wohnen, als um den Weg zu zeigen, der aus dieser Oede in bessere Gegenden führt. Aus Torf und Rasen bauen sich diese Wohnungen auf, und das Stroh- und Lehmhaus unserer ärmsten Gegenden kommt dieser Armuth gegenüber wieder zu Ehren. Aber so kümmerlich die Reste sind, die sich einem hier bieten, es sind doch immer noch Reste, und der Wanderer, der hier des Weges kommt, erfreut sich dieser Zeichen, wie sich der verschlagene Schiffer der harten Brotrinde freut, die seinen Tag und vielleicht sein Leben fristet.

Der weit vorgeschobenste Punkt heißt Dalnacardoch-Inn; nördlich von ihm beginnt die Grampian-Wüste. Ich habe nie Einsameres durchschritten. Und doch machten wir die Fahrt zur guten Jahreszeit, an einem heiteren Tage. Das Leben war über diese Gründe wenigstens hingeflogen und hatte seinen Lichtstrahl auf sie fallen lassen. Uns zur

Linken schäumte der Garry, rechts von den hohen Berglehnen sickerte das Schnee-Wasser herab, an den Wasserrinnen entlang leuchtete das Grün und Roth des Haidekrauts, und aus dem moosigen Gestein flog von Zeit zu Zeit ein Bergvogel oder auch ein Volk Hühner auf. Wie muß es hier sein, wenn der Sommer seine warme Hand von diesen Feldern nimmt und der Wind das schwache Lebensflämmchen ausbläst, das hier still und geschäftig wirkt? So fragt' ich, und als ob die Grampians mich verstanden hätten, gaben sie Antwort auf meine Frage. Wolken zogen über den Himmel hin, und das warme Blau verwandelte sich in ein schwüles Grau, der Garry hörte auf zu schäumen, Moos und Haidekraut verschwanden, auch das Wasser schwieg, das von den Bergen gekommen war, – wir hatten den großen Friedhof dieser stillen Gegenden erreicht. Ein meilenweites Blachfeld lag vor uns, über das der Tod – wenn nicht ein schlimmerer – im Grimme hinweggegangen schien, mit zorniger Hand die Felsenzacken abreißend, wie der Sturm die Aehren von den Halmen reißt, und sie ausstreuend weit über das Feld hin. Es graute uns, als wir an diesem Saatfeld des Schreckens vorüber kamen, und das Gespräch stockte, das bis dahin so munter von allen Lippen geflossen war.

Wie einer, der einen finstern Traum gehabt, und mit einem »Gott sei Dank« erwacht, weil eben Alles ein Traum gewesen, so fiel es wie eine Last von uns, als plötzlich fast, das Steinfeld sein Ende erreichte und nur noch das bequem zur Hand liegende Material gewesen zu sein schien, um ein steinernes Gasthaus mit steinernen Scheunen und einer hohen steinernen Mauer um beide herum daraus aufzuführen. Wie jubelten wir, als wir unter den blühenden Lindenbäumen dahin fuhren und aufspringend unsere Köpfe in die Blatt- und Blüthenfülle hineinsteckten; keine Orangerie auf Terrassen und Freitreppen hatte uns je so herrlich gedünkt, wie diese Lindenbäume, die das Wirthshaus Dalwhinnie umstanden. Mit einem Gefühl unverstellter Freude sahen wir über die hohe Gartenmauer in den Obst- und Küchengarten hinein, wo roth schillernde Kohlköpfe die Beete einfaßten und selbst ein Paar Kirschen im Laub der Bäume steckten. Und nun das Haus selbst erst! Die alten Eckschränke mit Rococco-Schnitzwerk und verschossenen Gardinen, das steinalte Mütterchen im Lehnstuhl, der Kamin, drin jahraus jahrein das Feuer prasselt, als gäb' es keinen Sommer hier, wie thut das Alles wohl, und es hätte kaum noch »des Einzugs der Prinzessin Friedrich Wilhelm in Berlin« bedurft, der (den Illustrated London News entlehnt) in Buntfarbendruck an den Wänden hing, um uns, unter dem Vortheil des Contrastes, den kurzen Aufenthalt in Dalwhinnie-Inn zum Glanzpunkt des Tages zu machen. Es hat einen Sinn, wenn sich auf den Schottischen Hochlandskarten die Hütten und Weiler dieses Plateau's mit einer größeren Gewissenhaftigkeit verzeichnet finden, als die Städte und Dörfer südlicher Districte. Denn im Süden können wir eines Dorfes, einer Stadt entbehren; die allernächste schon läßt uns den Verlust kaum noch als solchen empfinden; aber das einsame Haus an unwirthbarer Küste, in der Einöde des Gebirges, läßt uns erkennen, was es mit einer Menschenwohnung auf sich hat.

Halben Wegs zwischen Dalnacardoch-Inn und Dalwhinnie-Inn, ziemlich genau da, wo man aus Perthshire in die Grafschaft Inverneß eintritt (ein Wechsel, den man nur an den verschieden gefärbten Wegweisern wahrnimmt) befindet sich auch die Wasserscheide der Grampians, und an die Stelle des Garry, den wir stromaufwärts verfolgten, tritt nun der Spey-Fluß, der seinen Abfluß nach Norden hat und uns fast bis an die Thore von Inverneß begleitet. Von Dalwhinnie-Inn bis Inverneß ist noch zehn bis zwölf deutsche Meilen. Je mehr wir uns Inverneß nähern, oder mit andern Worten, je mehr wir von der Steinöde der Grampians loskommen, desto fruchtbarer wird wieder das Land. Es ist, als ob der Norden seinen alten Charakter verlöre, und statt ein Sitz der Oede, ein Sitz des Lebens und der Freude würde. Eine Niederung ist es und ein

Küstenland, in das wir jetzt hineinfahren, und die natürlichen Segnungen, die ein flußdurchströmtes Küstenland bietet, machen sich auch an dieser Stelle geltend und fallen schwerer in's Gewicht, als der Breitengrad, den wir, wie eine Stufe gegen Norden hin, eben hinansteigen.

Dalwhinnie-Inn war nur erst ein Haus; eine Meile nördlicher haben wir schon eine Gruppe von Häusern, die Häuser werden zum Dorf und das Dorf endlich zu einem Städtchen. Wir haben New-town (Neustadt) erreicht und traben über das Pflaster des Städtchens hin, als wär' es das einer Residenz. Und was ist es? zwei Reihen Häuser, die zwischen gelben Haferfeldern liegen. Ohne Aufenthalt fahren wir hindurch und sind mit untergehender Sonne in Kingussie. Kingussie ist ein altes Hochlandsdorf, eine Art Hauptstadt der Macpherson's, die hier herum ihre Sitze haben. Hier, in unmittelbarer Nähe, lebte auch James Macpherson, der Herausgeber des »Ossian«, für dessen völlige Aechtheit oder völlige Unächtheit ein halbes Jahrhundert lang so viele kritische Lanzen gebrochen worden sind.

Als wir vor Kingussie-Inn hielten, sahen wir, daß Jahrmarkt im Dorfe war. Hochlandssöhne, zum Theil noch in die Farben ihrer Clan's gekleidet, standen in Gruppen vor einer aufgestellten Drehorgel, an deren Hinterseite sich, wie auch auf unseren Jahrmärkten, eine bemalte Leinwand erhob. Allerhand Scenen aus dem Krimkrieg waren darauf abgebildet, zumal die Cavallerie-Attaque von Balaklawa und das Hochlands-Regiment (Sir Colin Campbell), an dem sich der Angriff der Russischen Reiterei brach. Dazu spielte der Leierkasten eine Arie aus Flotow's »Martha« und die heiseren Kehlen der Umstehenden stimmten mit ein. Es mochten hundert oder hundert und funfzig Menschen sein, die sich hier vergnügten, auf mein Gemüth aber übten sie die Wirkung, als hätt' ich nie ein größeres Menschengedränge gesehen, so frisch und so stark noch waren die Eindrücke, die das öde Steinfeld der Grampians auf mich gemacht hatte.

Gern hätten wir uns in dies Treiben hineinbegeben,

aber eine andere Stimme machte sich geltend, die von gebieterischem Klange war. Es waren nun fast zwölf Stunden, daß wir im Englischen Hotel zu Perth unser Frühstück eingenommen hatten, und mit Ausnahme eines Stückchens oat-cake und eines Glases Toddy (Whisky und Wasser) war den ganzen Tag über nichts über unsere Lippen gekommen.

Das erzeugte denn freilich Stimmungen, in denen einem ein Hammelschlägel aus dem Clan der Macpherson's weit über die Art und die Bedeutung ihrer Volksfeste geht, zumal wenn man im Hochland reist und durchaus nicht weiß, was die nächste Stunde bringen wird und was nicht. Wir eilten in das Gasthaus hinein, dessen Flur und Eingänge mit allerhand Laubgewinden festlich geschmückt waren, und fanden uns in's Unvermeidliche, als wir unseren Imbiß, ein Stück Hammel mit einem Glase Bier, mit fünf Schilling bezahlen mußten.

Es war schon spät Abend und die August-Sonne längst unter, als wir mit jenem süßen Gefühl des Gekräftigtseins, das man auf Reisen von jeder Mahlzeit mitbringt, unsere Thurmplätze wieder erkletterten und in die Sommernacht hinein fuhren. Die abendliche Kühle lief uns wie ein Bad wohlthuend über den Rücken, und Alles war heiter und gesprächig, als ein Feuerwerk eigener Art unsere Fahrt unterbrach. Aus der Achse des einen Vorderrades schoß und sprühte es hervor, wie ein zischender Schwärmer. Ich hatte das Schauspiel gerade vor mir und rief dem Kutscher zu: »Stop, the wheel burns!« Jeder sah das Sprühfeuer, das hell in die Nacht hinein leuchtete. Der Wagen hielt, der Conducteur sprang aus dem Wagenkasten, goß allerhand räthselhafte Flüssigkeiten, über die wir nie aufgeklärt worden sind, auf die Schraubenmutter und erklärte dann mit mehr Gleichmuth als Wahrheit, »daß Alles in Ordnung sei.« Aber es war nicht Alles in Ordnung und eine Fahrt begann, wie ich sie vorher nicht durchgemacht habe und auch nicht wieder durchzumachen wünsche. Zwischen Brennen und Löschen ging es vorwärts. Der Conducteur nahm seinen Stand auf einem Wagentritt unmittelbar neben dem Feuerrade, und jedes Mal, wenn die Funken wieder zu sprühen begannen, erschallte sein stop. Dann kurze Pause, etwas Gespräch, etwas Flüssigkeit und wieder ging es weiter in die Nacht hinein. Unsere gute Laune hätte schwerlich ausgehalten, wenn wir nicht gewußt hätten, daß die nächste Station binnen einer guten halben Stunde erreicht werden mußte. In der That, wir kamen wohlbehalten an und hielten vor dem Wirthshaus von Aviemore. Inzwischen war es völlig Nacht geworden, und Jeder kennt das komisch-romantische Treiben das auf einsamen Posthöfen auf eine Viertel- oder halbe Stunde zu herrschen pflegt, wenn ein verspäteter Kutschwagen die Ruhe solcher Höfe unterbricht. Aus Verschlafenheit und Holzschuhen, aus Stall-Laternen und Wichtigkeit setzt sich ein wunderliches Bild zusammen, das natürlich an Reiz und Interesse wächst, wenn »etwas vorgefallen ist« und jeder glaubt, durch seinen Rath und seine Laterne die Sache bessern zu können. Ein solches Bild hatten wir auf dem Wirthshaushof von Aviemore. Nachdem mit Hebebäumen und Schraubstöcken, mit Rathen und Thaten eine halbe Stunde vertrödelt, endlich aber mit Hülfe von aufgestreutem Schwefel die Frage »Feuer oder Nicht-Feuer« zu Gunsten von »Nicht-Feuer« beantwortet war, trieb uns der Conducteur mit einem ermuthigenden all safe wieder auf den Wagen und auf's Neue ging es in die Nacht hinein. Schlaftrunken saßen wir auf unsern Plätzen, gleichgültig dagegen, ob das Vorderrad abermals brennen oder ein Nicken nach der Fallseite hin, uns aus dem Uncomfort unserer Lage, freilich auf Kosten gesunder Glieder, ein für allemal befreien werde. Nur als die Mitternachtsnebel neben uns über die Haide zogen und der Conducteur, der bemerkt haben mochte, daß es mit unser einem nicht ganz richtig sei, mir vertraulich in's Ohr flüsterte: »look, Culloden Moor«, rafft' ich mich auf, um mit poetischem Grauen auf das Blachfeld zu blicken, das neben uns lag. Dann wieder siegte die Müdigkeit, bis das Gerassel auf dem Straßenpflaster uns weckte und wir alsbald beim Schimmer zweier Gaslaternen die Worte lasen: »Union Hotel«. Wir waren in Inverneß. Es war drei Uhr Morgens.

XVIII.
Inverness.

Die Strapazen am Tage vorher hatten uns einen langen und festen Schlaf eingetragen. Die Frühstücksstunde war längst vorüber, als wir im großen Speisesaal des Union-Hotels zu Inverneß erschienen, um unser Breakfast einzunehmen. An der langen Tafel, die nach englischer Sitte mit Silberkannen und anderem blinkendem Geschirr reichlich besetzt war, saßen einige der Herren, die am Tage vorher unsere Reisegesellschaft gebildet hatten. Wir kamen uns jetzt ein wenig näher und statt der üblichen Redensarten, auf die sich während der Fahrt unsere Unterhaltung beschränkt hatte, brachten wir es jetzt zu einer wirklichen Conversation. Es waren fast ausschließlich englische Garde-Offiziere, junge Cavaliere aus reichen und vornehmen Familien, die von einem Jagdvergnügen etwas mehr verlangen als die bequeme Gelegenheit zu massenhaftem Niederschießen jener Gold- und Silberfasanen, die in den Parks der englischen Großen so dicht und so bunt, wie die Gold- und Silbernüsse an einem Weihnachtsbaum zu sitzen pflegen. Die ächte Waidmannslust giebt begreiflicher Weise den weiten Haidestrecken des Hochlands den Vorzug, wo Geschick, Kraft und Muth dazu gehören, den Hirsch zum Stehen zu bringen. Es waren feine, liebenswürdige Männer, besonders der schlanke Gentleman aus der Gasthofsveranda in Dunkeld, dessen zwei Jagdhunde auf viele Meilen hin unsere geduldigen Fußkissen abgegeben hatten. Sein Name war Sir John Metcalfe, ein Enkel jenes Sir Charles Metcalfe, der, nach der Abdankung Lord Bentinck's, eine kurze Zeit hindurch als Generalgouverneur von Indien eine hervorragende Rolle spielte. Dies gab Veranlassung zu einem Gespräch über Indien, das uns um so lebhafter interessirte, als der junge Offizier selbst jahrelang im indischen Dienst gestanden hatte und erst seit Kurzem von Delhi und Lucknow her wieder in London eingetroffen war.

Nach dem Frühstück machten wir zunächst einen Gang durch die Stadt. Man merkt hier allerdings, daß man sich im Hochland befindet. Zwar herrschen Frack und Ueberrock, Hose und Filzhut vor, aber die alte Hochlandstracht ist doch noch nicht insoweit aufgegeben, daß sie einem wie ein Curiosum erschiene, wenn man ihr ausnahmsweise begegnet. Gleich neben dem Union-Hotel befindet sich das große, im In- und Auslande berühmte Geschäft Mr. Macdougall's, dessen alle Etagen des Hauses füllenden Waarenläger am besten zeigen, wie stark noch immer die Nachfrage nach Artikeln ist, die das schottische Hochland repräsentiren. Allen diesen Artikeln ist das gemeinsam, daß sie in den Clanfarben auftreten; im Uebrigen sind die Gegenstände, die sich in diese Farben kleiden, so verschieden wie möglich. Von der schweren Seidenrobe an, bis herunter zum Zwirnwickel und Stahlfederhalter, findet sich alles bei Mr. Macdougall zusammen, was nur irgend die Farbenmischung von roth und blau und grün ertragen kann. Plaids, Tartans, Mützen und Strümpfe füllen einen Saal, Quincailleriesachen einen andern. Waffen, Schmuck und allerhand Geräth einen dritten und vierten. Vieles davon geht sicherlich in's Ausland, aber die Plaids und Tartans, so weit sie nicht von Seide sind, bleiben wohl überwiegend im Lande. Wenn der Leser dabei in's Auge fassen will, daß Mr. Macdougall jedem Clan (deren immer noch über 50 existiren), seine Ehre gönnt, so wird ihm das am besten einen Begriff von der außerordentlichen Ausdehnung dieses Handelshauses geben.

Inverneß ist überhaupt eine vorwärts kommende Stadt, »a thriving town«, wie die Engländer sagen, und weist so viel von Handel und Wandel auf, wie an so nördlicher Stelle und bei so dünn gesäeter Bevölkerung nur irgend erwartet werden kann. Etwas zu seiner Blüthe hat wohl der Caledonische Kanal beigetragen, der bei Inverneß beginnend, mit Hülfe des Loch Neß und Loch Lochy, die Ostküste Schottlands mit der Westküste, also mit Glasgow, verbindet. Dennoch haben sich die Erwartungen, die man an das Zustandekommen dieses Kanals knüpfte, nicht völlig erfüllt. Der von Osten kommende Handel hat an der englisch-schottischen Ostküste eine Menge anderer Häfen und Stapelplätze, die mindestens nicht schlechter gelegen sind als Inverneß und eine rasche Eisenbahnverbindung vor diesem voraushaben. Als der Kanal vorgeschlagen und ausgeführt wurde, wußte man freilich noch nichts von einer Concurrenz, die so nah und so drohend bevorstand.

Nichts desto weniger ist Inverneß der bedeutendste Punkt im ganzen Norden von Schottland (Aberdeen wird dem Osten zugerechnet), und heißt mit Recht die Hauptstadt des Hochlandes. Das immer spärlicher werdende Leben rafft sich hier noch einmal zusammen, schafft Comfort, Luxus und Geselligkeit und treibt Blüthen der Wissenschaft und selbst der Kunst. Die Stadt hat drei Zeitungen, was bei einer Bevölkerung von 15,000 Menschen zeigt, welch reges, geistiges Leben an dieser Stelle noch thätig ist.

Die Sehenswürdigkeiten der Stadt reduciren sich auf einen einzigen Punkt, auf den unmittelbar neben der Stadt gelegenen Hügel, wo jenes Schloß Macbeth's stand, in dem König Duncan ermordet wurde. Von dem alten Schlosse existirt keine Spur mehr. Nachdem es durch die Jahrhunderte hin zahllose Aenderungen und Erweiterungen über sich hatte ergehen lassen müssen, wurde es im Jahre 1746 von den Anhängern des Prätendenten in die Luft gesprengt. An der Stelle, wo es stand, befindet sich jetzt ein im Castellstil gebautes Grafschafts- und Gerichtsgebäude, das nach drei oder vier Jahrhunderten das alte Macbeth-Schloß ziemlich gut veranschaulichen wird. Die Aussicht von diesem Schloßhügel aus ist sehr schön und doch wiederum noch anziehender und reizvoller, als sie schön ist. Ein romantischer Zauber liegt über dieser Landschaft, ein Zauber, gegen den sich auch der nicht verschließen kann, der keine Ahnung davon hat, daß jemals ein König Duncan lebte, und ein Feldherr Macbeth, der ihn ermordete. Ein Ton stiller, rührender Klage durchklingt das Ganze, wie das Gefühl eines scheidenden Frühlings, eines kurzen Glücks. Fruchtbare Thäler, in denen das Korn reift, dehnen sich in gelben Streifen nach Ost und West hin; aber die Fülle, der Segen ist nur ein Gast hier, ängstlich, schüchtern, immer bereit, den eingebornen Gewalten das Feld zu räumen, dem Sturm und der Oede. Nur die hohen Berge, die von Norden her auf die Fruchtbarkeit herabblicken und unmittelbar vor uns die mächtigen Wasserflächen des Moray-Busens sind hier die Herren und Regierer, und breiten sich aus mit der stattlichen Sicherheit des Zuhauseseins. Die Natur nördlicher Gegenden kommt über ein Herbstgefühl nicht hinaus. Es war mir, als müßten die Sommerfäden still und geschäftig an mir vorüber ziehen.

Kehrt man dem schönen Meerbusen, den wir eben überschauten, den Rücken zu, so haben wir zunächst die Stadt zu unsern Füßen. Jenseit derselben blicken wir in das Grampian-Land hinein, das wir am Tage zuvor in seiner ganzen Ausdehnung, aber auch in seiner ganzen Oede und Traurigkeit passirt haben. Dies breite mächtige Stück Land zwischen dem Busen des Tay und dem Moray-Busen ist das alte Herz des Landes, wo sich die Geschichte desselben abspielte zu einer Zeit, als Edinburg noch ohne alle Bedeutung und das schöne fruchtbare Land im Süden der jetzigen Hauptstadt noch ein Landstrich von unbestimmtem politischen Charakter, mehr eine Republik von Wegelagerern, als ein Königlicher Besitz war. Das alte Grampian-Land ist deshalb zu gleicher Zeit auch das Land der alten schottischen Könige, zumal König Macbeth's. Wir finden ihn bald im Süden, bald im Norden von Perth und Inverneß, aber doch immer in nächster Nähe beider. Das Land um den Meerbusen des Tay herum war seine eigentliche Heimath; er tritt auf als Glammis und Than von Fife. Sein Sieg über die Dänen aber führt alsbald zu seiner

Belehnung mit nördlich gelegenen Schlössern und Landstrichen. Er wird Than von Cawdor und kommt als solcher wahrscheinlich in Besitz des in der Nähe von Cawdor gelegenen Schlosses von Inverneß, in dem dann die Ermordung König Duncan's stattfindet. Als König, so scheint es, giebt er seine nördlichen Besitzungen wieder auf und macht statt dessen das in seiner heimathlichen Grafschaft Perth gelegene Schloß von Dunsinnan zu seiner Residenz. Hier unterliegt er dann seinem Geschick und dem Schwerte MacDuffs, »der aus seiner Mutter Leibe geschnitten war.«

Das Haidemoor von Forres, drauf die Hexen dem Macbeth mit ihrem verführerischen »hail Macbeth, who shall be king« erschienen, liegt fünf Meilen östlich von Inverneß, am Meerbusen des Moray entlang. Wer in einem Dampfboote die Fahrt nach Aberdeen macht, kann, wenn er Abends Inverneß verließ, um Mitternacht rechts hinüber lugen nach der Hexenhaide und einen Einblick thun in die unheimlich-gespenstische Welt, wo Moornebel und Mondlicht ihre Gestalten brauen.

XIX.
Culloden Moor.

> Drumossie-Moor[*)], Drumossie-Tag,
> O bittrer Tag, o blut'ges Moor.
>
> R. Burns.

Von Inverneß führt eine alte Fahrstraße in fast ununterbrochen östlicher Richtung an der Küste entlang. Die Namen der Städte und Schlösser, die diese Straße passirt, sagen einem am besten, daß man sich im eigentlichen Macbeth-Land befindet: erst Cawdor Castle, dann Forres, endlich Banff und Macduff.

*) Die Hochländer nennen Culloden-Moor gewöhnlich Drumossie-Moor.

Wir verfolgen diese Straße nicht ihrer ganzen Länge nach, begnügen uns vielmehr mit einem Besuch von Culloden-Moor, jenem meilenlangen Blachfeld, das fast unmittelbar vor den Thoren von Inverneß beginnend, von der oben genannten Fahrstraße durchschnitten wird.

Culloden-Moor ist das berühmte Schlachtfeld, auf welchem die Stuarts, nachdem sie dreimal den Versuch ihrer Wiedererhebung gemacht hatten, endlich für immer unterlagen. Ich verweile einen Augenblick bei den nöthigsten historischen Facten.

Prince Charlie, der vielbesungene Sohn des Prätendenten, war am 27. Juni 1745 in Schottland gelandet. Die Clane hatten sich beinahe ausnahmslos um ihn gesammelt. Am 10. September zog er in Perth, am 19. in Edinburg ein, und schlug zwei Tage später die ihm entgegenrükkenden Engländer auf der Ebene von Preston Pans. Ganz Schottland war Sieg und Jubel. Anfang November begann der Zug gegen England. Man nahm Carlisle und war bereits bis Leicester vorgedrungen, als Uneinigkeit und Eifersüchtelei zwischen den Clanen, besonders aber die Nachricht von der Rückkehr des Herzogs von Cumberland, der bis dahin mit den besten Englischen Regimentern in Deutschland gestanden hatte, dem Siegeszuge ein Ende machte und zur Umkehr zwang. Anfang Januar passirten Prince Charlie und seine Clane die schottische Grenze auf dem Rückwege. Gehoben durch die Vorstellung, wieder heimathlichen Boden unter den Füßen zu haben, fochten sie noch einmal siegreich auf dem alten Schlachtfelde von Falkirk; dann neigte sich ihr Stern, rascher und plötzlicher noch, als er aufgegangen war.

Ueberlegene Streitkräfte schlossen sie ein, und durch die Grafschaften Perth und Inverneß hin ging es jetzt in eiliger Flucht. Auf Culloden-Moor machten sie einen letzten Stand. Es ist viel darüber hin und her gestritten worden, warum die Hochlands-Armee gerade hier ihre Aufstellung nahm, wo sie von Anfang an alle Chancen gegen sich hatte; die Sache ist aber die, daß die ganze Insurrection bereits in ein Stadium getreten war, wo nichts so sehr fehlte, als ruhige Anordnung und Ueberlegung. Man folgte den Eingebungen des Moments und floh und focht, wie es die Stimmung des Augenblicks mit sich führte. Noch andres kam hinzu. Die tapfersten und zuverlässigsten Clane, die sich um die Fahne des Prätendenten geschaart hatten, die Frazer's und Mac-Donald's, die Mac-Pherson's und Mac-Intosh, waren eben hier zwischen Aberdeen und Inverneß zu Hause, und zeigten sich wenig geneigt, Weib und Kind dem nachrückenden Feinde ohne Schwertstreich zu überlassen. So entspann sich die Schlacht. Der Ausgang derselben war von Anfang an wenig zweifelhaft; zwei Umstände aber vervollständigten die Niederlage der Hochländer. Zunächst das unerwartet frühzeitige Eintreffen des Herzogs von Cumberland, dann die Haltung der Mac-Donald's, die jede Theilnahme am Kampf ablehnten, weil ihnen die Ehrenstellung am rechten Flügel, die sie beanspruchten, versagt worden war. Dazu kam das Terrain, das flach und hart wie eine Tenne, der überlegenen Englischen Reiterei alle nur möglichen Chancen bot. Alle Tapferkeit der einzelnen Clane war umsonst. In wenigen Stunden war die Niederlage vollendet. Gegen 800 Hochländer lagen todt auf der Haide. Die dem Norden angehörigen Clane flohen über Inverneß hinaus; die andern hielten sich südwestlich und trafen andern Tages mit der Abtheilung zusammen, die Prince Charlie am Nairn-Fluß zur Vertheidigung einer Furth zurückgelassen hatte. Es waren ihrer immer noch gegen 8000 und bereit, den Kampf auf's Neue aufzunehmen. Prince Charlie selbst aber hatte seine Sache bereits verloren gegeben und entband die Clanführer ihres Eides. Er selbst nahm Abschied und eilte auf unwirthbaren Wegen dem Westen zu. Diese Flucht ist berühmt geworden. 30,000 Lstr. waren auf seinen Kopf gesetzt; Hunderte von Hochländern wußten, wo er sich verborgen hielt, aber nicht einer brach die Treue oder zeigte Lust, das Blutgeld zu verdienen. Der Prinz selbst entkam endlich von der Insel Skye aus. Die Niedermetzlung der einzelnen Clane begann nun und befleckte den Namen des Herzogs von Cumberland, der in seinen Kämpfen mit dem berühmten Marschall von Sachsen, wenigstens Ehre wenn auch nicht Sieg davon getragen hatte. Galgen und Rad räumten auf zwischen Aberdeen und Inverneß und jene Klage wurde lebendig, der Burns in seinem schönen Liede Ausdruck gegeben hat:

Die schöne Maid von Inverneß,
Wie freudlos ihr der Tag vergeht.
Sie schafft und spinnt und webt, indeß
Ihr dunkles Aug' in Thränen steht.
»Drumossie-Moor, Drumossie-Tag,
O bittrer Tag, o blutges Moor,
Wo kalt und starr mein Vater lag,
Und ich der Brüder drei verlor.
Sie liegen tief in Sand und Blut,
Im ersten Grün die Gräber stehn,
Der beste Bursch daneben ruht,
Den Mädchenaugen je gesehn.
Weh Sieger Dir, der nach der Schlacht
Noch die Geschlagnen niedertrat,
Du hast manch' Herz betrübt gemacht,
Das Dir doch nichts zu Leide that.« –

Ich habe bis hierher in kurzen Worten die Schlacht von Culloden beschrieben; ich führe nun den Leser auf das Schlachtfeld hinaus. Der Weg führt von Inverneß zunächst zwischen Gärten und Ahornbäumen, dann zwischen Hecken und Hügeln hin, die hier und dort den Weg verengen und eine Art Schluchten-Terrain bilden.

Wir mochten eine gute Viertelstunde gegangen sein, als sich plötzlich der Blick nach allen Seiten erweiterte und unser Führer mit der vollen Hand in's Blaue deutend, ausrief: »there's Culloden Moor.« Ziemlich zu unseren Füßen und das Hügel-Terrain umzirkend, aus dem wir eben heraustraten, floß ein Bach, halb Graben halb Bergwasser, und bezeichnete die Grenze zwischen dem diesseits gelegenen Gartenland von Inverneß und der Oede des Moorlands das jenseits lag. Sogar die abschüssigen Wände des Baches selbst schienen an dieser Scheidung Theil zu nehmen; die eine Wand war dicht mit Disteln bestanden, die andere war kahl und die Vergißmeinnicht am untersten Rande derselben, gehörten mehr dem Wasser als dem Boden an. Wir passirten eine alte Feldsteinbrücke, die über den Bach führte und standen nun auf Culloden-Moor. Dies berühmt gewordene Moorland dehnt sich meilenweit in nordöstlicher Richtung aus, und würde an sich selbst nicht verfehlen, durch seine Stille und Oede einen Eindruck auf den Reisenden zu machen, auch wenn man nicht wüßte, daß es ein Schlachtfeld und die Grabstätte so vieler tapferer Männer sei. Es erinnert in gewissem Sinne an das Steinfeld der Grampians, das ich in einem früheren Capitel beschrieben habe. Freilich fehlen hier die Züge, die jenem Steinfeld den Charakter des Großartigen leihen; aber die absolute Oede dieses meilenlangen Moors, darauf nicht Baum, nicht Strauch gedeiht, wirkt kaum minder ängstigend und bedrückend, auch ohne die Attribute eines besondern Schreckens. Es ist schwer zu sagen, was furchtbarer sei, die Einsamkeit auf einem stillen oder einem empörten Ocean.

Die große östliche Fahrstraße nach Forres, Banff und Macduff, wie bereits hervorgehoben, führt mitten durch dieses Moor hindurch. Sie führt nicht bloß mitten durch das Moor, sondern auch mitten durch das Schlachtfeld. Alle Punkte, an denen mit Erbitterung gekämpft wurde, liegen dicht am Wege. Zunächst in unmittelbarer Nähe der Brücke passiren wir einen Thurm, der den Namen führt: the tower of the last encounter, d. h. Thurm der letzten Begegnung. Die nördlichen Clane, die ihre Flucht über Inverneß nahmen, setzten sich hier noch einmal zur Wehr. Aus welchem Grunde sie gerade diesen Punkt zur Wiederaufnahme des Kampfes wählten, ist schwer zu sagen, da das Terrain so ungünstig gewählt erscheint, wie nur irgend möglich. Man fragt unwillkürlich: warum nicht jenseit der Brücke? Der Bach in ihrem Rücken konnte nur das Mißliche ihrer Lage steigern und that es. Wahrscheinlich waren sie zu erschöpft, um den Wettlauf mit den verfolgenden Dragonern noch länger möglich machen zu können, und kämpften nur, weil Nichtkampf noch sicherer zum Verderben geführt hätte. Wenige entkamen, nur um die Botschaft von der Niederlage nach Roßshire und dem Norden zu bringen. Der Thurm, der den Platz »der letzten Begegnung« bezeichnet, hat ohngefähr die Form einer holländischen Windmühle, – wogegen nicht viel zu sagen wäre, wenn man nicht gleichzeitig auf die geschmacklose Idee gekommen wäre, den untern Dachrand mit 6 oder 8 hölzernen Kanonen zu garniren, die nun nach allen Seiten hin ihre Zunge in's Land hinein strecken. Ich wähle diesen Vergleich absichtlich, denn das Ganze nimmt sich aus wie Spott und Verhöhnung. Wo wirkliche Kanonen aufgeräumt haben, ist solche Spielerei nicht am Platz.

Wir haben dem armen Schuhflicker, der unten im Thurm wohnt, und so zu sagen den Thürhüter von Culloden-Moor macht, unseren Besuch abgestattet und marschiren nun weiter feldeinwärts, bis wir eine Art Rondel, eine Oase, erreichen, die etwa eine halbe Meile hinter dem Thurm, die Oede des Moors wie eine Parkanlage unterbricht. Dies ist, wenn nicht das eigentliche Schlachtfeld, so doch der Punkt, wo am heißesten gestritten, und die Niederlage der Hochländer entschieden wurde. Geb' ich eine Beschreibung dieses Platzes. Er ist nicht viel größer als der uns wohlbekannte »große Stern«, der auf halbem Wege zwischen Berlin und Charlottenburg liegt. Wie diesen großen Stern die Charlottenburger Chaussee durchschneidet, so führt dort die große Fahrstraße mitten durch die Oase hindurch. Der Platz, wie er der Punkt war, an dem sich der Tag entschied, ist natürlich auch die Hauptbegräbnißstätte geworden und trägt völlig den Charakter eines verödeten und verfallenen Kirchhofes. Eine niedrige Feldsteinmauer umgiebt die ganze Rundung, zu der sich an der einen Seite noch ein seichter Graben und eine Einfassung von Brombeersträuchern gesellt. Jeder Zug hier ist charakteristisch, und man kann diesen Platz, der Schlachtfeld und Kirchhof zugleich ist, nicht passiren, ohne sich das Bild für immer eingeprägt zu fühlen.

Ich bin über viele Schlachtfelder gegangen, aber keines hat einen so bestimmten Eindruck in mir zurückgelassen. Das macht, weil es ganz bestimmte Züge hat, die viel größeren und bedeutsameren Schlachtfeldern oftmals fehlen. Ich entsinne mich des Tages, als ich zum ersten Male über das Leipziger Schlachtfeld schritt. Wir kamen von Markleeberg her und passirten das berühmt gewordene Plateau von Wachau. Im Dorfe selbst hatte sich ein alter Todtengräber zu uns gesellt und machte nun unseren Führer. »Ich hab' hier mit begraben helfen – sprach er trocken vor sich hin – immer sechs Pferde und dreißig Mann, so war die Ordre. Es war schwere Arbeit. Dann kamen fünf schlechte Jahre für unser Dorf. Der Weizen schoß mannshoch in die Höh', aber alle Körner waren verbrannt. Dann wurd' es besser; jetzt haben wir gute Zeit.« So erzählte damals der Todtengräber, und seine Rede ist mir 20 Jahre lang im Gedächtniß geblieben; aber das Wachauer Feld hat kein bestimmtes Bild in mir zurückgelassen. Es ist ein Feld wie andere Felder. Der Pflug ist über den Boden hingegangen und hat Alles hinweggenommen, was sichtbar und handgreiflich an jenen blutigen Oktobertag erinnern könnte. Nicht so auf Culloden-Moor. Der Boden hatte hier keinen Werth, und so ließ man das Schlachtfeld fortbestehen. Wo doch kein Kornhalm aufgegangen wäre, war es keine Enthaltsamkeit, sich an den Gräbern der Todten nicht zu vergreifen. Sonst siegt das Ackerfeld über das Schlachtfeld; hier aber ist der grüne Rasen des Grabes Sieger geblieben.

Das Rondel, das die Steinmauer einfaßt, zerfällt in zwei sehr verschiedene Hälften. Rechts vom Wege haben wir den Kirchhof, links die Monumente. Der Kirchhof besteht aus vier deutlich erkennbaren Gräberreihen, die in der Ausdehnung eines mäßigen Gartenbeetes fast parallel neben einander herlaufen. Zu Kopf und Fuß stehen Ginsterbüsche. Hier wurden die Frazer's, die Mac-Intosh, die Mac-Phersons und die Mac-Donald's bestattet. Ob diese Angabe richtig ist, muß dahingestellt bleiben. Es sind dies nämlich die Namen jener vier Clane, die noch bis diesen Augenblick um Inverneß herum ihre Sitze haben. Man darf daraus wohl mit einigem Rechte den Schluß ziehen, daß die Gräber in einer späteren Zeit von den Umwohnenden beliebig benannt worden sind, wenn man nicht, vielleicht unmittelbar nach der Schlacht, nur jene Stelle des Schlachtfeldes mit einer Steinmauer umgeben und zu einem Kirchhof hergerichtet hat, wo diejenigen im Blute lagen, die den Bestattern besonders nahe standen.

Die Monumente links vom Wege beschränken sich auf einen Haufen Steine. Sie sollten ein Monument werden, liegen aber jetzt nur da als ein Monument der Schmach, der Rohheit und des Betruges. Es hat damit folgende Bewandniß. In der Mitte der vierziger Jahre trat in Inverneß ein Comité zusammen, das die Absicht aussprach, auf dem Schlachtfelde ein Culloden-Denkmal zu errichten. Die Idee fand Anklang; ziemlich bedeutende Summen wurden gezeichnet, Pläne eingesandt und Feldsteine in langen Wagenreihen bereits hinausgefahren, um vorweg Baumaterial und Fundament zu haben. Als die Begeisterung auf ihrer Höhe war, geschah, was in England nur allzuoft geschieht: Secretair und Kassirer wurden unsichtbar. Jetzt erfolgte ein Umschlag in der Stimmung. Das Volk von Inverneß, gleichviel, ob es beigesteuert hatte oder nicht, schickte sich an, wenigstens ein Culloden-Fest an Stelle des Culloden-Denkmals zu haben und zog zu Tausenden auf das Schlachtfeld hinaus. Die ersten Stunden vergingen ohne Excesse, und einige Redner suchten das Volk für die Idee zu begeistern, aus dem bereits vorhandenen Material eine Steinpyramide aufzuschichten. Man begann auch, aber eh' noch irgend ein Resultat gewonnen war, fing der

Whisky an, seine Wirkung zu äußern. Der Steinhaufen, der schon da lag, wurde auseinandergerissen; dem Secretair und Kassirer wurden Hochs gebracht, »weil sie gescheidte Leute gewesen seien«, die Gräber wurden zu Zech- und Tanzplätzen, und eine von Lärm, Uebermuth und Whisky berauschte Menge zog endlich wieder in die Stadt zurück. Wie jene wüste Nacht das intendirte Monument ließ, so ist es geblieben, ein Haufen Steine, theils noch aufgeschichtet daliegend, theils umhergestreut, das Ganze eine Stätte der Verwüstung. –

Wir schieden gern von dieser Hälfte des Friedhofs, die zu so viel unerfreulichen Betrachtungen Veranlassung gab, und setzten unsern Weg noch ein paar tausend Schritt bis über diese Stätte hinaus fort. An einem Granitblock von der Form eines Riesen-Kiesels machten wir Halt. Dieser Stein, der zugleich die äußerste Grenze des Schlachtfeldes bezeichnet, heißt der Duke's Stone, »der Herzogs-Stein«. Er liegt hart am Wege wie ein Meilenstein. Als die Grampians noch jung waren, müssen längst verronnene Fluthen diesen Felsblock losgelöst, und mit ihm spielend, ihn endlich an dieser Stelle niedergelegt haben. Der Stein ist beinah mannshoch und von solchem Umfang, daß 24 Personen mit Bequemlichkeit daran essen könnten. Es heißt, daß der Herzog von Cumberland von seiner Höhe aus die Bewegungen der Schlacht leitete. Es wird auch erzählt, daß er nach einem rasch gewonnenen Ueberblick, der ihm vielleicht die ganze Rath- und Hülflosigkeit der Gegner verrathen haben mochte, den Wunsch äußerte, vor Beginn der Schlacht ein Frühstück einzunehmen. Seine Officiere aber baten ihn auf's Dringendste, vor jeder sorglosen Ueberschätzung seiner Gegner auf der Huth zu sein, da diesen »Teufels von Hochländern« nie zu trauen sei. So begann denn die Schlacht unmittelbar, und eh' zwei Stunden vorüber waren, war Alles entschieden.

Wir erkletterten den Stein nicht ohne Mühe. Man sieht von seiner Höhe aus etwas weiter in's Land hinein und wird des Moraybusens ansichtig, dessen blauer Streifen sich nordöstlich zieht; sonst verändert sich das landschaftliche Bild in nichts, da es eben nur kahle Fläche ist, was hier auf Meilen hinaus nach allen Seiten sich dehnt. –

Der Tag war grau, und der Himmel drohte mit Regen, so traten wir, nachdem wir den Herzog von Cumberland aus dem Felde geschlagen und auf seinem eigenen Stein das Frühstück eingenommen hatten, das ihm unterm Zwang der Umstände versagt geblieben war, unsern Rückzug an. Als wir die eingefriedigte Stelle wieder passirten, wo wir nunmehr zur Rechten den wirren Steinhaufen und zur Linken die Gräber hatten, kniete ich nieder, um einen vollen Ginsterbusch von dem Grabe der Frazer's und einen Büschel Haidekraut von dem der Mac-Pherson's zu pflükken. Es waren Zweige von jener großglockigen Erica-Art, die in Holstein den schönen Namen der »Edelhaide« führt. Aus beiden hab' ich seitdem einen Kranz gewunden, zur Erinnerung an Culloden-Moor.

Der Tag von Culloden hat noch ein Nachspiel. Fünfzig Jahre und mehr waren vergangen. Ein Proceß fand statt. Es handelte sich um die weiten Besitzungen des Lords Glenmore, von dem es hieß, daß er unter Prince Charlie gefochten habe. Die eine Partei stützte ihren Erbanspruch auf die allgemeine Annahme, daß Lord Glenmore bei Culloden gefallen sei; die andere Partei forderte die Feststellung dieser Thatsache, d. h. den Beweis des Todes. Diesen Beweis anzutreten schien unmöglich.

So zog sich der Proceß durch zwanzig Jahre hin. Endlich – zu einer Zeit als Niemand mehr an seine Erledigung glaubte – fand die Streitfrage rasch und unerwartet ihr Ende. Es war im Mai 1823, als vor dem Englischen Oberhause (bekanntlich höchste Gerichtsbehörde) folgende denkwürdige Verhandlung geführt wurde. Der Lord-Oberrichter recapitulirte die Sachlage, die ohnehin in dem dichtgedrängten Hause Jedermann kannte, und schloß dann mit den Worten: »Es hat sich ein Zeuge gefunden, der den Tod Lord Glenmore's beschwören will. Ich bitte den Zeugen in Eid zu nehmen.«

Ein steinalter Mann, aber noch rüstig und gekleidet in die rothe Uniform der Chelsea-Pensionaire, erhob sich jetzt auf der dem Lord-Oberrichter zunächst befindlichen Bank und leistete den üblichen Zeugeneid auf die Bibel. Dann begann folgender Dialog:

Lord-Oberrichter: Ihr Name?

Zeuge: Adam Graystone, Capitain außer Diensten, früher bei Enniskillen-Dragoner.

Lord-Oberrichter: Ihr Alter?

Zeuge: 95 Jahre.

Lord-Oberrichter: Haben Sie Lord Glenmore gekannt?

Zeuge: Ja, ich habe ihn gekannt.

Lord-Oberrichter: Wissen Sie, daß er todt ist?

Zeuge: Ja, ich weiß, daß er todt ist.

Lord-Oberrichter: Wann und wo ist er gestorben?

Zeuge: 1746, bei Culloden.

Lord-Oberrichter: Woher wissen Sie es?

Zeuge: Weil ich ihn selbst erstochen habe.

So schloß die Sitzung. Wohl das letzte Mal, daß der Name »Culloden« von einem Manne genannt wurde, der jenen blutigen Tag noch miterlebt hatte.

XX.

Der letzte Hochlands-Häuptling.

(Unserem Culloden-Führer nacherzählt.)

»Ich sehe, die Herren kennen ›Waverley‹, unseres Sir Walters bestes Buch; ei, da kennen Sie auch den Fergus Mac-Ivor, den Bruder der schönen Flora und den Freund Prince Charlie's selber. Nun, die Sache ist die: ein Fergus Mac-Ivor hat nie gelebt, aber einen Fergus Mac-Donèll, den haben unsre Väter gut gekannt; auch Sir Walter hat ihn gekannt. Er nahm den Fergus Mac-Donèll, der sein Freund war, und machte ihn zum Mac-Ivor, wie er im Buche steht. Jeder Zug nach dem Leben. Ich will erzählen, was jedes Kind hier von ihm weiß.

Glengarry – so nennen wir die Häuptlinge der Mac-Donèlls, weil sie im Thal Glengarry*) wohnen – Glengarry, sag' ich, war Garde-Capitain in London, aber es behagte ihm nicht im Rauch und Nebel da unten, und er kam wieder heim in die Berge. Jagen am Loch Oich und Loch Neß entlang, die Thäler hinauf und hinunter, Glen-Moriston heut und Glen-Urquhardt morgen, und dann mit Freunden niedersitzen in Glengarry-Castle, und von Jagd und Krieg und alten Zeiten sprechen, das war es, was ihm gefiel. Er war schon dreißig und darüber und noch unverheirathet. Er sagte: ›er tauge für keine Frau und keine Frau tauge für ihn‹; dabei sah er lachend zu seiner Schwester hinüber und die Spitzen seines rothblonden Bartes kräuselnd, verschwor er sich hoch und theuer, daß sie das schönste Mädchen in den drei Königreichen sei. Dann füllten alle die Gläser, und die alten Jagdkumpane aus Roßshire und Sutherland und die jungen Officiere aus London, die auf Besuch im Schlosse waren, alle stießen sie an und riefen mit ihm: Es lebe Barbara Mac-Donèll! –

Es war um 1811 und der Prinz-Regent kam nach Edinburg. Die Lords und die Lairds versammelten sich in der Hauptstadt, und im alten Holyrood-Palace, wo kein Freu-

*) Man hat an den Hochlands-Häuptlingen (chieftains) gemeinhin drei Namen zu unterscheiden: den Clan- oder Familien-Namen, den Adelsnamen und die spezielle Hochlandsbezeichnung für den letzteren. Der Häuptling der Campbels ist zunächst auch ein Campbel, sein Adelsname ist Herzog von Argyle und sein Hochlandsname Mac-Callum-More. Der Chieftain der Gordons ist Lord Aberdeen und der der Frazers Lord Lovat. Beide haben außerdem noch spezielle Hochlandsnamen. Außerdem sei mit Rücksicht auf die Wendung »die Lords und die Lairds« gleich hier bemerkt, daß man durch diese Bezeichnung den Niederlandsadel (die Lords) von dem Hochlandsadel (die Lairds) unterscheidet.

denklang gehört worden war, seit Prince Charlie daselbst getanzt hatte, war wieder Empfang und Ball. Glengarry, der von London her dem Prinzen wohlbekannt war, war unter den Geladenen, und mit ihm geladen war Barbara seine Schwester. Das war ein Drängen auf Flur und Treppe! aber es bildete sich Spalier wie von selber, als die Geschwister in den Saal traten. Er trug in Huldigung gegen den Prinzen, der ihm immer ein gnädiger Herr gewesen war, die Uniform der Coldstream-Garden; Barbara aber trat ein für Schottland und trug die Farben ihres Clans. Sie war eine große, prächtige Frau, keine blonde Puppe schmal und schlank, sondern breit, voll, alabastern, mit kleinen Händen und großen Augen, und die Augen klar und dunkel wie das Wasser im Loch Neß. Und schön wie die Frau, so schön war ihr Kleid. Sie trug eine schwarze Sammet-Robe, aus der ihr Nacken stolz hervorwuchs. Eine Tartan-Schärpe, an der linken Schulter durch eine Agraffe zusammengehalten, lief in voller Breite quer über die Brust hin, schürzte sich über der Hüfte zu einem bauschigen Knoten und fiel dann in zwei langen Streifen zur rechten Seite des Kleides herab. Kein Schmuck weder an Hals noch Arm; nur ein Erica-Strauß, die blaue Blume Schottlands, wuchs aus der silbernen Agraffen-Schleife hervor, und ein Haideblumenkranz saß voll und roth auf dem glänzenden schwarzen Haar.

Der Ball begann. Der Prinz tanzte dreimal; er tanzte zweimal mit Barbara Mac-Donèll. Als das Fest vorüber war, stand er in der Mitte des Saales, und sich verbeugend schritten die Gäste an ihm vorbei. Als Barbara vorüber kam, nahm sie den Strauß aus der Agraffe, überreichte ihn mit einem lächelnden ›from the Highlands‹, und kein Auge von ihm lassend, schritt sie, ohne dem Prinzen einen Augenblick den Rücken zugekehrt zu haben, unter wiederholten Verbeugungen aus dem Saal. Der Prinz-Regent war eitel, und Kenner genug, um solchen Moment nicht leicht zu vergessen. Als er am andern Tage den Bruder sah, rief er ihn bei Seit und sagte rasch: ›Eure Schwester ist die schönste Dame, die ich all mein Lebtag gesehn; diese blaue Blume sollte wo anders blühen als in Glengarry-Castle.‹ Glengarry lächelte und schwieg.

Es war ein Jahr später, Ende September. Der Prinz-Regent hielt Hof in St. James; keine Lichter brannten in Holyrood, aber in Inverneß war Ball. Alljährlich, wenn die erste Jagdzeit vorüber ist und das beginnende Winterleben Londons die Cavaliere wieder nach dem Süden ruft, beschließt noch ein gemeinschaftliches Mahl, natürlich in Inverneß, die heiteren Waidmannswochen. Dem Mahle folgt ein Ball. Keine strenge Etiquette, kein banges Anstands-Bedenken steht als Thürhüter vor dem Saal; man will heiter sein, man will nicht sehen, man will nicht wissen; jede Dame hat Zutritt, sie sei – Dame oder nicht. Das ist just ein Platz für Glengarry. Der letzte beim Wein, ist er jetzt der erste beim Tanz. Er hat ein Inverneß-Mädchen im Arm und fliegt durch den Saal. ›Die Dirne ist mein‹, ruft Capitän Lovat und legt seine Hand auf Glengarry's Schulter. ›Euer ist nichts als Eure Thorheit‹, antwortet Glengarry und tanzt weiter. Andere legen sich in's Mittel, die Sache scheint vergessen. Den Lovat aber wurmt es (die Feindschaft ist alt zwischen den Frasers und den Mac-Donèlls) und er schreibt eine Herausforderung, während sein Gegner noch tanzt. Die Nacht ist da und Glengarry reitet heim. Ermüdet wirft er sich nieder und schläft im Nu. Nach einer Stunde weckt ihn sein Diener und überreicht ihm einen Brief. Der Brief lautet: ›Capitän Mac-Donèll hat die Wahl zwischen Pistolen oder – Reitpeitsche. Antwort erbeten. Lovat.‹ Glengarry springt aus dem Bett. Der Brief ist von Inverneß datirt; also dorthin. Er sattelt selbst seinen Pony, dessen Kraft und Schnelle er kennt; in den Halfter steckt er seine Pistolen und ruft dem Boten zu: ›ich bringe die Antwort.‹ Von Glengarry-Castle bis Inverneß sind 10 Meilen. Der Tag dämmert, als Glengarry vor dem Gasthaus hält; kein Lovat da – also nach Lovat-Castle. Mit der Sonne tritt Glengarry in das Schlafzimmer Capitän Lovat's und bietet ihm die Pistolen. Dieser kennt seinen Mann, zeigt auf einen Stuhl, steht auf und kleidet sich an. Lovat-Castle hat einen weiten Park, an seinem Westend fließt der Beauly-Fluß, dort ist eine Wiese und ein Eschenbaum; neben der Esche liegt ein Kahn. Hier? fragt Capitän Lovat. Hier! antwortet Glengarry. Die Schüsse fallen und Lovat ist nicht mehr.

Glengarry sieht, daß er den Gegner auf den Tod getroffen, löst den Kahn, fährt über den Fluß und eilt zu Fuß nach Inverneß zurück. Am Abend desselben Tages ist er in Glengarry-Castle. Er weiß, was kommen wird, und thut seine Schritte.

Der erste Tag vergeht, ein zweiter, endlich am Mittag des dritten Tages sieht er vom Schloß aus, daß Truppen über den Garry-Fluß kommen; etwa hundert Mann stark umstellen sie sein Haus. Es sind Rothröcke vom Fort Augustus her; ein Besuch, den er seit drei Tagen erwartet hat. Lieutenant Collingwood läßt sich melden, bedauert seinen Auftrag und überreicht den Verhaftsbefehl. Glengarry dankt, überfliegt die Ordre und sagt dann: ›es sei; – darf ich noch an's Fenster treten, um Abschied zu nehmen von meinem Thal?‹ Der junge Offizier verbeugt sich zustimmend. Glengarry tritt in die Nische, öffnet das Fenster, blickt scharf hinaus, als such' er noch einen bestimmten Punkt, zieht dann ein roth und weißes Seidentuch aus der Tasche und weht damit dreimal, wie zum Abschied. ›Wie schön dies Bild‹, ruft er dem jungen Offizier zu und zeigt auf das Thal. Lieutenant Collingwood tritt an's Fenster, blickt hinaus und – sieht, daß er gefangen ist. Hinter dem kleinen Trupp seiner Soldaten wachsen die Gestalten der Mac-Donèlls zu Hunderten rasch aus dem Boden; wenige Minuten noch, und der Kreis hat sich geschlossen. ›Sie sehen‹, sagt Glengarry ruhig, ›Sie sind in meiner Gewalt, nicht ich in der Ihrigen. Fern sei es von mir, das Recht des Stärkeren gegen Sie auszubeuten. Sie haben freien Abzug. Gehen Sie nach Fort Augustus zurück, und erzählen Sie, wie Sie den Glengarry gefunden.‹

So geschah's. Aber auch Glengarry zögerte nicht. Mit

Courierpferden ging es nach London, und den Tag nach seiner Ankunft kniete er vor seinem fürstlichen Gönner. Der Prinz-Regent schwankte, aber der Brief Capitän Lovat's gab den Ausschlag. Leben und Freiheit waren wieder gewonnen. Mit der Gnade des Prinzen kehrte er wieder heim und – mit Grüßen an Barbara Mac-Donèll. Der Prinz hatte den Ball in Holyrood-Palace nicht vergessen.

Glengarry war begnadigt; aber der todte Lovat schien doch von Zeit zu Zeit vor ihn hinzutreten, das abgeschossene Pistol in der niederhängenden Hand und zusammenbrechend unter dem Eschenbaum. Die Jagd reizte ihn nicht mehr, der Wein schmeckte nicht mehr, und in den rothblonden Bart mischte sich das Weiß der Sorge und durchwachter Nacht. Barbara saß ihm gegenüber, schön wie immer; aber sie war keine Labe mehr für sein Herz. War es ihm doch, als hab' er den Lovat todt geschossen, nicht um der Dirne willen von Inverneß, sondern aus Uebermuth, aus Stolz auf die Schönheit seiner Schwester. Barbara wußte wohl, was in ihm vorging. ›Nimm eine Frau‹, sagte sie ihm einst beim Frühmahl; ›aber jung muß sie sein, und still und blond.‹ Er schüttelte den Kopf; aber sie wäre keine Frau und am wenigsten Barbara Mac-Donèll gewesen, wenn sie nicht Recht behalten hätte. Eh' ein Jahr um war, war Glengarry ein Gatte, und seine Gattin war jung und still und blond. Zwei Kinder kamen: Töchter. Die eine war der Mutter Ebenbild und hieß Kathlin, wie die Mutter selbst; die zweite aber war eine Mac-Donèll und hieß Barbara und saß und spielte auf dem Schooß der schönen Tante.

So vergingen die Jahre. Eine andere Zeit war gekommen: das alte Hochlandsleben starb hin; Viele gingen über das große Wasser, und der erste Dampfer, die englisch-schottische Flagge hoch in der Luft, schaufelte still den Loch Neß entlang. Auch der alte Glengarry war an Bord, mit ihm seine Töchter, jungfräulich und halbe Kinder noch. Dem alten Herrn war es unheimlich; er sah hinab in die Gluth der Oefen und in das Auf und Ab des Räderwerks, und sein altes Herz, dem der Tod in allen Gestalten nahe getreten war, ohne es zittern zu machen, sah jetzt mit wachsender Unruhe diesem Treiben zu. In demselben Augenblick gerieth das Schiff auf eine Untiefe und saß fest. Der Capitän ermahnte zur Ruhe, Alles werde gut gehen; Jeder glaubte ihm und harrte in Geduld. Nicht so Glengarry. Seine Töchter mit krampfhafter Gewalt erfassend, zog er beide auf den Radkasten hinauf. In diesem Augenblick löste sich das Schiff wieder und streifte dicht an einem Uferfelsen vorbei. Jede Gefahr war vorüber. Aber der alte Mann, nur von dem einen Gedanken nach Rettung erfüllt, umarmte jetzt beide Töchter, und sie fest an sich pressend, sprang er vom Radkasten aus an's Ufer. Der Sprung war gelungen, die Töchter unversehrt, aber der alte Herr selber war mit der Stirn auf ein Felsstück geschlagen. Man brachte ihn an Bord zurück; das Blut tropfte leise herab. ›Gebt mir einen Spiegel‹, bat er. Man brachte ihm, was er gefordert hatte, und er sah lächelnd hinein. ›Eine Schmarre für einen Hochländer‹, das war sein letztes Wort. Der Steamer hißte eine schwarze Flagge auf; so brachte man ihn nach Glengarry-Castle.

Seit jenem Tage giebt es keinen Häuptling mehr in Schottland; sie sind alle hinüber. Dieser und Jener nennt sich noch so, aber – kein Glengarry.«

XXI.
Der caledonische Kanal.

Mit Inverneß hatten wir den äußersten Punkt unseres Reiseziels erreicht. Die nördlicher gelegenen Grafschaften, Roßshire, Sutherland und Caithneß, entbehren keineswegs des Reizes landschaftlicher Schönheit, aber sie sind verhältnißmäßig arm an Plätzen historischer Erinnerung oder romantischen Interesses und wiederholen selbst in landschaftlicher Beziehung nur jene Bilder, die wir zwischen dem Firth of Forth und dem Moray-Busen bereits kennen gelernt haben.

Wir geben jetzt den Norden Schottlands auf, und den caledonischen Kanal benutzend, der in südwestlicher Richtung das Land durchschneidet, fahren wir jetzt der Westküste zu, die an Fruchtbarkeit des Bodens, Lieblichkeit der Thäler und fast mehr noch an historischen Traditionen hinter dem Osten zurückbleibt, an Großartigkeit der Formationen aber ihn weit übertrifft.

Der caledonische Kanal ist eine Anlage nach Art des berühmten Trolhätta-Kanals, der in ähnlicher Weise wie der letztgenannte den bothnischen Meerbusen mit dem Kattegat verbindet, so seinerseits die Verbindung zwischen der Nordsee und dem atlantischen Ocean unterhält. Er ist 60 englische Meilen lang, wovon 37 Meilen auf natürliche Wasserstraßen (Seen und Flüsse), 23 aber auf den eigentlichen Kanal kommen. Ob er den Hoffnungen entspricht, die man seiner Zeit an ihn geknüpft hat, ist eine Frage, die ich schon an anderer Stelle verneint habe. Der ziemlich in der Mitte gelegene Loch Oich (richtiger das Plateau, auf dem er liegt) bezeichnet die Wasserscheide zwischen der Nordsee und dem atlantischen Ocean. Fahrzeuge, die von Inverneß kommen, werden durch Schleusen bis zur Höhe des Loch Oich emporgehoben und auf dieselbe Weise, nach der andern Seite hin, herabgelassen.

Auf diesem caledonischen Kanal treten wir jetzt unsere Rückreise an. Der Himmel hing voll grauer Wolken und der leise herabstäubende Regen mischte sich mit dem Wasserstaub des Dampfrohrs, als wir an Bord gingen. Die Kajüte hätte Schutz gewährt, aber jeder zog es vor auf Deck zu bleiben, um den Anblick der schönen Seeufer nicht zu versäumen, denen wir jetzt entgegenfuhren. In etwa einer halben Stunde erreichten wir Loch Neß. Er ist der längste, wenn auch freilich nicht der größte unter den schottischen Seen; der Loch Lomond übertrifft ihn an Breite und imposanter Erscheinung. Was aber den Loch Neß mehr denn alles andere unfähig macht, mit dem schönen Loch Lomond zu concurriren, das ist seine Monotonie; er ist überall derselbe und die hohen bewaldeten Bergabhänge, die im Schmuck des frischesten und schattirungsreichsten Grüns prangen, hören auf von besonderem Interesse zu sein, wenn man sich zuletzt nicht verhehlen kann, daß jede neue Meile, die man macht, nur das Bild der eben zurückgelegten wiederholt. Diese Monotonie charakterisirt auch unvortheilhaft die historischen Ueberlieferungen, die sich an die hie und da hervorblickenden Schlösser, Häuser und Hütten knüpfen, die wie ein spärlicher Kranz die Ufer des Sees umflechten. Ueberall dieselbe Geschichte von einem »Chief« oder Häuptling, der einen andern Chief zu Gaste geladen und ihm den Kopf eines Vaters oder Sohnes als Tafelverzierung auf den Tisch gestellt hat; überall eine Clanschlacht, ein Waten in Blut, bis endlich einmal eine Erzählung voll rührender Gewalt oder eine ganz aparte Schreckensgeschichte den gewöhnlichen Schauerroman unterbricht. Es imponirt und prägt sich dem Gedächtniß ein, wenn ein Hochlandschief seinem englischen Gegner die Kehle abbeißt und hinterher versichert, nie einen bessern Bissen gehabt zu haben.

Der Vortrag solcher und ähnlicher Geschichten hat uns an Schloß Urquhart vorbei bis an die Stelle gebracht, wo sich von Südosten her der Foyersfluß in den See ergießt. Der Fluß bildet vor seiner Mündung einen wenigstens 60 Fuß hohen Wasserfall und der Steamer pflegt an einer benachbarten Stelle anzulegen, um den Reisenden zur Besichtigung dieser Fälle Gelegenheit zu geben. Wir waren ziemlich die ersten am Land und blickten umher, um des Wasserfalls ansichtig zu werden, dessen Brausen wir bereits vernahmen. Eine Frontansicht, vom Ufer des Sees aus, ist aber nicht möglich, da allerhand vorgeschobene, reich bewaldete Felsblöcke das Bild nach vorn hin verschließen. Es ist ein großer Felsentopf, in den sich der Strom zunächst ergießt, dessen Boden ein Loch hat und den Abfluß zum See hin gestattet. Wer also den Wasserfall sehen will, muß die Höhe des Berges erklimmen und sich dort aufstellen, wo die breite Wassermasse in den kochenden Topf hinunter stürzt. Als wir uns nach rechts und links hin vergeblich umgesehen hatten, trat ein halb erwachsenes Mädchen mit einer jüngeren Schwester an uns heran und erbot sich, uns auf nächstem Wege bis an den Rand des Wasserfalls zu führen. Wir nickten ihr zu und stiegen bergan. Sie war nicht hübsch, barfüßig, Gesicht und Arme sonnverbrannt und ein schlichtes blaues Achselkleid der beste Theil ihres Anzugs; aber die großen schwarzen Augen lachten voll Uebermuth und Schelmerei, und das nach hinten zu schlicht zusammengenommene Haar hing in einem einzigen langen Zopf über den braunen Nacken. Wie sie so vor uns herschritt, dann und wann innehaltend und sich umschauend, ob wir auch folgten, war es uns, als sei die Kleine der Waldgeist dieser Gegenden, oder wenigstens eine seiner Dienerinnen. Nach etwa zehn Minuten hatten wir die Höhe des Berges erreicht und sahen nun, von gut gewählter Stelle aus, auf die breite Wassermasse, die, einen andern dreißig Fuß hohen Fall bereits im Rücken, unmittelbar neben uns in den eigentlichen Felsentopf hinunter schäumte. Schotten behaupten, daß nur die Cascaden von Tivoli schöner seien. Mag sein; wir aber, ohne damit der Schönheit der Scene zu nahe treten zu wollen, sahen öfter nach dem Mädchen im blauen Kittel, das jetzt auf einem Felsenvorsprung, umschäumt und umdonnert, lachenden Auges dastand, als auf die Wassermasse, die fast an ihren Füßen vorbei in den dunkeln Schlot hinabstürzte. Die Staffage ging über die Landschaft. Die stille Betrachtung beider aber ward jetzt durch die Schiffsglocke unterbrochen, die über Baum und Felsen hinweg zu uns herauf drang und mit ihren scharfen Klängen siegreich den tiefen Brausebaß des Wasserfalls durchschnitt. Eine Silbermünze dem schwarzen Kinde zuwerfend, gingen wir nun wieder, über das schlüpfrige Moos hin, bergab und hatten in wenigen Minuten den Steamer erreicht.

Dieser Wasserfall, der wirklich schön und imposant ist, bildet den besten Theil nicht nur der Ufer des Loch Neß, sondern des caledonischen Kanals überhaupt. Die nächste Sehenswürdigkeit z. B., die sich »Fort Augustus« nennt, hat wenig Anspruch darauf, mit dem »Fall of Foyers« an Interesse zu concurriren, und steht als Festung auf keiner höheren Stufe als die Blockhäuser in Nordamerika, die etwa um dieselbe Zeit (in der ersten Hälfte des vorigen Jahrhunderts) gegen die Ueberfälle der Sioux und Chippeway-Indianer errichtet wurden. Waren doch auch die wilden Hochländer jener Epoche kaum etwas anderes als jene Indianerhorden, gleich arm, gleich roh, gleich kriegerisch, der Jagd und dem Whisky mit gleicher Ausschließlichkeit ergeben und voll gleichen Hasses gegen den Sachsen, »den weißen Mann«. Fort Augustus hatte während der verschiedenen Jacobiten*[auf]*stände seine Bedeutung und hielt sich siegreich gegen die Aufständischen; jetzt ist es ein gleichgültiger Stationsort, ein Wachthaus, eine Duodezkaserne, wo sechs Gemeine und ein Unteroffizier ein friedliches und vergessenes Leben führen.

Loch Oich, der sehr klein ist, ist schnell passirt, und mit Hülfe von einigen Schleusen steigen wir jetzt in Loch Lochy hinab. Dieser, etwa halb so groß wie der Loch Neß, gleicht dem letzteren in allem übrigen wie ein Ei dem andern. Schon von der Mitte des Sees aus gewahrt man den Ben Nevis, den höchsten Berg Schottlands, in aller Deutlichkeit und hat nun auf drei, vier Stunden hin den ernst, massig und unwirthlich daliegenden Felsenkegel desselben als beständigen Begleiter. Von der Südwestspitze Loch Lochy's bis zur nächsten Meeresbucht (deren der atlantische Ocean hier unzählige bildet), ist noch eine Strecke von zehn englischen Meilen. Man passirt keinen See mehr, sondern nur die gerade schmale Straße des Kanals, die durch eine ziemlich reizlose Landschaft läuft. Der Ben Nevis muß eben alles thun und erinnert an die Dome dieser oder jener alten Stadt, denen auch die Aufgabe zufällt, alle Schönheit für Stadt und Umgegend bestreiten zu müssen.

Am Ausfluß des Kanals in die Meeresbucht liegt Fort William, ein fester Platz, der zu ähnlichem Zweck erbaut wurde wie Fort Augustus, und hinsichtlich seiner jetzigen Bedeutung zu denselben Betrachtungen Veranlassung giebt. Der Platz ist jetzt ungleich wichtiger als Hauptstationsort der Dampfschifffahrt zwischen Inverneß und den Häfen der Westküste, als durch seine Befestigungen, die sich, im Fall einer ernsten Probe, kaum noch als solche bewähren würden.

Zwischen dem letzten und vorletzten Schleusenthor des Kanals hält der Steamer, der die Bergfahrt zwischen Inverneß und Fort William zu bestreiten hatte, und deßhalb den Namen des »Bergsohnes« (the Mountaineer) führt. Es erfolgt nun eine Umladung. Omnibusse führen Menschen und Gepäck auf nächstem Wege bis an den Hafendamm, an dessen hoher Wandung bereits ein anderer Steamer liegt, größer, von mehr Tiefgang und stark genug, mit den Wellen des Oceans sich siegreich herum zu schlagen.

Es ist hier, denk' ich, der Ort, ein paar Worte über Mr. Hutcheson, den Besitzer aller dieser Dampfboote, zu sagen, dem die Hochlande und die Westküste von Schottland so viel von dem Aufschwunge verdanken, den sie in den letzten Jahren genommen haben. Das Entstehen neuer Städte und Ortschaften hängt damit zusammen. Wie es kaum eine Uebertreibung sein dürfte, Heringsdorf und namentlich Misdroy als mittelbare Schöpfungen der Berlin-Stettiner Eisenbahn anzusehen, so ist das Städtchen Oban, das wir bald des Näheren kennen lernen werden, eine Schöpfung der Dampfschifffahrtslinien, mit denen Mr. Hutcheson die Westküste, wie mit einem Netzwerk, umsponnen hat. Die Hauptlinie bleibt die zwischen Glasgow und Inverneß. In den schönen Sommermonaten aber hat es bei dieser Hochlandstour, die selber wieder zu allerhand Abzweigungen, z. B. von Fort William aus, Veranlassung giebt, durchaus nicht sein Bewenden und Oban wird zu einem Knotenpunkt, wo der von Süden kommende Reisende noch im letzten Augenblick sich entscheiden mag, ob er, statt des caledonischen Kanals, nicht lieber die W e s t k ü s t e zum Ziel und Schauplatz seines Ausfluges machen will. Entscheidet er sich dafür, so bleiben ihm außer allerhand Besuchen in die zunächst gelegenen Gegenden, noch zwei größere Touren, die eine nach den hebridischen Inseln, die andere nach Staffa und Iona übrig. Man muß wissen, von welcher äußersten Unwirthbarkeit und Unzugänglichkeit diese schottischen Westküsten noch bis vor zwanzig Jahren gewesen sind, um die ganze Bedeutung der Verbindungsstraßen einzusehen, die Mr. Hutcheson hier geschaffen hat. Ein Besuch dieser, durch ihre grandiosen Basaltformationen berühmten Küsten war bis ganz vor Kurzem nicht nur mit Schwierigkeiten, sondern mit unläugbaren Gefahren*) verknüpft, während der Besuch aller dieser Plätze jetzt einer Rheinfahrt zwischen Köln und Straßburg gleicht, mit einigen Ausflügen in den Main oder die Mosel hinein. Hätten diese prächtigen Küsten ein mildere Klima oder wenigstens einen etwas längeren Sommer, binnen Kurzem würde hier ein neues, reiches Leben aufblühen, reicher, wenn auch nicht poetischer, als es die Tage Ossians gesehen.

Es war in den ersten Nachmittagsstunden, als wir die schöne Bucht, die sich von Fort William aus nach Südwest dehnt, entlang schaufelten. Der allgemach unserem Blick entschwindende Ben Nevis und die immer breiter und fester sich heranwälzenden Wellen sagten uns, daß wir uns mehr und mehr aus der Bucht entfernten und atlantisches Wasser unter den Kiel bekamen. Die Zahl der Seekranken wuchs. Wie Verwundete einherschwankend, wurden sie rechts und links von der Ambulanz der Stewards und Kajütenjungen in Empfang genommen. So vergingen Stunden, bis wir gegen Abend uns wieder der Küste näherten und die Meeresstraße entlang fuhren, die sich in ziemlicher Breite zwischen dem Festland und der Insel Lismore hinzieht. Als wir an Inseln und Vorgebirgen vorbei, wie

*) Wer vor zwanzig Jahren die Insel Staffa besuchen wollte, mußte in offenen Booten die Reise machen, was auf dem atlantischen Ocean seine bedenkliche Seite hat.

durch einen Irrgarten, uns in die schöne Bucht von Oban hineinwanden, hing der Ball der Sonne rothglühend über dem Ocean. Wenige Minuten später legten wir an, sprangen vom Radkasten aus an's Land und trabten mit einigen Schotten um die Wette den Kai entlang, um uns durch einen Sieg im Wettlauf ein Zimmer in dem stets überfüllten Caledonian-Hotel zu sichern. Leider vergebens. Wir siegten nur, um doch zu spät zu kommen.

XXII.
Oban.

Das Caledonian-Hotel war besetzt bis unter's Dach. Da standen wir mit unsern Reisesäcken, ziemlich rathlos und wischten uns den Schweiß von der Stirn. Andern, die nach uns kamen, ging es nicht besser; endlich rief eine heisere Stimme: »Let us try it at Mrs. Mackay's, some yards farther down; I know her well, kind people«. Einige schüttelten den Kopf, wir aber, die wir nicht in der Lage waren, zwischen den Tugenden und Untugenden Mistreß Mackay's abwägen zu können, folgten der Aufforderung des Heiseren und standen nach zwei Minuten vor der Hausthür besagter Dame. Ueber dem Eingang hing ein Hochländer als Wirthshausschild, alle Fenster waren offen und aus der halb offenen Küchenthür kam uns der Fettbrodem einladend, aber etwas zudringlich entgegen. Dem Brodem folgte endlich Mrs. Mackay selber, eine Frau von fünfzig, halb Brunhild, halb Marketenderin. Groß, breit und stark, stand sie vor uns, mit allen Abzeichen des Herdes, von dem sie kam; ihr einziger Schmuck ein Schnurrbart, an dem kleine Schweißtröpfchen hingen. Wir fragten nach einem Zimmer, erhielten eine halb bejahende Antwort und wurden endlich, nachdem wir verschiedene Höfe passirt hatten, in einem Hinterhause bei einer zimmervermiethenden alten Waschfrau untergebracht. Unter uns war ein Pferdestall, der sich bald unangenehm bemerklich machte, während die Aussicht, das Panorama, auf das wir gerechnet hatten, sich auf die Brandmauer eines Nachbarhauses beschränkte. Das ist nun einmal so Herkommen in überfüllten Badeörtern, und wir waren nicht Neulinge genug, uns das Alltägliche verdrießen zu lassen. Hatten wir doch auch den »Salon« der Mrs. Mackay zu unserer Verfügung, wo wir bereits zum Thee und Abendimbiß erwartet wurden. Wir machten also unsern Weg zurück, drangen von hinten her in's Haus ein, belauschten wider Willen die Küchengeheimnisse (ein anderer Durchgang war nicht zu finden) und nahmen oben im Gastzimmer Platz, wo bereits das Tischtuch ausgebreitet lag, ein Tischtuch ganz wie Mrs. Mackay selber, groß, breit und dauerhaft und mit schwarzen Schnurrbärten an jedem Zipfel. Wir nahmen keinen Anstoß daran, auch an manchem andern nicht, das über den Tabagiecharakter unseres Hotels keinen weiteren Zweifel ließ; hatten wir doch das offene Fenster und vor dem Fenster die schöne Meeresbucht, die jetzt im vollen Glanze des Mondes uns wie zu Füßen lag.

Oban selbst zieht sich im Halbkreis an der Bucht entlang; unmittelbar im Rücken seiner weißen Häuser steigen bewaldete Felspartien in die Luft, hier und dort mit Villen geschmückt oder von Schlössern überragt. Was aber dieser Bucht eine besondere Schönheit gibt, das ist nicht der Reiz und die Weitgespanntheit ihrer Ufer, sondern umgekehrt, der Blick von diesen Ufern aus auf's Meer. Zu der ewigen Schönheit des Oceans gesellt sich hier ein so besonderer Reichthum von flachen Inseln und hohen Vorgebirgen, daß man zweifelhaft wird, wem denn eigentlich das Terrain gehört, dem Land oder dem Meer, und in den Bühnenraum eines Riesentheaters zu blicken glaubt, dessen ohnehin weit gedehnte Perspektive durch allerhand Seitencoulissen bis in's Unendliche zu wachsen scheint.

Wir genossen noch in stiller Andacht des herrlichen Schauspiels, als das oft gehörte: »if you please, gentlemen, tea is ready«, unsern Blick von der mondbeschienenen Bucht zurück in unser Zimmer lenkte, dessen Tisch inzwischen zu einer leidlich wohlbesetzten Tafel geworden war. Andere Gäste gesellten sich alsbald hinzu, gälisch sprechende Handwerker aus Oban selbst und verschiedene Fremde aus England und Südschottland, die gleich uns in diese Tabagie verschlagen waren. Unter den letzteren interessirte uns zumeist ein wohlbeleibter Handelsmann aus Newcastle, der durch die offenherzigsten Bekenntnisse bald der Mittelpunkt aller Unterhaltung wurde. Er sei ein wohlhabender Mann (a man of some means), so begann er, der in dreißig langen Jahren etwas vor sich gebracht und diesen Sommer den unglücklichen Entschluß gefaßt habe, seine Heimath wieder zu sehen. Er sei nämlich mitten im Hochland zu Haus, in Glen Moriston, einem jener Thäler, die von Norden her auf den Loch Neß ausmünden. Er habe so viel von Heimweh und Vaterlandsliebe hören müssen, immer im Tone des Vorwurfs, daß er es schließlich für Gewissenssache gehalten habe, dem Drängen seiner Freunde nachzugeben. Diese Nachgiebigkeit beklage er jetzt bitter. Er sei nun fünf Tage von Frau und Kindern fort und sehne sich weit mehr nach Newcastle zurück, als er sich all sein Lebtag nach Glen Moriston gesehnt habe. Diese kahlen Basaltküsten seien ihm über die Maßen langweilig; was er liebe, sei ein Kornfeld mit langen Aehren; von Malcolm Canmore und Robert Bruce wisse er nichts und wolle er auch nichts mehr lernen. Er werde morgen früh aufbrechen, aber nicht nach dem Loch Neß hin, sondern nach »dear old Newcastle« zurück, wo jedes Kind ihn kenne und wo er nicht fürchten müsse, alle Tage sechs mal geprellt zu werden.

Man sieht, der Philister gedeiht überall. Das war also ein geborener Hochschotte, einer aus jenen Clans, die wir uns gewöhnt haben, mit jeder Mannestugend auszuschmükken, mindestens aber im Glorienschein unausrottbarer Vaterlandsliebe zu sehen. Freilich seine Jugend schien keine bevorzugte gewesen zu sein; »er habe von Haferbrod und Whisky gelebt«, so versicherte er mehr denn einmal. Als wir das Zuträgliche dieser Diät bezweifelten, nahm das Gespräch plötzlich eine andere Wendung und er fing nun an für die Hochlandserziehung eine Lanze zu brechen. »Ich sehne mich nicht zurück nach Glen Moriston und noch weniger nach Oat Cake und Whisky; ich bin's jetzt besser gewöhnt; aber Oat Cake und Whisky geben Kraft und Zähigkeit und schaffen bessere Männer als Milchkaffee und saurer Wein.« Wir schlossen aus dieser letzteren Wendung, daß er uns (was einem ja in England immer passirt) für Franzosen halte, und nahmen Veranlassung ihn über unsere Abstammung aufzuklären. »Deutsche also?« fuhr er jetzt fort. »Ja die Deutschen! Ich war in Hamburg; kind people those germans and I like them, but I beg your pardon, Sir, all effeminate.« Also »alle verweichlicht«! und die Hamburger an der Spitze, die doch halb englisch sind. Wir lachten herzlich, beklagten den versäumten Whisky unserer Jugend und gingen zu andern Dingen über.

Es war spät, als wir bei der mangelhaften Beleuchtung, die der untergehende Mond gab, vorsichtig über den Hof hintappten und im Putzzimmer der Waschfrau unsere Betten hergerichtet fanden. An den Wänden hingen zwei eingerahmte Bilder (»Bombardement von Sebastopol« und »Schiffbruch«), die an bekannter Stelle die Worte zeigten: »Verlag von Zawitz, Druck von Hesse in Berlin.« Aber weder Sebastopol, noch Zawitz, noch Hesse hielten uns länger wach, selbst das Gestampfe und Gepruste der Pferde unter uns verhallte bald ungehört und ein fester Reiseschlaf, ohne Traum und Sorge, kam über uns.

Der andere Morgen sah uns bei guter Zeit wieder am Bord des Stork, eines Hutcheson'schen Steamers, der für diesen Tag einen seiner regelmäßigen Ausflüge nach Staffa und Iona vorhatte. Mr. Hutcheson selbst war an Bord, um, wie er oft thut, dem Comfort und Wohlbefinden der Reisenden nach Möglichkeit Vorschub zu leisten.

Die ersten Punkte von Interesse, die wir passiren, sind Dunolly-Castle und Dunstaffnage-Castle, zwei Schloßruinen in fast unmittelbarer Nähe von Oban selbst. Die Geschichte, die sich an diese Schlösser knüpft, zeigt deutlich, daß diese unwirthbaren Küsten nicht immer politisch bedeutungslos waren und trotz einer dünngesäeten Bevölkerung (damals wie heut) mehr denn einmal mit eingriffen in die Geschicke des Landes. Robert Bruce, zu Anfang des dreizehnten Jahrhunderts, drang bis in diese Gegenden vor, um einen Widerstand zu brechen, der zu ernst war, um ihn unberücksichtigt zu lassen, und noch drei Jahrhunderte später hausten hier die Soldaten Cromwells und stürmten Schlösser und feste Plätze. In Dunolly-Castle befindet sich eine Curiosität aus der Zeit der erstgenannten Kämpfe, und zwar eine Broche König Roberts I. (Robert Bruce) selbst. Diese Broche kam auf folgende Weise in die Hände der Mac Dougalls, der damaligen und heutigen Besitzer von Dunolly-Castle. Robert Bruce, auf seinem Kriegszuge gegen die Westinseln, wurde von Mac Dougalls angegriffen und zurückgedrängt. Er selbst deckte den Rückzug der Seinen. Drei von den Clansleuten der Mac Dougalls, ein Vater und seine zwei Söhne, erkannten den König und gelobten sich ihn todt oder lebendig in ihre Hände zu bringen. Sie drangen an einer schmalen Stelle, die kein Entkommen zuließ, gemeinschaftlich auf ihn ein. Der älteste Sohn faßte den Zügel, ein Hieb des Königs aber trennte ihm den Arm vom Rumpf. Der jüngere Bruder hatte gleichzeitig den Fuß des Königs gepackt, um ihn mit aller Kraft aus dem Sattel zu wuchten, der rasch eingedrückte Sporn des Königs aber ließ das Roß wild anspringen und der niederstürzende Angreifer fiel unter die Hufe des Pferdes. In diesem Augenblick griff der Alte nach dem Mantel König Roberts und war eben im Begriff ihn selbst herabzuzerren, als dieser mit schneller Geistesgegenwart die Broche öffnete, die den Mantel zusammenhielt, und sich mit Zurücklassung beider befreite. So kamen Mantel und Broche in die Hände der Mac Dougalls; nur die letztere existirt noch.

Dunstaffnage-Castle ist noch von größerer Bedeutung.

Hier befand sich ursprünglich der schottische Krönungsstein, der später nach Scone und von dort aus, nach der Vereinigung beider Königreiche, nach der Westminsterabtei geschafft wurde. Ueber den eigentlichen Ursprung dieses Steins existirten und existiren noch allerhand Sagen und Legenden. Jakob (wohlverstanden keiner der schottischen Könige, sondern der Sohn Isaaks) sollte darauf geschlafen und seinen Traum von der Himmelsleiter gehabt haben. Jetzt weiß man zur Genüge, daß das vorgebliche Kopfkissen des Patriarchen aus demselben Kalkstein besteht, den die nachbarlichen Felsen von Dunstaffnage-Castle aufweisen, und daß mithin guter Grund vorliegt, den schottischen Königsstein als ächt schottisches Landesprodukt anzusehen.

Unser Steamer führt uns zunächst in westlicher Richtung über einen breiten Meerbusen hinüber, der das schottische Festland von der Insel Mull und der Halbinsel Morven trennt. Zwischen den beiden letzteren liegt eine schmale Wasserstraße, der Sund von Mull, in die wir eben auf dem Punkt stehen einzubiegen. Der Capitän tritt freundlich an uns heran, um uns an der Südostspitze der Einfahrt eine nur hausgroße Insel zu zeigen, die den Namen Lady's rock (Lady's Felsen) führt. Auf diesem Felsen, der zur Fluthzeit von den Wellen überschäumt wird, setzte ein Häuptling der Macleans seine Gemahlin aus, um mit Hülfe der nächsten Fluth sich ihrer auf immer entledigt zu sehen. Ihre Brüder indeß erhielten Nachricht von diesem Akt raffinirter Bosheit und erschienen zeitig genug, um die Unglückliche zu retten[.] Maclean selbst wurde später von einem der Brüder auf offener Straße in Edinburg ermordet.

Während der Capitän uns diese Vorgänge mit der Ruhe eines Führers von Fach zum Besten giebt, sind wir in den schmalen Sund hineingesteuert und haben nun Mull zur Linken, Morven zur Rechten. Wer seinen Ossian einigermaßen in Kopf und Herz mit sich umherträgt und der Könige und Helden gedenkt, die alle »Morven« ihre Heimath nannten, der wird sich einigermaßen enttäuscht fühlen, wenn er an diesem öden Küstensaum vorüber fährt, der sich weigert, einen Grashalm hervorzubringen, und doch so viele Helden gezeugt haben soll. Es giebt eine Armuth des Bodens, die den Muth nicht mehr steigert, sondern ihn bricht. Und doch herrschte hier einst ein buntes, reiches Leben, nicht in Ossianischen Zeiten nur, deren wirkliches Bild sich unserer Controlle entzieht, sondern bis tief in's fünfzehnte Jahrhundert hinein, bis in die Zeit der Tudors und Stuarts. Häuptlinge hausten hier, die Bündnisse mit fremden Mächten schlossen und aufhoben, als sei dieses westliche Inselreich ein Reich wie Schottland selbst, und inmitten aller Rohheit trieb das Leben hier Blüthen, nach denen man jetzt vergeblich die kahlen Bergflächen Morvens oder die Basaltbauten der benachbarten Inselgruppen durchsuchen würde. Der Kreislauf des Bluts geht jetzt durch enger gezogene Kreise, alles drängt den großen Städten, den fruchtbaren Ebenen zu und die Extremitäten werden blutlos und sterben ab.

Was von den Küsten Morvens gilt, gilt nicht minder von der Insel Mull, die sich baum- und strauchlos, nur selten durch eine Castellruine unterbrochen, zu unserer Linken entlang zieht. Tobermory, ein Jahrmarktsflecken mit kaum 200 Einwohnern, bildet den Mittelpunkt aller Interessen. Wo jeder Weiler ein Dorf vertritt, wird ein Dorf zur Residenz. Auf der Höhe von Tobermory legt unser Steamer auf Augenblicke bei, um einige Roßkämme und alte Jahrmarktsfrauen an's Land zu setzen; dann aber brechen wir mit gesteigerter Schnelle auf, umfahren rasch die Nordspitze der Insel, und nunmehr den Ocean vor uns, nehmen wir unsern Cours in südwestlicher Richtung, jenen gleich unscheinbaren und doch gleich berühmten Inseln zu, Staffa und Iona.

XXIII.
Staffa.

Es war um die Mittagsstunde und die Sonne lag leuchtend auf dem wenig bewegten Ocean, als es auf Deck hieß: »Staffa in Sicht«, und eine Viertelstunde später unser Steamer beilegte, um die Boote auszusetzen. Staffa nämlich, wie alle diese Felseninseln, hat keinen Landungsplatz und alle Schiffe, die Fahrten nach diesen Eilanden hin unternehmen, sind um der Brandung willen gezwungen, in ehrfurchtsvoller Entfernung Anker zu werfen.

Also die Boote wurden ausgesetzt. Wir drängten uns nicht herzu, um unter den ersten zu sein, und hatten dafür den Vortheil, die Fahrt in einer kleinen, eleganten Jolle und in der heitern Gesellschaft Mr. Hutchesons zu machen, dessen Verdienste um die schottische Dampfschifffahrt ich schon in einem früheren Kapitel hervorgehoben habe. Auf der Fahrt vom Schiff aus bis an's Ufer hatten wir Zeit vollauf, uns die Form und Struktur der Insel einzuprägen. Staffa (Staf-ö, Stab-Eiland) ist klein, von nichts weniger als frappanter Erscheinung und gleicht einer alten, eisenbeschlagenen Truhe, deren Schätze erst sichtbar werden, wenn man den Deckel aufschlägt. Dieser Unscheinbarkeit der Insel muß man es zuschreiben, daß dieselbe erst 1772 für die Welt entdeckt wurde; bis dahin war sie nur den Schiffersleuten der benachbarten Eilande bekannt gewesen. Selbst 1773, also ein Jahr nach ihrer Entdeckung, zählte sie noch so wenig zu den Sehenswürdigkeiten der schottischen Westküste, daß Doktor Johnson auf seiner berühmten Hebridenreise an ihr vorüber fuhr, ohne weitere Notiz von ihr zu nehmen.

Staffa ist kaum eine Viertelmeile lang, etwa 500 Schritt breit und 150 Fuß hoch. Das gibt eine Felsmasse, die auf der weiten Fläche des Oceans so bescheiden daliegt, wie ein Feldstein auf einem Ackerfeld, und wenn die Wellen an einem Sturmtage hoch gehen, muß Staffa kaum zu sehen sein. Als wir uns näherten, erkannten wir deutlich die drei Schichten, aus denen es sich aufbaut. Tuffstein, der die Fläche des Oceans wenig überragt, bildet das Fundament; auf demselben erheben sich die sechszig Fuß hohen Basaltsäulen, die dann wiederum eine formlose Felsmasse als compaktes Dach und auf demselben eine dünne Erdschicht tragen. Die schlanken Basaltsäulen würden an jeder andern Stelle, auch wenn die Insel sonst nichts böte, ausreichend sein, sie zu einer Sehenswürdigkeit zu machen. Die Westinseln Schottlands aber weisen überall fast so großartige Basaltformationen auf, daß das Auge des Reisenden schnell die höchsten Ansprüche zu machen beginnt, und entweder gewaltige Proportionen oder ein besonderes Maaß von Schönheit verlangt. Diese Schönheit besitzt Staffa, aber nicht nach außen hin; es verbirgt sie in seinem Innern.

Wir hatten mittlerweile die Südspitze der Insel erreicht und fuhren zwischen zwei stumpfwinklig auf einander gestellten Basalt-Molos in eine Art Wasservorhof ein, der die Auffahrt zur berühmten Fingalshöhle bildet. Hier entscheidet man sich, ob man durch das kaum noch zehn Schritt entfernte Felsenportal in die prächtig dahinter liegende Höhle einfahren und vom Boot aus die Schönheit derselben auf sich wirken lassen will, oder ob man es vorzieht, auszusteigen und den Rundgang an den Wänden der Höhle hin zu Fuß zu machen. Man wählt gewöhnlich das letztere, weil es lohnender ist und viel mannigfachere Bilder gibt.

Wir sprangen also an's Ufer und sahen von einer Seitwärtsstellung aus durch das Portal hindurch in die Fingalshöhle hinein. Diese Höhle zu beschreiben, wird jederzeit große Schwierigkeiten haben; nichtsdestoweniger sei es versucht. Bevor ich beginne, rufe ich dem Leser die Naturbeschaffenheit Staffas und den Unterwühlungsproceß in's Gedächtniß zurück, den unmittelbar nach Bildung der Insel selbst der Ocean mit ihr begonnen und bis diese Stunde fortgesetzt hat. Staffa, als Gott Vulkan sein Werk gethan und zehn- oder hunderttausend Basaltsäulen an dieser

Stelle an's Licht geschickt hatte, stand da wie ein festgeschnürtes Bündel steinerner Tannen. Der Ocean, der hier von Anbeginn der Tage sein Wesen getrieben und absolut geherrscht hatte, erzürnte über den Sendling aus der Unterwelt und begann mit überlegener Macht an ihm herumzuschlagen. Ganze und halbe Stücke wurden abgerissen und herausgespült, und so entstanden, je nach dem Grad und der Art der Zerstörung, jene Damm- und Höhlenformationen, die dieser Insel eigenthümlich sind. Da wo es den Wellen glückte, die steinernen Bündel in ihrer ganzen Höhe abzubrechen und Säule, Dach- und Erdwerk, alles in die Tiefe des Oceans zu werfen, stehen wie in einem Walde, in dem der Orkan gehaust hat, nur noch basaltene Stümpfe da und bilden ein steinernes Parquet, ein Lütticher Pflaster, wie es an Structur und Festigkeit kein zweites gibt; da aber, wo der Ocean weniger mit der Kraft eines niederreißenden, die Insel oben am Schopfe fassenden Arms, wohl aber mit der Gewalt eines horizontal abgefeuerten, ewig wiederholten Schusses verfuhr, da sind unter dem Einfluß eines nimmer rastenden Bohrers jene Höhlen entstanden, die sich an verschiedenen Stellen bis tief in den Felsen hinein ziehen und unter denen die Fingalshöhle die größte und die schönste ist.

Am Portal dieser Fingalshöhle befinden wir uns jetzt. Die Bündelbeschaffenheit des Basalts hat dieser 230 Fuß tiefen Aushöhlung ihre Apartheit und ihre Schönheit gegeben.

Ich schreite nun zur Beschreibung der Höhle selbst, die nach diesem Versuch einer populären Geognosie mir leichter werden wird. Ich habe nicht unabsichtlich den Eingang ein Portal genannt. Er ist in der That ein solches, ein Spitzbogenthor, und dahinter das wunderbare Schiff einer gothischen Kirche. Wer London und die Westminsterabtei kennt, den wird der gothisch-phantastische Bau, den die Natur hier gebildet hat, immer wieder an die Kapelle Heinrichs VII. erinnern. Der Basalt liefert die Säulen, die freilich in ihrer Ineinandergefugtheit mehr den

Eindruck einer Wandfläche als eines Pfeiler- oder Säulenganges machen würden, wenn nicht die Wellen, mit einer bewundernswerthen Regelmäßigkeit, Nische neben Nische in der Basaltwand ausgehöhlt hätten. Dadurch ist, wenigstens scheinbar, eine Pfeilerreihe entstanden, indem alle concaven Vertiefungen wie in einem dunkeln Hintergrunde liegen, während die lichtbeschienenen Ecken, wie selbstständig und losgelöst, sich pfeilerartig in den Vordergrund stellen. Auf diesen Pseudopfeilern ruht nun die Decke. Diese Decke, gothisch gewölbt in ihrer Grundanlage, ist es vor allem, was sofort mit einer nicht abzuweisenden Gewalt das Bild der berühmten Tudorkapelle vor das Auge des Beschauers ruft. Das Charakteristische dieses schönen Tudorbaues (schön trotz seiner Ueberladung) besteht in jenen reichen, trombenförmigen Ornamenten, die, wie elegant gewundene Riesentrichter, zehn Fuß hoch und mehr, von der Decke in das Schiff herniederhängen. Diese originellen Bildungen wiederholen sich hier in der Fingalshöhle; die Laune eines Künstlers und die Laune der Natur sind denselben Weg gegangen. Die im Letzten und Tiefsten allerdings ein Gesetz und eine Regelmäßigkeit bekundende Unregelmäßigkeit, mit der der hereinschäumende Ocean die Basaltsäulen höher oder tiefer abgebrochen hat, hat diese Trombenbildungen erzeugt. Vielleicht ließe sich die schraubenartige Bewegung daran studiren, mit der die Wellen ihre Skulpturarbeit hier ausgeführt haben müssen.

Wir standen noch immer am Portal und ließen das Schauspiel da drinnen auf uns wirken. Denn es war ein Schauspiel. Die Herrn und Damen (erstere zum Theil in schottischen Costümen), die vor uns das Schiff verlassen hatten, waren bereits bis weit in die Höhle hinein vorgedrungen, und standen nun theils auf dem schmalen, basaltenen Steindamm, der etwa zehn oder fünfzehn Fuß hoch das ganze Innere umzieht, oder hatten sich als lebendige Statuen in die dunkeln Nischen dieser Felskapelle gestellt. Die bunten Tartanfarben leuchteten wie Licht aus diesen

Vertiefungen hervor und das Ganze spiegelte sich in dem hellgrünen, meerestiefen Wasserstreifen, der den leise bewegten Boden dieses Kirchenschiffs bildete.

Mit dieser Schilderung schließe ich. Wir machten pflichtschuldigst unsern Rundgang an der Höhlenwandung entlang (eine Promenade, die selbst bei schönstem Wetter immer ihr bedenkliches hat) und kehrten dann bis an den Eingang zurück. Die wenigen Minuten, die uns noch blieben, reichten aus, um den Bergrücken der Insel zu erklettern. Die Aussicht bot nichts besonderes. Kümmerliches Gras bedeckte die dünne Erdschicht, die auf dem Basaltfelsen lag, und ein paar Dutzend Schafe, die von den Bewohnern der Nachbarinseln hier ausgesetzt werden, um sich während der Sommermonate ihre Weide zu suchen, nagten an dem gelblichen, halbverwelkten Grase. Die einzige Blume, die hier gedieh, war ein dürres, röthliches Maßlieb, das in langen Büscheln überall an den Abhängen hing, als gefiele es sich darin, von dem Seewinde, der hier niemals schweigt, zerzaust zu werden. Wir pflückten uns ein paar dieser Blumen; dann klang vom Schiff her die Glocke herüber und wenige Minuten später stießen unsere Boote von dem basaltenen Molo des Wundereilands ab. Einige Enthusiasten schwenkten die Tücher. – Staffa lag hinter uns.

XXIV.
Iona oder Icolmkill.

Kaum zwei deutsche Meilen von Staffa entfernt liegt die Insel Iona. Man sieht die Nordspitze derselben sammt ihren Kloster- und Kirchenruinen bereits von der Fingalshöhle aus, ein Bild, das mit Hülfe des dunkeln Rahmens der Höhle, hinter dem man es erblickt, einen nicht leicht zu verwischenden Eindruck macht. Unser Steamer umfuhr zunächst noch Staffa, um uns einen flüchtigen Einblick in die verschiedenen anderen Aushöhlungen der Insel zu gönnen; dann steuerten wir südwärts und hatten in einer halben Stunde Iona erreicht.

Iona ist größer als Staffa, aber doch auch nur klein. Seine Länge beträgt etwas mehr als eine halbe, seine Breite kaum eine Viertelmeile. Die Ufer sind flach, sandig unfruchtbar und nur in der Mitte der Insel erheben sich ein paar kahle Felsen, die gegen vierhundert Fuß hoch sein mögen. Es fehlt diesem Eilande jeder landschaftliche Reiz und nichts ist da was an die Schönheitswunder Staffa's auch nur erinnern könnte. Nichtsdestoweniger steht diese Insel als eine gleichberechtigte, Sehenswürdigkeit neben dem nahe gelegenen Schwestereiland. Was ihr Leben und Bedeutung giebt, das sind ihre geschichtlichen Traditionen, die hier in einem Maße auftreten, das überall Bewunderung erregen würde, doppelt aber an einem Orte, der weitab von den letzten Stätten der Cultur, nur ein geeigneter Platz für Seeadler und Mövennester zu sein scheint. Und doch war diese Stätte, ein halbes Jahrtausend lang, unter den heiligen Plätzen des Landes der heiligste.

Iona ist der Punkt, von wo aus, in der Mitte des sechsten Jahrhunderts, die Christianisirung des bis dahin heidnischen Schottlands erfolgte.

Um's Jahr 560 verließ der Mönch Columban (gälisch: Callum oder Malcolm) mit zwölf Gefährten die irische Küste und segelte in einem offenen Boot nach Schottland hinüber. Er und seine Genossen waren Schüler St. Patricks, mit dem sie in Dearmach, d.h. »nahe den Eichen« gelebt hatten. Die Schlichtheit und der heilige Eifer des irischen Apostels war auch auf seine Jünger übergegangen, zumal auf Columban. Sie wählten die Insel Iona als Aufenthaltsort, weil sie nah genug der Küste lag, um von ihr aus ihr Missionswerk beginnen zu können, und zu gleicher Zeit die Möglichkeit jener völligen Zurückgezogenheit bot, die den Grund- und Lehrsätzen ihres Meisters entsprach. Auf der Insel angelangt, zogen sie sich, wie der Geschichtsschreiber Adamnan berichtet, in einen Kreis aufrechtstehender Steine, also muthmaßlich in einen ehemaligen

Druidentempel zurück, und sammelten dann Zweige, um mit Hülfe von Reisigbündeln ein allererstes Hospiz zu errichten. Ihre Wohnplätze waren bloße Wigwams, und selbst ihre Kirchen, etwa unsern Blockhäusern entsprechend, waren aus Eichenstämmen zusammengefügt. Sie nannten sich »Culdee's«, was nach der Meinung der Gälen »zurückgezogene Leute« bedeutet. In derselben Weise wie ihr Meister St. Patrick zählten sie sich zur griechischen und nicht zur römischen Kirche, zu der sie mehr denn einmal eine feindliche Stellung einnahmen. St. Columban starb 595.

Erst zwei Jahre später (597) betrat der heilige Augustin, als Apostel Roms, die südenglische Küste, um die heidnischen Angelsachsen seiner Lehre zu unterwerfen, und begann nun von Süden her das römische Christenthum nordwärts zu tragen, während die Nachfolger Columbans ihr griechisches Christenthum von Norden nach Süden trugen. Im Lauf der Jahrhunderte erfolgte endlich der Zusammenstoß, in dem die Culdee's völlig unterlagen. Diese Niederlage erfolgte aber nicht vor Anfang oder Mitte des dreizehnten Jahrhunderts. Etwa um dieselbe Zeit wurde auch Iona ein römischer Bischofssitz. Die Glanztage der Insel waren nun vorüber. Wohl wurden Klöster und Kathedralen errichtet, stattliche Bauten, die sich bis diesen Tag erhalten haben, aber die alte Bedeutung Iona's, als erste Pflanzstätte des Christenthums im hohen Norden, war dahin. Die besondere Heiligkeit seines Bodens, an die Schottland und Skandinavien fünf Jahrhunderte lang geglaubt hatten, war ihm genommen; es war jetzt ein Bischofssitz wie viele andere noch. Seit der Mitte des dreizehnten Jahrhunderts giebt es keine Culdee's mehr, aber die Erinnerung an diese einst so mächtige Sekte lebt bis heute noch im schottischen Volke fort, vielleicht deßhalb, weil ihre gegnerische Stellung zur römischen Kirche ihr als Empfehlung dient.

In Abercrombie's und Jamieson's Geschichtswerken heißt es von den Culdee's wie folgt: »Nur das Seelenheil ihrer Mitmenschen lag ihnen am Herzen. Sie wirkten mehr durch Beispiel als durch Wort. Die Schlichtheit ihrer Kleidung, ihrer Haltung und ihres ganzen Auftretens war ihre Beredtsamkeit. Sie halfen überall und beanspruchten nie Lohn; Bevorzugung, Streit, Spaltung, Kabale und Intrigue kannten sie nicht. Demüthig, einsiedlerisch, arm, keusch, nüchtern und voll heiligen Eifers, so lebten sie ihre Tage.«

Diese Vorbemerkungen werden uns beim Besuch Iona's zu statten kommen. – Der Steamer wirft Anker und wir rudern der Insel zu. Am flachen Ufer derselben ziehen sich etwa vierzig ärmliche Hütten hin, die den gälischen Namen »Baile Mor«, d.h. die große Stadt, führen. Im selben Augenblick, wo wir aus dem Boot springen, sehen wir uns von einer Heerde Kinder umringt, die Ionamuscheln und Ionasteinchen zum Verkauf anbieten und die nunmehr, so lange wir den heiligen Boden der Insel unter unsern Füßen haben, unsere treu-zudringlichen Begleiter bleiben. Vergeblich suchen wir uns durch wiederholte Einkäufe sicher zu stellen, vergeblich strecken wir beide Hände aus, um den jungen Hochländern ad oculos zu demonstriren, daß wir selbst einen Handel beginnen und durch Concurrenz sie gefährden könnten; alles scheitert und schließlich gewöhnen wir uns an den Lärm dieser nacktbeinigen Meute, als wären es junge Jagdhunde, die blaffend, heulend und winselnd an uns emporspringen.

Das Dorf oder »die große Stadt« bietet nichts, aber unmittelbar im Norden derselben nehmen die Sehenswürdigkeit*[en]* Iona's ihren Anfang und ziehen sich in ununterbrochener Reihenfolge eine Viertelmeile lang am Ufer hin. Man kann drei Gruppen von Kapell- und Klosterruinen deutlich unterscheiden, zwei Gruppen, die den linken und rechten Flügel der ganzen Linie bilden, und zwischen beiden ein Centrum. Dieses Centrum, das wenn auch nicht mit seiner Kapellruine (St. Orans-Chapel), so doch jedenfalls mit seinem Kirchhof in das vorige Jahrtausend zurück reicht, ist bei weitem das Wichtigste unter allen Sehenswürdigkeiten der Insel; was die beiden Flügel bieten, ist verhältnißmäßig unbedeutend. Ich spreche von ihnen zuerst.

Am linken Flügel, also dem Dorf zunächst, befinden sich die Ruinen eines Nonnenklosters, das frühestens gegen Ende des dreizehnten Jahrhunderts errichtet sein kann, da die Lehre Columbans keine Nonnenklöster gestattete. Die Gebäude selbst sind Feldsteinbauten, ohne Schönheit und Interesse, nur bemerkenswerth durch große Basaltblöcke, die sich im Mauerwerk vorfinden und keinen Zweifel darüber lassen, daß den kirchlichen Baumeistern jener Epoche das benachbarte Staffa wohl bekannt gewesen ist. Neben den Klostergebäuden befindet sich eine Kapelle, die als Begräbnißplatz für die vornehmen Frauen der benachbarten Küsten und Inseln diente.

Die kirchlichen Gebäude am rechten Flügel sind nicht zahlreicher, aber größer, zum Theil aus späterer Zeit und jedenfalls besser erhalten. Wie sich am linken Flügel ein Nonnenkloster befand, so hier ein Mönchskloster. Von den eigentlichen Klostergebäuden ist wenig mehr vorhanden,*) die dazu gehörige Kirche aber zählt mit zu den besten Ruinen in Schottland und ist stattlich genug, um den Namen einer Kathedrale, den sie wirklich führte, zu rechtfertigen. Diese Kirche war nämlich nicht nur das vorzüglichste kirchliche Gebäude der Abtei, die hier stand, sondern überhaupt der ganzen bischöflichen Diöcese »Iona«,

*) Ein puritanischer Volkshaufen zerstörte das Kloster im Jahre 1561; die Mönche flohen und begaben sich, wie es heißt, mit den Resten einer sehr kostbaren Bibliothek nach Douay und Regensburg. Werthvolle altchristliche Pergamente, auch lateinische Schriftsteller in Handschriften sollen sich im Kloster zu Iona befunden haben, und Gibbon unterhielt die Hoffnung, daß mit Hülfe dieser ehemaligen, wenn auch nun zerstreuten Klosterbibliothek, vielleicht noch ein vollständiger Livius edirt werden könne. Diese und ähnliche Hoffnungen sind wohl, so weit sie an Iona knüpfen, seitdem geschwunden. Möglich, daß das Kloster der alten Culdee's vor Anbruch dieses Jahrhunderts derartige Schätze besessen hat, sie sind aber zur Zeit der dänisch-normannischen Kriegszüge sicher zerstört, d. h. verbrannt worden, da die Klostergebäude der ersten christlichen Zeit in Schottland (siehe oben) nur Blockhäuser waren.

die ohngefähr um die Mitte des fünfzehnten Jahrhunderts von der Diöcese Sodor (Insel Man) abgezweigt wurde. Diese Kathedrale, wie alle Gebäude, die sich hier vorfinden, ist aus gehauenem Feldstein aufgeführt und gehört zu jenen kirchlichen Bauten, an denen sich junge Archäologen und Architekten die Sporen verdienen können. Wessen Kritik und Constructionstalent hier nicht fehlgreift, der ist ein Meister. Eine wahre Musterkarte von Baustylen! Rund- und Spitzbogen, dünne und dicke Säulen, schwere und leichte Kapitäle, gothisch, normannisch, byzantinisch, alles durcheinander und hier und dort ein Giebelfeld, das einem als altsächsisch aufgeschwatzt werden soll. Ich verweile dabei nicht länger. – Die Seitenschiffe dieser Kathedrale dienten als Begräbnißplatz für die mächtigsten Clanhäuptlinge der schottischen Westküste, in derselben Weise wie vornehme Frauen in der Kapelle des Nonnenklosters beigesetzt wurden. Hier befinden sich unter andern die Grabsteine der Macleods und Macleans, zum Theil mit Portraitfiguren, die trotz aller Rohheit des Machwerks, doch eine gewisse künstlerische Befähigung, was das charakteristische angeht, verrathen. Der besterhaltene unter diesen Grabsteinen ist der des Maclean von Roß, eines Häuptlings auf der Insel Mull, dessen Tapferkeit im Lande sprüchwörtlich wurde und seinen Nachkommen den Namen »Eisenschwertskinder« eingetragen hat. Auf dem Schilde dieses Häuptlings befindet sich die Abbildung eines Schiffs. Diese Schiffsabbildungen, die sich auf andern Grabsteinen wiederholen, sind, wie mit Recht bemerkt worden ist, wichtiger und interessanter als die Portraitfiguren selbst. Sie zeigen uns genau, wie etwa gegen das Ende des fünfzehnten Jahrhunderts die Schiffe gewesen sind, deren man sich in dortigen Gegenden bediente. Vorder- und Hintertheil sind beinahe gleich geformt und laufen in ziemlich aufrecht stehende Curven aus, wie viele der römischen Galeonen. Das Hintertheil hat ein gut construirtes Steuerruder, das Bugspriet fehlt. Das Segel besteht aus einem einzigen Stück Segeltuch, das in überaus einfacher Weise an einem Mittelmast befestigt ist. Vorkehrungen zum Rudern sind nicht zu bemerken. Diese Schiffe waren muthmaßlich klein, nur große Boote.

Wir wenden uns nun dem Centrum zu. Die kirchlichen Gebäude am linken und rechten Flügel gehören sämmtlich der römisch-katholischen Zeit an, also einer Epoche, wo Iona bereits aufgehört hatte, ein Glanzpunkt, ein berühmter Wallfahrtsort, eine Art »heiliges Grab des Westens« zu sein. Im Centrum stoßen wir auf Ueberreste jener vor-römisch-katholischen Zeit, auf Kreuze und Grabsteine, die an die Zeit der Culdee's und jene besondere Heiligkeit erinnern, die vom siebenten bis zum eilften Jahrhundert hin diesem Boden eigen war. Es sind drei Dinge die unsere besondere Aufmerksamkeit hier in Anspruch nehmen; eine Kapellruine (St. Orans-Chapel), zwei mit Relieffiguren überdeckte Kreuze und ein großer Kirchhof. St. Orans-Chapel diente wahrscheinlich als Grabkapelle. Sie ist sehr klein (60 Fuß lang und 26 breit), aus rothem Granit aufgeführt, mit niedrigen Rundbögen, und aller Wahrscheinlichkeit nach zu Anfang des eilften Jahrhunderts von den Norwegern errichtet. Die beiden Kreuze, die den Namen »Macleanskreuz« und »St. Martinskreuz« führen, sind die beiden einzigen Ueberbleibsel von den 360 Kreuzen, die bis in die zweite Hälfte des sechszehnten Jahrhunderts hier standen und auf Befehl einer hyper-puritanischen Synode in's Meer geworfen wurden. Das Meer scheint aber mitleidiger als die Synode gewesen zu sein und hat einige dieser Kreuze wieder an's Ufer geworfen, die sich theils noch als Bruchstücke auf der Insel vorfinden, theils von einzelnen Stadtbehörden (Inverary und Campbleton), die mehr antiquarisch als puritanisch waren, gerettet worden sind. Das Macleans- und St. Martinskreuz scheinen gleich von Anfang an der Zerstörungswuth entgangen zu sein. Ich versuche eine Beschreibung beider. Sie sind beide aus Glimmerschiefer gefertigt, sehr gefällig und selbst graziös in ihren Verhältnissen, und gleichen beide, weil die

Schieferplatten, aus denen man sie gefertigt, nur dünn waren (kaum 6 Zoll dick), unsern modernen gußeisernen Grabkreuzen. Das St. Martinskreuz ist 14, das Macleanskreuz nur 11 Fuß hoch; beide stehen auf einem Piedestal von rothem Granit. Sie sind mit jener grüngelben Flechte, die man bei uns an Dachziegeln und alten Holzzäunen trifft, ganz überdeckt, wodurch das Erkennen der Reliefarbeit sehr erschwert wird. Die eine Seite des St. Martinskreuzes indeß hat man neuerdings von diesem Flechtenüberzug gesäubert, und was man jetzt erkennt, ist folgendes: auf dem Oberstück sechs Löwen mit paarweis verschlungenen Schwänzen; in dem Rundstück, das die Mitte des Kreuzes einnimmt, die Jungfrau Maria mit dem Christkind und vier Engel um sie her; unterhalb an dem Stammstück des Kreuzes, vier Reihen von Figuren, die sehr Mannigfaltiges darstellen: ein Abendmahl, eine Exhortation, ein Harfenspiel und mehreres andere noch. Noch weiter nach unten Aepfel, um die sich Schlangen winden.

Das Macleanskreuz gilt für älter und soll, bald nach dem Erscheinen Columbans auf der Insel, an der Stelle eines heidnischen Denkmals errichtet worden sein, das er vorfand. Wie viel hievon wahr oder erfunden ist, muß dahingestellt bleiben. Daß diese Kreuze indeß sehr alt sind und der früheren Glanzzeit Iona's, ich möchte sagen seiner exclusiven Epoche angehören, scheint mir unzweifelhaft. Alle diese Kreuze scheinen mehr den Charakter von Votivtafeln als von Grabkreuzen gehabt zu haben, und schon dieser Umstand allein, für den sich in der römisch-katholischen Zeit schwerlich ein Analogon findet, deutet auf eine frühe Vergangenheit.

Wir betreten nun die große Sehenswürdigkeit Iona's – seinen Kirchhof. Er führt den Namen »Reilig Ourain« oder St. Orans Begräbnißplatz. Eine Mauer schließt ihn ein, und der Tradition, wie auch den aufgezeichneten Mittheilungen des Dechanten Munro nach, der um 1590 hier lebte, war dieser Kirchhof viele Jahrhunderte lang der

Begräbnißplatz für die schottischen und norwegischen Könige. Munro schrieb um 1594 wie folgt: »Auf dieser Insel Icolmkill befindet sich auch ein Kirchhof, der von den Bewohnern ›Reilig Ourain‹ genannt wird. Eine Steinmauer friedigt ihn ein. Innerhalb dieser Steinmauer stehen drei Grabhäuser in Form einer Kapelle gebaut, und jedes an einem seiner Giebel mit einer Marmor- oder Steintafel versehen, woran sich Inschriften befinden. An der Steintafel des einen Grabhauses steht mit lateinischen Buchstaben: Tumulus Regum Scotiae (Gruft der schottischen Könige). Innerhalb dieser Gruft, wie unsere schottischen und irischen Chronikenschreiber erzählen, wurden 48 gekrönte Könige Schottlands begraben. Das am Südende gelegene Grabhaus hat die Inschrift: Tumulus Regum Hiberniae (auch sprechen unsere Chroniken von vier irischen Königen, die hier begraben liegen), und die Tafel am dritten und letzten Grabhaus, das nach Norden hin liegt, zeigt die Worte: Tumulus Regum Norwegiae. Wie viele norwegische Könige hier bestattet wurden, darüber erzählen unsere Chroniken nichts, aber wir erfahren aus ihnen, daß König Coelus von Norwegen seine Edlen bat, sie möchten ihn auf Icolmkill bestatten, wenn er im Kampf gegen die Südschotten fallen sollte. Das spricht dafür, daß auch den skandinavischen Königen daran lag, auf der heiligen Insel ihren letzten Ruheplatz zu finden. – Außerhalb dieser drei Grabhäuser, aber innerhalb der Kirchhofsmauer liegen auch viele der vornehmsten Lords der Westküste: die Macleans, die Mackinnons und die Macquarries, weil jedermann in Schottland und auf den Inseln (d. h. auf den Hebriden) darnach strebte, hier begraben zu werden.«

So schrieb Munro 1594. Seine Angaben bilden das Fundament für alles, was die schottischen Geschichtschreiber und Archäologen seitdem über Iona und seinen Reilig Ourain veröffentlicht haben. Es liegt kein Grund vor, seinen Angaben irgendwie zu mißtrauen; nur die Frage bleibt unerledigt, aus welcher Zeit die Giebelinschriften hergerührt haben, die er damals mit eigenen Augen an den drei Grabhäusern gelesen hat. Sie können alt gewesen sein, können aber auch eben so gut von der Hand eines Abts oder Mönchs hergerührt haben, der so zu sagen Archäologie auf seine eigene Hand trieb, und sich an alte Traditionen und Chroniken anlehnend, vielleicht kaum fünfzig oder hundert Jahre vor Munro das Tumulus Regum Scotiae etc. an die Giebelfelder schrieb. Jetzt noch Licht über diese Streitfragen zu verbreiten ist mindestens schwer, wenn es nicht unmöglich ist. Die Tumuli selbst sind zerfallen und die Grabsteine liegen verwittert da, nirgends eine Inschrift oder Jahreszahl, die Auskunft geben könnte. Ein Beweis also ist nicht mehr zu führen, daß 48 schottische Könige an dieser Stelle begraben liegen; die höchste Wahrscheinlichkeit indeß spricht dafür. Man kann die Begräbnißplätze der schottischen Könige mit historischer Sicherheit bis zum Jahre 1073 zurückverfolgen, in welchem Jahre Malcolm Canmore, der Besieger und Nachfolger Macbeths, in der Kathedrale von Dunfermlin beigesetzt wurde. Von 1073 an bis herab zu uns zeigt sich kaum eine Lücke; entweder existiren die Grabsteine noch (wie z. B. von Robert Bruce), oder der Platz der Bestattung ist durch gleichzeitige Geschichtschreiber beglaubigt. Die Frage entsteht also: wo wurden die schottischen Könige (die damals alle noch Hochlandskönige waren) vor 1073 beigesetzt? Die Tradition antwortet: auf Icolmkill (Iona). Und sie wird Recht haben. Iona war der heilige Boden, der Apostelsitz, von wo aus das Christenthum unter die heidnischen Hochlandskönige getragen worden war (es hieß z. B., daß beim Untergang der Welt durch Wasserfluthen Iona wie ein gesegnetes Blatt auf der Sündfluth schwimmen werde), und es darf nicht überraschen, daß sie dort im Tode ruhen wollten, von wo ihnen das Licht und das Heil gekommen war. Daß es genau 48 Könige, und nicht mehr und nicht weniger gewesen sind, diesen Beweis anzutreten wird sich niemand berufen fühlen; die größte Wahrscheinlichkeit aber hat es für sich, daß wie die Tradition berichtet, König Duncan und König Macbeth die beiden letzten waren, die hier – der Ermordete und der Mörder – im schwarzen Boot über das Wasser kamen, um in heiliger Erde die letzte Ruhe zu finden. Schon zu Shakespeares Zeit muß übrigens diese Tradition lebendig gewesen sein, denn es heißt in Macbeth:

Rosse.

Wo ist der Leichnam Duncans?

Macduff.

Fort gen Westen,
Nach Icolmkill, dem Beinhaus seiner Ahnen.

Ob über diese mannigfachen Fragen, die sich an die Frühgeschichte Iona's knüpfen, jemals noch das klare Licht historischer Erkenntniß verbreitet werden wird, steht dahin. So lange diese Untersuchungen in Händen wohlmeinender Dilettanten bleiben, ist wenig zu hoffen. Ich habe mich so ausführlich über diesen interessanten Königskirchhof verbreitet, um dadurch vielleicht in Deutschland, namentlich aber auch in Skandinavien, die Lust anzuregen, selbst zu sehen und eine Lösung zu versuchen. Der Nordwesten Schottlands hat damals unbedingt unter normannischem Einfluß gestanden, und theils Historiker, die die Geschichte der normannischen Eroberungen zu ihrem Specialstudium gemacht haben, mehr aber noch skandinavische Archäologen und Alterthumsforscher, (denen die Möglichkeit des Vergleichs gegeben ist) scheinen mir die einzigen zu sein, die vielleicht noch ergründen können, bis wie weit diese Schieferkreuze und die verwitterten Grabsteine im Tumulus Regum Scotiae zurückreichen.

XXV.
Von Oban bis zum Loch Lomond. – Rückkehr nach Edinburg.

Noch am selben Abend kehrten wir nach Oban zurück. Wer in Iona bleiben und die Grabsteine des Reilig Ourain einer mehr kritischen Durchsicht unterwerfen will, der findet in den Hütten der Schiffersleute ein nothdürftiges Unterkommen, kann aber vor Ablauf von drei Tagen nicht nach Oban zurück, da die Hutcheson'schen Steamer nur zweimal wöchentlich die Fahrt nach Staffa und Iona machen.

Wir waren also wieder im Hinterhause der Mrs. Mackay, (die uns, wie sich der Leser erinnern wird, bei einer Hintersassin von ihr, einer zimmervermiethenden alten Waschfrau untergebracht hatte), und waren just müde genug, um trotz des nachbarlichen Pferdestalls, dessen ich auch schon erwähnte, einen guten Schlaf zu thun. Das Erwachen war minder froh. »Get up, gentlemen, or you will miss the steamer!« so klang es draußen, während eine geschäftige Hand abwechselnd klopfte und an der Klinke rasselte. Mit Worten, die einem Morgengebet so unähnlich waren, wie nur möglich, sprangen wir aus dem Bett, und kaum halb angezogen, griffen wir schon nach unsern Reisetaschen, um die zerstreut umherliegenden Garderobenstücke so gut wie möglich unterzubringen. Wir waren noch nicht fertig damit, als wir vom Quai her das Läuten einer Schiffsglocke vernahmen und im selben Augenblick von draußen die wenig variirten Worte hörten: »Make haste, gentlemen, or you will miss the steamer!« Wer kennte nicht die nervöse Aufregung, in die man verfällt, wenn man beim Packen oder gar im Fiaker schon (die immer doppelt langsam fahren, wenn man doppelte Eile hat) von der Furcht beschlichen wird, den Zug zu versäumen und volle 24 Stunden an einem bereits absolvirten Ort zubringen zu müssen, der nun plötzlich mit einer Physiognomie vor uns tritt, als habe es seit Heinrich dem Städtebauer nie einen langweiligeren Platz gegeben! Dieser »Panic« ergriff uns jetzt. Wir flogen in unsere Röcke und Ueberzieher hinein, rafften alles zusammen, was noch auf Tisch und Betten lag, stopften es in die Säcke und stürzten fort. An der Hofthür stand die Wirthin, nicht Mrs. Mackay, sondern die Hintersassin, die alte Waschfrau (keine Chamisso'sche), deren Putzstube hatte aushelfen müssen. Sie trat uns in den Weg, um die ungemüthlichen Geldgeschäfte stehenden Fußes abzumachen »Wie viel?« – Fünfzehn Schillinge - Es war eine enorme Summe für zwei Nachtquartiere und weiter nichts; indeß die Schiffsglocke, die eben wieder einsetzte, schnitt jede Unterhandlung ab und die Schillinge und halbe Kronenstücke liefen rasch aus meiner Hand in die Hand der Wirthin. Unerhört! es reicht nicht, es fehlt ein Sixpence! Die Silberstücke fallen in meine Börse zurück und ein Sovereign steigt statt ihrer aus den Tiefen der Ledertasche an's Licht. »Give me change!« rufe ich der Alten zu, die mit der Ruhe des Siegers vor mir steht. Sie nimmt den Sovereign, steckt ihn ein und erwiedert nicht ohne Anflug von Hohn: »I have no change, but I will send to the butcher.« Ein letzter Abschiedsgruß fällt unverschleiert von meinen Lippen; dann setzen wir uns, mit Zurücklassung eines unbeabsichtigten Fünf-Schilling-Trinkgelds, in Trab und erreichen das Schiff, das allerdings eben Miene macht, seine Brücke einzuziehen und vom Quai sich loszulösen. Halb ärgerlich noch nehmen wir Platz am Schornstein, um uns so viel wie möglich gegen die Morgenfrische zu schützen; dann aber fliegt a tempo das Lächeln wiederkehrender guter Laune über unsere Gesichter. Wir beginnen unser Herz und unsern Aerger auszuschütten, und im Aussprechen kommt der Trost. Es war kein Zweifel, die Hintersassin der Mrs. Mackay hatte mit uns eine Scene durchgespielt, deren praktische Brauchbarkeit sie längst erprobt haben mußte. Wie an der kurischen Küste ein Edelmann lebte, der falsche Feuer anzünden ließ, um an gescheiterten Schiffen sein Strandrecht zu üben, so war es bei der alten Waschfrau Geschäftsmaxime geworden, ihre Gäste so spät wie möglich zu wecken, um von der panischen Wirkung des: »make haste, gentlemen, or you will miss the steamer«, den möglichsten Vortheil zu ziehen. Erst am Abend desselben Tages, als wir im Gasthaus zu Balloch einen Blick in unsere Reisesäcke thaten, erkannten wir ganz wie die Hintersassin uns mitgespielt hatte. An Morgenschuhen, Haarbürsten und Nachttüchern, die zurückgelassen waren, übte die Alte nun triumphirend ihr Strandrecht, und ein eben ausgepackter Lackstiefel, der ohne Halt und Gegenlehne auf dem Tisch stand, schien die Frage an mich zu richten: »wo ist der andere?« Sie haben sich nicht wiedergesehen. Aber das waren die dunkeln Loose, die noch im Schooß der Zukunft ruhten, als wir, unsere Rücken am warmen Schornstein, aus der Bucht von Oban hinausfuhren.

Die Fahrt geht südlich und führt uns zunächst wieder an der Insel Mull und ihren Basaltformationen vorbei. An einer Stelle, wo nach meilenweiter Oede ein Grasplatz den Felscharakter dieser Küste unterbricht, deutet der Finger des Capitains auf ein ärmliches Häuschen, wo Sir Colin Campbel, der jetzige Lord Clyde, geboren wurde. Sein Vater, ein Zimmermann, starb erst letzten Winter zu Granton bei Edinburg, neunzig Jahre alt. Nach etwa zweistündiger Fahrt haben wir die Höhe der Insel Jura erreicht und biegen nun scharf östlich ein, um den Crinankanal zu erreichen, der die lange Halb-Insel Cantire an ihrem Oberende durchschneidet. Cantire, etwa zwölf deutsche Meilen lang, gleicht einem vorgestreckten Bein des schottischen Festlands, und wer den Kanal verschmäht (der genau der Weichenlinie dieses Beins entspricht), der ist gezwungen, vorausgesetzt, daß er nach Glasgow will, zwölf Meilen hinunter und fast eben so viele Meilen wieder hinaufzufahren. Der Unterschied, in Zahlen ausgedrückt, ist wie 1 zu 20. So benutzen denn alle kleineren Fahrzeuge, die von Norden kommen, diesen Kanal, und die Hutcheson'schen Dampfschiffe, die vielleicht zu viel Tiefgang haben, helfen sich auf die Weise, daß an beiden Enden des Kanals eine Ausschiffung der Passagiere stattfindet. Ein drittes Boot, in

Form eines überdeckten Elbkahns, unterhält die Communication zwischen dem Außen- und Innensteamer, von denen der eine (der Außensteamer) die Fahrt nach Oban, der andere die Fahrt nach Glasgow macht.

Wir haben die Außenseite des Kanals erreicht, verlassen den Oban-Steamer und machen in einer Art Treckschuite, an zum Theil hübschgelegenen Landsitzen vorbei, die Kanalfahrt bis nach Lochgilphead hin (an der Innenseite der Halbinsel), wo der Glasgow-Steamer eben anlegt, um seine Passagiere an Land zu setzen und uns statt ihrer einzunehmen. Auf der Landungsbrücke begegnen sich die beiden Menschenströme. Es ist dasselbe Leben und Treiben, das jeder kennt, der auf den großen Verwirrungsbahnhöfen von Mecheln, Bamberg, Magdeburg etc. ein Augenzeuge oder Mitspieler modernen Reisetroubels gewesen ist. Was mir nichtsdestoweniger die ganze Scene lebhaft im Gedächtniß erhalten hat, war die Erscheinung zweier Männer in Hochlandstracht, die, während wir von der Menschenmasse vor- und zurückgeschoben wurden, mit festem Schritt vom Quai zur Landungsbrücke herniederstiegen. Die Schönheit des schottischen Costüms war mir nie so frappant entgegengetreten. Die Hochländer, ächt und unächt, denen man in London oder im Süden Englands begegnet, lassen viel zu wünschen übrig. Es sind meist Bettler (ächtes Londoner Vollblut aus Clerkenwell und St. Giles), die sich einen Kilt und Dudelsack gemiethet haben, oder im günstigsten Falle südschottische Farmerssöhne, die dem Verlangen nicht widerstehen können, dem lang- und dünnbeinigen Londoner zu zeigen, was es mit einer national-schottischen Wade auf sich habe. Diese Londoner Eindrücke, die nicht allzu günstig für das Hochlandscostüm waren, änderten sich freilich bald, als ich nach Schottland kam; nie aber war mir das zugleich Malerische und Imposante dieser Tracht so überraschend entgegengetreten wie in diesem Augenblick, wo die Brücke, auf der wir standen, unter dem herniedersteigenden Taktschritt der zwei Hochlandssöhne zu vibriren anfing. Der ältere von ihnen war ein Häuptling, das bewies die Adlerfeder, die in der Agraffe seiner Mütze steckte. Beide waren über sechs Fuß hoch und die Jagdflinte, die auf ihren Schultern hing, nahm sich aus wie ein bloßes Spielzeug. Es waren Londoner Gardeoffiziere (der schottische Adel ist in den Garderegimentern stark vertreten), die vor acht oder vierzehn Tagen die Residenz verlassen hatten, um die Jagdzeit, die shooting season, in ihrer Heimath, dem Hochland zu verbringen. Der jüngere von beiden trug die Hochlandstracht nur, wie man ein Phantasiecostüm trägt. Aus jenem graugelben Sommerzeug, das jeder kennt, der einem halben Dutzend reisender Engländer irgendwo in der Welt begegnet ist, hatte er sich einen Kilt und eine Jacke machen lassen und nichts an ihm war ächt schottisch als die dunkelblaue Wollenmütze und der kurze, graukarrirte Strumpf. An jeder andern Stelle der Welt wäre er ein schöner Mann gewesen, neben seinem Freunde, dem Häuptling, aber nahm er sich aus wie dessen Milchbruder; ebenso groß, ebenso breit, ebenso frisch, aber racelos. Der Häuptling schritt, ohne ein direktes Zeichen der Ueberhebung, durch die Menschenwoge hin, als habe er nicht das geringste mit ihr gemein. Er trug eine weite schwarze Sammtjacke und viel gelb in dem gewürfelten Tartan, war also von dänischer Abstammung*), wahrscheinlich ein Macleod. Um den Leib trug er jene eigenthümlich schottische Jagdtasche, die fast die Form einer Geldkatze hat, und die sechs langen Geisbärte, die wie eben so viele Siegeszeichen an dieser Tasche zu hängen pflegen, fielen malerisch über den faltenreichen Kilt. Das kurze schottische Schwert hatte er daheim gelassen, aber das Fangmesser, mit einem großen Amethyst oben am Griff, steckte nach Landessitte im rechten Strumpf und bewies, neben der

*) Unter den Tartans (den buntgewürfelten schottischen Zeugen) unterscheidet man drei Hauptgruppen: die mit viel roth, mit viel grün und mit viel gelb. Roth ist die Farbe der schottisch-britischen Clane, grün die Farbe derer, die aus Irland stammen, und gelb tragen diejenigen, die sich von den Dänen und Skandinaviern herleiten.

Adlerfeder, wer der Ankömmling sei. Nie habe ich eine schönere Erscheinung gesehen; selbst die wachthabenden Royal Blue's, denen man in den Corridoren von St. James und Buckingham-Palace begegnet und die mir in ihren Helmen und Stulpenstiefeln, den Pallasch nachlässig in den linken Arm gelehnt, so oft wie herabgestiegene Kriegsgötter erschienen waren, verschwanden in der Erinnerung neben dem Häuptling der Macleods.

Nach einer halben Stunde waren wir glücklich an Bord des Glasgow-Steamers. Die Fahrt geht von Lochgilphead aus wieder südlich, abwechselnd an flachen und felsigen Ufern vorbei, aber die gedeckte Tafel und die Mahnungen des Stewarts rufen uns zunächst von Deck in den Salon und entziehen uns der Naturbetrachtung. Auch nachdem wir unsere alten Plätze auf der Gallerie des Steamers wieder eingenommen haben, kommen wir nicht mehr zu einem Festhalten all der Bilder, die an uns vorüberziehen. Die Schuld liegt nicht an dem Gebotenen, sondern an der Unmöglichkeit, die Fülle des Gebotenen aufzunehmen. Die Bilder sind prächtig, reich, grandios und in ihrer Belebtheit fesselnder und reizvoller als die Mehrheit dessen, was wir bisher gesehen; aber es geht im Fluge daran vorüber und wir ertrinken fast im Stoff. Wir gleichen einem, der das große Loos gewonnen hat und dem es in purem Golde ausgezahlt werden soll; anfangs glitzert es ihm entgegen und er lacht und strahlt bei jedem neuen Stück, bald aber bittet er, es ihm düten- und beutelweis zu liefern. Gold bleibt Gold und Lust und Fähigkeit sind hin, um nach dem Rande zu gucken oder nachzusehen, welches Potentatenbild die Münze schmückt. Von Rothsay an (die schöne Insel Arran zur Rechten) wächst der Verkehr von Minute zu Minute, bis wir Greenock erreichen, den Hafen Glasgows an der Mündung des Clyde. Von hier an beginnt ein Treiben, das ich nur mit der Einfahrt in die Themse vergleichen kann; selbst die Fahrt den Mersey hinauf bis Liverpool, bietet nichts Aehnliches. Stadt drängt sich an Stadt; hunderte von Schiffen und Dampfern steuern an uns vorüber oder wir an ihnen; die Flaggen aller Nationen sind um uns her; Leben, Fülle, Reichthum, wohin wir blicken, und die Wahrheit zu gestehen, ein Gefühl der Heimathlichkeit kommt wieder über uns. Diese Fahrt den Clydefluß hinauf, gleicht einer Themsefahrt von Gravesend bis London, und wenn man auch der Themse und ihren Ufern freilich eine größere Wichtigkeit zugestehen muß, so haben die Ufer des Clyde die größere Schönheit voraus.

Spät Nachmittags passirten wir Dumbarton, eine jener vier Felsenfestungen, die, nach dem Wortlaut der Unionsakte, als feste Punkte gehalten werden müssen. Die Sonne ging eben unter und Felsen und Festung lagen wie ein Wolkenschloß da, um das breite, goldene Lichter spielen. Eine halbe Meile weiter aufwärts erreichten wir Bowling, den Hauptstationsort für alle Reisenden, die, von Glasgow oder dem Süden her, einen Ausflug nach dem Loch Lomond machen wollen. Unser Steamer legte, aus besonderer Freundlichkeit gegen uns, an eben dieser Stelle an und eine Viertelstunde später führte uns ein Abendzug bis an das Gasthaus von Balloch, am Südwestufer des Lomond Sees.

Als wir im Gasthaus zu Balloch ankamen, war es bereits zu spät, um noch einen Ausflug auf den See hinaus machen zu können; wir hätten wenigstens Mondschein haben müssen, und der fehlte. So ließen wir denn Tische nach draußen bringen und nahmen unter einer Gruppe von Kastanienbäumen Platz, die uns just noch einen Blick auf Gärten und Wiesen und dahinter auf einen schmalen Streifen des Lomond-Sees gestatteten. Von Zeit zu Zeit trug der Abendwind eine weiche, kühle Luftwelle wie einen Gruß zu uns herüber. Wir waren unserer vier, seit sich von Bowling aus zwei Schotten, ein Mr. Tait und ein Mr. Henderson, zu uns gesellt hatten. Mr. Tait war aus Melrose, wo er an einem Armen- und Rettungshause, wie es deren in England und Schottland so viele giebt, als geistlicher Direktor angestellt war. Die Salbung, mit der er sprach, ließ kaum einen Zweifel darüber, daß er ein Temperanzprediger sei.

Mr. Henderson war noch jung und auf dem Punkt, über den Loch Lomond nach Aberdeen zurückzukehren, wo ihm ein Onkel gestorben war. Diesen Onkel zu beerben, reiste er jetzt nach dem Norden zurück. Die goldenen Aussichten machten ihn gesprächig und er erzählte viel von seinem früheren Leben, das interessanter war, als ein Leben von 22 Jahren gewöhnlich zu sein pflegt. Er war mit in der Krim gewesen, bei Inkermann leicht verwundet worden und hatte dann während des thatenlosen, trübseligen Winters, der folgte, seinen älteren Kameraden von der Füsiliergarde Romane von Currer Bell und Geschichtskapitel aus Macauley vorgelesen. Vorher war er in Indien gewesen. Das fällt in England nicht auf und jeder darf von seinen Reisen erzählen, ohne deßhalb der Eitelkeit bezüchtigt zu werden. Es ist gleichgültig, ob man in Greenwich oder in Shanghai zu Mittag gegessen hat, und weil es gleichgültig ist, ergiebt sich die vollste Unbefangenheit bei Sprecher und Hörer.

Beim Plaudern hatten wir die Abendkühle nicht beachtet, die jetzt anfing uns frösteln zu machen. Ein Glas »Toddy« indeß (Whisky-Punsch) stellte das Wohlbefinden rasch wieder her und in der besten Laune oder, wie die Engländer zweideutig sagen, »in good spirits,« zogen wir uns endlich in unsere Schlafzimmer zurück.

Der andere Morgen führte uns an Bord des »Mac Gregor« wieder zusammen und um zehn Uhr früh begann die Fahrt über den schönen See. Der Loch Lomond ist der Nachbar des Loch Katrine. So befanden wir uns denn nach Verlauf von wenigen Wochen wieder an alter Stelle, d.h. in jenem viel besungenen Mac-Gregor-Lande, das wir von Stirling aus bereist hatten. Wieder sahen wir auf Schiff und Boot die wohlbekannten Clanfarben und hörten Geschichten von dem letzten Helden des Clan Alpine, von Rob Roy. »Dort steht die Hütte, wo seine Flinte vorgezeigt wird; dort ist die Höhle, wo er sich verbarg«, so erzählen sich die Passagiere und zeigen hier und dort hin. – Der Loch Lomond ist eine schöne, noble Wasserfläche und es kommt ihm zu, daß er »der König der Seen« heißt. Dieß ist jedoch mehr sein Ehrentitel als sein Name; die eigentliche Bedeutung von Loch Lomond ist »der inselreiche See.« Er ist groß und wasserreich und die Inseln schwimmen auf ihm wie große Nymphäenblätter. Selbst die Berge an seinen Ufern scheinen ihn nicht gebieterisch einzudämmen, sondern gleichen Satelliten, die ihn umstehen und begleiten. Die Stellung dieser schönen Berge, die sich bis 3000 Fuß hoch erheben, ist nämlich der Art, daß man immer in ihrem Kreistanze bleibt und sie jederzeit um sich hat wie den Mond, wenn man in einer klaren Nacht meilenweit durch die Felder fährt.

Nach etwa zwei Stunden hatten wir die Spitze des Sees erreicht. Die meisten Passagiere verließen uns (auch Mr. Henderson), um nach Loch Katrine oder dem Norden zu gehen; wir aber, die wir Perth- und Inverneßshire kannten und nur erschienen waren, um dem Loch Lomond unsere besondern Honneurs zu machen, waren entschlossen, mit demselben Dampfboot, das uns gebracht hatte, nach Balloch und dem Süden zurückzukehren. Wir hatten ein paar Stunden Zeit, durchzogen die nachbarlichen Schluchten, bis wir müde waren, und warfen uns dann in's Farrenkraut nieder, wo junge Eschen und Hagedornbüsche eine Laube für uns bereitet hatten.

Nachmittags begann die Rückfahrt. Die Gesellschaft war steif und leblos und wir waren endlich froh, mit einer irländischen Dame in's Gespräch zu gerathen, die uns bald völlig in Anspruch nahm. Es war eine ächte Tochter Erins: lebhaft, witzig, ungenirt, von bedenklicher Toilette und gleichgültig gegen die üblichen Formen englischer Sitte und englischen Anstands. Ihr Name war Miß Arabella Fitzpatrick; Karten führte sie nicht, aber sie war freundlich genug, auf ein abgerissenes Stückchen Papier uns obige Namen aufzuschreiben. In England wäre das mindestens »shocking« gewesen. »You are Germans?« begann sie, als wir auf der Schiffswand saßen und, der Höhle Rob Roys den Rücken zukehrend, wenig Lust bezeugten, uns den üblichen Ciceronevortrag zum zweiten Male halten zu lassen. Wir nickten. »Es sind noch mehr Deutsche an Bord«, fuhr sie fort und zeigte auf eine Gruppe großer starker Männer, die in lebhaftem Gespräch neben dem Kajüteneingang standen. Sie hatte Recht. Es zeigte sich bald, daß sie der deutschen Sprache einigermaßen mächtig war. Wir sprachen nun von der Schönheit des Sees, endlich auch von dem romantischen Charakter Irlands und fügten den aufrichtig gemeinten Wunsch hinzu, »die grüne Insel« mit nächstem bereisen zu können. Das gewann uns ihr Herz. Sie fing nun an allerhand Beschreibungen und sonstige berühmte Stellen aus Thomas Moore zu citiren, den sie auswendig zu kennen schien. Als sie endlich anhob:

Erin, thy silent tear never shall cease,
Erin, thy languid smile ne'er shall increase,

konnte ich dem Drange nicht widerstehen, in das wohlbekannte Lied mit einzustimmen, und so folgten denn, wie ein gesprochenes Duett, zwischen ihr und mir, die Schlußzeilen:

Till, like the rainbow's light,
Thy various tints unite,
And form in heaven's sight
One arch of peace.

Sie sah mich groß an und sagte dann: »You are a poet.« Ich lehnte die Ehre ab, zeigte aber auf meinen Reisegefährten und flüsterte vertraulich: »He is.« »Gut denn[«], fuhr Miß Arabella fort, »so wird Ihr Freund es übernehmen, einen hübschen Reim, ein Erinnerungswort hier in mein Buch zu schreiben. Er muß begeistert sein, hier der Loch Lomond und hier – ich.« Sie lachte und gab ihm ihr Notizbuch. Ablehnung wäre wenig am Platze gewesen; so nahm Freund B. denn den Handschuh auf und schrieb in verbindlicher Weise:

Ich liebte immer den Thomas Moor,
Heut' lieb' ich ihn mehr noch denn zuvor.
Ich hab' ihn gelesen hier und dort,
Hinreißt nur das lebendige Wort.

Die Zeilen waren mit deutschen Buchstaben geschrieben, die der Miß Arabella fremd waren. Sie reichte mir also das Büchelchen zurück und bat mich, ihr die Zeilen langsam vorzulesen. Ich that es. »Ach«, fuhr sie fort, »ein Impromptu! Es klingt sehr gut; bitte, übersetzen Sie es mir.« Ich wollte eben eine simple Prosaübersetzung beginnen, als mir's durch den Kopf schoß, wohl oder übel die Uebersetzung in ein paar englischen Reimen zu versuchen. Es ging leichter, als ich dachte, und in nicht allzu langen Pausen deklamirte ich:

I ever liked your Thomas Moore,
I like him more now than before.
The irish harpers full accord
Sounds mightier in the spoken word.

Sie hatte aufmerksam zugehört, lachte schelmisch und sprach dann rasch:

Deceiver, deceive no longer me!
You are a poët as well as he.

Der »He« war Freund B., auf den sie zeigte. Der letztere, begierig sich für die Verlegenheiten zu revanchiren, die ich ihm bereitet hatte, stimmte mit ein, und das vorgehaltene Notizbuch ließ mir zuletzt keine Wahl mehr. Ich schrieb also folgendes oder wenigstens ähnliches:

Es hat geklippt, es hat geklappt,
Ich seh es wohl, ich bin ertappt;
Erst Dichter, Leugner dann – so geht's,
Ein Uebel gebiert das andre stets.

Impromptuschreiber sind wie Kinder, die beim Spiel nicht müde werden, und wer weiß, wohin diese Vierzeilen geführt und wie viel Notizblätter sie noch gekostet hätten, wenn nicht eben jetzt der würdevolle Mr. Tait an uns herangetreten wäre, um über die alte Vogelflinte Rob Roy's eine schätzenswerthe Mittheilung zu machen. Die Impromptu's (als wäre die Vogelflinte selber losgegangen) flogen davon, wie ein aufgescheuchtes Volk Hühner.

Mr. Tait war salbungsvoll, aber gastfreundlich. Der Moment war nahe, wo wir scheiden mußten, und der würdige alte Herr wollte sich nicht von uns trennen, ohne uns vorher mit liebenswürdiger Dringlichkeit nach Melrose hin, und zwar zu einem »plain scotch dinner« an seinem eigenen Tische, eingeladen zu haben. Wir sagten zu, hielten aber nicht Wort. Freund B. und ich pflegten uns später gegenseitig vorzuwerfen, daß wir den Besuch aus Furcht vor einem Temperanz-Diner unterlassen hätten, in Wahrheit aber trug »Melrose-Abbey« die Schuld, deren wunderbar schöne Ruinen uns Mr. Tait, sein Rettungshaus und sein plain scotch dinner vergessen ließen.

Gegen sieben Uhr waren wir wieder in Balloch, am Südufer des Sees. Eine Stunde später führte uns ein Schnellzug zunächst nach Bowling, dann ostwärts mit wachsender Raschheit nach Glasgow. Die Sonne war längst unter, als wir uns der reichen Hauptstadt des schottischen Westens näherten, aber die dunkeln Häusermassen traten doch noch deutlich aus dem grauen Abendschimmer hervor. Die Frage entstand, »bleiben oder nicht?« Die Schilderungen, womit uns ein lokalpatriotischer Glasgower während der Fahrt unterhalten hatte, waren an Ohr und Herz meines Reisegefährten nicht spurlos vorübergegangen; ich meinestheils sehnte mich aber zurück nach Canongate und der High-Street von Edinburg. Statt aller weiteren Antwort zeigte ich nur auf einige der dreihundert Fuß hohen Fabrikschornsteine, deren eben mehrere, wie erstarrte Dampfsäulen, hoch in den Himmel stiegen. Der Schornstein ist das Wahrzeichen Glasgows. Dieser Hinweis genügte. Von einer Seite des Bahnhofs eilten wir rasch nach der andern hinüber, wo der Edinburger Zug bereits ungeduldig wartete und seine Ungeduld durch Murren und Zischen zu erkennen gab; dann ein lang anhaltender Pfiff, und an Falkirk und seinen Schlachtfeldern vorbei, ohne Gruß für Linlithgow, das wie ein Schattenbild neben uns verschwand, bogen wir nach kaum einstündiger Fahrt um den Schloßfelsen Edinburgs herum und sahen seine Häuser rechts und links emporsteigen, phantastisch nebelhaft wie immer, eine Wolkenstadt, aus der die Lichter blitzten.

Lochleven-Castle.

Die Fackeln längst erloschen, deren Gluth
Lichtfurchen zog auf dieses Sees Fluth;
Das Leben längst erloschen, hin der Klang,
Der hier im Echo von den Mauern sprang,
Die Mauern selbst zerbröckelt, öd der Thurm
Und im Camine heimisch nur der Sturm

Michael Bruce's »Lochleven«.

Lochleven-Castle, mit alleiniger Ausnahme von Holyrood-Palace, steht obenan unter den schottischen Schlössern, die, mit in die Geschichte Maria Stuarts verwebt, durch eben diese Verwebung auch ihrerseits berühmt geworden sind. Im Schlosse von Lochleven saß die schöne Königin fast ein Jahr lang gefangen, jenes letzte Jahr auf schottischem Grund und Boden, das ihrer unheilvollen Flucht nach England vorausging.

Was zur Auflehnung des schottischen Adels gegen die Königin, und schließlich zu ihrer Gefangensetzung in Lochleven führte, war bekanntlich ihre Verheiratung mit Bothwell. An der Spitze der Unzufriedenen stand ihr Halbbruder, der Graf v. Murray. Bei Camberry-Hill stießen die feindlichen Parteien aufeinander; Bothwell, auf die Anklage hin, »der Mörder Darnley's« zu sein, wurde zum Zweikampf gefordert, lehnte aber schimpflich ab und floh; mit ihm das Heer der Königin. Diese selbst überlieferte sich den Siegern, und wurde als Gefangene nach dem der Douglas-Familie zugehörigen Schlosse von Lochleven gebracht.

Dies Schloß von Lochleven zu sehen, war seit vielen Jahren mein Wunsch gewesen, und ich hätte Edinburg nicht verlassen mögen, ohne zuvor einen Ausflug nach diesem reizenden Punkt gemacht zu haben. Es ist eine Unsitte, die, wie überall, so auch in Schottland herrscht, dem Reisenden gleichsam eine bestimmte Reiseroute, eine bestimmte Reihenfolge von Sehenswürdigkeiten aufzudrängen. Irgend eine Eisenbahn- oder Dampfschifffahrt-Compagnie findet es für gut, diesen See, diesen Berg, diese Insel als das Schönste und Sehenswertheste festzusetzen; regelmäßige Fahrten werden eingerichtet, bequeme Hotels wachsen wie Pilze aus der Erde, Stellwagen und Postillone, Bootsführer und Dudelsackpfeifer, alles tritt in den Dienst der Gesellschaft, und der Reisende, der ein Mensch ist, und in möglichst kurzer Zeit mit möglichst wenig Geld das Möglichste sehen möchte, überläßt sich wie ein Gepäckstück diesen Entrepreneurs, und bringt sich dadurch um den vielleicht höchsten Reiz des Reisens, um den Reiz, das Besondere, das Verborgene, das Unalltägliche gesehen zu haben. Eine kleine Schönheit, die wir für uns selber haben, ist uns lieber, wie die große und allgemeine.

Den Entrepreneurs hat es bisher nicht beliebt, den Leven-See, überhaupt die Grafschaft Fife, unter jene Punkte aufzunehmen, die gesehen werden müssen; es lag außerhalb des Weges, und wenige kümmerten sich darum. Das wird jetzt muthmaßlich anders werden. An demselben Tage, an dem wir aufbrachen, um unsern Besuch auf dem alten Schlosse abzustatten, wurde die Eisenbahn zwischen Edinburg und Lochleven eröffnet, und ich hege keinen Zweifel, daß die betreffende Actien-Gesellschaft Sorge tragen wird, den halbvergessenen Punkt wieder zu Ehren zu bringen, und mit Hilfe der Romantik die Actien steigen zu machen.

Wir brachen Früh auf von Edinburg. Ich werde dieses schönen Tages nicht leicht vergessen. Wenn es schon ein Glück war, die ersten zu sein, die auf einer bis dahin ziemlich beschwerlichen Tour die eben eröffnete Eisenbahn benützen konnten, so war dies günstige Ungefähr doch nur das Zeichen, das Vorspiel eines glücklichen Tages. Wer kennt nicht die Stimmung, die uns beschleicht, wenn wir zur Sommerszeit am Abhange eines Waldes ausruhen, hinausblicken auf eine sonnenbeschienene Wiese, hinaufblicken in den Himmel, daran dünne Wolken ziehen, und aus Wald und Feld her räthselhafte Laute vernehmen, als spräche die Natur? Ein Träumen kommt über uns, wir denken nichts Bestimmtes, wir fühlen nichts Bestimmtes, aber die süße Gewohnheit des Daseins zieht wie mit doppelter Süße durch unser Herz. Diese Stimmung war es, die mich den Tag über begleitete; die Klänge eines alten Liedes schmeichelten sich in mein Ohr.

Die Fahrt von Edinburg bis zum Städtchen Kinroß, in dessen unmittelbarer Nähe Lochleven gelegen ist, dauert auch jetzt noch drei bis vier Stunden, wiewol die Entfernung in gerader Linie kaum fünf deutsche Meilen beträgt. Aber die Eisenbahn beschreibt die wunderlichsten Linien, und man springt vor und wieder zurück, wie ein Springer auf dem Schachbrett. Man fährt zunächst von Edinburg bis Leith und passirt dann in einem Dampfboot den breiten Meerbusen des Forth. Im Hinüberfahren gewahrt man rechtshin das Dorf Aberdour. An den Namen desselben knüpft sich eine der schönsten und ältesten schottischen Balladen, die Ballade von »Sir Patrick Spens«:

Der König sitzt in Dunfermlin-Schloß;
Er trinkt blutrothen Wein:
Wer ist mein bester Segler,
Er muß in See hinein!

Höflinge, falsche Freunde des Sir Patrick antworten dem Könige: »Wer anders könnt' es sein, als Sir Patrick.« Nun wird eine Fahrt beschlossen, ein Winter-Seezug (um die Sturmzeit) gegen die Dänen. Die Ehre verbietet dem Sir Patrick, das Commando abzulehnen, und die ganze Flotte, wie erwartet, scheitert in der Nähe von Aberdour. Niemand wird gerettet.

Nun sitzen viel schöne Frauen
Bei Aberdour am Strand
Und stützen die weiße Stirne
Auf ihre weiße Hand.

Sie tragen goldene Kämme
Und starren hinaus aufs Meer,
Doch sie erharren Keinen
Und sehen Keinen mehr.

Wir sind glücklicher in unserer Fahrt, als der arme Sir Patrick, und erreichen wohlbehalten North-Queens-Ferry, von wo uns die Eisenbahn zunächst nach dem alten Dunfermlin führt. Dies ist dasselbe Dunfermlin, wo der eben citirte alte Balladenkönig den »blutrothen Wein« trank. Es ist eine der ältesten Städte Schottlands, und war lange Zeit vor Edinburg und selbst vor Perth eine königliche Residenz. Malcolm Canmore, der Besieger und Nachfolger Macbeths, hatte hier ein Schloß, dessen Ruinen noch sichtbar sind. Von höchstem Interesse ist die alte Abtei, leider durch Um- und Neubauten sehr verunstaltet. Sie ist das Campo Santo der schottischen Könige von Malcolm Canmore (um 1070) bis etwa zur Thronbesteigung der Stuarts. Die Könige *vor* 1070 liegen auf der Insel Iona (dicht bei Staffa) in langer Reihe begraben; *Macbeth beschließt den Zug.* Die meisten Grabsteine in der Abtei von Dunfermlin zeigen keine deutlichen Namen mehr, so daß es als ein besonderes Glück angesehen werden muß, das interessanteste der vorhandenen Königsgräber durch einen Zufall wohlerhalten zu finden. 1818 bei Hinwegschaffung eines Trümmerhaufens (der Jahrhunderte lang das darunter verborgene Grab geschützt hatte), entdeckte man den Grabstein des Robert Bruce mit der Jahreszahl 1329. Man öffnete und fand das Skelett des großen Königs (groß auch körperlich) in Blei gehüllt; selbst ein Theil seines Grabtuches war noch vorhanden. Die Stadt ist auch dadurch interessant, daß Karl Stuart in einem ihrer vielen Paläste geboren wurde.

Von Dunfermlin aus zieht sich die Eisenbahn, statt direct nach Kinroß zu gehen, meilenweit östlich hin, und läuft eine lange Strecke an der Meeresküste entlang. Das Land ist flach aber nicht reizlos, und gewinnt namentlich da, wo man des Loch-Leven oder des Leven-Sees ansichtig wird, einen eigenthümlichen Zauber. Ueberhaupt wird der Osten Schottlands ohne Noth auf Kosten des Westens vernachlässigt. Was dieser an Großartigkeit der Formationen voraus hat, ersetzt der Osten reichlich durch Lieblichkeit und Leben in der Landschaft, und durch jenen Reiz, den ihm Sage und Geschichte verleihen.

Kinroß ist eine anspruchslose kleine Stadt, unmittelbar am See gelegen. Ihr Reiz besteht in ihrer Stille und Abgeschiedenheit, worin sies dem stillen Linlithgow noch zuvorthut. Kein königlicher Palast, kein figurenreicher Brunnen geben dem Orte Bedeutung; er hat nur seinen See, seine Lachsforellen und sein zerfallenes Schloß. Ein solcher Ort hat natürlich nur ein Hotel, und spart dem Reisenden die Wahl. Im Salutation-Inn stiegen wir ab, was ungefähr sagen will, im Gasthof zum freundlichen Gruß. Die lachende Wirthin blieb hinter dem Versprechen ihres Hauses nicht zurück, und nachdem wir ein Mittagsbrod von Lachsforellen bestellt hatten, die dem Leven-See eigenthümlich sind, und von jedem gegessen werden müssen, der Kinroß besucht, brachen wir auf, um »dem Schloß im See« unseren Besuch zu machen. Die Mittagssonne stand am Himmel, als wir in das Boot stiegen, das für spärlich eintreffenden Besuch die Communication zwischen dem

Ufer und dem Schloß im See unterhält. Der See, der ungefähr eine Drittel-Quadratmeile umfassen mag, hat zwei kleine Inseln, die übrigens in ziemlicher Entfernung von einander liegen. Auf der einen befinden sich die Trümmer eines alten Klosters, auf der andern das Schloß von Lochleven.

Diesem fuhren wir jetzt zu. Zwei Leute handhabten die Ruder, ohne sich besonders zu übereilen; der eine ein breitschulteriger Bootsknecht, der andere ein blasser, kränklich aussehender Mann, mit etwas Träumerischem im Auge. Er war der Besitzer des Boots, hieß Mr. Marshall, und fungirte zugleich als Fremdenführer. Was diesen Mann weit über all die hunderte von Führern erhebt, die ich kennen gelernt habe, war seine unaffectirte Begeisterung für den See und das Inselschloß, dem wir jetzt zuruderten. Zunächst verhielt er sich schweigsam, weil er nicht wissen konnte, ob wir zu den frivolen oder den pietätsvollen Reisenden gehörten, und sein See und Schloß ihm viel zu heilig war, um eine Profanirung desselben muthwillig herauszufordern; kaum aber, daß er aus meinen Fragen ein ungeheucheltes Interesse und ein gewisses Vertrautsein mit der Geschichte des Orts erkannt hatte, so floß ihm das Herz über, und zu den Ruderschlägen, die im Tacte auf- und niedergingen, klangen jetzt die Versrythmen aller derer, die je ein Lied zu Ehren Lochlevens gesungen haben. Unter all den Citaten, mit denen er nicht sparsam war, vermißte ich nur eines, ein Citat aus jener alten Ballade, die von dem Aufenthalt des Grafen Percy auf diesem Schloß spricht. Ich fragte den Rhapsoden von Kinroß, ob er jenes alte Lied nicht kenne, und als er es verneinte, erzählte ich ihm, wie Graf Percy, der aus England fliehen gemußt, auf diesem Schloß Schutz gesucht und gefunden; wie William Douglas aber ihn verrathen habe, und wie alle Warnungen von Mary Douglas, die den Percy geliebt und das Benehmen ihres Bruders verabscheut habe, umsonst gewesen seien. Vergeblich habe sie ihn an den See geführt, und ihm auf dem Grunde desselben, mit Hilfe eines Zauberrings, die Bilder seiner Zukunft und seines Todes gezeigt: den Marktplatz von York, das Schaffot, den Lord-Oberrichter und das Beil in der Hand des Henkers. Allen Warnungen und Versicherungen gegenüber habe er immer nur geantwortet:

»Die Douglas waren immer treu,
Auch William Douglas muß es sein,«

und habe endlich das Vertrauen in die Treue der Douglas mit seinem Leben bezahlt. Während ich sprach, konnte ich deutlich wahrnehmen, daß Mr. Marshalls Herz von zwei entgegengesetzten Gefühlen bewegt wurde: das erste war ein Gefühl der Zerknirschung darüber, daß es einem Fremden vorbehalten sein mußte, ihm neuen Stoff zur historischen Belebung seines Sees und Schlosses zuzutragen; die zweite Empfindung aber, die jener unmittelbar auf dem Fuße folgte und sie verdrängte, war die der Freude und des Dankes. Um der Sache willen, die ihm vor allem am Herzen lag, vergaß er rasch und gern, was er im ersten Augenblick als das Bittere einer persönlichen Niederlage empfunden hatte.

Während dieses Gespräches hatten wir die Insel erreicht. Sie war in alten Zeiten so klein, daß sie nur eben den Raum zur Erbauung eines Schlosses hergegeben hatte, das dann wirklich wie aus dem Wasser emporwuchs und von den Wellen des Sees bespült wurde. So war Lochleven-Castle zu den Zeiten der Maria Stuart, so war es noch (wenn auch bereits in Trümmer zerfallen) während der ersten dreißig Jahre dieses Jahrhunderts.

Erst im Jahre 1831 hat eine Canal-Anlage, die, ich weiß nicht zu welchem Zwecke, unternommen wurde, den schönen See um seinen Wasserreichthum gebracht, und das Niveau desselben um mehr denn vier Fuß erniedrigt. Dadurch haben Schloß und Eiland ihren früheren Charakter verloren, und allmälig sich abflachend zieht sich jetzt ein breiter tannenbewachsener Gürtel um den alten Mittelpunkt herum.

Dieser ehemalige Mittelpunkt ist durch eine Feldsteinmauer, die ihn einfaßt, noch deutlich erkennbar; die einzelnen Baulichkeiten aber sind zerfallen, mit Ausnahme von zwei Thürmen, einem runden und einem viereckigen. An diese beiden Thürme knüpft sich jenes Bruchstück aus dem Leben Maria Stuarts, das die Ueberschrift trägt: Schloß Lochleven. In dem runden Thurm, der der kleinere ist, und nach Westen blickt, saß sie gefangen. Der Thurm bestand aus einem Souterrain und drei Stockwerken, die sich noch alle sehr wohl unterscheiden lassen. Das Souterrain hat Walter Scott in seinem Romane: »Der Abt« als eine Schmiedewerkstatt dargestellt, was, wie Mr. Marshall ernsthaft versicherte, zu den schlimmsten der poetischen Licenzen gehöre, deren sich der große Dichter jemals schuldig gemacht habe. Es sei eben ein Keller gewesen und weiter nichts. – Die Wölbung über diesen Keller existirt noch, so daß es möglich wird, in dem darüber gelegenen Hochparterre-Raum einen Besuch zu machen. Dieser Raum war das Wohn- und Empfangszimmer der Königin; ich bedaure, seinen Umfang nicht ausgemessen zu haben, doch erschien es mir kaum größer, als das durch seine Kleinheit ausgezeichnete supping room im Palaste von Holyrood. Das Zimmer hat zwei Fenster, ein größeres und ein kleineres, mit deren Hilfe die Königin beständig allerhand Zeichen zwischen sich und ihren Anhängern am West-Ufer des Sees ausgetauscht haben soll. Das Deckengewölbe dieses ersten wie auch des zweiten und dritten Stockwerkes ist eingestürzt, so daß man, die Augen nach oben richtend, wie durch einen geräumigen Schornstein hinauf ins Blaue blickt. Die beiden oberen Stockwerke sind indeß durch Fenster- und Caminnischen noch deutlich markirt. Das Zimmer im zweiten Stockwerk, durch eine schmale Treppe mit dem sitting room in Verbindung stehend, diente als Schlafzimmer der Königin; über demselben, also im dritten und letzten Stockwerk, befand sich eine Art Wachtlocal, da die mehrfach sich wiederholenden Fluchtversuche der Königin es nöthig machten, beständig auf der Huth zu sein. Einmal war es ihr bereits geglückt, in der Verkleidung ihrer Waschfrau die Wächter zu täuschen, und glücklich in das Boot zu gelangen, das bestimmt war, die wirkliche Wäscherin nach Kinroß zurückzurudern; als man indessen abstieß, und das Boot heftig zu schwanken begann, griff die Königin nach der Bootswand, um nicht das Gleichgewicht zu verlieren. In demselben Augenblick war alles verrathen; – diese weiße Hand gehörte keiner Waschfrau von Kinroß. Noch andere Versuche zu ihrer Befreiung hatten stattgefunden, so daß immer größere Strenge, immer peinlichere Ueberwachung nöthig geworden war. Diese Quälereien indeß führten schließlich zu einem Bruch in der Douglas-Familie selbst, und dadurch mittelbar zur Befreiung der Königin. Ehe ich die Geschichte dieser Befreiung erzähle, führe ich meine Leser nach dem viereckigen Thurm, der am Ostrande der Insel liegt und von der Familie Douglas damals bewohnt wurde. Es ist ein interessanter alter Bau, ohne einen andern Eingang, als durch die Küche, woraus Mr. Marshall geschlossen hat, daß vornehmer Besuch in Trag- und Schwebesesseln hinaufgewunden worden sei, – eine Hypothese, für die ich nicht die Verantwortung übernehmen mag. An der vom Wasser bespülten Außenwand des Thurmes lief aus Pfahl- und Plankenwerk ein Steg hin, an dem das Boot lag, das die Communication zwischen Schloß und Ufer unterhielt. Dieser Steg aber war nicht anders als durch ein Gitterthor zu erreichen, das in dem Winkel lag, wo die Schloßmauer auf den großen Thurm stieß. Die Schlüssel zu diesem Gitterthor waren in Händen der alten Lady Douglas. Diese saß am Abend des 2. Mai 1568 an der Familientafel, die Schlüssel, die sie immer bei sich führte, neben ihrem Teller auf den Tisch gelegt. Sie war seit einundzwanzig Jahren Witwe, führte aber immer noch das Regiment. Um den Tisch herum saßen ihre Kinder und Enkel, hinter ihrem Stuhl aber stand ein Page, kaum sechzehn Jahre alt, der ein illegitimer Sohn ihres ältesten Sohnes William war. Sie nannten ihn Willy Douglas, und rechneten ihn mit zur Familie. Als es dunkel geworden war, röthete ein Feuerschein den Himmel. Drei Personen im Schloß wußten, was es damit auf sich habe. Diese drei waren: die Königin, deren Freundin und Gesellschaftsdame Mary Seaton und – Willy Douglas. Er trat ans Fenster, wohl wissend, daß er dem Feuerschein begegnen würde, und rief dann wie bestürzt: »Feuer in Kinroß!« Die alte Lady erhob sich von ihrem Platz und sah hinaus; alle anderen folgten. Diesen Augenblick benützte Willy, warf ein Tuch über die Schlüssel, um sie geräuschloser aufheben zu können, und verschwand im nächsten Moment. Als er hinaustrat, schritt vom runden Thurm her die Gestalt Mary Seatons über den Schloßhof. Die Wache am Thor hatte sich täuschen lassen, – es war die Königin. Im Nu war das Gitterthor geöffnet und von Außen wieder geschlossen; den Steg entlang eilend sprangen beide ins Boot, und im nächsten Moment schon fielen die ersten Ruderschläge ins Wasser. Nach wenigen Minuten war alles entdeckt, aber das Gitter war geschlossen und kein anderes Boot zur Hand, als eine Art Fährboot, das auf dem Schloßhof stand. Ein Vorsprung von einer Viertelstunde war gewonnen. Als man im Schlosse einstieg, um die Flüchtigen zu verfolgen, landeten sie bereits am Ost-Ufer des Sees, und wurden unter lautem Jubel von den dort harrenden Reitern Lord Seatons empfangen. Die Schlüssel aber warf Willy Douglas in den See; dort sind sie von im Sande spielenden Kindern zu Anfang dieses Jahrhunderts gefunden worden.

Diese Geschichte, dem Munde unseres Führers nacherzählt (der auch hier die Walter Scott'sche Version verschmähte), vernahmen wir bruchstückweise, während wir in dem Wohn- und Eßzimmer der Lady Douglas auf- und abschritten, und bald berechneten, wo die Alte gesessen haben müsse, bald an das Eckfenster traten, an dem Willy Douglas ausgerufen hatte: »Feuer in Kinroß!« Die zur Küche führende Treppe hinuntersteigend, gelangten wir wieder ins Freie. Die Nachmittagssonne brannte auf dem grünen, mit Stein und Trümmern überdeckten Schloßhof; so setzten wir uns denn in den Schatten einer dicht am Ufer gelegenen prächtigen alten Esche, um das Bild der beiden Thürme von Lochleven nochmals auf uns wirken zu lassen; dann sprangen wir ins Boot und fuhren in derselben Richtung zurück, die das flüchtige Paar in jener Nacht genommen hatte. Die Tage von Lochleven waren die letzten Tage Mary's auf schottischem Grund und Boden. Am 2. Mai floh sie über den See, am 15. schon entschied sich ihr Schicksal an jenem Unglückstage von Langside. Willy Douglas bezahlte seine Liebe mit seinem Leben, die Königin aber floh und betrat in Carlisle den Boden Englands.

[XXVI.]
MELROSE-ABBEY.

Und willst Du des Zaubers sicher sein,
So besuche Melros' bei Mondenschein;
Die goldne Sonne, des Tages Licht,
Sie passen zu seinen Trümmern nicht.
Wenn die Bögen und Nischen im Schatten stehn,
Die Ecken und Pfeiler wie Silber sehn,
Wenn das weiße, kalte, zitternde Licht
Um den Mittelthurm seine Guirlanden flicht,
Wenn die Strebepfeiler sich wechselnd reihn,
Halb Ebenholz, halb Elfenbein,
Wenn's schneeig auf allen Gräbern liegt
Und die weißen Figuren noch weißer umschmiegt,
Wenn das Rauschen des Tweed, weitab gehört,
Wie Summen die nächtige Stille stört, –
Ja, dann tritt ein; bei Mondenschein
Besuche Melros' und – thu' es allein.

Wir konnten diesem guten Rathe Walter Scott's (Gesang 2 in the lay of the last Minstrel) leider nicht nachkommen; denn es dämmerte kaum, als wir von Edinburg aufbrachen und schon um 10 Uhr Vormittags trafen wir an Ort und Stelle ein. Das Städtchen Melrose, nur etwa vier deutsche Meilen von der englischen Grenze entfernt, liegt am Tweed, zum Theil an den Abhängen malerischer Hügel, die hier zu beiden Seiten den Fluß einfassen. Das Tweed-Thal gilt an dieser Stelle für außerordentlich fruchtbar, und um so mehr muß es überraschen, daß das Wort Melrose nicht »Honigrose« (wie man Angesichts so üppiger Landschaft glauben sollte), sondern vielmehr »Kahlenberg« bedeutet. Die alte Schreibart war nämlich »Mullroß«, ein Gälisches Wort, das etwa »unfruchtbares Vorgebirge« meint und sich auf der Insel Mull in richtiger Form erhalten hat, wo die südliche Felsenöde der Insel den Namen »Roß of Mull« oder Mullroß führt. Vielleicht daß der alte Theil der Stadt auf einer eingeschobenen Sandscholle errichtet wurde.

Das Städtchen selbst ist im Uebrigen interesselos, und man passirt es ohne Verzug, um erst hinter demselben, an dem Kirchhofsthore Halt zu machen, durch dessen Gitterstäbe man bereits die Abtei erblickt. Melrose-Abbey ward zwischen 1136 und 1146 vom König David I. gegründet, also ungefähr um dieselbe Zeit, wo die Abtei von Holyrood errichtet wurde. Melrose war ein Cisterzienser-Kloster und größer, reicher, schöner als irgend eine andere Abtei im Lande. Drei große Feinde indeß haben an der Zerstörung dieses Baudenkmals gearbeitet: der Krieg, das Puritanerthum und der Vandalismus der letzten Jahrhunderte. Melrose-Abbey wurde zu einem Steinbruch, dessen Wände und Pfeiler man zerschlug, um nachbarliche Stallgebäude aufzuführen. Aber auch unter den Ruinen des Landes ist sie die schönste geblieben.

Ein ziemlich breiter Kirchhof, mit alten Grabsteinen überdeckt, zieht sich an der Südfront der Ruine hin, und von dem südöstlichsten Punkt dieses Kirchhofs aus, hat man den schönsten Ueberblick über dieselbe. Im Norden zwischen Hauptschiff und nördlichem Querschiff befanden sich die Klostergebäude; der Thurm wuchs aus der Mitte des Kreuzes empor, und Chor und Oberschiff waren von ungewöhnlicher Länge.

Thurm und Dach sind eingestürzt, nur die Westseite des Thurms erhebt sich noch 84 Fuß hoch; der Chor (der überhaupt am besten erhalten ist) und einzelne Seitenschiffe tragen noch ganz oder theilweise ihre alten Gewölbe. Das große Westschiff mit seinen acht Strebepfeilern und den Ueberresten von eben so vielen Seitenkapellen ist am völligsten seines alten Glanzes beraubt, besonders da, wo die Hand des Puritanismus nicht blos niedergerissen, sondern in dem ihm eigenthümlichen Nüchternheitsstil auch aufzubauen und zu restauriren versucht hat. Die eine Hälfte des Westschiffs und zwar die dem Thurm zunächstgelegene, trägt nämlich einen Ueberbau aus dem Jahre 1618; aber es ist ein Rundbogen, wie wenn man einen Keller wölbt, und nicht die Abtei von Melrose.

Kein Theil des Gebäudes, der nicht schwere Schädigungen erfahren hätte; Vieles fehlt, Einzelnes ist verunstaltet, nichts destoweniger bietet sich dem Auge, neben der Schönheit der Proportionen, noch eine solche Fülle wohlerhaltener Einzelnheiten dar, daß es weder eines besonderen Geschicks noch einer besonders lebhaften Phantasie bedarf, sich die Ruine wieder als ein Ganzes zu denken und aufzubauen. Ich mag nicht bei den Einzelheiten verweilen, nicht die Portale und Nischen, die Simse und Friese beschreiben, selbst die besonders berühmten Fenster nicht, die sich in mächtiger Breite im Chor und über dem Südportal erheben; ich begnüge mich mit der Erklärung, daß diese Ruine zu jenen großartigen Schönheitswundern gehört, die einmal gesehen und in sich aufgenommen, nicht wieder vergessen werden. Sie ist nicht nur unter den schottischen, sondern überhaupt unter allen Ruinen, die ich kennen gelernt habe, durchaus die schönste und fesselndste. Worin ihr besonderer Zauber besteht, ist schwer zu sagen. Lage, Material (ein feinkörniger rothgrauer Sandstein) imposante Dimensionen, historische Erinnerungen und Reichthum und Eleganz des Details (wovon auch ein flüchtiger Blick schon überzeugen muß) wirken zusammen; den Ausschlag aber giebt wohl jene räthselhafte Schönheitslinie, die man an ihrer Wirkung eher erkennt, als Auge oder Urtheil sie nachzuweisen vermögen.

Die Details des Baues sind von ungewöhnlicher Schönheit und Sauberkeit; diese aber in vollem Umfang zu würdigen, ist es nöthig, unsern Kirchhofsplatz aufzugeben und in die Kirche selber einzutreten.

Man erkennt hier alsbald eine Ausbildung des Ornamentalen, wie sie, selbst in der höchsten Blüthezeit der Gothik, nur ausnahmsweise gefunden wird. Mit feinem Sinn für noble Gesammtwirkung ist die quantitative, unerbittlich in's Auge fallende Ueberladung vermieden, und nur qualitativ begegnen wir einem äußersten Maaß, das an Raffinement grenzen und vielleicht ein Zuviel sein würde, wenn es nicht mit jener Reservirtheit Hand in Hand ginge, die es in den Willen des Beschauers legt, ob er den Reichthum sehen will oder nicht. Unter diesen Details-Arbeiten zeichnen sich vor allen die Capitelle der Säulen aus. Es ist, als ob die Meister jener Epoche den Zweck verfolgt hätten, ein in Stein gebildetes Herbarium scoticum auf die Nachwelt kommen zu lassen. Alle möglichen Blumen und Blätter, Lilien, Distel, Eichenlaub, Kleeblatt und Raute finden sich vor und mit so viel Studium und Sauberkeit ausgeführt, daß es z. B. möglich ist, einen Strohhalm durch die reichdurchbrochene Blumenarbeit, wie durch ein Gewebe von Maschen und Ringen, hindurchzuziehen. An jeder Stelle der Kirche laden diese Capitelle zu sorglicher Betrachtung ein, ganz besonders aber im Nordost-Theil derselben, wo sich's der Steinmetz an einzelnen Stellen hat angelegen sein lassen, die krausen Blätter des schottischen Grünkohls mit überraschender Treue nachzubilden. Dieser Grünkohl, gemeinhin scotch kail genannt, muß entweder auf Melroser Grund und Boden mit ganz besonderer Vortrefflichkeit gediehen sein oder irgend welche mysteriöse Beziehungen zur Abtei gehabt haben, da noch ein altes Volks- und Spottlied existirt, worin es von den Melroser Mönchen heißt:

Und sie hatten vom besten schottischen Kohl
Alle Freitag auf ihrem Teller,
Und thaten an Braten und Bier sich wohl
Aus ihrer Nachbarn Keller.

Mehr aber als selbst die gelungensten Capitell-Ornamente der schönen Abteiruine nehmen die unscheinbaren, halb weggetretenen Grabsteine unsere Aufmerksamkeit in Anspruch, die sich im hohen Chor der Kirche, zum Theil in unmittelbarer Nähe des Altars befinden. An der wenig beglaubigten Gruft König Alexander's II. schreiten wir vorüber, jener Stelle zu, wo verschiedene Mitglieder der Familie Douglas, besonders Graf Jakob und Lord William Douglas begraben liegen. Nicht die verwitterten Steine fesseln uns, aber die Männer, die unter ihnen ruhen. Wir treten zunächst an das Grab des Grafen Jakob.

Es ist dies derselbe Jakob, Graf von Douglas, der in der berühmten Chevy-Chase-Ballade die Ehre höchster Tapferkeit mit dem Grafen Percy von Northumberland theilt; zwei Namen, die fortleben und einen Zauberklang für Ohr und Herz behalten werden, so lange noch ein Vogel im Walde singt und die Menschen sich freuen, wenn der Frühling kommt. Die alte Ballade (von der übrigens eine sehr abweichende schottische Version existirt, die den geschichtlichen Hergang um vieles genauer wiedergiebt) erzählt bekanntlich von einem Jagdzug, den Graf Percy auf schottischem Grund und Boden unternahm, nur um den Grafen Douglas durch diesen Jagdzug, wie durch einen hingeworfenen Handschuh, zum Kampf heraus zu fordern. Graf Douglas war nicht der Mann, auf sich warten zu lassen. Aus dem Jagdzug wurde eine Schlacht. Beide Führer fielen; Douglas wurde von einem »verrätherischen Pfeil« getroffen, Percy aber gleich darauf von dem Speere Lord Montgomery's durchbohrt. So das Gedicht, das man vergeblich versucht hat mit den historischen Kämpfen jener Epoche, d. h. mit der Schlacht von Otterburn, die um dieselbe Zeit zwischen Douglas und Percy stattfand, in

Einklang zu bringen. Die Ballade spricht auf's Unzweideutigste von dem Tode beider Führer; der historische Percy aber, so oft er auch seinem schottischen Rivalen, dem Grafen Douglas, gegenüber stand, fiel nicht in der Schlacht von Otterburn, sondern erst 13 Jahre später bei Shrewsbury, wo er zufällig und ausnahmsweise nicht gegen einen Douglas, sondern umgekehrt an der Seite eines Douglas gegen Heinrich Monmouth kämpfte und unterlag. Die Chevy-Chase-Ballade und ihre Fictionen haben nahezu den zu Grunde liegenden geschichtlichen Hergang vergessen gemacht und doch steht derselbe an innerlich-poetischer Macht kaum hinter der Erfindung der Dichtung selbst zurück. Die schottischen Geschichtsschreiber berichten über die Schlacht von Otterburn wie folgt: »Jakob Graf von Douglas und sein Bruder der Graf von Murray fielen an der Spitze von 3000 Mann in Northumberland ein und drangen, ohne Widerstand zu finden, bis Newcastle vor, wo Graf Percy Heißsporn in Verschanzung lag. Vor den Thoren der Stadt kam es zu einem persönlichen Gefecht zwischen den beiden Rivalen, in welchem der Douglas das Glück hatte, seinem Gegner das Fähnchen von der Lanzenspitze abzureißen. Er hob sich sofort hoch im Sattel empor, wies auf das Fähnchen, das er in Händen hielt, und rief vor Freund und Feind laut über das Feld hin, daß er diese Beute nach Schottland heimtragen und auf dem Thurmknauf seines Schlosses von Dalkeith befestigen wolle. Percy antwortete: ›Das sollst Du nun und nimmermehr.‹ Im Einklang mit diesem seinem Wort suchte Percy jetzt dem heimziehenden Douglas den Rückzug abzuschneiden und überfiel in selbiger Nacht noch das schottische Lager bei Otterburn, sieben Meilen nördlich von Newcastle. Der Mond stand am Himmel und man focht mit Muth und Verzweiflung. Endlich hoffte der Douglas den Kampf zur Entscheidung bringen zu können, und mit einem Streitkolben bewaffnet, der so schwer war, daß Wenige ihn schwingen konnten, stürmte er in den dicksten Knäuel der Engländer hinein. Nur drei

Genossen waren mit ihm, sein Schloß-Caplan und zwei Diener. Ehe der Rest der Schotten folgen konnte, war es um ihn geschehen; drei tiefe Wunden warfen ihn vom Pferde, neben ihm lagen die beiden Diener in ihrem Blute, und nur der Priester stand noch aufrecht und schützte seinen gefallenen Herrn vor Schimpf und Unbill. ›Ich sterbe, wie alle Douglas gestorben sind‹, rief Graf Jakob dem Priester zu, ›verheimliche meinen Tod; eine alte Prophezeihung sagt: dem todten Manne gehört das Feld.‹ So starb Douglas. Die Schotten erneuten den Angriff und machten die alte Prophezeihung wahr, mit der ihr Führer das Zeitliche gesegnet hatte. Ralph Percy, der Bruder des Percy Heißsporn, wurde von Lord Mareshall und gleich darauf Heinrich Percy selbst vom Lord Montgomery gefangen genommen.[«] Das war am 15. August 1388. Douglas fiel, aber nicht Percy; das ist der Unterschied zwischen der historischen Ueberlieferung und der Balladen-Version. Froissart, der diese Schlacht beschreibt, sagt von derselben Folgendes: »Unter allen Kämpfen groß und klein, deren ich bisher erwähnt habe, steht die Schlacht von Otterburn als die bestgekämpfte obenan; schwache Herzen und Feiglinge gab es nicht.« Die Leiche des Douglas aber trug man vom Schlachtfelde mit allen kriegerischen Ehren heim und setzte sie bei in der Abteien-Kirche von Melrose. Abt und Mönche standen umher und celebrirten die Messe und sangen die Litaneien.

Der andere Douglas, der im Chor von Melrose-Abbey begraben liegt, ist William Douglas, bekannter unter dem Namen »der schwarze Lord von Liddisdale.« Er besaß den Muth, der in seiner Familie erblich war, befleckte aber seinen Namen durch die Grausamkeit, mit der er seinen frühern Freund und Waffenbruder Sir Alexander Ramsay ermordete. Ramsay war durch Königliche Ordre zum Sheriff von Teviotdale ernannt worden, ein Amt und eine Würde, das William Douglas glaubte beanspruchen zu dürfen. Voll Rachedurst überfiel er den Ramsay in der Nähe von Hawick und nahm ihn gefangen. Roß und Mann führte er dann mit eigenen Händen heim und warf beide in den Thurm seines Schlosses. Dort sollten sie verhungern. Man erzählt sich, daß der unglückliche Ramsay eine Woche lang sein Leben gefristet habe mit Hülfe von Futterkörnern, die aus einem über ihm befindlichen Kornboden durch allerhand kleine Ritzen und Spalten spärlich in seinen Kerker herabfielen. Das Herz des schwarzen Lords blieb unerweicht, und Ramsay starb; sein Mörder aber, eben unser Lord William Douglas, wurde wenige Wochen später auf der Jagd erschlagen. Sein Grabstein in Melrose verschweigt die dunkle That seines Lebens und seines Todes.

In der Nähe dieser beiden Douglas-Gräber befindet sich ein dritter Stein, unter dem das Herz König Robert's, bekannter unter dem Namen Robert Bruce, begraben liegt. Die in alten Historienbüchern überlieferte Geschichte, die sich an dieses Herz knüpft, ist abermals eine Douglas-Geschichte. Graf Strachwitz hat dieselbe in seiner schönsten Ballade »das Herz von Douglas« (an der Alles schön ist, mit Ausnahme des Verwirrung stiftenden Titels) benutzt und verherrlicht. Ich gebe die Geschichte hier in aller Kürze. Robert Bruce, als er zu sterben kam, schickte Boten und ließ Lord Douglas an sein Sterbebett rufen. Er nahm Abschied von ihm und legte ihm die Verpflichtung auf, sein (des Königs) Herz gen Jerusalem zu tragen und in heiliger Erde beizusetzen. Der König starb und Douglas brach auf. Seine Vasallen aus den Grafschaften Angus und Lothian folgten ihm; das Herz des Königs aber trug er in einer silbernen Kapsel. Immer glücklich in seinen Kämpfen mit den Saracenen, fing er an, ihre Kriegskunst zu verachten und sich übermüthig in jedes Abenteuer und jede Gefahr zu stürzen. Endlich von überlegener Macht auf allen Seiten eingeschlossen, warf er die Silberkapsel mitten in die Feinde hinein und rief: »Nun geh' voran, Herz, wie Du immer gethan und Douglas folgt Dir oder stirbt.« Gleich darauf empfing er die Todeswunde. Die Ueberlebenden brachten seine Leiche heim und mit ihm die Silberkapsel mit dem Herzen des Königs. Graf Douglas ward beigesetzt in der Gruft seiner Väter; König Robert's Herz aber fand seine letzte Ruhe in Melrose-Abtei. So hat denn Robert Bruce, der Held und Liebling seines Volkes, ein doppeltes Grab gefunden. Unter'm Altar in der alten Kathedrale von Dunfermlin liegt König Robert's Leib drei Mal in Blei gehüllt und trägt auf seinem Stein die Inschrift: Hic jacet Robertus Rex; sein Herz aber liegt in der Abteien-Kirche zu Melrose, die besten jener Douglas' um sich her, auf deren Lehnsschwert, in Erinnerung an ihren berühmten, viel besungenen Ahnherrn, bis diesen Tag die (schon an anderer Stelle citirten) Worte stehen:

Unter allen Lords in meinem Reich
War keiner doch dem Douglas gleich.
Drum trag Du, wenn ich gestorben bin,
Mein Herz zum heiligen Grabe hin.
Dort mag es liegen tief und still,
Bis mein Erlöser es wecken will.
Ein bessrer Ritter bis diese Stund'
An keines Königs Seite stund.

Außer den genannten vier Gräbern hat die Abtei keines, das durch Person oder Inschrift ein besonderes Interesse in Anspruch nehmen könnte; auf dem mehrgenannten Kirchhof aber, der sich an der Südfront der Abtei mit seinen Leichensteinen entlang zieht, begegnen wir einem, der folgende berühmt gewordene Worte trägt:

Erde gleißt auf Erden
In Gold und in Pracht;
Erde wird Erde,
Bevor es gedacht;
Erde thürmt auf Erden
Schloß, Burg, Stein;
Erde spricht zu Erde:
Alles wird mein.

[XXVII.]
Abbotsford.

Drei englische Meilen westlich von Melrose liegt Abbotsford, jene »Romanze in Stein und Mörtel«, wie Walter Scott seinen selbsterrichteten Wohnsitz mit einem gewissen Selbstgefühle genannt hat. Der ganze Bau übernimmt wider Willen die Beweisführung, daß sich »eines nicht für alle schickt«, und daß die Wiederbelebung des Vergangenen, das Ausschmücken einer modernen Schöpfung mit den reichen, poetischen Details des Mittelalters, auf einem Gebiete bezaubern und hinreißen und auf dem andern zu einer bloßen Schnurre und Absonderlichkeit werden kann. Diese Romanze in Stein und Mörtel nimmt sich, um in dem Vergleiche zu bleiben, den der Dichter selbst gewollt hat, nur etwa aus, als habe er in einem seiner Schreibtischkästen hundert hübsche Stellen aus allen möglichen alten Balladen gesammelt, in der bestimmten Erwartung, durch Zusammenstellung solcher Bruchstücke eine eigentlichste Musterromanze erzielen zu können. Es fehlt der Geistesblitz, der stark genug gewesen wäre, die widerstrebenden Elemente zu etwas Einheitlichem zusammen zu schmelzen. Wie man Gesellschaftsgedichte nach Endreimen macht und das Papier umklappt, um völlig außer Zusammenhang mit dem zu bleiben, der vor uns seine Zeile geschrieben hat, so ist Abbotsford einem halben Hundert Schlagwörtern zu Liebe gebaut worden. Das Alles soll seinem Erbauer kein Vorwurf sein; aber man bedauert allerdings, der Stein-Romanze gegenüber nicht den Ton der Liebe und Verehrung anschlagen zu können, an den sich die Lippen fast gewöhnt haben, wenn sie den Namen Sir Walter's nennen.

Wir haben in Melrose ein zierliches, zweiräderiges Wägelchen gemiethet und vom Eisenbahn-Hotel aus, wo wir abgestiegen sind, geht es nun westlich die Straße nach Abbotsford hinaus. Der Weg, den wir passiren, hat ganz den Charakter der englischen und südschottischen Landschaft:

Thal und Hügel in raschem Wechsel, Hecken und Baumgruppen, Wiesenflächen und Kieswege und ein Wasserstreifen, der in Schlangenwindungen das Ganze durchzieht. Nirgends frappante Schönheit, aber überall lachende Lieblichkeit und die milde Hand der Kultur, von der man sich wie von einem Westwind gestreichelt fühlt. Tausend Schritt hinter Melrose zweigt eine Art Feldweg nach »Chiefswood« ab, einem reizend gelegenen Häuschen, das zu Lebzeiten Sir Walter Scott's von dessen Schwiegersohn, Mr. Lockhart, bewohnt wurde. Walter Scott liebte es, wenigstens einmal in der Woche hier vorzusprechen und einen Nachmittag, oft auch länger, bei Tochter und Schwiegersohn zu verbringen. Mr. Lockhart selbst hat in sehr anschaulicher Weise diese Besuche beschrieben. »Der wohlbekannte Hufschlag Sibylle Grey's«, so erzählt er, »und das Bellen von ›Senf‹ und ›Pfeffer‹ (seine zwei Lieblingshunde) vor Allem dann sein lauter Jägergruß unter unserem Fenster, ließen uns wissen, daß er die Last der Arbeit abgeschüttelt habe, um, wie er sich ausdrückte, in unserm Gasthause mal wieder nach Lust und Bequemlichkeit zu leben. Dann stieg er ab, und seine und unsere Hunde um sich her, nahm er zunächst unter einer alten Eiche Platz, die fast den ganzen Raum zwischen dem Bach und unsrem Hause überschattete. Hier war es, wo dann gemeinhin Tom Purdie, der Förster, zu ihm trat und in langem Vortrag auseinandersetzte, warum dieser oder jener Baum gefällt und diese oder jene Stelle bepflanzt werden müsse. Am andern Morgen nach dem Frühstück zog er sich in eins der obern Zimmer zurück, schrieb oder beendete ein Kapitel des ›Piraten‹ und schickte es direct zum Druck an seinen Freund und Verleger John Ballantyne. Dann begab er sich in die Plantage oder irgendwo hin, wo er sicher sein konnte, einem halben Dutzend unserer Arbeiter zu begegnen, und begann sofort an ihrer Arbeit mit Axt, Säge und Grabscheit Theil zu nehmen. Gegen Mittag brach er auf, entweder um noch mit uns zu plaudern, oder um in Abbotsford Gäste zu empfangen, an denen nie Mangel war.« –

Während uns unser Kutscher noch von »Chiefswood« und Sir Walter nach seiner besten Kenntniß unterhält, haben wir abermals eine Abzweigung des Weges erreicht, von wo aus man bereits die hübschen Ufer des Huntly-Bachs und dahinter die sogenannte »Reimer-Schlucht« (Rhymers Glen) erkennt. Beide, Ufer und Schlucht, bezeichnen den Platz, wo »Thomas der Reimer« der Elfenkönigin begegnete und das vielgesungene, Alt-Schottische Lied, in welchem diese Begegnung beschrieben wird, hat einen Theil seiner Popularität auch auf den Schauplatz, der uns jetzt zur Seite liegt, übertragen. Die ersten Strophen dieser lieblichen Volksballade lauten wie folgt:

Der Reimer Thomas lag am Bach,
Am Kieselbach bei Huntly-Schloß,
Da sah er eine blonde Frau,
Die saß auf einem weißen Roß.

Sie saß auf einem weißen Roß,
Die Mähne war geflochten fein,
Und hell an jeder Flechte hing
Ein silberblankes Glöckelein.

Und Tom der Reimer zog den Hut
Und fiel in's Knie; – er grüßt und spricht:
»Du bist die Himmelskönigin
Und bist von dieser Erde nicht.«

Die blonde Frau, sie hält ihr Roß:
»Ich will Dir sagen, wer ich bin,
Ich bin die Himmelsjungfrau nicht,
Ich bin die Elfenkönigin.

»Nimm Deine Harf' und spiel' und sing'
Und laß Dein bestes Lied erschall'n,
Doch wenn Du meine Lippe küßt,
Bist sieben Jahr Du mir verfall'n.«

Und Thomas drauf: »o, Königin,
Zu dienen Dir es schreckt mich kaum;«
Er küßte sie, sie küßte ihn,
Ein Vogel sang im Eschenbaum.

»Nun bist Du mein, nun zieh' mit mir,
Nun bist Du mein auf sieben Jahr;«
Sie ritten durch den grünen Wald,
Wie glücklich Tom der Reimer war.

Sie ritten durch den grünen Wald,
Bei Vogelsang, bei Sonnenschein,
Und wenn sie leis am Zügel zog,
So klangen all' die Glöckelein etc.

So klingen auch die zierlichen Verschen. Wir aber in begreiflicher Furcht vor einem ähnlichen, mehrjährigen Engagement von Seiten der Feenkönigin, wenden dem verführerischen Platze den Rücken zu, und gleich darauf ein Zollhaus passirend, wo uns, wie auf vaterländischen Chausseen, ein gelbes Zettelchen als Quittung bürgerlicher Pflichterfüllung eingehändigt wird, fühlen wir uns plötzlich aus dem Bereich aller Feen und Geister wieder heraus, als läge der Schlagbaum wie eine schützende Gränzmauer zwischen uns und ihnen.

Unser Karren rollt weiter und hält erst wieder vor einer weit ausgedehnten Umzäunung, die uns die Welt wie mit Brettern verschließt. Wir steigen ab. Ein einfaches Gitterthor öffnet sich und fällt wieder zu; der Rayon von Abbotsford, ein landschaftliches Bild von nicht gewöhnlicher Schönheit, liegt vor uns. Des schloßartigen Hauses, mit seiner Fülle von Zinnen und Giebeln werden wir nicht sogleich ansichtig; »die Romanze in Stein und Mörtel« tritt uns erst entgegen, nachdem wir ein freistehendes gothisches Portal passirt haben, das von einem alten Douglas-Schlosse herstammt und nach Art der Römischen Triumphbogen wie ein selbstständiger Thorbau mitten in den

Weg gestellt ist. Wir passiren also dies Portal, und haben nun das berühmte Abbotsford in nächster Nähe vor uns. Wenn der Bau nicht just so sein sollte, wie er ist, so würde man sofort ausrufen müssen: »wie verbaut!« Das Ganze löst sich in eine Unzahl von Theilen auf und von einer Total-Wirkung kann eigentlich keine Rede sein. Die Einzelnheiten drängen sich so vor, daß die Gesammt-Dimensionen verloren gehen und der Bau um Vieles kleiner erscheint, als er in Wahrheit ist. Das Material, aus dem er aufgeführt wurde, ist ein graublauer Basalt, der im Schottischen »Whinstone« heißt; alle Fenster- und Portal-Einfassungen aber bestehen aus derbem Sandstein.

Die Lage des Hauses, halb umgeben vom Tweed (der hier eine Biegung macht) und überall von Hügelabhängen, von Baum- und Parkpartieen eingeschlossen, ist anziehend und malerisch genug; dieser naturgeschaffenen Romantik sollte aber nachgeholfen werden, und so entstand jenes Curiosum, zu dessen näherer Betrachtung wir jetzt schreiten. Zunächst die Außenseite. Im Princip ist zwischen ihr und dem Innern des Hauses nicht der geringste Unterschied, und der Sammel-Charakter, den das Ganze hat, tritt auch äußerlich so entschieden hervor, daß man gelegentlich glauben könnte, die Wände seien von Glas und der Curiositätenkram, der etwa wie Tulaer Arbeit äußerlich in sie eingelassen ist, schimmre von innen durch die Glaswand hindurch. Man hat eine Empfindung wie in Häusern, wo Corridore, Waschkammern und Gesinde-Stuben mit altmodischen Kupferstichen überfüllt sind, weil die Liebhaberei des Besitzers zu einer Fülle führte, die er schließlich nicht bewältigen konnte, und die er doch wiederum zu hoch hielt, um sich ihrer ohne Weiteres zu entäußern. Wie in den Wohnungen jener Landpastoren, die eine Eiersammlung und einen Glasschrank voll ausgestopfter Vögel haben, der Hausflur gemeinhin dazu benutzt wird, um einen Steinadler, einen Alligator oder eine Wallfischrippe aufzustellen, so hat Sir Walter Scott alles das an die Außenwände seiner romantischen Burg verwiesen, was zu groß, zu massig, zu ungeschlacht gewesen wäre, um unter dem Nipp der Zimmer-Ausschmückung zu erscheinen. Unter diesen Ornamenten im Riesenspielzeug-Charakter befindet sich unter andern der Thorflügel des Tolbooth-Gefängnisses in Edinburg, das im Jahre 1817 niedergerissen wurde. Dies alte, eisenbeschlagene Stück Holz ist wie ein Reliefbild, und zwar in Mittelhöhe der Wand, in die Mauer eingelassen, und zeigt dadurch, daß es eine Art eingerahmtes Bildwerk und keine Thür sein will. An einer andern Stelle der Mauer befindet sich ein Spitzbogen-Portal (ebenfalls blind), das aus denselben Steinen gebaut worden ist, die bis zum Jahre 1817 das wirkliche Portal des Tolbooth-Gefängnisses bildeten. Inschriften befinden sich zahlreich an jeder der vier Wandflächen und die an der Ostseite, die da lautet: up with the sutors of Selkirk, theilt den schmalen Raum einer Sandsteinplatte, mit einem darüber befindlichen, roh in den Stein gekratzten Schwert.

Alle diese Dinge, deren Seltsamlichkeit ich bereits zu Anfang dieses Aufsatzes betont habe und deren Absichtlichkeit keinen besonders günstigen Eindruck möglich macht, sind doch nicht voll so seltsamlich, wie sie dem erscheinen müssen, der all die Umstände und Veranlassungen nicht kennt, die den Ankauf oder die Ueberreichung solcher Curiositäten begleiteten. Das Steinportal und der hölzerne Thorflügel des niedergerissenen Edinburger Tolbooth-Gefängnisses nehmen sich wunderlich genug aus; wenn man aber weiß, daß »Tolbooth-Gefängniß« nur der prosaische Name ist für das, was wir Alle unter dem Namen »das Herz von Midlothian« kennen (Niemand weiß genau, warum das Gefängniß zu diesem poetischen Namen kam), so ändert sich dadurch die Sache ein wenig und wir können nicht umhin, es sinnig und liebenswürdig zu finden, daß der Edinburger Magistrat jene beiden Stücke, wie Bausteine oder zwei Reliefbilder, zur Ausschmückung des Ganzen beigesteuert hat. Eine Reihe von Geschichten und Anekdoten muß man stets gegenwärtig haben, um alle diese Schnurren nicht noch schnurriger zu finden, als sie ohnehin schon sind.

Auch das in Stein gekratzte Schwert, mit der Umschrift: »Auf, ihr Schuster von Selkirk«, ist keineswegs bedeutungslos. Die Schuster von Selkirk – der Name jener reizenden Stadt und Grafschaft, worin Sir Walter eine Zeit lang als Sherif fungirte – zeichneten sich in der Unglücksschlacht von Flodden durch ihren Muth und ihre Hingebung aus, etwa wie die 400 Pforzheimer in der Schlacht bei Wimpfen. Im Volke hieß es damals, daß die Schlacht durch einen Verrath des Grafen Home verloren gegangen sei, und so entstand jenes Volkslied: »die Schuster von Selkirk«, das sich in den Scott'schen Sammlungen vorfindet und folgendermaßen lautet:

Wir sind die Schuster von Selkirk,
Und Graf Home, ein Schelm bist Du,
Wir halten's mit Blau und Scharlach
Und machen einsohlige Schuh.

Zum Teufel Alles was gelb ist,
Und gelb und grün dazu,
Aber Vivat für Blau und Scharlach
Und jeden einsohligen Schuh.

Wir fechten für Blau und Scharlach
Und den König und unsre Schuh,
Denn wir sind die Schuster von Selkirk
Und Graf Home, ein Schelm bist Du.

So das Lied. Hat man diese kleinen Züge und Beziehungen immer gegenwärtig, so wird man um einiges milder in der Beurtheilung der ganzen Collection. Wir suchen nun einzutreten.

Der Eintritt in die »Kunstkammer«, wie man Abbotsford vielleicht am richtigsten bezeichnet, geschieht durch ein vorspringendes Spitzbogen-Portal (diesmal nicht blind), das einem der Haupteingänge von Linlithgow-Palace nachgebildet ist.

Wir befinden uns, gleich nach Passirung des Portals, zunächst in einem kleinen niedrigen Vorflur, dessen nüchterne Wände mit allerhand Abbildungen englischer Husaren bedeckt sind. Der älteste, jung verstorbene Sohn Sir Walter's war Offizier im 10. Husaren-Regiment, was die Anwesenheit dieser zahllosen »Husaren auf Vorposten«, »Husaren im Bivouac« etc. erklären mag. Neben dem Vorflur gewahren wir, von der Größe eines mäßigen Wandschranks, eine Art Portierloge, in der ein alter Mann, ohne sich durch unser Erscheinen stören zu lassen, ruhig fortfährt sein Frühstück zu verzehren und immer neue Schinkenschnitten abzuschneiden. Auf meine allerbescheidenste Anfrage, ob wir die Zimmer Sir Walter's sehen können, antwortet er mit einem Knurrton, der keiner todten oder lebenden Sprache direkt angehörig, unverkennbar ausdrückt, »daß wir gefälligst warten möchten, bis er fertig sei.« Dieser uncomplaisante alte Herr war zu Lebzeiten Sir Walter's eine Art Förster und Waldhüter, und was mehr sagen will, ein besonderer Liebling seines Herrn gewesen. An der Hand dieses Alten begannen wir nun unsere Wanderung.

Aus dem Vorflur mit seinen Husarenbildern traten wir in die große »Halle«, deren Fußboden aus einer Art Steinparquet von schwarzem und weißem Hebridischen Marmor besteht, während die Wände mit alten, reich geschnitzten Eichenpannelen aus Roslin Chapel und dem alten Königspalaste in Dunfermlin bekleidet sind. Das Dach oder die Decke der Halle setzt sich aus Bögen von buntbemaltem Eichenholz zusammen. Zwischen diesen Bögen befinden sich die Wappenschilde der Scottschen Familie und aller derer, mit denen Walter Scott für gut fand verwandt sein zu wollen.

Am Fries der Halle laufen in langer Reihe andere Wappenschilde hin, die in bunten Gothischen Buchstaben die gemeinschaftliche Inschrift tragen: »Dies sind die Wappen all der Clans und Häuptlinge, die in alter Zeit die schottischen Marken (das Grenzland) für den König wahrten und hielten. Sie waren treue Männer ihrer Zeit, und fest wie sie standen, so stand Gott zu ihnen.« Die verschiedenen Wappen gehören folgenden acht Familien an: den Douglasses, Kers, Scott's, Turnbull's, Maxwell's, Chisholm's, Elliot's und Armstrong's, – lauter Namen, die in den alten Balladen des Landes, wie in den Dichtungen Walter Scott's, vielfach genannt werden.

Aus der Halle treten wir in Walter Scott's Studir- und Arbeitszimmer. Die Mehrzahl seiner Romane wurde hier entweder componirt oder niedergeschrieben. Das Zimmer macht durchaus den Eindruck des Wohnlichen und Behaglichen. Die Möblirung und Ausstattung ist gediegen, aber nicht reich und überladen. Der Arbeitstisch und ein lederüberzogener Armstuhl stehen noch an alter Stelle; einige Nachschlagebücher sind dicht zur Hand und eine leichte Gallerie von Gußeisen (tracery work) umläuft, in Mittelhöhe des Zimmers, drei Seiten desselben und erleichtert das Herabnehmen der Bücher.

Nischenartig abgezweigt von dem Studirzimmer und kaum so groß wie eine Schiffskoje, befindet sich neben demselben eine Art Cabinet, worin – in derselben Weise wie man in Greenwich den besternten Rock Lord Nelson's aufhebt, den er trug, als ihn die Todeskugel aus dem Mastkorb des »Redoutable« traf – unter einem Glaskasten das letzte Sommercostüm Sir Walter's aufbewahrt. Es ist sehr elegant und zeigt, neben vielem andern, wie großes Gewicht der Verstorbene auf Aeußerlichkeiten legte. Dies Costüm besteht aus einem olivenbraunen Frack mit Stahlknöpfen, weiß und schwarz karirtem Beinkleid (das bekannte Plaidmuster), braunen Gamaschen, gestreifter Sammtweste und grauem, langhaarigem Seidenhut. Die feierliche Empfindung, mit der ich diese Sachen betrachtete, wurde durch die profane Bemerkung »all newly washed«, womit ein suffisanter Londoner Cockney sich selbst und das Maß seines Witzes beglaubigte, rasch unterbrochen, und wir verließen die Cabine ziemlich verstimmt, um nunmehr in das Bibliothekzimmer einzutreten.

Die Bibliothek ist ein sehr geräumiges und reich verziertes Zimmer, für dessen Dimensionen die 20,000 (meist sehr schön gebundenen) Bände sprechen, die mit ihren goldbedruckten Lederrücken so sauber geordnet um Einen her stehen, als befände man sich in der berühmten Lese-Rotunde des britischen Museums. Viele dieser Bände sind außerordentlich selten und kostbar; ein wesentlicher Bruchtheil der ganzen Bibliothek besteht aus Werken über schottische Alterthümer und Hexengeschichten. Ueber dem Kamin befindet sich das Portrait von Sir Walter's ältestem Sohn, dem schon erwähnten Husaren-Offizier; die Züge sind fein, aber weichlich, fast kränklich, und der kecke Husarenschnurrbart, den man bekanntlich eben so gut im Ausdruck des Auges, wie über der Oberlippe haben kann, fehlt diesem feinen Gesichtchen an beiden Stellen gleich sehr. In einer der Ecken steht eine Silberurne auf einem Porphyr-Postament, die Urne selbst ein Geschenk von Lord Byron. Außerdem befinden sich die Büsten Shakespeare's und Sir Walter's im Zimmer, die letztere (von der Hand Chantrey's) natürlich erst nach seinem Tode aufgestellt.

Aus der Bibliothek treten wir in das Gesellschaftszimmer und aus diesem, das außer seinen Cederholz-Pannelen und reichem Schnitzwerk-Mobiliar nichts Besonderes bietet, in die Waffensammlung oder Rüstkammer.

Diese Rüstkammer (Armoury) besteht aus zwei Hälften, die durch eine Wand geschieden sind. Die breite, weit offen stehende Thür aber läßt beide Zimmer als eines erscheinen. Beide Räume sind sehr niedrig, die Decke (Holzwerk) im Tudorstil, und die Fenster mit Glasmalereien bedeckt. Hier, wie sich denken läßt, treffen wir auf den Kern, auf die Curiosissima des Curiosums. Die Wände sind mit Raritäten bedeckt, und jede Ecke ist benutzt. Unter den Gegenständen, die einer besonderen Notiznahme werth sind, nenne ich folgende: das Schwert, das Karl Stuart dem Marquis von Montrose überreichte; eine Pistole Graham's von Claverhouse, des bei Killicrankie gefallenen Stuart-Parteigängers, von dem seine Feinde, die Puritaner sagten: »das Wasser beginne zu zischen, so oft er ein Bad nehme«; ein eiserner Kasten, der in der Kapelle Marie's von Guise (der Mutter Maria Stuart's) auf Edinburg-Castle gefunden wurde; ein Pulverhorn Jakob's VI.; die Pistolen Napoleon's, die nach der Schlacht von Waterloo in seinem Wagen erbeutet wurden; ein Stutzen Andreas Hofer's und die Flinte Rob Roys mit den eingravirten Anfangsbuchstaben seines gälischen Namens.

Aus der Rüstkammer treten wir in das angrenzende Eßzimmer, das, statt allen andern Schmucks, ein halbes Dutzend sehr werthvoller Gemälde enthält und zwar Portraits von Lord Essex (dem Günstling der Elisabeth,) Cromwell, Claverhouse, Karl II., Karl XII. von Schweden, Maria Stuart, Rob Roy etc.; außerdem mehrere Ahnenbilder der Familie Scott. Unter diesen zeichnet sich das Portrait eines Alten aus, der in der Familie unter dem Namen »Lang-Bart« fortlebt, weil er nach der Hinrichtung Karl's I. gelobt hatte, seinen Bart nicht mehr scheeren zu lassen. In diesem Zimmer starb Sir Walter. Es ist dasselbe, im dem sich auch, wie in einem Uhr- und Juwelierladen, ein sechseckiger, großer Glaskasten befindet, der tischartig auf einem schweren Mahagoni-Fuß ruht. In diesem Glaskasten präsentiren sich weitere Raritäten: ein Riechfläschchen der Maria Stuart, ein ledernes Geldtäschchen (nach Art eines modernen Portemonnaies) des Rob Roy, ein Paar goldene Sporen, die Prinz Charlie trug, verschiedene Miniatur-Portraits des Prätendenten und ein in grünen Sammet gebundenes Album Napoleon's I., ebenfalls bei Waterloo erbeutet. Bei all diesen Dingen genügt die Aufzählung; nur über das vorgebliche Portrait der Maria Stuart sei noch ein Wort gestattet. Es ist das abgeschlagene Haupt der unglücklichen Königin, das auf einer Metallschüssel ruht. In der rechten Ecke steht der Name »Fotheringhay«, als sei der Maler bei der Hinrichtung zugegen gewesen und habe unmittelbar nach derselben und an Ort und Stelle dies Bild angefertigt. Das Ganze erscheint mir aber als eine grobe Täuschung; das Bild ist aller Wahrscheinlichkeit nach ein ganz modernes Produkt, oder aber die Leistung eines italienischen Meisters, vielleicht der abgeschlagene Kopf der Beatrice Cenci, die man hinterher umgetauft und nolens volens zu einer Maria Stuart gemacht hat.

An der Thür des Eßzimmers verabschiedeten wir uns von unserem Wildhüter und traten wieder in's Freie. Wir athmeten auf in der frischen Luft und fühlten uns wie von einem leisen Drucke befreit. Welcher Art dieser Druck war, worin er seinen eigentlichen Grund hatte, ist schwer zu sagen. Ob es die schwüle Luft der Zimmer oder die geistige Atmosphäre der »Romanze in Stein und Mörtel« war, ich mag es nicht entscheiden; vielleicht wirkte beides zusammen. Als der Dichter selbst noch lebte, er, dem diese Dinge etwas bedeuteten, eine Herzenssache waren, belebten sie sich unter dem lebendigen Wort, das er ihnen entgegentrug, wie die alte Sage Fels und Baum unter dem Klang der Leier lebendig werden läßt; jetzt aber, wo diese Klänge schweigen, sind die Steine wieder Stein und selbst derjenige, der mit Schottischer Dichtung und Geschichte wohlvertraut ist, schreitet durch diese Zimmer hin, wie durch die Säle eines Wachsfiguren-Cabinets.

Ich schied von der »Romanze in Stein und Mörtel« ohne besondere Gehobenheit der Stimmung, jedenfalls ohne alle Begeisterung; dennoch blick' ich mit Freuden auf jenen stillen grauen Tag zurück. Die Fahrt nach Abbotsford war eine Pilgerfahrt, eine erfüllte Pflicht, ein Zug, zu dem das Herz drängte. Was wäre der Ruhm Schottlands ohne die Erscheinung Walter Scott's! Er hat die Lieder seines Landes gesammelt und die Geschichte desselben durch eigene Dichtungen unsterblich gemacht. Eine volle und reine Befriedigung gewährt es mir jetzt, das Zinnen- und Giebelhaus durchwandert zu haben, das *auch* eine Schöpfung seines dichterischen Genius war und das – wie weit es gegen andere Schöpfungen seines Geistes zurückstehen mag – doch immer die Stätte bleibt, wo der Wunderbaum der Romantik seine schönsten und vor Allem seine gesundesten Blüthen trieb.

Schottische Geschichts-Tabelle.

Die pikto-skotische Zeit.

Schottland wurde bis zum Jahre 1289 von pikto-skotischen Königen regiert. Von den Königen des ersten Jahrtausends, wiewohl ihre Portraits in der Bildergallerie von Holyrood-Palace hängen (siehe S. *[18]*) ist wenig oder nichts mit Sicherheit bekannt. 1040 wurde König Duncan von seinem Vetter Macbeth in Inverneß-Castle ermordet. Macbeth regierte von 1040 bis 1054. Malcolm III, genannt Malcolm Canmore, ältester Sohn des ermordeten König Duncan, besiegte den Macbeth und herrschte bis 1093, wo er selbst im Kampfe gegen England fiel. Seine Nachkommen regierten noch fast zwei Jahrhunderte das Land. Unter David I (von 1124 an) begann der Bau der Abteien von Melrose und Holyrood. Der letzte König aus der pikto-skotischen Dynastie war Alexander III von 1249–1286. Aus seiner Zeit (muthmaßlich) stammt die berühmte alte Ballade von Sir Patrick Spens. Er hinterließ nur eine Tochter, die an einen König von Norwegen verheirathet war. Sie starb auf der Rückfahrt von Norwegen nach Schottland.

Die Zeit des Baliol, Wallace und Bruce.

Nach dem Aussterben der pikto-skotischen Dynastie traten zwölf Kronbewerber auf. Unter ihnen waren die berechtigsten: John Baliol, Robert Bruce (der ältere) und John Hastings. Eduard I von England, dem das Schiedsrichteramt zugefallen war, entschied sich für J o h n B a l i o l. Dieser war das bloße Werkzeug Eduards. Als er sich endlich selbst gegen die englische Bedrückung auflehnte, unterlag er bei Dunbar 1286. Eduard setzte nun einen Statthalter über Schottland. Gegen diesen erhob sich zunächst William Wallace, und als dessen Versuche zur Befreiung des Landes gescheitert waren, schließlich Robert Bruce (der jüngere). Er vernichtete das englische Heer in der berühmten Schlacht bei Bannockburn 1314. Robert Bruce wurde nun König und regierte als Robert I bis 1329. Ihm folgte sein fünfjähriger Sohn David, als König David II. Seine 41jährige Regierung war eine Zeit unausgesetzter Kämpfe; ähnlich wie 100 Jahre später sich die Häuser York und Lancaster in England befehdeten, bekämpften sich hier in Schottland die Häuser Bruce und Baliol. 1370 starb David II kinderlos.

Das Haus Stuart.

David II hatte Eduard III von England die schottische Krone zugesagt. Die schottischen Stände annullirten das Testament des Königs und setzten das Haus Stuart auf den Thron. Die beiden ersten Könige (Robert II und Robert III) regierten, etwa ein halbes Jahrhundert lang, bis 1424. Mit diesem Jahre beginnt, durch zwei Jahrhunderte hin, die Reihe der Könige Jakob.

Jakob I (1424–36). Er saß vor seiner Thronbesteigung viele Jahre lang in Windsor-Castle gefangen. Washington Irving, in seinem sketch-book, hat eine reizende Schilderung seines (Jakobs) Lebens und Dichtens in Schloß Windsor gegeben. Wurde durch den schottischen Adel ermordet.

Jakob II (1436–60). Kam zwei Jahr alt zur Regierung. 1452 ermordete er den Lord William Douglas in Stirling-Castle mit eigener Hand (siehe S. [121]). In seine Regierungszeit fällt die Glanzzeit und die rivalisirende Macht des Hauses Douglas. Starb vor Roxburgh durch das Zerspringen einer Kanone.

Jakob III (1460–88), genannt der Fiedlerkönig. Kam fünf Jahr alt zur Regierung. Fiel in der Schlacht von Sauchieburn, im Kampf gegen den beleidigten Adel des Landes, dem sich der 15jährige Sohn des Königs angeschlossen hatte. (Siehe die Kapitel: Archibald Bell the Cat und Floddenfield).

Jakob IV (1488–1513). Eine Art sans peur et sans reproche; ritterlich bis zur Don Quixoterie. Fiel in der Unglücksschlacht bei Flodden (siehe Floddenfield).

Jakob V (1513–1542). Kam 2 Jahr alt zur Regierung. Seine Mutter Margarethe von England und Graf Angus aus dem Hause Douglas führten die Regentschaft. In seine Regierung fällt das strenge Verbannungs-Dekret gegen alle Mitglieder der Familie Douglas. Er ist der König Jakob, der unter dem Namen »Ritter Fitzjames« den Helden und Mittelpunkt in Walter Scott's »the Lady of the Lake« bildet. Er war selbst Dichter und die alte Ballade »the Gaberlunzie Man« rührt von ihm her. Er starb wenige Tage nach der Geburt seiner Tochter, der berühmten Maria Stuart.

Maria Stuart (1542–1568). Von 1542–60 Regentschaft ihrer Mutter Maria von Guise. 1560 bestieg Maria selbst den Thron. 1565 Vermählung mit Darnley. 1567 Vermählung mit Bothwell. 1568 geschlagen bei Langside und Flucht nach England. Enthauptet am 18. Februar 1587 zu Fotheringhay.

Jakob VI. Geboren 1566. Regiert unter Vormundschaft (Moray; Lennox; Morton) von 1567–1578 und in Selbstständigkeit von 1578–1603. Wird, nach dem Tode der Elisabeth, König von England und regiert beide Königreiche bis 1625, als Jakob der sechste von Schottland und als Jakob der erste von England.

Karl I. 1625–1649.

Karl II. 1649 (oder 60, je nachdem) bis 1685.

Jakob II (der siebente von Schottland) 1685–88. Stirbt in St. Germain 1701.

Jakob III (der achte) genannt der Prätendent oder Ritter St. Georg. Geboren 1787; gestorben zu Albano 1766. Er leitete, oder billigte, oder gab den Namen zu den verschiedenen jakobitischen Aufständen in Schottland, unter denen die Insurrektionen von 1715 und 1745 die wichtigsten sind. An der Spitze des Aufstandes von 1745 stand sein ältester Sohn (geb. zu Rom 1720) gemeinhin »Prince Charlie« oder der »junge Kavalier« genannt. Der Niederlage von Culloden folgten keine weiteren Aufstände. »Prince Charlie« starb 1788 zu Rom. Sein jüngerer Bruder Heinrich Benedikt, genannt der »Cardinal von York« überlebte ihn um 19 Jahre und starb in hohem Alter zu Frascati 1807 – als der letzte Stuart.

Inhalt.

Anhang

Entstehungsgeschichte

Schottische Kinderjahre: Mit Walter Scott und Ingenieur Macdonald in Swinemünde

Es habe Zeiten gegeben, so schreibt Theodor Fontane 1891 in einem vielzitierten Brief an Wilhelm Hertz, da sei er »mit Maria Stuart zu Bett gegangen und mit Archibald Douglas aufgestanden« (15. April 1891; FHer, S. 329). Dieses Interesse an Schottland und seiner Geschichte wurde bereits in der Kindheit geweckt. In dem autobiographischen Roman »Meine Kinderjahre« berichtet Fontane, sein Vater habe ausschließlich Romane des schottischen Schriftstellers Walter Scott gelesen, und »einige Bröckelchen« von dieser Lektüre seien dabei für ihn bereits abgefallen (Fontane–Kinderjahre, S. 146). Sein besonderes Interesse an Scotts Werk hielt viele Jahre an. So widmete er ihm 1871 einen ausführlichen Aufsatz, in dem er Scott als »reine[ ] und schöne[ ] Seele« (NFA, Bd. 21/1, S. 399) preist und seinen »unerschütterlichen Sinn für das Einfache und Wahre« (NFA, Bd. 21/1, S. 414) lobt, das nicht nur den Menschen, sondern auch seine Romane auszeichne. Scott war eine Leseerfahrung der Kindheit, die lebenslang prägend blieb (zum Einfluss Scotts auf Fontane vgl. Neuhaus 1996, S. 180–205 und 233–239). Fontanes Bild von Schottland wurde also zunächst von der Literatur geprägt.

Nach dem Umzug von Neuruppin in die Hafenstadt Swinemünde 1827 gewann Fontane dann einen schottischen Ingenieur namens Macdonald zum väterlichen Freund, der bei den Hafenbauarbeiten einen Dampfbagger betreute: »Daß ich, ein Menschenalter später, seinen schottischen Clan bereisen und auf der Insel Icolmskill, unter Führung eines Macdonald, an die Stelle treten würde, wo nach alter Annahme König Macbeth begraben liegt, – wer mir das damals gesagt hätte!« (Fontane–Kinderjahre, S. 83.) Ingenieur Macdonald ist möglicherweise nicht der einzige Kontakt zur schottischen Lebenswelt gewesen, denn in Swinemünde lebten auch noch andere Schotten. In »Meine Kinderjahre« berichtet Fontane über »halbwachsene Jungen mit schottischen Mützen« (Fontane–Kinderjahre, S. 299), die zum Stadtbild gehörten. Diese Mützen trugen ältere Jungen, die schon einmal zur See gefahren waren und eine gewisse Selbstständigkeit zur Schau tragen wollten. Schottland war also in Fontanes Leben bereits präsent, lange bevor er es selbst bereiste.

»Mit Maria Stuart zu Bett«

Zu Schottland gehörte für viele Deutsche – auch für Fontane – eine überaus faszinierende Gestalt der schottischen Geschichte: Königin Maria Stuart (1542–1587), deren Leben und vor allem Sterben schon im 16. und 17. Jahrhundert den Stoff zu mehr als fünfzig Theaterstücken abgab (vgl. Dieck 1990) und deren Schicksal die deutsche Vorstellung von Schottland und seiner Geschichte sicher maßgeblich mitgeprägt hat. Besonders durch die Uraufführung von Friedrich Schillers gleichnamigem Drama im Jahr 1800 war nochmals ein verstärktes Interesse an ihrer Person in Deutschland geweckt worden. Dieses wurde durch Friedrich von Raumers populäre Studie »Die Königinnen Elisabeth und Maria Stuart« (1836) weiter vertieft. Dem Schüler Fontane war das Schicksal Maria Stuarts möglicherweise aus Erzählungen seines geschichtsbegeisterten Vaters bekannt, der vielleicht auch Scotts Maria-Stuart-Roman »Der Abt« von 1820 gelesen und seinem Sohn zur Lektüre empfohlen hatte. Vielleicht kannte Fontane auch Schillers Drama, wenngleich die »Klassiker« der deutschen Literatur erst Mitte des 19. Jahrhunderts Einzug in die Curricula des Deutschunterrichts hielten. Zumindest gibt Fontane in »Meine Kinderjahre« zu Protokoll, er habe zahllose Schiller'sche Balladen auswendig lernen müssen. Möglicherweise hatte er das Stück auch in Berlin gesehen, zumindest schreibt er rückblickend an Paul Schlenther: »Von 1835 an bis Herbst 1840 war ich verhältnismäßig viel im Theater« (Brief vom 29. 3. 1889; FZweite Sammlung, Bd. 2, S. 184). Jedenfalls las er 1851 Raumers Buch (vgl. AFA-Autobiogr. Schriften, Bd. III/1, S. 257, und Craig 1999, S. 28f.).

Schon nach seiner ersten Londonreise 1844 war Fontane mit einer Reihe schottischer Stoffe nach Berlin zurückgekehrt, darunter vor allem solche, die sich mit dem tragischen Schicksal Maria Stuarts beschäftigen: 1846 entstanden die Balladen »David Rizzio« und »Der sterbende Douglas«, 1847 »Maria Stuarts Weihe«, 1851 »Maria und Bothwell« und »Die Hamiltons oder Die Locke der Maria Stuart«. Schon die Titel der Gedichte machen deutlich, dass es Fontane dabei um die Faszination ging, die die schottische Königin auf Männer ausübte. Zugleich plante er ein Drama über Maria Stuarts Enkel, Karl Stuart, das er aber 1851 unvollendet beiseitelegte. Marias Schicksal wird er dann in »Jenseit des Tweed« mehrfach aufgreifen, nachdem er auf seiner Reise eine ganze Reihe von Stätten besucht hatte, die sich mit ihrem Leben verbinden: Holyrood Palace, Edinburgh Castle, Linlithgow und schließlich Lochleven Castle.

Dieses große Interesse an Maria Stuart teilten alle deutschen Schottlandreisenden des 19. Jahrhunderts. Niemand besuchte Edinburgh, ohne David Rizzios Blutfleck in Holyrood Palace in Augenschein zu nehmen, und zumeist wurde auch Maria Stuarts Zimmer in Edinburgh Castle besichtigt, in dem ihr Sohn zur Welt gekommen war. Linlithgow, das Schloss, in dem sie geboren wurde, wird in den Berichten zumeist wenigstens erwähnt, wenn auch selten besucht. Dass man sich in Schottland dieses besonderen deutschen Interesses durchaus bewusst war, erwähnen der professionelle Reisejournalist Johann Georg Kohl (Kohl 1844, Bd. 1, S. 76) und der Geograph Moritz von Kalckstein (Kalckstein 1854, S. 204 f.) in ihren Reiseberichten. Auch der Gymnasiallehrer und Reisebuchverfasser Karl Elze hält fest: »[...] die beiden Namen Schottland und Maria Stuart sind für einen Deutschen unzertrennlich verbunden, und der Reiz, die durch sie berühmt gewordenen Stätten aufzusuchen, ist für uns vielleicht noch größer, als selbst für ihre Landsleute.« (Elze 1860, S. 58.) Eine Schilderung von Lochleven Castle, dem Ort ihrer fast einjährigen Gefangenschaft auf schottischem Boden, findet sich allerdings nur in Fontanes Reisebericht. Umso ärgerlicher war es für den Autor, dass der Journalerstdruck des Kapitels nicht rechtzeitig für den Druck der Buchausgabe vorlag, so dass es in der Erstausgabe fehlt (vgl. »Entstehungsgeschichte«, S. 289–291).

Während es in Schillers Drama »Maria Stuart« um die letzten Lebenstage der Königin geht, beschäftigen sich die späteren Schottlandreisenden meist mit der Vorgeschichte, die sich an den besuchten Orten abgespielt hat. Dabei stehen die Verteidiger und Rechtfertiger der Königin, zu denen die Schriftstellerin Fanny Lewald und der Lehrer Karl Elze gehören, den Kritikern, wie etwa den Journalisten Titus Ullrich und Fontane, gegenüber. Allen gemeinsam ist aber das Bestreben, sich ein möglichst genaues Bild von der Königin zu machen. So finden sich ausführliche Diskussionen über unterschiedliche Porträts der Königin und deren Ähnlichkeit mit der realen Person. Der Wunsch, ein authentisches Bild von der Königin zu betrachten bzw. die eigene Vorstellung durch ein Gemälde bestätigt zu sehen, ist dabei leitend. Auch Fontane ging es um Authentizität: Er diskutiert die verschiedenen Bilder, die er gesehen hat, und rekonstruiert Geschehensabläufe, um den historischen Ereignissen und der Aura Maria Stuarts möglichst nahe zu kommen, vor allem aber, um dem Leser später spannende Geschichten erzählen zu können, auf die z. B. die Rezensenten auch begeistert anspringen sollten (vgl. »Rezeption«, S. 303 f.). Fontane ging es aber nicht ausschließlich um historische Gerechtigkeit wie etwa Lewald und Elze, er gab in seinem Reisebuch vielmehr der guterzählten Geschichte immer wieder den Vorzug vor der historischen Wahrheit. Tatsachen interessierten ihn nur so lange, wie sie entscheidend für seine Inszenierungen waren. Deswegen waren ihm präzise Größenangaben so wichtig, die ihn genaue Raumvermessungen – etwa in Holyrood Palace und Lochleven Castle – vornehmen ließen. Fontane wollte in Schottland

Geschichte hautnah erleben und für seine Leser in Deutschland plastisch nacherzählen.

Vom »Anklammern an die Percies und Douglasse«

Bereits 1848 waren Fontane die Balladensammlungen »Reliques of Ancient English Poetry« (1765) von Thomas Percy und »Minstrelsy of the Scottish Border« (1802/03) von Walter Scott in die Hände gefallen, wie er in seiner Autobiographie »Von Zwanzig bis Dreißig« berichtet (beide Sammlungen sind in Fontanes Bibliothek im TFA nicht erhalten). Er fertigte daraus zwischen 1848 und 1859 eine Reihe von Übertragungen an und bemerkt rückblickend, beide Bücher hätten »auf Jahre hin meine Richtung und meinen Geschmack bestimm[t]« (GBA-Autobiogr. Werk, Bd. 3, S. 183). 1854 erschienen einige dieser Übertragungen – nach dem Vorbild von Percys und Scotts Sammlungen von Fontane mit erläuternden Kommentaren versehen – im belletristischen Jahrbuch »Die Argo«, das Mitglieder des literarischen Vereins ›Tunnel über der Spree‹ herausgaben. Aus den beiden Anthologien bezog Fontane auch Stoffe und Motive für seine Balladen, darunter der ab den 1880er und verstärkt ab den 1890er Jahren zum Klassiker in Anthologien- und Lesebüchern gewordene »Archibald Douglas« (1854), auf dessen Geschichte er in Scotts »Minstrelsy« stieß. Er wendet sie allerdings ins Positive und lässt Douglas nicht in der Verbannung sterben, sondern die Aussöhnung des ehemals mächtigen Adligen mit dem schottischen König gelingen. Gerade das »Anklammern an die Percies und Douglasse«, die Abfassung von Balladen, tröstete Fontane über seine Finanzmisere und die Unzufriedenheit mit dem Apothekerberuf hinweg, wie er 1850 an Gustav Schwab schrieb (HFA, IV, Bd. 1, S. 117).

Auch lange nach der Schottlandreise von 1858 entstanden Balladen mit schottischen Themen wie »Die Brück am Tay« (1880) oder »John Knox's Tod« (1881–1884), und Fontane griff alte Ideen wieder auf, wie in »Walter Scotts Einzug in Abbotsford« oder »Walter Scott in Westminster-Abtei« (beide 1888). Aber nicht nur im lyrischen Werk, auch in den Romanen finden sich zahlreiche Schottlandbezüge. Im Roman »Graf Petöfy« beispielsweise lässt Fontane seine Protagonistin Franziska Franz von ihrer Kindheit in einer norddeutschen Hafenstadt erzählen, für die seine eigene Jugend das Vorbild abgegeben haben könnte. Hier spielt ein besonders starker schottischer Junge, »dessen Familie von Inverneß oder Aberdeen herübergekommen war«, eine führende Rolle unter den Kindern (GBA-Erz. Werk, Bd. 7, S. 155). Der Historiker Craig betont mit Blick auf solche Darstellungen die große Bedeutung des Themas Schottland für Fontanes ganzes Schaffen: »[…] this passion for

Scotland not only influenced all of his early work as a writer but actually helped to shape his literary career, which might have been quite different without it.« (Craig 1999, S. 28.) Fontanes Reise durch Schottland im Jahr 1858 ist der Höhepunkt dieser Leidenschaft.

»Kommst Du denn nicht nach Schottland? Dort liegen ja Deine Stoffe!«

Wer sich schon als Kind – vermittelt vor allem durch Scott – in Schottland und seiner Geschichte so auskennt wie Fontane und wer frühe englische Balladen überträgt und sich der schottischen Geschichtshelden in eigenen Balladen annimmt, der sehnt sich auch danach, dieses poetisch fruchtbare Land eines Tages selbst in Augenschein zu nehmen. Im Sommer 1851, in einer besonders perspektivlosen Lebensphase, in der Fontane versuchte, sich mit der Erteilung von Englischunterricht seinen Lebensunterhalt zu verdienen, erwog er, als Deutschlehrer nach Edinburgh zu gehen, um dort unter anderem auch seine Englischkenntnisse aufzubessern. Dabei scheint es sich um einen sehr konkreten Plan gehandelt zu haben, denn Fontane schreibt am 29. August 1851 an seinen Freund Bernhard von Lepel: »Ich will nach Edinburg, um etwas wenigstens ganz u. völlig in der Gewalt zu haben, um mich im Englischen sicher zu fühlen. [...] Kehr' ich dann zurück, so kann ich mein Heil als Sprachmeister mit gutem Gewissen und deshalb mit Nachdrücklichkeit versuchen. – Das Vorstehende ist das Minimum was ich erwarte; im Allgemeinen hoffe ich mehr: ich denke sowohl an die Möglichkeit in Edinburg Geld zu verdienen [...] als auch daran, nach meiner Rückkehr hieher, Schottland und meinen Aufenthalt daselbst zur Milchkuh für mich zu machen.« (FLep2, Bd. 1, S. 282.) Fontane plante also nicht etwa, nach London zu gehen, das er 1844 im Rahmen einer Pauschalreise besichtigt hatte (dazu Muhs 1995), sondern es zog ihn in die schottische Hauptstadt Edinburgh – vielleicht auch deswegen, weil dort weniger Konkurrenz durch deutsche Exilanten zu befürchten war, die in Scharen in London versuchten, ihren Lebensunterhalt durch die Erteilung von Deutschstunden zu sichern. Der Reiseplan zerschlug sich aber zunächst.

1852 ging Fontane für fünf Monate als Korrespondent der »Preußischen [Adler-]Zeitung« nach London und erwog einen Abstecher nach Schottland, wie sich einem Tagebucheintrag vom 12. Juni 1852 entnehmen lässt (GBA-Tagebücher, Bd. 1, S. 26). Bernhard von Lepel bestärkt ihn in seinem Vorhaben, London wenigstens für einige Zeit zu verlassen und den ungleich poetischeren Norden des Vereinigten Königreiches aufzusuchen: »Kommst Du denn nicht nach Schottland?

Dort liegen ja Deine Stoffe!« (FLep2, Bd. 1, S. 336.) Aber Fontane trat die Reise auch diesmal aus Geldmangel nicht an. Erst der dritte Londonaufenthalt, der mehr als drei Jahre dauerte, sollte endlich die Erfüllung seines Wunsches bringen. Sowohl im Sommer 1856 (vgl. die Tagebucheinträge vom 17. und 19. Juni, vom 4. Juli und 1. August 1856; GBA-Tagebücher, Bd. 1, S. 130, 137 und 150, und die Briefe an Emilie Fontane vom 7. Juni, 5., 15. und 17. Juli und 2. August 1856; FEF, Bd. 1, S. 306, 330, 343 f. und 375) als auch im Juli 1857 (vgl. den Brief an Emilie Fontane vom 2. Juli 1857; FEF, Bd. 2, S. 93) plante er eine Reise nach Schottland. Möglicherweise hatte er 1857 gemeinsam mit seinem Berliner Kollegen Titus Ullrich reisen wollen, der sich nach dem Besuch der Kunstausstellung in Manchester, wo Fontane ihn mehrfach traf, auf den Weg nach Schottland machte und 1858 in einer Reihe von Feuilletons in der »National-Zeitung« über diese Reise berichtete (vgl. FMer, Bd. 2, S. 329 f., und Ermisch 2015, S. 225–268). In beiden Jahren reichten Fontanes finanzielle Reserven aber nicht aus, um die Reise anzutreten. Als sich im Sommer 1858 andere gemeinsame Urlaubspläne zerschlagen hatten, entschied er kurz entschlossen, endlich nach Schottland zu reisen, und bat seinen Freund Bernhard von Lepel, ihn dorthin zu begleiten (vgl. Fontanes Brief vom 21. Juli 1858; FLep2, Bd. 1, S. 512 f.; mit Kommentar Bd. 2, S. 1221 f.).

»Seinem lieben Freunde und Reisegefährten«

Bernhard von Lepel wurde am 27. Mai 1818 als Spross eines angesehenen pommerschen Adelsgeschlechts in Meppen geboren (vgl. zu Lepels Lebenslauf und der Beziehung zu Fontane den Kommentar von Radecke in: FLep2, Bd. 2, S. 855–878). Den Wünschen und Traditionen der Familie folgend, begann Lepel 1836 in Berlin eine militärische Ausbildung, obwohl er eigentlich gern Maler geworden wäre und über diesen Wunsch in heftige Auseinandersetzungen mit seinem Vater geraten war, der selbst ein hochrangiger Militär war. Dem Malen und Dichten ging er in seiner Freizeit nach, verfasste Gedichte und Dramen. Von seinen bildkünstlerischen Ambitionen zeugen auch seine nach der gemeinsamen Schottlandreise mit Fontane entstandenen Zeichnungen. 1848 zog er sich aus dem aktiven Militärdienst zurück, um sich – wenn auch ohne große Erfolge – der eigenen Dichtung zu widmen, engagierte sich später vielfältig im Berliner Kulturleben und war journalistisch tätig. Daher war es naheliegend, dass Fontane ihm angesichts der geplanten Schottlandreise vorschlug, diese als Feuilletonserie literarisch zu verarbeiten, ebenso wie er selbst es vorhatte (vgl. den Brief vom 21. Juli 1858; FLep2, Bd. 1, S. 513).

Fontane hatte Bernhard von Lepel vermutlich 1839 in einem von Lepel gegründeten Verein zu Ehren August von Platens kennengelernt, denn beide Dichter waren große Bewunderer Platens. Im Frühsommer 1844 dienten sie im selben Berliner Regiment, dem Kaiser Franz Garde-Grenadier-Regiment Nr. 2, in dem Lepel Fontanes Vorgesetzter war. Diese Zeit markiert den Beginn einer engen Freundschaft, von der auch der im selben Jahr beginnende Briefwechsel zeugt. Lepel war zeitweilig Fontanes engster Vertrauter, dem Fontane nicht nur die Existenz seiner vorehelichen Kinder gestand, sondern den er in schlechten Zeiten auch um Geld angehen konnte und der sich unermüdlich für ihn einsetzte. Die beiden standen sich zeitweise so nahe, dass Lepel die Heiligabende nach seiner gescheiterten Ehe selbstverständlich bei der Familie Fontane verbrachte. Mit dem Freund diskutierte Fontane aber nicht nur seine persönlichen Angelegenheiten, sondern vor allem auch literarische, weil ihm Lepels Einschätzungen und Ratschläge wichtig waren. Auch wenn er Lepel als Dichter nicht uneingeschränkt überzeugend fand, seine politisch aristokratische Einstellung nicht teilte, die vor allem 1848 zu heftigen Zerwürfnissen führte, und seine »Vorliebe für unerlaubte, ja strafwürdige Verhältnisse« zu Frauen kritisierte, die ihn von der dichterischen Arbeit abhielten (Brief an Mathilde von Rohr, 23. Mai 1885; HFA, IV, Bd. 3, S. 387), so verband die beiden doch eine »herzliche[ ] Freundschaft«, so schreibt Fontane 1885 in seinem Nachruf (FLep2, Bd. 1, S. 719). Lepel war es auch, der Fontane in den »Literarischen Sonntagsverein Tunnel über der Spree« einführte, dem er selbst seit 1839 angehörte und in dem Fontane einige seiner Texte, darunter auch solche aus seinem Schottlandreisebericht vorstellte. Die beiden Freunde hatten geplant, den Sommer 1858 gemeinsam zu verbringen. Eigentlich wollte Fontane zur Kur ins schlesische Salzbrunn fahren. Da er es aber versäumte, rechtzeitig einen Urlaubsantrag zu stellen, konnte dieser Plan nicht mehr in die Tat umgesetzt werden. Stattdessen reiste Lepel zu seinem Freund nach London, von wo aus man gemeinsam nach Schottland aufbrach.

»Eine Zeitlang ein alter Kaledonier werden«

Die beiden Freunde gehörten dabei zu einer deutschen Reisewelle gen Schottland, die 1799 mit Emilie von Berlepschs Besuch ihren Anfang nahm, ihren Höhepunkt in der Mitte des Jahrhunderts hatte und Ende der 1850er Jahre bereits wieder abebbte. Vom Beginn des 19. Jahrhunderts bis Mitte der 1860er Jahre entstanden mehr als ein Dutzend deutscher Reiseberichte über Schottland – eine systematische Recherche in den Familienzeitschriften dieses Zeitraums würde sicher noch weitere

Berichte zutage fördern. Fontane war mit seiner Schottlandpassion also kein Einzelfall, und er war auch nicht der Einzige, der seine Eindrücke künstlerisch verarbeitete. Andere Reisende taten dies in literarischer oder in bildkünstlerischer Form, wie der Arzt und Maler Carl Gustav Carus, oder musikalisch, wie der Komponist Felix Mendelssohn Bartholdy, der dem Land seine »Schottische Symphonie« und die »Hebriden-Ouvertüre« widmete.

Die Ursache für die erste Phase deutscher Schottlandbegeisterung waren die zwischen 1760 und 1763 von James Macpherson herausgegebenen vermeintlichen Dichtungen des gälischen Barden Ossian (vgl. Schmidt 2003, Bd. 1, S. 488–501, 545–569, und Bd. 3, S. 471 f.), die der begeisterte Goethe seinen jugendlichen Werther übersetzen und kurz vor seinem Selbstmord vor Lotte deklamieren lässt, was beide so ergreift, dass sie in Tränen ausbrechen, weil sie ihr eigenes Schicksal in den eindringlichen Versen der ossianischen Gestalten wiedererkennen. Diese Begeisterung teilte auch Herder, der 1773 ausrief: »[…] zu den Schotten! zu Macferson! Da will ich die Gesänge eines lebenden Volks lebendig hören, sie in alle der Würkung sehen, die sie machen, die Örter sehen, die allenthalben in den Gedichten leben, die Reste dieser alten Welt in ihren Sitten studieren! eine Zeitlang ein alter Kaledonier werden« (Herder 1993, S. 455). Während Herder selbst nicht nach Schottland reiste, tat das Emilie von Berlepsch, die eng mit Herder befreundet war und 1799/1800 auf Ossians Spuren unterwegs war. Sie sah ihre Aufgabe darin, die Echtheit der Texte dadurch zu bestätigen, dass sie die vermeintlichen Originalschauplätze besuchte und überprüfte, ob die Wirklichkeit der literarischen Schilderung entsprach. Die anhaltenden Diskussionen der Forscher um die Echtheit der Überlieferung beeindruckte aber das breite Lesepublikum von Beginn an wenig. Da Ossian das Bedürfnis der Leser nach Textzeugen einer vermeintlich alten Volksüberlieferung traf, die als Ausdruck der wahren schottischen Seele gelesen werden konnte, war die Frage nach der tatsächlichen Autorschaft für die begeisterte Leserschaft zweitrangig (vgl. Moore 2003, S. 44–46). Fanny Lewald, die es 1850 nach Schottland zog, merkt dazu an: »Daß Ossian's Gedichte nicht uralt, daß sie nicht wirkliche Thatsachen feiern und besingen, focht mich dabei nicht im Geringsten an. Wer diese Gesänge auch gedichtet, welcher Zeit sie auch entsprossen sein mögen, sie sind diesem Lande eigen; hervorgegangen aus dem tiefsten Empfinden seiner Natur, und wiedergegeben in einer dieser Natur vollkommen entsprechenden Gestalt. Das wird ihnen Dauer geben für alle Zeiten, und Wiederhall in den Seelen derer, die hier weilten.« (Lewald 1851/52, Bd. 2, S. 527 f.) Noch 1857 reiste Titus Ullrich nach Schottland, um dem Helden seiner Jugend, Ossian, nahe zu sein. Dabei hat er Ossian vermittelt durch Goethes »Werther« kennengelernt und zitiert zu Beginn seiner Schottlandreiseschilderung daraus (Ullrich 1858a).

Schottland wurde also von Anfang an vor dem Hintergrund der von ihm inspirierten Literatur wahrgenommen. Schon der frühe schottische Tourismus war ein Literaturtourismus: »[...] in Scotland tourism was book-based from the beginning: the tourists not only read other, earlier tours to prepare themselves for their journey, but also literary texts both from and about the regions they were hoping to explore, and purposefully visited sites associated with these. [...] in Scotland it began as an exploration of space authenticated through literature.« (Ott 2010, S. 39.)

Zu der Begeisterung für den Barden Ossian kam seit Mitte des 18. Jahrhunderts ein verändertes Natur- und Landschaftsverständnis hinzu. Hatte man bis dahin in wilder, unberührter Natur bestenfalls einen Auftrag zur Kultivierung gesehen und, wo diese nicht möglich war, die Natur als Hindernis und Bedrohung wahrgenommen und sich schaudernd von ihr abgewandt, so gewann sie im 18. Jahrhundert Bedeutung als Manifestation des Erhabenen in der Schöpfung. Die Alpen wurden nun nicht mehr als Hindernis auf dem Weg ins arkadisch schöne Italien wahrgenommen, sondern als erhaben-entsetzliches Gegenstück zum Schönen, das machtvoll in der Lage ist, den Menschen zu ergreifen und zu begeistern. Nachdem die Alpen von den ersten beeindruckten Reisenden durchstreift worden waren, war der Weg in die schottischen Highlands, zu Ossians erhabener Natur, nicht mehr weit (vgl. Schmidt 2003, Bd. 1, S. 132–151). Besonders das Tal Glencoe und die Fingalshöhle auf der Insel Staffa, die eng mit dem Schicksal Ossians in Zusammenhang gebracht wurden, werden in vielen deutschen Reiseberichten als Inbegriff erhabener Natur gepriesen.

Auch die neue Kategorie des »Picturesque«, die die Landschaft auf ihre Eignung zur Verwandlung in Gemälde befragte und Amateure und professionelle Maler mit ihren Staffeleien und Skizzenbüchern in die Wildnis lockte, brachte Touristen in den Norden Großbritanniens (vgl. Andrews 1989). Die wenigen, nur noch als Reproduktionen erhaltenen Zeichnungen Bernhard von Lepels, die er nach der Reise mit Fontane anhand seines Skizzenbuchs ausarbeitete, legen Zeugnis von dieser neuen Kategorie der Landschaftswahrnehmung ab; ebenso die Zeichnungen von J. M. W. Turner, der im Auftrag von Walter Scotts Verlag schon 1818 im Land unterwegs war, um Illustrationen zu Scotts »Provincial Antiquities and Picturesque Scenery of Scotland« vorzubereiten.

»Er hat dies Land zu dem gemacht, was es ist« – Walter Scott, der Erfinder Schottlands

War es zu Beginn des 19. Jahrhunderts vor allem die Begeisterung für Ossian, die die Deutschen nach Schottland reisen ließ, so wurde diese nun ergänzt und zunehmend ersetzt durch das Interesse an Walter Scott. Er war der eigentliche Auslöser eines zahlenmäßig auch fassbaren Literaturtourismus (vgl. Durie 1992 und 2006). Seine historischen Romane machten Schottland in Deutschland überhaupt erst größeren Bevölkerungskreisen bekannt und weckten das Bedürfnis, dieses poetisch verklärte Land mit aufregender Vergangenheit auch selbst zu sehen. Nach dem Erscheinen von Scotts romantisch-epischem Gedicht »The Lady of the Lake« bevölkerten Touristenmassen die von ihm geschilderten Regionen – besonders die Trossachs, die der Schauplatz des Gedichts sind (vgl. Watson 2006, S. 150–163, und Watson 2010). Fontane spricht in seinem Walter-Scott-Essay 1871 zwar von einem krankhaften Enthusiasmus, der die Leser ergriffen habe (vgl. NFA, Bd. 21/1, S. 402), erklärt aber zugleich Scotts immense Bedeutung für Schottland: »[...] man darf sagen, er hat dies Land zu dem gemacht, was es ist oder doch bei anderen Völkern gilt und bedeutet.« (NFA, Bd. 21/1, S. 419.) Damit macht Fontane klar, woher nicht nur sein eigenes, sondern auch das Schottlandbild anderer deutscher Reisender rührte, denn er selbst war von Jugend an ein begeisterter Scott-Leser und bewunderte den schottischen Dichter sehr (vgl. Neuhaus 1996, S. 180–252).

Deutsche Reiseberichte über Schottland enthalten also ab den 1820er Jahren immer auch Hinweise auf Scott und präsentieren den Daheimgebliebenen eine literarische Spurensuche an Scotts Romanschauplätzen und Wirkungsstätten. So nennt Fontane, als er erstmals in London mit dem Finger auf der Karte Schottland bereist, »Selkirk, Jedburgh, Kelso, Abbotsford und Melrose« (Eintrag vom 3. August 1856; GBA-Tagebücher, Bd. 1, S. 151) als die Orte seiner Sehnsucht – und damit durchgängig Schauplätze, die mit dem schottischen Romancier Scott verbunden sind.

1858 reiste er dann wirklich auf dessen Spuren in die Trossachs und berichtet über seine Eindrücke vom »Land der Lady of the Lake«, so der Kapiteltitel. Fontane übt dabei Kritik an der touristischen Vermarktung der Scott-Stätten und zeigt sich ein wenig enttäuscht, dass die Landschaft nicht den Vorstellungen entspricht, die er sich durch die Lektüre gemacht hatte. Die schottische Wirklichkeit halte der literarischen Schilderung nicht stand und werde dennoch zu Ehren Scotts von Scharen Reisender aufgesucht (vgl. Durie 2012, S. 46 f.).

Ein Besuch von Scotts Wohnsitz Abbotsford war für fast alle deutschen Besucher »eine erfüllte Pflicht« (S. 255), der sich auch Fontane gerne stellte. Obwohl ihn der Anblick des Hauses eher befremdete, war es ihm dennoch wichtig, dem schottischen Dichter zu huldigen, denn »[…] was wäre der Ruhm Schottlands ohne die Erscheinung Walter Scott's! Er hat die Lieder seines Landes gesammelt und die Geschichte desselben durch eigene Dichtungen unsterblich gemacht.« (S. 255.) Dementsprechend ist auch Fontanes Reisebuch von Scott und seinen Stoffen geprägt. Ossian, der Titus Ullrich und auch Fanny Lewald so wichtig war, spielt bei ihm nur eine Nebenrolle. Für Fontane bleibt Abbotsford, so verbaut es sein mag, der Ort, »wo der Wunderbaum der Romantik seine schönsten und vor Allem seine gesundesten Blüthen trieb« (S. 256), wie es im Schlusssatz von »Jenseit des Tweed« heißt. Mit dem Besuch in Abbotsford beendet Fontane seine Reise und schließt mit dieser Schilderung – gleichsam programmatisch – seinen Reisebericht.

Scott hatte das Bild vom Norden Großbritanniens in der Welt maßgeblich beeinflusst. Seine Bemühungen um die Wiederbelebung bzw. Neuerfindung einer schottischen Hochlandskultur prägen bis heute das Bild von Schottland, so wie sie es auch im 19. Jahrhundert taten (vgl. Kelly 2010 und Haldane Grenier 2005, S. 159–165). Der edle, mutige und kampferprobte Hochländer in Plaid und Kilt wurde zum Inbegriff des Schotten schlechthin; ein Highlander in voller Hochlandstracht wird in vielen deutschen Reiseberichten mit Bewunderung geschildert. Von dieser Begeisterung für vermeintlich altüberlieferte Traditionen wie etwa die Highland Games ließ sich auch Queen Victoria seit 1842 auf Reisen durch den Norden ihres Königreiches anstecken. Durch ihren Enthusiasmus für alles Schottische verstärkte sie den von Scott angestoßenen Prozess der Romantisierung und Verklärung – etwa in ihrem 1868 publizierten Reisetagebuch »Leaves from the Journal of Our Life in the Highlands« (vgl. Kelly 2010, S. 281–284). Auch Fontanes Reisebericht von 1860 ist vor allem von Scott und den durch ihn geweckten Erwartungen an eine Hochlandsromantik bestimmt, die aber mitunter stark von der Wirklichkeit ernüchtert werden.

»Ich werde in meinem Leben nie mehr so jagen« – Fontane und Lepel in Schottland

Fontanes und Lepels Reise nach Schottland begann am 9. August 1858 in London; am Morgen des 10. trafen die beiden in Edinburgh ein (vgl. Fontanes Tagebucheinträge; GBA-Tagebücher, Bd. 1, S. 342–345). Sie blieben zunächst einige Tage in der schottischen Hauptstadt und reisten dann weiter nach Stirling, von wo aus sie einen Abstecher zum Loch Katrine machten, bevor sie über Perth weiter nach Inverness fuhren.

Von der Ostküste ging es anschließend über den kaledonischen Kanal an die Westküste, wo die beiden an einem Tagesausflug zu den Inseln Iona und Staffa teilnahmen. Danach fuhren sie weiter zum Loch Lomond und von dort aus zurück nach Edinburgh, das sie am 24. August mit dem Zug nach London wieder verließen (vgl. die gegenüberliegende Karte). Insgesamt verbrachten die Freunde also 15 Tage in Schottland und legten fast 1400 Kilometer per Bahn, Kutsche und Schiff zurück. Angesichts dieses Besichtigungsmarathons erstaunt es nicht, dass Lepel sich nach der Reise beschwert: »Ach, ich muß es ewig beklagen, nicht vier Wochen länger in England gewesen zu sein. Aber ich werde in meinem Leben nie mehr so jagen. Entweder mit Muße oder gar nicht.« (FLep2, Bd. 1, S. 516.) Fontane hingegen scheint die Reise sehr genossen zu haben, denn er berichtet seiner Mutter: »Es waren schöne Tage (16) und wenn ich, so Gott mich leben läßt, längst ein alter Krepel sein werde, der die Vossische liest und bei Odeum's Kaffe trinkt, werd' ich alten Staatshämorrhöidarien mit einem letzten Rest von Feuer [...] von Edinburg erzählen und von Stirling und Perth, und von Inverneß und dem Schlosse Macbeths drin König Duncan ermordet wurde. Wenn dann die alten Jungen das Maul aufsperren und die letzten Haare die ihnen Gott gelassen hat sich in die Höhe sträuben, werd' ich dieser schottischen Reise [...] in Wehmuth und Dankbarkeit gedenken« (17. September 1858; FProp, Bd. I, S. 43). Der Freundin Henriette von Merckel schreibt er am 6. Oktober mit Blick auf Lepels Besuch ebenfalls: »Die 4 Wochen unsres Zusammenseins hier und in Schottland bilden doch eine Art Lichtpunkt meines englischen Exils« (FMer, Bd. 2, S. 134). Noch dreißig Jahre später nennt er die Reise »eine der schönsten in meinem Leben, jedenfalls die poetischste, poetischer als [...] alles was ich später sah.« (FProp, Bd. III, S. 228.)

Bereits vor der Reise hatte Fontane Lepel angekündigt: »[...] den Ausflug nach Schottland hoff' ich mit 100 bis 120 rth. machen zu können, eine Summe die ich mir durch Briefe und Feuilletons hoffentlich zurückverdiene.« (FLep2, Bd. 1, S. 512.) Fontane reiste also mit der Absicht einer literarischen Verwertung der Reiseeindrücke nach Schottland. Der Markt für solche schottischen Reiseberichte war riesig, wie Hiley mit Blick auf Deutschland betont: »Almost without exception the visitors travelled to Scotland intending to publish an account of their stay. The reading public's demand was so great that publishers evidently felt safe to consider any Scottish tourist account« (Hiley 1996, S. 25). Fontane fand zwar nicht auf Anhieb einen Verleger für die Buchausgabe seines Reiseberichts (vgl. »Entstehungsgeschichte«, S. 282 f.), hatte aber keine Mühe, die einzelnen Kapitel zunächst den Feuilletons verschiedener Zeitungen zum Abdruck zu verkaufen (vgl. »Entstehungsgeschichte«, S. 281 f.). Obwohl der deutsche Markt bereits recht gut mit

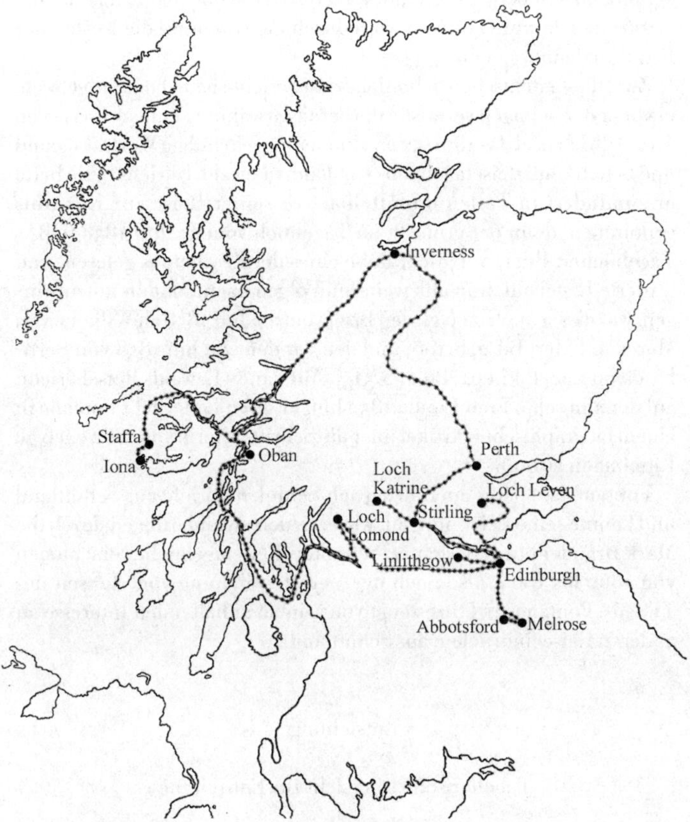

Fontanes Reisestationen

Schottlandreiseberichten gefüllt war (vgl. Hiley 1985 und Ermisch 2015, S. 106–169), konnte Fontane wohl durch die Honorare die Kosten der Reise wieder ausgleichen.

Zwei dieser deutschen Schottlandreiseberichte hatte Fontane gelesen, bevor er den seinigen verfasste: die bereits erwähnte Feuilletonserie von Titus Ullrich und das 1851/52 erschienene zweibändige Werk »England und Schottland. Reisetagebuch« von Fanny Lewald. Ullrichs Serie hatte er zumindest in Teilen unmittelbar vor seiner Reise zur Kenntnis genommen, denn er vermerkt im Tagebuch vom 22. Juli 1858 (GBA-Tagebücher, Bd. 1, S. 339), er habe eines der Feuilletons gelesen, und forderte Lepel auf, ihm alle weiteren Folgen nach London mitzubringen, was dieser auch tat (vgl. den Brief vom 29. Juli 1858 an Wilhelm von Merckel; FMer, Bd. 2, S. 106; und den vor dem 28. Juli 1858 von Bernhard von Lepel; FLep2, Bd. 1, S. 515). Auf Fanny Lewalds Reisebericht, auf den ihn seine Frau Emilie 1852 hingewiesen hatte, geht Fontane in einem biographischen Artikel über die Schriftstellerin von 1862 ein (vgl. Kittelmann 2010a).

Fontane las später auch Friedrich Schinkels Briefe aus Schottland und kannte seine Zeichnungen, wie er in den »Wanderungen durch die Mark Brandenburg« berichtet. Schinkels Reisetagebücher erschienen von 1862 bis 1864, also nach der Veröffentlichung von »Jenseit des Tweed«. Fontanes Lektüre zeugt von seinem anhaltenden Interesse an anderen Reiseeindrücken aus Schottland.

Entstehung

Tabellarische Übersicht zur Entstehung

10. bis 24. August 1858:	Theodor Fontanes und Bernhard von Lepels Reise durch Schottland.
25. Oktober 1858:	Fontane teilt Wilhelm von Merckel mit, er habe mit den Arbeiten am Reisebuch begonnen.
25. November 1858:	Er bietet Friedrich Eggers die ersten Kapitel der schottischen Reise zum Abdruck an.
29. Dezember 1858:	Er berichtet Wilhelm von Merckel, er habe inzwischen 15 Briefe fertig und wünsche diese als Serie in einer Zeitung gedruckt zu sehen.
ab dem 29. Mai 1859:	Ein erster Kapitelblock erscheint in der »Vossischen Zeitung«.
17. September 1859:	Er berichtet seiner Frau Emilie, er habe am Vortag das Kapitel »the last chieftain« abgefasst.

28. November 1859: Fontane schreibt Paul Heyse und Wilhelm Wolfsohn, das Buch sei fertig, und er suche einen Verleger.

30. Januar 1860: Auf Anraten des Verlegers Wilhelm Hertz schickt Fontane eine Verlagsanfrage an Julius Springer; dieser sagt umgehend zu.

24. März 1860: Fontane schreibt Henriette von Merckel, er habe gerade die ersten Korrekturbogen erhalten.

22. April 1860: Das letzte Kapitel »Abbotsford« erscheint in der »Neuen Preußischen [Kreuz-]Zeitung«.

Mai 1860: Das für das Buch vorgesehene Kapitel »Lochleven-Castle« bleibt unauffindbar und kann daher nicht ins Buch aufgenommen werden.

5. Juni 1860: Fontane dankt Springer für die Freiexemplare.

16. Juni 1860: Die erste Rezension erscheint in der »Neuen Preußischen [Kreuz-]Zeitung«.

18. Juni 1860: Das »Börsenblatt für den deutschen Buchhandel« meldet »Jenseit des Tweed« als erschienen.

»Erzählungen eines letzten Romantikers« – Zögerlicher Beginn der Arbeiten am Reisebericht

Nach der Rückkehr aus Schottland am 25. August 1858 und der Abreise Lepels am 4. September vermerkt Fontane am 6. September im Tagebuch, er habe wieder »Gearbeitet«, ohne zu spezifizieren, woran (GBA-Tagebücher, Bd. 1, S. 347). Drei Tage später ergänzt er das »Gearbeitet« um ein »Gelesen (The lay of the last minstrel)« (GBA-Tagebücher, Bd. 1, S. 347), einen Versroman von Scott. Fontane war also mit der Nachbereitung der Reise beschäftigt. Am 8. September schrieb er einen Brief an Wilhelm von Merckel, wie er gleichfalls im Tagebuch notiert (GBA-Tagebücher, Bd. 1, S. 347); leider ist dieser Brief verschollen. Merckel antwortete am 12. September 1858, und aus diesem erhaltenen Antwortschreiben lässt sich schließen, dass Fontane offensichtlich mit der Niederschrift seiner Reiseerinnerungen nicht zu seiner Zufriedenheit vorankam oder noch gar nicht damit begonnen hatte. Merckel schreibt: »Von einer Reise ins Macbethland […] bringen Sie mir nichts andres mit als den grauen Kater, den ich von der höchsten Hochlandsspitze in die tiefste schottische See geschleudert und ersäuft meinen konnte?! Wenn Sie nichts Beßres davon zu schreiben wissen, als daß Sie daran verzweifeln, davon zu schreiben, weil die Zeit vorbei sei, wo man den

Erzählungen eines letzten Romantikers lauscht – Herr! dann laß ich Ihre Briefe drucken und denunziere Sie der Welt als Unterschläger dessen, was Ihnen Gott für sie anvertraut hat!« (FMer, Bd. 2, S. 116 f.) Dieser Ermahnung folgen Ermutigungen und verschiedene Ratschläge, was Fontane gegen seine momentane Depression unternehmen könne und müsse (vgl. Gravenkamp 2004, S. 36–43). Merckels Versuch, Fontane zu neuer Arbeitsmotivation zu verhelfen, scheint allerdings wenig gefruchtet zu haben, denn am 20. September antwortet Fontane, »daß es mir zum Schreiben (gleichviel, ob Prosa oder Verse) an aller Ermutigung und belebenden Anregung gebricht.« (FMer, Bd. 2, S. 121.) Dennoch erwähnt er im selben Brief »die noch zu schreibende ›schottische Reise‹«, hat seinen Plan also nicht aufgegeben. Da er Merckel bittet, sich nach einem Verleger für »Drei Bände à 100 Rtr.« umzuhören (FMer, Bd. 2, S. 123), ist er sich wohl sicher, dass er seine Arbeitsmotivation wiederfinden wird. Am 25. Oktober berichtet er dem väterlichen Freund: »Ich habe jetzt endlich angefangen, unsre schottische Reise zu beschreiben; es geht langsam, aber es geht doch.« (FMer, Bd. 2, S. 149.)

Einen Monat später signalisiert der ›Tunnel‹-Freund Friedrich Eggers, dass er Interesse habe, kürzere Texte aus der schottischen Reise im Feuilleton der »Preußischen [Adler-]Zeitung«, für das er verantwortlicher Redakteur war, abzudrucken: »[…] ich empfehle mein Feuilleton Deiner gütigen Mitarbeiterschaft. Aber […] kurze Sachen, Lieber, kurze Sache. So ein paar Ausflüge, Tagebuchblätter aus der schottischen Reise« (FEgg, S. 225). Zeitgleich hatte wohl auch Fontane von London aus Eggers am 25. November gefragt, »ob Du geneigt sein würdest die ersten 10 oder 12 Kapitel der schottischen Reise in ›Deinem Feuilleton‹ zu bringen.« (FEgg, S. 235.) Dieser Brief hatte Eggers aber nicht erreicht. Wiederum einen Monat später, Ende Dezember, teilt Fontane Merckel mit, dass er »bis jetzt 15« Reisebriefe fertig habe und diese gern komplett als Serie gedruckt sehen würde (FMer, Bd. 2, S. 177; zur Gattungsbezeichnung »Reisebriefe« vgl. »Entstehungsgeschichte«, S. 288 f.). Dabei handelte es sich um die Kapitel über Edinburgh.

Nach seiner Rückkehr aus London am 17. Januar 1859 hielt Fontane einen Monat später, am 23. Februar, in Berlin einen Vortrag zum »Thema ›Die Stätten der Erinnerung an Maria Stuart‹« (Ankündigung vom 18. Januar 1859 in der Beilage zur »Spenerschen Zeitung«). Dieser Vortrag wird in der Beilage zum 26. Februar 1859 besprochen, und Fontanes Erläuterungen, »die er durch einen warmen poetischen Hauch durchweg zu beleben und dadurch die Aufmerksamkeit der Anwesenden auf das Angespannteste zu fesseln wußte«, werden gelobt. Lepel bespricht denselben Vortrag in der Morgenausgabe der »Preußischen [Adler-]Zeitung« vom 25. Februar (vgl. FLep2, Bd. 1, S. 816–819). Wahrscheinlich hat ihm Fontanes Redemanuskript vorgelegen, denn in seiner Zusammenfassung von Fontanes Äußerungen finden sich teilweise wörtliche Übereinstimmungen mit den späteren Buchkapiteln.

Im April und Mai 1859 las Fontane erste Kapitel des schottischen Reisebuchs im ›Tunnel‹ vor (vgl. »Rezeption«, S. 295–297). Am 13. Mai 1859 berichtet er dem Dichterfreund Paul Heyse über die fortschreitenden Arbeiten am Buch: »Ich arbeite jetzt mit ziemlichem Fleiß und ziemlicher Lust an der Beendigung meines Buchs über Schottland. Die erste Hälfte der Briefe wird wahrscheinlich auf dem Löschpapier der Vossin vors Publikum treten.« (FHey2, S. 64.)

Auf Löschpapier – Journalerstdrucke

Von Mai bis August 1859 erschienen die ersten zehn Kapitel des Buches, das Fontane später unter dem Titel »Jenseit des Tweed« veröffentlichte, in der »Vossischen Zeitung«. Wie Fontane Lepel vor der Reise bereits angekündigt hatte, versuchte er, die Kosten der Reise »durch Briefe und Feuilletons« (FLep2, Bd. 1, S. 512) wieder hereinzuwirtschaften. Auch der neu zu gründende Haushalt in Berlin machte eine Publikation der Reiseerlebnisse zur Aufbesserung der Familienkasse notwendig. Fontane bemühte sich, alle Teile seines Reiseberichts in Zeitungsfeuilletons zu veröffentlichen, bevor er sie für die geplante Buchpublikation zusammenfasste. Auf diese Weise konnte er wenigstens einen Teil des Familienunterhalts bestreiten, bis eine neue Anstellung in Berlin gefunden war.

So erschien nach den ersten Kapiteln in der »Vossischen Zeitung« »Floddenfield« am 23. Juli 1859 als einzelnes Kapitel in der »Berliner Revue«. Ein zweiter Kapitelblock wurde von Ende August bis Ende September in der »Neuen Preußischen [Kreuz-]Zeitung« abgedruckt. Dem »Morgenblatt« hatte Fontane einige Texte offenbar Anfang August angeboten, so schreibt er am 9. September an den Redakteur Hermann Hauff, mit dem er seit 1847 korrespondierte: »Vier Kapitel ›Einer Reise in's schottische Hochland‹ die ich mir erlaubte Ihnen vor etwa 4 Wochen zu übersenden, sind hoffentlich in Ihre Hände gelangt. [...] Sollte ich nach Ablauf von 14 Tagen keine Antwort von Ihnen empfangen haben, so nehm' ich an daß Sie gewillt sind die bereits eingesandten 4 Briefe zu publiciren.« (HFA, IV, Bd. 1, S. 678.) Am 16. September berichtet er seiner Frau Emilie: »Noch ein andrer angenehmer Brief ist eingetroffen – vom Morgenblatt. Sie werden die 4 Kapitel baldmöglichst bringen und erbitten zugleich die Einsendung der 4 folgenden. [...] Nimmt nun noch Herr Friedrich Uh[l] die letzten 3 oder 4 Kapitel, so ist alles glücklich untergebracht.« (FEF, Bd. 2, S. 172 f.) Am 24. Oktober übersandte

Fontane die zweite Kapitelfolge an das »Morgenblatt«. Die späteren Kapitel 13 bis 16 und Kapitel 21 bis 25 erschienen also im Oktober und Dezember 1859 sowie im Januar 1860 dort. Der im Brief an Emilie genannte Friedrich Uhl, Feuilleton-Redakteur der Wiener »Presse«, druckte die Kapitel »Linlithgow« und »Lochleven-Castle« im September und Dezember ab. (Zur Übersicht über die Journalerstdrucke vgl. »Überlieferung«, S. 318–320.)

Am 30. Oktober und 20. November 1859 stellte Fontane »Staffa« und »Melrose-Abbey« im ›Tunnel‹ vor (vgl. »Rezeption«, S. 296). »Staffa« gehört zu dem Kapitelblock, der zum Jahresende im »Morgenblatt« veröffentlicht wurde, »Melrose-Abbey« erschien, mit »Abbotsford« die Reihe der Journalerstdrucke abschließend, in der »Neuen Preußischen [Kreuz-]Zeitung«. Somit waren alle Kapitel der späteren Buchausgabe – mit Ausnahme der beiden letztgenannten – bereits publiziert, bevor Fontane einen Verleger für das Gesamtbuch gefunden hatte.

»Mein schottisches Reisebuch ist beendet« – Suche nach einem Verleger

Diese Suche gestaltete sich schwieriger als angenommen. Im Mai 1859, also noch kurz vor Erscheinen der ersten Kapitel in der »Vossischen Zeitung«, bat Fontane Wilhelm Wolfsohn, den er aus Leipzig kannte und mit dem er eng befreundet war, um Hilfe. Moritz Katz in Dessau, der 1854 den »Sommer in London« verlegt hatte, hatte bereits abgelehnt (vgl. FWolf3, S. 118).

Am 24. Juli fragt Fontane brieflich bei dem Verleger Otto Janke an, ob dieser geneigt sei, drei Bände über England und Schottland zu bringen. Der dritte der geplanten Bände sollte »Reisebriefe aus Schottland, von denen eben jetzt die erste Hälfte in der Vossischen Zeitung veröffentlicht wird«, enthalten (HFA, IV, Bd. 1, S. 676). Janke hatte 1852 Fontanes Lyriksammlung »Deutsches Dichter-Album« veröffentlicht, sagte aber diesmal ab.

Am 28. November 1859 bittet Fontane Wolfsohn erneut um Mithilfe: »Mein schottisches Reisebuch ist beendet, ich bin schwach genug es für gut und interessant zu halten und möchte es nun herausgeben.« (FWolf3, S. 121.) An Paul Heyse schreibt er ebenfalls am selben Tag: »[…] für meine ›schottische Reise‹ aber, die jetzt beendet und in Voß, ›Kreuz-Ztng.‹ und ›Morgenblatt‹ zu gleichen Teilen erschienen ist, hab ich noch keinen Verleger. Kannst Du mir dabei behülflich sein? An Hertz mag ich mich nicht ohne weitres wenden« (FHey2, S. 73). Heyse erklärte sich dazu gern bereit, signalisierte aber, dass sein Verleger Wilhelm Hertz eher an Fontanes Balladen – den eigenen u. a. zu schottischen Themen aber auch den Übertragungen aus dem Englischen (sie sollten in dem 1861 bei Hertz veröffentlichten Band »Balladen« unter dem Titel »Lieder und Balladen frei nach dem Englischen« die Hälfte der Texte des gesamten Buches ausmachen) – als am schottischen Reisebuch interessiert sein werde (vgl. Heyses Brief an Fontane vom 1. Dezember 1859; FHey2, S. 74 f.). Fontane erwidert daraufhin am 7. Dezember: »Das Buch über Schottland könnte Hertz dreist nehmen; ich bin fest überzeugt, daß es nicht schlecht gehen würde; so was liest die Welt noch, und es liest sich wirklich gut. […] Das ganze Buch läuft wie ein Kommentar neben meinen schottischen Balladen, eignen und übersetzten, her und gehört halb mit dazu.« (FHey2, S. 77.) Heyse schrieb auch tatsächlich an Hertz, empfahl aber die Balladen mit größerem Nachdruck. Hertz antwortet daraufhin Heyse am 14. Dezember: »Für die ›Reise nach Schottland‹ bin ich nicht der geeignete Verleger. Ich will den Reiz und die Güte Fontanescher Schilderungen nicht unterschätzen, aber das Buch wird seiner ganzen Art nach zu denen gehören, die von der Gunst der augenblicklichen Stimmung beim Erscheinen mehr oder weniger abhängen … Ich eigne mich dafür nicht recht, einer solchen Gunst in die Hand zu arbeiten, bei Werken nämlich, die mich nicht persönlich in Anspruch nehmen, und das würde die ›Reise nach Schottland‹, wie ich mich kenne kaum« (FHey2, S. 417). Hertz schlug Fontane aber vor, es bei Julius Springer in Berlin oder bei Hermann Costenoble in Leipzig zu versuchen. Diesem Ratschlag folgend, bot Fontane am 30. Januar 1860 den beiden Verlegern das Buch in nahezu gleichlautenden Briefen an. Während Costenoble ablehnte (vgl. Kurth-Voigt 1981, S. 666–670), sagte Springer sogleich zu.

Schon am 16. Januar hatte Fontane für die geplante Buchausgabe die Kapitel-Erstdrucke aus dem »Morgenblatt« angefordert, so schreibt er an Hermann Hauff: »Ich gehe damit um, die Sachen (nebst andrem) als ein Ganzes herauszugeben und würde mich freun, die betreffenden 7 Nummern zu dem Behuf in der Hand zu haben.« (HFA, IV, Bd. 1, 692 f.)

Zusammenarbeit mit Julius Springer

Der Briefwechsel, den Fontane mit dem Verleger Julius Springer führte, ist in der Akte Fontane in der Zentral- und Landesbibliothek Berlin, Historische Sammlungen, Archiv des Julius Springer-Verlags, Signatur A-F-30, erhalten. Die meisten Briefe Fontanes an Springer sind in der Hanser-Fontane-Ausgabe abgedruckt (HFA, IV, Bd. 1, S. 694–713), Springers Briefe zu großen Teilen in den »Fontane Blättern« (Möller 2002 und 2003). Maschinenschriftliche Abschriften von fünf weiteren Briefen und ein Inhaltsverzeichnis befinden sich im Theodor-Fontane-

Archiv (Abdruck in: ThFo, Bd. 1, S. 321–333); die Originalbriefe sind nicht überliefert.

In seiner Anfrage an Julius Springer vom 30. Januar 1860 schätzte Fontane den Umfang des Buches auf 20 bis 25 Bogen und nannte aufgrund der Tatsache, dass alle Kapitel bereits in Zeitschriften erschienen waren, ein Honorar von 150 Reichstalern (vgl. HFA, IV, Bd. 1, S. 694). Auf dem Originalbrief Fontanes sind Notizen seitens des Verlages für einen Antwortbrief erhalten. Der Verleger signalisierte Fontane Interesse, teilte ihm aber auch mit, dass man gerade sehr ausgelastet sei und das Buch nur verlegen könne, wenn Fontane einen Aufschub von zwei bis drei Monaten gewähre. Fontane war damit einverstanden und übersandte Springer von den Journalerstdrucken einige der in der »Vossischen Zeitung« erschienenen und die bis dato in der »Neuen Preußischen [Kreuz-]Zeitung« abgedruckten Kapitel sowie den zweiten Block der im »Morgenblatt« veröffentlichten Kapitel. Diese Fassungen dienten als Vorlage für den Buchdruck. Fontane fügte zur Übersicht ein Inhaltsverzeichnis bei (Brief an Springer vom 2. Februar 1860; vgl. HFA, IV, Bd. 1, S. 694–696, und »Überlieferung«, S. 313–315). Zugleich gibt Fontane Springer einen Hinweis auf das Genre des Buches: »Es ist alles novellistisch gefaßt und fast mehr Geschichten- als Reise-Buch.« (HFA, IV, Bd. 1, S. 695.) »Jenseit des Tweed« sollte also kein Reiseführer sein, sondern eine Geschichtensammlung.

Springer antwortete Fontane nicht sogleich auf seinen Brief, so dass dieser sich bemüßigt fühlte, Wilhelm Hertz als Vermittler einzuschalten. Er schreibt ihm am 11. Februar: »Er [Springer; M. E.] hat noch nicht geantwortet. Meine Anfrage an Sie ergeht nun dahin, ob Sie geneigt sind [...] den Keil der Eile [...] einzutreiben? Ich möchte nämlich nicht gern nutzlos Wochen verlieren und namentlich j e t z t, wo meine Vorlesungen über England und Schottland mir wenigstens eine Art Vorschub leisten, die Sache gern zum Abschluß gebracht sehn. [...] Wahrscheinlich wird Herr Springer schließlich mit einem geringeren Honorar-Gebot 'raus rücken; ich habe aber herzlich wenig Lust mir auch nur 1 Sgr abzwacken zu lassen. 24 Bogen für 150 rtl. ist doch kaum Salz aufs Brod.« (FHer, S. 8 f.)

Mit den genannten »Vorlesungen« ist eine Reihe von zehn Vorträgen über den Großbritannienaufenthalt gemeint, die Fontane im gleichen Zeitraum in Arnims Hotel hielt (11., 18. und 25. Januar, 1., 8., 15., 22. und 29. Februar, 7. und 14. März). Darunter waren auch die Vorträge »Das Hochland und die Hochländer«, »Schottische Volkslieder« und »Abbotsford« (vgl. die Vorankündigungen in der »Spenerschen Zeitung« vom 8. und 22. Februar und 14. März 1860). Diese Vorlesungen zogen weite Kreise, denn sogar in der »Wiener Zeitung« wurden sie am 30. März 1860 besprochen.

Fontane irrte mit seiner Einschätzung hinsichtlich des Buchhonorars nicht. Springer antwortete schließlich am 17. Februar und wollte darüber noch einmal verhandeln. Aus dem Briefentwurf lassen sich gleichfalls Rückschlüsse über die geplante Auflagenhöhe und den Ladenpreis ziehen: »Nach den von mir gemachten Erfahrungen angehend den Absatz von Büchern im Garne Ihrer Skizzen ist es unmöglich das genannte Honorar dafür zu zahlen. Ich würde von dem Buche höchstens eine Auflage von 7–800 Exempl. drucken und könnte selbst bei einem Volumen von 25 Lagen in dem Ihnen vorgeschlagenen Formate höchstens einen Ladenpreis von 1 Rth. 15/20 Sgr stellen. Sammlungen der vorliegenden Art haben ein sehr mäßiges Kauf Publikum in Deutschland und es würde mir nicht möglich sein Ihnen hiernach ein größres Honorar als 100 Thaler Courant zu bieten. Ich weiß sehr wohl, daß das ein geringes Honorar ist: es entspricht solches aber dem Absatze, den derlei Skizzen nach meinen Erfahrungen einmal haben und ich würde nicht im Stande sein darüber hinauszugehen.« (Vgl. Möller 2002, S. 138 f.) Für die ›Zweitverwertung‹ der Texte konnte Fontane also kein hohes Honorar mehr erwarten (vgl. Fischer 2004, S. 64, und die Angaben bei Scheitler 1999, S. 92–94). Scheitler gibt als Richtlinie für ein Reisebuch mit einer üblichen Auflage von 750 Stück ein Honorar von vier Talern pro Bogen an. Fontane hätte demnach für sein Buch ca. 90 Taler als Honorar erwarten können, wobei die Honorare sich je nach Bekanntheitsgrad des Verfassers natürlich auch unterschieden. Das Honorar, das Springer Fontane anbot, war also ein durchaus übliches. Zum Vergleich sei noch angemerkt, dass Fontane 1857 ein monatliches Gehalt von 125 Talern verdiente (vgl. FEF, Bd. 2, S. 62).

Zugleich bat Springer Fontane, ein Vorwort zu schreiben, da er den Eindruck hatte, dass die Kapitel unzusammenhängend seien und durch die Einleitung besser miteinander verbunden werden sollten. Fontane ging auf die Bedingungen ein, erklärte Springer aber, dass ein Vorwort eigentlich nicht nötig sei, da alle Kapitel aufeinander aufbauten: »Kein einziger Sprung, keine einzige Lücke ist da; es ist ein völliger Kreislauf« (HFA, IV, Bd. 1, S. 697). Er kündigte indes an, statt eines Vorworts eine Widmung für Bernhard von Lepel dem Buch voranstellen zu wollen. Der Entwurf für einen Antwortbrief Springers findet sich unter dem Datum 20. Februar auf der Rückseite eines Rechnungsbogens. Springer erklärte sich mit Fontanes Vorschlag einverstanden und betrachtete den Vertrag als geschlossen, bat Fontane allerdings noch einmal, über ein Vorwort nachzudenken und ihm die fehlenden Kapitel schnellstens einzureichen.

Am 9. März übersandte der Verleger das ihm bis dahin vorliegende Manuskript an die Buchdruckerei Gustav Lange und bat um eine Kalkulation. Am 13. März traf Langes Antwort ein, der das Buch auf 21 Bogen veranschlagte. Bereits am 12. März schreibt Fontane: »Sie haben nun das ganze Manuskript mit Ausnahme der 2 letzten Aufsätze (Melrose und Abbotsford) und vielleicht eines Einschiebsel-Aufsatzes ›Hochland und die Hochländer‹ in Händen, dessen Einreihung ich von dem Umfang des Buches abhängig machen möchte.« (Vgl. HFA, IV, Bd. 1, S. 700.) Der »Einschiebsel-Aufsatz«, der aus einem der Vorträge in Armins Hotel (8. Februar 1860) hervorgegangen war, wurde schließlich nicht ins Buch aufgenommen. In diesem Aufsatz zeigt sich Fontane als nüchterner Beobachter, der Schottlands Bedeutung für die Weltgeschichte relativiert und deutlich macht, dass erst die Literatur Schottland berühmt gemacht habe. Die romantische Verklärung und Mythisierung, die er in seinem Buch betreibt, fehlt in diesem Aufsatz, und einige Aspekte, die in beiden Texten vorkommen, werden im Aufsatz durchaus kritisch gedeutet. Geht es Fontane im Vortrag darum, einen prägnanten, aktuellen Bericht über Schottlands Situation in Vergangenheit, Gegenwart und Zukunft zu präsentieren, so hat er bei der Abfassung des Buches den Schwerpunkt auf Literatur und Geschichte(n) gelegt. Deswegen hat er wohl auch entschieden, den Vortrag doch nicht zu einem Buchkapitel umzuarbeiten, sondern ihn separat als Aufsatz zu publizieren. Er erschien unter dem Titel »Das schottische Hochland und seine Bewohner« im April 1860 in der Zeitschrift »Europa«.

Auf Fontanes Briefbogen vom 12. März notiert Springer unter dem 14. März: »Druck bei Lange beginnt übermorgen«. Die Korrekturbogen sollten dann an Fontane geschickt werden. Zu dem Zeitpunkt fehlten noch die Kapitel »The last chieftain« und »Lochleven« – zumindest mahnte Springer sie an – sowie »Melrose« und »Abbotsford«. Auch betont er nochmals: »Vorwort, Einleitg etc. scheint mir wünschenswerth.« Am 15. März meldet sich daraufhin Fontane: »Ich schicke eine Art Ansprache (an Stelle einer Widmung) an meinen Reisegefährten B. v. Lepel voraus. Liegt Ihnen an einem ›Vorwort‹ so soll mir's nicht drauf ankommen, ich weiß aber ehrlich gesagt nicht recht was ich sagen soll. Das Buch enthält nichts, was irgendwie oder wo noch einer Explanation bedürfte. Indeß ganz wie Sie wünschen. Hinsichtlich der Correktur werd' ich Ihren Wünschen nachkommen; ich äußre nur noch die Bitte, daß Sie gütigst die Uebersendung von jedesmal 2 Correkturbogen (a tempo) veranlassen wollen. Es sind nämlich 3 oder 4 Stellen im Buch, die sich ähnlich sehn (z. B. eine Anekdote wird 2mal erzählt, auch ähneln sich die stage-coach Schilderungen in den Kapiteln ›das Land der Jungfrau vom See‹ und ›Von Perth bis Inverness‹) Dinge die ich natürlich ändern muß und nur ändern kann wenn ich die Bogen zum Vergleiche habe.« (Vgl. HFA, IV, Bd. 1, S. 701.) Die Änderungen in den Stage-Coach-Episoden, die Fontane vornahm, sind marginal, er strich lediglich einen kurzen Satz. Auch die zweimal erzählte Anekdote – bei der es sich vermutlich um den Spruch auf dem Erbschwert der Douglas handelt, der im Buch an zwei Stellen vorkommt – arbeitete Fontane letztlich nicht um, sondern verwies lediglich darauf, dass er ihn bereits zitiert habe, um ihn dennoch ein weiteres Mal wiederzugeben. Lediglich das Kapitel »Abbotsford« überarbeitete er etwas mehr und strich in der Buchfassung zwei kürzere Passagen: vgl. Stellenkommentar, S. 488 f. Allerdings verzichtete er darauf, die Bezeichung »Aufsatz[ ]« (S. 249), die er im Journalerstdruck verwendet hatte, in der Buchfassung etwa in die Bezeichnung »Kapitel« umzuändern. Hier bleibt also für den aufmerksamen Leser erkennbar, dass das Buch aus vorabveröffentlichten Einzelaufsätzen besteht.

In demselben Brief merkt Fontane an, dass er das Kapitel »Lochleven Castle« dem Verlag eingereicht habe: »N° 28/Lochleven oder besser ›Lochleven Castle‹ befindet sich unter dem M. S. das ich Ihnen vor 8 Tagen überbrachte. Es sind 2 Aufsätze (mit Dinte geschriebene) die in einander gesteckt sich in dem Heft der ›Berliner Revue‹ befinden, der eine ›Linlithgow‹ der andre ›Lochleven-Castle‹.« (Vgl. HFA, IV, Bd. 1, S. 700 f.) Zunächst begann dennoch der Satz, und Fontane erhielt am 24. März die ersten Korrekturbogen (vgl. FMer, Bd. 2, S. 208), die nicht zu seiner Zufriedenheit waren, wie ein Brief vom selben Tag zeigt: »Ich habe eben den ersten Correctur-Bogen durchgesehn; – es wird doch nöthig sein, daß ich bei Empfang der neuen Bogen immer noch mal einen Abzug der oder des revidirten alten empfange. Ich unterzieh mich dieser Mühe zum Besten des Buches sehr gern, hätte dann aber freilich den Wunsch, daß ich mich nicht eine Stunde lang bei Correctur der üblichen und wie ich gern zugebe unvermeidlichen Setzer-Schnitzer aufhalten müßte. Dafür dächt ich müßte gesorgt sein, daß ich nicht 12 verkehrt gesetzte ›n's‹, verwechselte Punkte und Commata und ähnliche Lappalien in Ordnung zu bringen hätte.« (Vgl. HFA, IV, Bd. 1, S. 701 f.) Offenbar blieben die Probleme aber bestehen, denn am 29. März beschwert Fontane sich erneut: »Es scheint mir nicht beschieden, meine kleinen Wünsche in Erfüllung gehn zu sehn. Ein Einblick in den Correcturbogen, den ich beischließe, wird Ihnen sagen was ich meine. Auch hat man mir nur einen Bogen geschickt, wiewohl ich zwei, aus angegebenen Gründen, brauche. Auch die Wiedereinsendung des ersten Bogens zu nochmaliger Durchsicht – namentlich der englischen Wörter und Sätze halber – ist nicht erfolgt. Mir liegt sehr daran. S. 27 heißt es z. B. im heutigen Correcturbogen in einer Scene zwischen John Knox und der Königin: ›worauf Maria aasrief‹. Solchen fulminanten Sachen gegenüber, will man gern die Beruhigung haben, daß der Fehler auch wirklich beseitigt ist. Es ist dies unglückliche ›aas‹ statt ›aus‹ um so schlimmer, als kein Zweifel ist, daß sie (die Königin) ihn im Stillen wirklich so genannt haben wird. Nun zur Hauptsache. Ich glaube nicht, daß es mit dieser Art von Kapitel-Ueberschriften, die sich fast im Text verlieren, geht. Sind Sie nicht auch der Meinung, daß bei jedem neuen Kapitel das Beginnen mit einer neuen Seite und einer tüchtigen, fetten Ueberschrift sich empfehlen würde?« (Vgl. HFA, IV, Bd. 1, S. 702.) Darauf einigten die beiden sich offensichtlich, denn in der ersten Buchausgabe ist Fontanes Wunsch umgesetzt.

Ende März äußert sich Fontane noch einmal zum Titel des Buches, den er bereits in seinem ersten Brief vom 30. Januar Springer vorgeschlagen hatte, damals noch mit der Reihenfolge »Briefe und Bilder«, nun fragt er: »Wie denken Sie über den Titel des Buchs? Ich proponirte: Jenseit des Tweed. Bilder und Briefe aus Schottland. Vielleicht aber sind Sie der Ansicht, das wir das ›Jenseit des Tweed‹ was freilich im Deutschen nicht so hübsch und leicht klingt wie das englische ›Beyond the Tweed‹ das in England eine gang und gebe Bezeichnung für Schottland ist, völlig fallen lassen und uns mit der simpleren, zweiten Hälfte begnügen. Ich würde nichts dagegen haben, wiewohl ich das ›Jenseit des Tweed‹ (man muss das ›s‹ in Jenseits fortlassen wodurch die Leichtigkeit des Aussprechens sehr gewinnt) nicht übel finde; es ist ein bischen apart ohne pretensiös zu sein« (zitiert nach der maschinenschriftlichen Abschrift des Briefs im TFA, Signatur: Da 44). Der Untertitel »Bilder und Briefe« steht dabei in der Gattungstradition. Um den Eindruck von Unmittelbarkeit, ja sogar Gleichzeitigkeit zu vermitteln, griffen viele Autoren auf Titel wie »Reisetagebuch« oder »Briefe von einer Reise« zurück, um dem Leser zu suggerieren, das Buch sei tatsächlich während der Reise entstanden. Häufig sind also solche Reiseberichte in Brief- oder Tagebuchform abgefasst. So heißt James Boswells Bericht »The Journal of a Tour to the Hebrides with Samuel Johnson«, Heinrich Meidinger nennt den seinen »Briefe von einer Reise durch England, Schottland und Irland im Frühjahr und Sommer 1820«, Johann Valentin Adrian gibt seinem Reisebericht von 1842 den Titel »Briefe aus Schottland«, den von 1850/51 nennt er »Bilder aus Schottland«, denn auch der Titelbestandteil »Bilder« ist durchaus beliebt. So verfasst Ludwig Rellstab ein »Sommermährchen in Reisebildern aus Deutschland, Belgien, Frankreich, England, Schottland im Jahr 1851«.

Auch Fanny Lewald gibt ihrem Buch den Untertitel »Reisetagebuch« und greift bei der Abfassung auf die tatsächlich an ihren Geliebten Adolf Stahr geschriebenen Briefe zurück, die sie allerdings für die Buchfassung überarbeitet. Sie betont aber in der Vorrede an ihre Leser, es handle sich um »Briefe, geschrieben inmitten des Erlebens.« (Lewald 1851/52, Bd. 1, S. VIII.) Jedem Eintrag setzt sie Ort und Datum voran (zum Verhältnis zwischen Originalbrief und überarbeiteter Buchfassung vgl. Kittelmann 2010b, bes. Kapitel 6). Das tut auch Emilie von

Berlepsch, die allerdings die Ansprache an einen Briefpartner im Nachhinein fingiert, denn ihr Buch basiert nicht auf wirklichen Briefen, sondern wahrscheinlich lediglich auf Reisenotizen. Auch Fontane verwendet noch die etablierte Gattungsbezeichnung »Reisebriefe« (vgl. »Entstehungsgeschichte«, S. 280 und 282), obwohl es sich nicht – wie bei Fanny Lewald – um ein in Briefen geschriebenes Buch handelt. Fischer zeigt, dass das in einem Wandel der Präsentationsformen von Reiseberichten begründet liegt: »Die aus älteren Reisebeschreibungen vertraute, chronologisch der Reiseroute folgende Textorganisation, die sich der diaristischen Form oder der monologisch stilisierten Briefform bedient, wird allmählich überlagert von einer thematisch und/oder topographisch ausgerichteten Kapiteleinteilung. [...] die älteren, private Intimität suggerierenden Formen [bleiben] stellenweise nur noch als bloßer Rahmen oder Zitat erhalten« (Fischer 2004, S. 83 f.). Fontane löst also die klassische Briefform inhaltlich auf, hält aber im Titel doch an ihr fest.

In einer Inhaltsübersicht, die vermutlich von Ende Februar/Anfang März 1860 stammt, ist als Buchtitel zwischenzeitlich auch »Über den Tweed« vorgesehen, die Reihenfolge, »Bilder und Briefe«, ist hier bereits festgelegt. In dieser neuen Inhaltsübersicht sind die Kapitel »Linlithgow« und »Floddenfield« nach vorn verschoben, auch das in der ersten Übersicht fehlende Kapitel zur »Lynch-Justiz« ist eingeschoben. Das Kapitel »Hochland und Hochländer«, das in der ersten Übersicht vom 2. Februar 1860 noch nicht vorgesehen war, ist berücksichtigt, es sollte seinen Platz zwischen »Culloden« und »Der letzte Hochlands-Häuptling« finden. Fontane entschied wohl erst Ende März/Anfang April 1860, darauf doch zu verzichten, möglicherweise weil es eigenständig in der Zeitschrift »Europa« gedruckt werden konnte. Einige Kapiteltitel weichen noch von den endgültigen ab (vgl. die Übersicht in »Überlieferung«, S. 315 f., und das endgültige Inhaltsverzeichnis, S. 261 f.).

»Vielleicht läßt sich's noch beschaffen« – Das Kapitel »Lochleven-Castle«

Kurz vor Satzende stellten sich noch einmal Probleme ein: »Herr Lange schickte mir gestern Abend die letzten 3 Bogen zur Correktur. Es fehlt aber noch ein Kapitel und zwar ›Lochleven-Castle‹ dessen M. S. (geschriebnes, zumeist auf großen Briefbogen) ich Ihnen, mit den Kapiteln ›Linlithgow‹ und ›Floddenfield‹ zusammen, persönlich überbrachte. Ich fürchte fast daß das M. S. verloren gegangen ist, was mir sehr leid thun würde, da jener Reisetag einer der schönsten für mich war. Er würde mir im Buche fehlen, wie ein lieber alter Freund in einer

Gesellschaft. Vielleicht läßt sich's noch beschaffen. Ein Vorwort, in Gestalt einer Widmung an meinen Freund Lepel, schreib ich morgen oder übermorgen. Wie denken Sie über Anfügung von einer Art historischer Tabelle? Erst ein paar Worte und Zahlen über die alten Pikten-Könige; dann von Robert Bruce bis zum ersten Stuart; dann die Reihe der Stuarts, unter Beifügung der allerwichtigsten Ereignisse, die in ihre Regierung fallen. Das Ganze höchstens 3 Seiten lang. – Vielleicht sieht es ein bischen pedantisch und schulmeisterlich aus, ist aber gewiß praktisch, denn in Berlin wird es höchstens 6 Menschen geben, die im Stande sind die 6 Jacobs der Stuart-Dynastie zu unterscheiden. Solche Tabelle würde dann als Schlüssel zum bessren Verständnis des Buches dienen.« (Brief an Springer vom 13. Mai 1860; vgl. HFA, IV, Bd. 1, S. 704.) Diese Geschichtstabelle wurde später tatsächlich von einigen Rezensenten als wichtiger Bestandteil des Buches gewürdigt (vgl. »Rezeption«, S. 302 und 305). Springer antwortet Fontane sogleich: »Eben im Besitz Ihrer w. Zeilen v. Gestrigen muß ich Verwahrung einlegen, daß Sie mir das Manuscript zu dem fehlenden Stücke: Lochleven-Castle eingehändigt & beziehe mich auf mein Schreiben v. 14 März, in dem ich Ihnen angegeben, daß ich zu den von Ihnen in dem gesamten Planverzeichnis mit 22 und 28 bezeichneten Stücke des M. Scr. vermiße. 28 ist aber Lochleven. Und Sie werden wissen, daß Sie seitdem mir kein weiteres Manuscript zugestellt haben; sollte es nicht etwa bei Lange sein? Ich schreibe demselben eben. Jedenfalls wird es doch zu erzeugen sein. Gegen die gedachte historische Tabelle habe ich nichts & stelle anheim, solche ganz nach Ihrem besten dafürhalten einzurichten, ebenso kann das beabsichtigte Vorwort in Gestalt einer Widmung seinen Zweck vollständig erreichen. Sicher wird das Buch zum Ende dieses Monats fertig werden.«

Das Manuskript zu »Lochleven-Castle« blieb verschwunden und auch der Versuch, rechtzeitig den Journalerstdruck aus der Wiener »Presse« zu beschaffen, war erfolglos. Am 21. Mai schreibt Fontane: »Ich bin Ihnen sehr dankbar für Ihre Bemühung, das bewußte Loch-Leven-castle Kapitel noch aus Wien zu beschaffen und bedaure aufrichtig (wiewohl mich's nicht überrascht) daß es vergeblich gewesen ist. Wieder schaffen d. h. neu schreiben kann ich's nicht, was ich damals einpackte war das Brouillon das ich zurecht gemacht und überarbeitet hatte. Dabei fällt mir eben ein, daß ich auch die Artikel ›Stirling Castle‹ ›Loch Katrine oder the Lady of the Lake‹ und ›ein Sonntag in Perth‹ im Bleistift Brouillon Ihnen überreicht habe, ein Roh-M. S. das hinterher nicht gebraucht wurde, weil die Morgenblatt Hefte noch rechtzeitig eintrafen. Sollte sich der Lochleven Aufsatz vielleicht unter jene 3 Bleistift Brouillons verirrt haben und dort noch entdeckt werden können?! Findet er sich (was wahrscheinlich ist) nicht, so bitt' ich Sie das Buch erscheinen zu lassen wie es da ist.« Die Erstausgabe von »Jenseit des Tweed« wurde also ohne das Kapitel »Lochleven-Castle« ausgeliefert, und die Änderungen, die Fontane noch in das Manuskript eingetragen hatte, sind durch den Verlust der Handschrift nun nicht mehr nachvollziehbar. In der Ausgabe von 1900 im Verlag Friedrich Fontane ist das Kapitel dann in der Fassung des Journalerstdrucks an der dafür vorgesehenen Stelle eingefügt so wie auch in der vorliegenden Neuedition.

Am 5. Juni 1860 bedankt Fontane sich bei Julius Springer »für gütige Uebersendung der 12 Frei-Exemplare. Möge das Buch einen passablen Erfolg haben, das wünsch ich Ihnen und mir!« (Vgl. HFA, IV, Bd. 1, S. 706.) Bereits am 16. Juni wurde das Buch erstmals in der »Neuen Preußischen [Kreuz-]Zeitung« rezensiert und am 18. Juni im »Börsenblatt für den Deutschen Buchhandel« unter der Nummer 4564 als erschienen gemeldet.

Quellen

Aus der Tatsache, dass die Einträge in Fontanes Tagebuch während der Schottlandreise nur sehr kurz sind, lässt sich schließen, dass Fontane wohl ein Notizbuch mitgenommen hatte, wie er auch in London eines nutzte (vgl. Radecke 2013, S. 158). Leider ist es nicht erhalten. Er trug es wahrscheinlich bei sich, um darin ausführlichere Notizen zu vermerken, auf die er bei der Abfassung seines Buches zurückgreifen wollte, da schon vor Reiseantritt feststand, dass die Reise literarisch verarbeitet werden sollte. Fontane referiert mitunter sehr präzise, was ihm die lokalen Guides erzählt haben, etwa im Kapitel »Der letzte Hochlands-Häuptling«, das ohne ausführliche, vor Ort angefertigte Notizen sicher nicht so hätte geschrieben werden können. Auch wird er Hotel- und Schiffs- sowie Personennamen ebenso vermerkt haben wie die Ergebnisse seiner Raumvermessungen und wird eventuell auch Skizzen in dieses Buch gezeichnet haben, um später Räumlichkeiten möglichst präzise beschreiben zu können. Wahrscheinlich hat man sich den Inhalt des Notizbuchs ähnlich vorzustellen wie den der Hefte, die ihn ein Jahr später auf seinen Wanderungen durch die Mark Brandenburg begleiteten und die heute im Besitz der Staatsbibliothek zu Berlin sind: »Fontane notierte nicht nur seine Eindrücke, sondern beschrieb auch Kunstwerke, hielt Gespräche von Mitreisenden fest oder exzerpierte Bücher und Inschriften. Er fertigte Zeichnungen von Friedhöfen, Grabdenkmälern, Kirchen und Schlössern an […], skizzierte Übersichts- und Schlachtpläne und klebte Kartenmaterial und Zeitungsausschnitte […] ein. Gelegentlich schrieb er auch Vorträge mit […]. Schließlich sind noch einige Beilagen überliefert, zum Beispiel Visitenkarten, eine Passkarte und handschriftlich beschriebene Blätter sowie getrocknete Pflanzen und

Blumen.« (Radecke 2013, S. 158–161.) So klebte Fontane möglicherweise das auf Staffa gepflückte »dürre[ ], röthliche[ ] Maßlieb« (S. 202) in sein heute verschollenes Notizbuch ein. Er konnte dann für die Ausarbeitung des Buches auf ein umfangreiches eigenes Materialdepot zurückgreifen.

Bei der Abfassung des Buches verwendete Fontane aber nicht nur seine eigenen Aufzeichnungen, sondern zusätzlich verschiedene Quellen, aus denen er Daten und Fakten, aber auch historische und anekdotische Szenen entnahm. Besonders der einschlägige Reiseführer »Black's Picturesque Tourist of Scotland«, den viele Touristen im Reisegepäck hatten, war eine wichtige Informationsquelle. Dieser erschien ab 1840 und wurde in den 1850er Jahren fast jährlich im Juli oder August neu aufgelegt. Die Text-Inhalte der einzelnen Auflagen weichen nur geringfügig voneinander ab, wie ein Vergleich der Ausgaben von 1852, 1856 und 1857 ergibt. Fontane hatte den Reiseführer (vermutlich in der 11. Auflage, Edinburgh 1854) bereits 1856 in London angeschafft, weil er eine Reise nach Schottland in Erwägung zog (vgl. GBA-Tagebücher, Bd. 1, S. 130). Möglicherweise hatte Lepel auch die 13. Auflage von 1857 anlässlich der gemeinsamen Reise gekauft. Da die Ausgabe von 1854 nicht greifbar ist, wird nach der von 1857 zitiert.

In einem Brief an Lepel vom Juli 1860 erwähnt Fontane den Reiseführer: »Ich habe den Black [...] und die schöne Karte.« (FLep2, Bd. 1, S. 545.) Die genannte Schottlandkarte war den Ausgaben jeweils beigelegt. Einen Reiseführer dieser Serie benutzten auch Fanny Lewald, Titus Ullrich und Karl Elze bei der Abfassung ihrer Reiseberichte. Es ist also nicht ungewöhnlich, dass Fontane ihn nach der Reise zurate zog, um Dinge nachzulesen. Mitunter übernahm Fontane einzelne Sätze, aber auch ganze Passagen daraus in sein Buch, ohne den Reiseführer als Quelle anzugeben, anders als etwa Titus Ullrich es tat. So enthalten die Kapitel »Stirling Castle«, »Iona oder Icolmkill« und »Melrose-Abbey« Übertragungen aus dem Reiseführer (vgl. dazu im Einzelnen den Stellenkommentar, S. 410f., 464 und 479). Auch im Kapitel »Abbotsford« übersetzte er vermutlich eine Passage aus dem Reiseführer, der wiederum John Gibson Lockharts Erinnerungen an seinen Schwiegervater Walter Scott zitiert; zumindest wäre die Passage für Fontane im Guide schneller aufzufinden gewesen als in Lockharts siebenbändigem Werk selbst.

Ein weiteres Buch, das Fontane für seinen Reisebericht verwendete, war »Traditions of Edinburgh« (1824) von Robert Chambers. Fontane merkt dazu 1862 an, die Arbeiten von Chambers könne »Niemand entbehren [...], der sich mit Schottland, einzelnen Abschnitten seiner Geschichte und besonders mit Alt-Edinburg bekannt zu machen trachtet.« (Fontane-Chambers, Sp. 221 f.) Allerdings beziehe Chambers seine Informationen häufig aus den Werken Walter Scotts. Später kritisiert Fontane den Band, der in vielen Auflagen erschienen ist: »[...] seiner berichtartigen Erzählungsweise sind Schwung und Feuer abhanden gekommen« (Fontane-Chambers, Sp. 222). Ob Fontane das Buch bereits vor seiner Reise kannte oder es erst vor Ort konsultierte, ließ sich bislang nicht feststellen. Vor allem in den Kapiteln »Von Holyrood bis Edinburg-Castle«, »High-Street und Canongate«, »Westbow; Graßmarket; ein paar Kapitel aus der Lynch-Justiz« und »Spukhäuser« bezieht Fontane historische Anekdoten aus dem Buch von Chambers ein, indem er sie nacherzählt oder übersetzt (vgl. dazu im Einzelnen den Stellenkommentar). Dieses Buch diente nicht nur ihm, sondern auch Fanny Lewald und Karl Elze als Informationsquelle. Besonders Letzterer bediente sich großzügig daraus und bezog dabei häufig dieselben Ereignisse ein wie zuvor Fontane, so dass die Rezensenten, die beide Bücher in den Blick nahmen, sich über die Ähnlichkeiten beschwerten (vgl. »Rezeption«, S. 304); beide Autoren gaben die Quelle ihrer Informationen nämlich nicht an. Dieses Vorgehen war damals durchaus üblich. Auch in anderen Reisebüchern der Zeit finden sich unmarkierte Übernahmen u. a. aus englischsprachigen Werken. So berichtet z. B. Fanny Lewald, sie habe sich bei der Abfassung ihres Reisebuches stapelweise Bücher aus Bibliotheken ausgeliehen, um ihre Kenntnisse zu vertiefen und dem Leser mehr Informationen bieten zu können, wobei auch sie diese Werke nicht angibt. Das große Interesse an Reiseliteratur und die Tatsache, dass Verlage im 19. Jahrhundert eine Vielzahl von Reisebüchern veröffentlichten – auch über Schottland –, führte zu einer gewissen Kurzlebigkeit des einzelnen Berichts, so dass mancher Autor nicht übermäßig viel Mühe in sein Buch investierte und sich dankbar bei anderen Werken bediente.

Weiterhin nutzte Fontane auch literarische Quellen, vornehmlich die Werke von Walter Scott. So bestreitet er ein halbes Kapitel mit der Nacherzählung von dessen epischem Gedicht »The Lady of the Lake«, und das Kapitel »Floddenfield« basiert zu großen Teilen auf Scotts »Marmion. A Tale of Flodden Field«. Fontane wertete dabei vor allem Scotts Erklärungen zu den historischen Zusammenhängen aus, die dieser in Fußnoten zu seinen Texten anmerkte: Nicht nur Teile des Kapitels »Floddenfield«, sondern auch Abschnitte der Unterkapitel »City-Croß und Old-Tolbooth« und »Archibald Bell the Cat« sind Übersetzungen solcher Fußnoten. Dem Kapitel »Linlithgow« stellt Fontane Verse aus Scotts epischem Gedicht »Marmion« voran und zitiert im Kapitel selbst daraus. Auch am Beginn seiner Ausführungen über die Schlacht von Flodden bezieht er sich auf Scotts Text. Fontane teilt seinen Lesern aber mit, dass der Stoff eigentlich nicht in Gedichtform, sondern als Drama gestaltet werden müsse. Dass der Inhalt seiner folgenden Schilderungen auf Scotts Erläuterungen basiert, erwähnt Fontane nicht, verdeckt damit also die Herkunft seiner Informationen.

Anfang September 1858 las Fontane zur Vorbereitung seines Reisebuchs noch einmal Scotts »The Lay of the Last Minstrel«. Daraus übersetzte er z. B. das Motto für das Kapitel zu »Melrose-Abbey« und griff im selben Kapitel vereinzelt auf die erklärenden historischen Anmerkungen von Scott zurück. Da diese Anmerkungen in den deutschen Fassungen der Bücher häufig nicht oder nur teilweise mit übersetzt sind, ist davon auszugehen, dass Fontane zumindest die »Lady of the Lake«, »Marmion« und »The Lay of the Last Minstrel« im englischen Original gekannt hat. Anhand der von Fontane übersetzten Anmerkungen Scotts lassen sich sogar die infrage kommenden Ausgaben einschränken. Fontane hat vermutlich auf »The Poetical Works of Sir Walter Scott« Edinburgh: Nichol, London: Nisbet, Dublin: Robertson von 1857, in drei Bänden erschienen, zurückgegriffen. Der erste Band enthält »The Lay of the Last Minstrel« und »The Lady of the Lake«, im zweiten ist u. a. »Marmion« abgedruckt.

Auch Thomas Percys »Reliques of Ancient English Poetry« und Scotts »The Minstrelsy of the Scottish Border« dienten Fontane als Vorlagen. Percy entnimmt er beispielsweise Informationen über die historischen Hintergründe der Balladen »Chevy Chace« und »The Battle of Otterbourne« und verwendet sie im Kapitel »Melrose-Abbey«. Die Ereignisse, die in der Ballade »Northumberland betrayed by Douglas« geschildert werden, erwähnt er im Kapitel »Lochleven-Castle«. Scotts Vorwort zu »Minstrelsy of the Scottish Border«, in dem dieser einen kurzen Abriss der wichtigsten Ereignisse der Geschichte der Borders bietet, um die Präsentation der Balladen vorzubereiten, entnimmt Fontane Zitate und erzählt einige Passagen aus den Fußnoten nach. In Scotts Sammlung finden sich auch eine Version der Ballade »Battle of Otterbourne« sowie historische Hintergrundinformationen, die Fontane in sein Reisebuch einbezieht. Die Balladen »The Souters of Selkirk« und »The Flowers of the Forest«, die Fontane übersetzt und in sein Buch einfügt, stammen ebenfalls aus Scotts Sammlung.

Fontane nimmt bei seinen Schilderungen historischer Ereignisse mehrfach Bezug auf die schottische Geschichtsschreibung (Abercromby, Jamieson, Adamnan, Lindsay of Pitscottie und den Franzosen Jean Froissart). Dabei ist davon auszugehen, dass Fontane diese Werke nicht selbst gelesen hat, sondern in anderen Werken – vor allen wohl bei Scott, Chambers und in seinem Reiseführer – auf Zitate aus diesen Chroniken gestoßen ist, die er dann in seinen Text einbaute. Er suggeriert dabei dem Leser, dass ihm die Werke der Historiker vertraut seien, obwohl er sie tatsächlich wohl nicht selbst gelesen hatte (vgl. dazu im Einzelnen den Stellenkommentar). Möglicherweise bezieht er Informationen auch aus Broschüren für Touristen oder macht sich Notizen zu dem, was er von lokalen Touristenführern erfahren hat, um später darauf zurückgreifen zu können.

»Jenseit des Tweed« ist also eine Montage, die eigene Erlebnisse mit Übersetzungen und Nacherzählungen von Werken Scotts, Informationen aus dem Reiseführer und mit der Edinburgher Stadtgeschichte von Chambers kombiniert, ohne die Herkunft der Versatzstücke dem Leser offenzulegen.

Rezeption

Lesungen im ›Tunnel über der Spree‹

Fontanes Berliner Freunde warteten ungeduldig auf seinen Reisebericht, von dem sie sich viel erhofften. Schon bevor Lepel überhaupt nach London aufgebrochen war, schreibt Henriette von Merckel an Emilie Fontane: »Beide werden durch die Reise nach Schottland mit geistigen Schätzen reich beladen zurückkehren.« (FMer, Bd. 2, S. 109.) Zehn Tage später betont sie, sie und ihr Mann seien schon sehr begierig, von der Schottlandreise zu hören, und wiederholt das 14 Tage später noch einmal ausdrücklich. Man blickte also mit hohen Erwartungen auf die literarische Verarbeitung der Reiseerlebnisse durch die beiden Freunde. Lepel beschränkte sich aber schließlich auf die Ausarbeitung einiger Skizzen, so dass es Fontane überlassen blieb, das Reisebuch zu schreiben. (Im Sommer 1859 diskutierten die Freunde brieflich die Anregung der gemeinsamen Freundin Mathilde von Rohr, das geplante Buch, mit Lepels Zeichnungen versehen, zu veröffentlichen, sie kamen aber offensichtlich von dieser Idee ab; vgl. die Briefe vom 30. Juli und 28. August; FLep2, Bd. 1, S. 535–537.)

Am 10. April 1859 las Fontane erstmals im ›Tunnel über der Spree‹ zwei Auszüge aus seinem Reisebericht: das erste Kapitel, das in der Buchausgabe den Titel »Von London bis Edinburg« tragen sollte, und einen Auszug aus dem späteren sechsten Kapitel »Archibald Bell the Cat«. Den Zuhörern gefielen beide Kapitel sehr, und Karl Wilhelm Bormann (unter dem ›Tunnel‹-Namen ›Metastasio‹) lobte besonders »die anscheinende Kunstlosigkeit bei sorgfältigster Behandlung« (Tunnel-Archiv, Protokoll 1859/4/10). Außerdem debattierte man über die von Fontane beim Leser vorausgesetzten Kenntnisse der schottischen Geschichte. Die ›Tunnel‹-Kollegen regten an, »gewisse historische Spezialitäten für die Minderkundigen« etwas mehr zu erläutern. Fontane erklärte, darauf habe er verzichtet, weil sich das ja in einem Lexikon jederzeit nachlesen lasse. Diese Ansicht teilten seine Freunde aber nicht.

Möglicherweise war das die erste Anregung für Fontane, dem Buch die Geschichtstabelle mit Kurzerklärungen anzufügen. Dieser Leserservice wurde von den Rezensenten später positiv hervorgehoben und galt als Ausweis der Seriosität des Verfassers (vgl. »Rezeption«, S. 302 und 305). Was den Rezensenten dabei nicht auffällt, ist, dass die Tabelle zahllose falsche Jahreszahlen enthält, also sehr nachlässig recherchiert ist.

Auch die eine Woche später vorgestellten Kapitel zwei und drei des späteren Buches lösten bei den Zuhörern im ›Tunnel‹ »allgemeine Befriedigung« aus. Am 15. Mai schließlich gab Fontane das Kapitel »Floddenfield« zum Besten und erntete wieder Bormanns Lob für den Verzicht auf »jeden entbehrlichen Schmuck«. Hugo von Blomberg (unter dem ›Tunnel‹-Namen ›Maler Müller‹) hingegen bewunderte »die Kraft [...], mit der so überreicher Stoff zur Einheit zusammengefaßt ist.« (Tunnel-Archiv, Protokoll 1859/5/15.)

Am 30. Oktober stellte Fontane das Kapitel »Staffa« vor, das aber lediglich geologische und keine poetischen Diskussionen auslöste. Am 20. November war das Thema dann »Melrose-Abtei«, und der Protokollant Wilhelm von Merckel (unter dem ›Tunnel‹-Namen ›Immermann‹) lobt die »anschauliche[ ] Lokalschilderung von trefflichster Lebendigkeit« und die »historisch-poetische Vorführung der romantischsten Staffage.« Der ›Tunnel‹ ist also ganz zufrieden mit den Ergebnissen der Reise. Vor allem Merckels Beurteilung der erzählerischen Lebendigkeit und der gelungenen Verbindung von poetischem Anspruch und historischem Erzählen wird sich in den öffentlichen Rezensionen vielfach wiederfinden. Fontanes Freund Paul Heyse indes übt zurückblickend am 13. Dezember 1861 eine ähnliche Kritik, wie sie die ›Tunnel‹-Mitglieder schon geäußert hatten und die Fontane mit Hinweis auf ein Lexikon zu entkräften versucht hatte. Heyse stellt fest, ihm sei das Buch in mancher Hinsicht mit Blick auf das Lesepublikum zu voraussetzungsreich gewesen: »Das [...] ist mir auch in der ›schottischen Reise‹ widerfahren, wo Deine Scheu, bekannte Dinge, Dir bekannte, noch einmal vorzuführen, oft zu einer allzu schattenhaften Beschwörung großer Namen und Ereignisse verleitet hat. Aus einem solchen Buch aber, das nicht zum Guide de voyageur, sondern zum einsamen Genuß hinterm Ofen geschrieben ist, müßte ein geneigtes Publikum auf eine unscheinbare und heitere Art alles lernen, was an Ort und Stelle vom Pfarrer des Orts oder sonst einem Großsiegelbewahrer der geheimen Chroniken auf Verlangen zu erfahren ist. [...] Wie schwer es sein mag, das Vertrauteste wie zum ersten Mal zu sagen, sieht man wohl an der Seltenheit dieser Kunst. Aber ein Kenner Macaulays, wie Du, weiß doch wohl Rat zu schaffen.« (FHey2, S. 104.) Heyse vergleicht »Jenseit des Tweed« hier mit den gerade entstehenden »Wanderungen durch die Mark Brandenburg«. Die Rezensenten teilen diese Einschätzung Heyses mit Blick auf »Jenseit des Tweed« allerdings nicht, im Gegenteil: Sie loben Fontanes Talent, anschaulich und für jeden verständlich von historischen Ereignissen zu berichten.

Öffentliche Resonanz

In einem Brief vom 5. Juni 1860 schlägt Fontane dem Verleger Springer eine Reihe von Rezensenten für sein neues Buch vor: Max Ring für die »Vossische Zeitung«, Titus Ullrich für die »National-Zeitung« und Ernst Kossak für die »Berliner Montags-Post«. Die Anschreiben, die die Exemplare begleiten sollen, liefert er gleich mit. Bezüglich der »Neuen Preußischen [Kreuz-]Zeitung« möchte er niemanden vorschlagen, weil er selbst inzwischen zu deren Mitarbeitern gehört: »Es ist mir nämlich lieber daß der Besprecher von Redaktions wegen bestimmt wird, als daß ich ihn bestimme.« (HFA, IV, Bd. 1, S. 707.) Der ›Tunnel‹-Freund George Hesekiel wird die Rezension schließlich schreiben. Er war ab 1848/49 Redakteur bei der »Neuen Preußischen [Kreuz-]Zeitung« und dort zuständig für die französische Berichterstattung. Fontane war 1859 sein Kollege geworden und für den englischen Artikel, also die Berichterstattung über Großbritannien, zuständig. An Wilhelm Lübke von der »Spenerschen Zeitung« und an Otto Roquette von der »Preußischen [Adler-]Zeitung« übergab Fontane selbst Rezensionsexemplare, die er sich vom Verlag erbeten hatte. In fast allen Zeitungen erschienen tatsächlich in der Folge dann auch Besprechungen durch die genannten Personen. Nur Titus Ullrich und Otto Roquette lieferten nicht. Im Oktober 1860 schreibt Fontane bezüglich ausgebliebener Rezensionen: »[...] von Seiten meines guten Titus Ul[l]rich ist es geradezu ungezogen, denn er ist noch mit allen 3 Büchern im Rückstand.« (FHer, S. 24.) Das Ausbleiben hatte möglicherweise damit zu tun, dass Ullrich 1860 seinen Redakteursposten aufgegeben hatte. In der »National-Zeitung« blieb das Buch also unrezensiert, ebenso in der »Preußischen [Adler-]Zeitung«, für die Roquette hätte schreiben sollen. Dass Ullrich keine Rezension verfasste, ist dabei besonders bedauerlich, da er selbst 1857 Schottland besucht und im Sommer 1858 in einer Feuilletonreihe in der »National-Zeitung« darüber berichtet hatte. Ullrich hätte also den eigenen Augenschein in seine Rezension einbringen können, was möglicherweise eine neue Perspektive in die Beurteilung des Buches gebracht hätte, denn die vorliegenden Rezensionen lassen nicht den Eindruck entstehen, als seien ihre Verfasser jemals in Schottland gewesen.

Da die Springer vorgeschlagenen Rezensenten zu Fontanes Freundes- oder zumindest Bekanntenkreis gehörten, sind deren Rezensionen mit gewissen Vorbehalten zu lesen, weil es sich bei einigen sicher um Freundschaftsdienste handelte. Dass das zumindest für die »Neue Preußische [Kreuz-]Zeitung« galt, zu deren Redaktion Fontane ab Juni 1860 selbst gehörte, zeigt Luise Berg-Ehlers (Berg-Ehlers 1990, S. 105–116). George Hesekiel, der »Jenseit des Tweed« für die »Kreuz-Zeitung« rezensierte, saß in der Redaktion an Fontanes Nachbarschreibtisch, und man schob sich Zettelchen hin und her, in denen »nächstliegende Personalien verhandelt«, also über den Chefredakteur hergezogen wurde (GBA-Autobiogr. Werk, Bd. 3, S. 291; zu Fontanes Sicht auf diese Freundschaft vgl. das Kapitel über George Hesekiel in seiner Autobiographie »Von Zwanzig bis Dreißig«). Fontane konnte also sicher sein, dass zumindest Hesekiel sein Reisebuch freundlich rezensieren würde, und er nutzte natürlich bewusst seine guten Kontakte zu anderen Redaktionen. So schrieb er zum Beispiel am 22. Juni an Julius Springer bezüglich einer Ankündigung des Buches in den Zeitungen, er wolle »Sorge tragen, daß einer meiner Freunde die nöthigen Zeilen schreibt« (Brief erhalten in der Akte Fontane im Archiv des Julius-Springer-Verlags; Zentral- und Landesbibliothek Berlin, Signatur A-F-30). Fontane kannte das Zeitungsgeschäft sogar so genau, dass er Springer knapp einen Monat später eine Marketingstrategie vorschlägt: »Könnten Sie nicht [...] von einigen Hauptlagerplätzen wenigstens 50 Exemplare wieder zurückbeziehn? Eben diese August- und September-Wochen sind bekanntermaßen die schönsten zu einem Ausfluge in's Hochland; die Königin ist eben hingegangen und ein paar hundert Parlamentsmitglieder folgen in den nächsten 8 oder 14 Tagen – meinen Sie da nicht, daß unter diesen Umständen, deren in jeder Zeitungsnummer täglich ohnehin Erwähnung geschieht, gerade jetzt eine tüchtige Ankündigung des Buchs sich empfehlen würde? Uebers Jahr ist es keine frische Waare mehr.« (HFA, IV, Bd. 1, 713.) Auf die Berliner Zeitungen konnte Fontane in dieser Hinsicht über Freunde und Bekannte Einfluss nehmen, und so gibt es eine Reihe von kleinen Annoncen in den genannten Blättern.

Das Buch wird aber nicht nur in Berlin, sondern auch überregional wahrgenommen, wie Rezensionen u. a. in Kölner, Münchner, Stuttgarter, Leipziger, Breslauer und Darmstädter Zeitungen und Zeitschriften zeigen. Da Fontane Erstdrucke einzelner Buchkapitel an verschiedene Zeitschriften (vgl. »Entstehungsgeschichte«, S. 281 f.) verkauft hatte, vor allem an Cottas »Morgenblatt«, konnte er natürlich auch mit einer überregionalen Leserschaft und mit Rezensionen des fertigen Buches in diesen Zeitschriften rechnen. Insgesamt wurden bisher 23 Rezensionen – darunter zwei englische – ermittelt. Ein Teil dieser Rezensionen findet sich in der Akte Fontane im Archiv des Julius-Springer-Verlags (Zentral- und Landesbibliothek Berlin, Signatur A-F-30; vgl. dazu auch Möller 2003, S. 142–147).

Vor allem positive Rezensionen in vielgelesenen Zeitschriften wie dem »Morgenblatt« mit dem dazugehörigen »Literaturblatt«, dem »Deutschen Museum« oder den »Unterhaltungen am häuslichen Herd« waren auf einem ständig wachsenden Buchmarkt absatzfördernd, denn sie dienten potentiellen Lesern als Orientierung. Eine gute Rezension oder gutplatzierte Werbung war wichtig, wenn man unter der Vielzahl der Reiseberichte – auch über Schottland – hervorstechen wollte. Fontane konnte also seine Freunde instrumentalisieren, um mittels ihrer Besprechungen die Aufmerksamkeit seiner Leser auf das neue Buch zu lenken.

»Ein Reisebuch der besten Art« – die Rezensionen der Berliner Kollegen

Am 16. Juni 1860 erschien die erste Rezension mit dem Kürzel »H.« (für George Hesekiel) in der »Neuen Preußischen [Kreuz-]Zeitung« – also noch vor Ankündigung des Buches im »Börsenblatt«. Hesekiel weist darauf hin, dass den Lesern der »Kreuz-Zeitung« einige Kapitel bereits aus Publikationen im Feuilleton bekannt seien, Fontane habe daraus jetzt ein »anmuthig[es]« und »harmonisch[es]« Ganzes gemacht, das sich »höchst interessant[ ]« und »sehr liebenswürdig« lese. Fontane schildere keine flüchtigen Reiseeindrücke, sondern beziehe in seine »poetischen Darstellungen [...] eine Fülle von historischem Stoff« ein, und es gelinge ihm, insbesondere die historischen Figuren sehr lebendig zu schildern. Damit trage er zur »Kenntniß von Land und Leuten in Schottland« bei. Die Widmung an Bernhard von Lepel, mit dem Hesekiel durch die gemeinsamen ›Tunnel‹- und ›Rütli‹-Sitzungen ebenso gut bekannt war wie mit Fontane, sei ein Musterbeispiel für diese plastische Lebendigkeit. Unter den Händen des Dichters sei »Alles Poesie« geworden, und er setze damit dem »alten romantischen Land« ein würdiges Denkmal.

Wilhelm Lübke rezensiert das Buch am 28. Juni 1860 weisungsgemäß in der Beilage zu den »Berlinischen Nachrichten von Staats- und gelehrten Sachen« (»Spenersche Zeitung«). Er erinnert zunächst wie Hesekiel daran, dass den Lesern seines Blattes der Autor Fontane nicht unbekannt sei: seine Gedichte, Balladen und die »Rosamunde« hätten ihn als Poeten einem breiteren Publikum bekannt gemacht. Fontanes besonderen dichterischen Klang erkenne man schon in dem früher erschienenen »Sommer in London« ebenso wie in seinen Feuilletonartikeln, aber »vorzüglich aus dem eben erschienenen Buche.« Es sei fesselnd und reiße den Leser mit sich fort: »[...] wie in einem schönen Traume durchfliegen wir die Länder, deren Bild uns die Phantasie des Dichters entrollt«, denn man erkenne gleich, »daß es ein Dichter ist, dessen Phantasie uns auf ihren Schwingen über Zeit und Raum hinwegträgt.« Dementsprechend lobt Lübke die »lebensvolle[ ] Frische« und den »duftigen Colorit« des Buches. Schottland sei ein Land, das an jeder Ecke geschichts- und sagenträchtig sei, und Fontane kenne sich in dieser Geschichts- und Sagenwelt bestens aus. Um das zu belegen, erinnert Lübke noch einmal an Fontanes Balladenübertragungen und die Vorlesungen, die er im vergangenen Winter in Berlin gehalten hatte. Die Rezension endet mit der nachdrücklichen Aufforderung, das Buch zu lesen: »Für die genußvollen Stunden, die uns dies Buch gewährt hat, wissen wir nicht besser unsern Dank auszusprechen, als dadurch, daß wir es allen wanderfrohen und poesiefreundlichen Lesern nach Verdienst empfehlen.«

Auch Max Ring rezensiert in der »Vossischen Zeitung« unter dem Kürzel »g.« am 19. Juli 1860 das Buch sehr freundlich (vgl. Berg-Ehlers 1990, S. 234). Von dem allseits bekannten Fontane habe der Leser natürlich keine »trockene[ ] Erzählung interessanter Punkte« zu erwarten, sondern eine »wahrhaft poetische[ ] Schilderung«. Ring lobt plastische Beschreibungen, die Dinge greifbar machten, und die Belebung der Szenerie mit historischen Gestalten, die dem Leser aus der Dichtung bereits vertraut seien: Vor allem die dichterisch verklärte Maria Stuart zeige Fontane in großer Anschaulichkeit. Auch das Kapitel über den »Letzten Hochlands-Häuptling« überzeuge ihn sehr. Überhaupt sei das Buch ein Gewinn für den gebildeten Leser.

Für die »Berliner Montags-Post« rezensiert, wie geplant, Ernst Kossak am 22. Oktober 1860 Fontanes Buch, das »ein Reisehandbuch der besten Art für einen feingebildeten Touristen zu nennen« sei. Mit großer Gewissenhaftigkeit habe Fontane sich Kenntnisse angeeignet. Man könne sich also getrost seiner Führung überlassen, besonders wenn es um geschichtliche Ereignisse gehe. Gerade als »producirender Dichter« habe er ein Auge für die »tragischen Momente[ ] der schottischen Helden«. Die Geschichte eines dieser tragischen Helden hatte die »Montags-Post« bereits im Juni ihren Lesern vorgestellt, indem sie einen Abdruck des Kapitels »Der letzte Hochlands-Häuptling« bot.

»Luftige Speise« und »thatsächliche Belehrung und Beleuchtung« – Rezensionen mit Blick auf die Konkurrenz

Gelesen hatte das Buch auch der Rezensent des »Deutschen Museums« (Leipzig), der mit »Fkg.« unterzeichnete und am 21. Juli 1860 Fontanes Buch zusammen mit Karl Elzes »Eine Frühlingsfahrt nach Edinburg« ausführlich besprach. Dabei hält der Rezensent fest, dass die Bücher einander nicht im Wege stünden, sondern im Gegenteil sich gegenseitig ergänzten und auf das jeweils andere neugierig machten, da sie sowohl in ihrem Stoff als auch in der Behandlung desselben ihre »bestimmten

Eigenthümlichkeiten« hätten. Fontane sei den Lesern ja schon als »talentvoller Lyriker bekannt«, und auch »Jenseit des Tweed« lasse überall den Poeten durchblicken. Er sei ein »Meister der landschaftlichen Schilderung«, der ihr »eine gewisse Innerlichkeit, eine gewisse gemüthliche Stimmung« zu geben vermöge, wie das nur ein Dichter könne. Zugleich mache ihn seine enge Vertrautheit mit dem Land zu einem verlässlichen Berichterstatter. Er zeichne ein lebendiges Bild vom Nationalcharakter der Schotten – im Gegensatz zu dem der Engländer. Das Hauptaugenmerk des Buches sei aber auf die Landschaft gerichtet, wobei die »Burgen und Schlösser«, »Ruinen und Monumente« der Landschaft »zum edelsten und bedeutungsvollsten Schmucke dienen.« Diese Beobachtung ist hervorzuheben: Fontane geht es nicht um die Landschaft als Landschaft, sondern um Schlösser und Ruinen, die Geschichten erzählen können, in dieser Landschaft.

Besondere Aufmerksamkeit richte Fontane, so lautet es in der Besprechung, auf solche Orte, die Scott in seinen Romanen unsterblich gemacht habe. Ebenso gehe er aber auch den Spuren der Schiller'schen Maria Stuart nach. Das Schicksal der schottischen Königin zöge sich wie ein roter Faden durch das gesamte Buch: »Daß er auch dabei im ganzen mehr den Poeten als den historischen Forscher sprechen läßt, wollen wir ihm nicht zum Vorwurf machen; es gibt in unserer materiellen Zeit der nüchternen Kritiker, die jeden Lorber zerzupfen und jede Größe bekritteln, wahrlich genug und so wollen wir wenigstens einem reisenden Dichter das Recht zugestehen, die Welt mit dichterischem Auge zu betrachten.« Einmal mehr lobt auch diese Rezension die »ganze Frische [...] und jenen Glanz des Colorits [...], dessen er in so hohem Grade Meister« sei. Gerade das bilde »den vorzüglichsten Reiz dieses Buches«. In dieser Hinsicht sei Fontanes Werk dem von Elze weit überlegen, dem der »poetische Duft« fehle. Während Fontane eine »mitunter etwas luftige Speise« biete, sei Elze realistischer und historischer. Während Fontane eher die Natur ins Auge fasse, so interessiere sich Elze mehr für die Menschen. Bei Fontane seien die »poetischen Beziehungen« zu Scott, Shakespeare und Schiller »das eigentliche Grundelement«, bei Elze sei das nur »Beiwerk«. Und einen weiteren Unterschied meint der Kritiker zu erkennen: »[...] während Theodor Fontane am liebsten unter den großartigen Naturscenen des Hochlandes verweilt, bringt Karl Elze bei weitem den größten Theil seiner Zeit in Edinburgh zu«. Elze schildere die »politischen und socialen Zustände[ ]« ausführlicher, und so ergänzten beide Bücher sich aufs Beste.

Wenn betont wird, dass »das Fontane'sche Buch vollständiger« sei, weil es die Beschreibung der »großartigen Naturscenen des Hochlandes« enthalte, so ist das eine erstaunliche Feststellung, bedenkt man, dass ein gutes Drittel von »Jenseit des Tweed« gleichfalls über Edinburgh berichtet und Fontane den Norden gerade nicht bereist, denn »[d]ie nördlicher gelegenen Grafschaften […] entbehren keineswegs des Reizes landschaftlicher Schönheit, aber sie sind verhältnismäßig arm an Plätzen historischer Erinnerung oder romantischen Interesses« (S. 184). Ganz so weit ist es also mit Fontanes Liebe für »großartige Naturscenen« nicht, die man ihm hier unterstellen möchte.

Die Zeitschrift »Über Land und Meer« (Stuttgart) bespricht Fontanes Buch in der Ausgabe vom 10. Oktober 1860 ebenfalls gemeinsam mit dem von Elze. »Jenseit des Tweed« zeige ein »ernstes, wenn auch hochpoetisches Land, mit seinen Sagen, seiner Geschichte voll Geheimniß und Blut«. Der Kritiker merkt an, Fontanes Interesse habe hauptsächlich »den durch Walter Scott verherrlichten oder bewohnten Orten« gegolten, das Buch sei daher insbesondere für Scott-Liebhaber »eine vorzüglich willkommene Gabe«. Die Beschreibungen der High Street in Edinburgh werden als besonders lebendig und »gelungen[ ]« empfunden. Die Landschaftsschilderungen hingegen überzeugen den Rezensenten von »Über Land und Meer« weniger als den Kollegen vom »Deutschen Museum«: »Stadt und Leute uns vor Augen zu führen ist dem Verfasser indeß weit besser gelungen, als der landschaftliche Hintergrund. Von diesem haben wir kein sonderlich lichtes Bild bekommen.« (Dass Fontane im Vergleich zu anderen deutschen Reiseberichten über Schottland, etwa dem von Titus Ullrich, in der Tat wenig Wert auf Landschaftsbeschreibungen legt, zeigt Ermisch 2015, S. 385–401.) Im Gegensatz zum »Deutschen Museum« ist der Rezensent von »Über Land und Meer« also von Fontanes Naturschilderungen gar nicht überzeugt.

Der »Central-Anzeiger für Freunde der Literatur« (Leipzig) vom 15. Oktober 1860 bespricht unter der Überschrift »Für Freunde der Literatur« Fontanes Reisebuch wiederum gemeinsam mit der »Frühlingsfahrt nach Edinburg«. Er beschränkt sich aber auf sehr knappe Inhaltsangaben. Der Leser erfährt zwar, dass Fontane »specieller auf die Einzelheiten« der Stadt Edinburgh eingehe als Elze und dass dem Buch eine schottische Geschichtstabelle »zur chronologischen Orientirung in den vielen im Buche zerstreuten historischen Erinnerungen« beigegeben sei. Eine generelle Einschätzung der beiden Werke fehlt jedoch.

Auch die Zeitschrift »Europa« (Leipzig) nimmt »Jenseit des Tweed« und die »Frühlingsfahrt« vergleichend in den Blick, und auch hier ist die Landschaftsbeschreibung ein wichtiges Thema. Der Rezensent hält fest: »[…] das erstgenannte hat jedoch vor dem andern schon den Vortheil voraus, daß es auch ganz Hochschottland bis zu seinem äußersten Norden, die öden, steinigen Haiden des Grampiangebirges und die Inseln der Westküste in Betracht zieht.« Das ist zwar nur bedingt richtig, aber tatsächlich gibt es bei Fontane mehr Landschaftsbeschreibungen als bei Elze. Aber nicht nur wegen der Reise durch das »romantische[ ] Hochland« und auf den literarischen Spuren von Scott, Macbeth und Ossian wird Fontane der Vorzug gegeben: Sein Buch »übertrifft das andere auch an lebendiger und anschaulicher Schilderung und frischer Auffassung«. Zudem sei Fontane in Sachen (Familien-)Geschichte sehr viel beschlagener als Elze. Dabei betont der Kritiker die Schattenseiten der heroischen schottischen Geschichte, die Rachsucht, Treulosigkeit und Wildheit der Bewohner, von denen Fontane eher beiläufig berichtet. Es dominieren die »Flecken«, die »an den glänzendsten Namen Schottlands« kleben. Dafür führt er Elzes Kapitel über »Lady Grange« als Beispiel an, das in Gänze abgedruckt wird. Fontane hingegen geht es eigentlich sehr viel stärker um das historisch glanzvolle Schottland als um das barbarisch-rückständige, der Rezensent verzeichnet also Fontanes Text, wenn er die Schattenseiten stärker betont. Den Kontrast zu Elzes barbarischer »Lady Grange« bildet indes Fontanes »freundlicheres Bild« des »Letzten Hochlands-Häuptlings«, das gleichfalls in Gänze abgedruckt wird. Dieses Kapitel hatten auch Max Ring und die Besprechung im »Literaturblatt« hervorgehoben, und die »Berliner Montags-Post« hatte es ebenfalls vollständig den Lesern vorgestellt, ebenso das »Abendblatt zur Neuen Münchner Zeitung«. Es wird also als typisch für das gesamte Buch angesehen, schildert es doch, wie sich der alte Glanz einer heroischen Vergangenheit in den modernen Zeiten verliert, und wirft einen letzten melancholischen Blick auf diese glanzvolle Historie und ihre Helden.

Die »Blätter für literarische Unterhaltung« (Leipzig) widmen sich dem Buch erst am 23. Mai 1861, dies aber wiederum in einer sehr ausführlichen Doppelrezension. Der Kritiker weist darauf hin, dass Fontanes Texte bereits im »Feuilleton einer vielgelesenen Zeitung [...] viel Theilnahme und große Zustimmung der Leser« gefunden haben. Ein Grund dafür sei die »von Kenntniß und Geschmack zeugende Darstellung selbst«, aber auch »die innige Verknüpfung der Gegenwart mit der Vergangenheit des Landes, durch die beständig festgehaltenen reichen historischen Erinnerungen der merkwürdigen Geschichte«, die vor allem durch die Auseinandersetzungen mit dem Nachbar England geprägt gewesen sei. Die Taten der Landeskinder seien poetisch vielfach verherrlicht worden und hätten deshalb großes Interesse auch bei anderen Nationen geweckt: »Dies Interesse nun weiß der Verfasser dieser Skizzen aufs glücklichste in Thätigkeit zu setzen und hierauf ist denn auch sein Hauptaugenmerk [...] gerichtet.« Die Rezension fasst kurz die ersten Reisestationen zusammen, äußert dann aber Zweifel an Fontanes Schilderung des supping room in Holyrood Palace: »Von diesem Gemach versichert der Autor jedoch Unmögliches. Es soll nur zehn Fuß lang und neun Fuß breit sein«. Im Folgenden werden ein paar Überlegungen angestellt, ob tatsächlich die von Fontane genannten Personen alle in diesen Raum gepasst haben können, und man kommt zu dem Schluss: »[…] es muß hier ein Irrthum unterlaufen, und wir wünschten wol, daß der Verfasser sich hierüber erklärte! Der braunrothe angebliche Blutfleck beweist für uns nichts.« (Vgl. dazu den Stellenkommentar, S. 339.) Diese Kritik aber tue »dem Werthe der nachfolgenden geschichtlichen Bemerkungen des Verfassers keinen Eintrag«. Denn es sei in diesem Buch noch durchaus Neues über das Verhältnis von Maria Stuart und ihrem Sekretär David Rizzio zu lernen. Der Rezensent ist geneigt, dem Leser alle »prächtigen« Geschichten, die das Buch schildert, zu referieren, »allein wir müssen den Verfasser auf seiner weitern Reise in die Berge folgen, von der er so viel Anmuthiges berichtet.« Auch dieses »Anmuthige« wird ausführlich nacherzählt. Abschließend heißt es: »Es ist nicht zu leugnen, daß ihn [den Reisebericht; M. E.] eine durchweg festgehaltene poetische Stimmung und ein fast übermäßiger Reichthum an alten Erinnerungen, in musterhafter Darstellung, zu einer überaus anziehenden Lectüre macht; an thatsächlicher Belehrung und an Beleuchtung der Zustände des Landes in der Gegenwart, an eindringenden Blicken in das eigentliche Volkswesen und die Nationalität der heutigen Schotten, steht er jedoch dem nachfolgenden Referate von K. Elze […] unverkennbar nach.«

Elze könne also »vollkommen neben dem anziehenden Buche Fontane's« bestehen, auch wenn »die Wiederkehr derselben Gegenstände, aus den gleichen Quellen geschöpft, einiges Unbehagen empfinden läßt« und beide Autoren in einigen Dingen »oft merkwürdig überein«stimmen. (Was sie eben deshalb tun, weil sie dieselbe Quelle als Grundlage benutzen: die »Traditions of Edinburgh« von Robert Chambers; vgl. »Entstehungsgeschichte«, S. 292f.) Fontane sei dabei aber »noch anschaulicher, weil thatsächlicher«. Elze widme sich intensiver dem schottischen Nationalwesen – und das von einem »realistische[n] Standpunkt« – und sei insgesamt »überall realistischer, kälter und besonnener«. Landschaftsschilderungen seien bei ihm nur schmückendes Beiwerk.

Die Kritiker, die beide Bücher kennen, sind sich also vergleichsweise einig: Fontane schildert unterhaltsamer, anschaulicher und mit mehr poetischem Anspruch, Elze ist präziser, faktenorientierter, informativer und an den Zuständen im zeitgenössischen Schottland mehr interessiert als an Geschichte, Landschaft und Literatur. Fontane schreibt also am Mythos des poetisch-romantischen Schottland weiter, indes es Elze darum geht, die modernen Errungenschaften Schottlands zu beschreiben und zu bewerten.

»Mit nicht gewöhnlichem Interesse« – Rezensionen überregionaler Zeitungen und Zeitschriften

Am 1. Juli 1860 wurde das Buch auch in einer Sammelrezension dreier Neuerscheinungen aus dem Springer-Verlag in der »Breslauer Zeitung« besprochen. Dort wird dem Autor »ein recht hübsches Talent zur Schilderung empfangener Eindrücke« bescheinigt. Der Kritiker rekurriert auf die allgemeine Scott-Begeisterung, wenn er meint, das schottische Hochland sei »uns Allen [...] längst lieb und theuer«. Der Verfasser sei insbesondere in der Geschichte sehr bewandert, und »durch eine am Schlusse hinzugefügte schottische Geschichtstabelle erhöht er den Werth seines Buches«. Insgesamt wird »Jenseit des Tweed« allen »Freunden von Reiseschilderungen« als lesenswert empfohlen.

Auch die »Kölnische Zeitung« bringt eine lobende Kurznotiz zu »Jenseit des Tweed« am 17. Juli 1860, in der angemerkt wird, dass Fontane »in England und Schottland wie zu Hause« sei und sich sein Bericht dementsprechend durch eine »gute Beobachtungsgabe und Vertrautheit« mit Stadt, Land und Leuten auszeichne. Eine besondere Vorliebe zeige der Autor für Orte, die sich mit den Werken Scotts und Shakespeares verbinden.

Das ist auch dem Rezensenten der Zeitschrift »Die Grenzboten« (Leipzig) wichtig, die im Juli 1860 eine kurze Besprechung von »Jenseit des Tweed« bringt. Von besonderem Wert sei es nämlich, dass Fontane seine »vorzügliche Aufmerksamkeit den Orten zuwendete, welche durch Shakespeares und Sir Walters Dichtungen bekannt wurden.« Der Kritiker stimmt in das allgemeine Lob ein, Fontanes Beschreibungen seien »anschaulich und lebendig.« Außerdem lobt er Fontanes »gutes Auge für die Menschen« und hält fest: »[...] manches namentlich, was er uns von den Straßen Edinburgs, von den Gassenpredigern, den Spukhäusern der alten Puritanerstadt mittheilt, liest sich mit nicht gewöhnlichem Interesse.«

In »Wolfgang Menzels Literaturblatt« (Stuttgart) vom 6. Oktober 1860 ist man von »Jenseit des Tweed« durchaus angetan, da einem das Geschilderte sehr lebendig vor Augen stehe. Der Artikel lobt »den talentvolle[n] Erzähler« und seinen »gute[n] Humor« und sieht den Schwerpunkt in der (meist düsteren) Historie, die sich an verschiedene Schlösser anknüpfe, die Fontane besichtige. Der Rezensent beschränkt sich zumeist auf moderierende Kommentare und zitiert dafür lange Passagen (Mord an Rizzio, Queensberry House, Moray House, Anekdoten über James IV., Fontane über das Macbeth-Schloss und die Landschaft).

In den »Unterhaltungen am häuslichen Herd« (Leipzig) bespricht Karl Frenzel am 27. Oktober 1860 unter der Überschrift »Reisen durch

Schottland und Irland« Fontanes Reisebuch zusammen mit Julius Rodenbergs »Pilgerfahrt nach Irland« und »Die Insel der Heiligen«. Schottland erscheint dabei einmal mehr als genuin romantisches und sagenumwobenes Land: »[...] hier hat die Geschichte selbst einen poetischen Hauch gewonnen«. Nach einem kurzen Porträt Schottlands und seiner historischen Entwicklung kommt der Rezensent auf das neue Buch des »gewandte[n] Erzähler[s] dieser Dinge, von alten Spukgeschichten Edinburghs, von Leiden und Thaten der Douglas« zu sprechen. Es wird betont, dass es ein poetisches Interesse sei, das Touristen nach Schottland ziehe und das Land – vermittelt durch die Poesie – eben »uns allen« gehöre. Deswegen interessiere sich auch Fontane vornehmlich für das historische und nicht für das moderne Schottland. Der Rezensent konstatiert, dass »das historische Interesse die Theilnahme, die er dem gegenwärtigen Zustande das Landes, selbst der Natur desselben« entgegenbringt, überwöge, und hält fest: »[...] nicht mit Menschen, mit Erinnerungen bevölkert er die Landschaften«. Frenzel übt allerdings auch vorsichtige Kritik: »Einzelnes [...] ist in kleinen Rahmen, mit feinen und saubern Strichen wohlgelungen – aber alles nur mit dem Bleistift angedeutet, nichts in Farben gemalt.« Fontanes Stärke hingegen seien die »alte[n] Geschichten« und »vergessene[n] Anekdoten«, die er »mit lebendiger Anschaulichkeit« erzähle. Insbesondere die Schilderung der Schlacht von Flodden und einmal mehr die Geschichte des »Letzten Hochlands-Häuptlings« beeindrucken.

Dieses Kapitel findet auch das »Abendblatt zur Neuen Münchner Zeitung« »so interessant«, dass es am 23. Oktober 1860 in Gänze abgedruckt wird. Der Kritiker mit dem Kürzel »Gr.«, der zu einigen Fehlschlüssen neigt, kritisiert zunächst das Genre der Reiseliteratur: »Im Ganzen gehört eine gewisse Vorliebe dazu, um an der Touristenliteratur Geschmack zu finden; denn die meisten dieser Herren, welche ihre Reisekosten mit einem Buche wieder ›herausschlagen‹ möchten, bringen weder hinreichende Kenntniß der Geschichte und Natur eines fremden Landes, noch Beobachtungsgabe genug mit, um in der Würdigung fremder Sitten und Gebräuche, die ihrer eigenen Heimath zu vergessen.« Ein Vorwurf, der auch Fontane treffen könnte, hatte dieser doch schon vor der Reise seinen Freund Lepel informiert, dass er die Reisekosten durch eine spätere Publikation wieder einzubringen gedächte (FLep2, Bd. 1, S. 512). Diese Strategie scheint im Falle Fontanes aber nicht störend aufgefallen zu sein, denn »Fontane's Buch unterscheidet sich allerdings sehr vortheilhaft von dieser Art. Nicht nur die Neuheit dieses wenig bereisten Landes, noch mehr seine genaue Kenntniß der Geschichte und Poesie, seine langjährige Vertrautheit mit dem englischen Leben überhaupt geben diesen Bildern und Briefen einen großen Reiz.« Dass der Rezensent Schottland für »wenig bereist« hält, erstaunt ein wenig, schließlich erscheint Fontanes Buch schon in der Endphase der großen Reisewelle nach Schottland (vgl. Fischer 2004, S. 656–662, und Ermisch 2015, S. 106–169). Möglicherweise kann man Schottland aber im Vergleich mit Italien auch 1860 noch für wenig bereist halten. Gelobt werden jedenfalls die »höchst lebendig[en] und anschaulich[en]« Beschreibungen, und besonders Fontanes Kompositionstechnik vermag zu überzeugen: »Ueberall weiß er mit geschickter Hand Familiengeschichten, historische Erzählungen und Anekdoten mit seiner Darstellung zu verweben.« Dennoch »fehlt es den einzelnen Schilderungen an der Unmittelbarkeit einer starken Empfindung, vielleicht, weil das Buch erst Jahre nach der Reise selbst geschrieben wurde«. Eine Vermutung, die falsch ist, da Fontane ja bereits wenige Monate nach der Reise mit der Abfassung der ersten Kapitel begann und zumindest den Teil über Edinburgh bereits Ende 1858 fertigstellte. Was das Buch aber an Unmittelbarkeit vermissen lasse, so Gr., »hat es sicherlich an objectiver Ruhe gewonnen.« Auf diese Bemerkung folgt eine kurze Überleitung zu dem Kapitel »Der letzte Hochlands-Häuptling«, das anschließend abgedruckt wird.

Durchaus kritisch äußert sich die »Süddeutsche Zeitung« (München) am 21. Oktober 1860 in einer Kurzbesprechung. So heißt es einerseits zwar: »Seine poetische, anempfindende Auffassung, seine fast kindliche Pietät für alles in Natur und Geschichte Merkwürdige, dem Land und Volk Eigenthümliche ist ein ebenso sicherer wie anregender Führer«. Es wird aber andererseits bemängelt, »daß seine Kenntniß zuweilen zu minutiös, seine Behaglichkeit schwerfällig, seine Gemüthlichkeit ein wenig breit wird.« Der Autor hätte »alle für den ›Hausbedarf‹ geschriebenen Seiten« weglassen sollen und stattdessen »den Rest in weiser Abrundung der Indiskretion des Setzers« übergeben sollen, »wobei doch der Schriftsteller stets gewinnt und der Mensch nicht allemal verliert.« Dem Rezensenten ist das Buch also zu schwatzhaft, gerade der sonst vielgelobte Fontane'sche Plauderton kann die »Süddeutsche Zeitung« nicht überzeugen.

Ganz anders Levin Schücking, der 1860 Fontanes Reisebuch für das »Illustrirte Familienbuch zur Unterhaltung und Belehrung häuslicher Kreise« (Triest) bespricht. Er betont, Fontane habe bereits »einen geachteten Namen als lyrischer Dichter«, was man den »anziehenden Skizzen« voll »geistreicher Plauderei« über seine Schottlandreise auch anmerke. Das gesamte Buch sei sehr harmonisch angelegt und finde seinen Höhepunkt in der Beschreibung von Abbotsford, auch wenn Fontane das dort Gesehene eigentlich gar nicht zusage. Schücking geht wohl zu Recht davon aus, dass die scottbegeisterten deutschen Leser des »Familienbuchs« sich für Einzelheiten der Lebensumstände ihres Idols besonders interessieren, und zitiert darum ausführlich Fontanes Beschreibung von Scotts Wohnsitz. Er empfiehlt abschließend Fontanes »anregendes und lesenswerthes Buch zur eigenen Lectüre.«

Das »Literarische Centralblatt für Deutschland« (Leipzig) widmet sich dem Buch im Januar 1861, also erst gut ein halbes Jahr nach seinem Erscheinen, und nimmt gleichfalls den Besuch in Abbotsford in den Blick. Der Rezensent merkt an, für die Scott-Romantiker sei die Beschreibung sicher eine Enttäuschung. Aber er lobt die »ungemein anziehende[ ] Frische und Lebhaftigkeit der Auffassung« und empfiehlt »Jenseit des Tweed« vor allem den Lesern, die bislang wenig über Schottland wissen. Der Autor sei getragen vom »innigsten Interesse für das schottische Land, seine Romantik und seine Geschichte«. Der »feine[ ] Humor« wird gelobt und die Behandlung geschichtlicher Aspekte positiv hervorgehoben. Oft spreche blutige Erinnerung aus den besuchten Örtlichkeiten, aber Fontane wisse auch »anmuthige romantische Bilder und […] Scenen« aus dem Volk zu erzählen und »anziehende landschaftliche Schilderungen« zu geben. Dennoch zeige er deutlich auch die Kehrseite der Romantik. Im Zentrum stünden architektonische »und überhaupt die alterthümlichen Ueberbleibsel«. Die Kapitel über Iona, Staffa und Abbotsford werden als besonders lesenswert nachdrücklich empfohlen.

Zusammenfassend lässt sich feststellen, dass es häufig dieselben Stärken sind, die die deutschen Rezensenten loben, ob sie nun mit Fontane persönlich bekannt waren oder nicht: Fontane gilt als zuverlässiger Berichterstatter, weil er sich durch die Aufenthalte in England umfassende Kenntnisse und vertiefte Einsichten angeeignet habe, die er nun kompetent an seine Leser weitergebe. Seine Beschreibungen wirken also vertrauenswürdig. Wie immer wieder betont wird, ist er zudem in der Lage, Sachverhalte, Orte und Personen sehr anschaulich zu beschreiben und vor den Augen der Leser so lebendig zu machen, dass diese die Szenerien vor sich sehen und sich sogar in die Diskussion einmischen können, ob in Queen Mary's supping room alle Personen passen konnten, die sich angeblich dort aufhielten. Vielfach wird auch hervorgehoben, dass Fontane Stimmungen hervorragend einfange. Da die Rezensenten zumeist nicht selbst in Schottland waren, meinen sie damit wohl, dass Fontane Szenerien in den Blick nimmt, die ihnen etwa aus Scotts Romanen vertraut sind und das deutsche Schottlandbild geprägt haben. Deswegen wird auch mehrfach lobend angemerkt, dass Fontane Stätten besucht, die der Leser eben aus der Literatur schon kennt, Shakespeares Macbeth-Land und Scotts Trossachs ebenso wie die Wirkungsstätten Maria Stuarts. Erwähnt und gelobt wird daher auch die Schwerpunktsetzung auf Schilderungen aus der schottischen Geschichte. Dabei ist allen bewusst, dass Fontane zwar seriös berichtet, aber eben kein Historiker ist, dem es um Fakten geht, sondern ein Dichter, der spannende

Geschichten erzählen will und es deswegen mit der Faktizität nicht immer so genau nimmt. Gerade das wird auch von ihm erwartet und deswegen nachdrücklich betont, dass es eben ein Dichter ist, der dieses Buch geschrieben hat. Genau dieses poetische Element, das im Reisebuch entdeckt wird, zeichnet es vor anderen Reiseberichten aus – genau das wird es aber auch sein, was das Buch bei den englischen Rezensenten durchfallen lässt. Denn die deutsche Wahrnehmung unterscheidet sich deutlich von den Rezensionen in englischen Zeitschriften.

»Of no advantage to the general reader« – Rezensionen aus Großbritannien

»Jenseit des Tweed« wird – obwohl es erst 1960 ins Englische übersetzt wurde – auch in der britischen Presse wahrgenommen (vgl. dazu Chambers 2014, S. 20–22). Bereits einen Monat nach Erscheinen des Buches auf dem deutschen Markt wird es im Juli 1860 im Literaturmagazin »Bentley's Miscellany« (London) ausführlich auf neun Seiten besprochen. Der Rezensent gibt an, er freue sich darüber, dass es eine ganze Reihe deutscher Reisebücher gebe, die sich mit Großbritannien beschäftigten, und nennt Johann Georg Kohl und vor allem Julius Rodenberg als herausragend. Nun aber »we must confine ourselves to M. T. Fontane[ ]« (Bentley's Miscellany, S. 186). Dabei ist er nicht einmal ganz sicher, in welche Rubrik das Buch einzuordnen sei, und spricht behelfsweise von »the philosophy of history«. Er findet aber, dass Fontane seinen Landsleuten durchaus »a very fair notion of the manners and customs of our northern brethren« gebe, und »several passages possess a special value«. Auf diese Passagen geht er dann ausführlich ein und erzählt sie, mitunter lediglich Fontanes Text übersetzend, nach. Dabei interessieren vor allem Beobachtungen zum Alltag im zeitgenössischen Schottland und weniger die Geschichtchen aus der Vergangenheit. Er berichtet oder übersetzt Fontanes Aussagen über die Edinburgher Closes, über die schottischen Reichsinsignien, über die Auseinandersetzung zwischen einem schottischen und einem englischen Soldaten, ob das Zeichnen auf Edinburgh Castle erlaubt sei, über den schottischen Geisterglauben, über Calton Hill und die Bemühungen der Schotten, sich als modernes Volk zu präsentieren und sich nicht allein über die Helden der Vergangenheit zu definieren. Er erwähnt auch Fontanes Kritik an der Vermarktung der Trossachs und an der schottischen Sonntagsruhe. Fontanes Reise durch das Macbeth-Land, auf das Schlachtfeld von Culloden und entlang des kaledonischen Kanals wird gleichfalls flüchtig gestreift. Auch die Erlebnisse im von Touristen überfüllten Oban werden zusammengefasst, voller Mitleid, dass man den deutschen Touristen über den Tisch gezogen habe. Ein Engländer rechne damit, aber für einen Deutschen müsse das ein Schock sein.

Der Kritiker hält fest, dass Fontane einem englischen Leser wenig Neues über Staffa, Iona, Melrose und Abbotsford erzählen könne, aber die Bedürfnisse seines deutschen Publikums damit sicher erfülle, und er merkt ironisch an: »We […] sincerely trust that he has cleared the expenses of his pleasant trip by the publication of his note-book.« (Bentley's Miscellany, S. 194.) Obwohl der Rezensent den Text mit Respekt betrachtet und sich darüber freut, dass man sich auch in Deutschland mit Großbritannien beschäftigt, sieht er »Jenseit des Tweed« insgesamt doch eher kritisch. Natürlich seien den Briten viele der geschilderten Orte gut vertraut, aber selbst wenn man davon absehe: »He is too much of that ›nothing true and nothing new and it don't signify‹ school«. Den Kritiker stört also, dass Fontane alles Neue, Gute und die Fortentwicklungen in Schottland, auf die man stolz ist, kritisiert, ohne die positiven Aspekte zu erwähnen. »The diffusion of such useful knowledge«, wie Fontane sie in seinem Buch betreibe, »is certainly of no advantage to the general reader.« Der deutsche Leser möge das Buch also getrost lesen, der Brite könne es vernachlässigen.

Diese Ansicht teilt auch die »Saturday Review« in ihrer hochironischen Besprechung vom April 1861. Das Buch sei ein literarisches Schlafmittel, wie der Eisenbahntourismus viele hervorbringe. »[D]iluted with sentiment and sunsets«, sei es nur für Leute geeignet, die nicht die Zeit hätten, sich durch ernst zu nehmende Reisehandbücher zu lesen, die es in Deutschland ja durchaus auch gebe. Für einen englischen Leser sei der Bericht nicht von Interesse – es sei denn, er suche eben ein Schlafmittel und wolle sich deutscher statt englischer Allgemeinplätze über Schottland erfreuen. Das Buch sei »gentle, harmless, worthless« und voll von den üblichen Reiseerlebnissen, die man auch anderswo nachlesen könne. Weil es so harmlos sei, gehöre es zu der Rubrik Literatur, die besorgte Mütter guten Gewissens ihren Töchtern in die Hand geben könnten. Insgesamt sei es zwar schön, dass es dergleichen leichtverdauliche Literatur gebe, auch wenn sie das Gegenteil von unterhaltend sei. Der Rezensent bedauert, dass ausgerechnet Schottland in so schlechte literarische Hände geraten sei, und wünscht sich, dass lieber Julius Rodenberg über Schottland schriebe, der bereits »with so much skill« über Irland und die Kanalinseln geschrieben habe.

Die beiden englischen Rezensenten sind zwar daran interessiert, dass auch in Deutschland über Schottland berichtet wird, haben aber genaue Vorstellungen davon, wie das passieren soll. Ihren Anforderungen wird Fontane nicht gerecht. Dabei setzen sie nicht einmal voraus, dass das Ergebnis der Reiseberichterstattung für einen Engländer interessant sein soll, aber auch für den deutschen Markt sei Fontanes Buch nur bedingt zu empfehlen. Diese Wahrnehmung ist mit Blick auf die fast einhellig begeisterten deutschen Kritiker aufschlussreich. Offensichtlich entspricht Fontanes Reisebericht dem Bild, das sich die Deutschen gern von Schottland machen wollen, nicht aber dem, das die Briten von Schottland verbreitet zu sehen wünschen. Vielleicht erklärt sich die kritische Einstellung aber auch dadurch, dass die Rezensenten deutsche Emigranten waren, die einen loyalen Mitarbeiter der preußischen Regierungspresse besonders kritisch betrachteten. Es gab sicher nur wenige britische Journalisten, die die deutsche Sprache so beherrschten, dass sie ganze Reisebücher lasen, und gerade in »Bentley's Miscellany« wird ausführlich aus Fontanes Text übersetzt.

Kein deutscher Reiseführer ohne »Jenseit des Tweed«

Zu Fontanes Lebzeiten erfuhr »Jenseit des Tweed« keine zweite Auflage; offenbar ging es in der Flut deutscher Schottlandreiseberichte aus dem 19. Jahrhundert zunächst unter. Auch wenn es von der Kritik durchaus positiv beurteilt wurde, verkaufte sich das Buch nicht sonderlich gut. Erst 1900 erschien es in einem Band zusammen mit »Ein Sommer in London« im Verlag von Fontanes Sohn Friedrich erneut – nun auch mit dem in der Erstausgabe fehlenden Kapitel »Lochleven-Castle«. 1908 wurde »Jenseit des Tweed« wiederum im selben Verlag als Bestandteil der »Gesammelten Werke« aufgelegt. Vier Jahre später erschien eine Auswahlausgabe für den Schulgebrauch bei Velhagen & Klasing (Bibliographie, Bd. 1, Nr. 518). 1929 brachte der Reclam-Verlag auf 88 Seiten gleichfalls eine Auswahl von »Bildern aus England und Schottland« heraus (Bibliographie, Bd. 1, Nr. 520). Für den Zeitraum von 1930 bis 1962 sind keine Ausgaben bekannt. Erst seit der Wiederveröffentlichung des Textes im Rahmen der Nymphenburger- (1963) und der Hanser-Werkausgabe (1975) ist der Text in der Folge in verschiedenen Verlagen auch als Einzelband verfügbar und erfährt regelmäßig Neuauflagen (vgl. Bibliographie, Bd. 1, Nrn. 521, 523, 524, 525 und 530). Es erfreut sich also bis heute einer großen Beliebtheit vor allem bei deutschen Schottlandtouristen, wovon hohe Auflagen der Taschenbuchausgaben zeugen.

Wer sich in den letzten fünfzig Jahren mittels eines deutschsprachigen Reiseführers auf eine Schottlandreise vorbereitet hat, wird nur in den seltensten Fällen ein Exemplar gefunden haben, in dem nicht Theodor Fontane und sein Reisebuch »Jenseit des Tweed« eine Rolle spielen und der Autor als Gewährsmann für irgendeinen touristischen Sachverhalt herbeizitiert oder das Buch als Urlaubslektüre nachdrücklich empfohlen wird. Die früheste Reminiszenz an Fontanes Schottlandreise findet sich in einem »Merian«-Heft von 1962: Hier wird sein

Urteil über Edinburghs Royal Mile und das Schlachtfeld von Culloden referiert bzw. zitiert. Sein Ruf eilt ihm voraus, so schreibt der Verfasser des »Merian«-Artikels: »Als er [der Fremdenführer in Linlithgow; M. E.] aber erfuhr, daß wir aus Berlin kämen, bezeugte er seine Hochachtung vor unserm Theodor Fontane, indem er das, was dieser über Linlithgow gedichtet hatte, ebenso eindrucksvoll auf deutsch zu zitieren begann.« (Hartung 1962, S. 3.) Fontanes Reisebericht ist also sogar britischen Fremdenführern – zumindest in den 1960er Jahren – ein Begriff. Auch deutsche Reiseführerverfasser greifen gern auf Aussagen des Reiseschriftstellers Fontane zurück: Insbesondere seine Meinung über Edinburgh, die Trossachs, Oban, Melrose und Holyrood wird immer wieder zitiert. Bei manchen Reiseführern wird Fontane sogar als Mitautor geführt, da lange Textpassagen aus »Jenseit des Tweed« abgedruckt werden. So rät der »MERIAN-Reiseführer Schottland« seinem Leser: »Lassen Sie sich zuerst einmal Appetit auf eine Reise nach Schottland machen durch Auszüge aus Theodor Fontanes Schilderung seiner Schottlandreise von 1858 [...]. Hier begleitet Sie ein aufmerksamer Beobachter bei einer ersten Rundfahrt durch das Land, schildert die Mentalität seiner Bewohner, seine Kultur und den Charakter der Landschaft.« (Fontane/Wocker/Stewart 1984, S. 10.) Auch Otto Drude reist »Mit Fontane durch England und Schottland«. Sein Buch verbindet lange Textzitate aus »Jenseit des Tweed« mit erläuternden und kommentierenden Anmerkungen und wird ergänzt um moderne Fotografien der Reisestationen. Dieses Interesse an einem Vergleich zwischen Fontanes Schottland und dem, was ein heutiger Reisender zu sehen bekommt, hat bis heute nicht nachgelassen. Davon zeugen Internetseiten, die Reisen durch Schottland im 21. Jahrhundert mit »Jenseit des Tweed« in der Hand dokumentieren. Häufig werden Text-Bild-Collagen geboten, die dem Fontane'schen Textauszug die Schilderung der Wirklichkeit und das passende Foto an die Seite stellen und so eine Reiseliteratur zweifacher Potenz erschaffen: einen Reisebericht darüber, was man, mit Fontanes Reisebericht in der Hand, jenseits des Tweed erlebt habe. Wie Fontane auf den Spuren Scotts, Maria Stuarts und Macbeths reiste, so reisen diese Touristen auf den Spuren Fontanes.

Überlieferung

Handschriftliche Textzeugen

Zu Fontanes »Jenseit des Tweed« sind keine handschriftlichen Textzeugen überliefert, auch Manuskripte zu den Journalerstdrucken sind nicht erhalten. Lediglich der Briefwechsel mit dem Verleger Julius

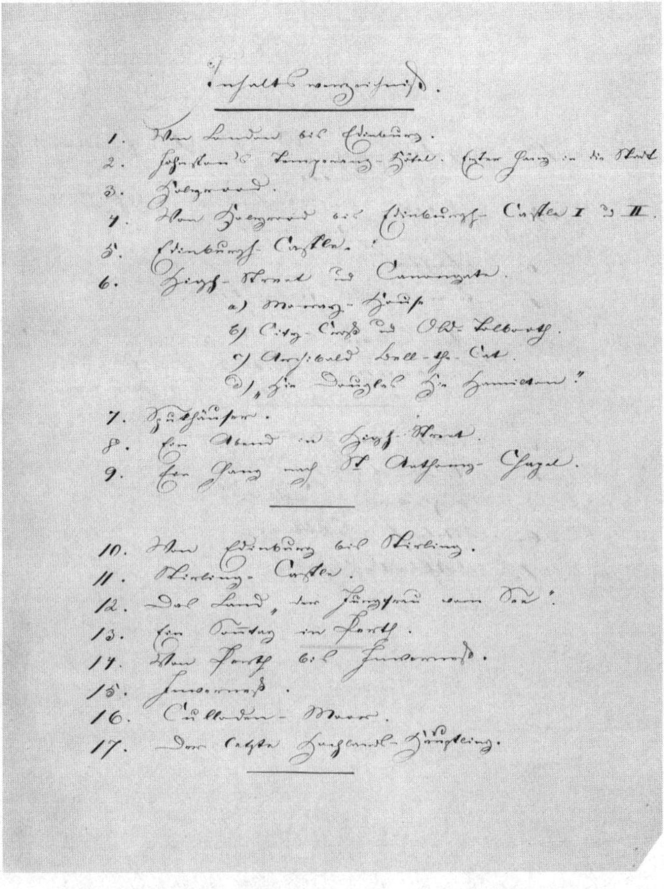

Inhaltsverzeichniß.

1. Von London bis Edinburg.
2. Johnstone's Temperance-Hôtel. Erster Gang in die Stadt.
3. Holyrood.
4. Von Holyrood bis Edinburgh-Castle I u. II.
5. Edinburgh-Castle.
6. High-Street und Canongate.
   a) Moray-House.
   b) City-Cross und Old-Tolbooth.
   c) Archibald Bell-the-Cat.
   d) „Ein Douglas, ein Hamilton!"
7. Zuchthäuser.
8. Ein Abend in High-Street.
9. Ein Gang nach St. Anthony-Chapel.

10. Von Edinburg bis Stirling.
11. Stirling-Castle.
12. Das Land „der Jungfrau vom See".
13. Ein Sonntag in Perth.
14. Von Perth bis Inverness.
15. Inverness.
16. Culloden-Moor.
17. Der letzte Hochland-Häuptling.

Abb. 1a: Inhaltsverzeichnis Fontanes vom 2. Februar 1860

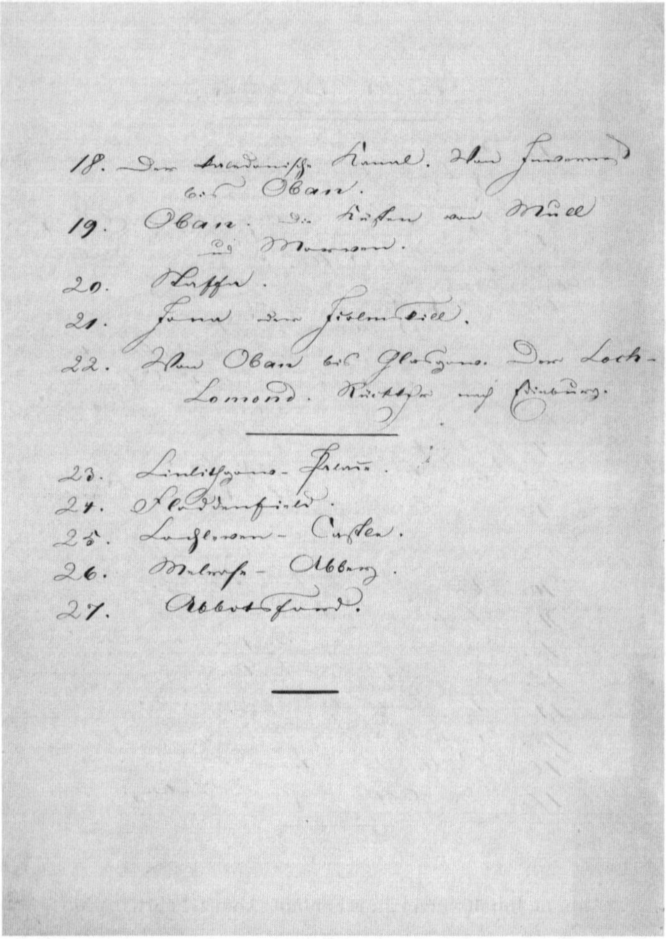

18. Der kaledonische Kanal. Von Inverness bis Oban.

19. Oban. Die Küsten von Mull und Morven.

20. Staffa.

21. Iona, die [illegible].

22. Von Oban bis Glasgow. Der Loch-Lomond. Rückkehr nach Edinburg.

23. Linlithgow-Palace.

24. Flodden-Field.

25. Lochleven-Castle.

26. Melrose-Abbey.

27. Abbotsford.

Abb. 1b: Inhaltsverzeichnis Fontanes vom 2. Februar 1860

Springer kann als Überlieferungsträger dienen. So schickte Fontane ihm in seinem Brief vom 2. Februar 1860 ein Inhaltsverzeichnis des geplanten Buches mit (vgl. Abb. 1a und 1b), das in der Akte Theodor Fontane des Springer-Verlags in der Berliner Zentral- und Landesbibliothek unter der Signatur A-F-30 aufbewahrt wird.

Inhaltsverzeichniß.

1. Von London bis Edinburg.
2. Johnston's Temperanz-Hôtel. Erster Gang in die Stadt.
3. Holyrood.
4. Von Holyrood bis Edinburgh-Castle I und II.
5. Edinburgh-Castle.
6. High-Street und Canongate.
   a) Moray-House.
   b) City-Croß und Old-Tolbooth.
   c) Archibald Bell-the-Cat.
   d) »Hie Douglas Hie Hamilton.«
7. Spukhäuser.
8. Ein Abend in High-Street.
9. Ein Gang nach St. Anthony-Chapel.

---

10. Von Edinburg bis Stirling.
11. Stirling-Castle.
12. Das Land »der Jungfrau vom See«.
13. Ein Sonntag in Perth.
14. Von Perth bis Inverneß.
15. Inverneß.
16. Culloden-Moor.
17. Der letzte Hochlands-Häuptling.

---

18. Der kaledonische Kanal. Von Inverneß bis Oban.
19. Oban. Die Küsten von Mull und Morven.
20. Staffa.
21. Iona oder Icolmskill.
22. Von Oban bis Glasgow. Der Loch-Lomond. Rückkehr nach Edinburg.

---

23. Linlithgow-Palace.
24. Floddenfield.
25. Lochleven-Castle.
26. Melrose-Abbey.
27. Abbotsford.

Ein weiteres Inhaltsverzeichnis ist zumindest in einer maschinengeschriebenen Abschrift unter der Signatur DA 45 im Fontane-Archiv erhalten. Diese Abschrift wurde vermutlich im Auftrag von Friedrich Fontane für eine geplante Briefausgabe erstellt. Der jetzige Aufbewahrungsort des Originals ist unbekannt. Aus dem Briefwechsel lässt sich schließen, dass das Verzeichnis zwischen dem 2. Februar (erstes Inhaltsverzeichnis) und dem 12. März (Hinweis auf das neue Inhaltsverzeichnis) entstanden sein muss. Vergleicht man das erste Inhaltsverzeichnis mit dem des späteren Buches (S. 213f.), so zeigt sich, dass Fontane nur noch geringe Änderungen am Gesamtkonzept vornahm.

»Ueber den Tweed«

Bilder und Briefe aus Schottland von Th. Fontane.

1. Von London bis Edinburg.
2. Johnston's Hotel. Erster Gang in die Stadt.
3. Holyrood-Palace.
4. Von Holyrood bis Edinburg-Castle I.
5. Von Holyrood bis Edinburg-Castle II.
6. High Street und Canon-Gate.
   a. Moray House.
   b. City Cross und Old-Tolbooth.
   c. »Hie Douglas hie Hamilton«.
   d. Archibald Bell the Cat.
7. Edinburg Castle.
8. Westbow. Grossmarket. Ein paar Kapitel aus der Lynch Justiz.
9. Spukhäuser.
10. Ein Abend in High Street.
11. Die Ruinen von St. Anthony Chapel.
12. Linlithgow.
13. Floddenfield.
14. Von Edinburg bis Stirling.
15. Stirling Castle.
16. Loch Katrine oder das Land der Lady of the Lake.
17. Ein Sonntag in Perth.
18. Von Perth bis Inverness.
19. Inverness.
20. Das Schlachtfeld von Culloden.
21. Hochland und Hochländer.
22. The last chieftain.
23. Von Inverness bis Fort William und Oban.
24. Oban (und die Küste von Morven.)
25. Staffa.

26. Jona.
27. Von Oban bis zum Loch Lomond.
 Rückkehr nach Edinburg.
28. Lochleven.
29. Melrose.
30. Abbotsford.

Fontane teilt im zweiten Verzeichnis das geplante vierte Kapitel »Von Holyrood bis Edinburg-Castle I. und II.« in zwei getrennte Kapitel (4. und 5.), wie es dem Journalerstdruck entspricht. In der endgültigen Buchausgabe sind diese Kapitel wieder, wie im ersten Inhaltsverzeichnis vorgesehen, zu einem zusammengefügt. Vom ersten zum zweiten Inhaltsverzeichnis wechselt das Kapitel »Edinburgh-Castle« seine Position. Zunächst hatte Fontane es als fünftes Kapitel vorgesehen (und in der Buchfassung steht es dann auch an fünfter Stelle). Zwischenzeitlich hat er aber offenbar erwogen, es als Abschluss des Gangs durch High Street und Canongate zu positionieren, wie es der räumlichen Logik entsprochen hätte. Er hat sich dann aber doch dafür entschieden, die Schilderung des Schlosses als Höhepunkt vorzuziehen und ihr die ausführlichere Besprechung von High Street und Canongate als »Nachlese« (S. 44) nachzuordnen. Im zweiten Inhaltsverzeichnis ist die Reihenfolge der Unterkapitel »Hie Douglas hie Hamilton« und »Archibald Bell the Cat« bereits korrigiert, sie entspricht nun wieder der Reihenfolge im Journalerstdruck und wird so in die Buchausgabe übernommen. Zudem fügte er ein zusätzliches Kapitel zwischen »High-Street und Canongate« und »Spukhäuser« ein, das »ein paar Kapitel aus der Lynch-Justiz« schildert und im ersten Verzeichnis noch nicht vorgesehen war. Auch das entspricht der Kapitelanordnung im Journalerstdruck in der »Vossischen Zeitung«. Außerdem verschob er die Kapitel »Linlithgow« und »Floddenfield«, die er zunächst weiter hinten im Buch platzieren wollte, nach vorne. Die endgültige Reihenfolge entspricht damit dem tatsächlichen Reiseverlauf, denn Fontane besuchte Linlithgow von Edinburgh aus und nicht – wie es das erste Inhaltsverzeichnis suggeriert – nach seiner Rückkehr von der Westküste. Das Kapitel über »Lochleven-Castle« ist an drittletzter Stelle vorgesehen. Im zweiten Verzeichnis ist das Kapitel über »Hochland und Hochländer« noch vorgesehen, dessen Einschub Fontane erwog, gegen den er sich dann aber letztlich doch entschied (vgl. »Entstehungsgeschichte«, S. 286).

Aus den Briefen an Springer lassen sich nicht nur Rückschlüsse über die Veränderung der Kapitelreihenfolge, sondern auch über den Titel des Buches ziehen (vgl. »Entstehungsgeschichte«, S. 288f.). Zudem erteilt Fontane Anweisungen zu den Kapitelüberschriften. Am 15. März erläutert er einen Kapiteltitel, weil der Verlag sich offenbar nicht darüber im Klaren war, ob es sich bei demselben um zwei verschiedene Kapitel handele: »The last Chieftain ist nur der englisch-schottische Ausdruck für ›der letzte Hochlands-Häuptling‹. Welcher Ueberschrift ich den Vorzug geben soll, weiß ich bis diesen Augenblick noch nicht und thu ich gewiß am besten es Ihnen zu überlassen. Mir gefällt ›the last chieftain‹ besser, es ist kürzer und klingt weniger renomistisch, aber das große Publikum versteht es nicht und so gebührt der Uebersetzung doch vielleicht der Vorzug. Sie mögen entscheiden.« Er schlägt indes weitere Überschriften vor: »Die Ruinen von St Anthony Chapel. Culloden-Moor. Von Inverneß bis Oban; der kaledonische Kanal. Iona. Lochleven-Castle; diese 5 Ueberschriften mögen gelten«, wobei er aber festhält: »[…] ich lege übrigens kein Gewicht auf solche Dinge, eins ist so gut wie's andre.« (HFA, IV, Bd. 1, S. 700 f.) Tatsächlich sind die endgültigen Überschriften – bis auf »Culloden-Moor« – andere, als hier angegeben.

Satzvorlage

Aus dem Briefwechsel zwischen Fontane und Springer lässt sich gleichfalls erschließen, dass Fontane die Kapitel »Lochleven-Castle« und »Linlithgow« dem Verlag als handgeschriebenes Manuskript (»mit Dinte geschrieben[ ]«, Brief vom 15. März 1860) einreichte. Für alle anderen Texte dienten die Journalerstdrucke als Satzvorlage. Fontane hat auch die Kapitel »Stirling Castle«, »Loch Katrine« und »Ein Sonntag in Perth« als überarbeitetes Bleistift-Manuskript eingereicht. Die Journalerstdrucke kamen dann aber rechtzeitig an und konnten als Vorlage für den Druck genutzt werden (Brief vom 21. Mai 1860). Keines der Manuskripte hat sich erhalten, und auch die Journalerstdrucke, die die Satzvorlage bildeten, sind nicht überliefert, das Kapitel »Lochleven-Castle« ist offensichtlich nicht einmal beim Verlag eingegangen. Ob das Fontanes Schuld war oder ob es im Verlag verlorenging, konnte zwischen Springer und ihm nicht abschließend geklärt werden; vgl. »Entstehungsgeschichte«, S. 289 f.

Journalerstdrucke

Sämtliche Journalerstdrucke sind in der Fontane Bibliographie verzeichnet (Bd. 1, Nr. 2193, 2204, 2263, 2293, 2294, 2306, 2309, 2311, 2320), lediglich J^{21} ist dort nicht erfasst.

J^{1} Th[eodor] Fontane: Bilder und Briefe aus Schottland. I. Von London bis Edinburg. In: Königlich privilegirte Berlinische Zeitung von Staats- und gelehrten Sachen. No. 124, 29. Mai 1859, Erste Beilage.

J[2] Th[eodor] Fontane: Bilder und Briefe aus Schottland. II. Johnstons Hotel. Erster Gang in die Stadt. In: Königlich privilegirte Berlinische Zeitung von Staats- und gelehrten Sachen. No. 129, 5. Juni 1859, Erste Beilage.

J[3] Th[eodor] Fontane: Bilder und Briefe aus Schottland. III. Holyrood-Palace. In: Königlich privilegirte Berlinische Zeitung von Staats- und gelehrten Sachen. No. 135, 12. Juni 1859, Erste Beilage.

J[4] Th[eodor] Fontane: Bilder und Briefe aus Schottland. III. Von Holyrood bis Edinburgh-Castle. In: Königlich privilegirte Berlinische Zeitung von Staats- und gelehrten Sachen. No. 140, 19. Juni 1859, Erste Beilage.

J[5] Th[eodor] Fontane: Bilder und Briefe aus Schottland. III. Von Holyrood bis Edinburgh-Castle. 2. In: Königlich privilegirte Berlinische Zeitung von Staats- und gelehrten Sachen. No. 146, 26. Juni 1859, Erste Beilage.

J[6] Th[eodor] Fontane: Bilder und Briefe aus Schottland. IV. Edinburgh-Castle. In: Königlich privilegirte Berlinische Zeitung von Staats- und gelehrten Sachen. No. 152, 3. Juli 1859, Erste Beilage.

J[7] Th[eodor] Fontane: Bilder und Briefe aus Schottland. V. High Street und Canongate. 1. Moray House. 2. City-Croß und Old-Tolbooth. In: Königlich privilegirte Berlinische Zeitung von Staats- und gelehrten Sachen. No. 158, 10. Juli 1859, Erste Beilage.

J[8] Th[eodor] Fontane: Bilder und Briefe aus Schottland. V. 3. »Straßenfegen« oder Hie Douglas, hie Hamilton. 4. Archibald Bell the Cat. In: Königlich privilegirte Berlinische Zeitung von Staats- und gelehrten Sachen. No. 164, 17. Juli 1859, Erste Beilage.

J[9] Theodor Fontane: Floddenfield. Ein Tag aus der schottischen Geschichte. In: Berliner Revue. Social-politische Wochenschrift. 18. Band, 3. Quartal, Nr. 4, 23. Juli 1859, S. 138–146.

J[10] Th[eodor] Fontane: Bilder und Briefe aus Schottland. VI. Westbow; Graßmarket; ein paar Kapitel aus Lynch-Justiz. In: Königlich privilegirte Berlinische Zeitung von Staats- und gelehrten Sachen. No. 170, 24. Juli 1859, Erste Beilage.

J[11] Th[eodor] Fontane: Bilder und Briefe aus Schottland. VII. Spukhäuser. In: Königlich privilegirte Berlinische Zeitung von Staats- und gelehrten Sachen. No. 176, 31. Juli 1859, Erste Beilage.

J[12] Th[eodor] Fontane: Bilder und Briefe aus Schottland. VIII. Ein Abend in High-Street. In: Königlich privilegirte Berlinische Zeitung von Staats- und gelehrten Sachen. No. 182, 7. August 1859, Erste Beilage.

J[13] Th[eodor] Fontane: Bilder und Briefe aus Schottland. IX. Ein Gang nach St. Anthony's Chapel. In: Königlich privilegirte Berlinische Zeitung von Staats- und gelehrten Sachen. No. 188, 14. August 1859, Erste Beilage.

J^{14} [Theodor Fontane]: Das Macbeth-Land. 1. Von Perth bis Inverneß. In: Neue Preußische Zeitung. Nr. 201, 30. August 1859.

J^{15} [Theodor Fontane]: Das Macbeth-Land. (Fortsetzung.) In: Neue Preußische Zeitung. Nr. 202, 31. August 1859.

J^{16} [Theodor Fontane]: Das Macbeth-Land. (Schluß.) In: Neue Preußische Zeitung. Nr. 203, 1. September 1859.

J^{17} [Theodor Fontane]: Das Macbeth-Land. 2. Inverneß. In: Neue Preußische Zeitung. Nr. 213, 13. September 1859.

J^{18} [Theodor Fontane]: Das Macbeth-Land. 3. Culloden-Moor. In: Neue Preußische Zeitung. Nr. 214, 14. September 1859.

J^{19} [Theodor Fontane]: Das Macbeth-Land. (Schluß.) In: Neue Preußische Zeitung. Nr. 215, 15. September 1859.

J^{20} [Theodor Fontane]: Der letzte Hochlands-Häuptling. (Unserem Culloden-Führer (Nr. 214) nacherzählt.) In: Neue Preußische Zeitung. Nr. 223, 24. September 1859.

J^{21} Theodor Fontane: Ausflüge in die Umgegend von Edinburg. 1. Linlithgow. In: Die Presse (Wien). 12. Jg. No. 246, 27. September 1859.

J^{22} [Theodor Fontane]: Eine Reise in's schottische Hochland. 1. Von Edinburg bis Stirling. 2. Stirling-Castle. In: Morgenblatt für gebildete Leser. Nr. 41, 9. Oktober 1859, S. 961–968.

J^{23} [Theodor Fontane]: Eine Reise in's schottische Hochland. (Fortsetzung.) Das Land der Jungfrau vom See. In: Morgenblatt für gebildete Leser. Nr. 42, 16. Oktober 1859, S. 889–995.

J^{24} [Theodor Fontane]: Eine Reise in's schottische Hochland. (Schluß.) Ein Sonntag in Perth. In: Morgenblatt für gebildete Leser. Nr. 43, 23. Oktober 1859, S. 1015–1019.

J^{25} [Theodor Fontane]: Eine Reise in's schottische Hochland. Staffa. In: Morgenblatt für gebildete Leser. Nr. 50, 11. Dezember 1859, S. 1177–1179.

J^{26} [Theodor Fontane]: Eine Reise in's schottische Hochland. Iona oder Icolmkill. In: Morgenblatt für gebildete Leser. Nr. 51, 18. Dezember 1859, S. 1214–1218.

J^{27} Theodor Fontane: Lochleven-Castle. In: Die Presse (Wien). 12. Jg. No. 333, 23. Dezember 1859.

J^{28} [Theodor Fontane]: Eine Reise in's schottische Hochland. Der caledonische Kanal. Von Inverneß bis Oban. Oban. In: Morgenblatt für gebildete Leser. Nr. 52, 25. Dezember 1859, S. 1229–1234.

J^{29} Th[eodor] Fontane: Eine Reise in's schottische Hochland. Von Oban bis zum Loch Lomond. – Rückkehr nach Edinburgh. In: Morgenblatt für gebildete Leser. Nr. 1, 1. Januar 1860, S. 13–18.

J30 [Theodor Fontane]: Aus Südschottland. 1. Die Ruinen von Melrose-Abbey. In: Neue Preußische Zeitung. Nr. 84, 8. April 1860, Beilage.

J31 Te [Theodor Fontane]: Aus Südschottland. 2) Abbotsford. In: Neue Preußische Zeitung. Nr. 95, 22. April 1860, Beilage.

Erste Buchausgabe

E Th[eodor] Fontane: Jenseit des Tweed. Bilder und Briefe aus Schottland. Berlin: Verlag von Julius Springer 1860. 352 S.

Unterschiede zwischen der ersten Buchausgabe und den Journalerstdrucken

Die Abweichungen zwischen den Journalerstdrucken und der ersten Buchausgabe betreffen hauptsächlich Orthographie und Interpunktion. Auch bei den gesperrten Hervorhebungen finden sich Änderungen: nicht alle im Journalerstdruck gesperrten Wörter sind auch in der Buchausgabe gesperrt, dafür kommen andere Sperrungen hinzu. Neben Korrekturen offensichtlicher Setzerfehler finden sich Änderungen bei Schreibungen, die auf die unterschiedlichen orthographischen Richtlinien der Zeitungen zurückgehen, wie beispielsweise Mahagonischreibtisch (S. 121)/Mahagonyschreibtisch (J22); sechszig (S. 121)/sechzig (J22); sei (S. 124)/sey (J22); Castells (S. 122)/Kastells (J22). Auch bei der Schreibung britischer Orte und Namen finden sich Änderungen zwischen dem Journalerstdruck und der ersten Buchausgabe. Während die »Vossische Zeitung« nahezu durchgehend die englische Schreibung »Edinburgh« benutzt, die auch in Fontanes erstem Inhaltsverzeichnis für Springer noch auftaucht, findet sich in der Buchausgabe konsequent die eingedeutschte Variante »Edinburg«. Fontane hat insbesondere Namensschreibungen häufig korrigiert: aus Levingstone (J3) wird Livingstone, aus Lochlewen (J3) Lochleven, aus Wawerley (J3) Waverley, aus Salisburg (J2) Salisbury und aus Gasgow (J21) Glasgow. Auch die Schreibung der Namen ist vereinheitlicht: Wird Maria Stuart in den Journalerstdrucken gelegentlich auch als »Marie« bezeichnet, so liest man im Buch immer »Maria«. Während in den Journalerstdrucken mitunter die englische Variante des Königsnamens »James« vorkommt, so lautet er im Buch konsequent eingedeutscht »Jakob« oder »Jacob«. Gelegentlich fügt Fontane Übersetzungen englischer Begriffe ein, die es im Journalerstdruck nicht gibt: »Rock (rock = Felsen)« (S. 120) oder »Lady's Rock (Lady's Felsen)« (S. 196).

Bei Zahlen nimmt Fontane häufiger Korrekturen vor: So werden aus vier ihm bekannten Maria-Stuart-Porträts fünf (S. 44), was weitere Textänderungen nach sich zieht. Er reduziert die Truppenstärke von James IV. von 60 000 auf 50 000 Mann (S. 93), die Zahl der noch existierenden Clans von »weit über 100« auf »über 50« (S. 165) und die Entfernung zwischen Invergary-Castle und Inverness von 12 auf 10 Meilen (S. 181).

Es finden sich durchaus häufig kleinere stilistische Änderungen wie beispielsweise S. 12: letzte Ton] Klang; S. 25: Dienerschaft] Bewohner; S. 31: wenigstens den Schein] das Ansehen; S. 45: hinweg] hinfort; S. 53: ohne Auswahl durcheinander wirft] gelegentlich durcheinander wirft, ohne lange zu suchen; S. 60: Zuge] Unheilszuge; S. 72: entsetzlich] furchtbar; S. 77: was man hätte hinnehmen können] wogegen gewiß nichts zu sagen wäre; S. 89: rasch] schnell; S. 100: Stromaufwärts] Flußaufwärts; S. 161: übten sie die Wirkung] machten sie den Eindruck. (Eine Gesamtübersicht aller Varianten zwischen der ersten Buchausgabe und den Journalerstdrucken sowie eine Auswahlübersicht werden auf der Website der Theodor Fontane-Arbeitsstelle veröffentlicht; vgl. http://www.uni-goettingen.de/de/154457.html.) Mitunter ergeben sich aus den Änderungen auch Sinnverschiebungen. Drängten sich die Zuschauer im Journalerstdruck noch »mitleidsvoll« um den Scheiterhaufen einer zu verbrennenden vermeintlichen Hexe (J^{11}), so tun sie es im Buch »mitleidslos« (S. 74).

Einige Änderungen betreffen den Medienwechsel. Wenn Fontane aus »Zuhörer« (J^{3}) »Leser« (S. 17) macht, dann ist der Zuhörer möglicherweise noch ein Überbleibsel der mündlichen Vortragsfassung vom 23. Februar 1859 (vgl. »Rezeption«, S. 284), die er im Journalerstdruck belassen hat, für die Buchausgabe nun aber ändert. Auch die Zusammenstellung der nunmehr fertigen einzelnen Kapitel zu einem Buchtext macht geringfügige Änderungen nötig, auch wenn Fontane die einzelnen Kapitel von Beginn an als geschlossenes Buch konzipiert hat, wie er Springer schreibt. So kündigt er im Buch an, »im folgenden Kapitel« auf Floddenfield einzugehen (S. 93), während es im Journalerstdruck noch heißt, darauf werde er »vielleicht in einem späteren Artikel« zurückkommen.

Auch inhaltliche Fehler korrigiert Fontane. So werden aus den Mackenzies die Sinclairs (S. 103), aus den Mac-Kenzies die MacIntoshs (S. 170) und aus den Mac-Donalls die Mac-Donalds (S. 170). Gelegentlich ergänzt er auch Namen: Ist im Journalerstdruck noch von »Lord. …« (J^{8}) die Rede, so taucht im Buch der Name auf: »ein Sohn Lord Montgomery's« (S. 57). Diese Änderungen sind möglicherweise das Ergebnis einer genaueren Recherche, die Fontane im Laufe der Textentstehung noch vorgenommen hatte. Bezieht er sich bei seiner Schilderung des Lebens der Mönche auf der Insel Iona im Journalerstdruck nur auf »Abercrombie's Kirchengeschichte« (J[26]), so ergänzt er in der Buchfassung zu »Abercrombie's und Jamieson's Geschichtswerken« (S. 204). Mitunter baut er aber auch ›Fehler‹ ein bzw. entschließt sich zu Änderungen: Während Walter Scott im Journalerstdruck mit seinen Hunden noch unter einer »Esche« sitzt (J[31]), wie Fontane »ash« aus Lockharts Scott-Biographie korrekt übersetzt, macht er im Buch daraus eine »Eiche« (S. 245).

Es gibt nur wenige inhaltlich wirklich relevante Unterschiede zwischen den Journalerstdrucken und der ersten Buchausgabe: Lediglich in den Kapiteln »Der kaledonische Kanal« und »Abbotsford« hat Fontane einige substantielle Änderungen vorgenommen, indem er kürzere Passagen streicht (vgl. den Stellenkommentar, S. 449 und 489). In zwei Kapiteln ergänzte er eine erklärende Fußnote (S. 69 und S. 115). Auf große Umarbeitungen hat Fontane also verzichtet, auch wenn er Springer angekündigt hatte, in einigen Kapiteln noch Doppelungen streichen zu wollen.

Stellenkommentar

Jenseit] Zum Buchtitel vgl. »Entstehungsgeschichte«, S. 288.

[Widmung]

VI Bernhard von Lepel *[...]* dem nachsichtigsten aller Reisegefährten] Fontane widmete sein Reisebuch Bernhard von Lepel, der ihn nach Schottland begleitet hatte. Am 5. Oktober 1858 schrieb Fontane an Henriette von Merckel: »Ich fürchte, daß ich nicht immer liebenswürdig genug gewesen bin; aber mitunter kann er einen auch wirklich zur Verzweiflung bringen [...]; so wenig er tut und spricht, so setzt er einen doch beständig in Erstaunen. [...] Auch auf der Reise sah er die Pfundstücke nicht ängstlich an, er trug die großen Wirtshausrechnungen wie ein Mann [...], aber wegen einzelner Pennys hat er mich dann und wann zur Verzweiflung gebracht. Vielleicht hätt ich darin toleranter sein müssen.« (FMer, Bd. 2, S. 134.) Es hatte auf der Reise also Spannungen zwischen den beiden Freunden gegeben. Möglicherweise war die Widmung als eine Art Wiedergutmachung gedacht. Zur Freundschaft zwischen den beiden Männern vgl. »Entstehungsgeschichte«, S. 270 f. Vgl. auch Maurer 2014, S. 61–64, der zeigt, dass die Tatsache, dass Fontane mit einem Freund reist, auch Konsequenzen für seinen Reisebericht hat.

VII Sylvestertages 1846] Hier erinnert Fontane sich falsch: Am Silvestertag 1846 war Lepel nicht in Berlin, sondern in Wieck bei seiner zukünftigen Frau (vgl. seinen Brief vom 18. Dezember 1846 bis 5. Januar 1847, FLep2, Bd. 1, S. 24). Es könnte der Silvestertag 1845 gemeint sein.

VII Gutshaus] Das Schlösschen Bellevue bei Köpenick, das Lepels Vater 1836 erworben hatte und das der Sohn 1852 verkaufte. Vgl. Fontanes Schilderung im Nachruf auf Lepel von 1885 (FLep2, Bd. 1, S. 718 f.).

VII Todesahnung] Tatsächlich starb Adolf von Lepel erst knapp zwei Jahre später am 16. Oktober 1847.

VII frugale Mahl] Einfaches, kärgliches Mahl.

VIII Beatrice Cenci] Römische Patrizierin aus reicher Familie, die von ihrem Vater misshandelt wurde und ihn deswegen ermorden ließ. Mit 22 Jahren wurde sie öffentlich enthauptet. Beatrice und ihr Schicksal sind ein beliebtes Motiv in der bildenden Kunst, der Literatur und der Musik.

VIII Moses von Buonarotti] 45 cm hohes Tonmodell zur Moses-Figur Michelangelos für das Grabmal von Papst Julius II. in der Kirche San Pietro in Vincoli in Rom. Dass eine solche Skulptur im Besitz Bernhard von Lepels war, zeigt Müller 1857, S. 224 (vgl. auch Gruppe 1881, S. 86–89).

VIII Erinnerung an schöne, italische Tage] Lepel reiste 1827 als Neunjähriger zum ersten Mal mit seinem Vater nach Italien, um dort dessen Bruder Wilhelm zu besuchen. Der Junge lernte Rom kennen, und sein Interesse an römischer Geschichte erwachte. Über seine zweite Reise 1840 geben seine Gedichte Auskunft, die 1846 in dem Band »Lieder aus Rom« erschienen. Während der dritten, nun sechsmonatigen Italienreise 1846 traf er dort die Schriftstellerin Fanny Lewald, die über ihre Italienreise ebenso wie über ihre Schottlandreise (1850) Reiseschilderungen verfasste, die Fontane bekannt waren; vgl. Kittelmann 2010a und b. Lepel und Fontane verkehrten zeitweise in ihrem Berliner Salon, und Fontane wandte sich 1852 mit der Bitte um Empfehlungsschreiben für seine Londonreise an sie (vgl. Sternagel 2011).

VIII bis heute] 1860. Fontane reiste schließlich 1874 und 1875 allein nach Italien.

VIII Douglas-Schlössern] Der Clan Douglas war seit dem 13. Jahrhundert einer der politisch einflussreichsten in Schottland. Fontane ›forschte‹ gemeinsam mit Lepel lediglich in einem Douglas-Schloss ›umher‹, in Lochleven Castle (vgl. das gleichnamige Kapitel, S. 225–235). Er erwähnt aber zudem Tantallon und Douglas Castle.

VIII Fitzjames und Rhoderick Dhu] Protagonisten und Widersacher in Walter Scotts epischem Gedicht »The Lady of the Lake« von 1810 (vgl. dazu Fontanes Inhaltszusammenfassung S. 127–134 und den Kommentar, S. 416–418).

VIII Tweed] Der 156 km lange Tweed gilt als Grenzlinie zwischen dem englischen und dem schottischen Königreich. Dabei bildet er im Osten von Berwick bis Carham tatsächlich genau die Grenze, von Carham bis Gretna Green im Westen verläuft sie dann deutlich südlicher als der Tweed. Das Land jenseits des Tweed meint also Schottland.

VIII Moray-Busen] Der Nordsee-Meeresarm Moray Firth liegt im Nordosten Schottlands. An seinem inneren Ende befindet sich die Stadt Inverness, die den nördlichsten Punkt der Reise von Fontane und Lepel bildete.

VIII Edinburg-Castle] Burg in der schottischen Hauptstadt. In Fontanes Reisebuch findet sich konsequent die eingedeutschte Schreibung Edinburg. In seinen Briefen an den Verleger Julius Springer verwendet Fontane aber auch die englische Schreibung Edinburgh. Auch in der »Vossischen Zeitung«, in der die ersten Kapitel als Journalerstdrucke erscheinen (vgl. die Übersicht S. 318 f.), wird zumeist die Schreibung Edinburgh verwendet.

VIII Castell St. Elmo] Festung in Neapel, erbaut im 14. Jahrhundert.

I. Von London bis Edinburg

3 Altes Lied] Aus welchem Lied Fontane zitiert, ist nicht ermittelt, weder in der Sammlung von Thomas Percy noch in der von Walter Scott ist ein Gedicht mit diesen Versen enthalten. Auch das Gedicht »The Witch o' Inverness. A Legendary Tale« von Joseph Train von 1806 enthält keinen solchen Vers.

3 Nach Schottland also] Fontane war als Korrespondent im Auftrag der preußischen Regierung von 1855 bis 1859 in London tätig. Da sich im Sommer 1858 der Plan eines gemeinsamen Kuraufenthalts in Bad Salzbrunn zerschlagen hatte, reiste Lepel nach London, und man brach von dort aus am 9. August 1858 auf. Fontane notiert im Tagebuch: »Um 7 nach Kings Croß-Station. Nachtfahrt nach Edinburg.« (GBA-Tagebücher, Bd. 1, S. 342.) Die Freunde fuhren mit dem Nachtexpress um 20.30 Uhr ab und erreichten Edinburgh am nächsten Morgen um 7.50 Uhr; vgl. *Bradshaw's* 1858, S. 60 f.

3 Kings-Cross-Bahnhofes] Der Bahnhof wurde 1852 erbaut. Auf der hier beginnenden East Coast Main Line fuhren die Züge nach Schottland zum Endpunkt Waverley Station in Edinburgh.

3 vierzehn Jahre früher] 1844 reiste Fontane erstmals im Rahmen einer Pauschalreise (25. Mai bis 10. Juni 1844) nach London (vgl.

dazu Muhs 1995). Sein Bericht über diese Reise wurde posthum unter dem Titel »Bilderbuch aus England« 1938 von Friedrich Fontane erstmals herausgegeben.

3 Ich war Soldat] Fontane leistete ab dem 1. April 1844 seinen Wehrdienst als sogenannter »Einjährig-Freiwilliger« beim Kaiser-Franz-Garde-Grenadier-Regiment Nr. 2 in Berlin ab, bei dem auch Lepel als Offizier in Dienst stand, der Fontanes Vorgesetzter wurde. Der Wehrdienst wurde auf ein Jahr verkürzt, wenn man ihn wie Fontane freiwillig antrat.

3 Königswache] Die Königswache oder Neue Wache Unter den Linden war als Hauptwache für das gegenüberliegende Königliche Palais zwischen 1816 und 1818 von Friedrich Schinkel errichtet worden.

3 Volontair-Wachen] Fontane spielt hier auf die Freiwilligkeit seines Dienstes an. Vgl. Anm. zu S. 3 »Ich war Soldat«.

3 Dreikart] Beliebtes Kartenspiel.

3 ein Freund] Hermann Scherz, ein Neuruppiner Kindheitsfreund Fontanes. Er stammte aus einer wohlhabenden Familie und konnte es sich leisten, den Freund zu einer Reise nach London einzuladen. Vgl. dazu auch Fontanes spätere Schilderungen desselben Vorfalls und der Reise in seiner Autobiographie »Von Zwanzig bis Dreißig« (1898) im Kapitel »Bei ›Kaiser Franz‹« (GBA-Autobiogr. Werk, Bd. 3, S. 142–158; mit Kommentar S. 637–651).

3 beatus ille] Beatus ille, qui procul negotiis (lat.): Glücklich ist der, der fern von Geschäften ist. Gernzitierter erster Vers aus dem zweiten Gedicht der »Epoden« des Horaz.

3 Grenadier] Ende des 17. Jahrhunderts zur Infanterie gehörige, auf den Umgang mit Granaten spezialisierte Soldaten. Auch später blieben die Grenadiereinheiten als Elitetruppen erhalten. Auch Fontane diente in einem Grenadier-Regiment.

4 der alte Müffling] Philipp Friedrich Carl Ferdinand Freiherr von Müffling war Gouverneur von Berlin und somit oberster Vorgesetzter Fontanes. Er hatte seine Dienstwohnung im Gouvernementsgebäude in der Oberwallstraße, vor dem Fontane in seiner Schilderung steht.

4 halb Ersparungs- halb Beobachtungshalber] Ein Zugticket erster Klasse kostete 73,60 Shilling, in der zweiten 53 und in der dritten 30 Shilling. Für den Expresszug zahlte man 73,60 Shilling in der zweiten und 87 in der ersten Klasse.

5 die Brust gegeben] Die Tatsache, dass britische Frauen ungeniert öffentlich ihre Kinder stillten, findet in vielen deutschen Reiseberichten Erwähnung (u. a. bei Rellstab 1852, Bd. 1, S. 306, und Elze 1860, S. 4).

5 Dschumna [...] Pendschab] Der Yamuna (eingedeutscht Dschumna), Nebenfluss des Ganges; Punjab (eingedeutscht Pandschab) war 1849 bis 1947 eine Provinz in der Kronkolonie Britisch-Indien. Dort kam es zu kriegerischen Auseinandersetzungen der Einheimischen mit den britischen Kolonialherren, die sich 1857 im Sepoy-Aufstand Bahn brachen.

5 schottische Mütze] Fontane meint ein Balmoral- oder ein Glengarry-Bonnet. Beide Formen waren ursprünglich schottische Militärmützen. Oben auf der Mütze befindet sich häufig ein Pompon, bei der Glengarry zusätzlich am Rand ein farbiger Stoffstreifen, der im militärischen Gebrauch Schlüsse auf die Einheit zuließ, zu der ein Soldat gehörte. Bei beiden Formen sind hinten an der Mütze lange Stoffbänder angenäht, die Fontane in einigen seiner Romane im Winde flattern lässt. (Ebba Rosenberg trägt im 25. Kapitel von »Unwiederbringlich« eine solche Mütze; GBA-Erz. Werk, Bd. 13, S. 218.) Fontane kannte diese schottischen Mützen bereits aus Swinemünde, dort trugen die älteren Jungen sie; vgl. »Entstehungsgeschichte«, S. 265.

5 Plaids] (Scots) Wolltuch oder Decke. Plaids kamen im späten 16. Jahrhundert auf und gehörten neben dem Kilt zur traditionellen Bekleidung eines Hochländers. Sie wurden als Ersatz für einen Mantel vom Träger umgewickelt und konnten unter freiem Himmel auch als Decke zum Schlafen dienen. Im 19. Jahrhundert waren sie oft passend zum Kilt kariert. Als praktische Reisedecke, Schal und Überwurf nutzte auch Fontane einen Plaid.

5 15 deutsche Meilen] Vermutlich bezieht Fontane sich auf die deutsche Landmeile oder preußische Meile; diese maß 7,53 km. Die Entfernung zwischen London und Peterborough beträgt 120 km Luftlinie.

6 40 engl. Meilen] Eine englische Meile beträgt 1,6 km. Der Zug fuhr also nach Fontanes Schätzung ungefähr 64 Stundenkilometer.

6 York, York] Dort hielt der Zug um 1.45 Uhr nachts; vgl. Bradshaw's 1858, S. 61.

6 Doms] Das York Minster ist eine der größten mittelalterlichen Kirchen in Großbritannien, es gilt aufgrund seiner Größe als architektonisches Meisterwerk und war deshalb Ziel vieler Touristen. Fanny Lewald unterbrach ihre Reise in York, um das Münster zu besuchen, das sie als »schönste Kirche von England« bezeichnet (Lewald 1851/52, Bd. 2, S. 170).

6 Percy] Thomas Percy, 7th Earl of Northumberland, wurde 1572 wegen Hochverrats auf dem Marktplatz von York enthauptet, weil er sich für die freie Ausübung der katholischen Religion in England ausgesprochen, die unzufriedenen katholischen Adligen in

Nordengland gegen Elizabeth I. aufgewiegelt und sich für die Freilassung und Inthronisierung der in England gefangenen Maria Stuart eingesetzt hatte.

6 Berwick] Grenzstadt am Tweed, die u.a. wegen ihres Hafens von besonderer strategischer Bedeutung in den englisch-schottischen Grenzkriegen war. Sie verfügte über ausgedehnte Befestigungsanlagen, da sie 200 Jahre lang Streitobjekt zwischen den Königreichen England und Schottland war und zahllose Belagerungen erlebte. Insgesamt wechselte sie dreizehnmal die Zugehörigkeit zwischen beiden Reichen. Seit 1482 gehört sie zu England.

6 Wartthurm] Teile der alten Befestigungsanlagen aus elisabethanischer Zeit sind noch erhalten, vor allem die Wälle und Stadtmauern. Der achteckige Bell Tower, den Fontane beschreibt, wurde 1577 als Wach- und Glockenturm erbaut. Auf seinem Fundament stand aber schon im Mittelalter (ab 1392) ein Gebäude.

6 Tweed *[...]* Grenzfluß] Vgl. Anm. zu S. VIII »Tweed«.

7 deutsche Meer] »German Sea«, schottische Bezeichnung für die Nordsee. Damit wird die enge Handelsverbindung zwischen Schottland und Norddeutschland zum Ausdruck gebracht.

7 chaussirte Wege] Aufgeschüttete erhöhte und mit zerkleinerten Steinen und Kies belegte Fahrstraßen.

7 10 Stock] In vielen Reiseberichten findet die Geschosszahl der Edinburgher Häuser Erwähnung, die für deutsche Verhältnisse sehr hoch war. Lewald etwa spricht von »bis zu vierzehn Stock« hohen Häusern (Lewald 1851/52, Bd. 2, S. 210), Ullrich hingegen nennt acht bis zehn Stockwerke (Ullrich 1858c). Besonders fällt den Reisenden auf, dass die Häuser aufgrund der Hanglage auf der Bergseite weniger Geschosse haben als auf der Talseite: »[...] daß die an den Abhängen sich entlang ziehenden Häuserreihen nach der Thalseite hin oft eine Höhe von 7–8 Stockwerken erreichen (was von 12–13 Stock hohen Häusern hin und wieder erzählt wird, ist Uebertreibung), während sie nach der Bergseite zu nur 3–4 Stock zählen.« (Elze 1860, S. 10.) Tatsächlich »eight, ten or 12 storeys were not uncommon« (Coghill 2010, S. 44), was allerdings zu sehr beengten Wohnverhältnissen führte, die sich bei ansteckenden Krankheiten oder Bränden als fatal erwiesen. Chambers schreibt, das höchste Haus habe womöglich fünfzehn Stockwerke gehabt, nach dem großen Stadtbrand von 1700 aber seien Häuser mit mehr als zwölf Stockwerken abgerissen worden (Chambers 1847, S. 103).

II. Johnstons Hotel. Erster Gang in die Stadt

7 Cabkutschers] Cab (Kurzform für Cabriolet) bezeichnet ein kleines einspänniges, zweirädriges Fuhrwerk mit hochklappbarem Verdeck. Es war das übliche Leih-Transportmittel für Menschen ohne eigene Kutsche.

8 diskretionäre Gewalt] (engl. descretionary power) Entscheidungsgewalt. Einer von vielen Anglizismen Fontanes.

8 Johnstons Hotel, Waterloo-Place *[…]* Commercial and Temperance Hotels] Fontane wohnte in Johnston's Family & Commercial Temperance Hotel, 20 Waterloo Place (vgl. den Werbeanhang in Black's Picturesque 1857, S. 31; Post-Office Edinburgh and Leith Directory 1857, S. 136, und den Tagebucheintrag vom 10. August 1858; in den Hotelempfehlungen des Reiseführers wird es fälschlich mit Hausnummer 17 und dem Namen Johnstone's angegeben; vgl. Black's Picturesque 1857, S. 2). Die britische Temperanzbewegung, die den Genuss von Alkohol verbieten wollte, um besonders in den unteren Schichten ein sittlicheres Verhalten und eine Verbesserung der sozialen Lage herbeizuführen, begann 1829 in Schottland und Irland. 1833 wurde das erste Temperanzhotel in Preston eröffnet.

8 Notorität] (engl. notoriety) Eigentlich Notorietät; allgemeine Bekanntheit.

8f. altmodischen Bettstände *[…]* Häuptlinge von Geschlecht] Johnstons Hotel wirbt in seiner Anzeige damit, dass es »elegantly furnished« sei (Werbeanhang im Black's Picturesque 1857, S. 31). In J^2 heißt es an dieser Stelle: »wie aufgemachte Paradebetten«. In der Buchausgabe verändert Fontane das zu: »wie in alten Schlössern aufgekaufte Paradebetten«. Er deutet also an, der Hotelbesitzer habe seine altertümlichen Möbel möglicherweise aus einem heruntergekommenen Schloss bezogen. Fontane spielt damit auf den morbiden Charme der Möbel an, denn auf Paradebetten (zumeist mit schwarzen Tüchern überspannt) wurden hochgestellte Personen nach ihrem Tod öffentlich aufgebahrt.

9 Fettbrodem] Fetthaltige Küchendünste.

9 Dundee-Marmelade] Die Orangenmarmelade war angeblich von einer Hausfrau in Dundee kreiert worden. 1797 eröffnete in der Stadt eine Marmeladen-Fabrik, die im großen Stil Orangenmarmelade industriell herstellte.

9 Fremdenbuchs] Die Gäste von Hotels mussten ihren Namen und ihre Adresse in ein Gästebuch eintragen. Anhand dieser Bücher wurden dann auch die Rubriken der Zeitungen gefüllt, die die Ankunft neuer Gäste in einer Stadt vermeldeten.

9 spanischen Krieges […] Astorga] Napoleons Feldzug durch Spanien von 1807 bis 1814. Großbritannien kämpfte auf der Seite Spaniens gegen Napoleon. Im Januar 1809 fanden in Astorga Rückzugsgefechte der britischen Armee statt, die sich vor den Franzosen nach La Coruña zurückziehen wollte.

10 Neustadt] Nachdem die Edinburgher Altstadt zu klein geworden war, wurde am Reißbrett die Neustadt geplant und in mehreren Bauabschnitten zwischen 1767 und 1873 errichtet. Vor allem der reicheren Bevölkerung erschienen die Gebäude der Altstadt nicht mehr angemessen. Deswegen verfügte die Neustadt über breite Straßen und prächtige große Häuser, in die die reichen Edinburgher umzogen, während die Armen in der Altstadt zurückblieben. (Vgl. Fontanes Schilderungen der Zustände auf der High Street, S. 30.) So bildet sie das architektonische Gegenstück zur engen, gewachsenen Altstadt.

10 Monument Walter Scotts] Das Scott Monument wurde 1840 bis 1844 zu Ehren des 1832 verstorbenen schottischen Nationaldichters Walter Scott aus Spendengeldern im gotischen Stil erbaut und gilt als größtes Dichtermonument der Welt. Es ist 61 m hoch und mit 68 Statuen geschmückt, die Figuren aus Scotts Werk oder der schottischen Geschichte darstellen. Im Zentrum des Turms steht eine Marmorstatue Scotts.

10 Salisbury Craigs] Fontane wählt hier die eher ungewöhnliche schottische Schreibung »Craigs« (für crags, dt. Felsen). Die Crags sind Kliffs an der Südwestseite des Edinburgher Stadtberges Arthur's Seat.

11 jener Glücklichen einer] Lepel war mehrfach in Italien gewesen. Vgl. Anm. zu S. VIII »Erinnerung an schöne italische Tage«.

11 acht Stock] Vgl. Anm. zu S. 7 »10 Stock«.

11 silbergrauen Brautkrone] Der Kirchturm der St. Giles Cathedral hat eine auffallende Spitze aus Strebebögen in Form einer Krone. Der Turm, der in seiner heutigen Form seit 1648 über der Altstadt aufragt, ist ein Wahrzeichen der Stadt. Diese Kronenform findet sich nur bei wenigen mittelalterlichen Kirchen in England und Schottland.

12 Hornsignale] Da militärische Truppen in der Burg von Edinburgh stationiert waren, wurden Hornsignale etwa beim Wachwechsel oder Zapfenstreich gegeben.

III. Holyrood-Palace

13 seltsamen Steinackers */…/* begraben hat] Fontane betrachtet hier die Reste der Trinity College Church, die dem Ausbau der Waverley Station weichen musste (vgl. dazu auch Black's Edinburgh 1851, S. 69). Eigentlich sollten die Kirche und ein dazugehöriges Hospital, die 1848 abgerissen worden waren, nur vorübergehend am Calton Hill gelagert und anderswo wieder aufgebaut werden. Als Fontane die Überreste sah, herrschten aber Geldmangel und Vertragsstreitigkeiten, und die Edinburgher hatten sich bereits großzügig bei den Steinen bedient, so dass 1872 nur noch wenige Teile der Kirche wiederaufgebaut werden konnten (vgl. Gifford/McWilliam/Walker 2003, S. 170 f.; Coghill 2010, S. 133 bis 136).

14 Badehaus der Maria Stuart] Das Gebäude wurde im 16. Jahrhundert errichtet und war vermutlich kein Badehaus, sondern ein Lust- oder Sommerhaus, das Bestandteil einer Gartenmauer im Park von Holyrood war. Vgl. zur zeitgenössischen Beurteilung des Gebäudes auch Black's Picturesque 1857, S. 54 f. und die Abbildung dort.

15 um 1150 */…/* 350 Jahre später] Mittelalterlichen Legenden zufolge baute David I. um 1130 (das Jahr 1128 hätte Fontane seinem Reiseführer entnehmen können, Black's Picturesque 1857, S. 56) die Abtei für die Augustinermönche an der Stelle, an der er einen Hirsch mit einem leuchtenden Kreuz zwischen dem Geweih gesehen hatte, und gab ihr deswegen den Namen Holyrood (dt. heiliges Kreuz). Zwischen 1195 und 1230 wurden weitläufige Klostergebäude angebaut, deren Gästehaus James IV. um 1500 zu einem Palast umbauen ließ, so dass Abtei und Palast unmittelbar aneinander anschlossen.

15 Dach ist eingestürzt */…/* Neubauten des Palastes] 1569 wurden große Teile der baufälligen Abtei abgerissen. Zwischen 1671 und 1679 wurde der Palast von dem Architekten William Bruce vierflügelig ausgebaut. 1768 stürzte ein zehn Jahre zuvor über der alten Abtei neuerrichtetes Dach bei einem Sturm aufgrund von Baumängeln ein und wurde auch nicht wieder ersetzt.

15 pietät- und kenntnißlosen Architekten] John Douglas of Pinkerton hatte auch das eingestürzte Dach zu verantworten.

16 manchen berühmten Namen] Fontanes Reiseführer nennt David II., James II., James V., seine Frau Madeleine de France und Henry Lord Darnley (Black's Picturesque 1857, S. 56). Diese Namen erwähnt auch Ullrich in seiner Feuilletonserie, die Fontane bekannt war.

16 segenslose Ehe] Am 29. Juli 1565 heiratete Maria Stuart ihren Cousin Henry Stuart, Lord Darnley, in der Kapelle von Holyrood. Der sportliche, gutaussehende Darnley erwies sich allerdings bereits kurz nach der Heirat als falsche Wahl: Er war arrogant, häufig betrunken und dann gewalttätig, berüchtigt für seine Exzesse in Bordellen und litt unter Syphilis. Die Königin weigerte sich, ihm die Crown Matrimonial zuzugestehen, die ihn zu einem ihr gleichgestellten König gemacht hätte. Darnley unterstellte seiner Frau schließlich eine Affäre mit ihrem Privatsekretär David Rizzio und unterstützte dessen Ermordung. Obwohl Darnley nach der Tat seine Beteiligung abstritt, vertraute Maria ihm hinfort nicht mehr. Dass Darnley auch nach der Geburt des Sohnes weiter hartnäckig darauf bestand, die Crown Matrimonial zu erhalten, blieb ein Streitpunkt zwischen den Eheleuten und verhinderte eine Versöhnung. Am 9. Februar 1567 wurde er ermordet. Die Annahme, Maria habe von der Verschwörung gegen ihn gewusst, und die Tatsache, dass sie den vermeintlichen Mörder Bothwell heiratete, führte schließlich zu ihrer Absetzung.

16 schwarzes Kleid] Dass Maria Stuart in ihrem Witwenkleid geheiratet habe, erzählt auch Lewald, deren Reisebericht Fontane kannte (Lewald 1851/52, Bd. 2, S. 365; Kittelmann 2010a und b). Maria Stuart wurde von ihrer Mutter 1548 nach Frankreich geschickt, um die erst fünfjährige Königin vor den politischen Ränkeschmieden in Schottland und England in Sicherheit zu bringen. Die Mutter einigte sich mit dem französischen König darauf, dass Maria die Frau des Thronfolgers werden sollte. Sie wurde also gemeinsam mit François II. erzogen. 1558 heirateten sie und bestiegen 1559 den Thron. Maria war nun Königin von Frankreich und Schottland und erhob auch Anspruch auf den englischen Thron. Als François 1560 starb, kehrte sie ein Jahr später nach Schottland zurück. Bei der Hochzeit mit Darnley trug sie ihr schwarzes Kleid mit weißer Trauerhaube, um zu signalisieren, dass sie sich dem Willen des Volkes beuge, erneut zu heiraten und für einen Thronfolger zu sorgen. Bei der Hochzeit mit François hatte Maria ein schneeweißes Kleid getragen und damit in Frankreich einen Skandal ausgelöst, weil dort Weiß als die Farbe der Trauer galt; vgl. Marshall 1986, S. 41.

16 Queen's Apartments *[…]* Queen Victoria] Charles II. hatte 1660 begonnen, den Palace of Holyroodhouse nach seinen Wünschen umbauen zu lassen; dazu gehörte auch die Einrichtung neuer Staatsgemächer im ersten Stockwerk des Gebäudes. Die neuen Räume der Königin lagen im westlichen Teil des Schlosses, die des Königs im Süden und Osten. Eine Galerie auf der Nordseite ver-

band beide Flügel und wurde mit den Porträts aller schottischen Könige ausgestattet. Nach dem Tod des Königs verfiel der Flügel mit seinen Zimmern, und es wurde hauptsächlich der Westflügel mit den Queen's Apartments bewohnt. Queen Victoria besuchte erstmals 1850 den Palast. Er gefiel ihr so gut, dass sie sich gern dort aufhielt und umfangreiche Renovierungen vornehmen ließ, darunter auch die der State Apartments im ersten Stock. Sie selbst bewohnte ab 1871 Räume im Stockwerk darüber. Sie war es auch, die anordnete, dass die ehemaligen Wohnräume Maria Stuarts im Nordwestturm der Öffentlichkeit zugänglich gemacht wurden, was ab 1852 der Fall war. Victoria war seit langer Zeit die erste Königin, die sich wieder regelmäßig in Holyrood aufhielt. 1886 wohnte sie das letzte Mal dort; vgl. dazu Clarke 2010, S. 23–25.

16 Balmoral] Queen Victoria bereiste 1842, 1844 und 1847 begeistert den Norden ihres Königreiches und mietete anlässlich weiterer Aufenthalte 1848 Schloss Balmoral, das ihr Mann 1852 kaufte. Gleich danach wurde ein neues Schloss nach den Bedürfnissen des königlichen Paares erbaut und das alte Schloss abgerissen. Das Paar reiste oft dorthin, da Prince Albert den Landsitz als Jagdrevier schätzte. Vor allem Victoria fühlte sich dort fern von London sehr wohl (davon zeugt auch ihr Reisebuch »Leaves from the Journal of Our Life in the Highlands« von 1868) und löste eine allgemeine Begeisterung für Schottland und die Hochlandkultur aus (»Balmoralisation«).

17 Zitz] Feiner Kattunstoff aus Baumwollgewebe in Leinwandbindung.

17 Ottomanen] Sofa nach türkischer Art ohne Füße, ohne oder mit nur niedriger Rückenlehne und zwei zylinderförmigen Seitenlehnen.

17 Rizzio] David Rizzio (auch: Riccio), italienischer Musiker, der 1561 an den Hof der schottischen Königin Maria Stuart kam. Er fiel ihr auf, weil er ein guter Lautenspieler und herausragender Sänger war. Die aufgrund ihrer französischen Erziehung kulturell sehr interessierte Königin erkannte seine Talente und nahm ihn, der passabel Französisch sprach, als Bass unter ihre französischen Sänger auf. Die Begeisterung für Musik und Kultur (Rizzio dichtete auch Lieder) verband beide. 1564 wurde er ihr gutbezahlter Privatsekretär und enger Vertrauter. Er war für ihre Korrespondenz mit dem Papst in Rom und mit Frankreich verantwortlich und somit in ihre diesbezüglichen Bestrebungen eingeweiht. Die enge Beziehung zur Königin, der Ehrgeiz Rizzios und die Tatsache, dass er wie sie katholischen Glaubens war, führten dazu, dass die protestantischen Lords ihn für zu einflussreich hielten und

beschlossen, sich seiner zu entledigen. Sie unterstellten der Königin eine ehebrecherische Affäre mit Rizzio und zogen auf diese Weise ihren misstrauischen Ehemann Lord Darnley auf ihre Seite. Mit seiner Zustimmung und unter seiner Mithilfe brachten sie Rizzio am 9. März 1566 nahezu vor den Augen der Königin in Holyrood mit 56 Messerstichen um. Maria hing lebenslang der Vorwurf des Ehebruchs mit Rizzio an. Heute nehmen Forscher an, dass er nicht stattgefunden hat, sondern Rizzio tatsächlich nur ein enger Vertrauter war.

17 Die Räumlichkeiten] Die historischen Königsgemächer befinden sich, wie Fontane beschreibt, im Nordwestturm, den James V. 1528 bis 1532 an den Palast anbauen ließ, um mehr Platz und größere Sicherheit für seine eigenen Wohnräume zu erhalten. Die Zimmer des Königs befanden sich im ersten Stock. In diese Räume zog Henry Stewart, Lord Darnley, ein, während die Königin Maria Stuart von 1561 bis 1567 die Räume darüber nutzte, in denen zuvor ihre Mutter gewohnt hatte. Auf beiden Etagen gibt es jeweils einen Vorraum (Outer Chamber), in dem Audienzen stattfanden. Dahinter folgte das Schlafzimmer und in den daran angebauten Turmzimmerchen jeweils ein weiteres kleines Kabinett. Dieser Turm ist der älteste heute noch erhaltene Teil des Palastes. Wie Fontane schreibt, wurden Touristen zunächst durch die Bildergalerie, dann durch die Zimmer, die Darnley bewohnt hatte und die zu diesem Zweck um 1850 geräumt wurden, und schließlich in Marias Zimmer geführt. Unter der Woche war ein Sixpence Eintritt zu zahlen, samstags war der Eintritt frei (Black's Picturesque 1857, S. 51).

17 »vier Marien«] Fontane bezieht seine Kenntnisse aus Scotts Anmerkungen zur Ballade »The Queen's Marie« (Scott–Minstrelsy, Bd. 2, S. 172 f.). Bereits 1854 hatte er, angeregt von Scotts »Minstrelsy«, selbst eine Ballade über eine der vier Marien, die bei ihm den Namen »Marie Duchatel« trägt, verfasst. Marie war zugleich die schottische Bezeichnung für die Brautjungfern einer Königin (vgl. Marshall 1986, S. 27).

17 Mary Fleming *[…]* Mary Seaton] Korrekt: Mary Seton. Marie de Guise hatte diese vier Kammerjungfern für ihre Tochter ausgewählt und dabei auf den französischen Familienhintergrund geachtet, den nur Mary Fleming nicht aufzuweisen hatte. Mary Seton heiratete als einzige nicht und blieb ihrer Herrin bis zu deren Tod treu.

17 Gefangenschaft in Schloß Lochleven] Vom 17. Juni 1567 bis zum 2. Mai 1568 wurde Maria von den protestantischen Lords, die ihre Heirat mit Bothwell verurteilten, in einem Schloss inmitten des

Loch Leven gefangen gehalten. Vgl. dazu das Kapitel »Lochleven-Castle« (S. 225–235, Kommentar S. 472–478).

18 »Maria Hamilton«] Die Ballade findet sich unter dem Titel »The Queen's Marie« in Scotts »Minstrelsy« und gehört dort zur Rubrik der »Romantic Ballads«. Sie existierte in verschiedenen Varianten (auch unter dem Titel »The Fower Marys«, also »Die vier Marien«; Scott–Minstrelsy, Bd. 2, S. 163–173) seit dem 16. Jahrhundert. Die darin erzählte Geschichte beruht auf Fiktion und ist keiner der vier Marys Maria Stuarts nachzuweisen. Wahrscheinlich wurden im Laufe der Überlieferung verschiedene Balladen und Ereignisse zu einem neuen Text amalgamiert.

18 hundert und zehn Portraits] Die Great Gallery im Nordflügel des Schlosses enthielt ursprünglich 110 Porträts tatsächlicher und sagenhafter schottischer Könige – von Fergus I. bis zu Charles II., der die Serie in Auftrag gab. Sie entstand zwischen 1684 und 1686. Die Bilder, die Fontane als belanglos und austauschbar abtut, sollten im neugebauten Palast die lange Dynastie der Stuarts veranschaulichen und auf diese Weise ein politisches Signal geben; vgl. Clarke 2010, S. 49 f.

18 Jakob de Witt, ein Vlamänder] Jacob Jacobsz de Wet II. – geboren in Haarlem (Holland) und nicht, wie Fontane annimmt, in Flandern – kam 1673 nach Schottland. Der Architekt, Sir William Bruce, der für den Neubau des Palace of Holyroodhouse unter Charles II. (vgl. Anm. zu S. 16 »Queen's Apartments *[…]* Queen Victoria«) verantwortlich war, hatte ihn beauftragt, einige historische Gemälde anzufertigen. De Wet wurde von einer Kommission, zu der auch der zukünftige König James VII. gehörte, beauftragt, zudem eine Serie von Porträts aller schottischen Könige zu malen. Als Charles II. 1685 starb, wurde de Wet gebeten, für 30 Pfund zusätzlich noch ein Bild von James VII. zu malen. Deswegen waren es nicht 110, sondern 111 Porträts; vgl. Clarke 2010, S. 50.

18 Der Contract] Der Kontrakt ist abgedruckt in: Bannatyne Miscellany 1855, S. 329–332. Den Bannatyne Club hatte Walter Scott 1823 gegründet. Woher Fontane den Text des Vertrags kannte, ist nicht ermittelt.

18 120 Lstr.] 120 Pfund Sterling.

18 Stuart-Aufstandes] 1745 beschloss Charles Edward Stuart (vgl. Anm. zu S. 18 »Prätendent oder ›Prinz Charlie‹«), unter den schottischen Adligen einen Aufstand gegen das Haus Hannover anzuzetteln, das Großbritannien regierte. Da die Regierungstruppen im Krieg gegen Frankreich auf dem Kontinent eingesetzt waren, hoffte er, auf wenig Widerstand zu stoßen. 1746 besiegte er die

Regierungstruppen bei Falkirk. Daraufhin zerstörten die englischen Soldaten unter General Hawley nicht nur die Räume, in denen Bonnie Prince Charlie in Holyrood gewohnt hatte, sondern auch zahllose der Stuart-Porträts, um sich für die Niederlage zu rächen, die der Stuart'sche Thronerbe ihnen beigebracht hatte. Besonders das Porträt der einzigen Königin, Maria Stuart, wurde stark beschädigt; vgl. Clarke 2010, S. 50.

18 wieder zu restauriren] Nachdem die Restauration abgeschlossen war, wurden die Porträts ab 1826 wieder ausgestellt.

18 Prätendent oder »Prinz Charlie«] Charles Edward Stuart (Bonnie Prince Charlie oder The Young Pretender), Sohn des im Exil lebenden Kronprätendenten James Francis Edward Stuart. Dieser war ein Sohn James VII. und erhob daher Anspruch auf den Thron von England, Schottland, Frankreich und Irland – so wie nach seinem Tod sein Sohn. Da Vater und Sohn aber zum katholischen Zweig der Familie gehörten, verhinderten die britischen Protestanten die Thronbesteigung. Bonnie Prince Charlie führte 1745/46 die schottischen Clans in den Kampf gegen König George II. Nach ersten Erfolgen unterlag er in der Schlacht von Culloden und kehrte nach abenteuerlicher Flucht nie wieder nach Schottland zurück. Seine Fähigkeit, die schottischen Clans unter seiner Fahne zu versammeln, seine jugendliche Begeisterung und Ausstrahlung machten ihn für die Schotten zu einer fast mythischen Gestalt.

18 einen prächtigen Ball] Fontane bezieht sich auf das Kapitel »The Ball« in Walter Scotts Roman »Waverley or 'Tis Sixty Years Since« (1814), in dem das Ereignis allerdings in nur wenigen Zeilen beschrieben wird. Fontane erweckt bei seinen Lesern den Eindruck, als handele es sich bei Fergus und Flora MacIvor sowie bei Bradwardine und seiner Tochter um reale historische Gestalten wie etwa Bonnie Prince Charlie. Scott hat sie aber keineswegs, wie Fontane schreibt, »der Vergessenheit entrissen«, sondern sie sind vielmehr seine Erfindung; vgl. dazu Scott–Waverley, S. 516 f.

19 Zimmer Lord Darnley's] Vgl. Anm. zu S. 17 »Die Räumlichkeiten«.

19 halbversteckten Treppenthurm] Dieses Nebentreppenhaus bildete die private Verbindung zwischen den königlichen Wohnräumen im ersten und zweiten Stock und führte direkt vom Schlafzimmer Darnleys zu dem der Königin. Von offiziellen Besuchern wurde die Treppe benutzt, die zum Vorzimmer der königlichen Wohnräume führte. Vor dieser Treppe ließen die Verschwörer, die selbst über die Nebentreppe gekommen waren, die Leiche Rizzios liegen.

19 9. März] Am 9. März 1566 wurde David Rizzio von den Verschwörern um Lord Darnley ermordet. Vgl. Anm. zu S. 16 »segenslose Ehe« und S. 17 »Rizzio«.

19 vergeblich] Fanny Lewald konnte acht Jahre zuvor noch durch genau dieses Treppenhaus und die Tür gehen (Lewald 1851/52, Bd. 2, S. 213), die 1858 offenbar verschlossen war. Heute ist sie wieder geöffnet.

19 Lord Ruthven und seine Leute] Zu den protestantischen Verschwörern, die Lord Darnley gegen Rizzio aufgehetzt hatten, gehörten u. a. Patrick Ruthven, 3rd Lord Ruthven, Patrick Lindsay, 6th Lord Lindsay, und James Douglas, 4th Earl of Morton. Alle drei spielten eine zentrale Rolle bei der Ermordung David Rizzios. Darnley hatte zudem weitere Unterstützer unter den protestantischen Lords, die von den Vorgängen wussten und sie billigten.

20 vier Räume von verschiedener Größe] Der größte Raum war das Audienzzimmer (Outer Chamber), an das sich das Schlafzimmer (Bedchamber) anschloss, im Nordturm war das kleine Speisezimmer (Supper Room) untergebracht, im Südturm ein Ankleidezimmer (Dressing Room).

20 Audienz-Zimmer] Dort empfing Maria Stuart ihre Gäste, darunter, wie Fontane schildert, auch John Knox.

20 Staatsbett *[…]* Karl I. bei seinem letzten Besuche] Dieses Bett, dessen Himmel aus rotem und goldenem Samt besteht, wurde 1682 für den Duke of Hamilton, der das Schloss im Auftrag der Krone verwaltete, gebaut. Ende des 18. Jahrhunderts wurde das Bett aus den ehemaligen Räumen des Duke in das Audienzzimmer Maria Stuarts gebracht und von den Museumsführern als Bett Charles I. ausgegeben, so wie Fontane berichtet. Als man in den 1860er Jahren die Zimmer Lord Darnleys renovierte, wurde das Bett dort aufgestellt; vgl. Clarke 2010, S. 54.

20 Hundert Jahre später] 1745 haben Bonnie Prince Charlie und danach sein Gegner Cumberland in dem heute sogenannten ›Darnley-Bett‹ geschlafen.

20 Siege von Preston-Pans] In der ersten großen Schlacht der Jakobiten gegen die Regierungsarmee bei Prestonpans erfocht Charles Edward Stuart am 21. September 1745 einen überlegenen Sieg. In zehn Minuten schlugen die 1400 Highlander die zahlenmäßig deutlich überlegenen Regierungstruppen in die Flucht.

20 Herzog von Cumberland] William Augustus Duke of Cumberland war Heerführer der britisch-hannoverschen Truppen. Am 16. April 1746 besiegte er in der Schlacht von Culloden die Jakobiten. Charles Edward Stuart musste fliehen, damit war der letzte Jakobiten-Aufstand beendet.

20 Bivouac] (Frz.) Militärnachtlager unter freiem Himmel.

20 Begegnungen zwischen John Knox und der Königin] Der schottische Reformator John Knox hatte mit Blick auf alle katholischen Herrscherinnen in Europa – vor allem aber auf Marie de Guise und ihre Tochter Maria Stuart – seine Hetzschrift »The first blast of the Trumpet against the monstrous regiment of women« veröffentlicht. Bereits kurz nach Maria Stuarts Rückkehr nach Schottland 1561 begann er, in öffentlichen Predigten gegen die Königin zu wettern, die an ihrem Hof katholische Messen abhalten ließ. In der Folge kam es zu fünf Gesprächen, zu denen die Königin den Reformator einbestellte, um ihn zur Rede zu stellen. Von ihnen berichtet Knox im vierten Band seiner »History of the Reformation in Scotland«.

20 Genfer Käppchen] Die schwarze ›Reformatorenmütze‹, die etwa Zwingli, Luther und in der Folge auch Calvin und Knox trugen. Während seines Exils traf John Knox 1554 Johannes Calvin in Genf, wo er ein Jahr später auf eine Pfarrstelle berufen wurde. Knox wurde sein Anhänger und Wegbereiter der calvinistischen Reformation in Schottland.

20 »Was *[…]* Gemeinschaft.«] Fontane zitiert hier das Gespräch zwischen der Königin und Knox so, wie dieser es in seiner »History of the Reformation in Scotland« schildert (Knox 1848, S. 388).

20 hundert Kleinigkeiten] Diese Nähutensilien und Stickarbeiten Maria Stuarts erwähnt auch Fanny Lewald in ihrem Bericht (Lewald 1851/52, Bd. 2, S. 214 f.). Von einer Stickerei Elizabeths, die dort zu sehen war, ist weder in Reiseführern noch in anderen Reiseberichten die Rede. Beide Königinnen stickten, Maria Stuart besonders gern und sehr gut. Einige Arbeiten, u. a. eine, die sie während der Gefangenschaft in Lochleven anfertigte, sind bis heute erhalten.

21 Bett mit seinen Scharlachbehängen] Tatsächlich gehörte dieses Bett nicht Maria Stuart, sondern war um 1680 für den Duke of Hamilton gefertigt worden, der das Schloss verwaltete und bewohnte. Man hatte es Ende des 18. Jahrhunderts in Marias Zimmer herübergetragen, um den Besuchern, die ab Mitte des 18. Jahrhunderts zunehmend herbeiströmten und Marias Räume besichtigen wollten, etwas bieten zu können. »Many of the Duke of Hamilton's unwanted items of furniture had been placed in the second-floor rooms and these pieces gradually came to be passed off to visitors as Mary, Queen of Scots' own possesions.« (Clarke 2010, S. 57; vgl. auch ebd., S. 19 und 47.) Dieses Staatsbett ist daher auf vielen Gemälden und Zeichnungen von Marias Schlafzimmer aus dem 19. Jahrhundert abgebildet, so auch auf der Zeichnung

Lepels. Erst in den 1970er Jahren entschied man sich, die Räume wieder originalgetreu einzurichten. Auch Fontane hatte im Rückblick Zweifel an der Echtheit des Bettes; vgl. GBA-Wanderungen, Bd. 6, S. 40.

21 Gobelin's *[…]* Fall des Phaëton] Die beschriebenen Gobelins hingen zu Maria Stuarts Zeit nicht in dem Raum, denn keiner der Wandteppiche aus ihrer Zeit ist erhalten (vgl. Clarke 2010, S. 41). Die gezeigten Teppiche (Apollo und Phaeton, Der Fall des Phaeton, Die Schwestern Phaetons und Clymene und Phaeton) sind Mitte/Ende des 17. Jahrhunderts in Antwerpen gefertigt worden, also gut hundert Jahre nach Maria Stuarts Tod.

21 dem Bothwell die Hand reichte *[…]* das stürzte sie] Am 15. Mai 1567 hatte Maria Stuart den ehrgeizigen James Hepburn, 4th Earl of Bothwell, geheiratet, der nicht davor zurückgeschreckt war, nach der Ermordung ihres Mannes die Königin zu entführen und sie zur Heirat zu zwingen. Dabei war Bothwell nach Darnleys Ermordung am 9. Februar 1567 offiziell angeklagt worden, daran beteiligt gewesen zu sein. Er wurde aus Mangel an Beweisen freigesprochen, aber weiterhin von der schottischen Bevölkerung für den Mörder gehalten. Indem Maria den vermeintlichen Mörder heiratete, bot sie ihren Gegnern einen Angriffspunkt für ihre Absetzung. Im Juni begann der Aufstand der Lords, der schließlich zu Marias Inhaftierung in Lochleven Castle und ihrer erzwungenen Abdankung führte.

21 Königin Elisabeth] Queen Elizabeth war Taufpatin von James VI.; sie reiste zwar zu den Festlichkeiten nicht an, übersandte aber eine goldene Taufschale für die Zeremonie.

21 späteren Jakob VI.] Nach Maria Stuarts erzwungener Abdankung am 24. Juli 1567 wurde James VI. zum schottischen König gekrönt, auch wenn aufgrund seiner Minderjährigkeit zunächst eine Regentschaft eingesetzt wurde. Erst 1583 übernahm er die volle Regierungsgewalt. Nach dem Tod Elizabeths 1603 wurde er auch König über England und Irland.

22 Hauskapelle] Maria Stuarts privater Gebetsraum fand sich in einer Nische, die an den Audienzraum anschloss. Aus dem Fenster hatte sie einen Blick auf den Westeingang der Abteikirche, die gleichfalls für Gottesdienste genutzt wurde.

22 Hier empfing Rizzio die ersten Dolchstiche] Vgl. u. a. die Schilderung der Vorfälle in Black's Picturesque 1857, S. 54 f., aber auch bei Raumer 1836, S. 100–115, und in Scotts »Tales of a Grandfather« (Scott-Tales, S. 113 f.). Nach welcher Quelle Fontane im Folgenden den Dialog zwischen den Verschwörern und der Königin wiedergibt, ist nicht ermittelt.

22 10 Fuß lang und 9 Fuß breit] Das entspricht einer Größe von 3 mal 2,70 m, also gut 8 m^2 (oder 90 Quadratfuß). Zeitgenössische Berichte von den Vorfällen geben die Größe des Raumes mit 12 Fuß im Quadrat an (also 144 Quadratfuß, was knapp 13 m^2 entspricht). Diese Maße finden sich in vielen Biographien Maria Stuarts, so auch in der von Friedrich Raumer, die Fontane kannte (Raumer 1836, S. 108).

22 9. März 1565] Korrekt: 1566. Vgl. Anm. zu S. 19 »9. März«.

22 sieben Personen] Aus welcher Quelle Fontane diese Angaben bezieht, ist nicht ermittelt. Die Hofdame, von der Fontane spricht, taucht in keinem anderen Bericht auf. Der Reiseführer nennt folgende sieben Personen: »the Countess of Argyle [Lady Jean Stewart, Marias Halbschwester; M. E.], the Commendator of Holyrood [d. i. Robert Stuart; M. E.], Beaton, Master of the Household [d. i. Robert Beaton, 4th Laird of Creich; M. E.], Arthur Erskine [of Blackgrange, Master of the Horse; M. E.], captain of the guard [John Stuart, 4th Laird of Traquair; M. E.]« sowie Rizzio und Maria (Black's Picturesque 1857, S. 54). Maria selbst schreibt in einem Brief an James Beaton, den Erzbischof von Glasgow, am 2. April 1566: »Upon the 9th day of March instant we being, at even about seven hours, in our cabinet at our supper, sociated with our sister the Countess of Argyll, our brother the Commendator of Halyrudhouse, Laird of Creich, Arthur Erskin, and certain others our domestick servitors« (Keith 1844, Bd. 2, S. 413). Sie berichtet auch von den 56 Dolchstichen. Lord Ruthven, der selbst einen Bericht über die Vorfälle gibt, nennt wiederum andere Namen. Von der Pistole, die Fontane erwähnt, ist in beiden Berichten nicht die Rede, wohl aber in Marias Brief vom 2. April an den französischen Gesandten, aus dem Raumer zitiert (Raumer 1836, S. 102). In Ruthvens Bericht taucht auch das Glas Wein auf, das er zur Stärkung nach dem Mord erbeten habe; vgl. Keith 1844, Bd. 3, S. 268 f.

22 Lord Ruthven] Vgl. Anm. zu S. 19 »Lord Ruthven und seine Leute«.

22 Kerr von Falkonside] Andrew Ker of Fawdonside gehörte gleichfalls zu den Verschwörern und heiratete 1574 die Witwe von John Knox.

22 George Douglas] Illegitimer Sohn von Archibald Douglas, 6th Earl of Angus. Cousin und Vertrauter Darnleys, der dessen Vermutungen über Maria und David Rizzio zu bestärken suchte, um den Cousin zum König zu machen und selbst davon zu profitieren.

22 »Es gilt /…/ heraus«] Nach welcher Quelle Fontane diesen Dialog wiedergibt, ist nach wie vor unbekannt, denn er findet sich in keinem der zeitgenössischen Berichte über die Vorfälle.

22 der Sänger] Rizzio war Sänger und Musiker. Vgl. Anm. zu S. 17 »Rizzio«.

22 sein Pistol] Ker of Fawdonside bedrohte Maria mit einer Pistole, um sie zur Herausgabe Rizzios zu zwingen, der sich hinter ihr versteckt hatte und sich an ihrem Kleid festklammerte. Maria musste den Angriff der Verschwörer auch als einen solchen auf ihre eigene Person begreifen, da sie im siebten Monat schwanger war und ihr Mann und seine Mitverschwörer sie einer solchen Bedrohung aussetzten. Besonders als die Mörder versuchten, Rizzio über ihre Schulter hinweg zu erstechen, musste Maria um ihre Gesundheit und das Leben ihres Kindes fürchten und machte Ruthven deshalb schwere Vorwürfe.

23 eine Woche später] Fontane spitzt die Ereignisse stark zu; tatsächlich ist Ruthven erst drei Monate später, am 13. Juni 1566, im englischen Exil gestorben. In Fontanes Schilderung rafft sich ein Todkranker von seinem Krankenbett auf, um die ihm vom Schicksal erteilte Aufgabe zu erfüllen, und stirbt folgerichtig, sobald er sie erledigt hat. Fontane verfälscht hier die historischen Ereignisse um der pointierteren Fiktion willen.

23 Blute Rizzio's *[...]* vielleicht das ächte] Viele Reisebuchverfasser aus dem 19. Jahrhundert berichten, dass man ihnen diesen Blutfleck gezeigt habe, und spekulieren darüber, ob er echt sei oder ob man ihn nicht vielmehr regelmäßig auffrische, was die Bediensteten, die Besucher durch die Räume führten, immer lebhaft abstritten. In seinen »Tales of a Grandfather« schreibt Scott darüber: »[...] the floor near the head of the stair bears visible marks of the blood of the unhappy Rizzio.« Auch er verbreitet also den Mythos, es handle sich um das echte Blut (Scott–Tales, S. 114; vgl. auch die Diskussion zu Beginn der zweiten Serie von Scotts »Chronicles of the Canongate«; Scott–Maid, S. 7).

23 Lady Macbeth] In Shakespeares Stück hilft die ehrgeizige Lady Macbeth ihrem Mann, König Duncan zu ermorden, indem sie seinen Dienern einen Schlaftrank gibt, die Mordwaffe bereitlegt und sie nach dem Mord zwei königlichen Kammerdienern unterschiebt. Nach der Tat waschen die Eheleute ihre blutigen Hände. Im Bewusstsein ihrer Schuld am Königsmord entwickelt Lady Macbeth einen Waschzwang, weil sie ihre Hände noch immer mit Blut beschmutzt sieht, das sie nicht abwaschen zu können glaubt. Sie verliert darüber den Verstand und begeht Selbstmord. Eine ähnliche Assoziation schildert Fontane auch schon bei der Besichtigung des Bloody Tower in »Ein Sommer in London«: »Der Blutgeruch haftet hier, wie an den weißen Händen der Lady Macbeth.« (Fontane–Sommer, S. 136.)

IV. Von Holyrood bis Edinburg-Castle

23 Chorherren (Canon's)] Der Namensteil -gate kommt von Scots gait für Weg. Canongate ist also der Weg der Chorherren. David I. hatte die Abtei von Holyrood um 1130 gegründet und erlaubte den Ordensangehörigen 1140, ihre eigene Stadt zu gründen, die den Namen Canongate trug; vgl. Gifford/McWilliam/Walker 2003, S. 81.

24 Faubourg] (Frz.) Vorstadt. Canongate war ein unabhängiger, eigenständiger Bezirk (Burgh) und wurde erst 1856 in die Stadt Edinburgh eingemeindet.

24 noch um 1750 herum] Die Aufstellung der Zahlen basiert möglicherweise auf den Angaben in Chambers 1847, S. 275. Fontane übertreibt aber, wenn er von 25 Grafen spricht, denn Chambers nennt nur 16.

24 16. Jahrhunderts *[…]* Frankreich] Die Auld Alliance zwischen Schottland und Frankreich gegen England wurde 1295 vom schottischen König John Balliol geschlossen und erst 1560 offiziell für beendet erklärt. Fontane spielt hier auf James V. und seine Tochter Maria Stuart an. James V. hatte 1537 Madeleine de France, eine Tochter des französischen Königs François I., geheiratet und sich nach ihrem frühen Tod erneut mit einer französischen Adligen vermählt. Diese zweite Frau, Marie de Guise, stammte aus einem mächtigen Adelsgeschlecht. Sie übernahm nach dem Tod ihres Mannes für ihre noch minderjährige Tochter die Regentschaft, schickte Maria zur Erziehung in ihre Heimat und verständigte sich mit dem französischen König auf eine Heirat ihrer Tochter mit François II. Maria Stuart war also während der Regierungszeit ihres Mannes Königin von Frankreich und Schottland. Auch nach der Rückkehr nach Schottland blieb sie ihrer französischen Familie eng verbunden, die über Maria Einfluss auf die schottische Politik auszuüben suchte.

24 Puritanismus] Protestantische Reformbewegung, die in der zweiten Hälfte des 16. Jahrhunderts in England und Schottland einsetzte und für eine Reformation und Erneuerung der Kirche nach calvinistischen Prinzipien eintrat. Fontane bezieht sich hier auf die puritanische Ablehnung katholischer Prachtentfaltung, vor allem in Form von opulenten Messgewändern oder bildkünstlerischer Ausgestaltung der Kirchen. Die Puritaner entfernten und zerstörten alle Bildwerke, die ihrer Ansicht nach gegen das Bilderverbot verstießen (Ex 20,4). Nach dem Wegfall dieser »Bildersprache« in den Kirchen waren sie bestrebt, die Gläubigen zu alphabetisieren, denn jeder sollte in der Lage sein, die Bibel zu lesen. Der

hohe Alphabetisierungsgrad in Schottland war puritanischen Bemühungen zu verdanken.

25 Fisch- und Gemüsehändler] Dass in diesen Häusern tatsächlich die untersten Bevölkerungsschichten lebten, beschreibt ausführlich Fanny Lewald: »Hier [Canongate; M. E.] so wohl, als in der ganzen Highstreet habe ich eine so zerlumpte Bevölkerung gesehen, wie in London nur in den von Irländern bewohnten Stadttheilen. Frauen und Kinder waren baarfuß, schmutzig, ungekämmt« (Lewald 1851/52, Bd. 2, S. 211). In demselben Sinne äußert sich auch Karl Elze, der berichtet, dass die Häuser »in ihrer schmutzigen Zerfallenheit wol alles überbieten, was irgend eine europäische Hauptstadt aufzuweisen vermag. [...] Man möchte die Elemente anrufen, sich ihrer zu erbarmen, nachdem sie ihren Glanz und Ruhm so traurig überlebt haben. Denn in denselben Häusern, wo jetzt Noth und Laster ihre Wohnstatt aufgeschlagen haben, residirten einst Reichthum, Vornehmheit und Gelehrsamkeit.« (Elze 1860, S. 49.) Vgl. auch Anm. zu S. 10 »Neustadt«. Im »Statistical Account of Scotland« von 1799 heißt es: »In 1763 – people of quality and fashion lived in houses which, in 1783, were inhabited by tradesmen, or by people in humble and ordinary life. The Lord Chief Justice Clerk Tinwald's house was possessed by a French teacher – Lord President Craigie's house, by a roupingwife or saleswoman of old furniture – and Lord Drunmore's house was left by a chairman for want of accommodation. [...] the house of the Duke of Douglas [...] was now possessed by a wheel-wright. [...] The great Marquis of Argyle's house, in the Castlehill, was possessed by a hosier, at £ 12 per annum.« (Coghill 2010, S. 71.)

25 Hospital und Armenhaus] Der Besitzer verkaufte das Haus 1801. 1803 übernahm es die Stadt Edinburgh und nutzte es als Krankenhaus. 1808 bis 1810 baute man das Haus um und setzte ein zusätzliches Stockwerk darauf, um das Gebäude als Kaserne zu nutzen. 1815 bis 1833 diente es wiederum als Krankenhaus und 1833 bis 1948 als Armenunterkunft (»refuge for destitute persons«; Chambers 1847, S. 312) in verschiedener Trägerschaft. Heute gehört das Haus zum Gebäudekomplex des schottischen Parlaments; zur Geschichte das Gebäudes vgl. Gifford/McWilliam/Walker 2003, S. 217 f.

25 5. Mai 1703] Schon im Journalerstdruck war dieses Datum falsch. Fontane bat am 18. Juni 1859 brieflich Otto Lindner um Korrektur, bevor das Kapitel in der »Vossischen Zeitung« erschien. Diese erfolgte aber nicht, und Fontane vergaß offensichtlich dann auch in der Buchausgabe, das Datum zu korrigieren: Korrekt ist der 1. Mai 1707. An dem Tag trat der Act of Union zwischen

England und Schottland offiziell in Kraft. Das Ereignis, von dem Fontane hier berichtet, fand aber am 16. Januar 1707 statt. An diesem Tag ratifizierte das schottische Parlament den Vertrag. Der Duke of Queensberry, der als Lord High Commissioner, also als persönlicher Repräsentant der Königin, im Parlament saß, hatte die Aufgabe, den Vertrag mit dem königlichen Zepter zu berühren, um damit die Zustimmung der Königin zum Ausdruck zu bringen.

25 Union *[…]* Personal-Union] Obwohl Schottland und England seit 1603 von einem gemeinsamen Monarchen in Personalunion regiert wurden (nach dem Tod der kinderlosen Elizabeth I. übernahm James VI. of Scotland auch die englische sowie irische Krone als James I. of England), blieben beide getrennte Staaten mit eigenen Regierungen. Es gab mehrfach Bemühungen, die beiden Staaten zu einem zusammenzuführen, doch erst 1702 begannen unter Queen Anne erfolgversprechende Gespräche. Der Duke of Queensberry führte im Auftrag der Königin die Verhandlungen mit dem schottischen Parlament. Im Juni 1706 hatte man sich auf einen Vorschlag geeinigt: Es sollte einen Staat mit einem Parlament und freien Handel (auch mit den Kolonien) für Schottland geben, und der Königsthron sollte dem Haus Hannover verbleiben. Diesem Vorschlag mussten aber noch beide Parlamente zustimmen, was in Schottland am 16. Januar 1707 geschah. Am 1. Mai trat der Vertrag in Kraft. Damit war die Stuart-Dynastie endgültig von der Thronfolge ausgeschlossen, was deren Anhänger auf den Plan rief.

25 Verdienst *[…]* Queensberry] James Douglas, 2nd Duke of Queensberry, hatte bereits unter Willem III. van Oranje eine Reihe von hohen Staatsämtern inne (Lord High Treasurer of Scotland, Keeper of the Privy Seal of Scotland). Im Mai 1702, mit der Thronbesteigung Queen Annes, wurde er Secretary of State for the Kingdom of Scotland. 1704 zog er sich aus seinen öffentlichen Ämtern zurück, wurde aber 1705 erneut zum Keeper of the Privy Seal of Scotland ernannt. Ab 1706 vertrat er als Lord High Commissioner die Interessen der Königin im schottischen Parlament und brachte die Verhandlungen zum Act of Union, die 1705 erneut aufgenommen worden waren, in Schottland maßgeblich voran. Während die Schotten sein Engagement kritisierten, wurde er in England dafür mit Begeisterungsrufen empfangen und erhielt hohe Geldsummen als Belohnung für seinen Verhandlungserfolg.

25 ältester Sohn, wahnsinnig] Die Geschichte des geisteskranken James Douglas, 3rd Marquess of Queensberry, entnimmt Fontane Chambers 1847, S. 313 f. Zur Zeit des grausigen Mordes war James

Douglas erst zehn Jahre alt. Chambers beschreibt noch weitere Fälle von Wahnsinn, die in der Familie Queensberry auftraten.

26 Murray-House] Das Haus wurde um 1625 gebaut und galt als eines der schönsten Gebäude Edinburghs; vgl. zur Baugeschichte Gifford/McWilliam/Walker 2003, S. 213.

26 Bewohner] 1752 vermietete die Familie Moray das Haus als Geschäfts- und Wohngebäude. So hatte die British Linen Company nach einem Umbau ihre Geschäftsräume darin. Im Juli 1845 verkaufte die Familie Moray das Haus an die North British Railway Company. Bereits ein Jahr später übernahm die Free Church of Scotland das Gebäude und ließ es 1848/49 umbauen, um darin eine Schule zu eröffnen. Zur Zeit von Fontanes Besuch war hier die Free Church of Scotland Normal and Sessional School untergebracht.

26 alte Kirche von Canongate] Die Kirk of the Canongate wurde zwischen 1688 und 1691 auf Wunsch von James VII. gebaut. Die Bewohner von Canongate hatten bis zum Bau der neuen Kirche zumeist die Gottesdienste in der Kapelle von Holyrood besucht, was James unterbinden wollte, weil er sie als königliche Kapelle für den von ihm 1687 gegründeten Order of the Thistle nutzen wollte.

26 Laune] Schon vor dem Bau der Kirche hatte man ein ausreichend großes Grundstück für einen Friedhof erworben. Als solcher wurde das Areal rund um die Kirche ab 1691 auch genutzt. 1790 wurde Adam Smith hier begraben. Sein Grab liegt im linken Teil, wie auch Black's Picturesque 1857, S. 49, festhält. Wieso Fontane schreibt, das Grab sei nicht auf dem Kirchhof, ist unklar.

26 Kirchlicher Rigorismus] Fontane spielt hier darauf an, dass die Kirchen bestimmten Menschen ein kirchliches Begräbnis verweigern konnten, etwa Selbstmördern, Kriminellen, als Ketzer betrachteten Menschen oder denen, die die Kirche öffentlich kritisierten oder ausgetreten waren, aber auch Personen, die aus politischen, sozialen oder moralischen Gründen in Misskredit geraten waren.

26 anekdotischen Zug] Die folgende Anekdote übersetzt Fontane nach Chambers 1847, S. 293.

26 Verfasser des Reichthums der Nationen] 1776 erschien eines von Smiths Hauptwerken: »An Inquiry into the Nature and Causes of the Wealth of Nations«.

27 sic itur ad astra] (Lat.) So geht man zu den Sternen. Die Inschrift ist Bestandteil des Wappens von Canongate, das als Burgh ehemals von Edinburgh unabhängig war. Es bezieht sich auf den Gründungsmythos der Abtei von Holyrood, indem es den Hirsch mit dem leuchtenden Kreuz zwischen dem Geweih zeigt (vgl. Anm. zu

S. 15 »um 1150 /…/ 350 Jahre später«). Die Inschrift steht auch als Motto auf dem Titelblatt von Scotts »Chronicles of the Canongate« (Scott–Chronicles, S. 1). Im ersten Kapitel des Buches erklärt Scott die Herkunft des Spruchs, der als Bestandteil des Wappens an vielen Häusern im alten Stadtteil Canongate zu lesen war, nicht nur am ehemaligen Gefängnis, an dem Fontane ihn sieht (ebd., S. 13).

27 als ob der Weg /…/ auf den Himmel böte.] Fontanes Reiseführer erklärt zwar den Hintergrund des Wappens, spekuliert aber gleichfalls: »[…] as if the worthy inhabitants of this ancient burgh regarded the prison as the avenue to heaven.« (Black's Picturesque 1857, S. 46 bis 48.)

27 Gebäude /…/ verschiedenen Zwecke gedient] Das Haus – eines der ältesten erhaltenen Gebäude aus dem 16. Jahrhundert – wurde 1591 als administratives Gebäude (u. a. als Gericht, Gefängnis und Ratssaal) für die Stadt Canongate errichtet.

27 ein Thor] Dort stand Netherbow Port, das Haupteingangstor zur Stadt Edinburgh, das sie von Canongate trennte. Es wird 1369 erstmals erwähnt und wurde 1513 zu einem großen Torhaus ausgebaut. 1764 wurde es zusammen mit großen Teilen der Stadtmauer abgerissen, weil die Befestigungsanlagen nicht mehr benötigt wurden.

27 Temple-Bar] Dieser Vergleich findet sich auch in Scotts »Heart of Mid-Lothian« im 6. Kapitel: »The Netherbow-port might be called the Temple-bar of Edinburgh, as, intersecting the High Street at its termination, it divided Edinburgh, properly so called, from the suburb called the Canongate, as Temple-bar divides London from Westminster.« (Scott–Heart, S. 51.)

27 Porte St. Martin] Ehemaliges mittelalterliches Stadttor in Paris, im 17. Jahrhundert durch einen Triumphbogen ersetzt.

27 lebte John Knox] Zur Zeit von Fontanes Besuch in Edinburgh nahm man allgemein an, dass Knox tatsächlich in dem Haus in der High Street gewohnt hatte. Chambers merkt jedoch an, dass das Haus lediglich »is pointed to by tradition as the residence or manse of John Knox« (Chambers 1847, S. 258), und er führt weiter aus, dass Knox höchstens einen Teil des Hauses bewohnt haben kann, möglicherweise die erste Etage. Heute nehmen Forscher an, dass Knox nicht in dem Haus gewohnt hat, auch wenn es noch immer als Wohnhaus des Reformators vermarktet wird; zur Geschichte des Gebäudes vgl. Gifford/McWilliam/Walker 2003, S. 207 f.

28 vor der Königin] Vgl. Anm. zu S. 20 »Begegnungen zwischen John Knox und der Königin«.

28 Kunstprodukt] Das Gebäude stammte aus dem frühen 16. Jahrhundert. 1847 war es in einem ruinösen Zustand und sollte abge-

rissen werden. Die Society of Antiquaries in Scotland setzte sich für den Erhalt des Gebäudes ein, weil man es für das Wohnhaus des Reformators hielt. So wurde es 1850 bis 1853 aufwändig renoviert und als Museum eröffnet.

28 Beauchamp-Thurm] Der Turm wurde 1852/53 von Anthony Salvin in pseudomittelalterlicher Form restauriert. Die Mauerzinnen wurden wiederhergestellt und der Turm mit einer neuen Fassade versehen.

28 Staatsgefängniß] Der Tower wurde nicht nur im 16. Jahrhundert als Gefängnis benutzt, wie Fontane schreibt. Bereits von 1100 an bis 1941 saßen dort – hauptsächlich politische – Häftlinge ein. Ab dem 14. Jahrhundert wurden allerdings nur noch Gefangene inhaftiert, die unter Verdacht des Hochverrats standen.

28 Im Jahre 1852] Im selben Jahr begannen die Restaurierungsarbeiten.

28 den Dudley's, den Poole's] John Dudley, 1st Duke of Northumberland, wurde 1553 verhaftet und noch im selben Jahr hingerichtet, weil er versucht hatte, seine Schwiegertochter Jane Grey, eine Großcousine von Edward VI., als seine Nachfolgerin auf den englischen Thron zu bringen. Die Unterstützer von Edwards Schwester Mary I. stürzten Dudley und verhafteten ihn. Er wurde bis zu seiner Hinrichtung im Beauchamp Tower festgehalten. Seine fünf Söhne, darunter der Mann Jane Greys, der als einziger mit ihr zusammen exekutiert wurde, waren zeitweise dort inhaftiert. Einer hinterließ eine kunstvolle Inschrift, auf die Fontane sich hier bezieht. Margaret Pole, Countess of Salisbury, wurde von 1539 bis zur ihrer Hinrichtung 1541 im Beauchamp Tower festgehalten – ebenso zwei ihrer Söhne –, weil der dritte Sohn, Reginald, gegen Henry VIII. intrigierte. Margarets Inschrift und die ihres Sohnes Arthur sind gleichfalls in der Wand des Turms zu sehen. Vgl. zu den Inschriften auch Fontanes Schilderung seines Besuchs im Tower im gleichnamigen Kapitel von »Ein Sommer in London«; auch hier geht er auf die Dudleys und die Poles ein.

28 basreliefartig] Flachrelief, bei dem die Figuren nur wenig aus dem Hintergrund herausragen.

29 Puppe *[...]* nicht älter als 50 Jahre] Die Figur zeigt nicht John Knox, sondern Moses, der auf einer Sonnenuhr kniet. Darunter war im späten 18. Jahrhundert zeitweise eine Holzkanzel befestigt, so dass der Eindruck entstand, der predigende Reformator Knox sei dargestellt. Die Figur wurde beim Bau des Hauses schon angefertigt, ist also deutlich älter als 50 Jahre. 1850 wurde sie aber restauriert, so dass Fontane den Eindruck gewinnen konnte, sie sei noch nicht sehr alt.

29 drei Kirchen] Tron Church, St. Giles Cathedral und Assembly Hall, die aber nie als Kirche geweiht wurde.

30 Schmutz, Armuth und Hökerkram] Vgl. Anm. zu S. 25 »Fisch- und Gemüsehändler«.

30 sechs und sieben Stock] Vgl. Anm. zu S. 7 »10 Stock«.

30 stattlichen Neubauten (Bank, Börse, Rathhaus, Parlament)] Fontane listet die Neubauten rund um St. Giles Cathedral, im Osten beginnend, gegen den Uhrzeigersinn auf: Das Gebäude der Bank William Forbes & Co. entstand 1827/28. Die Royal Exchange wurde 1753 bis 1761 gebaut (vgl. Gifford/McWilliam/Walker 2003, S. 176 f.). County Hall wurde von 1816 bis 1819 errichtet. Das Parliament House wurde 1632 bis 1640 gebaut und diente bis zum Act of Union 1707 als Sitz des Parlaments, danach zogen die Gerichtshöfe ein. Im November 1824 hatte ein großes Feuer, das erst nach fünf Tagen unter Kontrolle gebracht wurde, viele Gebäude am Parliament Square stark beschädigt, so dass größere Baumaßnahmen nötig wurden.

30 Closes] Schmale Durchgänge, die als Seitenstraßen von der Royal Mile aus nach Norden und Süden führen, meist mit hohen Seitengebäuden, denn aufgrund der Enge innerhalb der Stadtmauern wurden die Häuser sehr dicht und sehr hoch gebaut. Im mittelalterlichen Edinburgh gab es über hundert solche Gassen. Die öffentlich begehbaren Gassen hießen Wynds. Mitunter war der Zugang aber nur durch ein Tor möglich, weil es sich um einen Privatweg handelte; diese Gassen hießen Closes (vgl. ausführlich Bell 2008, S. 14–21). Fontanes Reiseführer merkt dazu an: »The numerous lanes and closes that are continually diverging on both sides, will not be without interest to the stranger. Though now the abode of the lowest of the population, most of them were in former times places of respectability and dignity, and even now many of them afford some of the best business premises in the city. From an inspection of these it is evident that with attention to ordinary cleanliness these old closes are in themselves neither unhealthy nor undesirable places of residence.« (Black's Picturesque 1857, S. 27.)

30 Notorität] Vgl. Anm. zu S. 8 »Notorität«.

31 Applizirung] Anwendung.

32 Camera obscura-Bild] Die Camera Obscura funktioniert nach dem Vorbild einer Lochkamera. In einen lichtdichten Raum wird mithilfe eines kleinen Loches oder einer Linse ein beleuchtetes Bild auf eine Wand projiziert. Seit 1835 existierte in Castlehill, nur wenige Schritte von dem bei Fontane geschilderten Hof entfernt, eine Camera Obscura als öffentliche Attraktion.

32 Treiben italienischer Städte] Fontane war zu diesem Zeitpunkt noch nicht in Italien gewesen, kannte das Treiben in italienischen Städten also nicht aus eigener Beobachtung.

32 Hochlandssöhne] Highlander, Bewohner der schottischen Highlands. Zugleich gab es beim britischen Militär aber auch Highland-Regimenter, die im 18. Jahrhundert gegründet wurden und deren Angehörige aus den entsprechenden Hochlandregionen kamen.

32 »Kameraden von der hohen Nummer« /…/ 72. und 93.] Die hohen Nummern stehen für Regimenter, die vergleichsweise spät ausgehoben wurden. Das 72nd Regiment (Duke of Albany's Own Highlander) wurde 1778 aufgestellt, um gegen die Franzosen zu kämpfen. Im Jahr von Fontanes Besuch war das Regiment in Indien im Einsatz. Das 93rd Regiment (Sutherland Highlander) wurde 1799 im Auftrag der Countess of Sutherland zusammengestellt. Auch diese Truppe kämpfte zur Zeit von Fontanes Besuch in Indien. Zuvor hatte sie sich besonders im Krimkrieg ausgezeichnet und war durch ihren Sieg bei Balaklawa als »The Thin Red Line« berühmt geworden, daher kannte Fontane das Regiment vermutlich. Die Werbeoffiziere waren in Edinburgh unterwegs, um neue Soldaten für diese Kriege anzumustern. Auch Johann Valentin Adrian beschreibt in seinem Reisebericht das Vorgehen dieser Offiziere; bei ihm zeichnen sie sich allerdings weniger durch malerische Uniformen als durch resolutes Durchgreifen aus (Adrian 1850a, S. 533).

32 Vieles /…/ bleibt sie] Titus Ullrich, dessen Bericht Fontane gelesen hatte, lässt sich sehr kritisch über die Hochlandstracht aus: »Diese bunte schottische Tracht mag wegen ihrer Eigenthümlichkeit und als eine Reliquie aus alten Zeiten interessiren; ich konnte mir jedoch nicht verhehlen, daß ihr Eindruck etwas Kokettes an sich hat, was vielleicht darum um so mehr bemerklich wird, weil man sie so selten und nur als eine abstechende Ausnahme erblickt.« (Ullrich 1858b.) In den meisten Reiseberichten der Zeit wird sie indes als besonders malerisch gelobt, so wie auch Fontane es tut.

33 Gelegenheit zum Vergleich] Unter der Überschrift »Eine Stunde unter den Werbern« schildert Fontane im Sommer 1858 in einem Feuilleton seine Einsichten über die englischen Werbeoffiziere (NFA, Bd. 18, S. 186–190).

33 Sutherland-Regimente] Vgl. Anm. zu S. 32 »Kameraden von der hohen Nummer /…/ 72. und 93.«.

33 den »alten Offizier«] Lepel gehörte ab 1836 zum Kaiser-Franz-Garde-Grenadier-Regiment und besuchte 1844 bis 1847 die Berliner Kriegsschule, wo er für den höheren Dienst ausgebildet wurde, den er dann im Kaiser-Franz-Regiment fortsetzte, bis er

1848 zunächst den aktiven Dienst quittierte. 1850 rief man ihn für kurze Zeit zurück, und er führte eine Kompanie in den Schleswig-Holsteinischen Krieg. 1866 trat er wiederum in den militärischen Dienst ein, wurde 1870 Hauptmann und brachte es 1882 bis zum Major; vgl. den von Radecke zusammengestellten Lebenslauf in FLep2, Bd. 2, S. 857–866.

34 in dem Knox predigte] 1559 wurde Knox in Edinburgh zum Pfarrer ernannt und hielt seine erste Predigt in St. Giles. In der Folge nutzte er die Kanzel der Kirche, um gegen Maria Stuart zu Felde zu ziehen. Bis zu seinem Tod 1572 blieb er dort im Dienst und wurde auf dem Friedhof hinter der Kathedrale begraben.

34 Alle diese Häuser] Vgl. Anm. zu S. 30 »stattlichen Neubauten (Bank, Börse, Rathhaus, Parlament)«.

34 Tempel des Erechtheus] Der Grundriss von County Hall entsprach dem des Erechtheion auf der Akropolis, weil einer der Richter ein Modell dieses Tempels gesehen hatte.

34 »City-Kreuz«] City Cross auch Mercat Cross (schottische Bezeichnung für Market Cross). Ein solches Kreuz wurde in den schottischen Städten oder Dörfern aufgestellt, die ein von der Obrigkeit verbrieftes Recht hatten, einen Markt abzuhalten. Es stand am Ostende der St. Giles Cathedral und wird 1365 zum ersten Mal urkundlich erwähnt. 1756 wurde es abgebaut, dabei zerbrachen Teile der Säule; vgl. dazu Coghill 2010, S. 63 f.

34 Tolbooth-Gefängniß] Das Gebäude wurde im 14. Jahrhundert an der Nordwestecke dicht neben der St. Giles Cathedral errichtet und diente verschiedenen Zwecken. Bereits um 1145 hatte dort ein Gebäude gestanden, in dem Zölle (engl. toll) und Abgaben erhoben wurden, was dem Tolbooth seinen Namen gab. Bis 1560 tagte das Gericht in dem Gebäude. Seit den 1480er Jahren und bis zu seinem Abriss 1817 diente es zudem als Gefängnis; vgl. zur Geschichte des Gebäudes Coghill 2010, S. 19–23.

34 Buden und Kramläden] Diese kleinen offenen Verkaufsstände trugen die schottische Bezeichnung »Krames« und zogen sich unmittelbar unter den Pfeilern an der Wand der St. Giles Cathedral entlang. Sie wurden gemeinsam mit dem Old Tolbooth und der gegenüberliegenden Gebäudereihe der Luckenbooths 1817 abgerissen; vgl. Coghill 2010, S. 24.

34 Purifikation] Bereinigung.

35 General-Synode *[...]* neugebauten schottischen Kirche] Die Hauptversammlung der Church of Scotland fand bis 1929 in der zu diesem Zweck von 1842 bis 1845 gebauten Assembly Hall statt.

35 Allan Ramsay's] Der Dichter Allan Ramsay lebte seit 1701 in Edinburgh und war dort Perückenmacher; um 1712 begann er, Gele-

genheitsgedichte zu verfassen. Um 1718 wandelte er seinen Perückenladen in einen Buchladen um, aus dem er einige Jahre später Bücher an Kunden auslieh. Er veröffentlichte Bände mit eigenen Gedichten, aber auch Anthologien, wie etwa »The Tea-Table Miscellany«, die Gedichte und Lieder auch in schottischer Sprache enthielten. »The Ever Green« war eine Sammlung schottischer Gedichte und Lieder aus der Volksüberlieferung; mit ihr wollte Ramsay das Interesse an der nationalen Überlieferung und der Volkssprache stärken. Sein erfolgreichster Text war das Schäferspiel »The Gentle Shepard« von 1725.

35 nordischen Hans Sachs] Der Vergleich beruht auf dem Umstand, dass beide zugleich Handwerker und Dichter waren.

36 Sussex-Milizen] Die Reserve des 35th Regiments bestand ab 1801. Das reguläre 35th Regiment wurde 1701 ausgehoben und erhielt 1804 den Beinamen Sussex, 1832 den Beinamen Royal Sussex. Während das reguläre Regiment in Indien im Kampfeinsatz war, wurde die Miliz herangezogen, um die Standorte in Großbritannien zu bemannen und für den Ernstfall zu trainieren. Der »Edinburgh Evening Courant« vom 10. August 1858 berichtet unter der Überschrift »Arrival of the Royal Sussex Militia«, dass am »Saturday afternoon [also am 7. August; ME] the forward detachment of the Royal Sussex Light Infantry Militia arrived at Edinburgh, per train from Dover, and marched to the Castle.« Am Montag, dem 9., sei dann der Hauptteil der Miliz eingetroffen: »They disembarked at Granton at two o'clock yesterday, and marched to Edinburgh, where they arrived about four o'clock, preceded by their own band and that of the 1st Staffordshire Militia, and accompanied by a vast concourse of people.« Auch der Duke of Richmond wird erwähnt. Das von Fontane geschilderte Ereignis fand am 9. August statt. Fontane traf aber erst am 10. in Edinburgh ein, kann also nicht beim Truppeneinzug dabei gewesen sein. Möglicherweise hatte er nach seiner Ankunft in der Zeitung davon gelesen.

36 Herzogs von Richmond] Charles Gordon-Lennox, 5th Duke of Richmond, gehörte zum Stab von Wellington und kämpfte in Spanien, wo er schwer verwundet wurde, gegen Napoleon. Er war ab 1819 bis zu seinem Tod 1860 Colonel der Sussex-Milizen.

36 »Southrons«] Begriff aus dem Scots des 15. Jahrhunderts, meint eigentlich »Person aus dem Süden«. Er wurde von den Schotten abfällig verwendet, wenn von den Engländern die Rede war.

36 »Britische Grenadiere«] »The British Grenadiers«, ein seit dem 17. Jahrhundert in Großbritannien sehr beliebtes patriotisches Marschlied.

V. Edinburg-Castle

36 Edwin Landseer'sche Bild »Der Frieden«] Das Gemälde »Time of Peace« von Edwin Henry Landseer, das 1846 entstanden ist. Es hatte ein Gegenstück: »Time of War«. Auf beide Bilder geht Fontane in seinen Briefen »Aus Manchester« ein, in denen er von der Kunstausstellung 1857 berichtet. Die Bilder waren nicht in Manchester zu sehen, Fontane gibt aber an, sie seien in der Vernon-Galerie ausgestellt. Er lobt Landseer als Tiermaler auch der »symbolischen Bilder[ ], die unter dem Namen ›Krieg‹ und ›Frieden‹ bekannt geworden sind.« (NFA, Bd. 23/1, S. 121.) Schon in diesem Brief schildert er das Schaf, das in die Kanone schaut. Auch in seinem Abriss über den Maler von 1862 für das Lexikon »Männer der Zeit« erwähnt er beide Bilder noch einmal (NFA, Bd. 23/1, S. 443–446).

36 Halb-Mond-Batterie] Die Half Moon Battery auf der Ostseite der Burg wurde 1573 bis 1588 nach der »Lang Siege« gebaut. Diese »lange Belagerung« fand – mit Unterbrechungen – von 1571 bis 1573 statt. Die Unterstützer Maria Stuarts versuchten in dieser Zeit, die Burg für sie zu halten. Dabei wurden große Teile der Verteidigungsanlagen zerstört, so dass diese nach der Kapitulation neu errichtet werden mussten. Die halbrunde Form wurde gewählt, um einen möglichst großen Schusswinkel für die dort aufgestellten Kanonen zu erreichen.

36 Pretensionen] Anmaßungen. Obwohl im 19. Jahrhundert noch Truppen in Edinburgh Castle stationiert waren, hatte das Schloss nach der Kapitulation Charles Edward Stuarts keine militärische Funktion mehr. Es bekam aber zunehmend touristische Bedeutung; vgl. Gifford/McWilliam/Walker 2003, S. 87.

36 hört' ich] Bei den meisten Besichtigungen hatten Fontane und Lepel einen ortskundigen Touristenführer dabei, der ihnen Erklärungen zu den Sehenswürdigkeiten bot (in Holyrood, Edinburgh, Linlithgow, Stirling und Lochleven Castle), oder sie reisten in einer Touristengruppe (wie bei der Fahrt zum Loch Katrine, auf dem Loch Lomond oder nach Staffa und Iona).

36 Philipp le Grange *[…]* gegen die vereinigten Anstrengungen] Korrekt: William Kirkcaldy of Grange (vgl. Black's Picturesque 1857, S. 23) war Gouverneur von Edinburgh Castle. Im Oktober 1571 verteidigte er die Stadt und die Festung für die bereits in England gefangene Maria Stuart gegen den Regenten Morton, der das Land für ihren minderjährigen Sohn regierte. Die Stadt handelte im Juli 1572 einen Friedensvertrag aus, der bis zum 1. Januar des Folgejahres galt. Aber Grange hielt weiter Edinburgh Castle und

beschoss ab dem 1. Januar 1573 die Stadt von der Burg aus. Es begann die eigentliche Belagerung der Burg durch die Regierungstruppen. Erst als im April englische Soldaten die schottischen Truppen unterstützten und am 17. Mai der Beschuss mit schwerer Artillerie verstärkt wurde, konnte der Widerstand gebrochen werden, und Grange gab am 28. Mai auf. Am 3. August wurde er öffentlich am City Cross hingerichtet. Dass die letzte Belagerung 33 Tage gedauert habe, entnimmt Fontane seinem Reiseführer (Black's Picturesque 1857, S. 23). Damit ist also die Zeit gemeint, in der Engländer und Schotten gemeinsam die Burg belagerten.

37 Daß im Jahre 1745] Die Information über die Unterlassung des Angriffs findet Fontane im Reiseführer (Black's Picturesque 1857, S. 23); Bonnie Prince Charlie hatte am 17. September 1745 die Stadt eingenommen, belagerte die Burg aber vergeblich – es war die letzte Belagerung, die sie erlebte –, weil er in der Tat nicht über Kanonen verfügte, die etwas gegen die Mauern hätten ausrichten können.

37 300 Fuß] Entspricht ca. 93 m. Tatsächlich erhebt sich Castle Rock 134 m über den Meeresspiegel und 80 m über die Umgebung.

37 Vertheidigung oder Eroberung] Im 14. Jahrhundert wechselte der Besitz der Burg mehrmals zwischen Engländern (1296–1314, 1335–1341) und Schotten (1314–1335, ab 1341). Im 15. Jahrhundert wurde sie dann von den Anhängern Maria Stuarts gegen die schottischen Regierungstruppen gehalten (vgl. Anm. zu 36 »Philipp le Grange *[…]* gegen die vereinigten Anstrengungen«).

37 keine Geschütze] Zwischen 1370 und 1390 importierte König Robert II. erste Kanonen nach Schottland. Zu Beginn des 15. Jahrhunderts wurden gleichfalls Kanonen aus Flandern angeschafft (vgl. dazu Paul 1915). 1457 bekam James II. zwei große Kanonen geschenkt, darunter die sogenannte ›Mons Meg‹. Um 1500 wurden für die Halbmond-Batterie sieben Bronzekanonen gegossen. Auch in der Schlacht von Flodden wurden Kanonen eingesetzt.

37 Ueberrumpelung] Diese Geschichte findet sich in Black's Picturesque 1857, S. 22 f., und noch ausführlicher in Black's Edinburgh 1851, S. 48–52.

37 Randolph, Grafen von Murray] Thomas Randolph, 1st Earl of Moray, war ein Verwandter von Robert the Bruce und einer seiner wichtigsten Militärbefehlshaber. Er begleitete ihn in viele Schlachten. Seine bekannteste Heldentat ist die, von der Fontane berichtet; sie fand aber nicht 1313, sondern am 14. März 1314 statt. Der »alte Soldat«, der die Gruppe anführte, war William Francis. Das falsche Jahr übernimmt Fontane aus dem Reiseführer. Edinburgh Castle war eine der wenigen Burgen, die noch von den Eng-

ländern gehalten wurden. Sie konnte durch Morays Nacht- und Nebelaktion zurückgewonnen werden.

37 Schlacht von Bannockburn] Am 24. Juni 1314 gewann König Robert the Bruce in Bannockburn eine Schlacht gegen Edward II., die einen wichtigen Sieg im Kampf um die Unabhängigkeit Schottlands bedeutete. Die Schlacht dauerte zwei Tage und war damit außergewöhnlich lang. Trotz der deutlich geringeren Anzahl schlugen die Schotten aufgrund ihrer besseren Ausgangsposition und überlegenen Taktik die Engländer, die überdies große Verluste erlitten, in die Flucht. Infolge des schottischen Siegs gaben die Engländer auch Stirling Castle auf, das ganz in der Nähe des Schlachtfeldes lag. Dennoch führte der Sieg nicht dazu, dass der gescheiterte Feldherr Edward II. Bruce als schottischen König anerkannte.

38 Schwimmer zwischen Sestos und Abydos] Leander, der dem griechischen Mythos zufolge regelmäßig den Hellespont von Abydos nach Sestos durchschwimmen musste, um seine Liebste Hero zu besuchen. Als eines Nachts das Licht erloschen war, das Hero zu seiner Orientierung aufgestellt hatte, fand er das rettende Ufer nicht und ertrank. Hero nahm sich daraufhin das Leben.

38 Unions-Akte] Vgl. Anm. zu S. 25 »Union *[...]* Personal-Union«.

38 Königsteins] Die Festung Königstein in Sachsen liegt in der Nähe des gleichnamigen Ortes auf einem 240 m hohen Felsplateau direkt an der Elbe und ist eine der größten Bergfestungen Europas. Edinburgh, Stirling und Dumbarton Castle sind auf Vulkanfelsen erbaut, die aber deutlich niedriger sind als der Königstein. Blackness Castle ist auf einer Felszunge in den Firth of Forth gebaut, liegt also auf Meeresniveau.

38 Gebetbuch Jane Gray's] Dieses hatte Jane Grey angeblich noch kurz vor ihrer Enthauptung 1554 in der Hand gehalten. Sie hat darin auch handschriftliche Abschiedsworte an Freunde und an die Familie eingetragen. Es ist im British Museum erhalten und wurde zeitweise dort ausgestellt. Möglicherweise hat Fontane es bei einem seiner regelmäßigen Besuche dort gesehen.

38 Eisenhut des großen Kurfürsten] Friedrich Wilhelm von Brandenburg erhielt nach seinem Sieg in der Schlacht von Fehrbellin gegen die Schweden 1675 den Beinamen »Der Große Kurfürst«. Sein Helm, der die Form eines Hutes hatte, wurde seit 1837 im Schloss Monbijou in Berlin ausgestellt, wo Fontane ihn wohl gesehen hat.

38 Tabacksdose des alten Fritz] Friedrich II. von Preußen wurde in der Schlacht bei Kunersdorf 1759 von einer feindlichen Kugel getroffen, die aber an seiner Schnupftabaksdose abprallte. Die-

selbe rettete ihm also das Leben und wurde ein berühmtes Ausstellungsstück, das Fontane möglicherweise auch im Schloss Monbijou gesehen hat.

38 alle die sieben Jakob's] Fontane benutzt stets die deutsche Schreibung der Königsnamen, also statt des englischen James das deutsche Jakob oder Jacob.

39 St. Peter ad vincula] St. Petrus-in-Ketten. Kirche für die Bewohner und Insassen des Tower of London. Sie erhielt ihren Namen nach dem biblischen Simon Petrus, der von Herodes ins Gefängnis geworfen und auf wundersame Weise von einem Engel von seinen Ketten und aus dem Kerker befreit wurde (Apg 12, 6–18).

39 Pikten-Zeit] Das Königreich der Pikten, die erstmals um 300 n. Chr. in lateinischen Quellen erwähnt werden, lag wohl in Zentralschottland. Der Name Pikten wird meist vom lateinischen Picti (die Bemalten) abgeleitet. Möglicherweise handelt es sich aber auch um eine Bezeichnung aus dem Keltischen. Der Aufstieg der Pikten begann um 685 und endete mit den Invasionen der Wikinger Ende des 8. Jahrhunderts, durch die sich das politische Gleichgewicht in Schottland verschob.

39 Kapelle] Die Kapelle wurde vermutlich um 1130 von David I. im Andenken an seine Mutter, Margaret of Wessex, gebaut. Margaret wurde 1250 heiliggesprochen. Die Wände der Kapelle gehören vermutlich noch zu diesem ersten Kirchengebäude; vgl. Fernie 1986, S. 400–403.

39 Kinder taufen lassen] Die Kapelle wurde vom 16. bis Mitte des 19. Jahrhunderts als Pulverlager benutzt. Sie bekam deshalb eine besonders dicke Decke und war kaum mehr als Kapelle zu erkennen, vor allem weil auch die Fenster verbaut waren. Erst 1845 wurde man sich ihrer ursprünglichen Funktion als Kapelle bewusst und begann 1853, sie zu restaurieren, indem man zunächst die Fenster wieder freilegte. Nach der Restaurierung konnte sie dann auch wieder für kirchliche Zeremonien genutzt werden.

39 Maria Stuart *[...]* gebar] Maria Stuart war aus Sicherheitserwägungen im April 1566 unter Mitnahme ihrer Möbel aus dem Palast von Holyrood nach Edinburgh Castle umgezogen. Am Morgen des 19. Juni 1566 wurde James VI. hier geboren.

39 Bildnisse, das eine davon] Das Gemälde »Mary Queen of Scots. The Orkney Portrait«. Fontane war nicht bekannt, dass es sich bei dem in Edinburgh ausgestellten Bild nur um eine Kopie des Originals handelte, das vermutlich von dem italienischen Maler Farino 1556 in Frankreich gemalt worden war (zumindest besagte das die Bildsignatur). Das Original hing in Dunrobin Castle; in Edinburgh wurde lediglich eine Kopie gezeigt, die der Präsident

der Royal Scottish Academy, John Watson Gordon, nach dem Original angefertigt hatte.

39 Aechtheit dieses Portraits] In Henry Glassford Bells Maria-Stuart-Biographie, die 1828 publiziert wurde, finden sich Informationen über dieses Bild und eine ausführliche Diskussion über die Echtheit verschiedener Maria-Stuart-Porträts, deren Ergebnisse sich von Fontanes Vermutung, das Bild zeige nicht Maria Stuart, deutlich unterscheiden (Bell 1828, Bd. 1, S. 68–70). Cust hingegen nimmt an, dass das Porträt nicht Maria Stuart zeige, obwohl es häufig kopiert werde und sehr beliebt sei (Cust 1903, S. 139). Von dieser großen Beliebtheit zeugt auch die Tatsache, dass Karl Elze sich in Edinburgh Castle einen Druck von diesem Gemälde kaufte.

39 Kunstausstellung in Manchester] Fontane war 1857 in Manchester gewesen und berichtete in seinen Briefen »Aus Manchester« über die Gemälde, die er gesehen hatte. Auch auf die sieben Porträts von Maria Stuart geht er ein (NFA, Bd. 23/1, S. 75 f.). Bereits in diesem Aufsatz lässt er sich über die Ähnlichkeit der Bilder mit der echten Maria Stuart aus.

40 eines im Schlosse zu Hampton-Court] Dieses beschreibt Fontane schon im »Sommer in London« (1854) und in den Briefen »Aus Manchester« von 1857. Dort gibt er an, Maria Stuart sei viel zu alt dargestellt (NFA, Bd. 23/1, S. 75 f.). Es geht um das Ölgemälde »Mary, Queen of Scots« von François Clouet (der auch unter dem Nachnamen »Janet« bekannt war), der Hofmaler bei François I. war. Eine Kreidezeichnung, die als Vorbild gedient haben könnte, ist in der Nationalbibliothek in Paris erhalten. Aus dieser Zeichnung wurden mehrere Ölgemälde abgeleitet (vgl. Cust 1903, S. 51–56). Das von Fontane beschriebene Gemälde gibt es in zwei sehr ähnlichen Fassungen, die beide aus dem Besitz von Charles I. stammten und in Hampton Court und Windsor Castle ausgestellt waren. Maria ist hier aber nicht, wie Fontane meint, in ihrer Klostertracht dargestellt, sondern mit ihrem weißen Trauerschleier, tatsächlich also im Alter von 19 Jahren. Es ist vermutlich im Sommer 1559 oder 1560 entstanden, also nach dem Tod ihres Schwiegervaters und ihrer Mutter (vgl. die ausführliche Beschreibung auf: https://www.royalcollection.org.uk/collection/search#/8/collection/403429/mary-queen-of-scots-1542-87). Das Bild gehört heute zum Royal Collection Trust und ist in Maria Stuarts Audienzzimmer im Palace of Holyroodhouse ausgestellt.

40 eines dem Grafen von Morton] Dieses Gemälde war wohl eine von mehreren Adaptationen des sogenannten Sheffield-Porträts, das während Maria Stuarts Gefangenschaft in Sheffield Castle ent-

stand. Die Adaptation, von der Fontane spricht, war bis 1926 im Besitz des Earl of Morton und hing in Dalmahoy House (heute befindet sich das Bild in der Kelvingrove Art Gallery in Glasgow, die es Morton abkaufte).

40 eines in Windsor-Castle] In Windsor Castle hing nicht nur eine Variante des Ölgemäldes von François Clouet, das Maria Stuart in Trauerkleidung zeigt, sondern es wurde auch eine Miniatur gezeigt, die ebenfalls Clouet um 1558 gemalt hatte und zu der gleichfalls eine Zeichnung in der französischen Nationalbibliothek existiert. (Vgl. https://www.royalcollection.org.uk/collection/search#/1/collection/401229/mary-queen-of-scots-1542-87.) Dieses Gemälde ergänzt Fontane in seiner Aufzählung im Buch. In J^6 ist es noch nicht erwähnt.

40 eines in Edinburg-Castle] Vgl. Anm. zu S. 39 »Bildnisse, das eine davon«.

40 eines in Abbotsford *[…]* Phantasie] Bild von Amyas (auch: Amias) Cawood. John Gibson Lockhart zitiert in einer späteren Ausgabe der »Memoirs of the Life of Sir Walter Scott« eine zeitgenössische Beschreibung von Abbotsford, die angibt, ein preußischer Edelmann, der es mehr als 200 Jahre besessen habe, habe es Walter Scott geschenkt (Lockhart 1845, S. 553). Auch Fanny Lewald beschreibt dieses Gemälde (Lewald 1851/52, Bd. 2, S. 296 f.). Cust hält das Bild wie Fontane nicht für authentisch (vgl. Cust 1903, S. 145 f.).

40 jenes französischen Klosters] Vgl. Anm. zu S. 40 »eines im Schlosse zu Hampton-Court«. Maria Stuart wuchs in Frankreich nicht in einem Kloster auf, sondern lebte am Hof. Möglicherweise verwechselt Fontane sie hier mit ihrer Mutter, die tatsächlich in einem Kloster erzogen wurde, oder er lässt sich durch den vermeintlichen Nonnenschleier zu diesem Fehlschluss verleiten.

40 Closet] Hier ein kleiner Raum, in den Damen sich zurückzogen, wenn sie allein sein wollten, und in dem sie höchstens sehr enge Vertraute empfingen. Das Zimmer wurde erst 1836 von der Armee geräumt, die im Schloss stationiert war, und für Besucher geöffnet.

40 Eindruck einer gewissen Eleganz] Fontanes Reiseführer merkt dagegen an: »The room […] has lost much of its antique wainscot panelling, which has been but rudely replaced.« (Black's Picturesque 1857, S. 25.) Fontane erklärt den Raum also für eleganter, als er tatsächlich war, denn von der ursprünglichen Pracht war zum Zeitpunkt seines Besuchs fast nichts erhalten.

41 Jacob VI. *[…]* in einem Korbe] Auch Fanny Lewald und Karl Elze berichten von dieser Anekdote. Offensichtlich erzählten die

Schlossführer sie den Besuchern. Fontane ist aber der Einzige von den dreien, der die Geschichte glaubt.

41 von jeher *[...]* die Regel] Fontanes Feststellung gilt nicht für Robert II. und Robert III., die bis ins hohe Alter (74 und 66) den Thron innehatten. James I. und James II. wurden ermordet, als sie 42 bzw. 29 Jahre alt waren. James III. und James IV. starben auf dem Schlachtfeld mit 36 bzw. 40 Jahren. James V. war 30 Jahre alt und starb vermutlich am Fieber nach der Niederlage in der Schlacht von Solway Moss. Maria Stuart wurde im Alter von 44 Jahren hingerichtet. James VI. starb mit 58 an der Ruhr.

41 »Cockney«] Fontane benutzt das Wort im Sinne eines Londoner Spießbürgers, der nie aus London herausgekommen ist, weil er findet, dass es nirgendwo besser sein kann als hier.

42 Skizzenbuch] Bernhard von Lepel zeichnete während der Reise. Sein Skizzenbuch hat sich nicht erhalten, es gibt aber einige wenige Drucke von Skizzen, die er zu Zeichnungen ausarbeitete. Die Originalzeichnungen übergab die gemeinsame Freundin Mathilde von Rohr nach Lepels Tod an Fontane. Die davon hergestellten Drucke haben sich in einer Mappe erhalten, die zu Lepels Ehren 1934 in einer geringen Auflage herausgeben wurde. Die Zeichnung, die er auf Grundlage der Skizze von der Halbmond-Batterie ausarbeitete, ist darunter. (Vgl. Abb. 2.)

42 gewöhnt aber] Fontane spielt hier auf Lepels Militärerfahrung an. Vgl. Anm. zu S. 33 »den ›alten Offizier‹«.

42 Southrons] Vgl. Anm. zu S. 36 »›Southrons‹«.

43 strengen Instruktionen] Die Royal Sussex Militia war seit November 1857 in Dover stationiert gewesen. Dover ist die dem Kontinent am nächsten liegende Stadt, die Entfernung beträgt nur knapp 35 km. Von der Festung Dover aus wurde England gegen Invasionen von der Seeseite geschützt. Sie hatte deshalb über Jahrhunderte eine wichtige Funktion in der Landesverteidigung. Dover Castle wurde laufend umgebaut, so auch Ende des 18. Jahrhunderts während der Napoleonischen Kriege, als unter anderem ein Tunnelsystem unter den Klippen entstand. Darüber wurden ab 1804 die Festungsgebäude von Dover Western Heights ausgebaut. Auch in den 1850er Jahren fürchtete man sich noch vor einer Invasion durch Napoleon III. und entwickelte neue Pläne zur Stärkung der Festung, die in den Folgejahren umgesetzt wurden. Über das alte Dover Castle wusste man also möglicherweise in Paris sehr gut Bescheid, über die neuen Verteidigungsanlagen aber wohl eher nicht. So waren die strengen Instruktionen, über die Fontane sich hier amüsiert, nicht ganz unberechtigt.

VI. High-Street und Canongate

44 Moray-House] Fontane verwendet in seinem Buch sowohl die Schreibung Murray als auch Moray. Der Familienname leitet sich von der Region Moray südlich des Moray Firth ab. Die Schreibung Murray ist eine Transliteration der schottischen Aussprache von Moray. Beide Schreibungen kommen also als Familienname derselben Familie vor. Fontane hat darauf verzichtet, sie in seinem Buch anzugleichen. Vgl. Anm. zu S. 26 »Murray-House«.

45 Roccoco-Pendule] Pendeluhr. Fontane empfindet das Gebäude als Schmuckstück, das seinen Wert inmitten von heruntergewirtschafteten anderen Gebäuden behalten hat.

45 200 Jahre alt] Das Haus wurde um 1625 gebaut, der Ostflügel um 1647, der Südflügel stammt aus dem 18. Jahrhundert, dort hatte es aber wohl schon zuvor ein Gebäude gegeben, denn Zeichnungen aus dem 17. Jahrhundert zeigen das Haus als vierflügelige Anlage.

45 kostbaren Gärten] Sie wurden von der Erbauerin des Hauses, Lady Home, geplant, lagen südlich vom Hauptgebäude und erstreckten sich bis zum South Back von Canongate, wo eine Mauer mit Tor stand. Lady Home's Yard war in der Stadt berühmt für seine Schönheit; er war nach französischem Muster in Terrassen mit kleinen Treppen dazwischen angelegt. Im frühen 19. Jahrhundert baute die Familie Cowan, die das Haus inzwischen bewohnte, die Gärten noch einmal aus. Nachdem das Gebäude zur Schule geworden war, verfielen ab 1849 die Gärten zusehends bzw. wurden durch Gebäude verdrängt.

45 eisernen Balkon] Ursprünglich hatte der Balkon wohl eine Steinbalustrade, die aber verfallen war. 1842 wurde anlässlich des Besuchs von Queen Victoria ein Metallgeländer angebaut, um eventuelle Unfälle zu vermeiden.

45 Bel-Etage] (Frz.) Das ›schöne Geschoss‹ enthielt die repräsentativen Räume eines adligen oder großbürgerlichen Hauses. Sie befanden sich meist im ersten Obergeschoss, das eine größere Deckenhöhe erhielt, während im Erdgeschoss Wirtschaftsräume und solche für das Personal untergebracht waren.

45 Die puritanische Sache *[...]* Montrose.] Diese Auseinandersetzungen schildert Scott in seinem Roman »A Legend of Montrose« (1819), den Fontane möglicherweise 1848 gelesen hatte; vgl. dazu Neuhaus 1996, S. 181 f.

45 Montrose *[...]* Grafen von Argyle] James Graham, 5th Earl of Montrose, unterzeichnete 1638 den National Covenant, der sich gegen Neuerungen in der Liturgie und ein neues Gebetbuch richtete, das Charles I. und seine Bischöfe den schottischen Gemein-

Bernhard von Lepels Zeichnung der Stadt Edinburgh von der Halbmond-Batterie des Schlosses aus

den verordnen wollten. Auf diese Weise wollten sie die demokratisch strukturierte presbyterianische Kirche in Schottland auflösen und die bischöflich organisierte anglikanische an ihre Stelle setzen. Montrose interessierte dabei weniger der religiöse Aspekt; vielmehr war er der Überzeugung, dass der Staat den Bischöfen zu viel Macht verliehen und Schottland sich gegen die Einmischung in seine Religion zu wehren habe. Er führte einige erfolgreiche Feldzüge, die den König zunächst zum Einlenken bewegten. Kurz danach stellte sich Montrose auf die Seite des Königs, da er zwar die Macht der Bischöfe gebrochen sehen, zugleich aber den Einfluss der schottischen Presbyterianer auf die Staatsgeschäfte beschränken wollte. Er trat also für eine Trennung von Staat und Kirche ein und geriet dabei in Opposition zu Archibald Campbell, 1st Marquess of Argyll and 8th Earl of Argyll, den Anführer der Covenanters. Dieser war darum bemüht, seiner Kirche und seiner Person mehr Einfluss im Staat zu verschaffen, die Macht des Königs über Schottland indessen möglichst zu beschränken. Beide – obwohl sie ursprünglich für dieselbe Sache gekämpft hatten – wurden erbitterte Feinde. Montrose wurde schließlich verhaftet, weil er gegen Argyll intrigiert hatte. Der König holte ihn aus dem Gefängnis und machte ihn zum Militärführer. 1644 bis 1646 kämpfte er im Bürgerkrieg für Charles I. in Schottland gegen die Covenanters und Argyll, indem er u. a. die katholischen Adligen der Highlands auf seine Seite zog, die die Macht des protestantischen Earl of Argyll gebrochen sehen wollten. Montroses Siege – auch gegen die Truppen von Argyll –, die aufgrund seiner zahlenmäßigen Unterlegenheit auf einer Überraschungstaktik beruhten, brachten ihm nicht nur großen politischen Einfluss, sondern auch den Beinamen »The Great Montrose« ein. 1645 wurde er dennoch geschlagen und verließ im Jahr darauf Schottland. 1650 setzte er sich für die Rechte des exilierten Charles II. ein. Der beugte sich aber den Forderungen der Covenanters unter Argyll, um König zu werden, und ließ seinen Unterstützer Montrose fallen. Dieser sammelte Truppen, verlor aber seinen Kampf, wurde verhaftet und am 21. Mai 1650 unter den Augen seines Erzfeindes Argyll hingerichtet.

46 Es war am 11. Mai 1650] Am 27. April 1650 hatte Montrose zwar die Schlacht bei Carbisdale verloren, konnte aber seinen Gegnern entkommen. Er wurde dann von einem Freund verraten, der sich das Kopfgeld verdienen wollte, und als Gefangener am 18. Mai nach Edinburgh gebracht, am 20. vom Parlament zum Tode verurteilt und am 21. hingerichtet. Die Geschichte entnimmt Fontane Chambers 1847, S. 285. Dort ist als Datum korrekt der 18. Mai angegeben.

46 Archibald, ältester Sohn des Grafen von Argyle *[…]* zum Altare trat] Archibald Campbell, 9th Earl of Argyll, hatte am 13. Mai 1650 in der Kirche von Canongate Lady Mary Stuart (Tochter des 4th Earl of Moray) geheiratet. Die offiziellen Feierlichkeiten fanden am 18. Mai statt.

46 Leith] Montrose wurde in Ardvreck Castle im Nordwesten Schottlands gefangen und kam per Schiff über den Fourth in Leith, dem Hafen von Edinburgh, an.

46 Fünfunddreißig Jahre später] Argyll hatte sich 1685 bei der Monmouth-Rebellion für die Thronbesteigung von James Scott, 1st Duke of Monmouth, eingesetzt (vgl. auch Fontanes Gedicht »Lied des James Monmouth« von 1853; GBA-Gedichte, Bd. 1, S. 141). Dieser war ein unehelicher Sohn von Charles II. und wollte anstelle seines Onkels James VII. den britischen Thron besteigen. Argyll hatte die Rebellion als Truppenführer gegen die Soldaten von James VII. unterstützt, wurde am 18. Juni verhaftet und am 30. Juni hingerichtet. Der »Mann mit dem Beil« wurde allerdings nicht gebraucht, da die »Maiden«, ein Vorläufer der Guillotine, bei ihm ebenso zum Einsatz kam wie schon bei seinem Vater.

46 Sein Vater *[…]* gelegt] Archibald Campbell, 1st Marquess of Argyll and 8th Earl of Argyll, war nach der Restauration der Monarchie nach Cromwells Tod 1660 auf Befehl von Charles II. verhaftet und im Tower eingekerkert worden. Er wurde nach Edinburgh Castle gebracht und wegen Hochverrats vor Gericht gestellt. Man warf ihm vor, Cromwell unterstützt zu haben und an der Hinrichtung von Charles I. beteiligt gewesen zu sein. Am 27. Mai 1661 wurde Argyll hingerichtet.

47 St. Giles umschließt] Montrose erhielt erst zehn Jahre nach seiner Hinrichtung ein Staatsbegräbnis. Dafür mussten seine Körperteile, die zur Mahnung in verschiedenen schottischen Städten ausgestellt waren, zunächst eingesammelt bzw. ausgegraben werden. Am 11. Mai 1661 wurden seine Überreste in St. Giles beigesetzt. Die beiden Argylls wurden nicht in St. Giles begraben; für den 8th Earl of Argyll wurde erst 1895 ein Denkmal in der Kirche errichtet, das dem von Montrose gleicht.

47 City-Croß] Die Fakten entnimmt Fontane Scotts Anmerkung T zu Canto V, Abschnitt 25 des »Marmion« (Scott–Poetical Works, Bd. 2, S. 242). Dort findet sich eine ausführliche Beschreibung des City Cross, die Fontane bekannt ist; vgl. seinen Hinweis auf S. 50.

47 »schottische Einhorn«] Nationales Wappentier Schottlands, das bis 1603 auch auf dem königlichen Wappen abgebildet war. Es fand sich auf vielen schottischen Marktkreuzen.

47 auf einem Landgut] 1756 wurde das Kreuz zerstört und Teile der Säule in Drum House, wenige Kilometer von seinem ursprünglichen Standort, aufgebaut. (Diese Information entnahm Fontane aus Chambers 1847, S. 169; diesen Ort nennt auch Scott in »Marmion«, Anmerkung T zu Canto V, Abschnitt 25; Scott-Poetical Works, Bd. 2, S. 242). 1866 wurden die erhaltenen Säulenstücke in eine Replik integriert, die auf dem Parliament Square aufgestellt wurde.

48 schwächlichen Proklamationen König Karl's] Wörtliche Übernahme aus Chambers 1847, S. 169. Der König ist Charles I., gegen den die Covenanters zu Feld zogen. Offizielle Verlautbarungen wurden (und werden in besonderen Fällen noch heute) in Edinburgh am Mercat Cross öffentlich verlesen.

48 fielen die Häupter Montrose's und der beiden Argyle's] Hier bezieht Fontane sich auf Chambers 1847, S. 169. Auch die Beschreibung der Ereignisse übernimmt er von dort. (Der Reiseführer gibt hingegen fälschlich an, Montrose und Argyle seien auf dem Grassmarket enthauptet worden; vgl. Black's Picturesque 1857, S. 30.)

48 erschien Prinz Charlie] Am 28. September 1745 wurde der Vater von Charles Edward Stuart hier zum König ausgerufen und sein Sohn zum Regenten. Unter Jubelrufen des Volkes betrat Bonnie Prince Charlie persönlich die Plattform des Mercat Cross.

48 Geisterstimme] Vgl. »Marmion«, Canto V, Abschnitt 26 (Scott-Poetical Works, Bd. 2, S. 145).

49 Eins dieser ostensiblen Gastmähler] Vgl. die Szenerie und das von Fontane übersetzte Gedicht in Chambers 1847, S. 168 f.

49 Jacobiten] Anhänger der exilierten Stuart-Thronprätendenten; engl. Jacobites, benannt nach James (bzw. lat. Jacobus) VII. of Scotland and II. of England, der bei der Glorious Revolution 1688/89, die die Alleinherrschaft des Königs durch eine konstitutionelle Monarchie ablöste, vom Thron gestürzt wurde. Seine Frau war katholisch, und er selbst war gleichfalls konvertiert, so dass die Protestanten nach der Geburt des Sohnes eine katholische Thronfolge fürchteten, die sie verhindern wollten. Die Anhänger des Königs setzten sich zur Wehr gegen die protestantische Thronfolge durch dessen Tochter aus erster Ehe, Mary II., und ihren Mann Willem III. van Oranje, die das schottische Parlament befürwortete. Die Jakobiten hielten der katholischen Linie der Stuarts die Treue bis zum endgültigen Scheitern Charles Edward Stuarts in der Schlacht von Culloden.

49 Eine Stuart'sche Dame] Übernahme aus Chambers 1847, S. 168 f.

49 Einstens zu Cana] Bei der Hochzeit zu Kana war Jesus Gast und verwandelte Joh 2, 1–9 zufolge Wasser in Wein.

49 Haus Braunschweig] George I. und George II. entstammten der hannoverschen Linie des Hauses Braunschweig und lösten die Stuart-Dynastie 1714 ab, weil man die katholische Thronfolge unterbrechen wollte und daher nach protestantischen Thronfolgern suchte. Die Mutter Georges I., Sophie von der Pfalz (Tochter von Elizabeth Stuart, die wiederum eine Tochter von James VI. war), wurde 1701 als Thronfolgerin vom englischen Parlament benannt, falls Mary II. und ihre Schwester Anne ohne Nachfolger sterben sollten. Sophie starb aber, bevor Queen Anne den Thron bestieg, und so wurde ihr Sohn, Georg Ludwig Kurfürst von Braunschweig-Lüneburg, 1714 englischer König. Erst mit der Thronbesteigung Victorias wurde die Personalunion zwischen Großbritannien und Hannover aufgelöst, womit die Herrschaft des Hauses Hannover auf dem britischen Thron endete.

49 Epigramm] Die Spottverse stammen von Horace Walpole.

50 »Marmion«] Canto V, Abschnitt 25 und Anmerkung T in Scotts »Marmion« (Scott–Poetical Works, Bd. 2, S. 144 f. und 242).

50 Woher dieser /…/ zu sagen] Die Erklärung, die Fontane verwirft, ist korrekt: Edinburgh war Verwaltungssitz für die Region Midlothian, also im übertragenen Sinne ihr Herz. Old Tolbooth wiederum war das Gebäude, von dem aus Midlothian verwaltet wurde.

50 Haushaltsworte] Alltagswort. Möglicherweise übersetzt Fontane den Begriff aus dem Englischen (»household word«), wo er gebräuchlicher war als im Deutschen. Außerdem gab es von 1850 bis 1859 eine von Charles Dickens herausgegebene Wochenzeitschrift mit dem Titel »Household Words«.

50 ein alter Bau] Der Bau des ursprünglichen Gebäudes wurde 1368 begonnen und war wohl zur Jahrhundertwende abgeschlossen.

51 Moßtrooper und Borderer] Die moss-trooper waren eine Gruppe ehemaliger Soldaten, die die Armee aus verschiedensten (zumeist unehrenhaften) Gründen verlassen hatten und Mitte des 17. Jahrhunderts durch das südliche Schottland, aber auch durch die Highlands vagabundierten und ihren Lebensunterhalt durch Überfälle auf Privatpersonen und Militärtransporte sicherten. – Borderer bezeichnet hier die border reivers, Bewohner der Grenzregion zwischen England und Schottland. Da diese Region immer wieder bei den Auseinandersetzungen zwischen den beiden Königreichen zerstört und geplündert wurde, war die Bevölkerung arm, aber kampferprobt. So verlegten die reivers sich auf Überfälle und (Vieh-)Diebstähle, um zu überleben.

51 1561 /…/ herab] Um 1561 war das Gebäude so verfallen, dass Maria Stuart Teile abreißen und neu bauen ließ. Ab 1438 ver-

sammelte sich das Parlament dort, bis es 1639 – Fontane gibt mit 1640 ein falsches Jahr an – in ein neues Gebäude umzog.

51 Nachrichter] Scharfrichter.

51 Krame's] Vgl. Anm. zu S. 34 »Buden und Kramläden«.

51 verräuchert] Edinburgh trug den Spottnamen »Auld Reekie«, weil über der Stadt häufig Rauch aus den unzähligen Schornsteinen hing, der auch die Häuser verrußte.

52 Graf Schlabrendorff] Gustav von Schlabrendorf war begeisterter Verfechter der Ideen der Französischen Revolution, die er als Augenzeuge in Paris erlebte; er äußerte sich aber sehr kritisch über den Terror der jakobinischen Revolutionäre. Diese Kritik brachte ihn schließlich 1793 ins Gefängnis in Paris, und er entging nur knapp der Hinrichtung. Ob das tatsächlich den nicht geputzten Stiefeln zu verdanken war, wie Fontane behauptet, ist nicht belegt. Erst nach Robespierres Sturz wurde Schlabrendorf freigelassen. Fontane las im September 1858 (vgl. die Tagebucheinträge vom 29. September und 4. Oktober 1858) Varnhagen von Enses »Denkwürdigkeiten des eigenen Lebens«, in denen dieser über seine Begegnungen mit Schlabrendorf in Paris berichtet.

52 gar reich oder vornehm] Vgl. Chambers 1847, S. 81: »[…] almost every criminal of rank confined in it made his escape.«

52 Herzoge von Argyle] Fontane meint hier wohl Archibald Campbell, 9th Earl of Argyll, denn dessen Vater war in Edinburgh Castle inhaftiert und nicht in Old Tolbooth. Nachdem er seine Bemühungen hatte scheitern sehen, hatte der Earl of Argyll noch versucht, sich selbst zu töten – ohne Erfolg. So wurde er am 30. Juni 1685 hingerichtet.

53 Robert Ferguson *[…]* verfolgten] Diese Geschichten übernimmt Fontane aus Chambers 1847, S. 83.

53 Rye-House-Complott (gegen Karl II.)] 1683 planten protestantische Adlige, König Charles II. und seinen Bruder, der ihm auf dem Thron gefolgt wäre, zu ermorden, weil man ihnen Sympathien für den Katholizismus und damit verbunden für den Absolutismus nachsagte. Aufgrund einer Änderung der Reisepläne des Königs konnte das im Rye House geplante Attentat nicht stattfinden. Der König erfuhr dennoch davon und ließ die Verschwörer verhaften.

53 mehrere Anhänger des Prätendenten] Übernahme aus Chambers 1847, S. 83. Dort ist allerdings nur von einem »gentleman« die Rede und nicht von mehreren.

53 in die Acht Erklärten] Rechtsspruch gegen einen abwesenden Verbrecher, der damit unehrenhaft aus der Gesellschaft ausgeschlossen wurde und von jedermann gejagt und einem Richter

ausgeliefert oder sogar getötet werden konnte. Wer den Flüchtigen unterstützte, machte sich gleichfalls schuldig.

53 Walter Scott geschenkt *[...]* einzuverleiben] Vgl. dazu auch Scotts Anmerkung im »Heart of Mid-Lothian« (Scott–Magnum1, S. 299) und Chambers 1847, S. 77 f.

53 Kristall-Pallastes] Der Crystal Palace wurde für die Weltausstellung in London 1851 im Hyde Park aufgebaut. Im ersten Kapitel von »Ein Sommer in London« beschreibt Fontane seinen zweiten Besuch im Glaspalast, der nach dem Ende der Weltausstellung verwaist im Hyde-Park zurückgeblieben war. Er wurde schließlich abgetragen und 1854 vergrößert im Stadtteil Sydenham in einem Park neu eröffnet.

54 12. April 1520] Richtig: Der Straßenkampf fand am 30. April 1520 statt. Dabei stießen auf der High Street von Edinburgh die rivalisierenden Douglas', die mit den Engländern sympathisierten, und Hamiltons, die mit den Franzosen sympathisierten, aufeinander. Beide Chiefs wollten ihren Einfluss auf den minderjährigen James V. erhalten bzw. ausdehnen. Vgl. zum Verlauf der Ereignisse Chambers 1847, S. 232 f., der Fontane als Quelle diente.

54 Graf von Arran abgetreten] James Hamilton, 1st Earl of Arran and 2nd Lord Hamilton, ein Cousin von James IV. und Clanoberhaupt der Hamiltons. Er war als Gesandter von James IV. am französischen Hof gewesen und versuchte, die Auld Alliance zwischen Schottland und Frankreich zu stärken, was die englische Seite unter Henry VII. kritisch beobachtete. Als der englische König 1513 in Frankreich einmarschierte, waren die Schotten in alter Verbundenheit mit Frankreich genötigt, gegen England in den Krieg zu ziehen. Hamilton war Führer der schottischen Flotte. Zwischen 1517 und 1524 war er einer der Vize-Regenten für James V. und hatte zeitweise den Vorsitz des Council of Regency inne, als der eigentliche Regent, John Stewart, Duke of Albany, in Frankreich war. In dieser Zeit plante er einen Komplott gegen den Regenten, der ihn sein Amt kostete und ihn im April 1520 in eine Auseinandersetzung mit seinem Erzfeind Douglas brachte, der gleichfalls seinen Einfluss ausweiten wollte. Arran zog den Kürzeren: Er war Lord Provost of Edinburgh und hatte sich bei den Bürgern der Stadt unbeliebt gemacht, so dass sie sich auf die Seite der Douglas' stellten. Arrans Männer unterlagen, und er selbst konnte seinen Verfolgern nur knapp entkommen. 1522 wurde er ins Council of Regency zurückberufen.

54 Jakob V.] James V. war erst 17 Monate alt, als sein Vater in der Schlacht von Flodden am 9. September 1513 starb und er am 21. September in Stirling zum König gekrönt wurde. Zunächst regierte

seine Mutter für ihn. Nach ihrer Heirat mit dem Clanführer der Douglas' kam es zu erneuten Auseinandersetzungen um die Regentschaft. Erst 1528 übte James V. seine Macht als König selbst aus.

54 Erzbischof von Glasgow] James Beaton hatte bereits unter James IV. großen politischen Einfluss gehabt, der ihn 1505 zum Lord High Treasurer of Scotland machte. Beaton war damit für die Finanzen des königlichen Hofes verantwortlich. Im April 1509 wurde er zum Erzbischof von Glasgow geweiht und 1515 zum Lord Chancellor of Scotland. Damit gehörte er während der Minderjährigkeit von James V. zum engsten Regierungskreis und hatte großen Einfluss auf die politische Entwicklung des Landes.

55 Graf Angus] Archibald Douglas, 6th Earl of Angus, war Oberhaupt des politisch einflussreichen Clan Douglas, der mit den Hamiltons um die Macht in der Regierung konkurrierte und Schottland enger an England als an Frankreich binden wollte. 1514 hatte er Margaret Tudor, die die Regentschaft für ihren minderjährigen Sohn übernahm, geheiratet und damit seinen Einfluss auf den zweijährigen König James V. sichern wollen. Dieser Schachzug hatte zur Folge, dass Unmut unter den anderen Adligen ausbrach, die ihre eigenen Interessen durchzusetzen versuchten. Margaret Tudor musste die Regentschaft an John Stewart, Duke of Albany, abgeben, der die Truppen der Königin 1516 bei Stirling besiegt und James V. aus dem Gewahrsam der Königin in seinen eigenen genommen hatte. So wurde er Alleinregent. Da er aber zwischen 1517 und 1520 seine Regentschaft nicht vor Ort ausübte, stritten sich die verbliebenen Mitglieder des Council of Regency um die Macht. (Darin vertreten waren James Beaton, Erzbischof von Glasgow und Kanzler Schottlands, sowie Alexander Gordon, Earl of Huntly, der den Norden Schottlands beherrschte, und James Hamilton, 1st Earl of Arran and 2nd Lord Hamilton, ein Enkel von James II. und eben Archibald Douglas.)

55 gebührte ihm] Dieses Recht glaubte Douglas aus der engen Verbundenheit der Familie mit dem Königshaus und seiner Heirat mit der Mutter des Königs ableiten zu können.

55 Beschluß der Großen Raths-Versammlung] Zum Council of Regency gehörten die Adligen, die während der Minderjährigkeit von James V. die Regierungsgeschäfte führten.

55 Bischof von Dunkeld war Gawain Douglas] Gavin Douglas war ein Sohn von Bell-the-Cat (vgl. Anm. zu S. 57 »Archibald Bell the Cat«) und der Onkel von Archibald Douglas, 6th Earl of Angus, dessen machtpolitische Interessen er unterstützte. Er gehörte nach dem Tod von James IV. zu den engsten Ratgebern der ver-

witweten Königin und machte im Council of Regency seinen Einfluss in dieser Hinsicht geltend. Dabei war er auch in Konflikt mit Beaton geraten und hatte zeitweilig alle kirchlichen Ämter verloren, bevor er 1516 durch Intervention der Königin Bischof von Dunkeld wurde.

55 Erzbischof Beaton] Vgl. Anm. zu S. 54 »Erzbischof von Glasgow«.

55 »Auf mein Gewissen [...] hohl.«] Vgl. den Dialog in Chambers 1847, S. 232; einige Fakten der Geschichte vom »Cleanse the Causeway« übernimmt Fontane aus Chambers (ebd. S. 232 f.).

57 Sir James Hamilton] Sir James Hamilton of Finnart war ein unehelicher Sohn des Earl of Arran. Beide spielten eine entscheidende Rolle im Straßenkampf mit den Douglas' und konnten nur knapp den Verfolgern entkommen.

57 Sir Patrick Hamilton] Sir Patrick Hamilton of Kincavil, der jüngere Bruder des Earl of Arran, stand an vorderster Front mit der Familie im Straßenkampf gegen die Douglas', bei dem er wie ca. 70 weitere Familienmitglieder den Tod fand.

57 Sohn Lord Montgomery's] John Montgomerie, Master of Eglinton. Sein Vater Hugh Montgomerie, 1st Earl of Eglinton, war einer der Vormünder von James V.

57 suchte Zuflucht [...] Blackfriars-Abtei] Die Abtei lag in der Nähe von Beatons Haus in Cowgate, einer Parallelstraße der High Street, in die Beaton hatte flüchten können. Seine Verfolger waren ihm aber auf den Fersen. Nur das Hinzukommen von Gavin Douglas rettete ihn, dennoch blieben die beiden Widersacher.

57 Archibald Bell the Cat] Die in diesem Kapitel erzählte Geschichte entnahm Fontane einer Anmerkung Scotts in »Marmion« (Anmerkung N zu Canto V, Abschnitt 14; Scott wiederum verweist auf Pitscottie 1728, S. 78, bei dem aber die Anekdote über Bell-the-Cat nicht auftaucht; Scott-Poetical Works, Bd. 2, S. 239 f.). Auch in den »Tales of a Grandfather« berichtet Scott darüber (Scott-Tales, S. 74). Das Etikett »Bell-the-Cat« taucht in David Hume of Godscrofts Geschichte des Hauses Douglas und Angus von 1644 erstmals auf.

57 Archibald Douglas] Archibald Douglas, 5th Earl of Angus, war im 15. Jahrhundert einer der einflussreichsten Adligen in Schottland und legte den Grundstein für den politischen Aufstieg seines Clans. Über mehrere Generationen nach ihm stand die Familie loyal zu ihrem König – im Gegensatz zu Archibald Douglas selbst, dessen Rolle von den Geschichtsschreibern stark verklärt wurde, wie auch noch bei Fontane zu erkennen ist.

57 Jakob III] James III. gehörte zu den am wenigsten beliebten Königen Schottlands, weil er versuchte, eine Allianz mit England zu

schließen und sich mehr für Kunst und Kultur als für Politik und Verwaltung interessierte, was als unmännlich galt. Seine absurden Expansionspläne brachten das schottische Parlament gegen ihn auf. Außerdem lebte er in ständigen Auseinandersetzungen mit seinen Brüdern. Ein Bruder zog schließlich auf Seiten des englischen Königs gegen ihn zu Felde, weil er selbst auf eine Thronbesteigung hoffte. Zudem kam es zu Zusammenstößen mit unzufriedenen schottischen Adligen, wie etwa der von Fontane geschilderten Auseinandersetzung in Lauder. Denn diese Adligen waren sowohl mit der englandfreundlichen Politik des Königs als auch mit dessen Hofstaat nicht einverstanden, in den James trotz Hungersnot in der Bevölkerung viel Geld investierte. Zudem bestand seine höfische Gefolgschaft aus kunstaffinen Personen aller Gesellschaftsklassen, die in den Augen der Adligen seinem Stand nicht angemessen waren und die Großzügigkeit des Königs ausnutzten; vgl. dazu Magnusson 2001, S. 266 f.

57 Mignon-Wirthschaft *[…]* Ludwig XIII.] Mignon: (Frz.) Liebling; Bezeichnung für den Bevorzugten eines Monarchen. Louis XIII. umgab sich – wie zuvor auch seine Mutter – mit zahllosen Favoriten, die den König zu manipulieren versuchten.

58 sammelte *[…]* ein Heer] Trotz der Bemühungen von James III. um ein Einvernehmen mit England kam es schließlich zu einem Kriegszug Edwards IV. gegen ihn. Dabei kämpfte James' Bruder, der Duke of Albany, auf Seiten der Engländer. Er hatte dem englischen König territoriale Versprechungen gemacht, sollte dieser ihn nach gewonnenem Kampf an seines Bruders Stelle als schottischen König einsetzen. Eine starke englische Armee machte sich auf den Weg nach Schottland, und James war zu einem Gegenzug gezwungen. Dazu war er aber auf die Unterstützung der Adligen angewiesen. Im Juli 1482 sammelten sich die schottischen Truppen in der Nähe von Edinburgh und marschierten mit dem König nach Lauder. Das feindliche Heer wartete in 48 km Entfernung; vgl. Magnusson 2001, S. 268 f.

58 Versammlung in der Kirche zu L a u d e r] Die Tatsache, dass Robert Cochrane, der Favorit des Königs, die Artillerie anführen sollte, erregte großen Unmut bei den Adligen, so dass diese eine Versammlung in der Kirche von Lauder abhielten, um ihr weiteres Vorgehen zu besprechen. Sie beschlossen, den König unter Druck zu setzen und die Gefolgschaft zu verweigern, wenn er seine Favoriten nicht fallenließ. Fontanes Bericht legt nahe, dass mit der Katze, der die Glocke umgehängt werden solle, Cochrane gemeint gewesen sei. Tatsächlich aber versuchte Douglas zunächst, beim König zu intervenieren, der jedoch die Absetzung

Cochranes verweigerte. Daraufhin beschlossen die Adligen, selbst tätig zu werden. Douglas gab den Startschuss, indem er Cochrane angriff. Dieser wurde gemeinsam mit fünf weiteren Getreuen gehängt (vgl. Magnusson 2001, S. 269). Die Verschwörer bemächtigten sich des Königs, und anstatt gegen die Engländer zu ziehen, kehrten sie mit ihm nach Edinburgh zurück.

58 Cochrane] Zu den Favoriten des Königs gehörte vor allem Robert Cochrane, der Steinmetz war und großen Einfluss auf James III. gewonnen hatte. Durch seine politischen Aktionen im Auftrag des Königs stieß er die lokalen Adelsfamilien vor den Kopf, und er versuchte zugleich, den persönlichen Zugang anderer zum König auf die Personen zu beschränken, die ihm hohe Bestechungsgelder zahlten (Magnusson 2001, S. 267). Deswegen setzten die frustrierten Adligen ihre Hoffnungen auf James' Bruder, den Duke of Albany, von dem sie mehr politisches Engagement in ihrem Sinne erwarteten.

58 Lord Gray] Der Name des Lord Gray taucht in allen Quellen auf, die die Geschichte von Bell-the-Cat erzählen. Um wen genau es sich dabei handelte, konnte nicht geklärt werden.

58 umsonst gemüht] Der König hatte sich den aufständischen Adligen gegenüber geweigert, Cochrane abzusetzen.

59 sein eigener Sohn] James III. hatte kaum Kontakt zu seinem ersten Sohn, sondern bevorzugte den zweiten. Der älteste Sohn fürchtete, der Vater könne ihn aus dem Weg räumen wollen, und verließ ihn. Damit rückte der fünfzehnjährige Thronerbe ins Blickfeld der unzufriedenen Adligen, die ihn an die Spitze einer geplanten Rebellion gegen seinen Vater stellten. Nach einem Scharmützel zwischen den Truppen von Vater und Sohn kam es im Juni 1488 zur entscheidenden Schlacht.

59 Tag von Sauchieburn] Am 11. Juni 1488 stießen die Truppen von James III. auf die Rebellen unter dem zukünftigen James IV. Die Truppen des Königs verloren. Wie genau er selbst ums Leben kam, ist bis heute nicht geklärt (vgl. Magnusson 2001, S. 272). Fontane gibt hier eine der kursierenden Legenden wieder.

59 »Fiedlerkönig«] Fontane wählt wohl diese Bezeichnung, um das Interesse des Königs an den schönen Künsten hervorzuheben. Dass dies tatsächlich sein Spitzname war, ist nicht belegt. Möglicherweise spielt Fontane hier auf Scotts Aussage an, James' Kritiker hätten sich darüber geärgert, dass der König sich mit »masons and fiddlers« umgeben habe (Scott–Tales, S. 71).

59 Spens von Kilspendie] Die Geschichte vom Zweikampf zwischen Spens of Kilspindie und Douglas übernimmt Fontane aus Scotts »Minstrelsy of the Scottish Border«. Scott erzählt die Anekdote

dort in einer Fußnote zur Einleitung (Scott-Minstrelsy, Bd. 1, S. ix), in der er ausführlich auf die einflussreiche Douglas-Familie eingeht.

59 Bell the Cat] Die folgende Kurzzusammenfassung der Ereignisse in Flodden überträgt Fontane aus einer Anmerkung Scotts zu »Marmion« (Anmerkung O zu Canto V, Abschnitt 14; Scott-Poetical Works, Bd. 2, S. 240).

60 gegen siebzig] Er war 64.

60 Tag von Floddenfield] 1513 hatte der englische König den alten Feind Frankreich erneut angegriffen, woraufhin Louis XII. den schottischen König, die Auld Alliance wiederbelebend, um Hilfe bat. Obwohl James IV. mit der Schwester des englischen Königs verheiratet war und an einem Frieden mit England hätte interessiert sein müssen, war seine Kriegslust größer – vor allem weil die französische Königin an seine Ritterlichkeit appelliert hatte. Ziel des französischen Königs war es, durch einen Angriff Schottlands auf England seinen eigenen Truppen Erleichterung zu verschaffen. James leistete der Bitte Folge, zog seine Truppen zusammen und marschierte gen England. Nach ersten Erfolgen der Schotten forderte der englische Heerführer Surrey König James IV. zur entscheidenden Schlacht heraus. Sie fand in der Nähe von Flodden statt.

60 geh heim] In Scotts »Marmion«, heißt es: »[…] the King said to him, with scorn and indignation, ›if he was afraid he might go home.‹ The Earl burst into tears at this insupportable insult, and retired accordingly« (Anmerkung O zu Canto V, Abschnitt 14; Scott-Poetical Works, Bd. 2, S. 240).

60 zweihundert Douglas] Vgl. »Marmion«, Anmerkung O zu Canto V, Abschnitt 14. Wie viele Schotten insgesamt bei der Schlacht fielen, ist bis heute unklar, die Zahlen variieren zwischen 5000 und 17 000.

60 beiden Söhne] George Douglas, Master of Angus, und Sir William Douglas of Glenbervie fielen in der Schlacht; vgl. »Marmion«, Anmerkung O zu Canto V, Abschnitt 14.

60 jetzt vergessenen Kloster *[…]* ist unbekannt] Douglas verbrachte seine letzten Lebenswochen in Whithorn Priory und ist dort auch begraben.

60 Dasselbe] Vgl. »Marmion«, Anmerkung K zu Canto VI, Abschnitt 11 (Scott-Poetical Works, Bd. 2, S. 251); mit Hinweis auf die Einleitung in »Minstrelsy of the Scottish Border« (Scott-Minstrelsy, Bd. 1, S. ix). Dieses Schwert und die Tatsache, dass es beinahe in Carberry Hill zum Einsatz gekommen wäre, spielt auch in Scotts Roman »The Abbot« eine Rolle (21. Kapitel; Scott-Abbot, S. 195 f.).

60 Carberry-Hill] Am 15. Juni 1567 standen sich in Carberry Hill Maria Stuarts Anhänger, darunter auch ihr dritter Mann Bothwell, und die opponierenden Lords gegenüber. Diese planten Marias Sturz, wollten aber vor allem Darnleys Tod an Bothwell rächen. Zunächst verging der Tag mit Verhandlungen. Man bot Maria Stuart an, sie als Königin weiter anzuerkennen, wenn sie sich von Bothwell trennte und sich den Lords auslieferte. Bothwell bot einen Zweikampf an, aber keiner der ihm zunächst vorgeschlagenen Gegner erschien ihm standesgemäß. Da Maria und Bothwell immer klarer wurde, dass sie zu wenig Soldaten hatten, um eine Schlacht zu gewinnen, ergab Maria Stuart sich schließlich und sicherte damit ihren Truppen – und ihrem Mann – den freien Abzug.

60 als Lord Lindsay gegen Bothwell] Nachdem Bothwell die ersten beiden Gegner für einen Zweikampf als unwürdig abgelehnt hatte und nur gegen Morton kämpfen wollte, meldete sich Patrick Lindsay, 6th Lord Lindsay of the Byres, der ein Verwandter Darnleys war und das Recht auf Rache forderte. Morton gab ihm dazu das Schwert Bell-the-Cats, aber die Königin schritt ein und untersagte den Zweikampf.

60 Grafen Morton] James Douglas, 4th Earl of Morton, war bereits an der Ermordung Rizzios beteiligt gewesen, indem er die Truppen anführte, die den Palast in Holyrood besetzten, um die Königin nach der Ermordung ihres Sekretärs von der Außenwelt abzuschneiden. Er musste danach nach England fliehen, kehrte aber ein Jahr später zurück. Er war im Besitz des legendären Erbschwerts, das Robert the Bruce seinem treuen Gefolgsmann Sir James Douglas, Lord of Douglas, geschenkt hatte, der an seiner Seite in die Schlacht von Bannockburn gezogen war. In der Folge vollbrachte Bell-the-Cat weitere Heldentaten damit; Morton wollte es Lindsay für den Kampf mit Bothwell zur Verfügung stellen.

61 Die Klinge *[...]* stund] Die Informationen über das Aussehen des Schwertes und seine Inschrift übernimmt Fontane aus einer Anmerkung Scotts zu »Marmion« (Anmerkung Q zu Canto V, Abschnitt 15; Scott–Poetical Works, Bd. 2, S. 241).

61 Stuart-Insurrektion] Vgl. Anm. zu S. 18 »Stuart-Aufstandes«.

61 Douglas-Castle] Die Festung der Douglas' lag in der Nähe des gleichnamigen Dorfes in South Lanarkshire. Seit dem 13. Jahrhundert war hier der Stammsitz der Familie. Walter Scott wählte das Schloss als Schauplatz seines Romans »Castle Dangerous« (1831), den Fontane möglicherweise gelesen hatte. Das Schloss besuchte Fontane aber nicht. James Douglas, 4th Earl of Morton,

Besitzer des Erbschwerts und der letzte Regent während der Minderjährigkeit von James VI., plante 1574, das Familienschloss umfassend renovieren zu lassen, um dort zu wohnen.

61 im Besitz von Lord Douglas] Erbe der Douglas-Familie war durch Heirat mit einer Douglas-Tochter Cospatrick Alexander Douglas-Home, 11th Earl of Home. An ihn fielen 1857 nach dem Tod des letzten direkten Erben die Besitztümer der Familie. Erst 1875 wurde auch der offizielle Titel wieder eingeführt, den der Großvater seiner Frau zuletzt getragen hatte, und er wurde 1st Baron Douglas of Douglas.

61 Grafen von Strachwitz] Moritz Graf von Strachwitz war von Ende 1842 bis Anfang 1844 Mitglied im ›Tunnel über der Spree‹ und erfolgreicher Balladendichter, der für Fontanes eigene Balladen ein Vorbild war. Fontane hatte ihn bei seinen Besuchen als Gast im ›Tunnel‹ ab 1843 kennengelernt. Als er ordentliches Mitglied des ›Tunnels‹ wurde, hatte Strachwitz ihn schon verlassen, weil er Anfang 1844 nach Schlesien zurückgekehrt war. Die Ballade »Das Herz des Douglas« trug Strachwitz am 2. Dezember 1843 vor den Mitgliedern des ›Tunnel‹ vor (vgl. das Protokoll dieser Sitzung: Protokoll 1843/12/02 unter: http://allegro.ub.hu-berlin.de/tunnel/).

VII. Westbow; Graßmarket; ein paar Kapitel aus der Lynch-Justiz

63 Hare und Burke] William Hare und William Burke begingen zwischen 1827 und 1828 sechzehn Morde in Edinburghs West Port, wo Hare eine Pension betrieb. Die beiden brachten zunächst Mieter der Pension um und lockten schließlich gezielt Opfer in das Haus, die sie erstickten. Sie verkauften die Leichen an das Edinburgh Medical College, das laufend nach Toten für seine Anatomiekurse suchte und die Überbringer dafür bezahlte. Je frischer die Leiche, desto höher der Lohn. Die beiden wurden schließlich gefasst. Nachdem Hare gegen Burke ausgesagt hatte, wurde dieser 1829 unter großem öffentlichem Interesse gehängt, während man Hare freiließ (Coghill 2010, S. 101).

63 »Pechkappe«] Die Pechkappe oder Pechhaube war ein Folterinstrument des Mittelalters, bei dem Delinquenten der Kopf mit Pech bestrichen wurde, auf das dann Federn geklebt wurden. Eine sog. Pechkappe wurde auch bei einer fragwürdigen medizinischen Therapie für Hautkrankheiten des Kopfes eingesetzt, um auf schmerzhafteste Weise die Haare samt den Krankheitssymptomen auszureißen. Diese Methode wurde noch bis zum Beginn des 19. Jahrhunderts angewandt.

63 Alle diese Gassen */…/* gesehen habe] Fontanes Reiseführer bestätigt diesen Eindruck und rät Touristen zu einer Betrachtung des Cowgate aus der Ferne: »It is now inhabited by the lowest class of the population, and many tourists will prefer viewing it from George IV. Bridge or the South Bridge, both of which overlook it, than from the street itself.« (Black's Picturesque 1857, S. 33.) Die Häuser waren stark heruntergekommen und zudem vollkommen übervölkert. Coghill fasst mit Blick auf Blackfriar's Wynd zusammen: »A survey a year earlier [1849; ME] had shown 597 men, women and children living in the wynd, but Dr Bell found 1,025 in the 142 buildings there, containing 198 chambers.« (Coghill 2010, S. 111.) Vor allem irische Immigranten bewohnten die verfallenden Häuser. Noch 1868 beschreibt Murrays »Handbook for Travellers in Scotland« Cowgate als »one of the poorest and filthiest lanes in the United Kingdom.« (Murray's Handbook 1868, S. 119; vgl. dazu auch Coghill 2010, S. 104–121.) Erst 1871 wurde mit der Sanierung begonnen.

63 gäng und geber] Üblicher.

63 Die verrufensten Quartiere Londons */…/* versehen sind] Die Häuser in Cowgate stammten aus dem 15. und 16. Jahrhundert. Sie wurden von den Adligen, die 1707 nach dem Act of Union nach London bzw. Mitte des 18. Jahrhunderts in die neugebaute Neustadt zogen, verlassen und verfielen zusehends. Das Pendant zu Cowgate in London war Mitte des 19. Jahrhunderts der Bezirk Spitalfields. Hier wurden erst spät im 17. Jahrhundert Häuser gebaut, in denen die Seidenweber aus Frankreich und Irland ein Unterkommen fanden. Man mag sie also im Vergleich zu Cowgate verhältnismäßig neu nennen.

63 ein gewisser malerischer Reiz anhaftet] Diese Tendenz, selbst dem größten sozialen Elend noch einen pittoresken Reiz abzugewinnen, zeigt auch Fontanes Reiseführer, dort ist die Rede von »the abodes of poverty being, for the most part, confined to those gigantic piles of buildings in the older parts of the city, where they so essentially contribute to the picturesque grandeur of the place.« (Black's Picturesque 1857, S. 4.)

64 mit weißen Steinen ausgelegtes Kreuz] Um 1660 wurden auf dem Grassmarket die ersten Hinrichtungen vollzogen. Sie hatten bislang zumeist auf dem Castle Hill oder am Mercat Cross stattgefunden. Zunächst wurden auf dem Grassmarket religiös missliebige Personen, vor allem die Covenanters, enthauptet, aber auch Kriminelle fanden hier ihr Ende. Dabei wurde sowohl gehängt als auch enthauptet (zunächst mit dem Schwert oder dem Beil, später dann mit einem Vorläufer der Guillotine, der Maiden, mit der

›Fehlschläge‹ vermieden werden sollten). Bis 1784 wurden auf dem Grassmarket Hinrichtungen vollzogen, und bis 1823 blieb der Stein erhalten, der den Sockel für den Galgen bildete, der für die Hinrichtungen eigens aufgebaut wurde. Nachdem er entfernt worden war, wurde ein Andreaskreuz aus weißen Steinen gepflastert, um an den Standort des Galgens zu erinnern und zugleich an die über 100 Covenanters, die – wie der Heilige Andreas – ihr Leben für ihren Glauben ließen.

64 Concurrenz mit dem »City-Croß«] Hinrichtungen wurden sowohl auf Castle Hill als auch am Mercat Cross sowie auf dem Grassmarket und auf der dafür eigens gebauten Plattform des Old Tolbooth vollzogen. Ob es dabei eine Logik gab, an welchem Ort die Hinrichtungen stattfanden, wie Fontane suggeriert, ist nicht belegt. Chambers legt aber gleichfalls diesen Schluss nahe (Chambers 1847, S. 53), und auch Coghill betont, dass »the high and mighty who have been found guilty of treason« zumeist am City Cross hingerichtet wurden (Coghill 2010, S. 63).

64 Häupter Montrose's, Huntley's und der beiden Argyle's] Montrose wurde auf dem Grassmarket gehängt. Fontane bezieht aber seine Informationen aus Chambers 1847, S. 53. Hier tauchen alle drei Namen auf und die Information, sie seien am City Cross hingerichtet worden. George Gordon, 2nd Marquess of Huntly, wurde am 22. März 1649 enthauptet.

64 Schwert und Strick] Hochrangige Delinquenten, vor allem Adlige, die sich des Hochverrats schuldig gemacht hatten, wurden zumeist enthauptet.

64 Hauptmann Porteus] Korrekt: Porteous. John Porteous war Captain der Edinburgh City Guard, die Ruhe und Ordnung in der Stadt aufrechterhalten sollte. In Erfüllung seiner Pflicht hatte Porteous sich bei den Bürgern der Stadt sehr unbeliebt gemacht, bevor es zum eigentlichen Aufstand gegen ihn kam. In mehreren zeitgenössischen Berichten wird er als jähzornig und gewalttätig beschrieben. (Vgl. zu den historischen Hintergründen Dickinson/Logue 1976.) Mit der Schilderung der Porteous Riots setzt Scotts Roman »The Heart of Mid-Lothian« ein. Das zweite und dritte Kapitel berichten die Vorgeschichte, das sechste und siebte Kapitel schildern den Lynchmord. Insgesamt ist Scotts Beschreibung der Vorfälle sehr viel differenzierter als Fontanes Wiedergabe. (Neuhaus 1996, S. 208 f., arbeitet die Unterschiede zwischen Fontanes und Scotts Schilderung der Geschichte heraus.) Der »Black's Guide through Edinburgh« gibt ebenfalls eine ausführliche Zusammenfassung der Ereignisse vom 7. September 1736 (Black's Edinburgh 1851, S. 59–62); hier ist auch der Beruf des Vaters von

Captain Porteous angegeben, den Scott nicht nennt, der aber bei Fontane auftaucht. Möglicherweise hat Fontane also die Zusammenfassung in diesem Buch gekannt.

64 Edinburger Milizen] Die Edinburgh City Guard bestand aus einer kleinen Gruppe von Soldaten, die von der Stadt bezahlt wurden, und deren Aufgabe es war, die Einwohner vor Kriminellen zu beschützen und die öffentliche Ordnung aufrechtzuerhalten. Sie wurde 1679 gegründet und 1817 abgeschafft, als eine neueingerichtete Polizeitruppe ihre Aufgaben übernahm.

65 Wilson] Dass Andrew Wilson ein junger Bursche gewesen sei, ist eine Erfindung Fontanes. In den Quellen ist sein Alter nicht angegeben, aber die Beschreibung seiner Person u. a. in den Prozessakten, lässt nicht darauf schließen, dass er tatsächlich jung war. Wohl aber werden seine Komplizen von Scott als »idle young men« beschrieben (Scott–Heart, S. 23).

65 Gerichtssitzung] Sowohl bei Scott als auch in den historischen Quellen wird angegeben, die Flucht habe sich nach dem Gottesdienst in der Tolbooth-Kirche ereignet.

65 das Volk *[...]* eingenommen] Die Bevölkerung stand moralisch auf der Seite der Schmuggler, die versuchten, den staatlichen Zoll, der seit der Union mit England eingeführt worden war, zu umgehen, und hatte durchaus Verständnis für Wilson, der einen Zolleintreiber überfallen hatte, um ihn zu berauben. Das empfand man als eine Art patriotische Tat gegen die Engländer. Besonders sympathisch war dem Volk aber sein Eintreten für seinen Kameraden, dem er die Flucht ermöglichte.

65 Das war zu viel für Porteus] Die historischen Quellen weichen durchaus von dem ab, was Fontane und auch Scott in ihren Werken schildern; vgl. dazu Lever 1971. Fontane geht es dabei noch stärker als Scott darum, Porteous als Übeltäter darzustellen, der nicht etwa in Notwehr handelte, sondern die Initiative ergriff und auf das Volk losging.

65 in London begnadigt] Tatsächlich wurde Porteous von London nicht begnadigt. Die Exekution wurde nur um sechs Wochen aufgeschoben. In dieser Zeit sollte der Fall noch einmal geprüft werden. Auch traf diese Anordnung der Königin einige Tage vor der geplanten Hinrichtung ein, so dass das Volk nicht erst am Tag derselben davon erfuhr, wie Scott es schildert, sondern schon am Vorabend des Hinrichtungstags den Lynchmord vollzog; vgl. dazu Dickinson/Logue 1976.

66 Kommunikation mit der englischen Garnison] Neben der City Guard gab es die militärischen Einheiten, die in Edinburgh stationiert waren, im Castle sowohl wie in der Nähe von Holyrood. Da

Major General Moyle aus eigenem Antrieb nicht eingreifen durfte und wollte, sondern auf schriftliche Anweisungen der Stadtoberen wartete, die aber aufgrund der Sperren und der allgemeinen Kopflosigkeit des Magistrats nicht zu ihm gelangen konnten, unternahm das Militär weisungsgemäß nichts, um mit militärischer Gewalt den Aufruhr unter Zivilisten zu stoppen.

66 Seilerladen] Dieser Vorfall ist in den Akten tatsächlich überliefert. Der Seiler fand am nächsten Morgen eine Guinea auf seinem Tisch.

66 mehr ein Aufstand als ein Krawall] In »Heart of Mid-Lothian« verwendet Scott viel Energie darauf, darzustellen, dass der Lynchmord sehr gut geplant war und überaus konsequent durchgeführt wurde. Die Rebellen achteten sorgfältig darauf, dass die Disziplin gewahrt blieb und möglichst niemand und nichts – außer Porteous – zu Schaden kam. Sämtliche Aktionen waren gut vorbereitet. Nach der Ermordung Porteous' zogen sich die Täter sofort zurück, nur wenige blieben im öffentlichen Raum, um den Erfolg zu feiern (Dickinson/Logue 1976, S. 28).

66 hannöverscher Hof und König] Fontane vereindeutigt Scott hier. Scott deutet durchaus an, dass es gute Gründe für einen Aufschub des Vollzugs gegeben habe. Von einer Begnadigung ist bei Scott nicht die Rede, nur von einem sechswöchigen Moratorium durch die englische Königin. Die Prüfung des Falls wurde übrigens durch das Einschreiten schottischer Politiker und Adliger angeregt, die Porteous' Hinrichtung für nicht rechtmäßig hielten. Bei Scott trifft der Vorwurf des Volkes weniger die Regentin, sondern diese Adligen, die ihre eigenen Interessen vertraten und mit Porteous in einem Gentleman's Agreement standen, was die Untaten ihrer eigenen Söhne anging. Was Fontane also als Eingriff Englands in die Privatangelegenheiten Schottlands deutet, basierte faktisch auf der Initiative schottischer Politiker.

67 Vornehme Leute] Für diese Einschätzung Fontanes lässt sich in den Prozessakten kein Beleg finden. Unter den dingfest gemachten Personen, denen eine Beteiligung vorgeworfen wurde, sind lediglich angesehene Handwerksmeister und Geschäftsinhaber sowie ihre Mitarbeiter, Untergebenen und Familienmitglieder. Der Hauptverdacht lastete schließlich auf einem Zimmermannsmeister und seinen Gesellen (Dickinson/Logue 1976, S. 30 f.). Von einer Beteiligung der »Stuart'schen Partei« geht weder Scott aus, noch gibt es Hinweise dafür in den Prozessakten. Diese Deutung ist Ausdruck von Fontanes Neigung, die Erbfeindschaft zwischen Schotten und Engländern zuzuspitzen.

67 Einige Jahre später] Die Geschichte von General Joseph Smith übernimmt Fontane aus Chambers 1847, S. 178–182. Die Ereignisse haben um 1770 stattgefunden.

68 Oxhoft] (Holländ.) Ochsenhaupt; in Erinnerung an Schläuche aus Rindsleder, in denen Wein aufbewahrt wurde. Flüssigkeitsmaß für Wein und Spirituosen. Der preußische Oxhoft umfasste 206 Liter. Bei Chambers findet sich der englische Begriff für dasselbe Fassmaß: hogshead (Chambers 1847, S. 178).

68 Bäcker] Bei Chambers ist es der »meal-dealer« und »victualler«, der das Mehl falsch abwiegt (Chambers 1847, S. 181). Fontane macht statt des Lebensmittelhändlers den Bäcker daraus. Er bezieht sich auf die »meal riots« (1764 und 1765), die Smith organisierte.

68 bourbonischer Prinz] Bei Chambers ist lediglich von »[s]ome foreign princes« die Rede (Chambers 1847, S. 181). Fontane macht daraus den bourbonischen Prinzen und verdeutlicht dadurch, dass es ein besonderer Affront gegen einen französischen und damit katholischen Adligen ist, eine Puppe zu verbrennen, die den Papst darstellen soll.

68 »Verbrennen des Papstes«] Vermutlich der Guy Fawkes Day (auch Bonfire Night), an dem die Puritaner in Großbritannien aus antikatholischen Ressentiments u. a. eine Puppe verbrannten, die den Papst darstellen sollte. Dieser Tag erinnert an die Gunpowder Plot von 1605, bei der eine Gruppe englischer Katholiken, darunter der Offizier Guy Fawkes, ein Attentat auf James VI. of Scotland and I. of England und das gesamte Parlament plante, um dessen neunjährige Tochter als katholische Königin auf den Thron zu setzen und so den Katholizismus wieder zu stärken. Am 5. November 1605 wollten die Verschwörer das House of Lords sprengen. Die Verschwörung wurde aber vorher verraten. Gegen diese katholischen Bemühungen um Machtgewinn entwickelte sich der antikatholische Guy Fawkes Day. Bis heute wird in Lewes (Sussex) eine Puppe des Papstes Pauls V. verbrannt, der 1605 amtierte.

69 Geschichte der Lady Grange *[…]* geschleppt hatte] Die Geschichte von Lady Grange (Rachel Chiesley) und ihrem Mann (James Erskine, Lord Grange) übernimmt Fontane wie die von Bowed Joseph aus Chambers 1847, S. 204–214. Dabei kürzt er die zehn Seiten, die Chambers ihr einräumt, auf eine einzige ein. Während Chambers um eine differenzierte Betrachtung und Beurteilung der beteiligten Personen bemüht ist, bleibt Fontanes Version eindimensional. Er erzählt die Geschichte, um zu zeigen, dass Schottland auch im 18. Jahrhundert noch barbarisch und rechtlos war und Lord Grange seine Frau entführen und auf eine einsame Insel verbannen lassen konnte, ohne die Folgen zu fürchten. Obwohl er

Richter war, hatte er die Durchsetzung des Rechts gegen sich selbst nicht zu fürchten. Die am Anfang von Chambers' Geschichte genannte Tatsache, dass Lady Grange geisteskrank war, verschweigt Fontane. Chambers indessen versucht, eine positive Entwicklung aufzuzeigen: Was zur Zeit des Lord Grange noch möglich war, ist es im Schottland des 19. Jahrhunderts nicht mehr.

69 Mr. Erskine] James Erskine, Lord Grange, war Jurist und Politiker und stand 1715 in Kontakt mit den Jakobiten, ohne selbst am Aufstand teilzunehmen. 1734 wurde er Mitglied des britischen Parlaments. Zu der Zeit hatte er seine Frau bereits aus seiner Umgebung entfernt.

69 politischen Geheimnisse] Chambers legt nahe, dass es sich dabei um negative Bemerkungen über Robert Walpole gehandelt und Grange gefürchtet habe, sich bei Walpole noch unbeliebter zu machen, als er es schon war, wenn seine Äußerungen publik würden (Chambers 1847, S. 206). Deswegen habe er die Erpressungsversuche seiner Frau beenden müssen.

69 Jakobiten] Vgl. Anm. zu S. 49 »Jacobiten«.

69 eines Abends] Die Entführung fand am 22. Januar 1732 statt.

69 berüchtigte Lord Lovat] Simon Fraser, 11th Lord Lovat, war Clanführer der Frasers, die für ihre Streitlust bekannt waren, und ein Opportunist, der mehrfach seine politische Einstellung wechselte, zeitweise ein doppeltes Spiel trieb und abwechselnd für die Stuarts und für Mary II. und Willem III. van Oranje oder Queen Anne eintrat. Er intrigierte gegen Konkurrenten und hatte sich zweier erzwungener Ehen und Vergewaltigungen der beiden Frauen schuldig gemacht. Durch diese Ehen wollte er sich den Titel des Lord Lovat sichern. 1732 half er Lord Grange, seine Frau zu entführen. In der Schlacht von Culloden kämpfte der Clan auf Seiten Charles Edward Stuarts, während Lovat selbst sich vom Schlachtfeld fernhielt. Dennoch wurde er verhaftet und als einer der hochrangigsten Jakobiten am 9. April 1747 enthauptet.

69 kleinsten und unwirthbarsten Eilande] Heisker; die kleine Insel gehört zu den Monach Islands der äußeren Hebriden.

70 die Frage richtete] Laut Chambers stellte sie die Frage nicht einem Untergebenen Lovats, sondern einem Untergebenen Alexander MacDonalds, dem die Insel Heisker gehörte (Chambers 1847, S. 208).

70 13 Jahre] Folgt man Chambers' Beschreibung, so lebte Lady Grange elf Jahre auf St. Kilda, vom Sommer 1734 bis zu ihrem Tod im Mai 1745. Tatsächlich aber starb sie nicht auf St. Kilda, denn 1740 hatte endlich einer ihrer Briefe die Freunde in Edinburgh

erreicht. Als daraufhin eine Untersuchung der Fakten drohte, wurde Lady Grange von den Unterstützern ihres Mannes erneut verschleppt und nach Aufenthalten auf dem Festland und verschiedenen Hebrideninseln schließlich 1742 nach Skye gebracht. Sie starb dort am 12. Mai 1745 in Trumpan.

70 Niemand schritt ein] Wie Chambers schreibt, bemühte sich ihr Rechtsanwalt Thomas Hope of Rankeillor, der Sache auf den Grund zu gehen, obwohl das für ihn angesichts des Einflusses, den Granges Freunde hatten, nicht ungefährlich war. Dieser Versuch führte jedoch zu keinem Ergebnis, weil man Lady Grange bereits von der Insel Hirta (St. Kilda) weggeholt und an einen unbekannten Ort gebracht hatte. Fontane hat aber recht in der Annahme, dass kaum Anstrengungen unternommen wurden, die verschwundene Frau zu finden, bis ein persönlicher Brief ihren Anwalt erreichte, der aber gegen die vereinten Bemühungen Granges und seiner Unterstützer nichts ausrichten konnte.

VIII. Spukhäuser

70 Brownies *[…]* Puck] Der Brownie ist die schottische Variante eines Heinzelmännchens mit braunem Haar und braunem Mantel mit Kapuze. Der Puck ist die englische Variante desselben Wesens, eine Art Kobold. Über Brownies berichtet Walter Scott in seiner Einleitung zur »Minstrelsy of the Scottish Border«, die eine ausführliche Darstellung des schottischen Geisterglaubens enthält (Scott–Minstrelsy, Bd. 1, S. c–civ). Samuel Johnson erklärt, der Brownie sei zumindest auf Skye »a sturdy fairy; who, if he was fed, and kindly treated, would, as they said, do a great deal of work.« (Johnson 1971, S. 106.)

71 nationale Aberglauben] In Schottland war der Geisterglaube lange verbreitet. Samuel Johnson führte auf seiner Hebridenreise Gespräche mit den Einheimischen, um etwas über Geister und vor allem das ›zweite Gesicht‹ zu erfahren, über das er dann ausführlich berichtet, allerdings merkt er an, die Kirche habe den Aberglauben weitgehend ausgerottet (vgl. Johnson 1971, S. 106). Auch andere Reisebuchverfasser forderten die Schotten auf, ihnen Geistergeschichten zu erzählen, die sie dann in ihren Reiseberichten wiedergaben. Fanny Lewald etwa teilt ihren Lesern die Geschichte von Tregeagle mit, um ein Beispiel dafür zu geben, wie »das Volk die Naturerscheinungen und Umgestaltungen der Erde mit seinem Wunderglauben in Verbindung zu setzen liebt« (Lewald 1851/52, Bd. 2, S. 281), und auch Johann Valentin Adrian lässt

sich eine Gespenstergeschichte erzählen, allerdings am hellen Morgen, denn sonst werde man unweigerlich nachts nicht schlafen können (Adrian 1850b, S. 617 f.). Nicht zuletzt durch Shakespeares »Macbeth« ist die schottische Heide unzertrennlich mit dem Auftauchen von Hexen und anderen spukhaften Gestalten verbunden.

71 Scone und Dunsinan] Schauplätze in »Macbeth«: In Scone wird Macbeth zum König gekrönt, in Schloss Dunsinane begeht Lady Macbeth Selbstmord, und ihr Mann sieht den Birnam-Wald auf sich zukommen.

71 Blach-*[…]*feld] Ein weites ebenes Feld, hier: Hochebene der Cairngorms, die man durchqueren muss, um von Scone oder Dunsinane nach Forres oder Inverness zu kommen, wo Shakespeare die Schlösser von Macbeth und Duncan ansiedelt.

71 Grampians] Gebirgszug im Nordosten Schottlands, der zu den Highlands gehört. Die beiden höchsten Berge Schottlands sind in den Grampians zu finden: der Ben Nevis (1345 m) im Westen und der Ben Macdui (1309 m) im Osten. Auch die Cairngorms im Osten gehören dazu, auf denen Shakespeares Hexen sich treffen.

71 Hexen Macbeths] Die Hexen prophezeien Macbeth nicht nur seine Ernennung zum Than von Cawdor, sondern auch seinen Aufstieg als König. Ort dieser Verkündigung und weiterer Hexentreffen ist die Heide von Forres, also die Grampianregion.

71 Alle schottischen Dichter] Damit meint Fontane wohl Scott und Burns, die er im Folgenden auch nennt, und die teilweise unbekannten Verfasser der schottischen Balladen und Volkslieder, die er aus Thomas Percys und Walter Scotts Sammlungen kennt. In beiden Sammlungen tauchen Hexen und Geistererscheinungen auf.

71 Burns *[…]* »Tam O'Shanter«] In seiner Ballade von 1790 schildert Robert Burns, wie Tam O'Shanter sich nach einem durchzechten Abend in stürmischer Nacht auf den Weg nach Hause macht, obwohl man ihn ermahnt hat, früher aufzubrechen, damit er den Hexen nicht begegne. So trifft er in der Kirche von Alloway, die auf seinem Weg liegt, Geister, Hexen und den Teufel bei einer wilden Feier an, zu der auch die Toten sich einfinden. Erst als die Geister durch einen Zuruf auf den sie beobachtenden Tam aufmerksam werden, wird es ihm unheimlich, und er flieht. Die Geisterschar folgt ihm und hat schon den Schweif seines Pferdes gepackt, als dieses mit einem großen Satz seinen Herrn über den Fluß in Sicherheit bringt, der von den Geistern nicht überquert werden kann.

71 Walter Scott hatte eine Passion] Walter Scott besaß eine große Sammlung von Werken, die sich mit Geistern und Aberglauben beschäftigten. Das Verzeichnis seiner Bibliothek umfasst unter der Rubrik »Books on Witchcraft, Demonology, Apparitions, Astrology, and the Occult Sciences« fünfzehn engbedruckte Seiten mit Titeln in englischer, lateinischer, französischer und deutscher Sprache (Catalogue Abbotsford 1838, S. 122–154). Seine »Letters on Demonology and Witchcraft« von 1830 sind das Ergebnis dieses Forschungsinteresses.

71 Eine Scene] Eine Quelle für diese Szene ist nicht ermittelt. Weder in Rogers' Tischgespächen noch in seinen Tagebüchern oder Notizen ist ein solcher Vorfall überliefert. Auch in Scotts Tagebüchern oder Briefen verlautet darüber nichts, gleichfalls ist in Lockharts Biographie seines Schwiegervaters davon nicht die Rede.

71 Samuel Rogers] Rogers absolvierte auf Wunsch seines Vaters eine Bankausbildung und übernahm nach dem Tod des Vaters dessen Bankhaus. Er nutzte seine Einkünfte und das Familienvermögen, um die Kunstszene in London zu unterstützen und sich Zeit für seine eigenen literarischen Interessen zu verschaffen. Er selbst war ein zu seiner Zeit sehr bekannter Dichter und versammelte die literarischen Größen seiner Zeit in seinem Haus zum Frühstück oder Dinner – darunter Byron, Coleridge und Wordsworth. Auch mit Scott war er befreundet.

72 Bildsäulen von Pitt, Lord Melville und Georg IV.] Die Statue von William Pitt (Premierminister von Großbritannien) wurde 1833 an der Ecke George Street/Frederik Street aufgestellt. Die Säule für Henry Dundas, 1st Viscount Melville (einflussreicher Jurist und Politiker), wurde 1823 auf dem St. Andrew Square errichtet. Die Statue für George IV. wurde 1831 enthüllt und sollte an seinen Besuch in Edinburgh 1822 erinnern. Sie steht an der Ecke George Street/Hanover Street.

72 so wenig Apparat] Damit meint Fontane vermutlich, dass die Geschehnisse eigentlich sehr unspektakulär und dennoch nachhaltig verstörend sind.

72 Die Bewohner] Bei Chambers findet sich eine ähnliche Geschichte (Chambers 1847, S. 37). Hier findet das Essen aber abends statt, und es wird auch nicht berichtet, was genau vorgefallen ist, nur dass alle Beteiligten das Haus fluchtartig verlassen hätten. Möglicherweise hatte Fontane eine mündliche Quelle für seine Version der Geschichte.

73 Geschichte *[…]* vom Major Weir] Die Geschichte von Major Thomas Weir und seiner Schwester Jean (genannt Grizel) findet sich

bei Chambers 1847, S. 32–36 (vgl. zu den Hintergründen Coghill 2010, S. 89–91). Fontane erzählt jedoch Einzelheiten, die bei Chambers nicht erwähnt sind. Was ihm als Quelle gedient hat oder ob die Einzelheiten auf seiner eigenen Erfindung basieren, ist nicht ermittelt.

73 bei Dunbar gefochten] Die Schlacht fand am 3. September 1650 zwischen Cromwells Regierungstruppen und den schottischen Anhängern von Charles II. statt. Zu der Zeit war Weir bereits aus dem aktiven Militärdienst entlassen worden und Kommandeur der Edinburgh City Guard. Es ist also sehr unwahrscheinlich, dass er in den aktiven Militärdienst zurückgekehrt ist und bei der Schlacht in Dunbar gekämpft hat. Aus welcher Quelle Fontane diese Information bezog, ist unklar; möglicherweise wurde sie ihm vor Ort mündlich erzählt.

74 Die Geschichte] Diese Geschichte übernimmt Fontane aus Chambers 1847, S. 277 f. Chambers wiederum stützt sich, wie er angibt, auf eine Fußnote in Scotts Versroman »Rokeby«.

75 Wöchnerin] Bezeichnung für eine Frau innerhalb der ersten sechs Wochen nach ihrer Entbindung. Wöchnerinnen galten als krank, hatten sich von den Stapazen der Geburt auszuruhen und das Bett oder zumindest das Haus zu hüten. Da bis ins 19. Jahrhundert Frauen häufig in den ersten Wochen nach der Geburt am Kindbettfieber starben, für das mangelnde Hygiene und fehlendes medizinisches Wissen mitverantwortlich waren, ist es nicht überraschend, dass ein Geistlicher an das Sterbebett einer Wöchnerin gerufen wurde.

75 Tochter des Lords Ravendale] Dieser Name fehlt bei Scott und dementsprechend bei Chambers, er ist durch Sternchen ersetzt. Woher Fontane den Namen hat, ist unklar. Es ist kein Adelsgeschlecht dieses Namens in Großbritannien verzeichnet, so dass Fontane ihn möglicherweise erfindet.

76 Einmal verbrannt *[…]* Stadt und Land] Bei Chambers: »Anes burned, twice burned; the third time I'll scare you all!« (Chambers 1847, S. 278.)

76 Henrick Steffens *[…]* von Schelling in Terzinen *[…]* »die letzten Worte des Pfarrers zu Drotning«] Henrik Steffens berichtet in seinen Lebenserinnerungen, er habe den Stoff aus seiner Heimat mitgebracht und lange Zeit geplant, daraus ein Drama zu machen, sei daran aber gescheitert. Er habe auch Goethe und Schelling von dem Stoff erzählt, woraufhin Schelling dann um 1800 eine Erzählung in Terzinen daraus gemacht hat, die unter dem Titel »Die letzten Worte des Pfarrers zu Drottning auf Seeland« in Schlegels und Tiecks »Musenalmanach für das Jahr 1802« veröffentlicht wurde

(vgl. zur Entstehung: Schelling 2009, S. 292–295). Allerdings wird der Pfarrer in dieser Geschichte nicht zu einer vermeintlich Sterbenden gerufen, sondern soll eine Trauung vollziehen. Als das geschehen ist, wird die Braut erschossen. Terzinen sind dreiteilige Strophen, miteinander verkettet nach dem Reimschema aba-bcb-cdc usw.; italienischen Ursprungs, weltliterarisch geworden durch Dantes »Göttliche Komödie«, auch Lepel hatte sich in seinen »Liedern aus Rom« (1846) in dieser Form versucht.

IX. Ein Abend in High-Street

77 Temperanz-Prediger] Die britische Temperanzbewegung wollte den Genuss von Alkohol verbieten.

77 öffentliche Bekehrungsversuch] Solche Versuche hatten ihren Ursprung in der Erweckungsbewegung, deren puritanische Prediger bereits um die Mitte des 16. Jahrhunderts in Großbritannien unter freiem Himmel und auf freiem Feld zu den Gläubigen sprachen. Diese Art der Bekehrung kleiner und großer Menschenansammlungen setzte sich in den folgenden Jahrhunderten fort.

77 »Evangelischen Allianz«] Die Evangelical Alliance wurde 1846 in Großbritannien als Dachorganisation für Christen gegründet. Sie sollte für die Einigkeit aller Christen und für Toleranz eintreten, sich weltweit für religiöse Freiheit einsetzen und die Themen, die Christen bewegten, zu Gehör bringen. Schottische Presbyterianer (u. a. Thomas Chalmers, Robert Balmers und John Henderson) spielten bei der Gründung eine führende Rolle.

78 Talon] Beim Kartenspiel nach dem Geben als Nachzugstapel verbliebene Karten.

78 John Bull-Type] John Bull war eine Erfindung John Arbuthnots, der 1712 die Karikatur eines typischen Engländers zeichnete. Sie wurde dann vor allem in politischen Cartoons aufgegriffen. John Bull wurde zum Inbegriff für den englischen Nationalcharakter: ein bulliger Landmann, der durch einen nüchternen Blick auf das Leben charakterisiert ist.

78 »Punch«] Das Satiremagazin »Punch« (oder »The London Charivari«) existierte ab 1841 und stach durch seine ironisch-respektlose Sicht auf Politik und Gesellschaft im Großbritannien des 19. und 20. Jahrhunderts hervor. Ein wichtiger Bestandteil war dabei der entlarvende Cartoon (dieser Begriff ist eine Erfindung des »Punch«), zunächst in Form von Holzschnitten. Das Maskottchen war eine Kasperle-Handpuppe: Mr. Punch.

78 Hahnemann] Deutscher Arzt, der als Begründer der Homöopathie gilt. Samuel Hahnemann sah den Kaffee als eine Arznei, die nicht als Alltagsgetränk geeignet sei. Er sei der Gesundheit abträglich, weil er arzneimittelwirksame Bestandteile habe und den Körper reize. Das gelte ebenso für Tee und Alkoholika (vgl. dazu Hahnemann 1803). 25 Jahre nach seiner Streitschrift erklärte er dann, dass Kaffee seine Wirkung verliere und unschädlich sei, wenn man ihn regelmäßig trinke, und die Therapie chronischer Krankheiten durch ihn kaum beeinflusst werde.

78 Schmalbier] Schwaches Bier mit geringerem Alkoholgehalt.

79 Dragoner mit zwei »young hands«] Ursprünglich berittene Infanterie, die für den Transport der Kriegsmittel zuständig war, später der Kavallerie zugehörig. Mit den »young hands« sind junge Rekruten gemeint.

79 »Christ-Israeliten«] Die Christian Israelite Church wurde 1822 in Großbritannien von ebendem Mann gegründet, den Fontane hier vor sich hat. Der Sektengründer wollte 1825 in der Stadt Ashton under Lyne ein neues Jerusalem in Abschottung von der Welt aufbauen.

79 Notorität] Vgl. Anm. zu S. 8 »Notorität«.

79 Felbel-Hüte] Wasserdichte Hüte aus glänzendem, langhaarigem, samtartigem Seidenstoff, der hauptsächlich bei Hüten Verwendung fand. Die Felbelhüte ersetzten im 19. Jahrhundert den einfachen Filzhut, galten zur Jahrhundertmitte aber schon als unmodern.

79 Berloques] (Frz.) Anhängsel (auch: breloques); dt. Berlocken; kleine Schmuckanhänger, z. B. für Uhrketten, meist aus Metall, Porzellan oder Elfenbein, die in der zweiten Hälfte des 18. Jahrhunderts sehr beliebt waren.

80 Leeds-Times *[...]* funfzehn Monate früher] Die »Leeds Times« hatte am 28. Mai, 5., 6., 13. und 20. Juni 1857 über Wroe berichtet und ging am 1. und 8. August auf den Traktat ein, den dieser als Antwort hatte verfassen lassen. Auch im Mai 1858 beschäftigte die Zeitung sich ausführlicher mit Wroe und seiner Sekte.

80 John Wroe] John Wroe war der Sohn eines englischen Farmers, Garnspinners und Grubenarbeiters, der von seinem Vater misshandelt worden war. Kurz nach seiner Verheiratung zeigten sich erste Zeichen des Wahnsinns. Er hatte sich nach einer schweren Krankheit mit dem Glauben beschäftigt und gab an, mit Gott gerungen und zu einer intensiven, bibeltreuen Art des Glaubens gefunden zu haben, daher las er öffentlich aus der Bibel vor. Auch hatte er Visionen und geriet in Trancezustände, während der er blind und taub war; er sagte wahr und heilte angeblich Kranke,

weswegen man ihn für einen Propheten hielt. 1822 verließ er seine Familie, gründete eine Sekte, ließ sich 1824 öffentlich beschneiden und zog missionierend durch Europa, Amerika und Australien, wo er auch starb. Mehrfach wurde ihm vorgeworfen, sich Frauen unsittlich genähert zu haben, das ließ sich aber nie eindeutig beweisen.

80 Büchelchen] Der Traktat lässt sich tatsächlich nachweisen. Er trug den Titel: »Copy of a Letter Addressed to the Editor of the Leeds Times, by the Christian Israelite Church, in the United States of America. With a Review of the Calumny and Unmitigated Falsehood Issued in the Said Journal, June 6th and 20th, 1857. Also, an Extract from Religious History, on the Character of John Wroe, and the Faith and Progress of the Christian Israelite Church [...]«.

80 Schattenseite von Rechten und Freiheiten] Ab 1689 entwickelte sich in Großbritannien schrittweise die Freiheit der Religionsausübung. Seit 1855 (Places of Worship Registration Act) durften in Großbritannien öffentliche Gottesdienste in jeder Form stattfinden (Ungern-Sternberg 2008, S. 28–31).

X. Ein Gang nach St. Anthony's Chapel

81 »Arthurs-Sitz«] Vulkanhügelformation in der schottischen Hauptstadt, unmittelbar neben dem Palast von Holyrood. Der Name ist vermutlich die Ableitung einer ursprünglich gälischen Bezeichnung, allerdings ist unklar, von welcher: Àrd-na-Said oder Àrdthir Suidhe werden als möglich genannt. Die Salisbury Crags sind die steilen Klippen auf der Südwestseite der Formation, auf die man vom Edinburgh Castle blickt.

81 an Höhe übertrifft] Arthur's Seat: 251 m, Calton Hill: 103 m, Castle Rock: 130 m.

81 Trümmern von St. Anthony Chapel] Die Kapelle auf der Nordseite von Arthur's Seat wurde vermutlich vor Beginn des 15. Jahrhunderts als Zweigstelle der Abtei von Kelso gebaut. Ende des 16. Jahrhunderts wurde sie nicht mehr benutzt und war zu Beginn des 18. Jahrhunderts völlig verfallen. Es stehen nur noch Teile der Nordwand. Möglicherweise diente sie ursprünglich auch als Seezeichen, denn sie war vom Forth aus deutlich zu sehen.

81 einen kurzen Abendbesuch] Zu diesem Spaziergang durch die Crags rät Walter Scott seinen Lesern in »The Heart of Mid-Lothian«, besonders »lighted up by the tints of morning or of evening [...] the effect approaches nearer to enchantment.« (Scott–Heart, S. 64 f.)

82 die Vorgänge] Über die Kapelle sind kaum historische Informationen überliefert, so dass sich Fontane wahrscheinlich auf die »Vorgänge« bezieht, die Scott in seinem Roman schildert. Er erwähnt, dass eine Frau bestialisch ermordet worden und der Ort deswegen etwas unheimlich sei. Vor allem aber trifft dort Jeanie Deans den Vater des unehelichen Kindes ihrer Schwester, um mit ihm zu beraten, wie man sie vor der sicheren Verurteilung als Kindsmörderin retten kann (vgl. Kapitel 15 von »The Heart of Mid-Lothian«).

82 Calton-Hill] Kleiner Hügel im Osten der Stadt, nur wenige hundert Meter vom Palace of Holyroodhouse entfernt.

82 Nachbildungen nach der Antike] Folgende Bauten entstanden: 1818 das City Observatory, dessen zentrales Gebäude einem griechischen Tempel nachempfunden ist. 1826 das Scottish National Monument nach dem Vorbild des Parthenon. 1829 auf der Südseite des Hügels die Old Royal High School nach dem Tempel des Hephaistos. 1831 das Burns-Monument und das Dugald-Stewart-Monument, beide nach dem Vorbild des Lysikrates-Denkmals. Einige Entwürfe stammten von dem schottischen Architekten William Henry Playfair, der auch die Straßenzüge rund um den Gipfel des Calton Hill im neoklassizistischen griechischen Stil plante.

82 Schlacht von Waterloo] Bereits 1816 schlug die Highland Society of Scotland vor, in Edinburgh ein Denkmal für die in den Napoleonischen Kriegen gefallenen schottischen Soldaten aufzustellen. 1822 stand fest, dass es dem Parthenon nachempfunden sein sollte. Diese Idee fand schnell Unterstützer, darunter auch Walter Scott, und noch im Juli 1822 wurde in Anwesenheit von George IV. ein Gründungsstein gelegt. Ab 1823 plante Playfair gemeinsam mit Charles Robert Cockerell die konkrete Umsetzung. 1826 wurde mit dem Bau begonnen, doch 1829 ging das Geld aus, und das Denkmal blieb bis heute unvollendet.

82 Monument Robert Burns'] 1824 wurde der Bildhauer John Flaxman beauftragt, zu Ehren von Robert Burns eine lebensgroße Marmorstatue des Dichters anzufertigen. Da hierfür nur die Hälfte des bereitgestellten Geldes gebraucht wurde, entschloss man sich, ein gleichermaßen repräsentatives wie auch schützendes Gebäude für die Statue zu bauen. Der Architekt Thomas Hamilton schlug vor, das Lysikrates-Monument unweit der Athener Akropolis als Vorbild zu nehmen. 1831 war das Monument fertiggestellt. 1839 entfernte man die Statue daraus, da die Abgase der nahe gelegenen Gaswerke den Marmor beschädigten.

82 Dugald Stewart *[...]* Professor Playfair] Das Monument für den Philosophen Dugald Stewart wurde im August 1831 fertiggestellt.

Mit dem Monument zu Ehren Professor Playfairs ist ein Teil des City Observatory, also der Sternwarte, gemeint. John Playfair war Präsident der Edinburgh Astronomical Institution, die 1812 das alte Observatorium auf dem Calton Hill übernahm und für das Publikum öffnete. Das mittlere Gebäude der Sternwarte wurde 1818 von seinem Neffen Henry William Playfair entworfen; es diente der wissenschaftlichen Sternenbeobachtung und enthielt die Teleskope.

83 Alten-Dessauers] Leopold I., Fürst von Anhalt-Dessau, wurde auch der »Alte Dessauer« genannt und war ein überaus beliebter preußischer General. Johann Gottfried Schadow hatte 1800 eine Marmorstatue von ihm gefertigt, die zunächst im Berliner Lustgarten gestanden hatte, 1828 aber auf den Wilhelmplatz umgesetzt wurde, auf dem ab 1769 diverse Statuen zu Ehren gefallener preußischer Generäle errichtet wurden; vgl. dazu auch Fontanes 1847 entstandene Gedichte »Der alte Dessauer«, »Der alte Zieten«, »Seydlitz«, »Schwerin« und »Keith«; GBA-Gedichte, Bd. 1, S. 189 bis 199.

83 Lessing's *[…]* Beuth's] Den Aufklärern Lessing, Winckelmann und Kant stellt Fontane hier Peter Beuth, den Steuer- und Gewerbereformer in preußischen Diensten an die Seite. Denkmalwürdig sind also nicht mehr die Kriegshelden und alten Haudegen, sondern die Sozialreformer; vgl. dazu auch Maurer 2014, S. 65–67.

83 Buch *[…]* »Die Würdigsten unseres Volks«] Fontane bezieht sich hier auf die Reihe »The Scots Worthies. Containing a Brief Historical Account of the Most Eminent Nobelmen, Gentlemen, Ministers, and Others, who Testified Or Suffered for the Cause of Reformation in Scotland from the Beginning of the Sixteenth Century to the Year 1688« von John Howie, die seit 1775 und in erweiterter Form noch bis 1876 erschien.

84 Dugald Stewart *[…]* Prof. Playfair] Vgl. Anm. zu S. 82 »Dugald Stewart *[…]* Professor Playfair«.

85 St. Anton's Quell] Da man dem Quellwasser heilende Kräfte zuschrieb, pilgerten die Bewohner der Stadt zum St. Anthony's Well, um dort zu trinken. Möglicherweise wurde deshalb vor Beginn des 15. Jahrhunderts auch die Kapelle in der Nähe errichtet. Bis 1674 entsprang die Quelle etwas höher als zu Fontanes Zeit und floss unter einem kleinen Steinbogen hindurch. Später leitete man das Wasser durch ein Bleirohr in ein kleines Steinbassin, das von einem großen Stein geschützt wurde.

XI. Linlithgow

87 Walter Scotts »Marmion«] Fontane übersetzt hier sehr frei aus dem 15. Abschnitt in Canto IV von Scotts »Marmion«. Die Verse lauten im Original: »Of all the palaces so fair, / Built for the royal dwelling, / In Scotland, far beyond compare / Linlithgow is excelling; / And in its park, in jovial June, / How sweet the merry linnet's tune, / How blithe the blackbird's lay! / The wild-buck bells from ferny brake, / The coot dives merry on the lake, / The saddest heart might pleasure take / To see all nature gay.« (Scott–Poetical Works, Bd. 2, S. 101 f.)

87 bedeutet Little] Fontanes Übersetzung ist falsch: Im Altenglischen hieß der Ort »lynn llaith cau«, also »See im feuchten Grund«. Zunächst lautete der Ortsname Lithgow, während Linlithgow der Name des Sees war. Dieser Name ging dann auf die Stadt über. Lin bedeutet also See und nicht klein. (Vgl. dazu auch Scott–Provincial Antiquities, S. 383.)

87 Maria Stuart *[...]* am 5. Dezember 1542 geboren] Korrekt: 8. Dezember 1542.

87 mit einem Mädchen] Diesen Ausspruch von James V. konnte Fontane in seinem Reiseführer nachlesen: »It came with a lass, and it will go with a lass.« (Black's Picturesque 1857, S. 157.) Er findet sich auch in Scotts »Tales of a Grandfather« (Scott–Tales, S. 100).

87 noch 150 Jahre *[...]* abermals 100 Jahre] Die letzte Stuart-Königin war Queen Anne, die bis 1714 regierte. Von Marias Geburt an hatte also noch 172 Jahre – abgesehen vom Interregnum 1649 bis 1660 – ein Monarch aus dem Hause Stuart den Thron inne. Die königliche Linie des Hauses endete erst 1807 mit dem Tod von Henry Benedict Stuart, dem Bruder Charles Edward Stuarts.

87 gegen 9 an Ort und Stelle] Der Zug fuhr in Edinburgh um 8 Uhr ab (so vermerkt Fontane es auch im Tagebuch; GBA-Tagebücher, Bd. 1, S. 343) und traf um 8.30 Uhr in Linlithgow ein.

87 Morgennebel] An die Atmosphäre in Linlithgow an diesem Tag wird Fontane sich noch 1870 in »Kriegsgefangen« erinnern und zwar an dem Morgen, an dem er aus der französischen Kriegsgefangenschaft auf der Île d'Oléron entlassen wird: »Ich sann hin und her. Da hatt' ich es. In Linlithgow, angesichts des Schlosses, drin Maria Stuart geboren wurde, hatte all' das schon einmal zu mir gesprochen: derselbe Nebelmorgen [...]. Wenn es etwas geben konnte, den Zauber dieser Minute zu steigern, so war es diese Erinnerung.« (Fontane–Kriegsgefangen, S. 325.)

88 Westseite der Stadt] Richtig: Der Palast liegt im Norden der Stadt.

88 Sägemühle] Auf einem Stadtplan von 1856 ist keine Sägemühle vermerkt, aber tatsächlich liegt dem Bahnhof gegenüber an der East Port ein Gebäude, das an drei Seiten von Bäumen umgeben ist.

88 rechts in die Stadt ein] Richtig: Das Stadtzentrum liegt links vom Bahnhof. Wenige Zeilen später gibt er korrekt an, die Stadt von Osten nach Westen durchwandert zu haben (S. 89).

88 seine Treue und seine Brunnen] Im Stadtgebiet von Linlithgow, das in einer Bodensenke liegt, gab es eine Vielzahl von Quellen und deswegen auch mehr Brunnen als in anderen schottischen Städten (auf einem Stadtplan von 1856 sind allein an der Hauptstraße acht Brunnen verzeichnet). Einige Brunnen waren besonders aufwändig gestaltet. Diese wurden fest mit Linlithgow assoziiert, wie die auch von Fontane zitierten populären Gedichtverse belegen. Das Stadtwappen von Linlithgow trug das Motto: »My Fruit is Fidelity to God and the King«. James VI. hatte die Stadt als »faithful town of Linlithgow« bezeichnet, weil ihre Einwohner treu zum Haus Stuart standen, seit sie 1596, als es in Edinburgh Ausschreitungen gegen den König und einige Regierungsmitglieder gab, dem königlichen Hof, dem Kronrat und dem Zivilgerichtshof Obdach gewährt hatten.

88 dem Rathhaus gegenüber] Auf dem Rathausplatz steht der Cross Well, der 1807 als exakte Reproduktion eines früheren Brunnens von 1628 aufgestellt worden war, den Cromwells Truppen zerstört hatten. Dieser hatte unmittelbar neben dem Mercat Cross gestanden. Der Brunnen hat die Form einer Kaiserkrone, ist mit aufwändigen Figuren geschmückt, und auf seiner Spitze thront das schottische Einhorn.

88 Glasgower Glocken] Übersetzung der Verse nach Black's Picturesque 1857, S. 161.

89 die Fenster] Vgl. auch Black's Picturesque 1857, S. 157: »[…] the exterior has a heavy appearance from the want of windows«.

89 figurenreicher Brunnen] Fontane verschweigt hier, dass der Brunnen stark zerstört war. Zeitgenössische Zeichnungen zeigen, dass dort nur noch Ruinen standen (vgl. Black's Picturesque 1857, S. 157 f.). Auch eine Karte des Schlosses von 1856 hält fest: »Fountain (in ruins)«.

89 Hof der Heidelberger Schloß-Ruine] Bei beiden Schlössern war der Innenhof rundherum von Gebäuden eingeschlossen. Den Vergleich beider Schlösser bringt auch »The Baronial and Ecclesiastical Antiquities of Scotland« (Baronial Antiquities 1852, Linlithgow, S. 2).

89 durch ruchlose Hand] Am 2. März 1689 hatten die abziehenden Franzosen das Heidelberger Schloss in Brand gesteckt und 1693

noch verbliebene Türme und Mauern gesprengt. Am 17. Januar 1746 schlugen die Jakobiten die Truppen General Hawleys bei Falkirk, der sich am 31. Januar nach Linlithgow zurückzog. Am 1. Februar 1746 verließen seine Truppen das Schloss und unterließen es, ihre Nachtfeuer zu löschen. Daraufhin geriet das gesamte Schloss in Brand; vgl. die Geschichte der »dastardly scoundrels« in Black's Picturesque 1857, S. 159.

89 Der englische *[…]* gerettet habt] Diese Anekdote wurde offenbar häufiger erzählt, denn auch im »New Statistical Account of Scotland« heißt es: »There is a well-known story of the lady Mrs Glen Gordon, who acted as deputy-keeper of the Palace, remonstrating with Hawley upon the danger likely to result from the large fires his men were kindling; the General replied that he did not care though the Palace were burnt to the ground, upon which the indignant lady said, ›Weel, weel, General, an' that be the case, I can rin awa frae fire as fast as you,‹ alluding to the General's route at Falkirk.« (New Statistical Account 1845, Bd. 2, Teil Linlithgow, S. 177.)

90 als Gefängniß und Hinrichtungsstätte] Darüber ist nichts überliefert.

90 160 Convenanter den Martyrtod] Korrekt: Covenanter; die Covenanters waren schottische Presbyterianer, die am 28. Februar 1638 den National Covenant unterzeichneten, weil sie sich gegen die Einflussnahme des Königs und der anglikanischen Kirche auf die Church of Scotland zur Wehr setzen wollten. Der anglikanische Bischof William Laud hatte versucht, das anglikanische Gesangbuch und damit eine neue Liturgie durchzusetzen, und löste damit eine Protestwelle in Schottland aus. Charles I. und Charles II. standen für das Gottesgnadentum des Königs ein und nahmen sich das Recht heraus, auch über die Church of Scotland zu bestimmen. Das führte zu großen Verwerfungen mit den sonst stuarttreuen Presbyterianern, die zu kriegerischen Auseinandersetzungen und schließlich zu einem Bürgerkrieg führten. Cromwell schlug die Aufstände 1652 nieder. Als Charles II. 1660 nach Cromwells Tod auf den Thron zurückkehrte, ließ er die aufständischen Covenanters verhaften und ermorden und löste damit neue Kampfhandlungen aus. Erst 1690 endeten die Auseinandersetzungen mit der Thronbesteigung Marys II. und Williams III. van Oranje. Dass tatsächlich 160 Covenanters in Linlithgow ermordet wurden, wie Fontane behauptet, ist nicht überliefert. Möglicherweise verwechselt Fontane hier zwei Schlösser: In Dunnottar Castle wurden 1685 167 Covenanters inhaftiert, aber nicht hingerichtet.

90 Stuarts des 16. Jahrhunderts] James IV. ließ umfangreiche Baumaßnahmen am Palast durchführen, um ihn in einen angemessenen Zustand für die königlichen Bewohner zu versetzen und seinem Reichtum und Glanz sichtbar Ausdruck zu verleihen. Er ließ den Westflügel ausbauen, der die neuen königlichen Wohnräume enthielt, aber auch im Rest des Palastes wurden größere Umbaumaßnahmen durchgeführt, da er das Hochzeitsgeschenk für Margaret Tudor sein sollte. Ab 1534 ließ James V. den Palast weiter modernisieren. Der Eingang wurde von der Ost- auf die Südseite verlegt und ein Außentor errichtet. Auch den Brunnen im Innenhof ließ er bauen. Maria Stuart wurde in Linlithgow geboren, war aber selten dort. Zu Beginn der Herrschaft ihres Sohnes James VI. verfiel der Palast zunehmend.

90 in der Mitte] Der Reiseführer gibt als Ort nur den Westflügel an und nicht den genauen Raum. Ein Grundriss von 1856 zeigt als Geburtszimmer einen Raum in der Mitte des Westflügels. Dieser Plan entspricht also offenbar dem Kenntnisstand der Zeit, nicht aber den wirklichen Gegebenheiten im Schloss zur Zeit James V. An der von Fontane angegebenen Stelle befand sich nämlich der Thronsaal des Königs. Die Zimmer der Königin lagen genau darüber im zweiten Stock. Tatsächlich wurde Maria Stuart wohl im Nordwestturm geboren, wo König und Königin in übereinanderliegenden Zimmern ihre privaten Räume hatten.

90 Jakob VI. *[...]* Stiftung eines Prachtfensters] 1618 wurde mit Reparaturarbeiten am Schloss begonnen, vor allem am eingestürzten Nordflügel, aber auch am Westflügel. Möglicherweise meint Fontane mit dem Prachtfenster ein langgezogenes Sprossenfenster im Thronsaal, das bereits James V. hatte einbauen lassen, um die bemalte Decke des Raumes zu erleuchten. In derselben Etage existiert noch ein weiteres verziertes Fenster, das sich aber von den anderen Fenstern nur durch die Dekoration an der Oberseite und nicht »durch Sims und Einfassung« unterscheidet. Dieses findet sich tatsächlich ungefähr in der Mitte der Wandfläche. Ob es auf Wunsch von James VI. eingebaut wurde, konnte nicht geklärt werden.

91 jener Klosterruine] Kloster von Godstow. Dort ist Rosamund Clifford 1176 gestorben und bestattet.

91 Rosamunde Clifford] Die berühmte Schönheit Rosamund Clifford war die Geliebte von Henry II. Ihr Schicksal ist ein beliebtes Motiv in der Volksüberlieferung, der Dichtung und der Malerei. (Vgl. auch Fontanes Romanzen-Zyklus »Von der schönen Rosamunde«, 1850; GBA-Gedichte, Bd. 1, S. 89–109.)

91 Die ganze Stätte] Fontane besucht das Grab von Rosamunde Clifford am 12. August 1856 und berichtet in seinem Tagebuch von

der »wilde[n] Rose auf dem Trümmerwerk.« (GBA-Tagebücher, Bd. 1, S. 158.)

91 Margarethen-Thurm] Benannt nach Margaret Tudor.

91 Dach und obere Stockwerke] Seit dem Brand 1746 waren die Dächer des Palastes zerstört, und die Etagen darunter verfielen zusehends.

92 kleiner, inselreicher See] Linlithgow Loch hat zwei größere Inseln und einige kleine. Sie sind aber nicht natürlichen Ursprungs, sondern Reste von ehemaligen Pfahlbauten. Der See ist einen Kilometer lang und hat eine Fläche von einem halben Quadratkilometer.

92 Königin Margarethe /…/ war ihr Gemahl] Margaret Tudor, die älteste Schwester von Henry VIII. Erstmals als Fünfjährige und noch mehrfach bis zur tatsächlichen Heirat 1503 wurde sie von ihrem Vater als Braut für James IV. in Erwägung gezogen. Mit der Hochzeit sollte der Frieden zwischen dem englischen und dem schottischen Königreich dauerhaft gesichert und ein Schritt zur Vereinigung der Kronen gemacht werden. James' Ururenkel sollte hundert Jahre später dann beide Kronen tragen. Linlithgow war eines der Schlösser, das mit der Ehe in Margarets Besitz überging. Ihr Bruder, der seit 1509 englischer König war, geriet in Auseinandersetzungen mit Frankreich, und ihr Gatte entschloss sich, trotz ihrer Bitten, an der Seite des alten Verbündeten Frankreich gegen England in den Krieg zu ziehen. Er fiel 1513 in der Schlacht von Flodden, und Margaret übernahm die Regentschaft für ihren minderjährigen Sohn, wie es dem testamentarischen Willen des Königs entsprach. 1514 gelang es ihr, zum Friedensschluss zwischen England, Schottland und Frankreich beizutragen. Nach ihrer Verheiratung mit Archibald Douglas, 6th Earl of Angus, der einem der mächtigsten und einflussreichsten Clans angehörte, musste sie die Regentschaft abgeben. Ihre gemeinsame Tochter, Margaret Douglas, war die Mutter von Henry Lord Darnley, dem zweiten Mann Maria Stuarts. Fontane setzt Douglas in seiner gleichnamigen Ballade von 1856 ein sehr positives Denkmal.

93 50,000 Mann] Tatsächlich waren es wohl 60 000 Mann, aber bei der Schlacht in Flodden hatte sich die Streitmacht bereits auf 35 bis 40 000 Mann reduziert. Flodden war die größte Schlacht zwischen England und Schottland in Bezug auf die Anzahl der Kämpfer.

93 Think of] Der von Fontane zitierte, leicht veränderte Spruch stammt aus Scotts »Marmion«, Canto V, Abschnitt 10: »His own Queen Margaret, who, in Lithgow's bower, / All lonely sat, and wept the weary hour.« (Scott–Poetical Works, Bd. 2, S. 130.) Er ist bis heute in Lithgow's Bower, innen über dem Eingang eingemeißelt, nachzulesen.

XII. Floddenfield

93 Floddenfield] Das Kapitel beruht zu großen Teilen auf Walter Scotts Versroman »Marmion« (1808) bzw. Scotts Anmerkungen zu den historischen Ereignissen, auf denen sein Roman fußt; vgl. dazu im Einzelnen Neuhaus 1996, S. 210–213.

93 Glanztage von Bannockburn] Vgl. Anm. zu S. 37 »Schlacht von Bannockburn«. Man wählte das Datum dieses Glanztages, um James IV. 1488 zum König zu krönen.

94 trotz aller Fehler] James IV. war einer der beliebtesten schottischen Könige. Er war sowohl ein tapferer und erfolgreicher Kämpfer und begeisterter Jäger als auch ein Förderer von Kunst und Wissenschaften. Er investierte große Summen in den Ausbau etwa von Edinburgh und Stirling Castle sowie Linlithgow Palace, aber auch in die Entwicklung von Militärgerät. Er wurde von allen gesellschaftlichen Klassen als gerechter Herrscher geschätzt. Zu den genannten Fehlern gehörten seine unzähligen Liebschaften – vor und während der Ehe –, aber auch seine Spielsucht und seine Vorliebe für verschwenderische Feiern und einen exzentrischen Lebensstil, vor allem aber seine Risikobereitschaft, sein Geltungsdrang und seine übertriebene Vorstellung von Ritterlichkeit.

94 Tag von Sauchieburn] Vgl. Anm. zu S. 59 »Sauchieburn«.

94 Jakob III. */…/* Fiedler-König] Vgl. Anm. zu S. 59 »›Fiedlerkönig‹«.

94 15 Jahr alt] James IV. wurde am 17. März 1473 geboren, die Schlacht fand am 11. Juni 1488 statt.

94 gegen seine Gewohnheit] James III. galt als kunstaffin und wenig an Kampf und Kriegsgetöse interessiert (vgl. Anm. zu S. 59 »Fiedlerkönig«). So hatte er zwar Unsummen in seinen Hofstaat investiert, aber wenig in den Ausbau seiner Schlösser und Burgen oder seiner Militärmacht. Auch der Geschichtsschreiber Pitscottie betont: »[…] he was never hardy, nor yet constant in Battle« (Pitscottie 1728, S. 89).

94 erst als er */…/* Buße] Diese Passage übernimmt Fontane aus einer Anmerkung Scotts zu »Marmion« (Anmerkung I zu Canto IV, Abschnitt 15; Scott–Poetical Works, Bd. 2, S. 233; vgl. dazu auch Pitscottie 1728, S. 89 f.).

94 Banners seines Sohnes] Die unzufriedenen Adligen hatten sich des Sohnes von James III. bemächtigt und führten ihn gegen seinen Vater ins Feld, der ihn von Geburt an nicht sonderlich geschätzt hatte.

95 folgender Vorfall] Die Schilderung folgt derjenigen Scotts in »Tales of a Grandfather« (Scott–Tales, S. 77; auch in Pitscottie 1728, S. 94).

95 Sir Andrew Wood] Sir Andrew Wood of Largo, Admiral der schottischen Marine. Zunächst diente er unter James III., später unter seinem Sohn James IV., der ihn zum Ritter schlug und ihn zum Kapitän seines größten Kriegsschiffes beförderte.

95 kein deutliches Bild] Vgl. Anm. zu S. 59 »sein eigener Sohn«.

95 Eisengürtel] Über diesen Gürtel berichtet Scott in Anmerkung K zu Canto V, Abschnitt 9, von »Marmion« (Scott–Poetical Works, Bd. 2, S. 237 f.). Er referiert dort auch Pitscotties Meinung, dass die Schotten geglaubt hätten, James IV. sei nicht gefallen, weil die Engländer seinen eisernen Gürtel nicht vorweisen konnten; vgl. Pitscottie 1728, S. 118.

95 Trübsinns-Anfällen] Übernahme aus Scotts »Marmion«, Canto V, Abschnitt 9, und Scotts erklärender Anmerkung K (Scott–Poetical Works, Bd. 2, S. 128 f. und 237 f.).

95 Vermählung] Die Hochzeit zwischen James IV. und Margaret Tudor, der Schwester des Königs von England, fand am 8. August 1503 in Holyrood statt.

95 schlaue Intriguenspiel Frankreichs] Louis XII. bemühte sich, James IV. für seinen Kampf zu gewinnen. Dieser sollte die englischen Truppen von Schottland aus angreifen, weil Louis hoffte, dadurch seinen eigenen Truppen Erleichterung zu verschaffen. Dabei nutzte er seine Frau als Unterstützerin: Sie appellierte in einem Liebesbrief, dem sie Geld und einen Ring beilegte, an den ritterlichen James, ihr helfend zur Seite zu springen, sich auf den Weg zur englischen Grenze zu machen und dort für sie zu kämpfen. Dabei sollte James nicht ernsthaft in einen Krieg gegen England ziehen; er sollte nur für einige Zeit die Aufmerksamkeit Henrys VIII. und seiner Militärführer vom französischen Festland ablenken, indem er eine zweite Front eröffnete.

95 Ruhmsucht und Eitelkeit] James IV. war in kleineren Auseinandersetzungen mit England siegreich gewesen und wollte nun die militärische Macht und Bedeutung Schottlands allen vor Augen führen, obwohl seine Frau und große Teile des Hochadels ihn davor warnten (vgl. Magnusson 2001, S. 289).

96 »heiligen Ligue«] Fontane meint hier einen Zusammenschluss europäischer Mächte gegen die wachsende Macht und Einflussnahme Frankreichs unter Louis XII. Diese Vereinigung hatte Papst Julius II. ins Leben gerufen, um Italien von französischer Einflussnahme zu befreien und Frankreichs Macht zu beschränken. Zur Liga gehörten Maximilian I., die Schweizer Kantone sowie Ferdinand und Isabella von Aragonien. 1511 war Henry VIII., der mit Katharina von Aragon verheiratet war, dieser Vereinigung beigetreten. 1513 zog er gegen Frankreich in den

Krieg, während die Schweizer in Italien gegen die Franzosen kämpften.

96 Bannfluch des Papstes] Da der Papst die Heilige Liga gegen Frankreich gegründet hatte, konnte er das Eintreten von James IV. für Frankreich natürlich nicht gutheißen. Von einem offiziellen Bannfluch ist aber nichts überliefert, dennoch berichtet auch Scott davon (Scott–Tales, S. 86).

96 Ludwig's Anstrengungen] Da seine ehemaligen Bündnispartner inzwischen alle auf der Seite der Heiligen Liga von Julius II. standen, wandte sich Louis XII. hilfesuchend an den Verbündeten der Auld Alliance, den schottischen König James IV.

96 Anna von Bretagne] Vgl. dazu »Marmion«, Canto V, Abschnitt 10 und Anmerkung M, hier ist u. a. der Türkisring erwähnt (Scott–Poetical Works, Bd. 2, S. 129 f. und 238). Scott bezieht sich auf Pitscottie 1728, S. 110. Anne de Bretagne hatte 1499 Louis XII. geheiratet und damit den Cousin und Thronfolger ihres vorherigen Gatten Charles VIII. Louis hatte zuvor seine erste, kinderlose Ehe scheiden lassen.

97 um jene Geistererscheinungen gewußt] Pitscottie überliefert diese Legende der beiden Geistererscheinungen (Pitscottie 1728, S. 111). Noch bis in die Zeit von Fontanes Schottlandbesuch glaubte man an die Erscheinung, hatte aber eine Erklärung dafür, die auch Fontane hier andeutet: »The probability is, that it was a device of the Queen, then in the neighbouring palace, abetted by some of the nobles, in order to dissuade James from an undertaking to which she and many of the nobility were averse.« (New Statistical Account 1845, Bd. 2, Teil Linlithgow, S. 172.)

97 diese Erscheinungen] Diese Geschichte ist eine Nacherzählung der in Black's Picturesque 1857, S. 160, erzählten Vorfälle. Dort wird wiederum nach Lindsay of Pitscottie zitiert (Pitscottie 1728, S. 111). Auch Scott zitiert sie in einer Anmerkung zu »Marmion« nach Pitscottie (Anmerkung G zu Canto IV, Abschnitt 14; Scott–Poetical Works, Bd. 2, S. 232). Auch im Roman selbst taucht die Szene als »Sir David Lindesay's Tale« auf (Canto IV, Abschnitte 15–17; ebd., S. 101 bis 104). Ob Fontane den Reiseführer oder Scott als Quelle benutzte, ist nicht eindeutig festzustellen. Da er in diesem Kapitel aber mehrmals auf Anmerkungen Scotts zurückgreift, ist dessen Werk die wahrscheinlichere Quelle.

97 Blachfeld] Ein weites, ebenes Feld.

97 sieben Fuß] In den Quellen gibt es keinerlei Angaben über die Größe der Erscheinung, sie ist also eine Erfindung Fontanes. Setzt man den preußischen Fuß als Maß voraus, wäre die Gestalt nach Fontanes Schätzung 2,19 m groß gewesen.

97 weiße Gewänder] Im Reiseführer und bei Scott, die beide Pitscottie zitieren, sind die Gewänder blau; Fontane macht sie zu weißen Kleidern, um den gespenstischen Eindruck zu verstärken. Dabei übernimmt er die Idee wohl aus Scotts »Marmion«, wo zwar vom »azure gown« die Rede ist, dieser sei aber »with cincture white« (Canto IV, Abschnitt 16; Scott–Poetical Works, Bd. 2, S. 103).

97 Sir David Lindsay und Sir John Inglis] Beide Namen sind bei Pitscottie (Pitscottie 1728, S. 111), bei Scott (Scott–Poetical Works, Bd. 2, S. 232) und auch im Reiseführer (Black's Picturesque 1857, S. 160) zu finden. Sir David Lyndsay of the Mount war Hofbeamter und Dichter am Renaissance-Hof von James IV. und später an dem seines Sohnes. John (auch: James) Inglis war gleichfalls Hofbeamter und für das höfische Kulturprogramm zuständig.

98 von Eifersucht geplagten Königin] Margaret Tudor hatte Grund zur Eifersucht, denn James IV. hatte nicht nur vor der Ehe bereits eine Reihe von illegitimen Sprösslingen gezeugt, sondern hatte auch während der Ehe Liebschaften, aus denen zumindest eine Tochter hervorging. Deren Tochter wiederum war eine der vier Marys von Maria Stuart; vgl. Anm. zu S. 17 »vier Marien« und S. 18 »Maria Hamilton«.

98 Blachfeld] Vgl. Anm. zu S. 97 »Blachfeld«.

98 Mitternacht] Die Ereignisse am City Cross schildert Scott in »Marmion«, Canto V, 25. und 26. Abschnitt (Scott–Poetical Works, Bd. 2, S. 144–146). Fontane lässt sich davon anregen. Die Form und der genaue Inhalt der Geisterverkündigung sind allerdings seine Schöpfung, sie finden sich bei Scott nicht.

98 Sir Richard Lawson] Seinen Namen nennt Pitscottie (Pitscottie 1728, S. 112) und ihn zitierend auch Scott (Marmion, Anmerkung U zu Canto V, Abschnitt 25; Scott–Poetical Works, Bd. 2, S. 243). Laut einer Legende kam Lawson, ehemaliger Bürgermeister der Stadt Edinburgh, in der Nacht am City Cross vorbei, als ein Geist die Namen derjenigen verlas, die in der kommenden Schlacht fallen würden. Diese Prophezeiungen sind als »The Summons of Platcock« überliefert. Lawson warf eine Münze unter das Kreuz, um den Bann zu brechen, und überlebte tatsächlich die Schlacht.

99 Vernimm *[...]* Finsterniß] Fontane erfindet die Verse frei. Bei Scott, der Pitscottie zitiert, heißt es nur, der Geist habe angekündigt, »to compear, both Earl, and Lord, and Baron, and all honest gentlemen within the town (every man specified by his own name), to compear, within the space of forty days, before his master, where it should happen him to appoint and be for the time, under the pain of disobedience.« (Anmerkung U zu Canto V, Abschnitt 25; Scott–Poetical Works, Bd. 2, S. 243.)

100 Hügeln von Flodden] James IV. und der Earl of Surrey hatten Verhandlungen über den Kampfort und -zeitpunkt geführt. Danach hatte James seine Truppen auf den sehr steilen Hügel Flodden Edge zurückgezogen. Als Surrey am 7. September dort eintraf, erkannte er sofort den strategischen Vorteil, den der König sich damit gesichert hatte, und forderte ihn auf, von seinem Hügel herunterzukommen, damit man sich einen fairen Kampf auf der Ebene liefern könne, was James zunächst verweigerte. Surrey zog daraufhin in einem großen Bogen um die schottische Position herum, um in deren Rücken zu gelangen und so die schottische Artillerie unschädlich zu machen, die nun falsch ausgerichtet war. Durch den Flankenmarsch wollte er auch einen kampflosen Rückzug der Schotten verhindern. Als James die Absicht klar wurde, drehte er seine Armee gen Norden und verließ Flodden Edge, um die Höhe von Branxton Hill einzunehmen. Dort wartete er kampfbereit auf die englischen Truppen, die zunächst noch einen Fluss überqueren mussten und in der Ebene Aufstellung nahmen. James beharrte seinen Kanonieren gegenüber darauf, dass die Engländer bei der Flussüberquerung nicht beschossen würden, sondern gewartet werde, bis sie Aufstellung genommen hatten.

100 Grafen von Surrey] Thomas Howard, 2nd Duke of Norfolk and Earl of Surrey, war bereits 70 Jahre alt und hatte vier englischen Königen gedient, als er gegen den vierzigjährigen James in die Schlacht zog. Er hatte gehofft, mit Henry VIII. in den Krieg nach Frankreich zu gehen, wurde aber in England zurückgelassen, um das Land gegen eventuelle Angriffe aus Schottland zu sichern, was ihm in der Schlacht von Flodden gelang. Seine beiden Söhne Edmund und Thomas führten gleichfalls Truppenteile in die Schlacht.

100 Lady Heron] Vgl. dazu Anmerkung L zu Canto I, Abschnitt 13, von Scotts »Marmion«: »William Heron of Ford was husband to the famous Lady Ford, whose syren charms are said to have cost our James IV. so dear.« (Scott–Poetical Works, Bd. 2, S. 209.) Dass sie als Spionin der Engländer galt, stellt Scott in Canto IV, Abschnitt 9, dar: »England has here enow of spies/In Lady Heron's witching eyes« (ebd., S. 98); vgl. dazu auch Canto V, Abschnitt 10 bis 13, und dazu Scotts Anmerkung L (ebd., S. 129–134 und 238). Er beruft sich dabei auf Pitscotties Schilderung. Der Familiensitz der Herons, Ford Castle, lag in der Nähe von Flodden und wurde kurz vor der Schlacht von James eingenommen. Er nutzte es als Hauptquartier. Ob Lady Elizabeth Heron sich dort befand, und ob James sich mit ihr die Zeit vertrieb, bevor er in die Schlacht zog, ob sie also dafür

verantwortlich zu machen ist, dass James so vom Kriegsgeschehen abgelenkt wurde, dass er die Schlacht verlor, ist Stoff für Spekulationen (auch Scott erwähnt die Spekulationen in seinem Geschichtswerk »Tales of a Grandfather«, äußert sich aber nicht zu ihrem Wahrheitsgehalt; Scott-Tales, S. 83). Während ihr Mann in schottischer Gefangenschaft saß, führte Lady Heron Freilassungsverhandlungen mit James und dem Earl of Surrey und versuchte auch, ihr Schloss vor der Zerstörung zu retten – ohne Erfolg: vor seinem Abzug in die Schlacht zerstörte James es.

100 chevalereske] (Frz.) ritterliche.

100 Vormittag des 8ten] Fontane gibt den Ablauf falsch wieder: Die englische Armee marschierte am 8. September am Ostufer des Till entlang gen Norden und übernachtete mit Blick auf Flodden Edge, wo die Truppen von James noch standen. Am 9. marschierte sie weiter und überquerte den Till bei Twizel Bridge.

100 aus bloßem Zufall] James IV. hatte die Stellung auf Flodden Edge bewusst gewählt, sah sich aber genötigt, sie zu verlassen und auf Branxton Hill zu ziehen, damit dieser Hügel nicht den von Norden anrückenden Engländern in die Hände fiel.

100 gab er aus freien Stücken] Aus den Berichten über die Schlacht lässt sich schließen, dass James den Hügel nicht freiwillig verließ, sondern durch den englischen Kanonenbeschuss dazu veranlasst wurde, zum Angriff überzugehen (Magnusson 2001, S. 292). Dieser Entschluss erwies sich als falsch und kostete James den Sieg. Zuerst stürmten die Truppen von Home und Huntly den Hügel hinunter und trafen auf Edmund Howard, den Sohn Surreys, dessen Soldaten sie überrannten und zur Flucht zwangen. Erst nach diesem Erfolg ließ auch der König seinen Truppenteil den Hügel hinunterstürmen. Nur die Highlander von Lennox und Argyll blieben dort zurück und wurden von Stanleys Reiterei angegriffen und besiegt.

101 der Zahl nach das stärkere] Es gibt widersprüchliche Angaben darüber, wie groß die beiden Heere waren und wie viele Soldaten James in Flodden noch zur Verfügung hatte, nachdem viele gefallen, einige gefangen und andere mit Beutegut desertiert waren. Unstrittig ist aber, dass die Engländer besser trainiert waren, ihre Waffen sicherer beherrschten und somit den Schotten selbst in Unterzahl überlegen waren.

101 Versicherung Pitscottie's] Robert Lindsay of Pitscottie, schottischer Historiker und Verfasser der »Historie and Chronicles of Scotland« (erstmals gedruckt 1728 als: »The History of Scotland; From 21 February, 1436. to March, 1565«). Walter Scott bezieht sich u. a. in »Marmion« auf dieses Geschichtswerk. Er äußert allerdings Zweifel an Pitscotties Aussage, die Fontane hier zustimmend

zitiert (bei Pitscottie 1728, S. 116). Vgl. im Einzelnen zu Scotts Schilderung der Schlacht, auf die Fontane zurückgreift, Anmerkungen O und P zu »Marmion«, Canto VI, Abschnitt 19 und 23, und die Schilderungen im Versroman selbst (Scott–Poetical Works, Bd. 2, S. 183–195 und 252–254).

101 Am Abend des 8. September *[…]* auf platter Erde] Richtig: Die Schotten waren noch auf dem Branxton Hill, und Surrey rückte noch heran.

101 Grafen Home und Huntley, Lord Lennox, Lord Crawford, die Grafen Bothwell und Montrose] Die genannten Adligen sollten am nächsten Tag die einzelnen Truppenteile anführen. Home und Huntley befehligten den westlichen Flügel, Crawford und Montrose bildeten die westliche Mitte, dann folgte der König im Zentrum und am östlichen Flügel standen Lennox und Argyll. Bothwell führte die Verstärkung an.

102 so oft seine Warnerstimme] Fontane spitzt hier die Handlung stark zu, indem er sich allein auf Scotts Fußnoten zu »Marmion« stützt. Tatsächlich waren die warnenden Stimmen seit dem Aufbruch des Königs nicht verstummt. Schon einige Tage vor der Schlacht hatten die Heerführer von James noch einmal beraten. Sie kamen zu dem Schluss, dass man die Bündnispflicht gegenüber Frankreich erfüllt habe, indem man für Unruhe in der Grenzregion gesorgt habe, und dass man sich nun nach Schottland zurückziehen solle. Vorsitzender der Beratungen war Lord Lindsay of the Byres, der es auch übernahm, dem König diesen Vorschlag zu unterbreiten, zumal offensichtlich war, dass immer mehr schottische Soldaten desertierten, während Surreys Truppenstärke zunahm. Wenn es zur Schlacht käme, stand zu befürchten, dass Schottland nicht nur seinen König, sondern auch große Teile des führenden Hochadels verlieren würde. James reagierte verärgert und erklärte, dass er notfalls auch allein in die Schlacht ziehen werde. Bell-the-Cat stimmte also nur in den Chor kritischer Stimmen ein. Er warf dem König vor, dass er sich von seinem französischen Heerführer zu übereilten Handlungen drängen lasse, woraufhin James ihn – wie Fontane schreibt – aufgefordert haben soll zu gehen, wenn er sich fürchte; vgl. dazu auch Scott–Tales, S. 83 f.

102 »Laßt uns *[…]* spricht.«] Eine Quelle für diese Worte von Bell-the-Cat ist nicht ermittelt.

102 Graf von Caithneß] William Sinclair, 2nd Earl of Caithness; gefallen in der Schlacht von Flodden.

102 in die Acht erklärt] Vgl. Scott–Minstrelsy, Bd. 1, S. 290. James III. hatte ihm seine Titel aberkannt, nicht James IV., wie Scott und mit ihm Fontane annehmen.

103 jener Sinclairs] Fontane korrigiert die »Mackenzie's« (aus J9) in die korrekten Sinclairs.

103 300 Sinclairs] Alle 300 Sinclairs sind in der Schlacht von Flodden ums Leben gekommen.

103 Schenkungen und allerhand Gerechtsame] Juristischer Begriff für die Verleihung von königlichen Rechten an Privatleute (etwa Wege-, Fischerei- oder Jagdrechte).

103 Trommel] Diese Geschichte übernimmt Fontane möglicherweise aus Scotts »Minstrelsy«. Scott erzählt sie in einer Anmerkung zu »The Ode of Flodden Field« (Scott–Minstrelsy, Bd. 1, S. 290).

103 bis diesen Tag] Scott schreibt: »The parchment [...] is said to be still preserved in the archives of the earls of Caithness« (Scott–Minstrelsy, Bd. 1, S. 290).

104 die Schlacht] Richtig: Die Schlacht begann um 16 Uhr; vgl. auch Scott–Tales, S. 85.

104 Borderer] Männer aus der Grenzregion zwischen England und Schottland, den Borders. Vgl. auch Anm. zu S. 51 »Moßtrooper und Borderer«.

104 Männer von Annandale und Liddesdale] Die Tatsache, dass die Speere dieses Truppenteils länger gewesen seien als die anderer, übernimmt Fontane von Scott, der im Vorwort zur »Minstrelsy of the Scottish Border« festhält: »[...] the tumultuous ranks of the highlanders were ill able to endure the steady and rapid charge of the men of Annandale and Liddisdale, who bare spears, two ells longer than were used by the rest of their countrymen.« (Scott–Minstrelsy, Bd. 1, S. viii.)

104 Sir Edward Stanley] Edward Stanley, 1st Baron Monteagle, stand der Familie des englischen Königs sehr nahe. Er bildete zunächst die Nachhut für Surreys eigene Division und dann den rechten Flügel. Er stürmte den Branxton Hill und griff die Hochländer unter Argyll und Lennox mit durchschlagendem Erfolg an, so dass die schottischen Truppen flohen und ihre Heerführer im Stich ließen. Stanley griff danach die Mitte der schottischen Truppen von hinten an.

104 Bogenschützen von Lancashire] Da die schottischen Truppenteile, die Stanley angriff, keine Rüstungen besaßen, waren sie den Pfeilen der Langbogenschützen schutzlos ausgeliefert.

104 Robin Hood's] Laut der Volksüberlieferung, die sich seit Mitte des 13. Jahrhunderts in Balladen über ihn niederschlug, war Robin Hood ein exzellenter Bogenschütze.

105 Hier im Centrum *[...]* seit 5 Stunden] Die Truppen im Zentrum führte der König selbst an, umgeben von seinen besten Adligen. Der Kampf dauerte nur zwei Stunden und forderte besonders

viele Opfer, weil James entschieden hatte, nicht zu Pferd, sondern zu Fuß zu kämpfen, und seine Heerführer und weitere Teile eigentlich berittener Truppen seinem Vorbild folgten und ihren Vorteil aufgaben.

105 Crawford todt, Montrose todt] John Earl of Crawford und William Earl of Montrose führten die Truppen im mittleren westlichen Flügel an und fanden sich dem Sohn von Surrey, Lord Admiral Thomas Howard, 3rd Duke of Norfolk, gegenüber und kämpften zwei Stunden auf aufgeweichtem Boden gegen die Hauptmacht der Engländer. Sie unterlagen schließlich den wohltrainierten und strukturiert angreifenden englischen Truppen.

105 von dem Feinde verlassen] Dass die Schotten sich in der Nacht vom Schlachtfeld zurückgezogen hätten, berichtet Scott-Tales, S. 85.

105 Keine Verfolgung] Fontane stellt die Ereignisse falsch dar: Die schottischen Truppen zogen sich kämpfend zurück und nahmen auf dem Rückzug auch noch englische Soldaten gefangen.

105 habe das Kreuz genommen] Scott erklärt in seinen »Tales of a Grandfather«, dass das Wunschdenken des schottischen Volks gewesen sei (Scott-Tales, S. 85).

106 jener Eisengürtel] Vgl. Scott-Tales, S. 85 f., und Anm. zu S. 95 »Eisengürtel«.

106 Schwert und Dolchmesser */…/* Türkisenring */…/* College of Heralds] Diese Information übernimmt Fontane aus Anmerkung M zu Canto V, Abschnitt 10, und Anmerkung R zu Canto VI, Abschnitt 35, von Scotts »Marmion« (Scott-Poetical Works, Bd. 2, S. 238 und 255).

106 Vereinigung beider Königreiche] Fontane bezieht sich hier auf die Personalunion beider Kronen im Jahr 1603, als James VI. nach dem Tod Elizabeths als James I. of England den englischen Thron bestieg. Bis zur Vereinigung beider Königreiche sollte es dann noch einmal mehr als 100 Jahre dauern. Vgl. Anm. zu S. 25 »Union */…/* Personal-Union«.

106 eroberte Provinz] Mit dem Tod des Königs, vieler hochrangiger Adliger und einer Generation Männer endete eine Ära. James IV. war einer der beliebtesten Könige, der Glanz und Wohlstand über das Land gebracht hatte, bevor er sich zum Krieg mit England entschloss. Sein Nachfolger James V. verlor erneut eine Schlacht gegen England und starb, ohne einen männlichen Thronfolger hinterlassen zu haben, so dass seine Tochter Maria Stuart ein Spielball unterschiedlicher Machtinteressen wurde.

106 the flowers of the Forest] Das Lied findet sich in Scotts »Minstrelsy« (Scott-Minstrelsy, Bd. 1, S. 274–278). Fontane übersetzt es für sein Reisebuch.

XIII. Von Edinburg bis Stirling

107 Granton] Die Information über die Bahn- und Dampfschiffverbindung zwischen Edinburgh und Stirling findet sich in Fontanes Reiseführer (Black's Picturesque 1857, S. 166). Der Hafen von Granton war 1838 eröffnet worden; ab 1846 fuhren die Züge direkt von Edinburgh dorthin.

108 Rob Roy] Auf der von Fontane genannten Strecke verkehrte kein Schiff, das »Rob Roy« hieß. Möglicherweise verwechselt er es mit dem Schiff, auf dem er über den Loch Katrine gefahren war.

109 unsern heimathlichen Marken] Die Markgrafschaft Brandenburg, zu der die Altmark, die Mittelmark und die Neumark gehörten. In der Mittelmark lag auch Neuruppin, wo Fontane geboren wurde. Er hatte gleichzeitig mit der Abfassung seines Schottlandreisebuchs begonnen, die Mark Brandenburg zu durchwandern, um dem schottischen Reisebuch das märkische folgen zu lassen.

109 Adler-Land] Fontane spielt hier auf das preußische Wappen an, das einen Adler zeigte. Vgl. auch sein Gedicht »›Du Adlerland‹« von 1861, in dem er dieselben Vergleiche aufnimmt (GBA-Gedichte, Bd. 1, S. 239 f.); vgl. dazu Erler 1974, S. 130 f.

109 Fehrbellin */…/* preußische Monarchie gegründet] Am 28. Juni 1675 kam es zwischen der brandenburgisch-preußischen Armee und den Schweden zur Schlacht bei Fehrbellin. Die Brandenburger siegten, und die Schweden mussten sich zurückziehen. Dieser militärische Erfolg war für Brandenburg-Preußen ein wichtiger Meilenstein. In seinem Aufsatz »Fehrbellin« (entstanden im Herbst 1859) betont Fontane, das Ergebnis der Schlacht habe den Grund »zu der Selbständigkeit und Größe unserer Monarchie« gelegt (GBA-Wanderungen, Bd. 6, S. 38).

109 von den Tagen der Quitzows an] Adelsgeschlecht von Raubrittern in der Mark Brandenburg, das im 14. Jahrhundert die Mark beherrschte und sich 1411 weigerte, sich dem neuen Burggrafen Friedrich VI. von Hohenzollern zu unterwerfen. Daraufhin ließ dieser ihre Burgen und Dörfer erobern, was 1414 zu ihrer völligen Entmachtung führte. Vgl. dazu auch das Kapitel »Quitzöwel« in Fontanes »Wanderungen durch die Mark Brandenburg« (GBA-Wanderungen, Bd. 5, S. 11–99).

109 Winckelmann, Schinkel und Schadow] Johann Joachim Winckelmann aus Stendal gilt als Begründer der wissenschaftlichen Kunstgeschichte; Karl Friedrich Schinkel, wie Fontane aus Neuruppin stammend, war Architekt und gestaltete klassizistische Bauten in ganz Preußen, vor allem aber in Berlin; Johann Gott-

fried Schadow, geboren in Berlin, war einer der bedeutendsten Bildhauer des Klassizismus.

109 Herrensitze] Der Stammsitz der Zietens war Schloss Wustrau, der der Knesebecks Schloss Tylsen und der der Humboldts Schloss Tegel.

109 Zieten] Führer eines legendären Husarenregiments unter Friedrich II., der zwar streng auf Disziplin hielt, aber vor allem einfachen Soldaten aus den unteren Schichten der Bevölkerung sehr wohlgesonnen war und Untergebene mit großer Güte behandelte. Er schlug viele erfolgreiche Schlachten für seinen Monarchen, wurde ihm ein wertvoller Freund und Ratgeber und hatte zeitweise den Oberbefehl über die gesamte preußische Armee.

109 Knesebeck] Karl Friedrich von dem Knesebeck war preußischer General und reiste im Auftrag des preußischen Königs nach Russland, um Zar Alexander I. zu überzeugen, Napoleons Truppen auf russisches Gebiet zu locken, um sie beim Marsch durch die Weiten des Landes zu zermürben. Die Ansicht Fontanes, die Idee sei von Knesebeck selbst gewesen, ist inzwischen relativiert: »Kontroverse Beurteilung fand seine Gesandtschaft nach Petersburg vom März 1812. Nach eigener Darstellung galt sie dem Vortrag eines Defensivkriegsplans für Rußland gegen Frankreich, den Zar Alexander mit allen von K. entwickelten Details zum Operationsplan für die russ. Armee bestimmt habe, wodurch schließlich die napoleonischen Heere in Rußland geschlagen werden konnten. Dieser Anspruch, der seit 1846 aus Kreisen der preuß. Generalität mehrfach für K. reklamiert wurde, ist später von der Forschung zurückgewiesen worden. Obgleich dabei nicht alle Aktivitäten der Petersburger Mission aufgehellt werden konnten, kann als gesichert gelten, daß K.s Behauptung, der strategische Gegenspieler Napoleons von 1812 gewesen zu sein, eine starke Übertreibung ist.« (Richter 1980.)

110 Morton /…/ Elgin] Mit den genannten Namen verbinden sich Gebäude, die Fontane am Ufer sehen oder zumindest erahnen konnte. Diese Sehenswürdigkeiten konnten sich Touristen etwa durch Guidebooks wie »Lumsden & Son's Steam-Boat Companion or Stranger's Guide to the Western Isles & Highlands of Scotland« erschließen (vgl. aber auch Fontanes Reiseführer, Black's Picturesque 1857, S. 166–170). Gegenüber von Granton lag am Nordufer des Forth Aberdour Castle, eines der ältesten erhaltenen Schlösser Schottlands, das im Besitz der Earls of Morton war, die seit dem 14. Jahrhundert dort wohnten. Mitten im Forth lag die Insel Inchcolm mit der Abteiruine. Sie gehörte ab dem 16. Jahr-

hundert James Stewart, 1st Earl of Moray. Dann folgte am Nordufer des Forth Donibristle House, das gleichfalls der Familie Stuart gehörte, weil es Bestandteil des Klosterbesitzes von Inchcolm war. Dessen Patron James Stuart, 2nd Lord Doune and 2nd Earl of Moray, wohnte in Donibristle. Mit dem König Robert the Bruce verbindet sich nicht nur Dumfermline, das Fontane als Nächstes in der Ferne sehen konnte, sondern vor allem der weiter innen im Forth gelegene Clackmannan Tower und das Kennet House, das, im 18. Jahrhundert gebaut, der Familie Bruce gehörte. Auch die Ruine von Rosyth Castle war zu sehen, das der Stuart-Familie gehört hatte. Auf der Südseite war dann Dundas Castle zu sehen, das seit dem Mittelalter Familiensitz der Dundas war. Auf der Nordseite folgte das Dorf Limekilns, das unmittelbar am Wasser lag und dem Earl of Elgin gehörte, dessen Familie gleichfalls auf Robert the Bruce zurückging. Der Familiensitz war Broomhall House. Es folgte Tulliallan Castle, das Anfang des 19. Jahrhunderts für George Keith Elphinstone, Admiral Lord Keith, gebaut wurde. Weiter sah man Tullibody House, das der Familie Abercromby of Tullibody gehörte.

110 Bannockburn] Vgl. Anm. zu S. 37 »Schlacht von Bannockburn«.

110 der Name Bruce] Robert the Bruce; sein Vater stammte von David I. ab, so dass Bruce Anspruch auf den schottischen Thron erheben konnte. Er ließ sich 1306 in Scone krönen, war jedoch König eines Landes, das von den Engländern beherrscht wurde. Da Bruce mehrfach die Seiten gewechselt hatte, wurde er sowohl von Edward I. verfolgt, als auch von seinen Landsleuten misstrauisch beäugt. 1307 begann er einen Feldzug zur Rückeroberung Schottlands, der eine Guerillataktik verfolgte, die endlich den gewünschten Erfolg und damit auch Rückhalt bei den schottischen Adligen erbrachte. Schließlich war Stirling die letzte Burg, die die Engländer noch hielten. In der Schlacht von Bannockburn 1314 gelang es Bruce endlich, das mehr als doppelt so große englische Heer zu besiegen. Er stieg damit zum Nationalhelden auf, an dessen Königtum nun niemand mehr zweifelte. Edward II. musste ein Waffenstillstandsangebot annehmen. Schottland war unabhängig.

110 Abukir, wo Sir Ralph Abercrombie] Sir Ralph Abercromby war Militärführer der britischen Armee. Er wurde in Menstrie Castle unweit von Stirling geboren, hatte in Leipzig Jura studiert, entschied sich aber für eine Militärkarriere. Nach vielen erfolgreichen Einsätzen in Europa und den Kronkolonien kämpfte der erfahrene Heerführer 1801 in Ägypten gegen die Franzosen. Am 21. März errang er bei Abukir zwar einen Sieg, wurde aber selbst so schwer verletzt, dass er eine Woche später starb.

110 ein blinder Fiedler] Solche Musikanten werden auch in anderen Reiseberichten erwähnt. Johann Valentin Adrian etwa hält fest, dass ein Dudelsackspieler »auf keinem schottischen Dampfschiffe fehlen darf« (Adrian 1850c, S. 774). Offenbar beauftragten die Schiffsgesellschaften diese Musiker mit der Unterhaltung der Touristen oder duldeten sie zumindest; vgl. Robins/Meek 2006, S. 13.

112 Diskantstimme] Sopranstimme.

112 Darnley /.../ jähen Tode vorausgingen] Maria Stuart war kurz nach der Geburt ihres Sohnes im Juli und August 1566 einige Tage in Alloa, um sich von der Entbindung zu erholen; auch Darnley war kurze Zeit dort gewesen. Die letzten Wochen vor seinem Tod hat er allerdings bei seiner Familie in Glasgow verbracht, wo er mit Syphilis darniederlag. Am 20. Januar 1567 besuchte Maria ihn hier; am 1. Februar brachte sie ihn zurück nach Edinburgh, wo er am 10. Februar ermordet wurde.

112 instigirte] Ermutigte, aufhetzte.

112 Burns'schen Strophen] Das Gedicht von Robert Burns heißt »What can a young lassie do wi' an auld man?« und stammt aus dem Jahr 1791/92. Fontane überträgt es hier sehr frei.

XIV. Stirling-Castle

114 Hotel Royal] The Royal Hotel; Hinweis in Black's Picturesque 1857, S. 170 und Anzeige im Werbeanhang, S. 35.

114 Mr. Campbells] Der Besitzer des Hotels war Archibald Campbell, der in einer Werbeanzeige auch darauf hinwies, dass man im Hotel Deutsch spreche (Black's Picturesque 1857, Werbeanhang S. 35).

115 mutatis mutandis] (Lat.) mit den notwendigen Änderungen.

115 Schloßhügel /.../ verwandt] Beide sind vulkanischen Ursprungs, vor ungefähr 350 Millionen Jahren während des Karbons entstanden, ca. 130 m hoch, und ragen deutlich über der sie umgebenden Landschaft auf.

115 Löwen] Möglicherweise übernimmt Fontane den Löwen-Vergleich aus Scotts »The Heart of Mid-Lothian«, denn im 17. Kapitel heißt es, dass Arthur's Seat einem »couchant lion« gleiche (Scott-Heart, S. 156). Vielleicht erinnerte Fontane sich an diesen Vergleich und übertrug ihn auf die Schlosshügel von Edinburgh und Stirling.

116 Interimsjacken] Überrock, den preußische Offiziere ursprünglich außerhalb der Dienstzeit über ihren Uniformen trugen.

116 rothen Uniformen] Vor allem britische Infanteristen trugen ab 1645 und noch bis ins 19. Jahrhundert hinein den roten Uniformrock.

116 der Kilt ist abgelegt] Nicht alle schottischen Regimenter trugen den Kilt, es gab auch solche, zu deren Uniformen Hosen gehörten. Das 93rd Sutherland Highland Regiment, dessen Angehörige Fontane hier beobachtet, trug allerdings zumeist Kilt und hatte einen eigenen Tartan.

116 roth und weiß carrirte Mützenstreifen] Vgl. Anm. zu S. 5 »schottische Mütze«.

116 Diskuswerfen *[...]* Bocciaspiel] Das Spiel heißt in Großbritannien Quoits. Es wurde in ähnlicher Form bereits im antiken Griechenland gespielt (als Ersatz für das Werfen mit einem Diskus) und von römischen Soldaten in Großbritannien eingeführt. Es ist dem Hufeisenwerfen verwandt. Dabei existierte die bei Fontane erwähnte Variante, bei der es auf Weite und Zielgenauigkeit ankam, aber auch die, wo ein Holzpflock zu treffen war. Offizielle Regeln für diesen beliebten Sport wurden in Großbritannien erstmals 1881 eingeführt.

117 Auch der englische Soldat *[...]* einen Mann] Fontane lobt hier die Eigenverantwortung der britischen Soldaten, die nicht zu Kampfmaschinen erzogen würden, sondern Individuen bleiben dürften. Das tut er mit Blick auf die preußische Armee, die anderen Grundsätzen folgte. Er vertritt also durchaus liberale Ansichten. Den entgegengesetzten regierungstreuen preußischen Blick auf das britische Militär, gegen den Fontane hier angeht, hatte er selbst am Ende des Kapitels »Der englische Zopf« im »Sommer in London« vertreten: »[...] die Fuchtel ist nach wie vor der Lehrmeister der Disziplin, der rothe, geschmack- und taillenlose Frackrock herrscht immer noch absolut, und Exerzitium und Bewaffnung (mit Ausnahme des nun schon wieder veralteten Perkussionsschlosses) sind unverändert dieselben geblieben. [...] Der englische Soldat, als rohes Menschenmaterial noch immer unvergleichlich, entbehrt völlig des Geschicks und der Bewaffnung, wodurch sich die Armeen des Kontinents, namentlich die preußische und französische, mehr denn je auszeichnen« (Fontane-Sommer, S. 68).

117 berühmten 93sten Regiment] Vgl. Anm. zu S. 32 »Kameraden von der hohen Nummer *[...]* 72. und 93.«.

118 Palast, Kapelle und Parlamentsgebäude] Die genannten Gebäude umgeben den inneren Hof. Fontane lässt allerdings den Gebäudeteil auf der Westseite des Platzes weg, der die ehemaligen königlichen Gemächer enthielt (The King's Old Building). Mit dem

Parlamentsgebäude (auch im Reiseführer ist vom Parliament House die Rede; Black's Picturesque 1857, S. 171) meint Fontane die Great Hall; sie wurde um 1500 gebaut und für große Festlichkeiten und Staatsakte genutzt. Zur Zeit von Fontanes Besuch diente das Gebäude dem Militär als Lager und Unterkunft.

118 Kasernen, Waffen- und Munitionshäuser] Nach der Personalunion der Kronen 1603 war der König nur noch selten in Stirling zu Gast, so dass die Gebäude zunehmend vom Militär genutzt und dessen Bedürfnissen angepasst wurden – ohne Rücksicht auf historische Architektur oder Substanz. Gebäudeteile, die man nicht benötigte, verfielen, da man kein Geld in ihre Erhaltung stecken wollte. In alle Gebäude wurden zusätzliche Geschosse eingezogen, Wände eingesetzt, und es wurden die Fenster erneuert. Die Kapelle diente als Lagerraum und Waffenkammer. Im King's Old Building oder Old Palace waren der Gouverneur (Governor's House) und die Offiziere untergebracht. 1855 brannten Teile dieses Gebäudes ab und wurden neu errichtet, waren also bei Fontanes Besuch nur wenige Jahre alt. Die Great Hall, der Palast und die Kapelle indessen waren dreihundert Jahre alt. Zu den ältesten Teilen des Schlosses gehört das North Gate, das 1381 gebaut wurde, es ist also das einzige Gebäude, das älter als 500 Jahre ist. Zur Zeit von Fontanes Besuch waren die 90th Stirlingshire Militia, das 42nd (Royal Highland) Regiment of Foot, das 71st (Highland) Regiment of Foot, das 79th Regiment of Foot (Cameron Highlanders) und das 92nd (Gordon Highlanders) Regiment of Foot in Stirling stationiert. Es gab aber in dem Jahr viele Truppenbewegungen im Schloss, weil Soldaten nach Indien geschickt wurden, andere wiederum von dort zurückkamen.

120 Lady's Rock] Vgl. Black's Picturesque 1857, S. 175, und Scotts »Lady of the Lake«, Canto V, Abschnitt 24 (Scott–Poetical Works, Bd. 1, S. 293).

120 Mole Hill] Diesen Hinrichtungsplatz beschreibt Walter Scott in der »Lady of the Lake«, Canto V, Abschnitt 20 und Fußnote sowie in der Anmerkung I (Scott–Poetical Works, Bd. 1, S. 290 sowie 381); auch in Black's Picturesque 1857, S. 173 f., wird der Hügel erwähnt, heißt dort allerdings wie bei Scott Hurley-Hacket und nicht Mole Hill. Diese Bezeichnung schien aber gleichfalls üblich zu sein, denn sie findet sich in anderen Reiseführern der Zeit auch (etwa in: Nelsons' Guide 1858, S. 11).

120 Turnieren und Ritterspielen] Ein solches Turnier, bei dem der alte Archibald Douglas alle Gegner aus dem Feld schlägt, schildert Scott in der »Lady of the Lake«, Canto V, Abschnitt 22–26 (Scott–Poetical Works, Bd. 1, S. 292–296). In Stirling fand 1449 in Anwe-

senheit von James II. ein großes Turnier statt; auch James IV. hielt regelmäßig Turniere ab; vgl. dazu Stevenson 2006, S. 63–102.

120 vierzehn Schlachtfelder] Wie Fontane auf die Zahl vierzehn kommt, konnte nicht geklärt werden. Die Schlachtfelder Stirling Bridge (1279), Bannockburn (1314), Sauchieburn (1488) und Sheriffmuir (1715) lagen im engeren Umkreis. Möglicherweise war bei klarer Sicht auch noch Falkirk (1298 und 1746) zu sehen.

120 Stirlinger Brücke] Während des First War of Scottish Independence (1296–1328) besiegten am 11. September 1297 die Schotten unter Andrew Moray und William Wallace die Engländer bei Stirling Bridge.

120 Sherifmuir] Am 13. November 1715 fochten die Jakobiten unter John Erskine, 6th Earl of Mar, in Sheriffmuir gegen die Regierungstruppen. Beide Seiten reklamierten den Sieg für sich, aber das Ziel, den Vormarsch der Jakobiten aufzuhalten, war erreicht.

120 Falkirk] In Falkirk fanden zwei große Schlachten statt: Am 22. Juli 1298 besiegte Edward I. die Truppen von William Wallace, die um die schottische Unabhängigkeit kämpften, am 17. Januar 1746 war die Schlacht von Falkirk Muir der letzte große militärische Erfolg der Jakobiten unter Charles Edward Stuart.

120 Sauchieburn] Vgl. Anm. zu S. 59 »Sauchieburn«.

120 Bannockburn, das noch jetzt in Liedern klingt] Fontane denkt hier an das Lied »Scots Wha Hae«. Robert Burns schrieb es 1793 (unter dem Titel »Robert Bruce's March To Bannockburn«) in Form einer Rede, die Robert the Bruce vor der Schlacht an seine Soldaten richtet. Lange Zeit war es die inoffizielle Nationalhymne Schottlands. Fontane verfasste unter dem Titel »Bannockburn« zwischen 1885 und 1889 eine deutsche Übersetzung (GBA-Gedichte, Bd. 1, S. 109 f.).

120 dem sogenannten »Douglas-Zimmer.«] Heute steht fest, dass das Gebäude zu der Zeit, in der James II. den Mord begangen hat, noch gar nicht stand; es wurde vermutlich um 1496 im Auftrag von James IV. errichtet, und der Nordteil wurde erst nach einem Brand am 1. November 1855 erbaut. In ihm wohnten der Gouverneur der Truppen und hochrangige Offiziere. Dennoch richtete man nach dem Brand einen Raum zu einem Museum her, und zwar den, den Fontane hier schildert: »[…] a panelled museum room was created in the part traditionally (but wrongly) said to have been where the eighth Earl of Douglas was killed by James II« (Fawcett 2005, S. 10).

120 William Douglas *[…]* ermordet wurde] Die folgende Geschichte übersetzt Fontane wörtlich aus seinem Reiseführer (Black's Picturesque 1857, S. 171). Die Vorfälle schildert auch Scott in seinen

»Tales of a Grandfather«, aus denen sie der Reiseführer möglicherweise bezieht (Scott-Tales, S. 67 f.). Elze übersetzt dieselbe Geschichte; darauf basieren die Ähnlichkeiten, die der Rezensent der »Blätter für literarische Unterhaltung« in seiner Besprechung kritisiert (vgl. »Rezeption«, S. 304).

120 Lord William Douglas] William Douglas, 8th Earl of Douglas and 2nd Earl of Avondale, gehörte zur einflussreichen Douglas-Familie, die seit dem 14. Jahrhundert in enger Beziehung zum Herrscherhaus Stuart stand. Ihre große Macht – vor allem beim Militär – ließ sie mitunter den Stuart-Monarchen selbst als gefährlich erscheinen. Diese Angst machten sich andere Familien zunutze, um ihren eigenen Einfluss zu stärken. Um 1450 gehörte zu den Rivalen von William Douglas der Kanzler William Crichton, der politisch so einflussreich war wie Douglas militärisch. Ohne diese beiden Männer wäre James II. nicht regierungsfähig gewesen, ja, der Einfluss von Douglas in Südschottland war größer als der des Königs. Crichton gedachte seine Macht auszubauen und redete dem König ein, Douglas plane eine Rebellion gegen ihn und habe sich mit dem aufständischen John MacDonald, Earl of Ross and Lord of the Isles verschworen, der sich schon einmal gegen den König erhoben hatte und eine ebenso latente Bedrohung bildete wie Douglas selbst. Auch Alexander Lindsay, 4th Earl of Crawford, gehöre zu den Aufständischen. James II. lud William Douglas unter Zusicherung freien Geleits nach Stirling Castle ein, um die Sache zu klären. Douglas folgte der Einladung und traf am 22. Februar 1452 ein. Nach einem großen Abendessen zog der König sich mit Douglas, Crichton und einigen Vertrauten zum Gespräch zurück, warf Douglas Verrat vor und forderte ihn auf, sich von den Verrätern loszusagen. Als Douglas das verweigerte, stach der erzürnte König mit einem Dolch auf ihn ein – unterstützt von den Anwesenden, die Douglas schließlich töteten und aus dem Fenster warfen. Als erstaunte Soldaten ihn dort fanden, zählten sie über zwanzig Stichwunden. Die Tatsache, dass James II. Douglas trotz der Zusicherung freien Geleits getötet hatte, rief einen Aufruhr hervor und untergrub jedweden Respekt, den man dem König gezollt hatte. In Erinnerung an das Ereignis wurden ein Zimmer im Nordflügel des Hauses und der darunterliegende Garten, in dem die Leiche lag, Douglas Room und Douglas Garden benannt.

121 Nachbildung] Vgl. Anm. zu S. 120 »dem sogenannten ›Douglas-Zimmer.‹«.

121 Seit 1794 *[…]* verscharrt wurde] Fontanes Reiseführer gibt an, man habe das Skelett im Oktober 1797 bei Arbeiten im Garten

ausgegraben (Black's Picturesque 1857, S. 171); in Scotts »Tales of a Grandfather« heißt es »about forty years since, a skeleton was found buried in the garden, just below the fatal window, which was, with much probability, conjectured to be the remains of the Earl of Douglas« (Scott–Tales, S. 68). Die Aussage, man habe im Garten eine Leiche gefunden, die man für Douglas hielt, findet sich auch im »Gentleman's Magazine« (Gentleman's Magazine 1797, S. 880).

122 folgender Vorfall] Als Quelle für die Schilderung diente eine Anmerkung Scotts in »Marmion« (Anmerkung L zu Canto VI, Abschnitt 14; Scott–Poetical Works, Bd. 2, S. 251 f. mit Hinweis auf Pitscottie).

122 Maclallan von Galloway] Korrekt: Maclellan. Die Geschichte übernimmt Fontane aus einer erklärenden Fußnote Walter Scotts zum Gedicht »Lord Maxwell's Goodnight« (Scott–Minstrelsy, Bd. 1, S. 227 f.). Sir Patrick Maclellan of Bombie war ein getreuer Unterstützer von James II. und geriet in Opposition zu William Douglas, als er sich weigerte, der antiroyalistischen Opposition von Douglas, Crawford und Ross beizutreten. Douglas soll daraufhin das Schloss von Maclellan belagert und ihn gefangen genommen haben.

122 Sir Patrick Gray] Gray war nicht nur Maclellans Onkel, sondern auch Hofbeamter bei James II. Deswegen konnte er den König um ein Schreiben bitten, das Douglas nötigen sollte, Maclellan freizugeben. Gray war also nicht Abgesandter des Königs, wie Fontane angibt, sondern handelte aus familiären Erwägungen und nutzte seinen Zugang zum König, um ihnen Nachdruck zu verleihen – ohne Erfolg, denn Douglas hatte Maclellan rechtzeitig vor Übergabe des Schreibens ermorden lassen. Gray gehörte im Februar 1452 zu denen, die dem König halfen, Douglas zu ermorden.

122 Bau aus der Zeit Jakob V.] Der Douglas Room gehörte zum Old Palace des Schlosses, den James IV. ab 1496 hatte bauen lassen, möglicherweise auf dem Fundament eines älteren Gebäudes, in dem sich der wirkliche Douglas Room befunden hatte. James V. ließ ab 1537 den neuen Palast im Renaissancestil für sich und seine zweite Frau Marie de Guise errichten, um ihr zu zeigen, dass die schottischen durchaus mit den französischen Schlössern mithalten konnten. James ließ sich dabei von französischen Schlössern inspirieren, die er auf seinen Reisen nach Frankreich gesehen hatte. Auch französische Steinmetze waren an den Arbeiten beteiligt. Der Palast wurde als vierflügelige Anlage mit kleinem Innenhof geplant und innen und außen aufwändig verziert; vgl. dazu Fawcett 2005, S. 36.

123 baaren Ungeschmack] Fontane denkt hier an die grotesken mythischen Figuren, die die Außenseite des Palastes schmücken und

von allen deutschen Reisebuchverfassern als geschmacklos bezeichnet wurden. Als Ausgangsmaterial für die Statuen außen und die Deckenverzierung innen wurden Zeichnungen des deutschen Malers und Holzschneiders Hans Burgkmair des Älteren (1473 bis 1531) genutzt. Die Statuen an den Außenmauern zeigen Soldaten, Heilige, Könige, Götter und Halbgötter, musizierende Engel, aber auch den Teufel sowie allegorische Figuren. Was die Besucher als grotesk abtun, gilt heute als einmalige Sammlung von Skulpturen der schottischen Renaissance.

123 ehemalige Royal Chapel] Die jetzige Chapel Royal, die auch Fontane gesehen hat, hatte vermutlich zwei Vorgängerbauten. Im zweiten wurde 1543 Maria Stuart gekrönt, ebenso wie zuvor ihr Vater. 1566 wurde James VI. hier getauft. 1594 wurde diese Kapelle, die bereits stark verfallen war und nicht mehr zum Gebäudeensemble passte, als protestantisches Gotteshaus in sieben Monaten neu aufgebaut, um die Taufe des Sohns von James VI. dort zu vollziehen. Für den Besuch von Charles II. 1633 wurde die Kapelle innen nochmals aufwändig neu bemalt. Danach wurde sie als Lagerraum und Waffenkammer von der Armee benutzt. Erst in den 1930er Jahren wurden die Einbauten, die das Militär vorgenommen hatte, wieder entfernt.

123 Mr. Wood, der Büchsenmacher] Im Stirlinger Adressbuch von 1865/66 findet sich »Wood, Hugh, storekeeper. Stirling Castle« (Directory for Stirling, S. 23). Wood war also Lagerverwalter für die Militärbestände und nicht Büchsenmacher.

123 John Knox *[…]* vollzogen habe] Diese Kanzel wurde auch anderen Reisenden vorgeführt. Am 3. September 1842 berichtet »The Illustrated London News«, dass Queen Victoria und Prince Albert sie betrachtet hätten (Illustrated London News, Nr. 17 (1842), S. 267).

123 Lochaber Axt] Die Lochaber Axe war eine hellebardenartige, schwere, beidhändig zu haltende Waffe, die schottische Infanterietruppen zur Verteidigung gegen Kavallerieattacken benutzten, die aber auch im Kampf Mann gegen Mann zum Einsatz kam. Entlang des oberen Endes eines ca. 1,50 m langen Stiels war eine ca. 45 cm lange Klinge mit spitzem Ende befestigt, die im Nahkampf als Bajonett dienen konnte. Die genaue Form und Breite der Klinge konnte dabei unterschiedlich sein. Ein oben am Stiel angebrachter Haken konnte je nach Ausführung unterschiedlichen Zwecken dienen. Stabile Haken wurden benutzt, um eine Mauer zu erklimmen oder einen Gegner vom Pferd zu reißen. In der kleineren Version diente der Haken möglicherweise lediglich zum Aufhängen der Waffe. Wahrscheinlich war eine Gruppe von

Kämpfern in der Schlacht von Bannockburn mit ihr bewaffnet, denn die Highlander verwendeten sie häufig.

123 42 auf dem Felde von Bannockburn] Bezieht sich wahrscheinlich auf eine Behauptung von Mr. Wood, denn der genaue Ort der Schlacht war lange Zeit umstritten und die ersten belegten Objektfunde vom Schlachtfeld wurden erst 2014 bei einer systematischen Erschließung gemacht.

123 polnischen Sensen] Diese Kriegssensen kamen 500 Jahre später beim polnischen Aufstand von 1830/31 zum Einsatz. Die Klingen waren allerdings oben auf dem Stiel befestigt und nicht – wie im Falle der Lochaber Axe – parallel dazu. Sie waren wohl ursprünglich bäuerliche Arbeitswerkzeuge, die für den Kampfeinsatz umgebaut wurden, und nicht eigens angefertigte Waffen wie die Lochaber Axe.

123 innerlich ebenso verwandt] Bei beiden Kämpfen ging es um die Unabhängigkeit des Landes: Schottland wollte von England unabhängig werden, Bruce siegte in der Schlacht von Bannockburn, und Polen strebte Unabhängigkeit von Russland an; es musste aber vor den russischen Truppen letztlich kapitulieren.

124 Fahnenstock des 42sten Regiments] Das 42nd (Royal Highland) Regiment of Foot hatte 1815 im Zentrum der Schlacht von Waterloo gekämpft. Über die zerschossene Fahne ist nichts ermittelt.

124 Lafetten] Fahrbare Gestelle für Kanonen.

124 Neuwied *[…]* Herzog von Nassau] Ab 1806 gehörte Neuwied zum Herzogtum Nassau (dieses bestand von 1806 bis 1866), bevor es 1815 an Preußen fiel. Adolph Wilhelm Carl August Friedrich von Nassau-Weilburg war von 1839 bis 1866 Herzog von Nassau.

125 Sutherlands und die Mac Gregors] Vgl. Anm. zu S. 32 »Kameraden von der hohen Nummer *[…]* 72. und 93.«. Wen genau Fontane mit den MacGregors meint, konnte nicht geklärt werden, denn ein Regiment dieses Namens existiert nicht. Möglicherweise bezieht er sich auf Angehörige des Clans MacGregor, die dem Regiment in Stirling Castle zugeordnet waren.

XV. Loch Katrine oder das Land der Lady of the Lake

125 Wagen *[…]* vor unserem Hotel] Der Besitzer des Hotels wies in einer Werbeanzeige darauf hin, dass die Kutschen direkt vor seiner Haustür abfuhren: »Coaches to and from Loch Catrine daily during the season.« (Black's Picturesque 1857, Werbeanhang, S. 35.)

125 drinnen Platz für vier und draußen *[…]* für zwanzig] Dass die Kutschen häufig mit Passagieren völlig überladen waren, wird in

vielen Schottlandreiseberichten des 19. Jahrhunderts beschrieben. Fontanes Schilderung der Kutschfahrt zum Loch Katrine und später von Perth nach Inverness ist also keine Übertreibung.

125 Conducteur] Aufseher und Kontrollbeamter der Postkutsche.

125 Felbelhut] Vgl. Anm. zu S. 79 »Felbel-Hüte«.

126 Oak- oder Derby-day nach Epsom] Das »Epsom Oaks« ist ein Pferderennen, das nach dem Landsitz des Earl of Derby, »The Oaks«, benannt ist und seit 1779 stattfindet. Das »Derby« wurde 1780 zum ersten Mal gestartet. Beide Rennen wurden zu einer Institution. Menschen aller sozialen Schichten aus dem nahe gelegenen London fuhren regelmäßig zu diesen Rennen aufs Land. Es kamen somit nicht mehr nur Adlige, sondern auch Angehörige der Mittel- und Unterschicht; der Renntag wurde zum Volksfest.

126 Bridge of Allan *[...]* dörfisches Charlottenburg] Seit Ende des 18. Jahrhunderts – mit dem Bau erster Gasthäuser und Pensionen – entwickelte sich Charlottenburg, dessen Schloss Lieblingsaufenthalt vieler preußischer Könige war, zum beliebten Ausflugsziel und Ferienaufenthalt für die Berliner Stadtbevölkerung. Das Stirlinger Adressbuch von Bridge of Allan für das Jahr 1865/66 verzeichnet fünf Hotels und 126 Board and Lodging Houses (Stirling Directory 1865, S. 47–49).

126 Wirthshaus] Der Reiseführer hält fest, dass Callander kein ursprüngliches Hochlandsdorf repräsentiere, sondern sich stark auf die Bedürfnisse von Touristen eingestellt habe (Black's Picturesque 1857, S. 199). Im Adressverzeichnis von 1868/69 findet sich unter den »Hotel and Innkeepers« J. M'Dermott. Es ist naheliegend, dass MacDermott für sein Gasthaus »Macgregor's« ein passendes Wirtshausschild hatte malen lassen. Auf einer Karte von 1862 ist das Hotel in der Ortsmitte an der Hauptstraße direkt neben dem Post Office eingezeichnet; »Nelsons' Tourist's Guide to the Trosachs and Loch Lomond« von 1858 nennt es gleichfalls (Nelsons' Guide 1858, S. vi).

126 Robin Hoods oder Rob Roys] Vgl. Anm. zu S. 104 »Robin Hoods«. Robin Hood galt als Anwalt der Armen, der als Outlaw reiche Adlige und Geistliche beraubte, um den Armen zu geben. Ein Geächteter und Wegelagerer war auch Robert Roy MacGregor, die schottische Version von Robin Hood. Eigentlich ein Gesetzloser, wurde er später zum Volkshelden. Er kämpfte bei den Jakobitenaufständen 1715 für die Stuarts und wurde 1719 in der Schlacht von Glen Shiel, in der aufständische Jakobiten auf englische Truppen trafen, schwer verletzt. Danach verlegte er sich auf die Viehzucht, was auch Viehdiebstahl und Schutzgelderpressungen einschloss. Um seine eigene Herde zu vergrößern, lieh er sich zudem

eine große Summe Geld, mit dem sein Bevollmächtigter durchbrannte, so dass MacGregor seine Geldgeber nicht bedienen konnte und alles verlor, was er noch besaß. Er wurde für rechtlos erklärt, und James Graham, 1st Duke of Montrose, sein größter Geldgeber, wurde zu seinem persönlichen Widersacher, indem er seine Ländereien übernahm: Der entrechtete kleine Mann Robert Roy MacGregor kämpfte also gegen den mächtigen Adligen Montrose. 1723 wurde sein Leben zum Stoff für einen Roman und Rob Roy damit zur Legende, die auch in unzähligen Gedichten verbreitet wurde. 1817 fügte Walter Scott mit dem Roman »Rob Roy« dem Mythos seine Version hinzu. Zwei Jahre später taucht dann auch Robin Hood in einem Scott-Roman auf: in »Ivanhoe«.

127 etwa drei deutschen Meilen] Die deutsche geographische Meile entspricht 7,42 km. Das Land der »Lady of the Lake« ist nach Fontanes Schätzung also gut 22 km lang.

127 den Dichter] Walter Scott.

127 Die Jungfrau vom See] Fontane erzählt im Folgenden die Handlung von Scotts Versroman von 1810 auf fast zehn Seiten nach, verkürzt ihn aber auf die Darstellung der Liebesgeschichte und beschreibt vor allem ausführlich den Zweikampf zwischen dem König und dem Clanführer Roderick Dhu. Dabei lässt er alle politischen und gesellschaftlichen Implikationen und Beschreibungen Scotts weg, die eine Kritik am Clanwesen enthalten oder die Situation der verarmten Highlander schildern, die sich, aus den Lowlands vertrieben, raubend in die Bergregionen zurückzogen. Fontane verklärt die Geschichte zu einem »Mährchen« (S. 134). Auch die Aspekte des Aberglaubens, die Scott zu einem wichtigen Bestandteil der Dichtung erhebt und vor allem in seinen Anmerkungen ausführlich kommentiert, interessieren Fontane nicht, ebenso wenig wie die Kampfhandlungen zwischen den königlichen Truppen und den Hochländern, die viele Opfer fordern; vgl. zu Fontanes romantischer Verklärung von Scotts Text Neuhaus 1996, S. 214 f.

127 bei Todesstrafe verbannt] Vgl. dazu die Klärung der historischen Grundlagen in Scotts »Lady of the Lake«, Anmerkungen D und F zu Canto II (Scott–Poetical Works, Bd. 1, S. 338 f.). Nach der Neuverheiratung von Margaret Tudor mit Archibald Douglas, 6th Earl of Angus, hielt dieser den minderjährigen König James V. unter strenger Aufsicht, um seinen Einfluss auf ihn zu sichern. James empfand das als eine Gefangenschaft, schätzte überdies seinen Stiefvater auch persönlich nicht sehr und nutzte schließlich eine Gelegenheit zu nächtlicher Flucht. Nachdem er sicher in Stirling Castle eingetroffen war, verbannte er die Familie Douglas, die ihm

zu einflussreich geworden war, aus Schottland. Angus floh nach England, und James ließ alle in Schottland verbliebenen Familienangehörigen und Freunde unerbittlich verfolgen.

130 Muhme] Zumeist Tante, hier jedoch (freierem Wortgebrauch entsprechend) Nichte oder entferntere weibliche Verwandte.

131 Wohl vertraut mit der Art der Frauen *[...]* er rasch erkannte] Nahezu wörtliche Übersetzung aus Scotts Versgedicht, Canto IV, Abschnitt 18: »Fitz-James knew ever wily train / A lady's fickle heart to gain, / But here he knew and felt them vain.« (Scott–Poetical Works, Bd. 1, S. 260.)

132 »Was führt *[...]* Durst.«] Canto IV, Abschnitt 30: »›What dost thou require?‹ –/›Rest and a guide, and food and fire.‹« (Scott–Poetical Works, Bd. 1, S. 270.)

132 »Das Land *[...]* ziehen.«] Dieses Zitat findet sich wörtlich nicht bei Scott. Fontane zieht hier die Gespräche zwischen Fitz-James und Roderick Dhu zu einem erfundenen Text zusammen.

132 »Sassenachs«] Abgeleitet aus dem gälischen Sasunnoch für lat. Saxones, also die Sachsen. Die Angelsachsen besiedelten Großbritannien und verdrängten die keltische Bevölkerung zunehmend. Zunächst war das Wort eine gälische Bezeichnung für die nicht Gälisch sprechenden Bewohner der schottischen Lowlands, später eine abfällige Bezeichnung für einen Engländer.

132 Tenne] Hier: festgestampftes Erdreich; ursprünglich war die Tenne der feste und trockene Lehmboden, auf dem Getreide gedroschen wurde.

132 »Hier ist *[...]* Rhoderick Dhu.«] Dieses Zitat findet sich wörtlich nicht bei Scott. Fontane zieht hier mehrere Verse zusammen. »And, Saxon, – I am Roderick Dhu!« (Canto V, Abschnitt 9; Scott–Poetical Works, Bd. 1, S. 280); »Thou art my guest; – I pledged my word/As far as Coilantogle ford« (Canto V, Abschnitt 11; ebd., S. 281); »Myself will guide thee on the way, / O'er stock and stone, through watch and ward, / Till past Clan-Alpine's outmost guard,/ As far as Coilantogle's ford« (Canto IV, Abschnitt 31; ebd., S. 271).

133 »Wir haben *[...]* drüben!«] Dieses Zitat findet sich wörtlich nicht bei Scott, dort heißt es: »Bold Saxon! to his promise just, / Vich-Alpine has discharged his trust. / This murderous Chief, this ruthless man, / This head of a rebellious clan, / Hath led thee safe, through watch and ward, / Far past Clan-Alpine's outmost guard. / Now, man to man, and steel to steel, / A Chieftain's vengeance thou shalt feel. / See, here, all vantageless I stand, / Armed, like thyself, with single brand; / For this is Coilantogle ford, / And thou must keep thee with thy sword.« (Canto V, Abschnitt 12; Scott–Poetical Works, Bd. 1, S. 282 f.) Den folgenden Kampf schildert Fontane

entsprechend Scotts Beschreibungen (Canto V, Abschnitte 15–17; ebd., S. 285–287).

133 »So steh' denn!«] Bei Scott so wörtlich nicht; dort: »But fear not – doubt not – which thou wilt – / We try this quarrel hilt to hilt.« (Canto V, Abschnitt 14; Scott–Poetical Works, Bd. 1, S. 284.)

134 Rhoderick Dhu kehrt heim] Hier erinnert Fontane sich falsch an Scotts Roman oder verklärt die Handlung in seinem Sinne, um der beabsichtigten märchenhaften Stimmung gerecht zu werden. In Scotts Versroman stirbt der Clanführer auf Stirling Castle. Vgl. Canto VI, Abschnitt 21, und die Totenklage des Minstrel, Abschnitt 22; Scott–Poetical Works, Bd. 1, S. 320 f.

134 Bochastle] Die Ereignisse auf dem Sammelplatz der Truppen schildert Scott in Canto III, Abschnitt 31 (Scott–Poetical Works, Bd. 1, S. 245).

134 Coil-antogle-Ford] Der Ort liegt am Ende des Loch Venachar. Vgl. Canto V, Abschnitt 11 und 12 (Scott–Poetical Works, Bd. 1, S. 281 bis 283), und Black's Picturesque 1857, S. 218.

135 Landrick Height] Heute: Lanrick Height.

135 »Türkenbrücke«] Fontane gibt hier eine falsche Deutung des Namens, der sich eigentlich auf das gälische Torc (dt. Eber) bezieht, also das männliche Wildschwein meint. Die Türkenbrücke ist eigentlich die Eberbrücke.

135 Licht- oder Ofenschirm] Ein Lichtschirm wurde benutzt, um den direkten Blick in die Flamme einer Lampe zu vermeiden. Der Ofenschirm bezeichnet eine Rahmenkonstruktion, mit Blech oder Tuch bespannt, die vor den Ofen oder Kamin gestellt wurde, um das Umherfliegen von Asche und Funken zu vermeiden.

135 And when] Schlussverse von Canto I, Abschnitt 6, in Scotts »Lady of the Lake« (Scott–Poetical Works, Bd. 1, S. 173).

136 Then through] Anfangsverse von Canto I, Abschnitt 10, der »Lady of the Lake« (Scott–Poetical Works, Bd. 1, S. 174).

136 »die blaue Blume« Schottlands] Fontane meint hier das schottische Heidekraut und nicht etwa die offizielle Nationalblume Schottlands, die Distel.

136 das Wort »Trosachs«] Schreibung auch: Trossachs; über die Bedeutung des Namens besteht keine Gewissheit, aber Fontanes Übersetzung »Borstenweg«, vermutlich für bristled territory, wird bis heute als möglich angegeben.

136 In den Reisebüchern] Beispielsweise in Black's Picturesque 1857, S. 224.

136 seit etwa zehn Jahren] Die Touristen begannen bereits kurz nach Veröffentlichung der »Lady of the Lake« 1810 in die Trossachs zu strömen (vgl. Johnson 1970, Bd. 1, S. 336). Es handelt sich also um

ein Phänomen der letzten 48 Jahre: »The lake had formerly been visited by fifty or sixty carriages a year; within the first six months after the publication of ›The Lady of the Lake‹ the number rose to 297!« (Ebd.)

137 Sie sind *[…]* der Berge] Fontane beschreibt hier den Trossachs-Pass. Die Bezeichnung Trossachs wird aber auch für die ganze Region im Osten des Ben Lomond verwendet. In »Nelsons' Tourist's Guide to the Trosachs and Loch Lomond« erklärt der Verfasser, gemeint sei das Gebiet »from the village of Callander on the east to Loch Lomond on the west, and from the northern plains of Stirlingshire to the braes of Balquhidder in Perth. The entire district is, in round numbers, from twenty to twenty-six miles in diameter.« (Nelsons' Guide 1858, S. 7.)

137 Beal-an-Duine] Bealach an duine (gäl. Pass des Mannes). An dieser Stelle erschossen Einheimische einen Soldaten Cromwells, was dem Pass den Namen gab. Der Punkt liegt der Insel im Loch Katrine, die nach Scotts Roman Ellen's Isle benannt wurde, genau gegenüber am Ostufer des Sees. In Scotts Fiktion war das der Punkt, an dem Ellen an Land stieß.

138 heißt hier alles Mac Gregor] Die Trossachs stoßen südöstlich an das ehemalige Gebiet des Clans MacGregor, und man versuchte, in den Trossachs nicht nur mit Benennungen aus Scotts »Lady of the Lake« Touristen zu interessieren, sondern auch mit solchen aus dem Roman »Rob Roy«, dessen Schauplätze die Region um den dem Loch Katrine benachbarten Loch Lomond im Westen umfassten. Zudem liegt Rob Roys Grab im Nordosten von Loch Katrine.

139 auch der Steamer] Richtig: Das Dampfschiff hieß nicht »MacGregor«, sondern »Rob Roy II«, trug also nicht den Clannamen, sondern den Kampfnamen von Robert MacGregor.

139 geschilderte Haus des alten Douglas] In Scotts Roman ist es nicht das Haus des Douglas, sondern der letzte Rückzugsort des Clans von Roderick Dhu, den dieser Douglas als Zuflucht zur Verfügung stellt. Nach Erscheinen von Scotts »Lady of the Lake« hatte der Besitzer der Insel nach dem Vorbild des Romans eine Jagdhütte eingerichtet. Sie brannte aber 1837 durch die Nachlässigkeit eines Touristen ab und wurde nicht wieder aufgebaut. Tatsächlich war diese Insel ein Rückzugsort für den Clan MacGregor, da der enge Zugang durch den Trossachs-Pass leicht verteidigt werden konnte, die Insel ohne Boot nicht einfach zu erreichen war und schwimmende Feinde leicht überwältigt werden konnten.

139 Stage-Coach] Vierrädrige Reisekutsche, oft eine Postkutsche, die Passagiere sowohl auf Innenplätzen als auch auf Außenplätzen

mitnahm. Als öffentliches Transportmittel fuhr die Stage Coach auf festen Routen und zu festen Zeiten. Dabei gab es festgelegte Stationen, an denen die Pferde auszuruhen hatten oder gewechselt wurden. Die Reisegeschwindigkeit betrug ungefähr neun bis zwölf Stundenkilometer.

140 letzten Schimmer der Abendröthe] Der Weg, den die Kutsche von Stirling bis zum Loch Katrine zurücklegte, betrug 26 englische Meilen, für die die Kutsche drei bis vier Stunden brauchte. Addiert man die Pausen und die Rundfahrt auf dem Loch Katrine hinzu, so war die Besichtigung von Stirling aus ein Tagesausflug.

XVI. Ein Sonntag in Perth

140 Sonntag in Schottland] Die schottischen Puritaner führten im 17. Jahrhundert strenge Regelungen zur Sonntagsruhe ein. Der Tag sollte wieder ausschließlich der inneren Einkehr dienen und war der Bibellektüre vorbehalten. Man durfte nicht nur nicht arbeiten, sondern es war auch nicht erlaubt, weltlichen Vergnügungen oder dem Nichtstun nachzugehen. Nach dem Gottesdienst hatte man sich zum Bibelstudium ins Haus zurückzuziehen. Das öffentliche Leben kam an den Sonntagen in Schottland völlig zum Erliegen: Hotels nahmen keine Gäste auf, Kutschen und Züge fuhren nicht. Der Unmut und das Unverständnis deutscher Reisender im 19. Jahrhundert finden in ihren Reiseberichten Ausdruck. In Deutschland wurde die Sonntagsruhe weniger strikt genommen. Der Tag war zwar für den Gottesdienstbesuch und das Ausruhen von der Arbeit vorgesehen, aber Besuche, Ausflüge, Museums- oder Konzertbesuche und Freizeitbeschäftigungen waren durchaus gestattet und üblich.

140 Table d'hôte] (Frz.) Tisch des Gastgebers/der Gäste. Feststehendes Menü, das meist in kleinen Hotels angeboten wurde. Hier konnte der Gast nicht aus einer Karte auswählen, sondern alle Gäste erhielten dasselbe Gericht und speisten gleichzeitig.

140 Champagner auf der Tafel eines Türken] Für Muslime ist der Genuss von Alkohol eigentlich verboten, so dass man zu alternativen Umschreibungen greifen musste, um ihn dennoch trinken zu dürfen.

141 Mr. Pople's english hotel] Im Perther Adressbuch von 1858/59 findet sich das British Hotel von H. W. Pople in der Leonard Street (Post-Office Perth Directory 1858, S. 72), die tatsächlich direkt gegenüber dem Bahnhof lag. Im Adressbuch von 1856/57 führt dieses Hotel noch eine Mrs. Drummond (Post-Office Perth Direc-

tory 1856, S. 22), das Ehepaar Pople hat es also erst kurz zuvor übernommen.

141 Mr. Campbel] Vgl. Anm. zu S. 114 »Mr. Campbells«.

141 Forbes Mackenzie] William Forbes Mackenzie war ein konservativer schottischer Politiker, der sich vor allem in der Temperanzbewegung engagierte und als Abgeordneter im Parlament saß. Er setzte 1853 ein Gesetz durch, das es schottischen Pubs verbot, am Sonntag zu öffnen.

142 Scone, Dunsinan und der Birnamwald] Schauplätze in Shakespeares »Macbeth«.

142 »ein schönes Mädchen von Perth« geschrieben] Historischer Roman von Walter Scott, der 1828 unter dem Titel »St Valentine's Day or The Fair Maid of Perth« veröffentlicht wurde.

142 1210 *[…]* durch eine Ueberschwemmung zerstört] Die Lage an einem großen Fluss machte Perth zu einer wichtigen Handelsstadt, in der sich im 16. und 17. Jahrhundert auch Metall- und Tuchindustrie (Leinen) ansiedelte, die den Fluss als Exportweg nutzte. Zugleich aber war die Stadt von regelmäßigem Hochwasser betroffen. 1209 (ein späterer Chronist, Walter Bower, übermittelt das falsche Jahr 1210, das seitdem in vielen Publikationen erscheint, so auch in Fontanes Reiseführer) wurde durch heftige Regenfälle und die Schneeschmelze, zu denen eine Springflut hinzukam, eine Flutkatastrophe ausgelöst, bei der zahllose Menschen ertranken und die zur Zerstörung der Burg und einer Brücke führte. Diese Brücke wurde 1648 erneut Opfer einer Flutwelle.

142 Shochie *[…]* schlafen] Fontane übersetzt diesen Volksreim sehr frei (aus vier Versen werden bei ihm sechs) nach Black's Picturesque 1857, S. 263: »Says the Shochie to the Ordie, / ›Where shall we meet?‹ / ›At the cross o' Perth, / When a' men are fast asleep.‹« Shochie und Ordie fließen ca. 5 km nördlich von Perth in den Tay.

143 Lieblingsaufenthalt der schottischen Könige] Perth war im Mittelalter die Hauptstadt des Königreiches Schottland, weil es verkehrsgünstig und in unmittelbarer Nähe von Scone gelegen war. In Scone wurden die Monarchen gekrönt, seit Kenneth MacAlpin (König ab 843) den Krönungsstein dorthin gebracht hatte. In der Nähe des Klosters, in dem der Stein aufbewahrt wurde, entstand die Stadt Perth. Im frühen 12. Jahrhundert verlieh David I. der Stadt den Status einer Burgh, in der sich die schottischen Könige regelmäßig aufhielten. 1437 zog der Hof um, und das südlicher gelegene Edinburgh wurde neue Hauptstadt.

143 Cistercienserkloster *[…]* Palast herzurichten] Diese Informationen entnimmt Fontane seinem Reiseführer (Black's Picturesque 1857, S. 250). Allerdings war der Zisterzienserorden in der Stadt

nicht vertreten, anders als Dominikaner, Franziskaner, Kartäuser und Karmeliten. Die schottischen Könige haben seit dem 13. Jahrhundert gelegentlich im kleinen Kloster der Dominikanermönche (Blackfriars) gewohnt, das über dem alten Palast erbaut war, den die Flut von 1209 zerstört hatte. Möglicherweise hatten die Mönche das Baurecht nur erhalten, weil sie den Monarchen bei Bedarf Unterkunft gewährten (vgl. Magnusson 2001, S. 244). James I. wurde 1437 im Kloster ermordet und ist dort begraben. Es gab aber durchaus auch einen königlichen Palast in Perth: Bereits im 9. Jahrhundert ist eine Burg belegt, die allerdings zerstört wurde, ab dem 12. Jahrhundert sind neue Schlossbauten verzeichnet, und Ruinen dieser Gebäude waren noch bis 1860 erhalten. In dem Schloss wohnten die schottischen Könige, nachdem ihr alter Palast durch das Hochwasser zerstört worden war.

143 nahm noch nicht Anstand] Hatte keine Bedenken.

143 Thronbesteigung der Stuarts] Robert II. war der erste Stuart-Monarch auf dem Thron. Fontane meint hier aber wohl James I., der Perth als Hauptstadt vor Edinburgh vorzog. Nach seiner Ermordung in Perth wurde Edinburgh die neue Hauptstadt.

143 Jakob I. wirklich in Perth ermordet] Am 21. Februar 1437 brachten ihn seine Gegner, entfernte Verwandte, die selbst Anspruch auf den Thron zu haben glaubten, im Kloster der Blackfriars um. Die Königin konnte fliehen und brachte sich und ihren sechsjährigen Sohn in Edinburgh Castle in Sicherheit.

143 »Gowrie-Conspiracy«] Es gibt verschiedene Hypothesen darüber, was genau sich am 5. August 1600 in Gowrie House abgespielt hat. Keine davon konnte letztlich bestätigt werden. Der König, James VI., gab seine eigene Version der Ereignisse zu Protokoll: Demnach wurde er unter fadenscheinigen Vorwänden von Alexander Ruthven, Master of Ruthven, dessen Vater James VI. wegen eines früheren Attentatsversuchs hatte exekutieren lassen, nach Perth gelockt. Angeblich wolle jemand einen Goldschatz auf einem Feld vor der Stadt vergraben, und der König müsse sogleich nach Perth kommen, um dieses Geld für die Krone zu requirieren. Ruthven forderte ihn auf, nach Gowrie House zu eilen, wo man den Besitzer des Schatzes festhalte. Der verschuldete König folgte dieser Aufforderung. Selbstverständlich warteten dort Bewaffnete, die den König ermorden wollten. Er konnte aber um Hilfe rufen, und seine Freunde eilten herbei, um ihn zu retten, wobei die beiden Ruthven-Brüder ums Leben kamen. – Es gibt aber zugleich Anzeichen dafür, dass der König die Geschichte einer Verschwörung erfand, um die Familie Ruthven zu entmachten, da ihr das schottische Königshaus Geld schuldete.

144 landesüblichen Ermordungen an Altar] Vgl. Black's Picturesque 1857, S. 252. Laut schottischer Überlieferung soll Edward III. 1336 dort seinen Bruder, John of Eltham, 1st Earl of Cornwall, vor dem Altar erstochen haben. Dieser war Militärführer im Kampf gegen die Schotten und zog gemeinsam mit seinem Bruder in den Krieg. Angeblich brannte er ein schottisches Kloster nieder – mitsamt den Gläubigen, die darin Zuflucht gesucht hatten. Das soll die Ursache für die Ermordung gewesen sein. Historiker nehmen heute an, dass diese Geschichte erfunden ist, der Zwanzigjährige am 13. September 1336 aber tatsächlich in Perth starb – allerdings vermutlich am Fieber und jedenfalls nicht als Opfer eines Brudermordes.

144 die schottische Bilderstürmerei] Übernahme aus Black's Picturesque 1857, S. 252. Der Reformator John Knox war 1559 aus dem Schweizer Exil nach Schottland zurückgekehrt und hatte sofort Sympathisanten um sich versammelt. Die katholische Marie de Guise erklärte ihn und weitere protestantische Prediger für gesetzlos. Knox floh mit seinen Anhängern nach Perth. Weil die Stadt gut befestigt war, hoffte man, dort möglichen Angriffen widerstehen zu können. In der St.-John-Kirche predigte Knox am 11. Mai vor seinen Anhängern, prangerte den katholischen ›Götzendienst‹ an und rief zu einer Reinigung des Tempels auf. Als im Seitenschiff der Kirche ein Priester die Messe feiern wollte, gerieten Knox' begeisterte Anhänger in Aufruhr, zerstörten die Einrichtung des Gotteshauses und zogen aus, um alle kirchlichen Bildwerke in der Stadt zu zerschlagen. Das war der Beginn der schottischen Reformation.

144 Statue Walter Scotts] Die Statue wurde von zwei Bildhauern aus Perth angefertigt. Die Stadt kaufte sie 1845 und stellte sie am Ende der High Street unmittelbar am Tay auf. Sie zeigt Walter Scott, in eine Toga gehüllt, an einer zerbrochenen Säule lehnend, seine Hündin Maida zu Füßen.

144 Trophäen von Sebastopol] Im Krimkrieg (1853–56) kämpfte Großbritannien auf Seiten des Osmanischen Reiches gegen Russland. 1854/55 wurde die Stadt Sewastopol belagert. Nachdem die Franzosen die Festung Malakov, die im Südosten der Stadt lag, erstürmt hatten, entschied die russische Armee, die Stadt aufzugeben, sprengte sie, zog sich zurück und verlor damit die Hoheit über das Schwarze Meer. Im Krimkrieg kämpften auch schottische Militäreinheiten, zu denen Soldaten aus Perth gehörten.

144 in Garnison] Ab 1830 wurden die Queen's Barracks in Perth als Depot für das 42nd (Highland) Regiment of Foot genutzt, das auch im Krimkrieg eingesetzt worden war.

144 Gowrie-House *[…]* Gattung] Vgl. Anm. zu S. 143 »›Gowrie-Conspiracy‹«. Das Haus wurde ursprünglich 1520 für die Countess of Huntly gebaut und dann an die Familie Ruthven verkauft. Nach dem Tod John Ruthvens, 3rd Earl of Gowrie, und seines Bruders Alexander Ruthven, die beide im Handgemenge am 5. August 1600 ums Leben kamen (vgl. Anm. zu S. 143 »›Gowrie-Conspiracy‹«), wurde die Familie enteignet. Das Haus ging in den Besitz der Stadt Perth über. Eine Zeit lang wurde es als Kaserne genutzt, bis es 1807 abgerissen wurde. Letzte Reste des Gebäudes blieben bis 1865 erhalten. Das neue Gebäude im klassizistischen Stil diente als Gefängnis und Kreisverwaltungszentrum.

144 Stockhaus] Gefängnis, abgeleitet von dem schweren Klotz (auch: Stock), an den die Gefangenen gefesselt waren.

144 Bier- und Brandyhaus] In einem Stadtplan von 1860 sind gegenüber dem ehemaligen Gowrie-Haus zwei Gasthäuser eingezeichnet, eines Ecke South Street/Watergate und eines Ecke Water Vennel/Watergate.

145 Die Geschichte *[…]* Tod] Fontane bezieht sich hier auf zwei Vorfälle, die eng miteinander zusammenhingen: den Raid of Ruthven, von dem er berichtet, und die Gowrie Conspiracy. Fontane fasst beide unter dem Begriff der »Gowrie Conspiracy« zusammen. Er folgt in seiner Schilderung dem Reiseführer, der aber deutlicher als Fontane zwischen den zwei Ereignissen unterscheidet (Black's Picturesque 1857, S. 259). In beide Vorfälle war die Familie Ruthven verwickelt. William Ruthven, 1st Earl of Gowrie and 4th Lord of Ruthven, der Kopf einer presbyterianischen Adelsverschwörung (Fontane nennt die Namen einiger Beteiligter), die Regierungsreformen herbeiführen und den Einfluss katholischer Wortführer auf den König einschränken wollte, hatte am 23. August 1582 den sechzehnjährigen James VI. während einer Jagdpartie entführt und auch einige seiner Unterstützer, die ihm zu Hilfe eilten, gefangen genommen. Die Verschwörer hielten James fast ein Jahr in ihrer Verwahrung, bildeten in Abstimmung mit Elizabeth I. die schottische Regierung und suchten presbyterianische Interessen durchzusetzen. Im Juli 1583 kam James frei. Ruthven wurde ein Jahr später wegen Hochverrats in Stirling hingerichtet. Zwei seiner Söhne waren an der Gowrie Conspiracy von 1600 beteiligt (vgl. Anm. zu S. 143 »›Gowrie-Conspiracy‹«). Die Aussage von Sir Thomas Lyon, Master of Glammis, dem jungen König gegenüber: »Better bairns greet than bearded men«, übersetzt Fontane sinnentstellend. Er unterschlägt zudem, dass James fast ein Jahr lang von den Ruthven Raiders gefangen gehalten wurde.

145 instigirt] Vgl. Anm zu S. 112 »instigirte«.

145 schöne Brücke] Smeaton's Bridge; Sandsteinbogenbrücke erbaut 1771.

145 Steintisch] Dieser Tisch ist auf einer Karte von 1859/60 wenige Meter südlich vom höchsten Punkt des Hügels eingezeichnet.

146 das Wallaceschloß und die Wallacehöhle] Mit dem Wallaceschloss könnte Kinnoull Tower gemeint sein, der, etwa 500 m vom Steintisch entfernt, an der Abbruchkante stand, oder Binnhill Tower, der, etwa 3 km davon entfernt, gleichfalls an einer Kliffkante stand. Aus beiden Türmen hätte Fontane also Steine herausbrechen und in den Abgrund schleudern können. Diese Türme wurden für Francis Gray, 14th Lord Gray, gebaut, der sich zwischen 1822 und 1826 Kinfauns Castle am Standort einer früheren mittelalterlichen Burg errichten ließ. Es stand auf einer Terrasse genau zwischen den beiden Türmen. Gray hatte eine Rheinreise gemacht und fand, dass der Tay große Ähnlichkeit mit dem Rhein habe, deswegen ließ er als Ersatz für die Rheinburgen diese zwei romantisch ›verfallenen‹ Türme bauen: 1815 Binnhill Tower und 1829 Kinnoull Tower. Auch der Steintisch, an dem Fontane saß, wurde von Gray gebaut und gehörte zu seinem Konzept einer pittoresken Landschaftsgestaltung (vgl. dazu die ausführliche Beschreibung des Anwesens: http://portal.historic-scotland.gov.uk/designation/GDL00240). Mit der Wallacehöhle ist das Dragon's Hole gemeint, von dem immer wieder behauptet wurde, William Wallace habe sich darin im 13. Jahrhundert versteckt, um von dort seine militärischen Aktionen auszuführen. Ursprünglich sei die Höhle, so glaubte man, Behausung eines Drachens gewesen. Anlässlich seiner Vernichtung feierten die Perther im Mittelalter regelmäßig am 1. Mai ausgelassene Feste in der Höhle, bis 1580 die Kirche einschritt und den heidnischen Brauch verbot. Die Höhle befindet sich in westlicher Richtung an derselben Abbruchkante, an der Fontane am Steintisch gesessen hatte.

146 Zeckspiel] Berliner Ausdruck für das Fangspiel.

146 vom Fuß des Berges aus] Die Höhle ist sehr schwer zu erreichen, sie liegt genau in der Mitte des Kliffs, etwa 6,5 m oberhalb des Bergfußes. Sie ist unfähr 3 m tief, am Eingang 5 m hoch und 1,5 m breit und verengt sich nach innen.

147 Kossuth in Husarenuniform] Die Kossuth-Husaren waren Soldaten der ungarischen Revolutionsregierung. Lajos Kossuth ist ein ungarischer Nationalheld, der 1848/49 im Unabhängigkeitskrieg Ungarns gegen Österreich kämpfte und nach seiner Niederlage zeitweilig ins Exil nach London ging, von wo aus er sich weiter für die ungarische Unabhängigkeit einsetzte und in engem Kontakt mit deutschen Exilanten stand. Fontane berichtete im Dezem-

ber 1856 in einer seiner Korrespondenzen für die »Neue Preußische (Kreuz-)Zeitung« über seine Aktivitäten: »Kossuth in Edinburgh. Ein Sieg – sonst weiter nichts« (NFA, Bd. 18a, S. 701 f.).

147 Bildniß von Queen Victoria] Es war in vielen Haushalten üblich, ein Bild des regierenden Monarchen aufzuhängen.

147 Angelpassion] Robert Blakey hält 1854 in »The Angler's Guide to the Rivers & Lochs of Scotland« fest: »[…] there is […] no country in Europe […] so favourable for the purposes of the angler, as Scotland. Every little river, burn, torrent, or creek, however narrow its bed or limited its range, is full of fine trout; whilst at the same time the whole country abounds with immense quantities of the varieties of the noble salmon« (Blakey 1854, S. 2). Schottland galt als hervorragendes Angelrevier. Man konnte dort ohne Störung, ohne Konkurrenz und ohne Kosten angeln, denn die Angler – so wie auch die Jäger – nahmen an, dass sie ihren Sport dort kostenfrei ausüben könnten, was in England nicht der Fall war (vgl. Durie 2003, S. 113 f.). Weil es Fisch und Wild im Überfluss zu geben schien, wurden zunächst keine Gebühren erhoben; das änderte sich aber in den 1830er Jahren. Es gab spezielle Reiseführer für Angler, nicht nur den von Blakey, sondern auch Thomas Tod Stoddarts »The Angler's Companion to the Rivers and Lochs of Scotland«. Die Ausgabe von 1847 informiert auf über 400 Seiten über Angelmethoden und -reviere, Fischarten und sogar Fischzubereitungsmethoden.

148 Jagdgrund] Das Jagen war der Oberklasse vorbehalten, die über ausreichend großen Landbesitz verfügte oder das Geld hatte, sich einen Jagdurlaub zu leisten. Während Maria Stuart beispielsweise im Park von Holyrood jagte, war ein Grund für den Ankauf von Schloss Balmoral durch Queen Victoria und Prince Albert die Jagdleidenschaft des Prinzen. Englische Adlige zogen zur Moorhuhnjagd nach Schottland und bezahlten die schottischen Landbesitzer dafür, wenn sie nicht über eigene Ländereien im Norden des Landes verfügten. Da das Jagen sich als gute Einnahmequelle erwies, verzichteten Landbesitzer zunehmend auf landwirtschaftliche Tätigkeiten wie die Schafzucht und verdienten ihr Geld lieber mit Touristen, die für eine Jagderlaubnis bezahlten. Im 19. Jahrhundert stiegen die Gebühren für Jagdrechte deutlich (vgl. Durie 2003, S. 112 f.), weil man die guten Verdienstmöglichkeiten erkannt hatte und kräftig in Wald und Wild investierte.

148 Eisenbahnen] Die touristische Erschließung des Landes begann erst zu Beginn des 19. Jahrhunderts. Zunächst ermöglichten Kutschen und Dampfschiffe eine Reise in den abgelegenen Norden Großbritanniens. Erst seit den 1840er Jahren fuhren regelmäßig

Züge von London nach Edinburgh oder Glasgow. Diese konnten mehr Touristen schneller und für weniger Geld nach Schottland befördern. Die Westküste und die Highlands waren aber bis Ende des 19. Jahrhunderts noch wenig erschlossen. Inverness beispielsweise besaß erst seit 1855 einen Bahnhof.

148 Forelle] In Schottland wurden sowohl Forellen als auch Lachse geangelt, denn von Februar bis Ende Oktober zogen die Lachse auf dem Weg zu und von den Laichplätzen durch die Flüsse. Im Ness und im Oich gab es beide Fischarten. Es musste aber vom Landbesitzer die Erlaubnis zum Angeln erteilt werden, und für das Lachsangeln galten spezielle Regelungen, da dieses ein Kronrecht war.

149 Fischzug des Petrus] Simon Petrus wird nach erfolglosem Fischfang auf dem See Genezareth von Jesus aufgefordert, noch ein weiteres Mal mit ihm über den See zu fahren und die Netze auszulegen. Petrus fängt dabei so viele Fische, dass die Netze reißen und zwei vollbeladene Boote fast untergehen (Luk 5, 4–11). Die von Fontane hier errechnete Summe ist kein unüblicher Fang in der Saison. Blakey berichtet über das Fischen im Tweed: »[...] from 16 to 20 dozen of trout, with a goodly sprinkling of salmon, are no uncommon results of a single day's work by an expert and persevering sportsman.« (Blakey 1854, S. 7.)

XVII. Von Perth bis Inverneß

149 Wer Eile hat] Der Zug brauchte von Perth bis Inverness ca. 11 Stunden. Fontane brauchte inklusive Radpanne 16 Stunden. Die Zeitersparnis war also nicht so groß – vorausgesetzt, es gab keine Panne –, weil die Kutsche die direkte Strecke fuhr und nicht den Umweg über Aberdeen.

149 10 deutschen Meilen] Die deutsche geographische Meile entspricht 7,42 km, der Umweg also 74 km. Diese Schätzung ist etwas niedrig angesetzt, der Umweg dürfte eher über 100 km betragen haben.

149 Montags und Donnerstags auf dem Perther Marktplatz] Abfahrtspunkt war das Universal Royal Mail and General Coach Office in der South Street. 1855 fuhr die Kutsche täglich, im Sommer sogar zweimal, nach Inverness.

150 Chaise] Eigentlich eine offene Kutsche mit Klappverdeck. Fontane benutzt den Begriff hier im allgemeineren Sinn für Kutsche.

150 25 deutschen Meilen] Die deutsche geographische Meile entspricht 7,42 km, die Strecke von Perth nach Inverness also ca. 187 km.

151 ein alter Bischofssitz] Bereits um 600 n. Chr. nach einem Besuch Columbas gegründet, gab es in Dunkeld ein Kloster der Culdees

(vgl. Anm. zu S. 204 »nannten sich Culdees«), in dem ab 849 Reliquien des Heiligen Columba aufbewahrt wurden, woraufhin Dunkeld zeitweise zum wichtigsten Bischofssitz im Osten Schottlands avancierte. Die mittelalterliche Kathedrale, mit deren Bau im 12. Jahrhundert begonnen und an der bis ins 16. Jahrhundert hinein gebaut wurde, ist Columba gewidmet.

151 Und uns *[...]* Scone] »So, thanks to all at once and to each one, / Whom we invite to see us crown'd at Scone.« Letzter Satz in Shakespeares »Macbeth« im V. Akt, 8. Szene. Nach dem Tod Macbeths wird Malcolm in Scone zum neuen schottischen König gekrönt.

151 Scone-Palast] Bereits um 1114 gab es in Scone ein Augustinerkloster, das auf einer noch älteren Gründung der Culdees beruhte (vgl. Anm. zu S. 204 »nannten sich Culdees«). 841 brachte Kenneth MacAlpin, der erste schottische König, den Krönungsstein dorthin, so dass bis 1296 die schottischen Monarchen auf den Moot Hill in Scone gekrönt wurden und Scone bzw. das benachbarte Perth die Hauptstadt des Königreiches bildete, weil auch das Parlament hier tagte. Im 12. Jahrhundert erhielt das Kloster den Status einer Abtei, und es wurde ein Residenzgebäude (Abbot's Palace) gebaut. In diesem kamen auch die Könige unter, wenn sie in Scone residierten. Während der Reformation 1559 wurde die Abtei schwer beschädigt. 1580 kam das Gebäude in den Besitz der Familie Ruthven, die aus dem alten Abbot's Palace eine prachtvolle neue Residenz machte, die mehrfach den Besitzer wechselte und 1802 nochmals massiv im neogothischen Stil umgebaut wurde. Dabei wurden auch die Räumlichkeiten aus dem 16. Jahrhundert umgestaltet. Teile der alten Abtei wurden so Bestandteil des neugebauten Palastes, der 1808 fertig war. Bis auf wenige Fragmente ist nichts vom alten Kloster erhalten.

151 Grafen von Mansfield] Seit 1604 ist das Schloss in Familienbesitz.

151 der alte Stein] Der Stone of Scone oder Stone of Destiny ist ein roter Sandsteinblock, der etwa 66 x 41 x 27 cm groß und mit Eisenringen zum Tragen versehen ist. Kenneth MacAlpin, der erste schottische König, hat ihn vermutlich im 9. Jahrhundert von Irland nach Schottland gebracht und 841 zur Aufbewahrung nach Scone gegeben. Es gibt unterschiedliche Legenden über den Ursprung des Steines, darunter auch die von Fontane erzählte (S. 196). Er spielte bei den Krönungszeremonien der schottischen Könige eine wichtige Rolle und war bis 1296 in Scone Abbey. In diesem Jahr nahm Edward I. ihn als Kriegsbeute mit nach London und ließ ihn in den Krönungsthron Englands einbauen. Fontane hat ihn bei seiner ersten Englandreise gesehen (vgl. GBA-Auto-

biogr. Werk, Bd. 3, S. 156 f.). Seit 1996 ist er in Edinburgh Castle gemeinsam mit den Kronjuwelen ausgestellt.

152 Birnam-Wald auf sich zukommen] Vgl. Shakespeares »Macbeth«, Akt V, Szene 5. Die Soldaten von Malcolm tarnten sich mit Gesträuch, um Macbeth ihre Anzahl zu verbergen, und erfüllten damit die Prophezeiung: »Macbeth shall never vanquish'd be until/ Great Birnam wood to high Dunsinane hill/Shall come against him.« (Akt IV, Szene 1.) Als ein Botschafter Macbeth berichtet, der Birnam-Wald komme auf Schloss Dunsinane zu, ist Macbeth klar, dass er den Tod finden wird.

152 1500 Fuß] Der preußische Fuß maß 31,4 cm. Nach Fontanes Angabe ist der Birnam Hill also 471 m hoch. Tatsächlich misst er 404 m.

152 elastische Tenne der Landstraße] Festgefahrener Erdboden; vgl. Anm. zu S. 132 »Tenne«.

152 in die Piktenzeit zurückreichende Kathedrale] Dunkeld Cathedral. Vgl. Anm. zu S. 151 »ein alter Bischofssitz«. Die Kathedrale selbst reicht nicht bis in die Piktenzeit zurück, ist aber auf einem älteren Gebäude errichtet.

153 deer stalking and grouse shooting] Einladungen zur Jagd in Schottland wurden in den 1830er Jahren Mode, und nachdem sich Berichte und Mund-zu-Mund-Propaganda über solche Jagden bei den Engländern verbreiteten, strömten immer mehr Jagdbegeisterte in die schottischen Reviere, die aufgrund des Eisenbahnnetzausbaus auch immer leichter erreicht werden konnten (vgl. Durie 2003, S. 114 f.). Die Pirsch auf Rehwild unternahmen zumeist ein bis drei Jäger, denen vom Grundstückseigentümer oft ein Jagdhelfer (ghillie) an die Seite gestellt wurde, der das Revier gut kannte und wusste, wo ein Treffer zu landen war. Die Moorhuhnjagd (Mitte August bis Ende Dezember) hingegen war ein gesellschaftliches Ereignis, zu dem ganze Gruppen von Jägern über die Heide zogen. Die Jagd blieb zunächst den Adligen vorbehalten, die entweder selbst Landgüter in Schottland hatten, oder Freunde, die sie einladen konnten, oder die über die nötigen Mittel verfügten, sich einzukaufen. Zunehmend konnten sich aber auch die Neureichen solche Jagdausflüge leisten (Durie 2003, S. 111 f.). Eine Einladung zur Jagd in Schottland galt z. B. Unternehmern als geschäftsfördernde Maßnahme. Der Jagdtourismus war ein wachsender Markt.

153 Repositorium mit Foliobänden] (Lat.) Lager; Bücherregal mit großformatigen Bänden (Folium, lat. Blatt; der einfach gefaltete Druckbogen gibt das Format von 40–45 cm Höhe vor).

153 Scheerbeutel] Auch: Scherbeutel. Er enthielt das Handwerkszeug des Barbiers.

153 Defilée] (Frz.) Engpass, Hohlweg; auch: Parademarsch. Vermutlich meint Fontane die Reihe der aneinandergepressten Oberschenkel und Knie der Reisenden.

155 blutige Schlacht *[…]* geschlagen wurde] Die Schlacht fand während des ersten Jakobitenaufstandes statt. Die Truppen der Hochlandclans unter dem Anführer John Graham of Claverhouse, 1st Viscount Dundee, kämpften für die Rechte des katholischen Königs James VII., der im Dezember 1688 aus Schottland geflohen war. Die Regierungstruppen auf der Gegenseite bestanden aus Lowlandern, gleichfalls unter schottischem Oberbefehl von General Hugh Mackay of Scourie, und verteidigten die Machtansprüche des protestantischen Willem III. van Oranje, der Mary II., die Tochter von James VII., geheiratet hatte. Die Jakobiten gewannen zwar die Schlacht, verloren aber ihren wichtigsten Anführer. Sie standen oben auf den Passhöhen und feuerten nach unten auf die durchmarschierenden englischen Soldaten. Kurz vor Einbruch der Dunkelheit stürzten die Highlander die Berge hinab und warfen sich auf die Gegner; diese konnten nur noch die Flucht ergreifen. Die Schlacht brachte hohe Verluste auf beiden Seiten, Dundee verlor ein Drittel seiner Soldaten und starb selbst auf dem Schlachtfeld. Mackay verlor 2000 seiner 4500 Soldaten durch Tod oder Gefangenschaft. Nur einen Monat später siegten die Regierungstruppen in der Schlacht von Dunkeld. Der Aufstand war gescheitert.

155 Rind und Schafe stehlenden Macgregors] Vgl. Anm. zu S. 126 »Robin Hoods oder Rob Roys«.

156 Oblong] Schmal zulaufendes längliches Rechteck.

156 William Graham, Herzog von Claverhouse und Marquis von Dundee] John Graham of Claverhouse, 1st Viscount Dundee, war der Anführer der Hochlandsclane im Kampf für die Stuart-Dynastie gegen die englischen Regierungstruppen. Fontane stützt sich bei seinen Ausführungen auf eine Anmerkung Scotts in den »Minstrelsy of the Scottish Border«, die dieser zur Ballade »Battle of Loudounhill« macht (Scott–Minstrelsy, Bd. 3, S. 193–195). In seinem Roman »Old Mortality« von 1816 verarbeitet Scott die historischen Ereignisse um den Kampf der Covenanters gegen die schottischen Presbyterianer. Claverhouse ist ein Protagonist in diesem Roman, den Fontane möglicherweise schon 1848 gelesen hatte; vgl. dazu Neuhaus 1996, S. 182.

156 Entfernung Jakobs II. (1688)] James VII. of Schottland and II. of England war vom 6. Februar 1685 bis 1688 König Großbritanniens. Er war wie seine zweite Frau Maria di Modena katholisch und hielt am Absolutismus fest. Als im Juni 1688 sein Sohn geboren

wurde, fürchtete die protestantische Elite um ihre Macht und bat seinen protestantischen Schwiegersohn, Willem III. van Oranje, von den Niederlanden aus eine Invasion zu starten, um eine katholische Thronfolge zu verhindern. Willem landete im November in Großbritannien. Da er um die Unterlegenheit seiner Truppen wusste, floh James VII. im Dezember nach Frankreich, was als Abdankung verstanden wurde. Seine Tochter Mary wurde gemeinsam mit ihrem Mann zum Königspaar erklärt. Die Anhänger von James schlossen sich zusammen, um für seine Rechte zu kämpfen, hatten aber keine Chance gegen die überlegenen Regierungstruppen. James versuchte 1690 noch einmal mit Unterstützung der Irländer, die Krone zurückzuerobern, scheiterte aber erneut. Sein Sohn und sein Enkel setzten die Bemühungen um eine Rückkehr der Stuarts auf den Thron fort.

156 »bonnie Dundee«] »Bonnie Dundee« war der Titel verschiedener Volkslieder zunächst über die schöne (bonnie) Stadt Dundee (vgl. Gatherer 1986). In Scotts Roman »Old Mortality« (1816), in dem Claverhouse eine Hauptrolle spielt, summt einer seiner Soldaten dieses Lied. Scott überträgt es dann 1825 von der Stadt Dundee auf die Person Claverhouse und verfasst seine eigene Textversion mit elf Strophen, den Refrain übernimmt er aus einer der Volksliedversionen. Daraus wurde später ein beliebter Militärmarsch abgeleitet. Möglicherweise ist also Scott der Urheber des Spitznamens und nicht die Jakobiten selbst. In einer Reihe von Jakobiten-Liedern, solchen aus der Zeit der Aufstände, aber auch späteren, taucht Claverhouse auf. Einige solcher »Jakobitenlieder«, etwa von Robert Burns – allerdings zu den folgenden Aufständen von 1715 und 1745 –, übersetzte Fontane vermutlich bereits 1855.

156 große Montrose *[…]* in den Tagen Karls I.] Vgl. Anm. zu S. 45 »Montrose *[…]* Grafen von Argyle«.

156 Whiggistischen Puritanismus] Die Whigs, die abfällige Bezeichnung whiggamore meint eine Art Viehtreiber oder Bauerntrampel, waren eine politische Gruppe im britischen Parlament, die in der zweiten Hälfte des 17. Jahrhunderts entstand und sich schließlich zu einer Partei ausprägte, die in den 1680er Jahren und bis 1859 im Parlament vertreten war. Die Whigs waren strikte Gegner des Katholizismus und des Absolutismus, für den James VII. of Scotland and II. of England einstand, den sie deswegen vom Thron zu stoßen bemüht waren. Sie unterstützten die Glorious Revolution und bildeten protestantische Allianzen gegen die katholischen Jakobiten und die Torys, die James unterstützten.

156 Schon während *[…]* erklärte] Claverhouse kämpfte zunächst im Auftrag Charles II. gegen die Covenanters und zeichnete sich

durch ein hohes Maß an Loyalität gegenüber dem König aus, was seine Karriere beförderte. Unter James VII. wurde er Führer der britischen Armee in Schottland, was ihm auch nach dessen Flucht eine wichtige Machtposition sicherte, so dass er sich schlagkräftig für seinen exilierten König einsetzen konnte.

157 Der Sieg schwankte] Der Clan Graham unter Montrose hatte sich zunächst mit den Covenanters solidarisiert, wechselte aber 1644 die Seite und stand seitdem für die jakobitische Sache ein, während der Clan Campbell unter Argyll dem Covenant treu blieb. Nach dem Scheitern des Stuart-Aufstandes 1690 verzichtete der Clan Graham auf eine weitere Unterstützung der Stuart-Könige.

157 Der Glaube an seine Unverletzlichkeit] Fontane übernimmt die Informationen aus Scott–Minstrelsy, Bd. 3, S. 193–195 und 229.

157 Der Degen *[...]* Woodhouslee] Diese Information bezieht Fontane aus einer Anmerkung Scotts in der »Minstrelsy« (Scott–Minstrelsy, Bd. 3, S. 229).

157 Lederwams *[...]* Pennycuckhouse] Vgl. Scott–Minstrelsy, Bd. 3, S. 229, und Black's Edinburgh 1851, S. 113.

157 »Nur eine halbe Stunde Dundee«] Scott berichtet in einer Anmerkung der »Minstrelsy« über dieses Sprichwort: »O for one hour of Dundee!« (Scott–Minstrelsy, Bd. 3, S. 229.)

158 Blair Atholl *[...]* auf allen Karten mit großen Buchstaben] Der Name ist auch deswegen mit großen Buchstaben verzeichnet, weil sich dort »Atholl House, formerly called Blair Castle, the ancient residence of the Dukes of Atholl« findet (Black's Picturesque 1857, S. 272), Blair Atholl also ein Ort touristischen Interesses ist. Bonnie Dundee hatte hier sein Hauptquartier aufgeschlagen. Im 19. Jahrhundert waren im Schloss sein Helm und sein Brustpanzer ausgestellt.

158 Grampians] Vgl. Anm. zu S. 71 »Grampians«.

158 Haferbrotes] In Schottland wurde Hafer angebaut, weil dieses Getreide besser an die Wetterbedingungen (niedrige Temperaturen, hohe Luftfeuchtigkeit) angepasst war als Weizen. Dementsprechend wurde Brot zumeist aus Hafermehl gebacken.

158 Aus Torf und Rasen] Die Hochlandhütten bestanden häufig aus doppelten Trockensteinmauern, die mit Erde oder Torf verfüllt waren. Das Dach war gleichfalls mit Torf oder Grassoden bedeckt und darüber mit Stroh oder Reet belegt, das nach einigen Jahren zur Düngung der Felder verwendet wurde. Vor dem 18. Jahrhundert waren die Gebäude möglicherweise aus Grassoden gebaut und mit Stroh gedeckt. Solche Häuser haben sich nicht erhalten, da sie nach dem Verlassen einfach wieder zu Erde zerfielen.

159 Blachfeld] Vgl. Anm. zu S. 97 »Blachfeld«.

160 des Einzugs *[...]* in Buntfarbendruck] Die Farblithographie mit dem Untertitel »Grand Entry of the Prince and Princess Frederick William Into Berlin« (datiert auf den 13. März) war eine doppelseitige (52 x 40 cm) Beilage in der »Illustrated London News« vom 18. März 1858. Das Poster gehörte zur Berichterstattung über die Hochzeitsreise von Prinz Friedrich Wilhelm und Kronprinzessin Victoria, der ersten Tochter von Queen Victoria und dem Prinzgemahl Albert von Sachsen-Coburg und Gotha. Friedrich Wilhelm hatte die Fünfzehnjährige 1855 in Schloss Balmoral besucht und um ihre Hand angehalten. Am 25. Januar 1858 wurden die beiden in London getraut und reisten anschließend nach Berlin. Am 8. Februar zog das Paar feierlich in Berlin ein.

160 Spey-Fluß] Fontane gibt die Verläufe der Flüsse falsch wieder: Der Spey fließt an der Ostküste ins Meer und reicht nicht bis vor die Tore von Inverness. Es ist der River Truim, der den River Garry ca. 20 km hinter Dalnacardoch ablöst. Erst dieser fließt in Newtonmore schließlich in den Spey. Der Spey biegt aber in Aviemore, also 50 km vor Inverness, in östlicher Richtung ab, während Inverness weiter westlich liegt. Der Spey ist also wie der River Truim nur knapp 30 km Fontanes Begleiter und keineswegs bis Inverness.

161 Hauptstadt der Macpherson's] Der Bezirk Badenoch, dessen Hauptstadt Kingussie ist, war ursprünglich die Heimat des Clans Macpherson, bis Kenneth MacAlpin ihn vertrieb. Erst unter Robert the Bruce erhielt der Clan die angestammten Ländereien zurück.

161 James Macpherson, der Herausgeber des »Ossian«] James Macpherson gab 1760 die »Fragments of Ancient Poetry collected in the Highlands of Scotland« heraus und ließ 1761 »Fingal, an Ancient Epic Poem in Six Books«, 1763 »Temora« und schließlich 1765 »The Works of Ossian« folgen. Angeblich basierten diese schottischen Heldengedichte auf den Originaltexten eines Barden aus dem 3. Jahrhundert: Ossian. Macpherson wollte diese Texte im Hochland und auf den Hebriden gesammelt und dann aus dem Gälischen übersetzt haben. Sie fanden ein begeistertes Lesepublikum, weil sie vermeintlicher Ausdruck einer alten, längst untergegangenen Volkskultur waren. Aber schon bald wurden unter Wissenschaftlern Zweifel an der Echtheit der Überlieferung laut, die dadurch bestärkt wurden, dass Macpherson die Originaltexte nicht vorweisen konnte. Vgl. dazu die ausführliche Übersicht über die Debatten im englischsprachigen Raum in Schmidt 2003, Bd. 1, S. 207–251.

161 kritische Lanzen] Erst 1805 bestätigte eine eigens zu diesem Zweck eingesetzte Kommission, dass die Texte von Macpherson

zwar auf Grundlage alter gälischer Überlieferung erstellt worden waren, aber nicht der Feder des Barden Ossian entstammten, sondern eine Komposition Macphersons waren. Zweifel waren aber schon kurz nach dem Erscheinen 1762 laut geworden, zu den Kritikern gehörte auch Samuel Johnson. Der Begeisterung der Leser tat das indessen keinen Abbruch, wie auch Fanny Lewald in ihrem Schottlandreisebericht betont (vgl. Lewald 1851/52, Bd. 2, S. 527 f., und »Entstehungsgeschichte«, S. 272).

161 Krimkrieg *[…]* Balaklawa *[…]* Sir Colin Campbell] Im Krimkrieg hatte sich das 93rd Regiment, die Sutherland Highlander, besonders verdient gemacht. In der Schlacht von Balaklawa am 25. Oktober 1854 hatte ihr Führer Colin Campbell, 1st Baron Clyde, das Regiment in Form von zwei langen Linien in den Angriff geführt und den russischen Kavallerieattacken so lange standgehalten, bis schließlich die eigene schwere Kavallerie eintraf und die russischen Truppen in die Flucht schlug. Die »Thin Red Line« des Hochlandsregiments wurde zur Legende. Vgl. Anm. zu S. 32 »Kameraden von der hohen Nummer *[…]* 72. und 93.«.

161 Flotow's »Martha«] »Martha oder Der Markt zu Richmond«, komische Oper von Friedrich von Flotow. Ihre Handlung spielt zur Zeit von Queen Anne zu Beginn des 18. Jahrhunderts.

162 fünf Schilling] Das ist tatsächlich ein hoher Preis für eine Mahlzeit. Fontanes Reiseführer gibt in der Regel einen Preis von zwei bis drei Schilling an, lediglich in einem Edinburgher First Class Hotel müsse man mit drei bis vier Schilling rechnen. Für einen abgelegenen Ort wie Kingussie ist ein mit fünf Schilling bezahltes Abendessen also recht teuer.

163 aufgestreutem Schwefel] Möglicherweise sollte das Aufstreuen des Schwefels zu einer Reaktion mit dem eventuell noch glimmenden Holz im Inneren des Rades führen. Das hätte als Hinweis auf einen fortdauernden Defekt gedient, der eine Weiterreise unmöglich gemacht hätte, da ein Radbruch zu befürchten gewesen wäre. Da die Reaktion ausblieb, erklärte man die Gefahr für gebannt.

163 Blachfeld] Vgl. Anm. zu S. 97 »Blachfeld«.

164 »Union Hotel«] Union Hotel, High Street; vgl. Black's Picturesque 1857, S. 525.

XVIII. Inverness

164 Garde-Offiziere] Die Garde war bis zum 17. Jahrhundert die Leibwache eines Monarchen. Einige Könige bauten ihre Garde zu großen militärischen Einheiten aus, so dass die Bezeichnung Garde auch für militärische Elitetruppen stehen konnte.

164 Sir John Metcalfe, ein Enkel] Charles Theophilus Metcalfe, 1st Baron Metcalfe, gehörte zur britischen Kolonialverwaltung. Ab 1811 war er zunächst für die East India Company in Delhi, ab 1813 dort als Regierungsbeauftragter. 1834–1838 war er Gouverneur in Indien, 1839–1842 in Jamaika und 1843–1845 in Kanada. Danach kehrte er nach Großbritannien zurück, wo er ein Jahr später starb. Sein Enkel, Sir Theophilus John Metcalfe, 5th Baronet, wurde 1828 in Delhi geboren, wuchs aber in England auf. 1849 reiste er erstmals nach Indien und übernahm ein Amt in der Verwaltung in Delhi, danach war er als Steuereintreiber tätig und wurde schließlich 1857 in militärische Auseinandersetzungen mit Einheimischen verwickelt. Er führte das 52nd Regiment, das den Aufstand niederringen sollte, durch seine umfassende Ortskenntnis zum Sieg und richtete in der Folge zur Vergeltung ein Blutbad unter den Einheimischen an. Dies u. a. auch deshalb, weil das Haus der Familie, die für die repressive britische Kolonialpolitik stand, von den Aufständischen geplündert und die wertvolle Bibliothek der Familie angezündet worden war. Metcalfes brutales Einschreiten hießen die britischen Behörden nicht gut, und er kehrte krankheitsbedingt 1859 nach England zurück. Mit der Klärung der Identität kann auch die Frage der Reisenden, ob die Dame auf der Hotelterrasse seine Schwester oder seine Frau gewesen sei (S. 153), beantwortet werden: Seine erste Frau war 1855 gestorben, und er heiratete erst 1876 wieder. Er hatte vier Schwestern, möglicherweise begleitete ihn eine von ihnen während seines Heimatbesuchs.

164 Abdankung Lord Bentinck's] Lord William Bentinck war nach einer steilen Militärkarriere 1828–1833 Generalgouverneur von Bengalen und 1833–1835 von Indien. Hier machte er sich bei den Einheimischen unbeliebt, indem er sich bemühte, die Verwaltung umzustrukturieren, der Finanzkrise Herr zu werden und die Gesellschaft zu liberalisieren. Dazu forcierte er die Verwendung der englischen Sprache und den British Lifestyle, sprach sich gegen die Witwenverbrennung und andere kulturelle Traditionen Indiens aus und unterstützte entsprechende Gesetze. Aber er bemühte sich auch, indische Beamte in die Verwaltung und Jurisdiktion zu bringen. 1835 kehrte er nach England zurück. Die Reformen, die er angestoßen hatte und die nach seiner Rückkehr nach England fortgesetzt wurden, verstärkten die Verwestlichung der indischen Bevölkerung und waren eine mögliche Ursache für den Militäraufstand der indischen Armee von 1857, in den Metcalfe verwickelt war.

165 wenn man ihr ausnahmsweise begegnet] Hier verstärkt Fontane den Ausnahmefall, denn in J[17] hatte es noch geheißen: »wo man ihr begegnet«.

165 Geschäft Mr. Macdougall's] MacDougall's Royal Clan Tartan and Tweed Warehouse, 12 High Street; vgl. die Anzeige im Werbeanhang zu Black's Picturesque 1857, S. 49.

165 Zwirnwickel] Garnspule.

165 Plaids, Tartans] Vgl. Anm. zu S. 5 »Plaids«. Tartan: Karomuster des Wollstoffes, aus dem Plaids und Kilts hergestellt werden.

165 Quincailleriesachen] Kurzwaren, Nähutensilien.

165 Clan *[...]* noch über 50] Tatsächlich gab es rund 150 Clans, die über einen Chief verfügten und somit vom Lord Lyon King of Arms, der für die Vergabe von Wappen zuständig war, anerkannt waren.

166 die Erwartungen *[...]* rasche Eisenbahnverbindung] Vom Bau des Kanals erhoffte man sich einen wirtschaftlichen Aufschwung im durch die Highland Clearances verarmten und entvölkerten Norden. Vor allem Arbeitsplätze sollten geschaffen werden. Außerdem sollte der Kanal eine sichere Schiffspassage bieten, die den langen Umweg um die Nordspitze Schottlands insbesondere während der Napoleonischen Kriege überflüssig machte. Er galt als technische Meisterleistung, enthielt er doch die größten bis dahin je gebauten Schleusen. Durch die schnelle Fortentwicklung beim Bau von Dampfschiffen waren jedoch selbst diese Schleusen bald zu klein und auch der Tiefgang der Schiffe zu groß, um den Kanal nutzen zu können, so dass man 1847 eine Vertiefung vornahm. Dennoch war der Kanal ein wirtschaftlicher Misserfolg, zumal zunehmend auch die Eisenbahn den Transport der Güter von Hafen zu Hafen übernahm. Schnell aber entdeckten die Touristen ihn für sich, da er durch spektakuläre Landschaften führte.

166 drei Zeitungen] Ab 1807 »Inverness Journal« (bis 1849), seit 1817 »Inverness Courier«, ab 1839 »Inverness Herald« (bis 1844) und ab 1849 »Inverness Advertiser« (bis 1885). Zur Zeit von Fontanes Besuch gab es also nur zwei Zeitungen, den »Courier« und den »Advertiser«; vgl. auch Black's Picturesque 1857, S. 525.

166 15,000 Menschen] Für 1857 gibt Fontanes Reiseführer die Einwohnerzahl mit 12 793 an (Black's Picturesque 1857, S. 525).

166 Schloß Macbeth's *[...]* in dem König Duncan] In Shakespeares Drama wird »Inverness, Macbeth's Castle« als Schauplatz des Mordes angegeben. Es gibt zwei Burgen, die als mögliche Tatorte gelten: Cawdor Castle, das einige Kilometer östlich von Inverness liegt, aber eigentlich nicht als Schauplatz infrage kommt, weil es erst 300 Jahre nach dem Tod des historischen Macbeth erbaut wurde, und die Burg von Inverness, die Fontane hier in Erwägung zieht. Aber auch sie stand zur Zeit von Macbeth noch nicht. Was Fontane zu sehen bekam, war ein Bau von 1836. Das erste Schloss

wurde vermutlich 1057 gebaut, nachdem das Schloss, das Macbeth gehörte und das einen Kilometer weiter im Nordosten gestanden haben soll, zerstört worden war (vgl. dazu auch Black's Picturesque 1857, S. 525 f.). Danach folgten eine ganze Reihe von Zerstörungen und Neubauten bis zur Errichtung des Gebäudes, das Fontane besichtigte und das als Rathaus genutzt wurde.

166 1746 *[...]* in die Luft gesprengt] Im Februar 1746 nahmen die Jakobiten Inverness Castle ein und sprengten es, damit es nach ihrem Abzug nicht mehr von Regierungstruppen genutzt werden konnte.

167 Edinburg noch ohne alle Bedeutung] Nach der Ermordung von James I. zog der königliche Hof von Perth 1437 nach Edinburgh, das zur neuen Hauptstadt wurde. Bis dahin galt Perth als Zentrum des Königreichs. Hauptregierungssitz wurde Edinburgh aber erst unter James III. Bis dahin tagte das Parlament wechselnd in Edinburgh, Stirling oder Perth.

167 Land der alten schottischen Könige] Da in Scone, in der Nähe von Perth, die schottischen Könige gekrönt wurden, bildete die Region das Zentrum des Königreichs. Vgl. Anm. zu S. 151 »Scone-Palast«. Die Mitte Schottlands war auch das politische Machtzentrum, da vor allem die Grenzregion im Süden ständig besetzt und zwischen Schottland und England neu aufgeteilt wurde. Erst im 15. Jahrhundert stabilisierte sich die Borders-Region.

167 Glammis und Than von Fife *[...]* dem Schwerte MacDuffs] Fontane orientiert sich in seiner Zusammenfassung von Macbeths Leben und seinen Aufenthaltsorten an Shakespeares Stück und nicht an der historischen Faktenlage. Shakespeare wiederum benutzte Raphael Holinsheds »Chronicles of England, Scotland and Ireland« von 1587. Shakespeare macht Macbeth zum Thane of Glamis (kleiner Ort in der Grafschaft Angus) und Thane of Cawdor (schottischer Adelstitel, den der historische Macbeth nicht trug). Das Herrschaftsgebiet des historischen Macbeth scheint sich tatsächlich hauptsächlich in der Grafschaft Moray befunden zu haben, wo auch sein Schloss Dunsinane lag.

168 der *[...]* geschnitten war] Vgl. Shakespeares »Macbeth«, Akt V, Szene 8.

168 Hexen] Vgl. Shakespeares »Macbeth«, Akt I, Szene 3.

XIX. Culloden Moor

168 R. Burns] Das Gedicht »The Lovely Lass O' Inverness« schrieb Robert Burns 1794. Der Originaltext lautet: »Drumossie moor,

Drumossie day, / A waefu' day it was to me«. Drumossie Moor (auch Culloden Moor) liegt wenige Kilometer südlich vom Dorf Culloden. Auf diesem Moor fand am 16. April 1746 die letzte Schlacht der Jakobiten statt.

169 dreimal] Fontane bezieht sich hier auf die drei größten Aufstände: 1689 unter Claverhouse für James VII., 1715 unter John Erskine, Earl of Mar, für James Francis Edward Stuart (The Old Pretender) und 1745 unter Charles Edward Stuart (The Young Pretender).

169 Prince Charlie [...] Prätendenten] Vgl. Anm. zu S. 18 »Prätendent oder ›Prinz Charlie‹«.

169 27. Juni 1745] Richtig: Charles Edward Stuart landete am 23. Juli 1745 auf der Insel Eriskay auf den Äußeren Hebriden; am 19. August zog er seine Standarte in Glenfinnan auf und kündigte den neuen Aufstand im Namen seines Vaters an.

169 Am 10. September [...] bis Leicester] Fontane verwendet hier falsche Daten: Charles Edward Stuart zog am 4. September in Perth ein, das er tags zuvor erobert hatte. Er blieb dort aber bis zum 10. des Monats. Am 17. September nahm er Edinburgh ein – nur das Schloss blieb in den Händen der Regierungstruppen. Die Schlacht von Prestonpans, die erste große, die er zu schlagen hatte, fand am 21. September statt. Am 30. Oktober äußerten die Heerführer erstmals ihre Zurückhaltung gegenüber einem Einmarsch in England, bevor nicht verstärkende Truppen aus Frankreich eingetroffen seien. Charles und seine Unterstützer aber setzten sich im Kriegsrat durch, und so marschierten die Jakobiten mit etwa 5500 Soldaten gen Süden. Am 8. November erreichten die Aufständischen die englische Grenze, am 15. November nahmen sie Carlisle ein, und Charles zog am 18. feierlich dort ein. Am 23. erreichte man Manchester, am 26. Preston, am 4. Dezember Derby. Dort gab es erneute Diskussionen zwischen Charles und seinen Heerführern, die für einen Rückzug nach Schottland plädierten, weil sie sich drei großen englischen Heeren, von denen sie glaubten, sie wären im Anmarsch, nicht gewachsen fühlten und die Unterstützung, die man sich von der Bevölkerung erhofft hatte, ebenso ausblieb wie die aus Frankreich. Charles gab unwillig nach, und man begann mit dem Rückzug.

169 Rückkehr des Herzogs von Cumberland [...] in Deutschland] Prince William Augustus, Duke of Cumberland, hatte schon am 28. Juli nach England geschrieben, dass er zurückkommen wolle, um für sein Land zu kämpfen, und dass er nicht auf dem Kontinent bleiben könne, wenn die englische Krone in Gefahr sei. Sein Vater, George II., nahm den drohenden Aufstand aber nicht ernst und glaubte, dass seine 4000 in England verbliebenen Soldaten

zum Schutz ausreichen würden. Er befahl Cumberland, in Flandern zu bleiben, wo er im Österreichischen Erbfolgekrieg auf Seiten Österreichs gegen Preußen und Frankreich kämpfte. Am 19. Oktober sah George II. seinen Fehler ein und forderte seinen Sohn auf, unverzüglich mit seinen Truppen heimzukehren. Kurz darauf traf Cumberland in London ein und brachte 25 Infanteriebataillone, 23 Schwadronen Kavallerie und vier Artilleriekompanien mit. Am 30. Januar übernahm er in Edinburgh den Oberbefehl über die Truppen und löste Hawley ab, der die Schlacht von Falkirk verloren hatte.

169 siegreich */…/* Falkirk] Am 17. Januar starteten 8000 Jakobiten in Falkirk Muir einen Überraschungsangriff auf 7000 Regierungssoldaten unter General Hawley. Dieser verlor über 600 Mann durch Tod, Verletzung oder Gefangenschaft. Da während des Kampfes ein Sturmtief mit dichtem Regen über das Feld zog, konnten die Regierungstruppen die Nacht nutzen, um das Schlachtfeld zu verlassen. Erst am Morgen erkannten die Jakobiten ihren Sieg.

169 Ueberlegene Streitkräfte] Die Armee von Charles Edward Stuart bestand aus 7000 bis 8000 Mann, die meisten davon Highlander, die nie eine professionelle militärische Ausbildung erhalten hatten. Nur einige wenige irische und schottische Truppenteile, die eigentlich in französischen Diensten standen, verfügten über erfahrene Soldaten. Es gab zudem auch nur wenige ausgebildete Offiziere, somit waren die untrainierten Truppen schwer zu lenken und zu kontrollieren. Des Weiteren war die Bewaffnung völlig unzulänglich und konnte erst nach und nach durch die Eroberung von Material der Regierungstruppen verbessert werden. Gut bewaffnet und ausgerüstet waren zunächst lediglich die höheren Clanführer, die dementsprechend an vorderster Front kämpften und starben. Es gab nur eine Kavallerieeinheit, und auch die Artillerie war schlecht ausgestattet. Dagegen konnten die Regierungstruppen, die über ausreichend Infanterie, Kavallerie und Artillerie verfügten, teilweise viel besser trainiert und ausgestattet waren, ihre Übermacht auspielen. Cumberland hatte die Wintermonate genutzt, um seine Truppen zu drillen, marschierte mit Anbruch besseren Wetters im April gegen die Jakobiten und hatte in Culloden über 8000 Mann zur Verfügung, von denen viele bereits mit ihm in Flandern gekämpft hatten, also kriegserfahren waren.

169 hin und her gestritten] Den eigentlichen Kampfplatz hatte Bonnie Prince Charlies Generaladjutant John O'Sullivan ausgewählt; er sollte östlicher vom tatsächlichen Schlachtfeld liegen (vgl. Reid

2009, S. 103). Die Heerführer kritisierten nämlich, dass das sumpfige Terrain das schnelle Voranstürmen der Truppen behinderte, während die ebene Fläche der starken Artillerie Cumberlands sehr zugute kommen würde (ebd.). Außerdem hatte man einen nächtlichen Überraschungsangriff auf das Lager der Regierungstruppen in Nairn geplant, wie er schon in Prestonpans zum Erfolg geführt hatte. Da die Truppen aber zu spät in Marsch gesetzt wurden und in der Dunkelheit nur langsam vorankamen, dämmerte es bereits, als sie in der Nähe des englischen Lagers eintrafen, so dass die Befehlshaber entschieden, sich wieder zum eigenen Lagerplatz bei Culloden zurückzuziehen. Erschöpft vom ergebnislosen Nachtmarsch, waren die Jakobiten genötigt, sich den nun mit aller Macht anrückenden, gut ausgeruhten Truppen Cumberlands zu stellen, die ihnen auf dem Fuße folgten. Die Schotten hatten nicht die Gelegenheit, einen besseren Kampfort hinter dem Nairn-Fluss einzunehmen. Den genauen Standort bestimmten die Regierungstruppen, die 700 m vor den Jakobiten anhielten, um ihre Artillerie bestmöglich einsetzen zu können.

169 Insurrection] Vgl. Anm. zu S. 18 »Stuart-Aufstandes«.

170 die Frazer's und Mac-Donald's, die Mac-Pherson's] Die Frasers unter Lord Lovat standen in der ersten Schlachtreihe. Die MacDonalds waren mit drei Bataillonen am linken Flügel vertreten. Die Macphersons waren bei der Schlacht nicht dabei, da sie in Atholl in Kämpfe verwickelt waren und nicht rechtzeitig eintrafen. Das Gebiet des Clan Fraser of Lovat war Invernessshire, die MacDonalds hatten ihr Gebiet im Norden Schottlands und die Macphersons weiter südwestlich in Badenoch. Nur die Frasers hatten also tatsächlich Clanland zu verteidigen.

170 Mac-Intosh] Hier nimmt Fontane für die Buchausgabe eine Korrektur vor: in J^{18} nennt er die »Mac-Kenzie's«. Diese hatten aber am Tag zuvor in Littleferry eine Schlacht gegen die Regierungstruppen verloren und waren deswegen beim entscheidenden Kampf in Culloden nicht dabei. Die Mackintosh hingegen hatten hier ihr Clanland, und sie kämpften unmittelbar neben den Frasers of Lovat in der ersten Angriffsreihe.

170 Mac-Donald's *[...]* Ehrenstellung am rechten Flügel] Hier folgt Fontane einer populären Legende, die sich auch in Scotts »Tales of a Grandfather« findet (Scott–Tales, S. 439; vgl. zur historischen Faktenlage Reid 2009, S. 104 f.). Tatsächlich hatte es schon Tage zuvor Streit unter den Offizieren des MacDonald-Clans gegeben, so dass ein Teil des Clans sich zurückgezogen hatte. Dass sie nun den linken statt den rechten Flügel bilden sollten, verärgerte die Clanführer zusätzlich, dennoch nahmen sie weisungsgemäß den

linken Flügel ein, verweigerten aber zunächst den Gehorsam. Als sie schließlich doch angriffen, hatten sie sehr sumpfiges Gelände vor sich und kamen deutlich langsamer voran als der rechte Flügel, so dass die schottische Angriffslinie auseinandergerissen wurde. Die Soldaten blieben im Sumpf stecken, bildeten so ein leichtes Ziel und begannen, sich zurückzuziehen (Reid 2009, S. 120). Diese Chance wollte Cumberland nutzen und sie von der Kavallerie niederreiten lassen, die aber gleichfalls durch den Sumpf aufgehalten wurde und daraufhin umkehrte, um einen anderen Truppenteil anzugreifen.

170 flach und hart *[...]* überlegenen Englischen Reiterei] Das Gelände war nicht hart und flach, zumal es kurz vor Beginn der Kampfhandlungen noch heftig geregnet hatte, sondern im Gegenteil sehr sumpfig.

170 wenigen Stunden] Der Kampf dauerte weniger als eine Stunde. Der Beschuss begann mittags um eins und dauerte nach Angaben der Jakobiten 20–30 Minuten.

170 800 Hochländer] Diese Zahl ist deutlich zu niedrig. Die Verluste werden heute mit über 1200 Mann angegeben.

170 immer noch gegen 8,000] Diese Zahl ist falsch, denn Charles Edward Stuarts Truppe bestand auf dem Höhepunkt ihrer Stärke nur aus knapp 8000 Mann, und in Culloden kämpften nur knapp über 5000. Die Clans aus den Lowlands zogen sich nach Süden zurück, und die aus den Highlands zogen in Richtung Inverness, wo sie auf ein dort zurückgelassenes Fraser-Bataillon trafen und noch einmal in einen kurzen Kampf mit Regierungstruppen verwickelt wurden. Danach zogen sie sich weiter Richtung Fort Augustus zurück, wo sie mit kleineren Einheiten zusammentrafen. Die kaum 1500 Mann erhielten von Charles Edward Stuart den schriftlichen Befehl heimzukehren, da der Aufstand gescheitert sei.

170 verloren gegeben] Als klar war, dass die Schlacht nicht mehr zu gewinnen war, hatten seine Männer Charles Edward Stuart aufgefordert, sich selbst in Sicherheit zu bringen, was er schließlich tat (Reid 2009, S. 127). Unterwegs schickte er Nachrichten an seine Einheiten und bat sie, sich zurückzuziehen.

170 30,000 Lstr.] 30 000 Pfund Sterling.

170 auf seinen Kopf gesetzt *[...]* Blutgeld zu verdienen] Die Tatsache, dass niemand Charles Edward Stuart verriet, findet in vielen deutschen Reiseberichten aus derselben Zeit lobende Erwähnung. Die Verfasser verleihen ihrem vollen Respekt für die Loyalität der Schotten zu Bonnie Prince Charlie deutlichen Ausdruck.

170 Niedermetzlung] Zwei Tage nach der Schlacht ließ Cumberland das Kampfgebiet weiträumig durchsuchen und alle noch aufgefundenen verwundeten Jakobiten und auch ihre Sympathisanten ermorden. Sein Ziel war es, die Jakobiten ein für alle Mal zu vernichten, und entsprechend brutal ging er vor, was ihm in Schottland den Titel »Butcher of Culloden« einbrachte. Die Kriegsgefangenen wurden nach England geschickt, die höherrangigen Offiziere wegen Hochverrats in London hingerichtet, die einfachen Soldaten in die Kolonien verbannt oder erst nach zwei Jahren begnadigt. Die Regierung erließ strenge Gesetze, die die Clanstruktur zerschlagen sollten: so wurden Clanchefs enteignet, und das Tragen des Kilts wurde verboten – außer für die britischen Hochlandsregimenter.

171 Marschall von Sachsen] Hermann Moritz Graf von Sachsen (genannt Maréchal de Saxe) stand in französischen Diensten. Er kämpfte 1745 während des Österreichischen Erbfolgekriegs in Flandern auch gegen Cumberlands Truppen und trug den Sieg davon. Nach Niederschlagung des Jakobitenaufstandes kehrte Cumberland mit seinen Truppen auf den Kontinent zurück und stand 1747 erneut dem Marschall von Sachsen gegenüber, der ihn wiederum besiegte. Bis auf seinen Sieg in Culloden war Cumberlands militärische Karriere wenig erfolgreich.

171 schönen Liede] Verse aus diesem Gedicht hat Fontane schon als Motto seinem Kapitel über Culloden vorangestellt. Vgl. Anm. zu S. 168 »R. Burns«.

172 tower of the last encounter *[...]* noch einmal zur Wehr] Fontane meint mit dem Turm einen Überrest von Dalcross Castle (ihn beschreibt auch Adrian 1850d, S. 994). Im Reiseführer ist gleichfalls von diesem Turm die Rede: »In the opposite distance, the moor is lost in a flat bare plain stretching towards Nairn – one old square tower, the castle of Dalcross, a hold of the Clan Chattan, rising upon the open waste, to give it interest.« (Black's Picturesque 1857, S. 527.) Über eine letzte Auseinandersetzung, die dort stattgefunden haben soll, berichten historische Quellen nichts; es ist lediglich überliefert, dass Cumberland den Turm als Truppensammelplatz nutzte. Auch die Bezeichnung »Tower of the Last Encounter« ist nicht überliefert.

173 Bach in ihrem Rücken] Der River Nairn.

173 »große Stern«] Der Platz in der Mitte des Berliner Tiergartens wurde Ende des 17. Jahrhunderts angelegt und ab 1833 als repräsentativer Ort gestaltet. Die Charlottenburger Chaussee, die gleichzeitig ausgebaut wurde, führte durch ihn hindurch und bildete die Verbindung zwischen Kurfürst Friedrichs III. Stadt-

schloss und Schloss Lietzenburg (später Charlottenburger Schloss).

174 Ich bin über viele Schlachtfelder gegangen] Fontane berichtet 1894 in seinem Aufsatz »Mein Erstling: ›Das Schlachtfeld von Groß-Beeren‹«, dass seine erste literarische Arbeit als Schüler bereits einem Schlachtfeld gegolten habe (NFA, Bd. 14, S. 189–191). Dieses Interesse blieb ihm erhalten. Besonders in seinen »Wanderungen durch die Mark Brandenburg« finden sich zahllose Schlachtfeldbegehungen und -beschreibungen. Aber er hatte auch schon vor seiner Schottlandreise 1841 das Schlachtfeld von Leipzig und 1852 das von Hastings besucht; vgl. zu den beiden Beschreibungen schottischer Schlachten Osborne 2003.

174 Leipziger Schlachtfeld] Während seiner Zeit in der Adler-Apotheke in Leipzig (April 1841 bis Februar 1842) unternahm Fontane im Herbst Ausflüge zu den Schlachtfeldern der Völkerschlacht, die Schauplatz der verlustreichsten und entscheidenden Kämpfe der Befreiungskriege waren. In seiner Autobiographie »Von Zwanzig bis Dreißig« erzählt er davon (GBA-Autobiogr. Werk, Bd. 3, S. 82–84).

174 Markleeberg] Auch: Markkleeberg. Der Ort war am 16. Oktober 1813 während der Völkerschlacht besonders heftig umkämpft, weil in seiner Nähe der Übergang über den Fluss Pleiße lag. Viermal wechselte der Ort an dem Tag die Besatzer.

174 Plateau von Wachau] In Wachau war Napoleon selbst der Anführer der Truppen. Zunächst eroberten die Preußen es, dann waren die Franzosen beim Gegenangriff erfolgreich. Angeblich besuchte Fontane es am 18. Oktober 1841, also zum Jahrestag der Schlacht, wie er in »Von Zwanzig bis Dreißig« berichtet (GBA-Autobiogr. Werk, Bd. 3, S. 82), und war sehr beeindruckt, wovon das Gedicht »In der Markkleeberger Schenke« zeugt (GBA-Gedichte, Bd. 2, S. 28–30).

175 die Frazer's, die Mac-Intosh, die Mac-Phersons] Überliefert sind nur Grabinschriften der Frasers und der Mackintoshs. Alle anderen Grabsteine waren mit »Mixed Clans« beschriftet. Die Macphersons nahmen an der Schlacht nicht teil, so dass sie auch nicht auf einem Grabstein vertreten sind (vgl. Anm. zu S. 170 »die Frazer's und Mac-Donald's, die Mac-Pherson's«). Begraben wurden die Soldaten von der lokalen Bevölkerung, die anhand der Clanabzeichen die Zugehörigkeit feststellte und Grabsteine für die Frasers und die Mackintoshs errichtete, in deren Gebiet die Schlacht stattgefunden hatte.

175 Mac-Donald's] In J^{18} »Mac-Kenzie's«. Vgl. Anm. zu S. 170 »Mac-Intosh«. Die MacDonalds hatten keinen eigenen Grabstein.

175 Haufen Steine] Am 8. Februar 1850 heißt es im »Elgin Courant and Morayshire Advertiser«, dass »no less than 1500 cart loads of stones have recently been placed on the spot in order to be used for the completion of so laudable and patriotic an object« (vgl. zur Geschichte des Denkmals Masson/Harden 2009, S. 205–211). Dieser Steinhaufen befand sich auch in den 1870er Jahren noch dort. Erst 1881 ließ Duncan Forbes of Culloden die Grabsteine auf den Clangräbern erneuern und einen 6 m hohen runden Steinturm errichten, der die Inschrift »Culloden 1746 – E. P. fecit 1858« trug. Dieser Stein war das Überbleibsel eines zweiten Versuchs zur Errichtung eines Denkmals, der ebenso scheiterte wie der von 1849/50. Erst dieser dritte Versuch im Jahr 1881 wurde erfolgreich abgeschlossen.

175 Mitte der vierziger Jahre] Anlässlich des hundertjährigen Jubiläums der Schlacht wurde in Inverness eine Inititative gestartet, ein Denkmal für die gefallenen Highlander zu errichten. Verschiedene Architekten hatten Vorschläge eingereicht, und man entschied sich für eine große Felspyramide, an deren Fuß eine Skulptur stehen sollte und die mit Treppen versehen war, damit man ihren Gipfel ersteigen konnte. Dieses Denkmal sollte auf dem höchsten Punkt des Schlachtfeldes errichtet werden. Zur Grundsteinlegung im September 1849 waren über 2500 Gäste auf das Schlachtfeld gekommen (vgl. die Berichterstattung im »Inverness Courier« vom 20. September 1849). Am 5. März 1850 berichtet der »Dundee, Perth and Cupar Advertiser«, dass das Denkmal inzwischen 12 Fuß hoch sei, nun aber alle finanziellen Mittel erschöpft seien. Am 13. September 1853 erhält der »Nairnshire Mirror« einen entsetzten Leserbrief von einem Schlachtfeldbesucher, der das noch immer unvollendete Denkmal sah und dem man als Ursache angab, »that some Radical had run away with the subscription money […] [a] bad man from the south«. Er bittet die Zeitung um Aufklärung der Vorfälle, diese erfolgt aber wohl nicht. Ob es sich also um ein Gerücht handelt, das auch Fontane später noch weiterträgt, oder ob es seine Berechtigung hat, ist unklar. Die Schilderung des Volksfestes, bei dem sich alle betrunken haben, ist eine Erfindung.

176 Stätte der Verwüstung] Dass das der örtlichen Bevölkerung durchaus unangenehm war, zeigt ein Leserbrief im »Highland Sentinel« vom 10. August 1861: »We are annually visited by a great number of strangers […] and many of them find a butt for their keen jokes and cutting sarcasms in our scarcely begun monument.«

176 Duke's Stone] Cumberland's Stone (die Inschrift wurde vermutlich 1881 eingemeißelt) ist ein Überbleibsel der letzten Eiszeit, ein

großer Konglomeratstein am östlichen Ende des Schlachtfeldes. Er stammt aus einer Felsformation, die 32 km südlich von Inverness zu finden ist. Der Stein wurde vom Moray Firth Ice Stream an seiner jetzigen Stelle abgelegt.

176 Es heißt *[…]* Alles entschieden] Diese populäre Legende des Steins wird häufig erzählt. Es ist aber unwahrscheinlich, dass sie auf Tatsachen beruht, da eindeutig überliefert ist, dass Cumberland sich zu Pferd inmitten seiner Truppen aufgehalten hat. Außerdem liegt der Stein fast 500 m vom Schlachtfeld entfernt, so dass Cumberland, selbst wenn er darauf gestanden hätte, nichts vom Schlachtverlauf hätte erkennen können. Die Regierungstruppen trafen erst gegen Mittag ein, gegen ein Uhr feuerten die Jakobiten ihre erste Kanone ab. Die Regierungstruppen antworteten mit anhaltendem Artilleriebeschuss, griffen aber nicht an, so dass Charles Edward Stuart sich veranlasst sah, selbst zu stürmen. Weniger als eine Stunde später war die Schlacht vorbei.

177 Nachspiel] Weder der Prozess noch die beteiligten Personen konnten ermittelt werden. Im Mai 1823 tauchen zwar zwei Veteranen der Schlacht von Culloden in den britischen Zeitungen auf, aber der eine wird wegen Bettelei verhaftet und über den anderen heißt es nur, er sei nunmehr 109 Jahre alt und besuche den Earl of Fife in Braemar.

XX. Der letzte Hochlands-Häuptling

178 ›Waverley‹] »Waverley or 'Tis Sixty Years Since« ist ein historischer Roman von Walter Scott, der zur Zeit des letzten Jakobitenaufstands spielt. Scott gilt damit als Erfinder des modernen historischen Romans. Das Buch erschien 1814 noch anonym, allerdings war den Rezensenten völlig klar, wer der Verfasser war. Sein erster Prosaroman legte den Grundstein für seinen weltweiten Ruhm als Romancier. Bereits nach zwei Tagen war die erste Auflage des Romans ausverkauft, der auch in Deutschland begeisterte Leser fand, darunter beispielsweise Goethe. Vgl. zur Rezeption Scotts in Deutschland Steinecke 1998.

178 Fergus Mac-Donèll] Alexander Ranaldson MacDonell of Glengarry war ein Freund von Walter Scott und Clanführer der MacDonells of Glengarry, einer Untergruppe des mächtigen Clans MacDonald. Er hatte 1794 die »schottische Mütze«, die Fontane mehrfach erwähnt, als Militärmütze für sein Regiment gewählt, die deswegen seinen Namen trägt: Glengarry. Er war eine sehr exzentrische Person (vgl. Osborne 2001, S. 13), hielt sich für den einzigen noch lebenden wirklichen Highland Chief, trug die ent-

sprechende Kleidung, hatte einen eigenen Dudelsackspieler und einen Barden, nahm sein Schild und sein Schwert sowie bewaffnete Hochländer mit auf Reisen und gründete 1815 die Society of True Highlanders, weil er die Highland Society für nicht authentisch hielt (Osborne 2004). Während des Besuchs von George IV. setzte er sich mehrfach als einzig wahrer Hochlandchief in Szene und verärgerte damit seinen Freund Walter Scott, der die Veranstaltung organisiert hatte. Der König soll sich über diese Auftritte sehr amüsiert haben (vgl. Osborne 2001, S. 19–36). Die vom »Culloden-Führer« hier erzählte Geschichte ist zu großen Teilen frei erfunden. Wahr ist aber, dass Glengarry bis heute als der letzte wirkliche Clanchief dargestellt wird. Vgl. den Titel der Biographie von Osborne 2001.

179 Glengarry-Castle] Eines der beiden Clanschlösser war Invergarry Castle auf dem Raven's Rock am Loch Oich, das aber von den Truppen Cumberlands nach der Schlacht von Culloden stark beschädigt wurde. Ab 1760 wurde in der Nähe des alten Schlosses der neue Wohnsitz Glengarry (auch Invergarry) House erbaut; vgl. Osborne 2001, S. 143.

179 seiner Schwester] Glengarry hatte zwei Schwestern, zwei weitere waren in der Kindheit gestorben, keine hieß Barbara.

179 Prinz-Regent] George IV. regierte ab 1811 als Prinzregent für seinen kranken Vater. Er besuchte Edinburgh aber 1822 zum ersten Mal. Die Geschichte dieses Balls hat der Führer also wohl erfunden. Der Ball, nach dem der historische Glengarry sich duellierte, fand 1798 statt.

179 Man hat *[…]* unterscheidet] Die Highland Clanchiefs trugen neben dem gewöhnlichen Vor- und Familiennamen noch einen zusätzlichen gälischen Vatersnamen, der zumeist auf den Gründer des Hauses zurückging. Das von Fontane genannte Patronym Mac-Callum-More, eigentlich MacCailean Mòr, meint z. B. Sohn des großen Colin.

179 Lords *[…]* Lairds] Fontanes Erklärung ist falsch: Ursprünglich meint der Lord einen Adligen, der Laird hingegen einfach einen Landbesitzer. Die Bezeichnung Laird ist also keine Variante des Lord, wie Fontane suggeriert. Allerdings war das Clanwesen in den Lowlands seit dem 11. Jahrhundert anders strukturiert als in den Highlands. Während in den Highlands eine patriarchalische Organisationsstruktur vorherrschte, die Clanchiefs auf ihrer Unabhängigkeit beharrten und sich immer wieder der Autorität des Königs entzogen, herrschte in den Lowlands das normannische Feudalsystem, bei dem die Clanherrschaft zurückgedrängt wurde. Das Land war Eigentum des Königs, der es als Lehen an

seine Untertanen vergab. Während die Lowlander also den König als oberste Autorität über sich hatten, übte diese in den Highlands der jeweilige Clanchief aus. Der Versuch der schottischen Könige, das Lehnssystem auch in den Highlands durchzusetzen, führte immer wieder zu Aufständen der Adligen, so dass der König bemüht war, die Macht der Highlandclans zu brechen. Erst James IV. hatte damit Erfolg. Endgültig wurde das alte Clansystem nach dem Scheitern des letzten Jakobitenaufstandes 1746 zerschlagen.

180 seit Prince Charlie] Im September 1745 hatte Charles Edward Stuart einige Tage in Holyrood gewohnt und dort auch Bälle gegeben.

180 Coldstream-Garden] Die Coldstream Guards sind ein Garde-Grenadier-Regiment, das 1650 während des englischen Bürgerkriegs mit Genehmigung von Oliver Cromwell begründet wurde. Den Namen Coldstream Guards erhielten sie erst 1855, sie gehören zu den Garderegimentern, aus denen sich auch die Queen's / King's Guard, also die persönliche Wache des Monarchen, rekrutiert.

180 Tartan-Schärpe] Vgl. Anm. zu S. 165 »Plaids, Tartans«.

180 Agraffe] Gewandnadel oder Brosche.

181 hielt Hof in St. James] St. James in London ist der älteste königliche Palast in Großbritannien. George I. und George II. zogen ihn dem Palace of Whitehall vor, der bis dahin meist benutzt worden war. George III. kaufte 1762 Buckingham House, das zum Palast der königlichen Familie wurde, weil er St. James für nicht mehr zeitgemäß hielt. Nur offizielle und sehr formelle Staatsakte fanden dort noch statt.

181 Capitän Lovat] Tatsächlich entbrannte im Mai 1798 bei einem Ball, der von den Offizieren des Fort George ausgerichtet wurde, ein Streit zwischen Glengarry und einem Lieutenant um ein schönes Mädchen. Dieser eskalierte schließlich so, dass man sich zum Duell forderte, das in der Nähe von Fort George zwischen Glengarry und Lieutenant Norman MacLeod ausgefochten wurde. MacLeod starb einen Monat nach dem Duell am Wundfieber; Glengarry wurde wegen Mordes vor Gericht gestellt, wurde aber freigesprochen (vgl. Osborne 2001, S. 83–97). Erst einige Jahre später, 1810, geriet er in einen Streit mit Archibald Fraser of Lovat, bei dem es um einen vertauschten Hut ging. Hier konnte allerdings ein Duell vermieden werden (vgl. ebd., S. 178 f.). Der Culloden-Führer vermischt hier also zwei Geschichten zu einer.

181 Lovat-Castle] Das echte Duell fand am 3. Mai in Campbeltown in der Nähe von Fort George statt. Die Geschichte der Ritte Glengarrys ist also freie Erfindung.

182 Er weiß, was kommen wird] Wurde im Duell der Gegner getötet, so galt dies als Mord, und der Mörder hatte sich vor Gericht zu verantworten.

182 Lieutenant Collingwood] Die folgende Geschichte ist frei erfunden. Glengarry wurde unter Mordanklage zum Gerichtsprozess nach Edinburgh vorgeladen und erschien auch dort. Bis zur Verkündung des Urteils am nächsten Tag saß er im Gefängnis.

183 kniete er vor seinem fürstlichen Gönner] Am 6. August 1798 stand Glengarry vor Gericht und nicht vor seinem »fürstlichen Gönner«. Es gibt keinen Beleg dafür, dass der Vierundzwanzigjährige den Prinzregenten überhaupt persönlich kannte, zumal dieser erst 1811 die Regierungsgeschäfte für seinen kranken Vater übernahm.

183 seine Gattin] Glengarry heiratete 1802 Rebecca, eine Tochter von Sir William Forbes of Pitsligo.

183 Zwei Kinder] Das Ehepaar hatte einen Sohn und sechs Töchter (sechs weitere Söhne waren in der Kindheit verstorben). Zwei seiner Töchter begleiteten ihn auf der Reise.

183 der erste Dampfer] Am 16./17. Januar 1828 reiste er mit dem Dampfer »Stirling Castle« (gebaut 1814) auf dem Caledonian Canal, der über sein eigenes Gebiet führte und gegen den er sich lange zur Wehr gesetzt hatte. Auf dem Loch Linnhe herrschte heftiger Sturm und plötzlich versagten die Maschinen. Das Schiff lief auf die Felsen auf. Glengarry sprang über Bord, um einer seiner Töchter zu helfen, die andere hatte man bereits an Land in Sicherheit gebracht. Er schlug sich dabei den Kopf auf und starb noch am selben Tag an dieser Wunde (Osborne 2001, S. 221–223). Der Felsen des Verhängnisses ist noch heute auf schottischen Karten als »Glengarry's Rock« verzeichnet; vgl. auch Robins/Meek 2006, S. 8.

184 Gebt *[…]* letztes Wort] Diese Geschichte ist erfunden. Glengarry hatte sich zwar bei dem Sturz am Kopf verletzt, wurde aber zunächst verbunden und ins Haus der MacDougalls gebracht. Dann verschlechterte sich sein Zustand so rapide, dass er noch am Abend starb.

XXI. Der caledonische Kanal

185 Trolhätta-Kanals] Der Trollhätte Kanal bildet zusammen mit dem Göta älv und dem Göta Kanal eine Wasserstraße von Schwedens West- zur Ostküste und verbindet Göteborg mit Stockholm. Der Trollhätte Kanal ist das westliche Verbindungsglied vom Kattegat bis in den Vänern-See. Thomas Telford, der Erbauer des Caledonian Canal, war hier bereits Berater bei den Bauarbeiten des Göta Kanal und überwachte auch einige Bauabschnitte selbst.

185 Er ist 60 *[...]* Kanal kommen] Diese Daten übernimmt Fontane aus Black's Picturesque 1857, S. 515.

185 Schleusen] Insgesamt hat der Kanal 29 Schleusen, die bei ihrem Bau die größten ihrer Zeit waren.

186 Kopf eines Vaters oder Sohnes] Auf welches Ereignis Fontane sich hier bezieht, ist nicht ermittelt.

186 Es imponirt und prägt sich dem Gedächtniß ein, wenn] In J[28] schildert Fontane hier noch eine zweite Geschichte: die von Sir Alexander Ramsay of Dalhousie, der von Sir William Douglas, Lord of Liddesdale, in Hermitage Castle gefangen gehalten wurde: »So ist es in der That rührend, wenn wir von einem Gefangenen hören, der, in ein Kellerloch geworfen, um darin zu verhungern, dennoch sein Leben fristete mit Hülfe der Körnchen, die durch die Fugen und Ritzen einer über ihm befindlichen Kornkammer spärlich auf ihn herabfielen« (J[28], S. 1230; Vorlage war Black's Picturesque 1857, S. 128). Diese Geschichte wird Fontane in der Buchausgabe stattdessen im Kapitel über »Melrose-Abbey« bringen (S. 241f.).

186 ein Hochlandschief *[...]* gehabt zu haben] Die Geschichte entnimmt Fontane möglicherweise einer ausführlichen Fußnote in seinem Reiseführer (Black's Picturesque 1857, S. 513); aber auch Walter Scott berichtet in einer Anmerkung in »The Lady of the Lake« von diesem Vorfall, den er wiederum nach einem Eintrag im Anhang von Thomas Pennants »A Tour in Scotland 1769« zitiert (Anmerkung H zu Canto V; Scott-Poetical Works, Bd. 1, S. 381). Beides kommt also als Quelle für Fontane infrage. Da Fontane sie aber im Zusammenhang mit seiner Fahrt über Loch Ness erzählt und sie auch im Reiseführer an derselben Stelle erzählt wird, ist dieser die wahrscheinlichere Quelle.

186 60 Fuß hohen Wasserfall] Der Reiseführer merkt hierzu an: »The height of this fall is variously stated, but it cannot be less than ninety feet.« (Black's Picturesque 1857, S. 518.) Die Fallhöhe beträgt 140 Fuß, also 43 m. Fontane schätzt sie mit 18 m deutlich zu gering ein. Auch Robert Burns besuchte die Fälle 1787 und verfasste vor Ort ein Gedicht über den furchteinflößenden Anblick: »Lines on the Fall of Fyers near Loch-Ness«.

187 andern dreißig Fuß] Vgl. Black's Picturesque 1857, S. 517. Die Gesamtfallhöhe des oberen und unteren Falls wird mit knapp 50 m angegeben.

187 nur die Cascaden von Tivoli] Im Reiseführer steht sogar, es handle sich um »a finer cascade than Tivoli« (Black's Picturesque 1857, S. 518). Fontane übernimmt den Vergleich also von dort, da er die Kaskaden des Tivoli in der Nähe von Rom nicht gesehen hatte.

188 »Fort Augustus«] Das Fort wurde nach dem Jakobitenaufstand von 1715 erbaut. General Wade nutzte es später als Basis für die Erschließung der Highlands durch Militärstraßen. 1729 wurden die alten Gebäude abgerissen und ein neues Fort errichtet; dieses erhielt seinen Namen nach dem zweiten Sohn Georges II.: Prince William Augustus, der den letzten Jakobitenaufstand niederschlug. 1746 jagten die Jakobiten das Munitionslager des Forts in die Luft und zerstörten große Teile der Gebäude. Die dort stationierten Truppen wurden als Kriegsgefangene nach Inverness geschickt. Cumberland machte nach der Schlacht von Culloden 1746 das nach ihm benannte Fort zu seinem Hauptquartier und ließ es wieder aufbauen.

188 gleich *[...]* weißen Mann] Fontane präsentiert hier die kolonialistische Sicht auf die Ureinwohner Amerikas, die er mit den Highlandern vergleicht. Dabei werden umgekehrt die Highlander in Reiseberichten oft mit den Ureinwohnern Amerikas verglichen. Während große Teile Europas von der zunehmenden Industrialisierung geprägt wurden, wuchs das Bedürfnis nach ›ursprünglichem‹ Volksleben und altüberlieferter Volkskultur. Nicht nur in den überseeischen Kolonien, auch in den schottischen Highlands hoffte man, eine Bevölkerung anzutreffen, die im Einklang mit der Natur und ihren jahrhundertealten Traditionen, unbeeindruckt von modernen Entwicklungen, ein ursprüngliches Leben lebte. Die Highlander wurden so zu den ›Indianern‹ Großbritanniens erklärt. Vergleiche zwischen dem Wilden Westen Amerikas und dem Schottlands sind durchaus häufiger anzutreffen. Wenn Fontane im Kapitel zuvor Glengarry als Hochlandshäuptling bezeichnet, löst er damit beim Leser eine Assoziation mit den ›edlen, wilden Indianerhäuptlingen‹ Nordamerikas aus, die gleichfalls zu Opfern der Kolonialisierung und der Moderne wurden und sich deswegen mit der untergehenden Hochlandskultur vergleichen lassen. Natürlich hatte Fontane weder eine amerikanische Blockhütte noch einen Indianerhäuptling selbst gesehen. Er kannte aber James Fenimore Coopers »Ansiedler-Roman[e]«, so dass seine Vorstellungen möglicherweise auf Cooper zurückgehen (NFA, Bd. 21/1, S. 215). Cooper hatte historische Romane im Stile Scotts verfasst, den er bewunderte. Die Bezeichnung »the American Walter Scott« wies er allerdings entrüstet von sich.

188 seine Bedeutung] Fort Augustus war 1715 von der englischen Regierung nach dem Jakobitenaufstand gegen die englische Krone gebaut worden, um einen Stützpunkt in den Highlands zu haben, von dem aus das Verhalten der Clans im Blick behalten werden konnte. Zugleich begann General Wade 1725 damit, die Infra-

struktur des Landes zu verbessern; er ließ Militärstraßen und Brücken bauen, um aufständische Clans in abgelegenen Landesteilen besser kontrollieren zu können. Damit schuf er zugleich ein Einfallstor für die Touristen, die ebenfalls die militärischen Basen Fort Augustus oder Fort William, das schon 1698 gebaut worden war, als Ausgangspunkte für ihre Reisen ins Hochland nutzen konnten (Johnson und Boswell übernachteten bei ihrer Tour 1773 in Fort Augustus, und Johnson sprach auch mit Soldaten, die im Straßenbau eingesetzt waren; Johnson 1971, S. 34 f. und 37). Cumberland unternahm nach der Schlacht von Culloden von Fort Augustus aus seine Streifzüge zur Zerschlagung des Clanwesens. Die letzten Soldaten verließen das Fort 1818.

188 Duodezkaserne] Das kleinste Buchformat heißt Duodez; Fontane verwendet den Begriff hier im Sinne von sehr klein.

188 sechs Gemeine und ein Unteroffizier] Der »New Statistical Account« von 1845 merkt an: »The garrison is now become unnecessary and useless; and Government some years ago ordered the ramparts to be dismantled, and the ordnance to be sent to Fort-George.« (New Statistical Account 1845, Bd. 14, Teil Inverness, S. 57.) Und Fontanes Reiseführer stellt fest: »The barracks contain accommodation for about 300 men, and a company from a Highland depot now garrison the place.« (Black's Picturesque 1857, S. 516.) 1858 eröffnete der Großwildjäger und Geschichtenerzähler Roualeyn George Gordon-Cumming, dessen Vorstellung Fontane 1856 in London besucht hatte, in einem der ehemaligen Militärgebäude sein »Lion Hunter Museum«, das viele Touristen anzog.

188 höchsten Berg Schottlands] Der Ben Nevis ist mit 1344 m der höchste Berg Schottlands und Großbritanniens. Erst 1847 bestätigte die Ordnance Survey nach genauen Vermessungen, dass tatsächlich der Ben Nevis der höchste Berg ist und nicht, wie man bis dahin meinte, der Ben MacDui, der nur 1309 m hoch ist.

189 »Bergsohnes«] Die Route auf dem Caledonian Canal fuhr ab 1851 der Raddampfer »Edinburgh Castle« (er startete um 7 Uhr morgens in Inverness), die »Mountaineer« übernahm die Anschlussstrecke von Corpach nach Oban und von Oban nach Crinan. Fontanes Erklärung ist also erfunden.

189 Mr. Hutcheson] David Hutcheson arbeitete ab 1817 bei verschiedenen Schifffahrtsgesellschaften und wurde schließlich Manager bei einer solchen. 1851 übernahm er gemeinsam mit seinem Bruder und David MacBrayne das Unternehmen, für das er zuletzt gearbeitet hatte; vornehmlich betrieb er die Schiffe und Linien, die die schottischen Highlands anliefen (vgl. MacLehose 1886, S. 167 f.). Er baute die Flotte aus und setzte vor allem Passagierschiffe ein, die

die Strecke Glasgow – Ardrishaig befuhren, aber auch die Hebriden anliefen. Iona, Mull, Skye und Lewis gehörten zur Route, ebenso die gesamte schottische Westküste von Oban bis Lochinver. Diese kleinen Häfen wurden damit erstmals regelmäßig von Post- und Passagierschiffen erreicht, was den Handel in der Region belebte. Zeitgenössische Berichte preisen in höchsten Tönen, was Hutchesons Schiffe für die Erschließung der Westküste bedeutet haben (Robins/Meek 2006, S. 21). Zudem bot die Firma Ausflugsfahrten zur Insel Staffa an, die Hutcheson gepachtet und für touristische Bedürfnisse ausgestattet hatte (so führten hölzerne Treppen vom Meer die Klippen hinauf auf die Insel).

189 Heringsdorf und /…/ Misdroy] Heringsdorf war ursprünglich ein Fischerdorf und liegt wenige Kilometer westlich von Swinemünde, wo Fontane aufwuchs, auf der Insel Usedom. Um 1825 entdeckten reiche Berliner das Dorf als Urlaubsort, und der Badebetrieb begann. Auch Misdroy (heute Międzyzdroje), wenige Kilometer östlich von Swinemünde, war zunächst ein Fischerort, bis 1830 der Badebetrieb begann und auch hier die reichen Berliner und Stettiner ihre Villen errichteten. 1842/1843 wurde die Eisenbahnstecke zwischen Berlin und Stettin eröffnet, so dass die Badeorte schnell erreicht werden konnten, was sich in wachsenden Gästezahlen niederschlug.

189 Oban] Das Wachstum der Stadt Oban begann 1794 mit der Gründung der Destillerie, die Arbeitsplätze bot. In der Folge nahmen Handel und industrielle Ansiedlungen in der Stadt zu. Dazu trug vor allem der Hafen bei, der durch den Bau des Crinan und Caledonian Canal zur Drehscheibe für Handel und Tourismus an der schottischen Westküste wurde.

190 hebridischen Inseln] Die Hebriden liegen vor der Westküste Schottlands, die Inneren Hebriden in Festlandsnähe (von der Insel Skye im Norden bis zu den Inseln Islay und Gigha im Süden), die Äußeren Hebriden westlich davon zur offenen See hin (Lewis im Norden und Berneray im Süden, weiter im Westen liegt vorgelagert noch St. Kilda).

190 bis vor zwanzig Jahren] Der regelmäßige Dampfschiffverkehr an der schottischen Westküste, der die sporadisch fahrenden Segler ablöste, setzte Mitte der 1820er Jahre ein: Zunächst wurden die Küstenstädte über den Clyde mit Glasgow verbunden, dann gab es zunehmend auch regelmäßige Fahrten zu den Inneren und schließlich auch zu den Äußeren Hebriden. Das veränderte die Region nachhaltig: Touristen konnten abgelegene Orte erreichen und boten willkommene Einkommensquellen für die Bevölkerung; auch lokale Produkte konnten so verschifft werden. Zu-

gleich boten die Schiffe aber auch die Möglichkeit, die abgelegenen Regionen zu verlassen und sich im Süden Schottlands anzusiedeln oder nach Amerika auszuwandern (vgl. Robins/Meek 2006, S. 4 f.). Mit den Migranten konnten die Schiffsbesitzer viel Geld verdienen. Die Landbesitzer förderten diese Entwicklung, weil sie gewinnbringend Schafe auf ihren Ländereien halten wollten, anstatt die kleinen Farmer dort zu unterstützen. Da die Zeiten vergangen waren, wo sich die Macht des Clanführers dadurch ausdrückte, wie viele Männer er unter Waffen in einen Krieg führen konnte, hatten die meisten Chiefs kein Interesse daran, die kleinen Bauern auf dem kargen Boden zu erhalten, was zu einer Entvölkerung der Highlands und großen Auswanderungswellen führte. Nach 1830 begannen einzelne Schiffsbesitzer, sich zu Consortien zusammenzuschließen und Strecken unter sich aufzuteilen.

190 in offenen Booten] Staffa wurde erst 1772 von Joseph Banks für die Öffentlichkeit entdeckt. Vor der Einführung der Dampfschiffe – in Schottland fuhr das erste kommerzielle Dampfschiff 1812 –, wurden Besucher dorthin gesegelt oder gerudert.

191 stets überfüllten Caledonian-Hotel] Von der Überfüllung berichten auch andere Reisende. Fanny Lewald etwa teilt im August 1850 mit, das Hotel sei so voll, »daß ich nur ein ganz, ganz kleines Erkerstübchen mein eigen nenne« (Lewald 1851/52, Bd. 2, S. 498), und auch Titus Ullrich kann kein Hotelzimmer bekommen, so dass er wie Fontane privat unterkommt.

XXII. Oban

191 Mrs. Mackay's, some yards farther down] Im Tagebuch nennt Fontane den Namen des Hotels: »St. George's Hôtel, Mrs. Mackall.« (GBA-Tagebücher, Bd. 1, S. 343 f.) Das George Hotel (vgl. auch Black's Picturesque 1857, S. 453) lag wenige Meter vom Caledonian Hotel entfernt in der George Street. Eine Mrs. Mackay oder Mackall ist nicht ermittelt.

191 Marketenderin] Händlerin, die den Soldaten folgte, um ihnen Produkte des täglichen Bedarfs zu verkaufen, die aber auch sexuelle Dienstleistungen anbot.

191 zimmervermiethenden alten Waschfrau] Es war in Oban nicht unüblich, dass Privatleute ihre Zimmer an Touristen untervermieteten. Auch Titus Ullrich war 1857 bei einem Ehepaar privat untergekommen (Ullrich 1858b), machte aber bessere Erfahrungen als Fontane, auch wenn er von langen abendlichen Gebetsstunden der Vermieter am Schlafen gehindert wurde.

192 Tabagiecharakter] Tabagien waren Lokale, die Tabak verkauften und in denen geraucht werden durfte. Sie entstanden im 17. und 18. Jahrhundert und hatten mitunter das schmuddelige Image finsterer und dubioser Spelunken.

193 Malcolm Canmore und Robert Bruce] Malcolm III. war 1058 bis 1093 König von Schottland; er erhielt den Spitznamen Canmore (gälisch für der große Führer). Am Schluss von Shakespeares »Macbeth« soll seine Krönung begangen werden. Zu Bruce vgl. Anm. zu S. 110 »der Name Bruce«.

194 Sebastopol] Vgl. Anm. zu S. 144 »Trophäen von Sebastopol«.

194 »Verlag von Zawitz, Druck von Hesse in Berlin«] Wilhelm Zawitz war seit 1838 Buch- und Kunsthändler mit eigenem Verlag in Berlin (um 1859 war sein Laden in der Poststraße 59). Er ließ unter anderem bei der Berliner Steindruckerei von J. Hesse in der Friedrichstraße 25 drucken. Sein Angebot und dementsprechend auch die Motivpalette richtete sich an einen bürgerlichen Kundenkreis. Vor allem seine kolorierten Lithographien waren bei den Käufern sehr beliebt und machten sein Haus bekannt, so dass er über einen großen Kundenkreis verfügte; vgl. Pieske 2004, S. 98 f.

194 Stork] Die »Stork« wurde 1851 gebaut und war seit 1858 im Besitz von David Hutcheson und David MacBrayne; sie befuhr eigentlich die Route von Glasgow nach Stornoway. Nach Staffa und Iona fuhr die »Pioneer«.

194 Mr. Hutcheson] Vgl. Anm. zu S. 189 »Mr. Hutcheson«.

195 um einen Widerstand zu brechen] Die MacDougalls beherrschten große Teile der späteren Grafschaft Argyll im mittleren Westen Schottlands. Die zugehörigen Inseln lagen ehemals im Einflussgebiet des norwegischen Königs, während der Besitz auf dem Festland dem schottischen Königreich zugerechnet wurde. Der Clanführer trug den Titel King of the South Isles and Lord of Lorn. Dunstaffnage und Dunollie Castle waren die wichtigsten Festungen auf dem Festland. Zunächst setzte der Clan sich an der Seite von William Wallace für die schottische Unabhängigkeit ein. Man kämpfte an der Seite des Clan Comyn gegen die Engländer, auf deren Seite der Clan Bruce stand. Sowohl die Comyns als auch die Bruce glaubten, Ansprüche auf den schottischen Thron zu haben. Robert the Bruce spielte dabei ein doppeltes Spiel: Er wurde gemeinsam mit John III. Comyn, Lord of Badenoch, zum Guardian of Scotland ernannt, was bald zu Spannungen zwischen den beiden führte. Comyn trat in Friedensverhandlungen mit England, während Bruce seine Ansprüche auf den schottischen Thron deutlich machte und einen erfolgreichen Kampf gegen die Engländer als

Mittel zum Machtausbau ansah. Bruce ermordete Comyn, der durch Heirat eng mit der Familie MacDougall verbunden war, 1306 in der Greyfriar's Church in Dumfries. (Als Sühne für diesen Mord sollte auf Befehl von Robert the Bruce sein eigenes Herz ins Heilige Land getragen werden.) Beide Clans erkannten die Königswürde von Bruce nicht an und kämpften auf Seiten der Engländer. Als Bruce im selben Jahr vor englischer Verfolgung ins Gebiet der MacDougalls flüchtete, stellten sie ihn in der Schlacht von Dalrigh und besiegten ihn. Nur unter Zurücklassung seiner Brosche (Brooch of Lorn) konnte Bruce den Verfolgern entfliehen. Diese Brosche präsentierte die Familie MacDougall stolz als ihren von Bruce eroberten Besitz. Zwei oder drei Jahre später – der genaue Zeitpunkt lässt sich nicht eindeutig datieren – zog Bruce erfolgreich gegen den Clan in die Schlacht und schenkte die eroberten Ländereien dem loyalen Clan Campbell. Fontane übernimmt die Geschichte aus einer Anmerkung Scotts in »The Lord of the Isles« (Anmerkung E zu Canto II; Scott–Poetical Works, Bd. 3, S. 377 f., auch in den »Tales of a Grandfather« findet sie sich; Scott–Tales, S. 25 f.).

195 drei Jahrhunderte später] Von 1652 bis 1654 diente Dunolli Cromwells Soldaten als Garnison, denn vor allem in den westlichen Highlands flammten immer wieder royalistische Aufstände gegen Cromwell auf. 1653/54 musste General Monck mit 6000 Soldaten gegen die Royalisten unter William Cunningham, 9th Earl of Glencairn, zu Felde ziehen. Um dieser Aufstände Herr zu werden, waren die englischen Garnisonen an der Westküste Schottlands besonders wichtig. Schließlich bemühte sich die Regierung aber, zu einem Einverständnis mit den Royalisten zu kommen.

195 Broche König Roberts I.] Vgl. Anm. zu S. 195 »um einen Widerstand zu brechen«.

196 schottische Krönungsstein *[…]* Scone *[…]* Westminsterabtei] Vgl. Anm. zu S. 151 »der alte Stein«.

196 Kalkstein] Ein Sandstein, der nicht aus der Nähe von Dunstaffnage stammt, sondern aus der von Scone, was der Spekulation Vorschub leistete, dass Edward I. nicht den Originalstein mit nach England genommen habe, den man zuvor in Sicherheit gebracht habe, sondern eine Fälschung.

196 Lady's rock] Die Kurzform der Geschichte findet sich in Black's Picturesque 1857, S. 457. Allerdings fehlt hier das Ende, die Errettung der Lady, die sich aber nicht so zugetragen hat, wie Fontanes sie schildert. Lachlan Cattanach Maclean of Duart hatte seine Frau Lady Katherine Campbell, die zuvor versucht hatte, ihn zu

vergiften, auf dem Felsen ausgesetzt, um sich ihrer mit aufkommender Flut zu entledigen. Als er sie am nächsten Morgen dort nicht mehr sehen konnte, bereitete er alles für die Beerdigung vor, musste dann aber feststellen, dass Fischer sie gerettet hatten. Maclean wurde 1523 im Auftrag von Lady Katherines Bruder ermordet. Die Ehe, die zu einer Schlichtung des Streits zwischen den Clans Maclean und Campbell hätte führen sollen, hatte also den gegenteiligen Effekt. Die schottische Dichterin Joanna Baillie verfasste ein Drama darüber, das von Walter Scott protegiert wurde und 1810 bei dessen Verleger Ballantyne in Edinburgh erschien.

196 Ossian] Vgl. Anm. zu S. 161 »James Macpherson, der Herausgeber des ›Ossian‹«.

197 kaum 200 Einwohnern] Der »New Statistical Account« von 1845 gibt die Einwohnerzahl mit knapp 1500 an (New Statistical Account 1845, Bd. 7, Teil Argyle, S. 354) und Nelsons' Handbook mit 1543 für 1851 (Nelsons' Handbook 1859, S. 43), so dass Fontanes Schätzung wohl deutlich zu niedrig ist

197 Roßkämme] Pferdehändler.

XXIII. Staffa

198 die Boote auszusetzen] Die Reisenden wurden mit kleineren Booten an Land gerudert, weil diese zugleich dazu dienten, auch in die Fingalshöhle hineinzufahren, die für große Boote zu eng ist. Der Reiseführer merkt dazu an: »In calm weather, passengers are conveyed from the steamer in small boats at once into the mouth of Fingal's Cave, which is accessible at all states of the tide except that of extreme high water, with a heavy sea rolling into it; and the boatmen are provided with boat hooks and short poles, which they use with great dexterity in guarding the boat from being driven against the rocks by the surge.« (Black's Picturesque 1857, S. 461.) Den Bootsshuttle übernahmen oft Schiffer von der Nachbarinsel Ulva, die sich damit ein Zubrot verdienten.

198 Staf-ö, Stab-Eiland] Die Bezeichnung kommt aus dem Altnorwegischen (stafi-øy, Säuleninsel), denn bereits die Wikinger kannten die Insel.

198 deren Schätze erst sichtbar werden] Ganz ähnlich auch Nelsons' Handbook: »The island, as seen from a distance, appears only a round, lumpish, uninteresting rock; and not till approached within less than a quarter of a mile does it begin to disclose to an observer its wonderful attractions.« (Nelsons' Handbook 1859, S. 52.)

198 1772 *[…]* entdeckt] Sir Joseph Banks, Naturforscher und Botaniker, »entdeckte« die Insel, die bis dahin nur die lokale Bevölkerung kannte. Anstatt James Cook auch auf seine zweite Südseereise zu begleiten, reiste Banks 1772 nach Island, aber zunächst auf die Hebriden, weil ihn ein Sturm an der Überfahrt nach Island hinderte. Einheimische wiesen ihn auf die geologisch interessante Insel Staffa hin, die er sogleich besuchte und voller Begeisterung beschrieb, so dass in der Folge auch andere Reisende auf sie aufmerksam wurden. So z. B. Thomas Pennant, der in seinem vielgelesenen Reisebericht die Insel begeistert schildert, so dass sie sich schließlich zu einem Touristenmagnet entwickelte.

198 Doktor Johnson auf seiner berühmten Hebridenreise] Mit 64 Jahren machte der weithin bekannte Publizist, Lexikograph, Schriftsteller und Kritiker Samuel Johnson sich mit seinem schottischen Freund und späteren Biographen James Boswell auf eine Reise durch Schottland. Sie verließen Mitte August 1773 Edinburgh und trafen Ende Oktober wieder dort ein. Johnson hoffte, in Schottland noch ein urtümliches Volk im Zustand der Barbarei anzutreffen und eine Zivilisationsstufe kennenzulernen, die man in England lange überwunden hatte; deswegen führte die Reise vor allem ins Hochland und auf die Hebriden, Ende des 18. Jahrhunderts noch eine überaus beschwerliche Reise. Johnson interessierte sich dabei vor allem für die Lebensbedingungen der einfachen Bevölkerung und schreibt darüber ausführlich in seinem Reisebericht »Journey to the Western Isles of Scotland«. Dieser erschien 1775, wurde breit rezipiert und noch im selben Jahr ins Deutsche übersetzt. Eigentlich hatten er und Boswell auch Staffa besichtigen wollen, schlechtes Wetter machte aber eine Besichtigung unmöglich, wie Boswell schreibt: »We saw the island of Staffa, at no very great distance, but could not land upon it, the surge was so high on its rocky coast.« (Boswell 1786, S. 344.) Fontane irrt hier also, wenn er meint, Johnson habe keine Notiz von der Insel genommen.

199 drei Schichten] Über die geologische Beschaffenheit der Insel Staffa gab es bei der Sitzung des ›Tunnels‹ am 30. Oktober 1859 Diskussionen zwischen den Anwesenden, so dass Fontane den Freunden zur Sitzung am 6. November ein geologisches Gutachten vorlegte, das bewies, dass das Fundament der Insel tatsächlich aus Tuffstein besteht (Protokoll 1859/11/06 unter: http://allegro.ub.hu-berlin.de/tunnel/). Die drei Schichten, aus denen die Insel sich aufbaut, sind also der Tuffstein des Fundamentes, die Säulen aus Basalt und darüber eine Schicht basaltischer Lava, die nicht zu Säulen ausgeformt wurde. Darüber war eine Schicht Erde, die mit Gras bedeckt war.

199 schnell die höchsten Ansprüche] Die Vergleichsmöglichkeit fehlt Fontane allerdings, denn er hat nur die Inseln Staffa und Iona besucht.

199 Fingalshöhle] Staffa hat insgesamt sechs Höhlen von verschiedener Größe und Erreichbarkeit: auf der Ostseite Goat Cave und Clamshell Cave, im Südwesten Boat Cave und Mackinnon's Cave, die durch einen Tunnel mit Cormorant Cave verbunden ist, und an der Südseite die berühmteste Höhle, Fingal's Cave. Sie trug ursprünglich den gälischen Namen An Uamh Bhin (die melodische Höhle), bis sie in Fingal's Cave umbenannt wurde. Ob der Erfinder des Namens Joseph Banks war, ist bis heute umstritten. Der Namenspatron war jedenfalls Fingal, der nordische Held, den James Macpherson in seinem »Ossian« unsterblich machte. Dass die Höhle in der Tat melodisch war, zeigt die von Felix Mendelssohn Bartholdy nach einem Besuch 1829 komponierte Hebriden-Ouvertüre.

200 Lütticher Pflaster] Fontane bezieht sich auf eine Art der Straßenpflasterung, die in der Stadt Lüttich benutzt wurde. Hier wurde darauf geachtet, dass die Wagenräder nicht in den Spalten zwischen den Steinen stecken bleiben konnten. Die normalerweise quadratischen Steine wurden also diagonal zur Laufrichtung verlegt.

200 230 Fuß] Der Reiseführer gibt die Länge mit genau 227 Fuß – also 69 m – an (Black's Picturesque 1857, S. 462). Die Deckenhöhe der Höhle beträgt bei durchschnittlicher Wasserhöhe ca. 20 m, die Breite im Eingangsbereich 12 m.

200 Geognosie] Geologie.

200 Spitzbogenthor *[...]* Schiff einer gothischen Kirche] Eine solche Feststellung findet sich auch im Reiseführer. Dort ist vom »cathedral arch« und dem »Gothic temple« die Rede, mit dem sich die Höhle vergleichen lasse (Black's Picturesque 1857, S. 461).

200 Kapelle Heinrichs VII.] Henry VII. ordnete den Bau dieser dreischiffigen Kapelle im Stil der Spätgotik am östlichen Ende der Westminster Abbey an. Sie wurde 1503 bis 1519 errichtet.

201 Tartanfarben] Vgl. Anm. zu S. 165 »Plaids, Tartans«.

202 Molo] (Ital.) Mole.

XXIV. Iona oder Icolmkill

202 verschiedenen anderen Aushöhlungen] Vgl. Anm. zu S. 199 »Fingalshöhle«.

203 aber doch auch nur klein *[...]* die gegen vierhundert Fuß hoch sein mögen] Fontane macht die Insel kleiner, denn sie ist knapp vier Meilen lang und gut eine Meile breit. »Its highest hill may be

about 400 [feet]« (Black's Picturesque 1857, S. 467). Die höchste Erhebung ist der Dùn Ì, der 100 m (331 Fuß) hoch ist. Dass die Insel weitestgehend unfruchtbar sei, entnimmt Fontane ebenfalls dem Reiseführer.

203 Seeadler und Mövennester] »[...] abandoned these rocky shores to the cormorant and the seagull« (Black's Picturesque 1857, S. 467).

203 bis dahin heidnischen Schottlands] Richtig: Das Christentum hielt mit dem Römern Einzug. Standing Stones mit christlichen Inschriften aus der Zeit zwischen 450 und 500 zeugen davon. Einer der ersten christlichen Missionare war vermutlich im frühen 5. Jahrhundert St. Ninian, gefolgt von St. Mungo im 6. Jahrhundert. St. Columba ist dann der erste historisch sicher verbürgte Missionar in Schottland. Die Missionierung weiter Teile des schottischen Nordens verdankt sich seinem Engagement. Nach Columbas Tod wurde Iona zur heiligen Pilgerstätte, an der seine Gebeine aufbewahrt wurden, die Insel wurde darum von zahllosen Pilgern überschwemmt. Auch große Geldsummen wurden zum Lobe Columbas und zur Sicherung des eigenen Seelenheils von Reichen und Armen gespendet. Zugleich war das Kloster schon unter Columba zu einem Mittelpunkt der Gelehrsamkeit geworden. Eine Vielzahl von Manuskripten entstand dort, darunter möglicherweise das Book of Kells, das um 800 hergestellt, dann aber vor den regelmäßigen Raubzügen der Wikinger, die das Kloster als attraktive Plünderstätte erkannt hatten, nach Irland in Sicherheit gebracht wurde.

203 560] Der Mönch und Missionar St. Columba (der Name leitet sich aus dem irischen Colm Cille für Taube der Kirche ab) verließ 563 Irland (vgl. Jamieson 1811, S. 17) und landete auf der Insel Iona. Von hier aus missionierte er die Pikten und Skoten.

203 zwölf Gefährten] Vgl. Jamieson 1811, S. 34.

203 Schüler St. Patricks] Columba war ein Schüler von St. Finnian in Movilla Abbey und von St. Ciaran. Er hatte mehrere Klöster in Irland gegründet, darunter im Jahr 553 Dairmeagh, von dem aus er nach Schottland aufbrach. Möglicherweise stammt die Information, dass Columba ein Schüler St. Patricks gewesen sei, aus dem »New Statistical Account« von 1845, der das gleichfalls behauptet (New Statistical Account 1845, Bd. 7, Teil Argyle, S. 320). St. Patrick war zur Zeit von Columbas Geburt bereits verstorben, so dass er nur mittelbar dessen Schüler gewesen ist.

203 Dearmach, d. h. »nahe den Eichen«] Vgl. Jamieson 1811, S. 14: »Dairmeagh [...] that is, the Field of Oaks«, heute Durrow (County Offaly) im Norden Irlands.

203 Adamnan] Adomnán oder Adamnán of Iona war, gut hundert Jahre nach St. Columba, von 679 bis 704 der vierte Abt von Iona

Abbey und schrieb unter anderem eine Biographie seines Vorgängers, die Heiligenlegende »Vita Columbae«, auf die Fontane sich hier bezieht. Dabei ist nicht anzunehmen, dass er diese lateinische Schrift oder auch nur Teile daraus im Original gelesen hat. Die genannte Stelle heißt auf Gälisch Cobhan Cuilteach (abgelegene Senke). Die eigentliche Klosteranlage lag östlich davon. Von ihr finden sich bis heute Reste etwa des Graswalls und des Grabens, der das Mönchskloster und die Kirche von der Welt abschottete. Dabei legte Columba keinen Wert auf große Prachtentfaltung, sondern die Kirche war eine einfache Holzkirche, umgeben von den Hütten der Mönche. Da die Druiden die Insel noch nicht verlassen hatten und sich als Gegner Columbas erwiesen, ist Fontanes Mutmaßung, die Christen seien in einen ehemaligen Druidentempel eingezogen, vermutlich falsch.

204 nannten sich »Culdee's«] Jamieson erklärt die Herkunft der Bezeichnung Culdees (Jamieson 1811, S. 3–5), möglicherweise bezieht Fontane sich darauf. Darüber, was die Bezeichnung bedeutet, die im 8. Jahrhundert, also nach Columba, erstmalig auftaucht, sind Forscher sich bis heute uneinig. Wahrscheinlich basiert sie auf der irischen Bezeichnung Céli Dé (Diener Gottes). Ebenso unklar sind Herkunft und Zugehörigkeit der Gruppe, aber auch die Klosterregeln. Die Culdees tauchen in schriftlichen Quellen erst in der Mitte des 12. Jahrhunderts, also deutlich nach Columbas Tod, in Iona auf.

204 zur griechischen und nicht zur römischen Kirche] Da die Trennung zwischen der römischen (katholischen) und der griechischen (orthodoxen) Kirche erst 1054 erfolgte, können St. Patrick und St. Columba schwerlich zur orthodoxen Kirche gehört haben. Der Unterschied zur römisch-katholischen Kirche scheint eher durch die abgelegene Lage verursacht zu sein, die die keltischen Gemeinden von den Entwicklungen in Rom abschnitt.

204 starb 595] Richtig: 597; vgl. Jamieson 1811, S. 17.

204 heilige Augustin] Er landete 597 auf der Isle of Thanet vor der Südostküste Englands und begann im Auftrag des Papstes mit der Missionierung. Er gilt als Begründer der christlichen Kirche in Südengland.

204 Niederlage] Im 11. Jahrhundert gerieten die Culdees in Auseinandersetzungen mit den römisch-katholischen Mönchen und Priestern in Schottland, die nach und nach ihre Klöster übernahmen, umformten und auch die Missionstätigkeit aggressiver vorantrieben. Sie gründeten eine große Anzahl von neuen Klöstern, bauten Kirchen und erwarben Land. Das wurde durch eine Reform, die die schottische Königin Margaret of Wessex angestoßen hatte,

weiter unterstützt. Ihr war daran gelegen, dass die schottischen Christen sich den römisch-katholischen Regeln unterwarfen. Die bestehenden Klostergemeinschaften wurden dementsprechend neu reglementiert und neue Klöster gegründet. Die unterlegenen Culdees hatten sich anzupassen. Sie wurden entmachtet, wenn sie sich nicht den römisch-katholischen Orden anschlossen. So verloren sie nach und nach ihren Einfluss. Im 13. Jahrhundert waren sie endgültig zur Bedeutungslosigkeit herabgesunken, durften nicht mehr an Bischofswahlen teilnehmen, besaßen kaum mehr eigene Klöster und lebten in Vereinzelung.

204 römischer Bischofssitz] Nach dem Tod Somerleds, des King of the Isles, der die Insel den norwegischen Machthabern abgewonnen hatte, lud sein Sohn 1203 die Benediktiner ein, auf der Insel ein Mönchskloster zu gründen und eine Kathedrale über der alten Kirche Columbas zu errichten. Auch ein Nonnenkloster der Augustinerinnen entstand, welches das alte Gebäude Columbas ersetzte. Seit Ende des 10. Jahrhunderts hatte Iona keinen eigenen Bischof mehr. Erst 1633 setzte Charles I. wieder einen Bischof auf der Insel ein, der die ruinösen Gebäude sanierte, bevor 1690 die bischöfliche Verfassung wieder gekippt und die Gebäude erneut sich selbst überlassen wurden.

204 Abercrombie's] Patrick Abercromby, schottischer Arzt (u. a. Leibarzt von James VII. of Scotland) und Historiker, der sich gegen die Vereinigung Englands und Schottlands engagierte und deshalb schließlich seine Stelle beim König verlor. Er führte eine öffentliche Kampagne gegen die Befürworter der Union (u. a. Daniel Defoe). 1711 (Band 1) und 1715 (Band 2) erschien sein Geschichtswerk: »The Martial Atchievements of the Scots Nation«.

204 Jamieson's] Die Nennung von Jamieson ergänzt Fontane erst in der Buchausgabe. In J^{26} hatte er sich nur auf Abercromby bezogen. John Jamieson war Pastor, Historiker und Philologe und erarbeitete ein einschlägiges etymologisches Wörterbuch der schottischen Sprache. Seine Studie »An Historical Account of the Ancient Culdees of Iona, and of their Settlements in Scotland, England and Ireland« erschien 1811 durch Vermittlung Walter Scotts bei dessen Verleger Ballantyne in Edinburgh. Jamieson erklärt die Herkunft des Inselnamens Iona (gälisch I-thona für Island of Waves; Jamieson 1811, S. 24) oder Icolmkill (gälisch I-colum-kill für the isle of Colum of the Cells; ebd. S. 23). Jamieson schildert, wie Columba nach Iona kam und dort eine Niederlassung errichtete (ebd., S. 13–31), und betont dessen »humility and self-denial« (ebd., S. 16), um die es auch Fontane geht.

204 »Nur das Seelenheil /…/ ihre Tage.«] Diese Passage lautet in Abercrombys »Martial Atchievements« (1711): »They never stirr'd abroad, but to gain Souls. They Preach'd more by Example than Word of Mouth. The Simplicity of their Garb, Gesture and Behaviour, was irresistibly Eloquent. They did Good to every Body, and sought no Reward. Preferments, Cabals, Intrigues, Division, Sedition were Things unknown to them. There were Bishops among them, but no Lords; Presbyters, but no Stipends, or very small ones; Monks, truly such, Humble; Retir'd, Poor, Chast, Sober and Zealous. In a word, they were, in a literal Sense, Saints.« (Abercromby 1711, S. 106; sinngemäß findet sich diese Beschreibung auch bei Jamieson 1811, S. 31, der sie nach dem Mönch Aidan zitiert.)

205 »Baile Mor«] Die Hauptsiedlung liegt am Ostende der Insel. Baile Mòr ist die gälische Bezeichnung für Stadt oder Ort.

205 Heerde Kinder] Beschwerden über die andenkenverkaufenden Kinder in Iona finden sich in fast allen deutschen Reiseberichten der Zeit.

205 ad oculos] (Lat.) vor ihren eigenen Augen.

205 St. Orans-Chapel /…/ Kirchhof] Oran war ein Verwandter und einer der zwölf ursprünglichen Anhänger von Columba, die mit ihm auf Iona eintrafen. Die Kapelle inmitten des Reilig Òdhrain (Orans Friedhof) wurde vermutlich Mitte des 12. Jahrhunderts von Somerled, King of the Isles, gebaut, der St. Oran's Chapel als Begräbniskapelle für seine Familie nutzen wollte. Er selbst ist dort begraben. Der umliegende Friedhof ist deutlich älter und stammt möglicherweise aus der Zeit Columbas. Vom 9. bis zum 11. Jahrhundert war der Friedhof königliche Begräbnisstätte, da die Könige sich die Vergebung ihrer Sünden erhofften, wenn sie in der Nähe des heiligen Columba begraben waren.

206 Nonnenklosters] Das Kloster St. Ronans für die Nonnen des Augustinerordens wurde vermutlich kurz nach 1203 gebaut. Die erste Priorin des Klosters war die Tochter von Somerled, King of the Isles, dessen Sohn den Bau der beiden Klöster angeregt hatte. Das Kloster wurde nach der Reformation aufgelöst und verfiel. Die kleine Kapelle nebenan ist Teampull Rònain (St. Ronan's Chapel), die von der örtlichen Gemeinde bis zur Reformation 1560 als Gotteshaus genutzt wurde.

206 Mönchskloster] Das Mönchskloster der Benediktiner, das St. Columba gewidmet war, entstand zeitgleich mit dem der Nonnen und ging mit dem Umbau von Columbas Kirche zur Kathedrale einher. Nicht überall traf die Idee, Columbas Heiligtum nun römisch-katholisch geprägten Mönchen zu überlassen, auf Zustimmung: 1204 überfiel eine Truppe unter zwei irischen Bischöfen die Insel.

Die Mönche gaben sich indes große Mühe, den Kult um Columba aufrechtzuerhalten. Die Klostergebäude lagen nördlich der Kirche und waren um einen Kreuzgang herumgebaut, der im 15. Jahrhundert noch einmal vergrößert wurde. Das Kapitelhaus bildete den Ostflügel, im Südflügel waren das Refektorium und die Küche untergebracht, im Westen das Gästehaus. Erst nach der Reformation wurde das Kloster aufgegeben und verfiel fast völlig.

206 Kathedrale] Die Kirche, die St. Mary gewidmet war, wurde vor 1203 von den Benediktinern errichtet und in den folgenden Jahrhunderten mehrfach erweitert und umgebaut. 1499 wurde sie Sitz des Bishop of the Isles. Nach der Reformation verfiel sie und wurde erst im 20. Jahrhundert neu errichtet.

206 Diöcese »Iona«] Die Diözese Sodor wurde im 11. Jahrhundert von den Norwegern gegründet und umfasste die Hebrideninseln und ab 1152 die Isle of Man. Sie gehörte zur Erzdiözese Trondheim. 1266 fielen die Inseln zwar an Schottland, aber Kirchenfürst blieb der Erzbischof von Trondheim. Auch als die Isle of Man 1334 unter die Oberhoheit des englischen Königs fiel, blieb die norwegische Kirchenherrschaft erhalten. Erst 1458 kam es zu einer kirchenrechtlichen Neuordnung. Die Isle of Man behielt den Namen Sodor, und die Hebriden bildeten die neue Diocese of the Isles. Der Sitz des Bischofs war zunächst auf der Insel Skye. Um 1500 wurde das Bischofsamt mit dem des Abtes von Iona vereinigt, und der Sitz der Diözese wurde Iona. Iona war aber keine eigenständige Diözese, wie Fontane suggeriert.

206 puritanischer Volkshaufen] Die Reformation brachte das Ende der klösterlichen Lebensweise auf Iona, denn dem allgemeinen Aufruf, die katholischen Klöster zu zerstören und alle Bildwerke zu vernichten, folgte man 1560 auch auf Iona. Die Abtei wurde geplündert und schwer beschädigt. Am Ende des Jahrhunderts war sie weitgehend zerfallen.

206 Gibbon *[…]* edirt werden könne] Vgl. Jamieson 1811, S. 235 und 309. Zum Schicksal der Bibliothek von Iona vgl. ebd., S. 302–322.

207 aufgeschwatzt werden soll] Der Stilmix ergibt sich aus den zahlreichen Umbauphasen, die die Kathedrale von 1200 bis ins 15. Jahrhundert durchlief.

207 Begräbnißplatz] Im Altarraum begraben zu werden, konnten sich nur hochrangige Clanführer leisten. Nicht alle Grabsteine, die in der Kirche zu sehen waren, befanden sich tatsächlich auch ursprünglich dort; einige davon hatte man zum Schutz vor den Elementen vom Reilig Òdhrain in das Gebäude gebracht.

207 Maclean von Roß] Fontane meint vermutlich Sir Hector Maclean, 2nd Baronet of Morvern. Dieser kämpfte als Clanchief in der

Schlacht von Inverkeithing 1651. Das Sprichwort prägte allerdings nicht allein seine Tapferkeit, sondern die seiner Verteidiger, die sich einer nach dem anderen schützend vor ihren Chief stellten, angeblich dabei »Another for Hector!« riefen und sich für sein Überleben opferten. Diese Aussage wurde sprichwörtlich, auch wenn Hector schließlich doch fiel. Das Grab ist aber nicht das von Hector Maclean, sondern es wurde zur Zeit von Fontanes Besuch Neil of the Ross zugeschrieben, einem Vorfahren von Hector, der im späten 15. Jahrhundert lebte; vgl. Alexander 1852, Teil Iona, S. 187.

207 »Eisenschwertskinder«] Die MacLeans of Ross, die auf der Halbinsel Ross of Mull lebten, trugen die Bezeichnung Race of the Iron Sword, weil sie besonders mutig und kriegerisch waren. Diese Bezeichnung war aber wohl schon vor 1651 gebräuchlich, geht also nicht auf Sir Hector Maclean zurück.

207 Schiffsabbildungen] Diese Schiffe weisen auf die skandinavische Vergangenheit der Hebriden hin, denn die dargestellten Schiffe sind Wikingerschiffe.

207 wie mit Recht bemerkt worden ist] So in Black's Picturesque 1857, S. 471. Fontane übersetzt im Folgenden wörtlich die Beschreibungen der Steinmetzarbeiten auf dem Grabstein aus dem Reiseführer.

208 römisch-katholischen Zeit] Hier nur die Zeit vor dem Einzug der Benediktinermönche zu Beginn des 13. Jahrhunderts.

208 siebenten bis zum eilften] 597 war St. Columba gestorben. Ab 750 wurden seine Reliquien in einem eigens dafür errichteten Schrein aufbewahrt und lockten zahlreiche Pilger an, bis man sie 849 nach mehreren Wikingerüberfällen nach Dunkeld und Kells in Sicherheit brachte. Trotz der wiederholten Überfälle blieben einige Mönche auf der heiligen Insel. Auch Ende des 11. Jahrhunderts ist noch ein Abt verzeichnet. Viele der Grabplatten stammen aus dieser Zeit und belegen, dass Iona noch immer als Begräbnisstätte für hochrangige Verstorbene genutzt wurde.

208 60 Fuß lang und 26 breit] Im Reiseführer lautet die Größenangabe 60 x 20 Fuß (Black's Picturesque 1857, S. 468). So steht es auch noch in J^{26}. Im Buch sind dann 26 Fuß daraus geworden; möglicherweise hat sich der Setzer verlesen.

208 »Macleanskreuz« und »St. Martinskreuz«] Ursprünglich gab es drei Hochkreuze (St. John's, St. Matthew's und St. Martin's), die vor dem Westzugang der Kathedrale standen, und ein viertes (St. Oran's) auf dem Friedhof. Sie wiesen möglicherweise anfänglich den Pilgern den Weg zu Columbas Schrein in der Abtei. Einzig das St. Martinskreuz steht noch an seinem alten Standort. Es besteht

aus nur einem Stein und entstand zwischen 750 und 800. Das Maclean's Cross, das seinen Namen vermutlich von einem Clanchief erhielt, der es zur Erinnerung an einen MacLean of Duart in Auftrag gab, steht am Pilgerweg zwischen dem Nonnen- und dem Mönchskloster. Es stammt aus dem späten 15. Jahrhundert.

208 Ueberbleibsel von den 360 Kreuzen] Diese Hochkreuze wurden nach einem Synodenbeschluss der Grafschaft Argyle im Rahmen der Reformation zerstört: »Of three hundred and sixty crosses said to have been standing, only three were left. Some were thrown into the sea, many carried away, and to this day some are to be seen as gravestones in every churchyard in Mull and the surrounding islands.« (New Statistical Account, Bd. 7, Teil Argyle, S. 326.) Es ist anzunehmen, dass Fontane bei seinen Schilderungen auf diesen sehr verbreiteten Bericht zurückgegriffen hat oder auf eine andere Quelle, die das tat.

208 Inverary und Campbleton] Das Kreuz in Inveraray steht in der Nähe des Hafens und stammt aus dem 15. Jahrhundert. Ursprünglich war es ein Grabkreuz, wurde dann aber von der Stadt Inveraray als Marktkreuz genutzt. Dass es tatsächlich aus Iona stammt, ist nicht belegt. Das Kreuz in Campbeltown entstand nach 1425. Es ist über drei Meter hoch und wurde ebenfalls als Marktkreuz genutzt. Einige Figuren des Kreuzes wurden während der Reformation entfernt. Es stand 1680 bis 1939 im Zentrum der Stadt und wurde nach dem Zweiten Weltkrieg in der Nähe des Hafens wieder aufgestellt. Aufgrund der Motivik des Kreuzes lässt sich belegen, dass es tatsächlich auf der Insel Iona hergestellt wurde. Von beiden Kreuzen ist nicht überliefert, dass das Meer sie angespült habe.

209 neuerdings *[...]* gesäubert] Das über vier Meter hohe Kreuz entstand im 8. Jahrhundert. Abgebildet sind Maria mit dem Jesuskind, Daniel in der Löwengrube, Abraham, der seinen Sohn Isaak opfern will, David mit der Harfe und schließlich David und Goliath. Fontanes Fehlinterpretationen einiger Darstellungen mögen darauf zurückgehen, dass das Kreuz bereits sehr verwittert und die Figuren nicht mehr klar zu erkennen waren.

209 Exhortation] Ermahnung, Erbauung. Fontane meint hier wohl die Szene mit Abraham und Isaak. Abraham hat bereits das Schwert erhoben, um seinen Sohn zu opfern.

209 Das Macleanskreuz gilt für älter] Das Maclean's Cross ist deutlich jünger als das St. Martin's Cross, denn es stammt aus dem 15. Jahrhundert. Es ist über drei Meter hoch, zeigt auf der Westseite die Kreuzigung Jesu und ist auf der Ostseite mit Tierdarstellungen geschmückt. Am Fuß des Kreuzes ist ein bewaffneter Reiter dar-

gestellt, möglicherweise der Chief des Clans MacLean, an den das Kreuz erinnern sollte, oder die Person, die das Kreuz in Auftrag gab. Fontanes Aussage, das Kreuz sei älter und stamme aus der Zeit der Culdees, ist also falsch.

209 »Reilig Ourain«] Man nimmt an, dass Oran (Òdhrain) ein Cousin von Columba war und einer der zwölf Gefährten, die mit ihm von Irland nach Iona kamen. Der Begriff reilic stammt aus dem Irischen und bezieht sich auf das lateinische reliquiae, also Begräbnisplatz.

209 Dechanten Munro] Donald Monro, Geistlicher und Verfasser einer »Description of the Western Isles of Scotland, called the Hybrides« (1549), die eine erste Bestandsaufnahme der Verhältnisse auf den Hebriden bot. Fontane gibt an, Monro habe um 1590 auf Iona gelebt und um 1594 die von ihm zitierte Passage geschrieben. Diese falsche Jahreszahl stammt vermutlich aus der Ausgabe der »Descriptions« im Verlag Wylie (Glasgow 1818); hier wird als Jahr der Reise 1594 genannt. In der Ausgabe von 1774 ist korrekt 1549 als Entstehungszeit angegeben. Für die Behauptung, dass Monro auf Iona gelebt habe, sind keine Belege zu finden; woher Fontanes Information stammt, ist unklar. Monros Beschreibung der Insel Iona und des Friedhofs findet sich unter der Nummer 88 »Colmkill« (Monro 1774, S. 19–21; in der Ausgabe von 1818, S. 127 f.) Die Ausgabe von 1774 wurde allerdings nur in 50 Exemplaren gedruckt; es ist anzunehmen, dass Fontane auf ein Exemplar von 1818 zurückgegriffen hat. Allerdings lässt sich eine Unstimmigkeit feststellen: Während Fontane behauptet, es sei nicht überliefert, wie viele norwegische Könige auf Iona begraben seien, gibt Monro an: »[…] ther layes eight kings of Norroway« (Monro 1774, S. 20). Ansonsten stimmt Fontanes Übertragung mit dem Text von 1774/1818 überein, auch wenn er mitunter sehr frei übersetzt hat.

210 Tumulus Regum Scotiae] (Lat.) Grabhügel der schottischen Könige.

210 Das spricht dafür *[…]* zu finden] Ergänzung Fontanes, die sich im Original nicht findet.

210 aus welcher Zeit] Diese Frage ist auch heute nicht geklärt.

211 48 schottische Könige] Fontane bezieht sich hier auf die Aussage von Monro von 1549, die 48 schottische, acht norwegische und vier irische Könige verzeichnet. Auch wenn die genaue Zahl nicht feststeht, ist unstrittig, dass in Iona Könige begraben wurden. Kenneth MacAlpin war 858 angeblich der erste König, 1057 soll auch Macbeth auf Iona bestattet worden sein. Lediglich Constantine II. (St. Andrews) und Malcolm III. Canmore (Dunfermline) sind der

Überlieferung zufolge nicht dort beigesetzt. Der letzte schottische König, der auf Iona begraben wurde, war angeblich Malcolms Bruder Donald III., dessen sterbliche Überreste zunächst in Dunkeld oder Dunfermline beigesetzt, dann aber nach Iona gebracht wurden. Welche Könige tatsächlich in Iona ihre letzte Ruhestätte fanden, ist bis heute umstritten.

211 wie ein gesegnetes Blatt auf der Sündfluth] Eine Vorhersage über das Weltende besagte, dass sieben Jahre vor demselben eine große Flut die Welt überspüle, Iona aber auf dieser Flut schwimmen werde.

212 in Macbeth] Vgl. Shakespeares »Macbeth«, Akt II, Szene 4. Ob Duncan tatsächlich dort begraben, ob er erst später dorthin umgebettet wurde oder ob er überhaupt dort bestattet ist, ist bis heute ungeklärt.

XXV. Von Oban bis zum Loch Lomond. – Rückkehr nach Edinburg

213 zweimal wöchentlich] Die »Pioneer« fuhr dreimal wöchentlich, dienstags, donnerstags und samstags, nach Staffa und Iona.

214 die alte Waschfrau (keine Chamisso'sche)] Fontane bezieht sich auf Adelbert von Chamissos zwei Gedichte »Die alte Waschfrau« (1833) und »Zweites Lied von der alten Waschfrau« (1838), die eine besonders hart arbeitende, bescheidene und genügsame alte Frau darstellen.

214 eine enorme Summe] Fontanes Reiseführer gibt den Preis für eine Übernachtung in einem teuren Hotel mit drei bis vier Shilling an (Black's Picturesque 1857, S. xv). Für zwei Nächte und zwei Personen wären also in einem hervorragenden Hotel in Edinburgh oder Glasgow etwa 16 Shilling zu zahlen gewesen. Da Lepel und Fontane sich aber ein Zimmer teilten und dieses nicht im Hotel, sondern in einem Hinterhaus war, ist der Preis in der Tat sehr hoch.

214 Sovereign] 1-Pfund-Münze.

214 kurischen Küste ein Edelmann] Angeblich ließ Baron Otto Reinhold Ludwig von Ungern-Sternberg, der ein Gut auf der estnischen Insel Hiiumaa besaß, in stürmischen Nächten falsche Leuchtfeuer anzünden, um auf diese Weise die Havarie von Schiffen herbeizuführen, sein Strandrecht geltend zu machen und sie zu plündern. Als man die Leiche eines ermordeten Kapitäns fand, kam es zum Prozess wegen Mordes und Piraterie. Ungern-Sternberg wurde des Mordes schuldig gesprochen und 1803 nach Sibirien verbannt. Obwohl man ihm Piraterie nicht nachweisen konnte, galt der Baron als Mörder und Pirat.

214 Strandrecht] Küstenbewohner, die ein gestrandetes Schiff oder über Bord geworfene und angespülte Güter am Strand fanden, hatten das Recht, sie sich anzueignen.

215 Sir Colin Campbel, der jetzige Lord Clyde] Vgl. Anm. zu S. 161 »Krimkrieg *[…]* Balaklawa *[…]* Sir Colin Campbell]«. Dass er in dem Häuschen geboren sei, scheint eine Fehlinformation zu sein, denn andere Quellen geben 63 John St. in Glasgow an.

215 Sein Vater, ein Zimmermann] Der Vater, John Macliver, war Zimmermann oder Tischler. Die Mutter war eine Campbell, so dass Colin Campbell adliger Abstammung war. Der Vater starb am 22. Dezember 1858 – also im Winter nach Fontanes Reise – mit 92 Jahren in Granton.

215 Crinankanal] Der Crinan Canal verbindet den gleichnamigen Ort im Sound of Jura an der schottischen Westküste mit Ardrishaig im Loch Gilp. Er wurde zwischen 1795 und 1809 erbaut, aber schon 1801 eröffnet, und ist 14 km lang. Er verkürzte den Seeweg von den abgelegenen Regionen der Westküste in die aufstrebende Industriestadt Glasgow und ihr Umland, da die Schiffe nun nicht mehr ganz um die Halbinsel Kintrye herumfahren mussten, sondern den kürzeren Weg um die Insel Bute in den Firth of Clyde nehmen konnten. Vor allem die Südspitze, der Mull of Kintyre, war bei stürmischem Wetter sehr gefährlich. Da der Kanal nur von kleinen Booten befahren werden konnte, die Dampfschiffe aber immer größer wurden, wurden ab 1839 kleine Kanalboote eingesetzt, auf welche die Fracht für die Fahrt durch den Kanal umgeladen wurde. An den Endpunkten des Kanals übernahmen dann wieder Dampfschiffe die Fracht. Diese Kanalboote wurden von Pferden getreidelt. Seit Queen Victoria 1847 auf ihrer Sommerreise durch den Kanal an die Westküste gefahren war, vermarkteten Dampfschifffahrtsgesellschaften den Kanal als Beginn der sogenannten Royal Route durch Schottland, und in jedem Jahr folgten zehntausende Touristen den Spuren Victorias. Erst 1866 wurde ein Dampfschiff für den Touristentransport eingesetzt.

215 zwölf deutsche Meilen] Die deutsche geographische Meile entspricht 7,42 km. Tatsächlich ist die Halbinsel gut 100 km lang.

216 Treckschuite] Auf dem Kanal waren die beiden von Pferden getreidelten Kanalboote »Maid of Perth« und »Sunbeam« unterwegs, die David Hutcheson gehörten. Fontane fuhr mit der »Sunbeam« (vgl. GBA-Tagebücher, Bd. 1, S. 344). Die Anschlussstrecke Ardrishaig nach Glasgow fuhr die »Iona«.

216 ächtes Londoner Vollblut aus Clerkenwell und St. Giles] Clerkenwell war ein Stadtteil im nördlichen London, ehemals ein beliebter Wohnort der Adligen, weil er wenige Kilometer vor den

Stadttoren Londons im Grünen lag. In den 1850er Jahren wohnten hier viele Italiener und brachten dem Stadtteil den Namen Little Italy ein. Der Stadtteil St. Giles war im 19. Jahrhundert stark heruntergekommen, die Bewohner verelendet. Er wurde wegen der vielen irischen Einwohner Little Ireland genannt.

217 Adlerfeder] Dass der Clanchief durch eine Adlerfeder kenntlich sei, erwähnt Scott in »Marmion« (Canto V, Abschnitt 5; Scott–Poetical Works, Bd. 2, S. 124).

217 Londoner Gardeoffiziere] Vgl. Anm. zu S. 164 »Garde-Offiziere«. Möglicherweise gehörte er den Scots Guards an. Aus den Reihen dieses Regiments rekrutierten sich u. a. die Queen's Guards, die die königliche Familie und ihre Paläste bewachten.

217 dänischer Abstammung *[…]*, wahrscheinlich ein Macleod] Vgl. Anm. zu S. 217 »drei Hauptgruppen«. Einer der MacLeod-Tartans hat drei breite schwarze und einen dünnen roten Streifen auf gelbem Grund.

217 eigenthümlich schottische Jagdtasche] Der Sporran. Da der Kilt keine Taschen hat, werden Gegenstände des alltäglichen Gebrauchs im Sporran verstaut, der an Riemen um die Hüfte getragen wird.

217 Fangmesser] Der Sgain Dhub, ein kleiner Dolch, der in den Strumpf gesteckt wird, wobei der verzierte Griff sichtbar bleibt.

217 drei Hauptgruppen] Diese Erklärung findet sich fast wörtlich in Pierer[4], Bd. 17 (1863), S. 261. Allerdings handelt es sich dabei um einen Fehlschluss: Die Farbigkeit der Stoffe hatte etwas mit dem Wohlstand des Besitzers zu tun. Die arme Bevölkerung trug einfarbige Kilts oder Plaids. Nur die Reichen konnten sich aufwändig gemusterte Tuche leisten. Die Zuschreibung bestimmter Tartans zu einem bestimmten Clan wurde vermutlich erst im 18. Jahrhundert vorgenommen, als das Verbot, Tartan zu tragen, in Schottland wieder aufgehoben und der Stoff zum Ausdruck schottischer Nationalidentität wurde. Da der Wollstoff bis ins 19. Jahrhundert hinein aber von Webern vor Ort gefertigt wurde, verwendete man zum Einfärben der Wolle Naturfarben, die regional verfügbar waren, so dass sich mitunter bestimmte Muster für verschiedene geographische Regionen ergaben. Das änderte sich nach der Entwicklung chemischer Färbeverfahren. Erst Mitte des 19. Jahrhunderts setzte sich die enge Verbindung zwischen Clan und Tartan durch; daraufhin wurde den verwendeten Farben eine Bedeutung zugeschrieben.

218 Royal Blue's] Fontane meint vermutlich die Royal Horse Guards Blue, die aufgrund der Uniformfarbe die Bezeichnung »The Blues« trugen. Sie gehörten ab 1820 zum königlichen Haushalt

und wurden von George IV. gern bei repräsentativen Anlässen wie Paraden, Staatsempfängen oder Bestattungen eingesetzt, kämpften aber z. B. auch im Krimkrieg. Sie hatten eines ihrer Quartiere in Windsor Castle.

218 Pallasch] Kavalleriesäbel.

219 Dumbarton *[...]* Unionsakte] Vgl. Anm. zu S. 25 »Union *[...]* Personal-Union«. Gemäß der Unionsakte waren die Burgen Blackness, Dumbarton, Edinburgh und Stirling als Garnisonen der britischen Armee bemannt zu halten.

219 Mr. Tait *[...]* Armen- und Rettungshause] Es gibt keine Belege für die Existenz eines Armenhauses in Melrose.

219 Temperanzprediger] Vgl. Anm. zu S. 77 »Temperanz-Prediger«.

220 mit in der Krim gewesen, bei Inkermann] Die Schlacht bei Inkerman fand am 5. November 1854 während des Krimkriegs zwischen den Armeen Großbritanniens und Frankreichs und der russischen Armee statt.

220 Romane von Currer Bell] Charlotte Brontë veröffentlichte ihre Romane unter dem männlichen Pseudonym Currer Bell, das sie auch beibehielt, nachdem ihre Identität als Autorin gelüftet worden war.

220 Geschichtskapitel aus Macauley] Thomas Babington Macaulay war ein britischer Historiker, der vielgelesene und beliebte Bücher über die britische Geschichte verfasste. 1848 erschien seine fünfbändige »History of England from the Accession of James the Second«, die die Jahre von 1685 bis 1702 behandelt. Seine lebendige Art der Geschichtsaufbereitung schätzte auch Fontane (vgl. seine Rezension zu einem Geschichtswerk über die Mark Brandenburg; NFA, Bd. 19, S. 777). Seinen Tagebucheinträgen der Jahre 1856/57 lässt sich entnehmen, dass er während seines Englandaufenthaltes viel in Macaulays Geschichte gelesen hat (am 27. Juni 1856 z. B. »über den Argyle-Aufstand in Schottland«; GBA-Tagebücher, Bd. 1, S. 134).

220 an Bord des »Mac Gregor«] Den Loch Lomond befuhren drei Schiffe: die »Queen Victoria«, die »Prince Albert« und seit Juli 1858 die neugebaute »Prince of Wales«. Ein Schiff mit dem Namen »MacGregor« fuhr niemals dort. Möglicherweise verwechselt Fontane es mit der »Rob Roy«, mit der er über den Loch Katrine befördert wurde. Die Fahrt begann auch nicht um zehn Uhr, sondern bereits kurz vor neun. Um 11.30 Uhr erreichte das Schiff dann Head of Loch Lomond und fuhr um 16 Uhr wieder zurück, genug Zeit also für den Spaziergang (S. 221).

220 Hütte *[...]* Höhle] Die vermeintliche spanische Muskete von Rob Roy wurde in einer Hütte ausgestellt, die im Tal zwischen dem Loch Katrine und dem Loch Lomond lag, wo eine angebliche Verwandte

sie interessierten Touristen zeigte (vgl. Black's Picturesque 1857, S. 233). Rob Roys Cave liegt nördlich von Inversnaid am Ufer des Sees und ist vom Wasser aus gut zu sehen; sie wurde angeblich von Rob Roy MacGregor als Versteck genutzt.

221 »der König der Seen«] Walter Scott hatte den See einmal als »Queen of Scottish Lakes« bezeichnet.

221 inselreiche See] Auch der Reiseführer beschreibt ihn als »lake full of islands« (Black's Picturesque 1857, S. 235). Der See hat bei normalem Wasserstand über dreißig Inseln.

221 bis 3000 Fuß] Der Ben Lomond ist der höchste Berg dort und misst 3196 Fuß (974 m). Es gibt aber mehr als ein Dutzend weitere Berge in der Region, die über 3000 Fuß hoch sind.

221 ächte Tochter Erins] Lateinisierte Form des gälischen Names für Irland. Ob Fontane in Arabella Fitzpatrick ein Porträt der irischen Dichterin Lady Sydney Morgan zeichnet, die mit Thomas Moore befreundet war und sich selbst als »Daughter of Erin« vermarktete, diskutieren Sagarra/Tanzer 2000, S. 79 f.

222 Thomas Moore] Die Werke des irischen Dichters erfreuten sich Anfang des 19. Jahrhunderts großer Beliebtheit, sein Name wurde in einem Atemzug mit dem Byrons gennant. Er galt als irischer Nationaldichter, vor allem wegen seiner zehnbändigen romantischen Lied- und Balladensammlung »Irish Melodies«, die zwischen 1808 und 1834 erschien. Viele seiner Gedichte wurden vertont und verbreiteten sich in ganz Großbritannien. Er ging damit sogar auf Tournee. Moore war 1852 gestorben, erst gegen Ende des Jahrhunderts schwand sein Ruhm. Vgl. zur Rezeption Moores in Deutschland Bourke 2000.

222 Erin, thy silent tear] Letzte Strophe von Thomas Moores Gedicht »Erin! The Tear and the Smile in Thine Eyes«.

223 Impromptu] (Frz.) Spontan ausgedachter geistvoller Vers oder Witz. In der Musik sind Franz Schuberts Impromptus für Klavier aus dem Jahr 1827 bekannt.

224 alte Vogelflinte Rob Roy's] Vgl. Anm. zu S. 220 »Hütte *[...]* Höhle«.

224 dreihundert Fuß hohen Fabrikschornsteine] Der höchste Schornstein und damit tatsächlich ein Wahrzeichen der Stadt war der Schornstein der Firma Tennant, der in vielen deutschen Reiseberichten mal als Wunderwerk der Technik, mal als abschreckendes Mahnmal beschrieben wird. Fanny Lewald besichtigte im Rahmen ihrer Reise die Firma (Lewald 1851/52, Bd. 2, S. 494 f.), berichtet auch über den 1842 gebauten Schornstein und erklärt den Grund für dessen Höhe von 435 Fuß (130 m). Er war einer von mehreren, die zu der weitläufigen Chemiefabrik gehörten.

225 Falkirk und seinen Schlachtfeldern] Vgl. Anm. zu S. 120 »Falkirk«.

[Lochleven-Castle]

225 Michael Bruce's] Der Name des Dichters fällt im Reiseführer mit dem Hinweis, dass dieser in der Nähe von Kinross geboren worden sei (Black's Picturesque 1857, S. 162). Sein bekanntestes Gedicht wird dort allerdings nicht zitiert, wohl aber in den älteren Ausgaben (etwa 1842 und 1845). Auch andere Reiseführer und -berichte aus dem 19. Jahrhundert geben es wieder. Es trägt den Titel »Lochleven. A Poem« (1766) und umfasst 24 Druckseiten. Bruce erinnert sich darin an die Landschaft seiner Kindheit. Dabei fällt auf, dass er nicht erwähnt, dass das im Gedicht beschriebene Schloss dasselbe ist, in dem Maria Stuart gefangen war. Die von Fontane zitierten Verse aus dem letzten Teil des Gedichts lauten im Original: »No more the glance / Of blazing taper through its windows beams, / And quivers on the undulating wave:/But naked stand the melancholy walls, / Lash'd by the wintry tempests, cold and bleak, / That whistle mournful through the empty halls, / And piecemeal crumble down the towers to dust.« (Bruce 1837, S. 201.) Der völlig verarmte und deshalb gesundheitlich geschwächte Lehrer Bruce starb bereits im Alter von 21 Jahren.

225 fast ein Jahr lang] Vgl. Anm. zu S. 17 »Gefangenschaft in Schloß Lochleven«.

225 unheilvollen Flucht] Maria Stuart floh 1568 zu Elizabeth I. nach England, die eine Kusine ihres Vaters war und von der sie sich Unterstützung gegen die aufständischen schottischen Adligen erhoffte. Elizabeth ließ sie aber verhaften, da sie ihren berechtigten Anspruch auf den englischen Thron fürchtete. Als Grund für die Festnahme gab sie den Verdacht der Mittäterschaft bei Darnleys Ermordung an. Maria blieb bis zu ihrer Hinrichtung 1587 wegen Hochverrats an der englischen Königin die Gefangene Elizabeths, ohne ihr in dieser Zeit jemals gegenübergestellt zu werden.

225 Verheiratung mit Bothwell] Vgl. Anm. zu S. 21 »dem Bothwell die Hand reichte *[...]* das stürzte sie«.

225 Halbbruder] James Stewart, 1st Earl of Moray, war ein illegitimer Sohn von James V. und Lady Margaret Erskine und übernahm ab 1567 bis zur seiner Ermordung 1570 die Regentschaft für den minderjährigen James VI. (vgl. auch Fontanes Balladenübersetzung von 1853 nach Percys Sammlung »Lord Murray«). Zur Zeit der Schlacht von Carberry Hill hielt er sich aber noch in Frankreich auf. Möglicherweise verwechselt Fontane ihn mit James Douglas, 4th Earl of Morton, der in Carberry auf der Seite der aufständischen Lords stand, 1572 bis 1579 Regent von Schottland war und danach einige Zeit in Lochleven Castle lebte.

225 Camberry-Hill] Korrekt: Carberry Hill. Vgl. Anm. zu S. 60 »Carberry-Hill«.

226 Entrepreneurs] (Frz.) Unternehmer.

226 ist uns lieber] Fontane hielt sich durchaus an die übliche touristische Reiseroute; »für uns selber« haben die Freunde tatsächlich nur Loch Leven und vielleicht noch Linlithgow, das zwar in vielen Reiseberichten erwähnt, aber nur selten beschrieben wird.

226 An demselben Tage] Die Strecke wurde am 20. August 1858 eröffnet. Fontane und Lepel fuhren zwei Tage später zum Lochleven.

227 Wir brachen Früh auf] Der Zug startete um 10 Uhr in Edinburgh und war um 13 Uhr in Kinross. Im Tagebuch notiert Fontane: »Um 6 zurück.« (GBA-Tagebücher, Bd. 1, S. 344.) Ob er damit die Ankunft in Edinburgh meint – dann hätten die beiden nur knapp zwei Stunden für Mittagessen und Schlossbesichtigung gehabt, denn der Zug fuhr um 14.50 Uhr bereits zurück – oder ob er meint, dass man den Zug um 18 Uhr genommen habe, der kurz vor neun in Edinburgh eintraf, ist unklar.

227 drei bis vier Stunden /…/ fünf deutsche Meilen] Die Fahrt dauerte drei Stunden. Die deutsche geographische Meile entspricht 7,42 km, die Strecke also knapp 40 km.

227 Ballade von »Sir Patrick Spens«] Zwei Verse finden sich im Reiseführer (Black's Picturesque 1857, S. 86), auch dort bei der Beschreibung von Dunfermline. Fontane kennt das Gedicht aber aus Scotts »Minstrelsy of the Scottish Border« (Scott–Minstrelsy, Bd. 3, S. 60 bis 71). Auch in Percys »Reliques« (Percy 1765, Bd. 1, S. 71–73) ist es enthalten. Eine Übersetzung dieser Version nimmt Herder in seine »Stimmen der Völker in Liedern« auf. Bei Percy hat die Ballade nur elf Strophen, während es in Scotts Fassung 26 sind. Bei Percy fehlen die Strophen, die den Zweck der Seereise verdeutlichen, nämlich die Abholung der Tochter des norwegischen Königs. Die Information, es handle sich um eine der ältesten Balladen, übernimt Fontane von Scott, der anmerkt, »that the song has claim to high antiquity, as referring to a very remote period in Scottish history.« (Scott–Minstrelsy, Bd. 3, S. 60.) Fontane beschränkt sich hier auf die erste sowie die vor- und drittletzte Strophe, hatte aber bereits 1852 eine vollständige Übersetzung der Version bei Percy angefertigt, die 1854 in der »Argo«, mit seinem ausführlichen Kommentar versehen, erschienen war.

228 dem Könige] Scott nimmt an, dass es sich bei dem König um Alexander III. handelt, stellt allerdings fest, dass er für das in der Ballade geschilderte Ereignis kein genaues Vorbild in der schottischen Geschichte habe finden können (Scott–Minstrelsy, Bd. 3, S. 62).

228 gegen die Dänen] Fontane erinnert sich hier falsch, denn es geht nicht um einen Seezug gegen die Dänen, sondern um die Abholung einer Prinzessin (möglicherweise Margaret Maid of Noway) in Norwegen.

228 North-Queens-Ferry] North und South Queensfery sind die beiden Verbindungshäfen für die Fähre über den Forth. Angeblich ist diese Fähre um 1068 auf Wunsch von Margaret of Wessex eingerichtet worden. Die Frau Malcolms III. wollte damit Pilgern die Reise nach St. Andrews erleichtern. Auch die Königin soll die Fähre regelmäßig benutzt haben, wenn sie von Dunfermline nach Edinburgh Castle reiste, deshalb erhielt sie ihren Namen: Queen's Ferry. Erst 1883 begann man mit den Bauarbeiten an einer Eisenbahnbrücke, 1964 kam eine Brücke für den Autoverkehr hinzu, und die Fähre stellte den Betrieb ein.

228 eine der ältesten Städte Schottlands] Obwohl sie bereits im Neolithikum besiedelt war, wird die Stadt erstmals im 11. Jahrhundert urkundlich erwähnt, als Malcolm III. zwischen 1068 und 1070 dort Margaret of Wessex heiratete. Sie ließ aus einer kleinen Kapelle der Culdees eine Kirche für die Benediktiner bauen, die 1128 zur Abtei erweitert wurde. Einige schottische Könige sind hier begraben, darunter Robert the Bruce, was die große Bedeutung der Stadt für die schottischen Könige verdeutlicht. Bis ins 17. Jahrhundert war die Stadt neben Perth eine der königlichen Hauptstädte und beliebter Aufenthalt der Monarchen; vgl. dazu auch Scott–Minstrelsy, Bd. 3, S. 62.

228 Malcolm Canmore] Vgl. Anm. zu S. 193 »Malcolm Canmore und Robert Bruce«. Malcolm machte Dunfermline zu seinem Hauptwohnsitz. Er erbaute in der Mitte des 12. Jahrhunderts den heute so genannten Malcolm's Tower, dieser gab möglicherweise der Stadt den Namen, denn: »Dun-fiar-linne or loin will mean, The Castle upon the crooked or curved pool or winding stream.« (New Statistical Account 1845, Bd. 9, Teil Fife, S. 822.) Unweit davon sollte der Königspalast entstehen. Die Nähe zur alten Culdees-Kapelle, die unter den Benediktinern zu einem neuen katholischen Machtzentrum wurde, machte Dunfermline zu einem Mittelpunkt nicht nur kirchlicher, sondern auch politischer Macht, zumal der Hofstaat und der Adel dem König in die neue Hauptstadt folgten.

228 Campo Santo] (Ital.: heiliges Feld) Friedhof.

228 Könige vor 1017] Vgl. das Kapitel »Iona« und den Stellenkommentar dazu.

229 1818 */…/* 1329] Die Beschreibung basiert auf Black's Picturesque 1857, S. 89. Am 17. Februar 1818 fanden Bauarbeiter das Grab von

Bruce im ehemaligen Ostchor der Abtei, wo der Altar gestanden hatte. Die alabasterne vergoldete Grabplatte, die in Paris gefertigt worden war, war während der Reformation am 28. März 1560 bis auf wenige erhaltene Fragmente zerstört worden. Im Folgenden wurden die sterblichen Überreste genau untersucht und die Länge des Skeletts mit 1,80 m gemessen. Man gibt die Größe des Königs mit 1,86 m an, er war damit nach mittelalterlichen Maßstäben tatsächlich sehr groß. Der König wurde in einen neuen Sarg umgebettet und am 5. November 1819 in Dunfermline Abbey erneut begraben.

229 Karl Stuart] Charles I. wurde am 19. November 1600 im königlichen Palast von Dunfermline geboren, aber nach der Vereinigung der Kronen 1603 in England erzogen. Der Palast war zur Zeit von Fontanes Besuch verfallen. Über Charles I. hatte Fontane in den 1840er Jahren ein Drama schreiben wollen (vgl. GBA-Gedichte, Bd. 3, S. 407–431, mit Kommentar, S. 571–578).

229 Lachsforellen] Diese Spezialität wird auch im Reiseführer erwähnt (Black's Picturesque 1857, S. 162). Von ihnen wird auch noch Gordon Leslie in »Cécile« schwärmen, wenn er an Maria Stuart und seine schottische Heimat denkt (GBA-Erz. Werk, Bd. 9, S. 72 f.; vgl. auch Nürnberger 1997). Diese Forellenart (salmo trutta levensis) zeichnet sich durch größere Rückenflossen, einen schlankeren Körper und eine deutliche schwarze Punktung aus; rote Punkte fehlen ihr.

229 Salutation-Inn] Der »New Statistical Account« von 1845 verzeichnet »An inferior, but respectable inn, called the Salutation, near the middle of the town« (New Statistical Account 1845, Bd. 9, Teil Kinross, S. 28). In Adressbüchern und auf einer Karte von 1854 findet es sich als Salutation Hotel in der Nähe des Marktplatzes (später High Street). Von dort sind es nur knapp 500 m bis zum Bootsanleger.

229 in das Boot] Dieses Boot hatte der Fremdenführer Mr. Marshall selbst angeschafft, wie der »Fife Herald« am 13. Mai 1858 berichtete: »On Friday last, Mr Marshall, tacksman of Lochleven, launched a new boat, named the ›Willie Douglas,‹ in commemoration of an episode in the eventful life of Queen Mary. Some time ago the ›Mary Stewart‹ was launched, so that tourists will thus learn that ample provision exists here for a visit to the far-famed Lochleven Castle.«

230 Trümmer eines alten Klosters] St. Serf's Inch Priory wurde 1150 als Augustinerkloster gegründet. Zuvor hatte sich auf der Insel vermutlich bereits seit Mitte des 9. Jahrhunderts ein Kloster der Culdees befunden. Die verbliebenen Mönche wurden aufgefor-

dert, entweder dem Augustinerorden beizutreten oder die Insel zu verlassen.

230 Ballade, die von dem Aufenthalt des Grafen Percy] Die Ballade »Northumberland betrayed by Douglas« findet sich in Percys »Reliques of Ancient English Poetry« (Percy 1765, Bd. 1, S. 257 bis 268). Fontane hatte sie unter dem Titel »Percys Tod« übersetzt und 1854, mit Anmerkungen versehen, in der »Argo« abgedruckt.

230 Rhapsoden von Kinroß] Mr. Marshall, der Fremdenführer, der so ausführlich Gedichte zu rezitieren weiß.

231 Die Douglas waren immer treu] Im Original: »The Douglasses were ever true,/And they can ne'er prove false to mee.« (Percy 1765, Bd. 1, S. 265.) Möglicherweise war diese Ballade die Grundlage für das beliebte Lied »Douglas, Douglas, tender and true« von Dinah Maria Craik, das um 1850 entstand.

231 1831 hat eine Canal-Anlage] Zwischen 1826 und 1836 wurde die Wasserhöhe im See um mehr als einen Meter abgesenkt; somit wurden die Inseln größer. Die Maßnahme hing mit der Kanalisierung des River Leven zusammen, der in geordnete Bahnen gelenkt werden sollte, um die anliegenden Industriebetriebe zuverlässig mit dem benötigten Wasser versorgen zu können. Ursprünglich füllte Lochleven Castle mit seinem Garten die Insel ganz aus.

232 runden Thurm] Zu Beginn ihrer Gefangenschaft war Maria Stuart im Glassin Tower untergebracht. Nachdem sie aber dort im ersten Monat nach ihrer Ankunft eine Fehlgeburt von Zwillingen hatte, brachte man sie in das komfortablere Tower House. Dort bezog sie ein Zimmer im dritten Stock.

232 Schmiedewerkstatt] In ihr schmiedet in Scotts Roman »The Abbot« (1820) Roland Græme die Schlüssel, die bei der Flucht Maria Stuarts zum Einsatz kommen. Tatsächlich befand sich dort wohl ein Raum für die Wasservorräte.

232 allerhand Zeichen] Darüber berichtet Scott in »The Abbot« (Kapitel 35; Scott-Abbot, S. 333 f.).

233 Verkleidung ihrer Waschfrau] Am 25. März 1568 unternahm Maria Stuart einen Fluchtversuch, indem sie die Kleidung mit der Waschfrau tauschte, die einmal in der Woche auf die Insel kam. Maria saß bereits im Boot, und die ersten Meter waren zurückgelegt, als der Ruderer versuchte, ihr den Schleier vom Gesicht zu nehmen, um ihr Gesicht zu betrachten. Maria griff danach, um ihn festzuhalten, und der Ruderer schöpfte Verdacht, als er ihre schneeweißen Hände sah, die eindeutig nicht die einer Waschfrau waren.

233 zu einem Bruch in der Douglas-Familie] Maria gelang es, Sir William Douglas' Bruder George auf ihre Seite zu ziehen, der sich für

sie einsetzte, ihre Flucht in der Kleidung der Waschfrau organisierte und deswegen von seiner Familie der Insel verwiesen wurde. Vom Festland aus bemühte er sich weiter, Marias Flucht vorzubereiten.

233 eine Hypothese] Die Hypothese ist tatsächlich falsch. Es gab einen Treppenaufgang aus Holz, der damals nicht erhalten war.

233 alten Lady Douglas] Das Schloss gehörte William Douglas, 6th Earl of Morton, der ein Sohn von Margaret Erskine, der ehemaligen Geliebten von James V., war und also der Halbbruder von Marias Halbbruder James, Earl of Moray. Die Oberaufsicht über Maria führte Lady Margaret selbst.

233 Willy Douglas] Der sechzehnjährige William Douglas war ein verwaister Verwandter. Ob er tatsächlich ein illegitimer Sohn von Sir William Douglas war, ist unklar, jedenfalls unterstützte er George Douglas bei der Organisation der Flucht.

234 Mary Seaton] Korrekt: Mary Seton. Vgl. Anm. zu S. 17 »Mary Fleming /…/ Mary Seaton«.

234 Reitern Lord Seatons] Tatsächlich wurde Maria am Ufer von George Douglas erwartet, der sie zum vereinbarten Treffpunkt mit George Seton, 7th Lord Seton, brachte. Gemeinsam führten sie die Königin zu dessen Besitz Niddry Castle, wo Maria eine Nacht blieb. Marias Kammerjungfer, Mary Seton, war seine Halbschwester.

234 Die Schlüssel aber] Vgl. dieselbe Information im Reiseführer (Black's Picturesque 1857, S. 162).

235 am 15. /…/ Langside] Fontane stellt die Ereignisse nicht korrekt dar: Die Schlacht von Langside fand am 15. Mai 1568 statt. Maria Stuart hatte sich eigentlich in die sicheren Mauern von Dumbarton Castle zurückziehen wollen, um dort auf eine weitere Verstärkung ihrer Truppen zu warten. Ihr Halbbruder, der für den minderjährigen James VI. die Regentschaft übernommen hatte, hatte indes seine Truppen in der Nähe von Langside zusammengezogen, um ihr den Weg abzuschneiden. Er positionierte seine Männer in der Stadt entlang der Straße, durch die Marias Armee ziehen musste, und begann den Beschuss. Nach einer Dreiviertelstunde mussten Marias Soldaten aufgeben. Die Königin konnte fliehen.

235 bezahlte seine Liebe] Richtig: Wie George Douglas begleitete auch Willie Maria Stuart nach England. Während George 1571 seinen Abschied nahm und nach Paris ging, blieb Willie bis zu ihrem Ende bei ihr. Sie bedachte ihn in ihrem Testament. Die romantische Geschichte von seinem Tod auf dem Schlachtfeld findet sich bereits in Fontanes Ballade »Der sterbende Douglas« von 1846 (GBA-Gedichte, Bd. 1, S. 125 f.).

235 in Carlisle den Boden Englands] Maria Stuart erreichte am 16. Mai in Workington England und war zwei Tage später in Carlisle, wo sie in Sicherheitsverwahrung genommen wurde.

[XXVI.] Melrose-Abbey

235 Und willst Du] Fontane präsentiert hier eine Nachdichtung aus Scotts »The Lay of the Last Minstrel« (Canto II, Abschnitt 1; Scott-Poetical Works, Bd. 1, S. 18) und macht dabei die schauerlich romantische Szenerie bei Scott zu einem sentimentalen Idyll (vgl. dazu Neuhaus 1996, S. 224 f.). Diese Verse über Melrose Abbey zogen unzählige Touristen in die alte Abtei. Nicht nur bei Fontane, sondern auch in vielen anderen deutschen Reiseberichten werden sie vor Ort deklamiert.

236 Das Tweed-Thal gilt an dieser Stelle] »The vale of the Tweed is everywhere fertile and beautiful« (Black's Picturesque 1857, S. 99).

236 zwischen 1136 und 1146 vom König David I. gegründet] Melrose wurde 1136 von David I., dem jüngsten Sohn von St. Margaret, gegründet, aber 1385 von der englischen Armee völlig zerstört. Was Fontane zu sehen bekam, waren die Reste des Neubaus. Vor der Gründung der Zisterzienser-Abtei von 1136 waren bereits vor 650 keltische Mönche in Melrose ansässig, die wenige Kilometer von der heutigen Ruine entfernt eine Niederlassung gründeten (Old Melrose). Sie kamen von der Isle of Iona. Zweihundert Jahre später wurde ihr Kloster zwar zerstört, Melrose blieb aber dennoch ein heiliger Ort. Den dreizehn Zisterziensern, die aus Yorkshire kamen, um die Abtei zu gründen, sagte der alte Standort nicht zu, und das neue Kloster entstand vier Kilometer vom bisherigen entfernt. 1146 war der Bau so weit vorangeschritten, dass die offizielle Einweihung gefeiert werden konnte. In den Kriegen mit England wurde die Abtei mehrfach zerstört, besonders gründlich 1385 von den Soldaten Richards II. Die Mönche beschlossen, das Gebäude völlig neu zu errichten, da nichts mehr zu retten war. Bis ins 16. Jahrhundert hinein wurde an der Abtei gearbeitet. 1544 wurde sie erneut von englischen Soldaten zerstört und 1560 nach der Reformation aufgegeben. Dennoch hielt die örtliche Gemeinde in den verfallenden Gebäuden Gottesdienste ab und nahm stabilisierende Baumaßnahmen vor, bis 1810 eine neue Kirche in der Stadt eröffnet wurde.

236 Abtei von Holyrood] Vgl. Anm. zu S. 15 »um 1150 *[…]* 350 Jahre später«.

236 Cisterzienser-Kloster] Der Zisterzienser-Orden wurde 1098 im französischen Citeaux gegründet und orientierte sich an den strengen Regeln St. Benedikts, der Armut und harte Arbeit zur obersten Leitlinie mönchischen Lebens erklärt hatte. Die Klöster sollten abgelegen sein und von Laienbrüdern bewirtschaftet werden, während die Mönche ihr Leben allein dem Gebet widmeten. In Schottland wurden neun Zisterzienser-Klöster errichtet, das letzte 1273. Die zunehmende Prachtentfaltung der Klostergebäude in Melrose ist ein deutlicher Hinweis darauf, dass man sich von Benedikts Armutsregel immer mehr entfernte.

236 Klostergebäude] Von den eigentlichen Klostergebäuden waren nur noch Fundamentreste zu sehen. Lediglich das Kirchengebäude ist in Teilen erhalten.

237 der Chor] Vgl. die Beschreibung in Black's Picturesque 1857, S. 100, die Fontane als Grundlage seiner Schilderung benutzt hat. Hier wird auch das 1618 gebaute neue Dach erwähnt.

238 Herbarium scoticum] (Lat.) Schottische Pflanzensammlung. In einem Herbarium werden getrocknete Pflanzen auf Bätter geklebt und beschriftet, so dass eine Art Pflanzenlexikon entsteht.

238 Strohhalm] Diesen Vergleicht übernimmt Fontane aus Black's Picturesque 1857, S. 100: »The foliage upon the capitals of the pilasters on each side is so nicely chiselled, that a straw can be made to penetrate through the interstices between the leaves and stalks.«

238 schottischen Grünkohls] Der kail war ein Grundbestandteil schottischer Mahlzeiten. Der Scotch kail hat violette Blätter, die weniger kraus sind als die anderer Grünkohlarten.

239 Und sie hatten] Übersetzt nach Black's Picturesque 1857, S. 103, oder nach Anmerkung Y zu Canto I, Abschnitt 31, in Scotts »The Lay of the Last Minstrel« (Scott–Poetical Works, Bd. 1, S. 120).

239 wenig beglaubigten Gruft] »A large slab of polished marble [...] is believed to cover the dust of Alexander II.« (Black's Picturesque 1857, S. 101). Heute steht fest, dass Alexander II. tatsächlich 1249 in Melrose begraben wurde.

239 verschiedene Mitglieder der Familie Douglas] Der Reiseführer nennt »James, second Earl of Douglas, who fell at the celebrated battle of Otterburn; and William Douglas, ›the dark knight of Liddisdale,‹ who tarnished his laurels by the barbarous murder of his companion in arms, the gallant Sir Alexander Ramsay« (Black's Picturesque 1857, S. 102). Auf diese beiden geht auch Fontane ein.

239 Graf Jakob und Lord William Douglas] James Douglas, 2nd Earl of Douglas and Mar, geriet 1384 in Auseinandersetzungen mit dem

englischen Adligen Henry Percy, 1st Earl of Northumberland, dessen Ländereien er geplündert hatte. Vier Jahre später kam es erneut zu Differenzen mit ihm und vor allem mit seinem Sohn, Sir Henry Percy, genannt Hotspur. Der Vater von James war William Douglas, 1st Earl of Douglas (ca. 1327–1384), der ein Neffe von Robert the Bruces treuem Gefährten war, der in der Schlacht von Bannockburn an seiner Seite stand und das Herz des Königs ins Heilige Land bringen sollte. William Douglas hatte in der Borders-Region einen Guerillakrieg gegen die Engländer geführt, dabei einige erfolgreiche Schlachten geschlagen und in der Nähe von Melrose in einem englischen Rückzugsgefecht beinahe den König Edward III. gefangen. Nach dem Sieg trat er in Verhandlungen mit den Engländern ein, und es gelang ihm 1357, seinen eigenen König David II. aus der englischen Gefangenschaft zu befreien, indem er sich selbst als Sicherheit anbot. 1384 starb er und wurde in Melrose begraben. Er war das Patenkind von William Douglas, Knight of Liddesdale, genannt Flower of Chivalry, der gleichfalls in der Region gegen die Engländer aktiv wurde, zugleich aber ein Konkurrent um die Ländereien des Clans war. William Douglas tötete seinen Paten und Namensvetter Liddesdale. Dessen Landbesitz ging durch Order des Königs dann in seinen Besitz über. Liddesdale wurde – ebenso wie später er selbst – 1353 in Melrose begraben.

239 Chevy-Chase-Ballade] Diese Ballade, die eine große Jagd in den Cheviot Hills schildert, die zu einer kämpferischen Auseinandersetzung zwischen zwei Familien führt, findet sich in Thomas Percys Sammlung »Reliques of Ancient English Poetry« in zwei Versionen (Percy 1765, Bd. 1, S. 1–17: »The Ancient Ballad of Chevy-Chase«, und 231–246: »The more Modern Ballad of Chevy Chace«; Fontane übersetzte die modernere Version bereits 1848). Ihre historische Grundlage sind die Auseinandersetzungen zwischen dem Clan Douglas und den Percys in der englisch-schottischen Grenzregion. Im Gedicht kommen beide Führer, Douglas und Percy, ums Leben. Für die geschilderten Ereignisse gibt es kein geschichtlich belegtes Vorbild. Es wird aber die Battle of Otterburn angesprochen, die, tatsächlich zwischen einem Percy und einem Douglas ausgefochten, selbst zum Balladenstoff wurde. Nach dieser volkstümlichen Ballade wurde im 18. Jahrhundert die Strophenform Chevy-Chase benannt, die aus vier Verszeilen im Kreuzreim besteht und abwechselnd vier und drei Hebungen hat, während die Anzahl der Silben zwischen den Hebungen variieren kann. Sie wurde seit dem 18. Jahrhundert auch in Deutschland häufig für Balladen gewählt. So verwendet Strachwitz die Form in

seiner Ballade »Das Herz von Douglas«; vgl. Anm. zu S. 61 »Grafen von Strachwitz«.

239 Percy von Northumberland] Historisches Vorbild für den Percy der Ballade ist vermutlich Henry Percy, 1st Earl of Northumberland, oder sein Sohn Sir Henry Percy, genannt Hotspur.

239 sehr abweichende schottische Version] Verwechslung Fontanes: Die Ballade über die Battle von Otterburn existiert in zwei Varianten, wie Percy und auch Scott festhalten, nicht jedoch die Ballade »Chevy Chase«. Fontane verschränkt in seinen folgenden Ausführungen diese beiden Balladen ineinander und bezieht sich dabei auf Percys und Scotts Anmerkungen zur Ballade »The Battle of Otterburn«.

239 Schlacht von Otterburn] Die Schlacht fand im August 1388 im Rahmen der Grenzstreitigkeiten zwischen England und Schottland statt. Die Vorgänge der Schlacht überliefert der Geschichtsschreiber Froissart. James Douglas, 2nd Earl of Douglas and Mar, unternahm einen Streifzug auf englisches Gebiet und traf auf Percy, 1st Earl of Northumberland. In der dem Affront folgenden Schlacht von Otterburn standen Douglas' Truppen denen von Northumberlands Söhnen Henry Percy (Hotspur) und Sir Ralph Percy in Otterburn gegenüber, während der Vater bei Alnwick stand, um den Schotten den Rückzug abzuschneiden. Douglas wurde in der Schlacht getötet, die Percy-Brüder aber von den Schotten gefangen genommen. Die Schotten besiegten die vom Marsch ermüdeten Engländer, obwohl deren Heer deutlich größer war.

240 der historische Percy *[...]* vergessen gemacht] Hatten die Percys zunächst für die Thronansprüche Henrys IV. gegen Richard II. gekämpft, erhoben sie sich später gegen ihn, unterlagen aber. Henry Hotspur fiel am 21. Juli 1403 als Führer der Rebellen in der Schlacht gegen Henry IV., in der sein Sohn Henry V. für den Vater kämpfte und schwer verwundet wurde. Hotspurs Vater starb 1408 in der Schlacht von Bramham Moor, die das Ende der Aufstände bedeutete. Obwohl Archibald Douglas, 4th Earl of Douglas, zunächst die Familienfehde gegen die Percys fortgesetzt hatte und obwohl er nach einer Schlacht von Hotspur gefangen genommen wurde, entschied er sich, auf dessen Seite gegen Henry IV. zu kämpfen. Er wurde abermals gefangen genommen, diesmal von den Soldaten des Königs.

240 Die schottischen Geschichtsschreiber] Fontane suggeriert hier, er habe sich mit schottischen Geschichtswerken beschäftigt, und belegt das, indem er ein wörtliches Zitat einfügt. Tatsächlich ist die Beschreibung der Auseinandersetzung zwischen Douglas und Percy eine Übersetzung von Scotts Erklärung zu der Ballade

»Battle of Otterburn«. Diese findet sich in Scotts »Minstrelsy of the Scottish Border« (Erklärungen und Text: Scott–Minstrelsy, Bd. 1, S. 27–47). Scott bezieht sich in seinen Erklärungen tatsächlich auf die Geschichtsschreibung: »[…] according to the Scottish historians« (ebd., S. 28). Fontane hat sich also nicht mit Geschichtsquellen auseinandergesetzt, sondern gründlich Scott gelesen. Auch in Thomas Percys Sammlung ist die Ballade enthalten (Percy 1765, Bd. 1, S. 18–31).

241 dem todten Manne] Vgl. »Marmion«, Canto VI, Abschnitt 9 (Scott–Poetical Works, Bd. 2, S. 170), und »Tales of a Grandfather« (Scott–Tales, S. 56).

241 Ralph Percy *[…]* 15. August 1388] Übernahme aus Scotts »Minstrelsy« (Scott–Minstrelsy, Bd. 1, S. 29; mit Hinweis auf die Geschichtsschreibung). Das Datum der Schlacht ist umstritten; schottische Quellen geben den 5. August an, englische den 19., Scott den 15. August.

241 Froissart] Jean Froissart begann um 1370 mit der Arbeit an »Chroniques de France, d'Angleterre, d'Ecosse, de Bretagne, de Gascogne, de Flandre et lieux circonvoisins«, einer Geschichte über den Hundertjährigen Krieg, die auch ins Englische übersetzt wurde. Fontane bezieht seine Informationen aber aus Scotts »Minstrelsy«. Das Zitat von Froissart stammt allerdings nicht aus der »Minstrelsy«, sondern aus Scotts Anmerkung G zum 2. Gesang, Abschnitt 10, von »The Lay of the Last Minstrel« (Scott–Poetical Works, Bd. 1, S. 121 f.).

241 Der andere Douglas] Vgl. Scotts Anmerkung H zum 2. Gesang, Abschnitt 10, in »The Lay of the Last Minstrel« (Scott–Poetical Works, Bd. 1, S. 122). Fontane überträgt daraus seinen Bericht über William Douglas.

241 William Douglas *[…]* »der schwarze Lord von Liddisdale«] Korrekt: Liddesdale. Vgl. dazu auch die Anm. zu S. 239 »Graf Jakob und Lord William Douglas«.

241 Waffenbruder Sir Alexander Ramsay] Sir Alexander Ramsay of Dalhousie war ein Kampfgefährte William Douglas' in den Grenzkämpfen gegen die Engländer. Als Douglas 1341 bei einem Duell verwundet wurde, übernahm Ramsay den Befehl über die Truppen und besiegte die Engländer. Als es ihm 1342 gelang, den Engländern Roxburgh Castle abzunehmen, das Douglas mehrfach zu erobern versucht und über das er eigentlich die Oberaufsicht hatte, zeigte sich Douglas sehr gekränkt. Diese Kränkung verstärkte sich, als der König Ramsay das Amt des Constable of Roxburgh und eines Sheriff of Teviotdale übergab, das bis dahin Douglas innegehabt hatte. Dieser nahm Ramsay gefangen, inhaftierte ihn

in Hermitage Castle und ließ ihn dort verhungern. Angeblich überlebte Ramsay die ersten siebzehn Tage, weil er Körner aß, die aus den Bodenspalten eines über seinem Gefängnis liegenden Kornspeichers fielen. Vgl. Anm. zu S. 186 »Es imponirt und prägt sich dem Gedächtnis ein, wenn«.

242 auf der Jagd erschlagen] Das geschah nicht wenige Wochen später, sondern 1353, also elf Jahre später. Fontanes Missverständnis beruht wahrscheinlich auf Scotts Feststellung, er sei »soon after« von seinem Patenkind erschlagen worden (Scott–Poetical Works, Bd. 1, S. 122).

242 dritter Stein /…/ Herz König Robert's] Als man 1818 das in Dunfermline gefundene Skelett von Bruce untersuchte, stellte man fest, dass der Brustkorb aufgesägt worden war, um sein Herz zu entnehmen. Dieses sollte auf Wunsch des Königs von seinem Getreuen Sir James Douglas ins Heilige Land getragen werden, um Sühne für den Mord an Comyn zu tun, und anstelle des Königs an einem Kreuzzug gegen die Feinde des Christentums teilnehmen. Das Herz wurde schließlich in Melrose begraben. Zur Zeit von Fontanes Besuch war man noch nicht sicher, ob und wo das Herz beigesetzt war. Man nahm an, es sei in der Nähe des Hochaltars gewesen. Erst 1921 wurde es von Archäologen im Boden der Ruine des Kapitelhauses entdeckt und ohne Markierung erneut begraben. 1996 wurde es bei Bauarbeiten wiederum ausgegraben und erhielt bei der bislang letzten Bestattung auch eine Markierung.

242 Graf Strachwitz /…/ Ballade] Vgl. Anm. zu S. 61 »Grafen von Strachwitz«.

242 in heiliger Erde beizusetzen] Das Herz sollte nach dem Wunsch von Bruce in Jerusalem in der Grabeskirche beigesetzt werden. Da es aber nie dort ankam, sondern mit Douglas' Tod in der Schlacht in Spanien blieb, wurde es von Douglas' Getreuen nach Schottland zurückgebracht.

242 Immer gücklich in seinen Kämpfen mit den Saracenen] Douglas kämpfte nur einen einzigen Kampf gegen die Mauren, und in diesem fiel er auch. Die Legende, Douglas habe kurz vor seinem Tod das Herz von Bruce unter die Feinde geworfen, erwähnt erstmals Walter Scott 1828 in seinen »Tales of a Grandfather« (Scott–Tales, S. 41). Eine Überlieferung aus dem 16. Jahrhundert gibt an, Douglas habe das schon zu Beginn der Schlacht getan und nicht erst mit dem eigenen Tod vor Augen. Was genau vorgefallen ist, bleibt unklar, allerdings steht fest, dass Douglas' Knochen und Roberts Herz nach Schottland zurückgebracht und dort begraben wurden.

243 Dunfermlin] Vgl. Anm. zu S. 229 »1818 [...] 1329«. Die Grabinschrift geht auf die testamentarischen Verfügungen zurück, sie lautete vollständig: »Hic jacet invictus Robertus, rex benedictus, / Qui sua gesta legit, repetit quot bella peregit, / Ad libertatem perduxit, per probitatem, / Regnum Scotorum; nunc vivat in arce polorum.« (New Statistical Account 1845, Bd. 9, Teil Fife, S. 856.) Da das ursprüngliche Grab während der Reformation aber zerstört worden war, war auch diese Inschrift nicht mehr erhalten. Nachdem die sterblichen Überreste des Königs bei Bauarbeiten für ein neues Kirchengebäude 1818 gefunden und genauestens untersucht worden waren, begrub man die Leiche im November 1819 erneut. Es sollte eine neue Grabtafel errichtet werden, was aber erst 1889 der Fall war. Was Fontane hier zitiert, ist also die zerstörte Grabinschrift, denn zur Zeit seines Schottlandbesuchs gab es keine Inschrift, ja nicht einmal eine Markierung auf dem Grab; vgl. Penman 2009, S. 20.

243 Lehnsschwert] Das Schwert hat der Legende zufolge Robert the Bruce seinem getreuen Begleiter Sir James Douglas auf seinem Sterbebett übergeben. Es war vermutlich nicht als Waffe für den Kampfeinsatz gedacht, sondern als Erinnerungsstück. Auf der einen Seite der Klinge ist ein Herz eingraviert, auf das zwei Hände zeigen. Über der einen Hand stehen die Buchstaben KRB (für King Robert the Bruce), über der anderen ILD (für James Lord Douglas). Auf der anderen Seite ist das königliche Wappen Schottlands zu sehen. Zudem befindet sich auf der Klinge folgende Inschrift: »So mony gvid as of ye Dovglas beine, / Of ane svrname, wer never in Scotland seine. / I wil ye charge, efter that I depart, / To Holy gravfe, and thair bvry my hart: / Let it remane ever, bothe tyme and hovr, / To the last day I sie my Saviovr. / So I protest in tyme of al my ringe, / Ye lyk subiectis had never ony keing.« Fontane hat das Schwert selbst nicht gesehen, sondern übernimmt die Informationen von Scott. Vgl. Anm. zu S. 61 »Die Klinge [...] stund«.

243 Erde gleißt [...] Alles wird mein] Der Grabstein ist auf 1761 datiert und trägt die Inschrift: »The earth goeth on the earth/glistering like gold / The earth goeth to the earth/sooner than it wold / The earth builds on the earth / castles and towers / The earth says to the earth / all shall be ours.« Walter Scott zitierte diese Verse gern, wie die Frau seines Verlegers John Ballantyne berichtete (Chambers' Edinburgh Journal, No. 36, 7. September 1844, S. 153).

[XXVII.] Abbotsford

244 Drei englische Meilen] Vgl. Black's Picturesque 1857, S. 105. Entspricht knapp 5 km.

244 »Romanze in Stein und Mörtel«] Die Bezeichnung »Romance in stone and mortar« geht vermutlich auf Washington Irving zurück. Dieser hatte Scott 1817 besucht und wurde von ihm auch in Abbotsford herumgeführt, an dem er gerade baute. In seinem Bericht über den Besuch hält Irving fest: »Scott pleased himself with picturing out his future residence as he would one of the fanciful creations of his own romances. ›It was one of his air castles,‹ he said, ›which he was reducing to solid stone and mortar.‹« (Irving 1979, S. 143.)

244 zusammen zu schmelzen] Scott hatte das Grundstück mit dem alten Farmhaus Cartleyhole 1811 gekauft und einen Anbau im Scottish Baronial Style, der schottischen Variante der Neugotik, errichten lassen. Häuser in diesem Stil sollten von außen den Eindruck eines Gebäudes aus dem 16. oder 17. Jahrhundert erwecken, aber im Inneren allen Komfort der Neuzeit enthalten. Basis war die Architektur der alten wehrhaften Tower Houses, freilich hatten die Zinnen und Wachtürmchen keine Funktion mehr, sondern wurden als reine Dekorationselemente massenweise an das Gebäude ›angeklebt‹. Stufengiebel und Dächer auf verschiedenen Ebenen waren gleichfalls beliebt. Scotts Haus war ein Vorreiter dieses Stils (also buchstäblich eine »Musterkarte«, S. 53), bei dem es darum ging, sich der eigenen Nationalidentität auch architektonisch zu versichern. Queen Victorias Schloss Balmoral wurde gleichfalls im Scottish Baronial Style errichtet. Scott ließ in sein Haus echte mittelalterliche Bauelemente integrieren oder sie zumindest nachbauen – sowohl außen als auch in den Räumen: der Eingang war einem Portal von Linlithgow Palace nachempfunden, die Decke der Bibliothek der Rosslyn Chapel, und auch das Tor des alten Stadtgefängnisses fand hier seinen Platz. 1824 war das Gebäude fertiggestellt, Scott kaufte aber in den Folgejahren weiteres Land hinzu.

244 Liebe und Verehrung] Die Liebe und Verehrung hat bereits in Fontanes Kindheit ihre Ursprünge gehabt, denn schon als Junge hat er Scott gelesen (vgl. »Entstehungsgeschichte«, S. 265). In Scotts Romanen fand er bereits als jugendlicher Leser das große Vergangenheitsinteresse, den reflektierten Patriotismus, eine Affinität zu spukhaften Ereignissen und eine gewisse Abenteuerlust literarisch ausgeprägt, die sein eigenes Werk bestimmen sollten. Wahrscheinlich war die Scott-Lektüre die Ursache dafür, dass Fontane Schott-

land überhaupt besuchte. Manche Romane von Scott hat Fontane mehrfach gelesen (vgl. Neuhaus 1996, S. 189, 193 und 200 f.), und er huldigt ihm noch einmal in aller Ausführlichkeit in seinem 1871 zu Scotts hundertstem Geburtstag erschienenen Aufsatz »Walter Scott«; vgl. dazu auch Fontane-Handbuch, S. 354–359.

244 Wir haben] Fontane folgt hier dem Ratschlag des Reiseführers, der empfiehlt, von Melrose aus einen Wagen nach Abbotsford zu mieten (Black's Picturesque 1857, S. 105).

244 Eisenbahn-Hotel] Railway Hotel (Black's Picturesque 1857, S. 99).

245 »Chiefswood«] Die folgende Beschreibung und wohl auch Lockharts Bericht über Scotts Besuche in Chiefswood übersetzt Fontane aus dem Reiseführer (Black's Picturesque 1857, S. 105 f.), der wiederum aus dem sechsten Band von Lockharts »Life of Sir Walter Scott« zitiert.

245 alten Eiche] Aus der »ash« bei Lockhart macht Fontane in der Buchfassung eine »Eiche«. In J^{31} war noch korrekt »Esche« übersetzt; das kann bewusst geschehen sein, kann aber auch ein Setzerfehler sein.

246 »Thomas der Reimer«] Enthalten in Scotts »Minstrelsy« (Scott-Minstrelsy, Bd. 2, S. 262–280). Fontanes Version ist allerdings eher eine Nachdichtung als eine Übertragung, denn sein Text entfernt sich mitunter sehr weit vom Original.

247 Zollhaus] Vgl. Black's Picturesque 1857, S. 106.

247 Rayon] (Frz.) Umkreis; eigentlich der Umkreis einer Festung, der von derselben aus mit Geschützen verteidigt werden kann.

247 gothisches Portal *[...]* Douglas-Schlosse] Douglas Castle spielte in Scotts letztem, zu seinen Lebzeiten publizierten Roman »Castle Dangerous« (1831) eine Rolle. Vgl. Anm. zu S. 61 »Douglas-Castle«. Weder in Beschreibungen oder auf Abbildungen des Hauses und des Grundstücks noch auf Karten aus der Mitte des 19. Jahrhunderts findet sich an der von Fontane angegebenen Stelle ein solches frei stehendes Tor. Auch bei Ausgrabungen der vergangenen Jahre wurde weder ein solches Bauwerk noch Reste davon gefunden. Es gab aber tatsächlich ein repräsentatives Eingangstor zwischen Morris Garden und South Court; dieses stand aber nicht frei, sondern war Bestandteil der Gartenmauer, und es befand sich zudem nur zehn Schritte vom Hauseingang entfernt, so dass man nach seiner Durchquerung unmittelbar vor dem Haus stand und nicht das gesamte Gebäude in den Blick nehmen konnte, wie Fontane behauptet. Bei diesem Tor gibt es jedoch einen Zusammenhang mit einem Douglas-Schloss: Scott hatte Halseisen, die aus Threave Castle stammten, das der Familie Douglas gehört hatte, in

sein Eingangstor intergrieren lassen. Möglicherweise schloss Fontane daraus, dass das gesamte Tor zu einem Douglas-Schloss gehört habe. Fest steht aber, dass das Tor nicht an der von Fontane angegebenen Stelle stand.

248 »Whinstone«] Hartes, schwarzes Gestein, z. B. Basalt.

248 Tulaer Arbeit] Die russische Stadt Tula war bekannt für ihre Eisenwerke und stellte auch Haushaltsgegenstände von hoher Qualität her. Die Tulaarbeit meint eine kunsthandwerkliche Bearbeitung von Silber mit Ornamenten, bei der schwarzes Schwefelsilber in weiße Flächen eingelegt wird. Fontane meint hier also eine Art Intarsienarbeit.

249 Thorflügel des Tolbooth-Gefängnisses] Das Tor ist in die Westseite des Hauses eingelassen, dient aber nicht etwa als Durchgang, sondern befindet sich auf Höhe des ersten Geschosses. Es wurde Scott 1817 nach dem Abriss des Old Tolboth vom Edinburgher Magistrat geschenkt und kam also genau passend für die beginnenden Bauarbeiten an Scotts neuem Haus.

249 Spitzbogen-Portal] In einem Brief vom 29. Mai 1818 an William Laidlaw erwähnt Scott, dass zwei bis drei Wagenladungen mit Steinen des Tolbooth angekommen seien, die in einen der Türme integriert werden sollten (Scott–Letters, S. 158). Das geschah, ohne dass sich noch sagen ließe, wo genau im Turm die Steine sich befinden. In einer Fußnote zum »Heart of Mid-Lothian« gibt Scott zudem an, der Autor von »Waverley« habe Bestandteile des Gefängnisses als Geschenk erhalten: »[...] the stones which composed the gateway, together with the door, and its ponderous fastenings«, und diese seien genutzt worden »in decorating the entrance of his kitchen-court at Abbotsford.« (Scott–Magnum1, S. 299.) Tatsächlich bilden weder die Tür noch ihr Rahmen oder der Sturz den Eingang zur Küche, sondern diese Teile sind über dem ersten Stock in die Westseite des Hauses integriert. Zudem handelt es sich dabei auch nicht um ein Spitzbogenportal. Was genau Fontane hier vor Augen hat, ist unklar, jedenfalls kein Teil des Tolbooth.

249 sutors] Die Ballade »The Souters of Selkirk« findet sich in Scotts »Minstrelsy« (Scott–Minstrelsy, Bd. 1, S. 258–273; dort auch Erklärungen zu den historischen Hintergründen).

249 darüber] Hier erinnert sich Fontane falsch, das Schwert befindet sich unter der Inschrift.

249 »das Herz von Midlothian« *[...]* poetischen Namen] Vgl. Anm. zu S. 50 »Woher dieser *[...]* zu sagen.«

250 Schuster von Selkirk *[...]* Unglücksschlacht von Flodden] (Engl.) Souters für Schuster/Schuhflicker. Die Bewohner der Stadt kämpften in der Schlacht von Falkirk an der Seite von William

Wallace und in der Schlacht von Bannockburn an der von Bruce. Das Gedicht bezieht sich aber auf die Schlacht von Flodden, aus der der Legende zufolge von den 80 tapferen Kämpfern der Stadt kaum einer nach Hause zurückkehrte.

250 400 Pforzheimer in der Schlacht bei Wimpfen] Laut einer Sage kämpften die 400 Pforzheimer während des Dreißigjährigen Krieges in der Schlacht von Wimpfen 1622 heldenmütig gegen Graf Tilly und die Katholische Liga. Sie hatten eine Brücke zu verteidigen und taten dies unter Aufbietung aller Kräfte bis zum letzten Mann. Ernst Ludwig Deimling schrieb 1787 ein sehr erfolgreiches Theaterstück über die Ereignisse.

250 Verrath des Grafen Home] In seinen Erklärungen zur Ballade diskutiert Scott die Bedeutung des Grafen Home bei dem Ereignis (Scott-Minstrelsy, Bd. 1, S. 258–270 und vor allem 272). Alexander Home, 3rd Lord Home, kämpfte als Vorhut des Königs in der Schlacht von Flodden. Obwohl Homes Leute den rechten Flügel der englischen Armee besiegten, ging die Schlacht verloren. Home konnte vom Schlachtfeld fliehen. Er war mit dem nach dem Tod von James IV. eingesetzten Regenten Albany nicht einverstanden und suchte Unterstützung in England. Albany ließ ihn verhaften und behauptete, Home habe James IV. in Flodden umgebracht. Außerdem warf man ihm offene Rebellion gegen den Regenten vor und enthauptete ihn schließlich 1516.

250 Scott'schen Sammlungen] Es findet sich im ersten Band der »Minstrelsy of the Scottish Border«. Scotts Anmerkung zu den Ereignissen verwendet Fontane in seinem Buch (Scott-Minstrelsy, Bd. 1, S. 272).

251 nachgebildet ist] In J^{31} schloss sich hier eine längere Passage an, die in der Buchausgabe fehlt: »Natürlich auch wieder mit Vorbedacht; denn in Linlithgow-Palace wurde Maria Stuart geboren – ein ganzes Dutzend anderer historischer Züge zu geschweigen – und W. Scott hatte eine so große Vorliebe für diesen allerdings sehr schönen, namentlich schön gelegenen Palast, das er einen Gesang in seiner epischen Dichtung ›Marmion‹ mit den Worten anfangen konnte: Schottland hat Schlösser, Hof und Hall / Und Burgen und Paläste, / Linlithgow aber schlägt sie all / Und ist das schönste, beste. / Ei, wenn im Mai die Knospe springt, / Wie lustig da die Amsel singt / In Park und Wies' und Wald, / Der Hänfling zwitschert in der Näh', / Das Wasserhuhn taucht in den See, – / Säh ich dich wieder bald! Ich geb' es aber nun auf, auf die Beziehungen in jedem Einzelfall noch ferner hinzuweisen und begnüge mich damit, nur hier und da noch, bei den Aufzählungen von diesem und jenem, eine Bemerkung einzuschalten.« Das Zitat hatte Fontane bereits

dem Kapitel über Linlithgow vorangestellt, so dass er sich wohl entschlossen hat, hier die gesamte Passage zu streichen.

251 Der älteste [...] Husaren-Regiment] Walter Scotts ältester Sohn Walter jun. trat 1819 ins 18th Regiment of Hussars ein und wechselte später zu den 15th King's Hussars. 1825 wurde er zum Captain, 1839 zum Lieutenent Colonel befördert. Er starb 1847.

251 uncomplaisante] (Frz.) nicht Willens zu gefallen.

251 alte Herr [...] eine Art Förster und Waldhüter] Die in J[31] folgende anekdotische Passage streicht Fontane in der Buchausgabe: »Er fühlte sich also als Berühmtheit und stieg nur im Moment des Trinkgelder-Empfanges von seiner olympischen Höhe herab. Um nicht ungerecht zu sein, sei übrigens erwähnt, daß uns die Sonne seiner Gnade schon etwa zehn Minuten früher lächelte. Unter den Bildern nämlich in einem der obern Zimmer befand sich ein Portrait des Wildhüters (ein Aquarellbildchen von Meisterhand) und das Auge meines Reisegefährten erkannte auf der Stelle die Aehnlichkeit. ›This is you‹, rief er mit einer gewissen Freudigkeit aus, die man immer, als sei man eine Art Entdecker, empfindet, so wie man ein Portrait als Bildniß von diesem oder jenem erkennt, und unser Grisegram war nicht unempfindlich gegen die Huldigung, die in dem einfachen ›this is you‹ allerdings ausgesprochen lag.« Der Mann, der die Freunde durch das Haus führte, war John Swanston, der ein Jahr später auch Karl Elzes Führer war (Elze 1860, S. 79). Swanston war 1858 74 Jahre alt. Er starb 1860. Von ihm gibt es ebenso wie von seinem Vorgänger Tom Purdie (Ölgemälde von Charles Robert Leslie, 1824) ein Porträt in Abbotsford. Es wurde 1851 von David Cooke Gibson gemalt. Es ist allerdings kein Aquarell, sondern ein Ölgemälde. Beide Bilder hingen in der South Armoury und nicht in einem der oberen Zimmer.

251 schwarzem und weißem Hebridischen Marmor] Vgl. Black's Picturesque 1857, S. 108.

251 Eichenpannelen aus Roslin Chapel und dem alten Königspalaste in Dunfermlin] Richtig: Die Holzverkleidung stammt aus der Auld Kirk of Dunfermline. Die Decke der Bibliothek war der Decke in Rosslyn Chapel nachempfunden, nicht aber die Wandverkleidung in der Eingangshalle.

252 den Douglasses] Vgl. die exakt gleiche Reihung der Namen in Black's Picturesque 1857, S. 108.

252 Die Mehrzahl seiner] Übernahme von Textelementen aus Black's Picturesque 1857, S. 108 f.

252 besternten Rock Lord Nelson's] Dieser Rock mit Einschussloch ist bis heute im National Maritime Museum in Greenwich erhalten. Am 13. Januar 1856 besuchte Fontane Greenwich und den Nelson Room

im Royal Hospital for Seamen (vgl. den Tagebucheintrag; GBA-Tagebücher, Bd. 1, S. 75). Den Rock erwähnt er allerdings nicht.

252 Todeskugel] Nelson wurde durch einen Schuss in der Schlacht von Trafalgar (1805) verletzt und starb drei Stunden später. Vgl. auch das Kapitel »Smithfield« in »Ein Sommer in London«, in dem Fontane das Schicksal von Nelsons Geliebter zum Thema macht.

252 feierliche Empfindung *[…]* ziemlich verstimmt] Diese Reaktion Fontanes erstaunt ein wenig, hatte er doch 1841 selbst unter dem Titel »Shakespeares Strumpf« ein Spottgedicht verfasst, um sich über die Schiller-Gesellschaft lustig zu machen, die eine Weste Schillers erstanden hatte (GBA-Gedichte, Bd. 1, S. 362 f.). Scotts Anzug nötigt ihm also offensichtlich mehr Respekt ab als Schillers Weste.

253 20,000] Diese Zahl stammt aus dem Reiseführer (Black's Picturesque 1857, S. 108) und findet sich auch in zeitgenössischen Beschreibungen des Hauses, etwa von Scotts Urenkelin (Maxwell-Scott 1921, S. 3). Fanny Lewald spricht von 15 000 Bänden (Lewald 1851/52, Bd. 2, S. 294). Diese Zahlen sind aber deutlich zu hoch. Tatsächlich umfasst die eigentliche Bibliothek Scotts insgesamt etwa 9500 Bände. Möglicherweise wurden in die Berechnung Bücher einbezogen, die sich in einem Seitenflügel des Gebäudes befanden und Bände aus Lockharts Sammlung enthielten.

253 Portrait *[…]* Sohn] Das überlebensgroße Porträt von Walter Scott jun. in der Uniform der 15th King's Hussars wurde 1822 von William Allan gemalt. Allan hatte Scott persönlich gekannt und Innenansichten von Abbotsford sowie Illustrationen zu seinen Werken gezeichnet. Er fertigte ungefähr zehn Jahre nach Scotts Tod auf der Basis von Skizzen ein Porträt des Dichters an, an dessen Sterbebett er 1832 gesessen hatte.

253 Silberurne *[…]* Lord Byron] Scott selbst beschreibt die Umstände, unter denen Byron ihm 1815 die Urne schenkte: »I gave Byron a beautiful dagger mounted with gold, which had been the property of the redoubted Elfi Bey. But I was to play the part of Diomed in the Iliad, for Byron sent me, some time after, a large sepulchral vase of silver. It was full of dead men's bones, and had inscriptions on two sides of the base. One ran thus: – ›The bones contained in this urn were found in certain ancient sepulchres within the long walls of Athens, in the month of February, 1811.‹ The other face bears the lines of Juvenal – ›Expende – quot libras in duce summo invenies? – Mors sola fatetur quantula sint hominum corpuscula.‹ To these I have added a third inscription, in these words – ›The gift of Lord Byron to Walter Scott.‹ There was a letter with this vase, more valuable to me than the gift itself, from the kindness with which the donor expressed himself towards me. I left it naturally

in the urn with the bones; but it is now missing.« (Lockhart 1837/38, Bd. 3, S. 336 f.) Scott und Byron waren bis zu dessen Tod 1824 enge Freunde und standen in einem regelmäßigen Briefwechsel, haben sich aber persönlich nur wenige Male getroffen. Scott hatte großen Respekt vor dem Dichter. Legenden besagen, dass er mit dem Dichten aufgehört und sich dem Roman zugewandt habe, nachdem er Byrons Gedichte gelesen hatte.

253 Büsten *[…]* von der Hand Chantrey's] Zu Lebzeiten Scotts hatte dort nur die Büste von Shakespeare gestanden, eine Kopie der Büste in der Kirche von Stratford. Am Tag der Beerdigung stellte Scotts Sohn statt der Shakespeare-Büste die seines Vaters auf, die der bekannte Bildhauer Francis Leggatt Chantrey geschaffen hatte. Chantrey bewunderte Scott und bat ihn, eine Büste von ihm anfertigen zu dürfen, was Scott, der seinerseits die Werke des Bildhauers sehr bewunderte, gern zusagte. Sie entstand während sieben Sitzungen in London zwischen März und April 1820. In Abbotsford stand eine Marmorkopie der Büste, die Chantrey 1821 fertigstellte und die zunächst für weitere Kopien in seinem Atelier verblieb. 1825 bot er sie Scotts Frau als Geschenk an, und im Juni 1828 wurde sie in Abbotsford aufgestellt.

253 Raritäten] Eine Übersicht über die wichtigsten Stücke gibt Maxwell-Scott 1893, eine Gesamtübersicht Maxwell-Scott 1921.

253 das Schwert] Dieses Schwert soll Charles I. seinem getreuen Heerführer James Graham, 1st Marquess of Montrose, in Anerkennung seiner Dienste geschenkt haben. In einem Brief an Joanna Baillie vom April 1812 berichtet Scott: »I have got Rob Roy's gun, a long Spanish-barrelled piece, with his initials, R. M. C., for Robert Macgregor Campbell, which latter name he assumed in compliment to the Argyle family, who afforded him a good deal of private support, because he was a thorn in the side of their old rival house of Montrose. I have, moreover, a relic of a more heroic character; it is a sword which was given to the great Marquis of Montrose by Charles I., and appears to have belonged to his father, our gentle King Jamie. It had been preserved for a long time at Gartmore, but the present proprietor was selling his library, or great part of it, and John Ballantyne, the purchaser, wishing to oblige me, would not conclude a bargain, which the gentleman's necessity made him anxious about, till he flung the sword into the scale; it is, independent of its other merits, a most beautiful blade.« (Lockhart 1837/38, Bd. 2, S. 395; eine Beschreibung des Exponats und eine Abbildung findet sich bei Maxwell-Scott 1893, S. 19–21 und Tafel IX.) Scott besaß also das vermeintliche Schwert von Montrose, bevor er seinen Roman »A Legend of Montrose« 1819 schrieb, und er sammelte

Kuriositäten, bevor er mit Abbotsford den Ausstellungsraum dafür baute.

254 Pistole *[…]* Bad nehme] Vgl. Anm. zu S. 156 »William Graham, Herzog von Claverhouse und Marquis von Dundee« und Scott-Minstrelsy, Bd. 3, S. 194 f. Eine Beschreibung des Exponats und eine Abbildung findet sich bei Maxwell-Scott 1893, S. 23 f. und Tafel X.

254 Andreas Hofer's] Hofer war ein Tiroler Volksheld, der 1809 in einem Aufstand gegen die Besetzung Tirols durch bayerische und französische Truppen die Tiroler anführte und Napoleons Soldaten mehrfach besiegte. Letztlich unterlag er aber und musste fliehen. Er wurde gefangen und hingerichtet. In der Übersicht aller gezeigten Waffen von Maxwell-Scott findet sich dazu der Eintrag: »A Revolving Double-barrelled Rifle, with Flint-lock. Belonged to Speckbacher, the Tyrolese, Hopfer's Lieutenant. It was given to Sir Humphry Davy, who presented it to Sir Walter Scott.« (Maxwell-Scott 1921, S. 23.) Die Waffe gehörte also nicht Hofer selbst. In Scotts Bibliothek findet sich auch der Band »Geschichte Andreas Hofer's Sandwirths aus Passeyr, Oberanf. der Tyroler im Kriege von 1809« (Leipzig 1817).

254 Flinte Rob Roys] Vgl. Anm. zu S. 253 »das Schwert«.

254 Portraits von] Reihenfolge und Informationen übernommen aus Black's Picturesque 1857, S. 108.

254 Portrait eines Alten] Das Porträt zeigt Scotts Urgroßvater, der gleichfalls Walter Scott hieß und den Spitznamen »Beardie« trug. Das Ölgemälde wurde von William Aikman gemalt. Scott berichtet: »My father's grandfather was Walter Scott, well known in Teviotdale by the surname of B e a r d i e. He was the second son of Walter Scott, first Laird of Raeburn […]. B e a r d i e, my great-grandfather aforesaid, derived his cognomen from a venerable beard, which he wore unblemished by razor or scissors, in token of his regret for the banished dynasty of Stewart. It would have been well that his zeal had stopped there. But he took arms, and intrigued in their cause, until he lost all he had in the world, and, as I have heard, run a narrow risk of being hanged, had it not been for the interference of Anne, Duchess of Buccleuch and Monmouth.« (Lockhart 1837/38, Bd. 1, S. 3 f.)

254 das vorgebliche Portrait *[…]* gemacht hat] Vgl. Anm. zu S. 40 »e i n e s in Abbotsford«.

255 Beatrice Cenci] Vgl. Anm. zu S. VIII »Beatrice Cenci«.

256 g e s u n d e s t e n Blüthen] Die Metapher von den »echten Blüten« der Literatur und dem »wuchernden Unkraut« verwendet Fontane bereits in seinem Aufsatz »Unsere lyrische und epische Poesie seit 1848« von 1853. Hier äußert er die Hoffnung auf die »Wiedergenesung eines Kranken«, die der Realismus der Literatur bringen soll,

indem er »ehrliche[s] Gefühl[ ]« und »gesunden Menschenverstand[ ]« in die Dichtung einbringe (NFA, Bd. 21/1, S. 9). Zu den Vorbildern für eine solche Erneuerung der Literatur gehört für Fontane auch Walter Scott, dessen Werk er in seinem Aufsatz »Walter Scott« von 1871 als romantisch, poetisch, humorvoll und zugleich einfach und lebenswahr lobt. Hier greift er den in seinem Schottlandreisebuch gemachten Punkt noch einmal auf: »Er war ein Hauptpfeiler echter, gesunder Romantik gegenüber jener falschen und krankhaften romantischen Richtung, die sich die eigentliche nannte und zu deren Bekämpfung und Verdrängung nichts geeigneter sein konnte als ein völliges sich Vertrautmachen mit der Einfachheit, der durchsichtigen Klarheit der Walter-Scottschen Darstellungsweise.« (NFA, Bd. 21/1, S. 418.)

Schottische Geschichts-Tabelle

257 pikto-skotische Zeit] Die Pikten sind der ursprünglich im Norden Großbritanniens ansässige Stamm. Die Skoten sind 503 aus Irland eingewanderte Kelten, die das Königreich Dál Riata an der schottischen Westküste beherrschten, während die Pikten im Norden und Osten herrschten. Das, was wir heute unter Schottland verstehen, ist die Vereinigung der piktischen und skotischen Stammesgebiete unter dem ersten schottischen König Kenneth MacAlpin.

257 bis zum Jahre 1289] Korrekt: bis 1286. Mit dem Tod von Alexander III. endete die männliche Reihe der direkten Thronfolger. Bis 1290 übernahm seine Enkelin Margaret Maid of Norway formell die Herrschaft, ohne jemals schottischen Boden betreten zu haben (ob sie also wirklich als schottische Königin bezeichnet werden darf, ist bis heute umstritten). Da sie keine Nachkommen hatte, brach die direkte Thronfolge ab, und es gab Streitigkeiten zwischen verschiedenen Thronanwärtern. Man rief Edward I. of England als Schiedsrichter zu Hilfe, der 1292, der Regel der Primogenitur (Thronfolge des erstgeborenen Sohnes) folgend, John Balliol als König benannte.

257 Macbeth in Inverneß-Castle] Fontane folgt hier den Schilderungen in Shakespeares »Macbeth«. Tatsächlich fiel Duncan wohl in einer Schlacht mit den Truppen von Macbeth in Bothnagowan in der Nähe von Elgin.

257 Macbeth regierte von 1040 bis 1054] Auch hier geht das falsche Datum auf die Schilderungen bei Shakespeare zurück: Tatsächlich regierte Macbeth bis 1057.

257 Malcolm III. /…/ besiegte den Macbeth] Nach Macbeths Tod kam aber nicht – auch dieser Irrtum geht auf Shakespeare zurück –

Malcolm auf den Thron, sondern Macbeths Stiefsohn Lulach, der 1057 bis 1058 regierte, bis Malcolm III. ihn ermordete.

257 Aus seiner Zeit] Vgl. Scott–Minstrelsy, Bd. 3, S. 60 f.

257 Sie starb] Margaret starb am 26. September 1290 an den Folgen der Seekrankheit auf den Orkneys.

257 zwölf Kronbewerber] Richtig: Es waren vierzehn Bewerber (Barrow 2016).

257 1286] Richtig: Am 27. April 1296 verlor Balliol die Schlacht, am 10. Juli dankte er ab.

257 einen Statthalter /…/. Gegen diesen] Richtig: Nach der Schlacht von Stirling Bridge 1297, in der die Schotten die Engländer besiegten, wurden die Heerführer Andrew Moray und William Wallace zu Guardians of Scotland ernannt.

258 gescheitert waren] Wallace scheiterte 1289 in der Schlacht bei Falkirk, in der Moray starb, und gab seinen Posten als Guardian of Scotland an Robert the Bruce ab.

258 wurde nun König] Richtig: Bruce wurde bereits 1306 zum schottischen König gekrönt, also vor der Schlacht von Bannockburn.

258 1370] Richtig: David II. starb am 22. Februar 1371.

258 1424–36] Robert III. starb 1406. James I. wurde zwar mit dem Tod seines Vaters König, wurde aber erst 1424 offiziell gekrönt. 1437 wurde er ermordet.

258 Washington Irving] Vgl. das Kapitel »A Royal Poet« in »The Sketch Book of Geoffrey Crayon, Gent« (1819–1820).

258 1436] Richtig: James II. wurde 1437 nach der Ermordung seines Vaters König.

258 zwei Jahr alt] Richtig: James II. wurde 1430 geboren und war sechs Jahre, als er König wurde.

258 Fiedlerkönig] Vgl. Anm. zu S. 59 »›Fiedlerkönig‹«.

258 fünf Jahr alt] Richtig: James III. war neun, als er gekrönt wurde.

259 sans peur et sans reproche] (Frz.) ohne Furcht und Tadel.

259 2 Jahr] Richtig: James V. war ein Jahr alt, als er gekrönt wurde.

259 1568] Richtig: Maria Stuart dankte am 24. Juli 1567 ab.

259 1542] Richtig: Marie de Guise wurde erst am 12. April 1554 Regentin. Zuvor war James Hamilton, Duke of Châtellerault and 2nd Earl of Arran, Regent für die minderjährige Maria Stuart gewesen.

259 Enthauptet am 18. Februar] Richtig: Maria Stuart wurde am 8. Februar 1587 enthauptet.

259 je nachdem] Fontane bezieht sich hier auf das Interregnum zwischen dem Tod von Charles I. 1649 und der Restauration 1660, in dem Cromwell herrschte.

259 Geboren 1787] Richtig: James Francis Edward Stuart wurde am 10. Juni 1688 geboren.

Zu diesem Band

Mit »Jenseit des Tweed« wird der zweite Band der Abteilung »Das reiseliterarische Werk« der Großen Brandenburger Ausgabe vorgelegt. Er entstand unter der Leitung von Gabriele Radecke und Heinrich Detering an der Theodor Fontane-Arbeitsstelle der Georg-August-Universität Göttingen. Als wissenschaftliche Beraterin begleitete Barbara Schaff die Kommentierung. Maren Ermisch verantwortet als Bandherausgeberin die Textkonstitution, die Überblickskommentare, den Stellenkommentar und das Personenregister im Rahmen der Editionsprinzipien der Ausgabe (vgl. »Zu dieser Ausgabe«, S. 519–523). Die Umbruchkollation des Fontane-Textes und die Erstellung des Geographischen Registers hat Judith Wassiltschenko besorgt. Anna-Marie Humbert und Judith Wassiltschenko haben die redaktionelle Betreuung des Anhangs übernommen.

Verzeichnis der Texteingriffe

Der Edierte Text folgt zeichengetreu der ersten Buchausgabe: Jenseit des Tweed. Bilder und Briefe aus Schottland. Von Th. Fontane. Berlin: Verlag von Julius Springer 1860. Zu Grunde gelegt wurde das Exemplar der Niedersächsischen Staats- und Universitätsbibliothek Göttingen (Signatur: 8 H BRIT P II, 48). Für die Textkonstitution wurden darüber hinaus drei Exemplare des Theodor-Fontane-Archivs Potsdam (Signaturen: HF 56/2614, Hf 56/2614a und Slg C, 2) und ein Exemplar der Bayerischen Staatsbibliothek München (Signatur: It. sing. 355 lc) hinzugezogen. Zu den Prinzipien der Textkonstitution vgl. »Zu dieser Ausgabe«, S. 519–521.

Das Kapitel »Lochleven-Castle«, das in der ersten Buchausgabe fehlt (vgl. dazu »Entstehungsgeschichte«, S. 289–291), wurde in diesem Band entsprechend dem Journalerstdruck J^{27} an der von Fontane vorgesehenen Stelle eingefügt. Dass das tatsächlich die vorgesehene Stelle war, belegt u. a. die falsche Kapitelnummerierung, die ab »Melrose-Abbey« einsetzt, dem Kapitel, das nach Fontanes Plan auf »Lochleven-Castle« folgen sollte.

13,16 Ausnahme] 18,6 Ausuahme
14,31 zusam*[men]*treffen] 20,3 f. zusam-treffen *[ausgefallene Buchstaben am Zeilenende]*
15,17 gut] 20,27 gnt
16,23 gepflasterter] 22,14 gepflasteter

16,35 auf] 22,26 anf
18,27 Niemandem] 25,10 Niemanden
23,13 Rizzio's] 31,15 Rizzo's
27,35 ›Gottlosen‹] 37,27 »Gottlosen«
28,21 Sehenswürdigkeiten] 39,2 f. Sehenswürdigleiten
28,34 Grunde] 39,25 Grnnde
29,15 High-Street] 39,20 High-Stret
31,33 Hinterhauses] 43,8 Hinterhaufes
33,13 Bierhaus Station] 45,8 Bierhaus-Station *[Eingriff nach der Schreibung im Journalerstdruck]*
40,19 Windsor-Castle] 55,21Windson-Castle
41,26 zurückgestellt] 57,10 znrückgestellt
41,33 f. vorschriftsmäßigen] 57,17 vorschriftsmäßigem
42,35 etc.] 59,2 etc.«
43,18 Edinburg-Castle*[»]*] 59,22 Edinburg-Castle
48,17 und] 66,20 nnd
49,23 in] 68,8 iu
53,16 und] 73,9 nnd
55,9 dem] 75,23 den
56,23 und] 77,20 nnd
58,26 I] 80,16 J
62,8 und] 85,8 nnd
64,25 stolz] 88,26 flolz
66,18 dem] 91,11 den
70,18 zu] 96,22 zn
73,5 *[die]*] 100,18 der *[Eingriff nach der Schreibung im Journalerstdruck]*
76,30 zu] 106,6 zn
78,31 zu bringen] 109,1 zu-bringen *[Eingriff nach der Schreibung im Journalerstdruck]*
78,35 und] 109,5 uud
80,2 sich *[hin]*] 110,18 sich
82,26 f. schottischen] 114,28 schottischeu
83,16 Berühmtheiten] 115,27 Berühmheiten
87,16 Glasgow] 121,16 Gasgow
90,13 Eisenhaken] 125,14 Eisenhacken *[Eingriff nach der Schreibung im Journalerstdruck]*
94,31 wurde] 131,17 wnrde
97,3 p. *[57]*] 134,21 p. 79
99,27 Rüstungen] 138,8 Rustungen
100,9 gewählten] 138,26 gewähten
102,33 f. hatten] 142,15 hatte
108,27 und] 150,20 nnd
109,22 f. mit Respekt] 151,28 mitRespekt

110,2 vergleichen] 152,17 vergleiche n
111,2 Bekanntschaft] 153,27 Belanntschaft
120,5 Amphitheaters] 166,1 Amphiteaters
122,25 antworte*[te]*] 169,16 antworte
124,9 you.*[»]*] 171,20 you.
127,27 Entfernung] 177,11 Entfernuug
131,33 Felsenvorsprung] 182,28 Felsenvorspruug
132,24 Fitzjames] 184,1 Fißjames
134,35 ihm] 187,7 ihn *[Eingriff nach der Schreibung im Journalerstdruck]*
135,13 Achray] 187,21 Aray
135,29 einem] 188,10 einen *[Eingriff nach der Schreibung im Journalerstdruck]*
137,16 hinzieht] 190,12 hinsieht
144,13 Aufstellung] 200,20 Aufstelluug
144,25 Namen der] 201,5 f. Namender
148,13 durchzumachen.] 206,3 durchzumachen *[Ausfall des Punktes am Zeilenende]*
149,21 kurzer] 208,10 kurze
151,10 Macbeth-Land] 210,21 Macbcth-Land
151,15 Berühmtheit] 210,25 Berühmheit
151,19 zu] 211,2 zn
156,22 zur] 218,4 ur
157,37 Dundee] 220,2 Dunde
158,5 und] 220,7 uud
158,30 vielleicht] 221,5 vielleich
163,20 und] 227,20 nnd
165,4 war.] 230,16 f. war *[Ausfall des Punktes am Absatzende]*
168,22 Drumossie-Moor*[*)]*,] 236,3 Drumossie-Moor,
171,16 und] 240,1 uud
176,17 der] 246,22 des *[Eingriff nach der Schreibung im Journalerstdruck]*
177,24 Partei] 248,13 Patei
178,29 ›Waverley‹] 250,4 »Waverley«
179,6 Glengarry] 250,15 »Glengarry
179,16 ›er] 251,10 »er
179,17 ihn‹] 251,10 ihn«
180,31 ›from] 253,1 »from
180,31 highlands‹] 253,2 highlands«
180,37 ›Eure] 253,8 »Eure
181,2 f. Glengarry-Castle.‹] 253,10 Glengarry-Castle.«
181,17 ›Die] 253,26 »Die
181,17 mein‹] 253,26 mein«
181,19 ›Euer] 253,28 »Euer
181,19 Thorheit‹] 253,28 Thorheit«

181,27 ›Capitän] 254,9 »Capitän
181,29 Lovat.‹] 254,10 Lovat.«
181,33 ›ich] 254,14 »ich
181,33 Antwort.‹] 254,15 Antwort.«
182,19 ›es] 255,12 »es
182,21 Thal?‹] 255,13 Thal?«
182,25 ›Wie] 255,18 »Wie
182,26 Bild‹] 255,18 Bild«
182,31 ›Sie] 255,24 »Sie
182,31 sehen‹] 255,25 sehen«
182,32 ›Sie] 255,25 »Sie
182,36 gefunden.‹] 256,1 f. gefunden.«
183,6 Barbara] 256,9 Babara
183,19 ›Nimm] 256,24 »Nimm
183,20 Frau‹] 256,24 Frau«
183,20 ›aber] 256,25 »aber
183,21 blond.‹] 256,25 blond.«
184,17 ›Gebt] 258,4 »Gebt
184,17 Spiegel‹] 258,4 Spiegel«
184,18 ›Eine] 258,6 »Eine
184,19 Hochländer‹] 258,6 Hochländer«
185,14 unterhält. Er] 260,3 unterhält Er
188,14 Jacobiten*[auf]*stände] 264,9 Jacobitenstände
189,19 dem] 265,28 denn
190,35 Booten] 267,27 Boten
196,29 retten*[.]*] 276,23 retten
198,17 Auf] 279,18 Anf
200,15 Festigkeit] 282,15 Festigkett
202,24 uns] 285,16 nns
202,29 f. Fingalshöhle] 286,6 Fingalshöhe
203,8 und] 286,19 uud
204,16 zu] 288,16 zn
205,27 f. Sehenswürdigkeit*[en]*] 290,11 f. Sehenswürdigkeit
206,5 Jahrhunderts] 290,26 Jahrhurderts
207,24 sprüchwörtlich] 292,26 fprüchwörtlich
208,24 einzigen] 294,6 einzigeu
209,14 unterhalb] 295,7 nnterhalb
210,4 ›Reilig Ourain‹] 296,5 »Reilig Ourain«
210,6 Grabhäuser] 296,7 Gräbhäuser
211,4 hergerührt] 297,12 hergerüht
211,14 höchste] 297,26 höste
214,9 Es] 301,25 »Es
217,4 nahm] 305,22 uahm

221,1 heißt] 311,5 heiß
222,25 denn[»]] 313,14 denn
235,11 *[XXVI.]*] 317,1 XXI.
240,27 ›Das] 324,12 »Das
240,28 nimmermehr.‹] 324,12 nimmermehr.«
241,6 ›Ich] 324,28 »Ich
241,7 sind‹] 325,1 sind«
241,8 ›verheimliche] 325,2 »verheimliche
241,9 Feld.‹] 325,3 Feld.«
241,15 genommen.[«]] 325,9 genommen.
244,1 *[XXVII.]*] 329,1 XXIV.
244,11 und] 329,11 nnd
245,16 ›Senf‹] 331,4 »Senf«
245,16 ›Pfeffer‹] 331,4 »Pfeffer«
245,29 f. ›Piraten‹] 331,18 f. »Piraten«
247,30 tritt] 334,1 triit
248,28 und] 335,4 nnd
250,12 Volkslied] 337,8 Volklied
251,29 Dunfermlin] 339,3 Dumfermlin
255,23 und] 344,15 nnd
257,6 S. *[18]*] 346,6 S. 24
258,28 S. *[121]*] 348,17 S. 167
259,17 Stuart] 349,15 Stu art
261,9 Old-Tolbooth] Old-Tolboth

Literatur- und Siglenverzeichnis

Handschriften

Inhaltsverzeichnis zum geplanten Buch als Beilage zum Brief an Julius Springer vom 2. Februar 1860. (Signatur der Akte Fontane in der Berliner Zentral- und Landesbibliothek: A-F-30.) Vgl. Abb. 1a und 1b, S. 313 f.

Maschinenschriftliche Abschrift eines weiteren Inhaltsverzeichnisses, dessen Original eine Beilage zu einem Brief an Julius Springer war. Es ist zwischen dem 2. Februar und dem 12. März 1860 entstanden. (TFA, Signatur: DA 45; der Aufbewahrungsort des Originals ist unbekannt.)

Fontanes Quellen

Bei einigen der im Folgenden aufgeführten Werke ist zwar bekannt, dass Fontane sie gelesen und benutzt hat, nicht aber, in welcher Auflage oder Ausgabe. Solche Werke sind im Folgenden mit einem Sternchen (*) markiert. Bei den Werken Walter Scotts ist zudem unklar, ob Fontane sie im englischen Original oder in einer deutschen Übersetzung gelesen hat und welche Ausgaben er besaß. Scotts Prosaromane werden darum hier nach der kritischen Werkausgabe zitiert: The Edinburgh Edition of the Waverley Novels, die »Minstrelsy«, die Versromane und das Geschichtsbuch »Tales of a Grandfather« nach Ausgaben aus dem 19. Jahrhundert, die Fontane vorgelegen haben könnten.

*Black's Edinburgh 1851 Black's Guide through Edinburgh with pleasure excursions in the environs. 7. Auflage. Edinburgh: Black 1851.

*Black's Picturesque 1857 Black's Picturesque Tourist of Scotland. 13. Auflage. Edinburgh: Black 1857.

Chambers 1847 Robert Chambers: Traditions of Edinburgh. Edinburgh: Chambers, London: Orr, Dublin: M'Glashan 1847.

Lewald 1851/52 Fanny Lewald: England und Schottland. Reisetagebuch. Bd. 1–2. Braunschweig: Vieweg 1851/52.

*Percy 1765 Reliques of Ancient English Poetry. Consisting of Old Heroic Ballads, Songs, and other Pieces of our earlier Poets. Hrsg. von Thomas Percy. Bd. 1–3. London: Dodsley 1765.

Raumer 1836 Friedrich von Raumer: Beiträge zur neueren Geschichte aus dem britischen Museum und Reichsarchive. Erster Theil. Die Königinnen Elisabeth und Maria Stuart. Leipzig: Brockhaus 1836.

*Scott–Abbot Walter Scott: The Abbot. Hrsg. von Christopher Johnson. Edinburgh: University Press 2000. (The Edinburgh Edition of the Waverley Novels; Bd. 10.)

*Scott–Heart Walter Scott: The Heart of Mid-Lothian. Hrsg. von David Hewitt u. Alison Lumsden. Edinburgh: University Press 2004. (The Edinburgh Edition of the Waverley Novels; Bd. 6.)

*Scott–Maid Walter Scott: The Fair Maid of Perth. Hrsg. von A. D. Hook u. Donald Mackenzie. Edinburgh: University Press 1999. (The Edinburgh Edition of the Waverley Novels; Bd. 21.)

*Scott–Minstrelsy Minstrelsy of the Scottish Border: Consisting of Historical and Romantic Ballads, Collected in the Southern Counties of Scotland; with a Few of Modern Date, Founded upon Local Tradition. In Three Volumes. Hrsg. von Walter Scott. Bd. 1–3. 2. Auflage. Edinburgh: Ballantyne, London: Longman and Rees 1803.

*Scott–Poetical Works Walter Scott: The Poetical Works of Sir Walter Scott. With Memoir and Critical Dissertation by George Gilfillan. Bd. 1: The Lay of the Last Minstrel. The Lady of the Lake. Bd. 2: Marmion. The Vision of Don Roderick. Bd. 3: Rokeby. The Lord of the Isles. Edinburgh: Nichol, London: Nisbet, Dublin: Robertson 1857.

*Scott–Tales Walter Scott: Tales of a Grandfather (History of Scotland). Edinburgh: Black 1854.

*Scott–Waverley Walter Scott: Waverley. Hrsg. von P. D. Garside. Edinburgh: University Press 2007. (The Edinburgh Edition of the Waverley Novels; Bd. 1.)

Ullrich 1858a T[itus] U[llrich]: Ein Ausflug nach Schottland. II. Von Manchester nach Glasgow. In: National-Zeitung. Nr. 330. Abend-Ausgabe. 19. 7. 1858.

Ullrich 1858b T[itus] U[llrich]: Ein Ausflug nach Schottland. IV. Fort William. Der kaledonische Kanal. Oban. In: National-Zeitung. Nr. 334. Abend-Ausgabe. 21. 7. 1858.

Ullrich 1858c T[itus] U[llrich]: Ein Ausflug nach Schottland. XI. Edinburgh. In: National-Zeitung. Nr. 362. Abend-Ausgabe. 6. 8. 1858.

Weitere Quellen

Abercromby 1711 Patrick Abercromby: The Martial Atchievements of the Scots Nation. Bd. 1. Edinburgh: Freebairn 1711.

Adrian 1850a Johann Valentin Adrian: Bilder aus Schottland. Glasgow. In: Morgenblatt für gebildete Leser. Nr. 134. 5. 6. 1850, S. 533 f.

Adrian 1850b Johann Valentin Adrian: Bilder aus Schottland. Von Glasgow nach Edinburg (Schluß). In: Morgenblatt für gebildete Leser. Nr. 155. 29. 6. 1850, S. 617 f.

Adrian 1850c Johann Valentin Adrian: Bilder aus Schottland. Von Glasgow nach Inverness. In: Morgenblatt für gebildete Leser. Nr. 194. 14. 8. 1850, S. 773 f.

Adrian 1850d Johann Valentin Adrian: Bilder aus Schottland. Inverness und seine Umgebungen (Fortsetzung). In: Morgenblatt für gebildete Leser. Nr. 249. 17. 10. 1850, S. 994 f.

Alexander 1852 William Lindsay Alexander: The Ancient British Church: Being an Inquiry into the History of Christianity in Britain; previous to the Establishment of the Heptarchy: and Iona. London: The Religious Tract Society [1852].

[Anon.:] The Queen's Tour. In: The Illustrated London News. London. Nr. 17. 3. September 1842, S. 257–267 und 270 f.

Bannatyne Miscellany 1855 The Contract with James deWitte, Painter, for the Portraits of the Kings of Scotland in the Palace of Holyrood. In: The Bannatyne Miscellany; Containing Original Papers and Tracts, Chiefly Relating to the History and Literature of Scotland. Bd. 3. Edinburgh 1855: The Bannatyne Club/Hughes, S. 326–342.

Baronial Antiquities 1852 The Baronial and Ecclesiastical Antiquities of Scotland. Illustrated by Robert William Billings. Architect 1845–1852. In four Volumes. Bd. 3. Edinburgh, London: Blackwood [ca. 1852].

Bell 1828 Henry Glassford Bell: Life of Mary Queen of Scots. Bd. 1–2. Edinburgh: Constable, London: Hurst, Chance 1828. (Constable's Miscellany of Original and Selected Publications in the Various Departments of Literature Science, & the Arts; Bd. XXIV u. XXV.)

Blakey 1854 Robert Blakey: The Angler's Guide to the Rivers & Lochs of Scotland. London: Bogue, Glasgow: Murray, Edinburgh: Menzies 1854.

Boswell 1786 James Boswell: The Journal of a Tour to the Hebrides with Samuel Johnson, LL. D. 3., überarbeitete Auflage. London: Dilly 1786.

Bradshaw's 1858 Bradshaw's General Railway and Steam Navigation Guide, for Britain and Ireland […]. No. 301. 8. August 1858. Manchester: Bradshaw and Blacklock u. a.

Bruce 1837 Michael Bruce: Lochleven, and Other Poems. With a Life of the Author from Original Sources. Hrsg. von William Mackelvie. Edinburgh: Paterson 1837.

Catalogue Abbotsford 1838 Catalogue of the Library at Abbotsford. Hrsg. von John George Cochrane. Edinburgh: Constable 1838.

Elze 1860 Karl Elze: Eine Frühlingsfahrt nach Edinburg. Dessau: Aue 1860.

Gentleman's Magazine 1797 Scotland. In: The Gentleman's Magazine for October 1797. Bd. 67, Teil 2, Nr. 4. London: Nichols 1797, S. 879 f.

Hahnemann 1803 Samuel Hahnemann: Der Kaffee in seinen Wirkungen. Nach eigenen Beobachtungen. Leipzig: Steinacker 1803.

Herder 1993 Johann Gottfried Herder: Auszug aus einem Briefwechsel über Ossian und die Lieder alter Völker. In: Ders.: Schriften zur Ästhetik und Literatur 1767–1781. Hrsg. von Gunter E. Grimm. Frankfurt a. M.: Deutscher Klassiker Verlag 1993, S. 447–497. (Werke in zehn Bänden; Bd. 2.)

Irving 1979 Washington Irving: Abbotsford. In: Ders.: The Crayon Miscellany. Hrsg. von Dahlia Kirby Terrell. Boston: Twayne 1979, S. 123–168. (The Complete Works of Washington Irving; Bd. XXII.)

Jamieson 1811 John Jamieson: An Historical Account of the Ancient Culdees of Iona and of their Settlements in Scotland, England, and Ireland. Edinburgh: Ballantyne, London: Longman, Hurst, Rees, Orme, Brown, Jameson 1811.

Johnson 1971 Samuel Johnson: A Journey to the Western Islands of Scotland. Hrsg. von Mary Lascelles. New Haven, London: Yale University Press 1971. (The Yale Edition of the Works of Samuel Johnson; Bd. IX.)

Kalckstein 1854 Moritz von Kalckstein: Erinnerungen an England und Schottland. Ein Beitrag zur Reiseliteratur über jene Länder und zum praktischen Gebrauch für Besucher derselben. Berlin: Schneider 1854.

Keith 1844 Robert Keith: History of the Affairs of Church and State in Scotland, from the Beginning of the Reformation to the Year 1568. Bd. 1–3. Edinburgh: Spottiswoode Society 1844–1850.

Knox 1848 The Works of John Knox. Hrsg. von David Laing. Bd. 2. Edinburgh: Bannatyne Club/Constable 1848.

Kohl 1844 Johann Georg Kohl: Reisen in Schottland. Bd. 1–2. Dresden/Leipzig: Arnold 1844.

Lockhart 1837/38 John Gibson Lockhart: Memoirs of the Life of Sir Walter Scott, Bart. Bd. 1–7. Edinburgh: Cadell, London: Murray and Whittaker 1837/38.

Lockhart 1845 John Gibson Lockhart: Memoirs of the Life of Sir Walter Scott, Bart. A New Edition, Complete in One Volume. Edinburgh: Cadell 1845.

MacLehose 1886 James MacLehose: Memoirs and portraits of one hundred Glasgow men who have died during the last thirty years and in their lives did much to make the city what it is now. Bd. 1–2. Glasgow: MacLehose 1886.

Maxwell-Scott 1893 Mary Monica Maxwell Scott: Abbotsford. The Personal Relics and Antiquarian Treasures of Sir Walter Scott. London: Black 1893.

Maxwell-Scott 1921 Catalogue of the armour & antiquities at Abbotsford. Hrsg. von Mary Monica Maxwell-Scott. Edinburgh: Constable 1921.

Monro 1774 Donald Monro: Description of the Western Isles of Scotland, called Hybrides. Edinburgh: Auld 1774.

Monro 1818 Donald Monro: Description of the Western Isles of Scotland, called Hybrides. In: Miscellanea Scotica. A Collection of Tracts Relating to the History, Antiquities, Topography, and Literature of Scotland. Bd. 2. Glasgow: Wylie 1818, S. 111–153.

Murray's Handbook 1868 Handbook for Travellers in Scotland. Second and thoroughly revisited Edition. London: Murray, Edinburgh: Oliver & Boyd, Dublin: Smith & Son 1868.

Nelsons' Guide 1858 Nelsons' Tourist's Guide to the Trosachs and Loch Lomond. London, Edinburgh, New York: Nelson 1858.

Nelsons' Handbook 1859 Oban, Staffa, and Iona. London, Edinburgh, New York: Nelson 1859. (Nelsons' Hand-Books for Tourists.)

New Statistical Account 1845 The New Statistical Account of Scotland. By the Ministers of the Respective Parishes, under the Superintendence of a Committee of the Society for the Benefit of the Sons and Daughters of the Clergy. Bd. 1–15. Edinburgh, London: Blackwood 1845.

Pitscottie 1728 Robert Lindesay of Pitscottie: The History of Scotland. From 21 February, 1436. to March, 1565. Edinburgh: Baskett 1728.

Rellstab 1852 Ludwig Rellstab: Sommermährchen in Reisebildern aus Deutschland, Belgien, Frankreich, England, Schottland im Jahr 1851. Bd. 1–2. Darmstadt: Lange 1852.

Schelling 2009 Friedrich Wilhelm Joseph Schelling: Schriften 1801. »Darstellung meines Systems der Philosophie« und andere Texte. Hrsg. von Manfred Durner. Stuttgart: Frommann-Holzboog 2009. (Werke; Bd. 10.)

Scott–Chronicles Walter Scott: Chronicles of the Canongate. Hrsg. von Claire Lamont. Edinburgh: University Press 2000. (The Edinburgh Edition of the Waverley Novels; Bd. 20.)

Scott–Letters The Letters of Sir Walter Scott. 1817–1819. Hrsg. von H. J. C. Grierson. London: Constable 1933. (Centenary Edition; Bd. 5.)

Scott–Magnum1 Walter Scott: Introductions and Notes from the Magnum Opus. Waverley to A Legend of the Wars of Montrose. Hrsg. von J. H. Alexander mit P. D Garside u. Claire Lamont. Edinburgh: University Press 2012. (The Edinburgh Edition of the Waverley Novels; Bd. 25a.)

Scott–Provincial Antiquities Walter Scott: Provincial Antiquities of Scotland. Edinburgh: Cadell, London: Whittaker 1834. (The Miscellaneous Prose Works of Sir Walter Scott, Bart.; Bd. 7.)

Fontanes Werke

Erstdrucke und Erstausgaben

Fontane–Chambers Theodor Fontane: William und Robert Chambers. In: Männer der Zeit. Biographisches Lexikon der Gegenwart. Zweite Serie. Mit Supplement: Frauen der Zeit. Leipzig: Lorck 1862, Sp. 221 f.

Fontane–Jenseit Theodor Fontane: Jenseit des Tweed. Bilder und Briefe aus Schottland. Berlin: Springer 1860.

Fontane–Kinderjahre Theodor Fontane: Meine Kinderjahre. Autobiographischer Roman. Berlin: F. Fontane 1894.

Fontane–Kriegsgefangen Theodor Fontane: Kriegsgefangen. Erlebtes 1870. Berlin: Decker 1871.

Fontane–Sommer Theodor Fontane: Ein Sommer in London. Dessau: Katz 1854.

Werkausgaben

AFA-Autobiogr. Schriften Theodor Fontane: Autobiographische Schriften. Bd. I–III/2. Hrsg. von Gotthard Erler, Peter Goldammer u. Joachim Krueger. Berlin, Weimar: Aufbau 1982.

Bd. 3/1: Christian Friedrich Scherenberg. Tunnelprotokolle und Jahresberichte. Autobiographische Aufzeichnungen und Dokumente. Bearbeiter des Bandes Joachim Krueger.

GBA Große Brandenburger Ausgabe. Begründet u. hrsg. von Gotthard Erler. Fortgeführt von Gabriele Radecke u. Heinrich Detering. Wanderungen durch die Mark Brandenburg. [Bd.] 1–8. – Gedichte. Bd. 1–3. – Der Ehebriefwechsel. Bd. 1–3. – Tage- und Reisetagebücher. Bd. 1–3. – Das erzählerische Werk. Bd. 1–20. – Das autobiographische Werk. Bd. 3. Berlin: Aufbau 1994 – [erscheint noch].

GBA-Autobiogr. Werk Das autobiographische Werk. Hrsg. von Gabriele Radecke u. Heinrich Detering. Berlin: Aufbau 2014–[erscheint noch].

Bd. 3: Von Zwanzig bis Dreißig. Autobiographisches. Hrsg. von der Theodor Fontane-Arbeitsstelle, Universität Göttingen. (2014.)

GBA-Erz. Werk Das erzählerische Werk. Hrsg. in Zusammenarbeit mit dem Theodor-Fontane-Archiv. Editorische Betreuung: Christine Hehle.

Bd. 1–20. Berlin: Aufbau 1997–2012.

Bd. 7: Graf Petöfy. Roman. Hrsg. von Petra Kabus. (1999.)

Bd. 9: Cécile. Roman. Hrsg. von Hans Joachim Funke u. Christine Hehle. (2000.)

Bd. 13: Unwiederbringlich. Roman. Hrsg. von Christine Hehle. (2003.)

GBA-Gedichte Gedichte. Bd. 1–3. Hrsg. von Joachim Krueger u. Anita Golz. 2., durchgesehene u. erweiterte Aufl. Berlin: Aufbau 1995.

GBA-Tagebücher Tage- und Reisetagebücher. Bd. 1–3. Berlin: Aufbau 1994–2012.

Bd. 1: Tagebücher. 1852. 1855–1858. Hrsg. von Charlotte Jolles unter Mitarbeit von Rudolf Muhs. 2. Auflage. (1995.)

GBA-Wanderungen Wanderungen durch die Mark Brandenburg. Bd. 1–8. Berlin: Aufbau 1994–1997.

Bd. 5: Fünf Schlösser. Altes und Neues aus Mark Brandenburg. Hrsg. von Gotthard Erler u. Rudolf Mingau unter Mitarbeit von Therese Erler. (1997.)

Bd. 6: Dörfer und Flecken im Lande Ruppin. Unbekannte und vergessene Geschichten aus der Mark Brandenburg I. Hrsg. von Gotthard Erler unter Mitarbeit von Therese Erler. (1997.)

HFA Theodor Fontane: Werke, Schriften und Briefe. Hrsg. von Walter Keitel u. Helmuth Nürnberger. Abteilung I–IV. München: Hanser 1969–1997.

HFA, III Abt. III: Erinnerungen, ausgewählte Schriften und Kritiken.

Bd. 3/1: Reiseberichte und Tagebücher. Erster Teilband. Reiseberichte. Hrsg. von Helmuth Nürnberger unter Mitwirkung von Heide Streiter-Buscher. (1975. Enthält auf den Seiten 179–402 »Jenseit des Tweed«.)

Bd. 3/2: Reiseberichte und Tagebücher. Zweiter Teilband. Tagebücher. Hrsg. von Walter Keitel u. Helmuth Nürnberger (1997. Enthält auf den Seiten 1290–1326 die Anmerkungen zu »Jenseit des Tweed«.)

HFA, IV Siehe »Briefausgaben«, HFA, IV.

NFA Theodor Fontane: Sämtliche Werke. Bd. 1–24. München: Nymphenburger 1959–1975.

Bd. 14: Meine Kinderjahre. Christian Friedrich Scherenberg und das literarische Berlin von 1840 bis 1860. Mein Erstling: Das Schlachtfeld von Groß-Beeren. Unter Mitwirkung von Kurt Schreinert hrsg. von Jutta Neuendorff-Fürstenau. (1961.)

Bd. 17: Aus England und Schottland. Unter Mitwirkung von Kurt Schreinert hrsg. von Charlotte Jolles. (1963. Enthält auf den Seiten 187–410 »Jenseit des Tweed«, auf den Seiten 635–648 den Kommentar dazu.)

Bd. 18: Unterwegs und wieder daheim. Gesammelt von Kurt Schreinert fortgeführt u. hrsg. von Jutta Neuendorff-Fürstenau. (1972.)

Bd. 18a: Unterwegs und wieder daheim. Anhang: Korrespondenzen, Kommentare, Register. Unter Heranziehung der von Kurt Schreinert

gesammelten Materialien hrsg. von Jutta Neuendorff-Fürstenau. (1972.)
Bd. 19: Politik und Geschichte. Unter Mitwirkung von Kurt Schreinert hrsg. von Charlotte Jolles. (1969.)
Bd. 21/1: Literarische Essays und Studien. Erster Teil. Gesammelt u. hrsg. von Kurt Schreinert. (1963.)
Bd. 23/1: Aufsätze zur bildenden Kunst. Erster Teil. Gesammelt von Kurt Schreinert u. Wilhelm Vogt, fortgeführt u. hrsg. von Rainer Bachmann u. Edgar Groß. (1970.)

Briefausgaben

FEF Emilie und Theodor Fontane. Der Ehebriefwechsel. 1844–1898. Bd. 1–3. Hrsg. von Gotthard Erler unter Mitarbeit von Therese Erler. Berlin: Aufbau 1998. (Große Brandenburger Ausgabe. Der Ehebriefwechsel; Bd. 1–3.)
FEgg Theodor Fontane und Friedrich Eggers. Der Briefwechsel. Mit Fontanes Briefen an Karl Eggers u. der Korrespondenz von Friedrich Eggers mit Emilie Fontane. Hrsg. von Roland Berbig. Berlin, New York: de Gruyter 1997. (Schriften der Theodor Fontane Gesellschaft; Bd. 2.)
FHer Theodor Fontane: Briefe an Wilhelm und Hans Hertz 1859 bis 1898. Hrsg. von Kurt Schreinert, vollendet u. mit einer Einführung versehen von Gerhard Hay. Stuttgart: Klett 1972.
FHey2 Der Briefwechsel zwischen Theodor Fontane und Paul Heyse. Hrsg. von Gotthard Erler. Berlin, Weimar: Aufbau 1972.
FLep2 Theodor Fontane – Bernhard von Lepel. Der Briefwechsel. Kritische Ausgabe. Bd. 1–2. Hrsg. von Gabriele Radecke. Berlin, New York: de Gruyter 2006. (Schriften der Theodor Fontane Gesellschaft; Bd. 5.1–5. 2.)
FMer Die Fontanes und die Merckels. Ein Familienbriefwechsel 1850–1870. Bd. 1–2. Hrsg. von Gotthard Erler. Berlin, Weimar: Aufbau 1987.
FProp Theodor Fontane: Briefe. [Bd.] I–IV. Hrsg. von Kurt Schreinert. Zu Ende geführt u. mit einem Nachwort versehen von Charlotte Jolles. Erste wort- u. buchstabengetreue Edition nach den Handschriften. Berlin: Propyläen 1968–1971.
FWolf3 Theodor Fontane und Wilhelm Wolfsohn – eine interkulturelle Beziehung. Briefe, Dokumente, Reflexionen. Hrsg. von Hanna Delf von Wolzogen u. Itta Shedletzky. Bearbeitet von Hanna Delf von Wolzogen, Christine Hehle u. Ingolf Schwan. Tübingen: Mohr Siebeck 2006. (Schriftenreihe wissenschaftlicher Abhandlungen des Leo Baeck Instituts; Bd. 71.)

FZweite Sammlung Briefe Theodor Fontanes. Zweite Sammlung. Hrsg. von Otto Pniower u. Paul Schlenther. Bd. 1–2. 3. Auflage. Berlin: Fontane 1910.

HFA, IV Theodor Fontane: Werke, Schriften und Briefe. Abt. IV. Briefe. München: Hanser 1976–1994.
Bd. 1: Briefe. 1833–1860. Hrsg. von Otto Drude u. Helmuth Nürnberger. (1976.)
Bd. 3: Briefe. 1879–1889. Hrsg. von Otto Drude, Manfred Hellge u. Helmuth Nürnberger unter Mitw. von Christian Andree. (1980.)
Bd. 5/2: Briefe. Register u. Kommentar. Teilbd. 2: Kommentar. Hrsg. von Walter Hettche, Christian Klug, Helmuth Nürnberger u. Bernhard Zand. (1994.)

ThFo Theodor Fontane: Der Dichter über sein Werk. Bd. 1–2. Hrsg. von Richard Brinkmann in Zusammenarbeit mit Waltraud Wiethölter. Für die Taschenbuchausgabe durchges. u. erweiterte Fassung. München: Deutscher Taschenbuch Verlag 1977. (dtv; 6073–6074.)

Nachschlagewerke der Fontane-Forschung

Bibliographie Wolfgang Rasch: Theodor Fontane Bibliographie. Werk und Forschung. In Verbindung mit der Humboldt-Universität zu Berlin u. dem Theodor-Fontane-Archiv Potsdam hrsg. von Ernst Osterkamp u. Hanna Delf von Wolzogen. Bd. 1–3. Berlin, New York: de Gruyter 2006.

Chronik Roland Berbig: Theodor Fontane Chronik. Projektmitarbeit 1999–2004: Josefine Kitzbichler. Bd. 1–5. Berlin, New York: de Gruyter 2010.

Fontane-Handbuch Fontane-Handbuch. Hrsg. von Christian Grawe u. Helmuth Nürnberger. Stuttgart: Kröner 2000.

Allgemeine Nachschlagewerke

Barrow 2016 G. W. S. Barrow: Competitors for the throne of Scotland (act. 1291–1292). In: ODNB online: http://www.oxforddnb.com/view/theme/93692 [Stand: Juni 2016].

Directory for Stirling Duncan & Jamieson's Directory for Stirling, St. Ninians, Cambusbarron, Whins of Milton, Bannockburn, Bridge of Allan, Dunblane, Doune, Deanston, and Callander 1868–69. Stirling: Shearer, Edinburgh: Menzies, Glasgow: Bryce [ohne Jahr].

NDB Neue deutsche Biographie. Hrsg. von der Historischen Kommission bei der bayerischen Akademie der Wissenschaften. Bd. 1 –

[erscheint noch]. Berlin: Duncker u. Humblot 1953–[erscheint noch]. Online unter: www.deutsche-biographie.de [Stand: Juni 2016].

ODNB Oxford Dictionary of National Biography. In Association with The British Academy. From the earliest times to the year 2000. Hrsg. von H. C. G. Matthew u. Brian Harrison. Bd. 1–60. Oxford: Oxford University Press 2004. Online unter: www.oxforddnb.com [Stand: Juni 2016].

Osborne 2004 Brian D. Osborne: Macdonell, Alexander Ranaldson, of Glengarry. In: ODNB 35 (2004), S. 290 f.

Pierer[4] Pierer's Universal-Lexikon der Vergangenheit und Gegenwart oder Neuestes encyclopädisches Wörterbuch der Wissenschaften, Künste und Gewerbe. Bd. 1–19. Vierte, umgearbeitete u. stark vermehrte Auflage. Altenburg: Pierer 1857–1865.

Post-Office Edinburgh and Leith Directory 1857–58. Edinburgh: Ballantyne [ohne Jahr].

Post-Office Perth Directory 1856 The Post-Office Perth Directory, for 1856–57. Hrsg. von James Marshall. Perth: C. G. Sidney, Post-Office [ohne Jahr].

Post-Office Perth Directory 1858 The Post-Office Perth Directory for 1858–59. Hrsg. von James Marshall. Perth: C. G. Sidney, Post-Office [ohne Jahr].

Richter 1980 Günter Richter: Knesebeck, Karl Friedrich von dem. In: NDB 12 (1980), S. 179.

Stirling Directory 1865 The Stirling Directory for 1865–6, including Bridge of Allan, Dunblane, Doune, St. Ninians, Bannockburn, etc. with Historical and Descriptive Sketches. Stirling, Edinburgh: Miller, Bridge of Allan: Forbes [ohne Jahr].

Tunnel-Archiv Archiv des »Tunnels über der Spree«. Internetseite, online unter: allegro.ub.hu-berlin.de/tunnel/[Stand: Juni 2016].

Rezensionen zu »Jenseit des Tweed«

Im Folgenden werden nur die in diesem Band zitierten oder paraphrasierten Rezensionen aufgelistet. Eine Gesamtübersicht ist in der »Theodor-Fontane-Bibliographie« (vgl. Bibliographie, Bd. 2, Nr. 8276–8287) sowie in aktualisierter Fassung auf der Website der Theodor Fontane-Arbeitsstelle unter http://uni-goettingen.de/de/154457.html zusammengestellt.

[Anon.:] Across the Tweed. In: Bentley's Miscellany. London. Nr. 48, Juli 1860, S. 186–194.

[Anon.:] Literatur. [Darin:] Jenseit des Tweed. In: Die Grenzboten. Zeitschrift für Politik und Literatur. Leipzig. 19. Jg., 2. Semester, 3. Band, Juli 1860, S. 80. [Bibliographie, Bd. 2, Nr. 8280.]

[Anon.:] [Ohne Titel]. In: Breslauer Zeitung. Breslau. Nr. 303, 1. Juli 1860.

[Anon.:] [Kurznotiz]. In: Kölnische Zeitung. Köln. Nr. 197, 17. Juli 1860. [Bibliographie, Bd. 2, Nr. 8277.]

[Anon.:] Zwei Culturbilder aus Schottland. In: Europa. Chronik der gebildeten Welt. Leipzig. Nr. 29, [August] 1860, Sp. 993–1002. [Bibliographie, Bd. 2, Nr. 8281.]

[Anon.:] Länder- und Völkerkunde. [Darin:] 2) Jenseit des Tweed. Bilder und Briefe aus Schottland. Von Th. Fontane. Berlin, J. Springer, 1860. In: Wolfgang Menzels Literaturblatt. Stuttgart. Nr. 80, 6. Oktober 1860, S. 317–319. [Bibliographie, Bd. 2, Nr. 8282.]

[Anon.:] Notiz-Blätter. [Unterrubrik:] Deutsche Literatur. [Darin:] Jenseit des Tweed. Bilder und Briefe aus Schottland. Von Th. Fontane. Berlin. Springer. 1860. In: Über Land und Meer. Allgemeine Illustrirte Zeitung. Stuttgart. Bd. 5, 3. Jg, 1. Semester, Nr. 2, 10. Oktober 1860, S. 22.

[Anon.:] Neue literarische Erscheinungen. [Unterrubrik:] Geographie. In: Central-Anzeiger für Freunde der Literatur. Leipzig. Nr. 19, 15. Oktober 1860, S. 162, Nr. 596.

[Anon.:] Kunst und Literatur. [Darin:] »Jenseits des Tweed«. In: Süddeutsche Zeitung. München. Nr. 292, 21. Oktober 1860.

[Anon.:] Vermischtes. In: Literarisches Centralblatt für Deutschland. Leipzig. Nr. 3, 19. Januar 1861. [Bibliographie, Bd. 2, Nr. 8286.]

[Anon.:] German Literature. [Darin:] The Other Side of the Tweed. In: The Saturday Review of Politics, Literature, Science, and Art. Bd. 11, Nr. 286, 20. April 1861, S. 406.

Fkg.: Literatur und Kunst. Aus Schottland. In: Deutsches Museum. Zeitschrift für Literatur, Kunst und öffentliches Leben. Leipzig. Nr. 30, 26. Juli 1860, S. 143–145. [Bibliographie, Bd. 2, Nr. 8279.]

Karl Frenzel: Reisen durch Schottland und Irland. In: Unterhaltungen am häuslichen Herd. Leipzig. NF, Bd. 5, Nr. 57, 27. Oktober 1860, S. 907–909. [Bibliographie, Bd. 2, Nr. 8284.]

g. [Max Ring]: Literarisches. [Darin:] Jenseit des Tweed. Bilder und Briefe aus Schottland, von Theodor Fontane. In: Königlich privilegirte Berlinische Zeitung von Staats- und gelehrten Sachen. Berlin. Nr. 167, 19. Juli 1860. 1. Beilage. [Bibliographie, Bd. 2, Nr. 8278.]

Gr.: Vom Büchertisch. Jenseit des Tweed. Bilder und Briefe aus Schottland. Von Th. Fontane. Berlin, Verlag von Jul. Springer. In: Abendblatt zur Neuen Münchner Zeitung. München. Nr. 253, 23. Oktober 1860, S. 1010 f. [Bibliographie, Bd. 2, Nr. 8283.]

H. [George Hesekiel]: [Ohne Titel]. In: Neue Preußische [Kreuz-]Zeitung. Berlin. Nr. 139, 16. Juni 1860.

E. K. [Ernst Kossak]: Neue Bücher. In: Berliner Montags-Post. Zeitung für Politik, Gesellschaft, Literatur und Kunst. Berlin. Nr. 43, 22. Oktober 1860.

W. L. [Wilhelm Lübke]: Wissenschaftliche und Kunst-Nachrichten. Jenseit des Tweed. Bilder und Briefe aus Schottland, von Th. Fontane. Berlin, bei Springer, 1860. In: Beilage zu den Berlinischen Nachrichten von Staats- und gelehrten Sachen. Berlin. Nr. 149, 28. Juni 1860. [Bibliographie, Bd. 2, Nr. 8276.]

Lewin Schücking: Literatur-Bericht. [Darin:] Jenseit des Tweed. Bilder und Briefe aus Schottland. Von Th. Fontane. (Berlin 1860). In: Illustrirtes Familienbuch zur Unterhaltung und Belehrung häuslicher Kreise. Triest. Band 10, 1860, S. 405 f. [Bibliographie, Bd. 2, Nr. 8285.]

4.: Reisen in Schottland. In: Blätter für literarische Unterhaltung. Leipzig. Nr. 21, 23. Mai 1861, S. 385–387. [Bibliographie, Nr. 8287.]

Forschungsliteratur

Andrews 1989 Malcolm Andrews: The Search for the Picturesque. Landscape Aesthetics and Tourism in Britain, 1760–1800. Aldershot: Scolar Press 1989.

Bell 2008 D. Bell: Edinburgh Old Town. The Forgotten Nature of an Urban Form. Edinburgh: Tholis 2008.

Berg-Ehlers 1990 Luise Berg-Ehlers: Theodor Fontane und die Literaturkritik. Zur Rezeption eines Autors in der zeitgenössischen konservativen und liberalen Berliner Tagespresse. Bochum: Winkler 1990.

Bourke 2000 Eoin Bourke: Vom Berliner Schloß zu St. Kevins Höhle. Begegnungsstätten deutscher Dichter mit dem Werk Thomas Moores. In: Beiträge zur Rezeption der britischen und irischen Literatur des 19. Jahrhunderts im deutschsprachigen Raum. Hrsg. von Norbert Bachleitner. Amsterdam, Atlanta (Ga.): Rodopi 2000, S. 93–106.

Chambers 2014 Helen Chambers: Fontane-Studien. Gesammelte Aufsätze zu Romanen, Gedichten und Reportagen. Würzburg: Königshausen & Neumann 2014. (Fontaneana; Bd. 11.)

Clarke 2010 Deborah Clarke: The Palace of Holyroodhouse. Official Souvenir Guide. London: Royal Collection 2010.

Coghill 2010 Hamish Coghill: Lost Edinburgh. Edinburgh's Lost Architectural Heritage. Edinburgh: Birlinn 2010.

Craig 1999 Gordon A. Craig: Theodor Fontane. Literature and History in the Bismarck Reich. New York, Oxford: Oxford University Press 1999.

Cust 1903 Lionel Cust: Notes on the Authentic Portraits of Mary Queen of Scots. London: Murray 1903.

Dickinson/Logue 1976 H. T. Dickinson u. Kenneth Logue: The Porteous Riot. A Study of the Breakdown of Law and Order in Edinburgh, 1736–1737. In: The Journal of the Scottish Labour History Society. Edinburgh. Nr. 10. Juni 1976, S. 21–40.

Dieck 1990 Thomas Dieck: »Schuldige Unschuld«: Schillers »Maria Stuart« vor dem Hintergrund barocker Dramatisierungen des Stoffes. In: Schiller und die höfische Welt. Hrsg. von Achim Aurnhammer, Klaus Manger u. Friedrich Strack. Tübingen: Niemeyer 1990, S. 233–246.

Durie 1992 Alastair J. Durie: Tourism in Victorian Scotland: The Case of Abbotsford. In: Scottish Economic & Social History. Edinburgh. Vol. 12 (1992), S. 42–54.

Durie 2003 Alastair J. Durie: Scotland for the Holidays. A History of Tourism in Scotland, 1780–1939. East Linton: Tuckwell 2003.

Durie 2006 Alastair Durie: ›Scotland is Scott-Land‹: Scott and the Development of Tourism. In: The Reception of Sir Walter Scott in Europe. Hrsg. von Murray Pittock. London, New York: Continuum 2006, S. 313–322.

Durie 2012 Alastair J. Durie: Scott and tourism. In: Literary Tourism. The Trossachs and Walter Scott. Hrsg. von Ian Brown. Glasgow: Scottish Literature International 2012, S. 45–55.

Erler 1974 Gotthard Erler: Fontane in Schottland. In: FBl. Heft 18 (1974), S. 124–134.

Ermisch 2015 Maren Ermisch: »Erzählungen eines letzten Romantikers«. Fontanes »Jenseit des Tweed« und die deutschen Schottlandreiseberichte des 19. Jahrhunderts. Berlin: Erich Schmidt 2015. (Philologische Studien und Quellen; Bd. 249.)

Fawcett 2005 Richard Fawcett: Stirling Castle. Edinburgh: Historic Scotland 2005.

FBl Fontane Blätter. Potsdam. Heft 1–[erscheint noch], 1965–[erscheint noch]. [Bis 1987 zusätzlich Bandzählung: Bd. 1–6 = Heft 1–44.]

Fernie 1986 Eric Fernie: Early church architecture in Scotland. In: Proceedings of the Society of Antiquaries of Scotland. Edinburgh. Bd. 116 (1986), S. 393–411.

Fischer 2004 Tilman Fischer: Reiseziel England. Ein Beitrag zur Poetik der Reisebeschreibung und zur Topik der Moderne (1830–1879). Berlin 2004: Erich Schmidt. (Philologische Studien und Quellen; Bd. 184.)

Fontane/Wocker/Stewart 1984 Theodor Fontane, Karl Heinz Wocker u. Julie Stewart: Schottland. München: dtv 1984. (dtv MERIAN reiseführer.)

Gatherer 1986 Nigel Gatherer: Songs and Ballads of Dundee. Edinburgh: Donald 1986.

Gifford/McWilliam/Walker 2003 John Gifford, Colin McWilliam u. David Walker: Edinburgh. New Haven, London: Yale University Press 2003. (The Buildings of Scotland.)

Gravenkamp 2004 Horst Gravenkamp: »Um zu sterben muß sich Hr. F. erst eine andere Krankheit anschaffen«. Theodor Fontane als Patient. Göttingen: Wallstein 2004.

Gruppe 1881 Otto Gruppe: Michelangelo's Moses-Modell. In: Zeitschrift für Bildende Kunst. Leipzig. Bd. 16 (1881), S. 86–89.

Haldane Grenier 2005 Katherine Haldane Grenier: Tourism and Identity in Scotland, 1770–1914. Creating Caledonia. Aldershot, Burlington: Ashgate 2005.

Hartung 1962 Hugo Hartung: Land der Gegensätze. In: Merian. Das Monatsheft der Städte und Landschaften. Schottland. Hamburg. 15. Jg, Heft 10 (1962), S. 3–5.

Hiley 1985 Alison Hiley: German-speaking travellers in Scotland, 1800–1860, and their place in the history of European travel literature. Edinburgh1985. [Diss., masch., online abrufbar unter: https://www.era.lib.ed.ac.uk/handle/1842/7350. Stand: Juni 2016.]

Hiley 1996 Alison Hiley: ›Scotland's name is poetry to our ears‹: German travellers in Scotland, c. 1800–1860. In: Scottish Archives. Edinburgh, Glasgow. Bd. 2 (1996), S. 24–38.

Johnson 1970 Edgar Johnson: Sir Walter Scott. The Great Unknown. Bd. 1–2. New York: Macmillan 1970.

Kelly 2010 Stuart Kelly: Scott-land. The Man Who Invented A Nation. Edinburgh: Polygon 2010.

Kittelmann 2010a Jana Kittelmann: Nordische Natur(en)? Fanny Lewald und Theodor Fontane in Schottland. Mit Briefauszügen von Fanny Lewald und Amelie Bölte. In: FBl. Heft 89 (2010), S. 69 bis 86.

Kittelmann 2010b Jana Kittelmann: Von der Reisenotiz zum Buch. Zur Literarisierung und Publikation privater Reisebriefe Hermann von Pückler-Muskaus und Fanny Lewalds. Mit unveröffentlichten Nachlassdokumenten. Dresden: Thelem 2010.

Kurth-Voigt 1981 Lieselotte E. Kurth-Voigt: Zu Fontanes Jenseit des Tweed; ein unveröffentlichter Brief Theodor Fontanes an Hermann Costenoble. In: FBl. Heft 32 (1981), S. 666–670.

Lever 1971 Sir Tresham Lever: Sir Walter Scott and the Murder of Porteous. In: Blackwood's Magazine. Edinburgh. Bd. 310. Nr. 1871. September 1971, S. 212–224.

Magnusson 2001 Magnus Magnusson: Scotland. The Story of a Nation. London: HarperCollins 2001.

Marshall 1986 Rosalind K. Marshall: Queen of Scots. Edinburgh: Her Majesty's Stationery Office 1986.

Masson/Harden 2009 Elspeth Masson u. Jill Harden: Drumossie Moor: Memorialization, Development and Restoration in an Evolving Historic Landscape. In: Culloden. The History and Archaeology of the Last Clan Battle. Hrsg. von Tony Pollard. Barnsley: Pen & Sword Military 2009, S. 203–217.

Maurer 2014 Michael Maurer: Lieux de mémoire: Fontanes Schottland-Reise (»Jenseit des Tweed«). In: Theodor Fontane. Berlin, Brandenburg, Preußen, Deutschland, Europa und die Welt. Hrsg. von Hanna Delf von Wolzogen, Richard Faber u. Helmut Peitsch. Würzburg: Königshausen & Neumann 2014 (Fontaneana; Bd. 13), S. 59–78.

Möller 2002 Klaus-Peter Möller: »Ein sehr mäßiges Kauf-Publikum in Deutschland«. Zu Fontanes Beziehung mit dem Verlag Julius Springer. In: FBl. Heft 74 (2002), S. 138–140.

Möller 2003 Klaus-Peter Möller: Eine »freundliche Ueberraschung hinsichtlich des Honorars«. Noch einmal Fontane und der Springer-Verlag – unbekanntes Material und eine Zusammenstellung der Presse-Reaktionen. In: FBl. Heft 76 (2003), S. 134–152.

Moore 2003 Dafydd R. Moore: The critical response to Ossian's Romantic bequest. In: English Romanticism and the Celtic World. Hrsg. von Gerard Carruthers u. Alan Rawes. Cambridge: Cambridge University Press 2003, S. 38–53.

Müller 1857 Friedrich Müller: Buonarotti, Michelangelo. In: Friedrich Müller: Die Künstler aller Zeiten und Völker oder: Leben und Werke der berühmtesten Baumeister, Bildhauer, Maler, Kupferstecher, Formschneider, Lithographen etc. von den frühesten Kunstepochen bis zur Gegenwart. Erster Band A–E. Stuttgart: Ebner & Seubert 1857, S. 209–226.

Muhs 1995 Rudolf Muhs: Massentourismus und Individualerlebnis. Fontane als Teilnehmer der ersten Pauschalreise von Deutschland nach London 1844. In: Theodor Fontane. The London Symposium. Hrsg. von Alan Bance, Helen Chambers u. Charlotte Jolles. Stuttgart: Heinz 1995, S. 159–193. (Stuttgarter Arbeiten zur Germanistik; Bd. 310.)

Neuhaus 1996 Stefan Neuhaus: Freiheit, Ungleichheit, Selbstsucht? Fontane und Großbritannien. Frankfurt a. M. [u. a.]: Lang 1996.

Nürnberger 1997 Helmuth Nürnberger: »Du hast den Sänger Rizzio beglückt …«. Mortimer und Maria Stuart, Robert von Gordon-Leslie und Cécile von St. Arnaud. In: FBl. Heft 63 (1997), S. 91–101.

Osborne 2001 Brian D. Osborne: The Last of the Chiefs. Alasdair Ranaldson Macdonell of Glengarry 1773–1828. Argyll: Argyll 2001.

Osborne 2003 John Osborne: Aus Schottland und Frankreich. Überlegungen zum Gattungscharakter von Fontanes Kriegsberichten. In: FBl. Heft 75 (2003), S. 42–63.

Ott 2010 Kristin Ott: Sublime Landscapes and Ancient Traditions: Eighteenth-Century Literary Tourism in Scotland. In: Romantic Localities: Europe Writes Place. Hrsg. von Christoph Bode u. Jacqueline Labbe. London: Pickering & Chatto 2010, S. 39–50.

Paul 1915 James Balfour Paul: Ancient Artillery. With some Notes on Mons Meg. In: Proceedings of the Society of Antiquaries of Scotland. Edinburgh. Bd. 50 (1915/16), S. 191–201.

Penman 2009 Michael A. Penman: Robert Bruce's Bones: Reputations, Politics and Identities in Nineteenth-Century Scotland. In: International review of Scottish Studies. Guelph. Bd. 34 (2009), S. 7–73.

Pieske 2004 Christa Pieske: Die druckgraphischen Reproduktionen nach Dietrich Montens »Finis Poloniae 1831«. In: Arbeitskreis Bild Druck Papier. Tagungsband Budapest 2003. Hrsg. von Christa Pieske, Konrad Vanja u. Sigrid Nagy. Münster, New York, München, Berlin: Waxmann 2004, S. 93–110.

Radecke 2002 Gabriele Radecke: Vom Schreiben zum Erzählen. Eine textgenetische Studie zu Theodor Fontanes »L'Adultera«. Würzburg: Königshausen & Neumann 2002. (Epistemata; Bd. 358.)

Radecke 2013 Gabriele Radecke: Notizbuch-Editionen. Zum philologischen Konzept der Genetisch-kritischen und kommentierten Hybrid-Edition von Theodor Fontanes Notizbüchern. In: editio. Berlin. Bd. 27 (2013), S. 149–172.

Reid 2009 Stuart Reid: The Battle of Culloden. A Narrative Account. In: Culloden. The History and Archaeology of the Last Clan Battle. Hrsg. von Tony Pollard. Barnsley: Pen & Sword Military 2009, S. 103–129.

Robins/Meek 2006 Nick S. Robins u. Donald E. Meek: The Kingdom of MacBrayne. From steamships to car-ferries in the West Highlands and Hebrides 1820–2005. Edinburgh: Birlinn 2006.

Sagarra/Tanzer 2000 Eda Sagarra u. Ulrike Tanzer: Die Rezeption irischer Autorinnen in Deutschland 1815–1848. Maria Edgeworth und Lady Sydney Morgan im Spiegel der »Blätter für literarische Unterhaltung« und der »Allgemeinen Literaturzeitung«. In: Beiträge zur Rezeption der britischen und irischen Literatur des 19. Jahrhunderts im deutschsprachigen Raum. Hrsg. von Norbert Bachleitner. Amsterdam, Atlanta (Ga.): Rodopi 2000, S. 79–91.

Scheitler 1999 Irmgard Scheitler: Gattung und Geschlecht. Reisebeschreibungen deutscher Frauen 1780–1850. Tübingen: Niemeyer 1999.

Schmidt 2003 Wolf Gerhard Schmidt: ›Homer des Nordens‹ und ›Mutter der Romantik‹. James Macphersons »Ossian« und seine Rezeption in der deutschsprachigen Literatur. Bd. 1–3. Berlin, New York: deGruyter 2003.

Steinecke 1998 Hartmut Steinecke: Der »reichste, gewandteste, berühmteste Erzähler seines Jahrhunderts«. Walter Scott und der Roman in Deutschland. In: Deutsche Schottlandbilder: Beiträge zur Kulturgeschichte. Hrsg. von Winfried Siebers u. Uwe Zagratzki. Osnabrück: Rasch 1998, S. 49–58.

Sternagel 2011 Renate Sternagel: Fanny Lewald und ihre jungen Männer. Johann Jacoby, Heinrich Simon, Theodor Fontane, Gottfried Keller, Paul Heyse. In: Fanny Lewald (1811–1889). Studien zu einer großen europäischen Schriftstellerin und Intellektuellen. Hrsg. von Christina Ujma. Bielefeld: Aisthesis 2011, S. 67–92. (Vormärz-Studien; Bd. XX.)

Stevenson 2006 Katie Stevenson: Chivalry and Knighthood in Scotland, 1424–1513. Woodbridge: Boydell 2006.

Ungern-Sternberg 2008 Antje von Ungern-Sternberg: Religionsfreiheit in Europa. Die Freiheit individueller Religionsausübung in Großbritannien, Frankreich und Deutschland – ein Vergleich. Tübingen: Mohr Siebeck 2008. (Jus Ecclesiasticum; Bd. 86.)

Watson 2006 Nicola J. Watson: The Literary Tourist. Basingstoke, New York: Palgrave Macmillan 2006.

Watson 2010 Nicola J. Watson: Readers of Romantic Locality: Tourists, Loch Katrine and »The Lady of the Lake«. In: Romantic Localities: Europe Writes Place. Hrsg. von Christoph Bode u. Jacqueline Labbe. London: Pickering & Chatto 2010, S. 67–79.

Internetquellen

François Clouet (c. 1520–72): Mary, Queen of Scots (1542–87), c. 1560–61, oil on panel https://www.royalcollection.org.uk/collection/search#/8/collection/403429/mary-queen-of-scots-1542-87 [Stand: Juni 2016].

François Clouet (c. 1520–72): Mary, Queen of Scots (1542–87), circa 1558, watercolour on velum https://www.royalcollection.org.uk/collection/search#/1/collection/401229/mary-queen-of-scots-1542-87 [Stand: Juni 2016].

Kinfauns Castle http://portal.historic-scotland.gov.uk/designation/GDL00240 [Stand: Juni 2016].

Abbildungsnachweis, Abkürzungsverzeichnis und Dank

Abbildungsnachweis

Karte: © Lutz Eneik.

Abbildung 1a und 1b: Handschriftliches Inhaltsverzeichnis zu »Jenseit des Tweed« in einem Brief Theodor Fontanes an seinen Verleger Julius Springer vom 2. Februar 1860. © Zentral- und Landesbibliothek Berlin/Historische Sammlungen. Wir danken für die Abdruckgenehmigung.

Abbildung 2: »Edinburg (vom Castell aus)«. Zeichnung von Bernhard von Lepel. Da Lepels Originalzeichnungen als verschollen gelten müssen, werden sie hier nach der von Gerhard Schulze unter dem Titel »Jenseits des Tweed. Erinnerungen an Bernhard von Lepel« herausgegebenen Mappe mit Reproduktionen von neun Zeichnungen wiedergegeben, die 1934 bei Max Breslauer in Leipzig gedruckt wurden (Exemplar Nr. 173).

Abkürzungsverzeichnis

Alle Wörter werden nach Duden 2006 abgekürzt. Darüber hinaus wurden die folgenden Abkürzungen, editorischen Abkürzungen und Bibliothekssiglen verwendet:

Apg: Apostelgeschichte, Neues Testament
E: Erste Buchausgabe
FBl: »Fontane Blätter«
J: Journalerstdruck
Joh: Johannes-Evangelium, Neues Testament
Kreuz-Zeitung: Neue Preußische [Kreuz-] Zeitung, gen. »Kreuz-Zeitung«
Luk: Lukas-Evangelium, Neues Testament
S.: Seite
TFA: Theodor-Fontane-Archiv, Universität Potsdam
›Tunnel‹: Literarischer Sonntagsverein »Tunnel über der Spree«
verb.: verbesserte
verm.: vermehrte
Vossische Zeitung: Königlich privilegirte Berlinische Zeitung von Staats- und gelehrten Sachen, gen. »Vossische Zeitung«.

DANK

Vor allen anderen danke ich Heinrich Detering, der nicht nur die Erarbeitung dieses Bandes durch Mittel aus dem Gottfried Wilhelm Leibniz-Preis der Deutschen Forschungsgemeinschaft ermöglicht hat, sondern vor allem seine gesamte Entstehung mit Rat und Tat, unendlich viel Geduld und Opferbereitschaft begleitet und alle Höhen und Tiefen mit mir durchschritten hat. Danke für das Vertrauen und die Solidarität! Bei Gabriele Radecke bedanke ich mich für ihre Bereitschaft, immer und immer wieder geduldig editorische Fragen zu beantworten, in allen Notlagen eine Lösung zu finden und vor allem für ihr Engagement bei der Kollation des Originaltextes und der Redaktion der Kommentarteile sowie für viele wichtige Wegweiser während der Wanderung jenseit des Tweed. Daniel Göske danke ich nicht nur für zahllose inhaltliche Hinweise, sondern vor allem für seine unermüdliche Bereitschaft, sich mit den absurdesten Fragen auseinanderzusetzen und möglichst auch noch die unbeantwortbaren Fragen zu beantworten. Es war ein großes Vergnügen! Sachdienliche Einzelhinweise verdanke ich Claus Cartellieri, Debora Helmer, Walter Hettche, Anna-Lena Markus, Barbara Schaff und vor allem Wolfgang Rasch.

Für die freundliche Unterstützung hinsichtlich der benötigten Dokumente danke ich dem Theodor-Fontane-Archiv Potsdam, namentlich Klaus-Peter Möller, und der Zentral- und Landesbibliothek Berlin, namentlich Detlef Bockenkamm. Zudem halfen mir bei konkreten Recherchen Richard Hunter (Edinburgh City Archives), Kirsty Archer Thompson (The Abbotsford Trust), Lynn Bruce (National Records of Scotland), Ulrich Feldhahn (Generalverwaltung des vormals regierenden Preußischen Königshauses), Gerhard Immler (Geheimes Hausarchiv/Bayerisches Hauptstaatsarchiv) und Herbert Kästner (Leipziger Bibliophilen-Abend).

Vor allem aber danke ich den engagierten Freunden und Kollegen im Backoffice, die mich beim Korrekturlesen maßgeblich unterstützt und dafür viel ihrer kostbaren Freizeit geopfert haben: Eike Hans Block, Wiebke Buchner, Helga Ermisch, Anna-Marie Humbert, Rena Ukena und Judith Wassiltschenko. Ohne euch alle wäre dieses Buch nicht dieses Buch. Danke!

Der größte Dank aber gebührt Lutz Eneik, der wie kein anderer dieses Buch mit erleiden musste: Er ist nicht nur mehrfach mit mir auf Fontanes Spuren durch Schottland gereist, war der Retter verlorener Worddateien und Erstleser vieler Buchteile, sondern vor allem hat er zahllose Abendstunden für scheinbar aussichtslose Recherchen geopfert, nie aufgegeben und dabei Erstaunliches zutage gefördert. Danke für deine Unterstützung an wirklich allen Fronten!

Zu dieser Ausgabe

Zur Abteilung »Das reiseliterarische Werk«

Die Große Brandenburger Ausgabe, 1994 von Gotthard Erler im Aufbau-Verlag, Berlin, begründet und bis 2013 herausgegeben, wird mit den Abteilungen »Das autobiographische Werk«, »Das reiseliterarische Werk« und »Das kritische Werk« von Gabriele Radecke und Heinrich Detering fortgeführt. Die Bände werden von einer Arbeitsgruppe an der Theodor Fontane-Arbeitsstelle der Universität Göttingen ediert. Die Abteilung »Das reiseliterarische Werk« umfasst die der Reiseliteratur zugeordneten Texte Fontanes und besteht aus insgesamt vier Bänden: »Ein Sommer in London«, »Jenseit des Tweed. Bilder und Briefe aus Schottland«, »Aus den Tagen der Occupation. Eine Osterreise durch Nordfrankreich und Elsaß-Lothringen 1871« und einem Band mit kleineren Reiseberichten und Reisebriefen/Reisefeuilletons. Mit der Fortführung der Großen Brandenburger Ausgabe wurden die Editionsprinzipien weiter ausdifferenziert und dem editionswissenschaftlichen Standard für kritische und kommentierte Studienausgaben in historischer Textgestalt angepasst.

Prinzipien der Textkonstitution

Der Edierte Text wird zeichengetreu nach der ersten Buchausgabe veröffentlicht; in begründeten Ausnahmefällen wird auf den Journalerstdruck bzw. auf die Handschrift (etwa bei Nachlasstexten) zurückgegriffen. Alle Inkonsequenzen der Orthographie und Interpunktion in der Überlieferung sind grundsätzlich beibehalten. Typographische Besonderheiten der ersten Buchausgabe bzw. des Journalerstdrucks werden dann berücksichtigt, wenn eine semantische Relevanz anzunehmen ist. So wird in der Neuedition die Differenzierung zwischen arabischer und römischer Paginierung (etwa bei den Vorworten und den Autor-Inhaltsverzeichnissen) übernommen; fehlende römische Seitenzahlen, wie beim Widmungstext von »Jenseit des Tweed«, werden ergänzt. Auch werden die Kapitelüberschriften innerhalb ihrer Hierarchie in einer adäquaten modernen Typographie wiedergegeben sowie Absätze und Kapitelanfänge nach der Textvorlage eingerückt. Die Unterscheidung zwischen Fraktur und Antiqua im historischen Druck wird beibehalten und durch Bodoni (Fraktur) und Helvetica (Antiqua) zum Ausdruck gebracht, wobei die Anführungszeichen nur in Helvetica gesetzt werden, wenn diese in der ersten Buchausgabe in Antiqua stehen bzw. wenn das durch die Anführungszeichen hervorgehobene Wort in Helvetica ausgezeichnet ist. Innerhalb eines in Fraktur gesetzten Wortes erscheinen in Antiqua gesetzte Einzelbuchstaben mit einem frz. Akzent (z. B. »é« oder »è«) in der Grundschrift Bodoni. Sperrungen werden übernommen, ebenso der Kapitelschlussstrich und das durch drei Sternchen gekennzeichnete Absatzzeichen (* * * bzw. * * *). Die Fußnotenmarkierungen im Fließtext werden reproduziert, wobei der Fußnotentext am Seitenende gemäß der Reihengestaltung des Verlages ohne die Trennlinie zwischen Haupt- und Fußnotentext in kleinerer Schrift erscheint. Die Kapitel werden fortlaufend gesetzt, wobei auf den Unterstrich unter dem Kapiteltitel verzichtet wird; auch die Initiale, mit der die Vorrede zum Band eröffnet wird, wird nicht wiedergegeben. Gleichfalls wurde die Vorrede nicht typographisch vom Haupttext abgesetzt (in der Bucherstausgabe von »Jenseit des Tweed« etwa beginnen diese drei Seiten nicht im ersten, sondern im zweiten Drittel der Seite). Anführungszeichen, die bei Inquit-Einschüben mit Parenthesen durch Kommata ersetzt werden, werden nicht ergänzt. Nicht übernommen werden Ligaturen und die Unterscheidung zwischen rundem »s« und langem »Schaft-s« (ſ) sowie die doppelten Silbentrennstriche (=) bzw. der Doppelstrich bei Wortkopplungen (=); Letztere werden durch den einfachen Trennstrich (»-«) wiedergegeben. Der lange Gedankenstrich wird als Halbgeviertstrich ausgezeichnet (»–«), und die runden doppelten und einfachen Anführungszeichen werden durch spitze Anführungszeichen ersetzt (»und« bzw. ›und‹). Ebenso wird das im historischen Frakturdruck verwendete Zeichen für etc. nicht reproduziert, sondern durch das heute übliche und in Fontanes Handschrift so geschriebene »etc.« normiert. Unberücksichtigt bleiben die unterschiedlichen Schriftgrößen im Fließtext, etwa bei eingerückten längeren Zitaten oder Mottos. Kolumnentitel werden in der Neuedition als Orientierungshilfe eingefügt; wenn in den Erstausgaben, wie beispielsweise in »Jenseit des Tweed«, Kolumnentitel enthalten sind, werden diese gemäß der Reihengestaltung der Ausgabe angepasst.

Texteingriffe

Alle Texteingriffe, Korrekturen von Setzer-/Druckfehlern und Normierungen werden in »Zu diesem Band« nachgewiesen. Im Edierten Text werden darüber hinaus die substantiellen Texteingriffe kursiv in kursiven eckigen Klammern wiedergegeben (bei Tilgungen ist der Eingriff recte in kursiven Klammern). Setzer- und Druckerfehler (z. B. »nud« statt »und«) sowie mechanische Unregelmäßigkeiten (z. B. i ohne i-Punkt) werden hingegen nicht markiert. Das in der Fraktur oftmals synonym verwendete J und I wird in I und J differenziert. Eindeutig fehlende An- oder Abführungszeichen werden ohne Hervorhebung ergänzt; doppelte Anführungszeichen in doppelten Anführungszeichen werden nach der heutigen Gepflogenheit zu einfachen Anführungszeichen in doppelten Anführungszeichen normiert. Eingerückte Verszitate, die in der Erstausgabe in jeder Zeile durch Anführungszeichen markiert sind, werden nur zu Beginn und Ende des Zitats durch An- bzw. Abführungszeichen gekennzeichnet.

Prinzipien der Kommentierung

Der Kommentar umfasst drei Überblickskommentare – Entstehungsgeschichte, Rezeption und Überlieferung – sowie den Stellenkommentar und die annotierten Register. Kursive Textstellen in den zitierten Drucken werden gesperrt wiedergegeben.

Entstehungsgeschichte

Die Entstehungsgeschichte informiert aufgrund von Theodor Fontanes Briefen, Tagebuchaufzeichnungen und weiteren Quellen über die Textentstehung von der ersten Idee oder Notiz bis zur ersten Buchausgabe bzw. zur letzten handschriftlichen Niederschrift (bei Nachlasstexten). Historische und außerliterarische Zusammenhänge werden dabei ebenso berücksichtigt wie Gattungsfragen und Genrekontexte; hinzu kommt eine Darstellung der benutzten Quellen. Eine tabellarische Übersicht fasst die wichtigsten Daten zur Entstehungsgeschichte des Werkes zusammen.

Rezeption

Der bislang in der GBA mit ›Wirkung‹ bezeichnete Überblickskommentar wurde mit dem Pilotband »Von Zwanzig bis Dreißig« in ›Rezeption‹ umbenannt (vgl. auch schon »Mathilde Möhring«; GBA-Erz. Werk, Bd. 20). Die kritische Darstellung der zeitgenössischen Rezeption stützt sich auf Rezensionen, Fontanes Briefwechsel und Tagebücher sowie andere historische Zeugnisse. Sie beginnt mit Meinungen und Urteilen über das Werk im privaten Umfeld Fontanes und widmet sich anschließend der zeitgenössischen Rezeption in der Tagespresse und in Monatsschriften. Das Kapitel endet mit einem knappen Ausblick auf die nach 1898 folgende Publikationsgeschichte des Buches, gegebenenfalls unter Berücksichtigung charakteristischer Forschungs- und Rezeptionsaspekte.

Überlieferung

Das Überlieferungskapitel gibt einen Überblick über die tatsächliche Überlieferung des Werkes. Es informiert über die Provenienz der Handschriften (Archivstandorte) unter Berücksichtigung der vermissten Bestände, listet alle Journalerstdrucke und Buchausgaben bis zu Fontanes Tod 1898 auf und informiert über die Druckvarianten. Aufgrund repräsentativer Beispiele wird Fontanes Arbeitsweise veranschaulicht; darüber hinaus werden Einblicke in die Textgenese unter Berücksichtigung möglichst aller Entstehungszeugnisse gegeben. Das sind: Notizen und Zeitungsausschnitte, Dispositionen von Kapiteln, Schauplätzen und Figuren, Entwürfe und die erste Niederschrift, Überarbeitungen und Reinschriften Fontanes sowie Emilie Fontanes Abschriften, die häufig als Satzvorlage dienten. Die Begriffe orientieren sich an Gabriele Radeckes Dissertation »Vom Schreiben zum Erzählen. Eine textgenetische Studie zu Theodor Fontanes Roman ›L'Adultera‹« (2002). Handschriftliche Textauszüge werden zeichen- und positionsgetreu (bei Gliederungen und Übersichten) und zeichengetreu (bei Entwürfen, Nieder- und Abschriften) transkribiert; die deutsche und lateinische Schrift wird differenziert in Bodoni und Helvetica. Auf die Wiedergabe des Schaft-s (ſ) wird verzichtet und der Geminationsstrich über »m« und »n« zu »mm« und »nn« aufgelöst. Die Unterstreichungen und Durchstreichungen werden zeichengetreu und schematisch einfach bzw. mehrfach horizontal wiedergegeben. Genetische Hinweise (z. B. »überschrieben«, »mit Blaustift«) der Herausgeberinnen und Herausgeber werden in kursiven eckigen Klammern kursiv wiedergegeben. Unsichere Entzifferungen werden mit einem hochgestellten Fragezeichen umrahmt.

Stellenkommentar

Der Stellenkommentar beruht auf Autopsie. Für die Neukommentierung wurden die älteren Fontane-Ausgaben zwar dankbar genutzt (vgl. »Literatur- und Siglenverzeichnis«, S. 500–516), sämtliche Angaben jedoch geprüft und gegebenenfalls korrigiert und ergänzt. Der forschungs- und quellenfundierte kulturhistorische Stellenkommentar bietet nicht nur Sacherläuterungen und -anmerkungen, sondern kontextualisiert und relativiert Fontanes Texte aufgrund zahlreicher Umkreismaterialien. Dazu gehören historische Quellen, wie z. B. Reiseführer oder Geschichtswerke, falls vorhanden, die Werkhandschrift, persönliche Dokumente wie Briefe und Tagebücher, aber auch andere autobiographische Texte sowie Fontanes Erzähl- und Reisewerk, die Lyrik und Essayistik. Er stellt zudem eine Verbindung zu den Überblickskommentaren her. Erläutert werden autobiographische Details, Personen, historische Daten und Ereignisse, insbesondere in Bezug auf die preußische, deutsche, englische, schottische und französische Geschichte, Topographisches, kulturhistorische Details aus der Alltags- und Arbeitswelt des 19. Jahrhunderts, Kunstwerke, Zeitschriften und Zeitungen sowie philosophische, politische und ideengeschichtliche Diskurse. Außerdem werden fremdsprachige Passagen – mit Ausnahme der englischen Bezeichnungen in den englisch-schottischen Reisebüchern – übersetzt sowie Fremdwörter und geflügelte Worte, historische Begriffe, Modewörter, sprachschöpferische Einfälle Fontanes, Mundartliches und Berliner Jargon erläutert. Hinzu kommt die Ermittlung versteckter Zitate, Sprichwörter und Redensarten sowie Fontane'scher Eigenzitate. Die Zitate, Paraphrasierungen, Lexikoneinträge und Fremdwörter werden nach Möglichkeit unter Angabe der Sigle nachgewiesen. Die Seitenzahlen der Lemmata verweisen auf den Beginn des jeweiligen Stichworts. Allgemeine Informationen zu den Personen werden im komplementären annotierten Personenregister zusammengefasst.

Weitere Informationen zu den Bänden, etwa ausführliche Personenerläuterungen und Bildmaterial, werden auf der Website der Theodor Fontane-Arbeitsstelle publiziert (http://www.uni-goettingen.de/de/490500.html).

Gabriele Radecke, Heinrich Detering

Register

Die Register beziehen sich auf alle Personen und ihre Werke sowie auf geographische Begriffe, die in »Jenseit des Tweed« direkt und indirekt genannt werden; der Anhang ist nicht berücksichtigt. Indirekte Erwähnungen werden im Stellenkommentar identifiziert und finden sich in den Registern unter den ermittelten Namen.

Register der Personen und Werke

Die Haupteinträge des annotierten Personenregisters umfassen die Stammdaten (Lebensdaten und Beruf) und darüber hinausgehende textspezifische Informationen. Fehlerhafte Schreibweisen und sachliche Irrtümer Fontanes werden im Stellenkommentar korrigiert und in der korrekten Schreibweise in den Registern verzeichnet. Schottische Familiennamen können in der Schreibung variieren, z. B. Stewart/Stuart (schott. Schreibweise/frz. Schreibweise des Namens, die Maria Stuart benutzte), Moray/Murray (schott. Schreibweise/engl. Schreibweise). Hier wird jeweils die Schreibung im ODNB zugrunde gelegt. Fontanes unterschiedliche Schreibungen werden als Nebeneinträge bzw. Anmerkungen (»im Text« bzw. »im Text auch«) erfasst. Alle Herrscher werden unter ihren Eigennamen eingeordnet, dabei werden in den Haupteinträgen die originalsprachlichen Namen verwendet: Jakob II. findet sich unter dem Haupteintrag James II., Wilhelm von Oranien unter Willem van Oranje und Anna von Bretagne unter Anne de Bretagne. Nebeneinträge bzw. Anmerkungen weisen auf die von Fontane benutzte deutsche Namensform hin. Auch englische Adelstitel werden im Haupteintrag in englischer Sprache wiedergegeben und nicht in Fontanes eingedeutschter Form, auf die aber Nebeneinträge hinweisen: der Herzog von Claverhouse und Marquis von Dundee ist dementsprechend als John Graham of Claverhouse, 1st Viscount Dundee, verzeichnet. Da Fontane mitunter nicht zwischen historischen Gestalten und deren Fiktionalisierung in der Literatur unterscheidet, finden sich literarische Gestalten wie Ritter Fitzjames oder Roderick Dhu gleichfalls in diesem Register mit dem Hinweis darauf, dass es sich hier um fiktive Gestalten handelt. Auch im Falle von Shakespeares Macbeth oder Duncan unterscheidet Fontane nicht zwischen den historischen Königen und den Gestalten in Shakespeares Drama.

Titel aus der anonymen schottischen Volksüberlieferung werden unter »anonyme schottische Volksdichtung« gruppiert.

Für die Registerannotationen wurden Nachschlagewerke (ODNB und NDB) und Internetquellen ebenso genutzt wie die Register der im Literaturverzeichnis aufgeführten Editionen, wobei die Einträge in jedem Fall geprüft und ggf. korrigiert wurden.

H

N

Geographisches Register

Das Geographische Register verzeichnet die Haupteinträge in ihrer heute gebräuchlichen Bezeichnung und Schreibung. Fontanes Eindeutschungen werden an dieser Stelle aufgelöst. So sind Namenszusätze wie Castle, Palace, Hill, Loch, Tower, Inn, Wood, Cross, Rock, Bay oder Firth im Text häufig als Schloß, Pal(l)ast, Hügel/Berg, See, Thurm, Gasthaus/Wirthshaus, Wald, Kreuz, Felsen, Bucht oder (Meer-)Busen zu finden. Verzichtet wird auf Hinweise, wenn Fontanes Schreibweise nur leicht von der heute allgemein üblichen und gültigen abweicht. Dies gilt insbesondere für Wortkopplungen, Zusammen-/Getrenntschreibung, einzelne fehlende oder falsche Buchstaben und die Verwendung von »ß« statt »ss«.

Namen von Orten und Ländern, die nicht in ihrer geographischen Funktion, sondern als politische Einheit genannt werden, werden nicht verzeichnet (Beispiel: »Spanien, Deutschland, England rüsteten sich in den letzten Regierungsjahren Ludwigs XII. zur Bekämpfung Frankreichs, das zu allem übrigen auch unter dem Bannfluch des Papstes stand.«, S. 96).

Inhaltsverzeichnis

Jenseit des Tweed. Bilder und Briefe aus Schottland

Anhang

Fontane, Das reiseliterarische Werk
ISBN 978-3-351-03136-7
Bd. 2
ISBN 978-3-351-03137-4

Aufbau ist eine Marke der Aufbau Verlag GmbH & Co. KG

1. Auflage 2016

Gesamtgestaltung Heinz Hellmis
Einbandgestaltung zero-media.net, München
Satz LVD GmbH, Berlin
Druck und Binden Kösel, Krugzell
Printed in Germany

www.aufbau-verlag.de